칼 융의
심리학과 영성

Carl Jung's
Psychology & Spirituality

정 태 홍

RPTMINISTRIES
http://www.esesang91.com

목 차

머리말

머 리 말

이 책의 기본적인 내용은 필자의 책인 『내적치유와 내면아이』, 『내적치유와 구상화』에 있으며, 이 책은 칼 융(Carl Gustav Jung, 1875-1961)을 중심으로 추가한 책이다. 앞의 두 책이 내적치유의 실체를 올바르게 파악하기 위해 내면아이와 구상화에 대한 전체적인 그림이라면, 이 책은 융의 실체를 파악하기 위한 책이다. 내면아이와 구상화를 알면 인문학의 실체가 보인다.

오늘날 '심리학'과 '영성'이라는 이름으로 칼 융을 교회 안으로 끌어들인 사람들이 매우 많다. 나는 그분들이 이 책을 통해서 각성하여 칼 융을 버리고 오직 성경만으로 살아가기를 바란다. 특히, '기독교 심리학'이라는 이름으로 칼 융을 추종하는 자들은 성경과 칼 융을 혼합하여 가르치는 것이 얼마나 위험한 일인지를 알아야 한다.

목회자이든지 신학교 교수이든지 성도들이든지 간에 자신들이 배운 칼 융이 얼마나 반기독교적인지를 알아야 한다. 칼 융이 말하는 분석심리학은 매우 비성경적이다. 이 말이 매우 거슬리겠지만, 참으로 예수 그리스도를 믿고 회심한 사람이라면 칼 융을 따르는 것이 얼마나 위험한 일인지 알고 칼 융을 버려야만 한다.

나는 칼 융에 빠진 기독교인 교수와 목사들을 위해 이 책을 썼다. 상담과 영성이라는 이름으로 칼 융을 교회와 신학교에 퍼뜨리고 있는 사람들을 위해 썼다. 칼 융의 실체가 무엇인지 모르고 배우면서 칼 융에 감격하고 감탄하는 성도들을 위해 이 책을 썼다. 부디 칼 융의 실체를 바르게 알고 성경만으로 살아가는 믿음의 성도들이 되기를 간절히 바란다.

2019년 6월
정태홍

Ⅰ. 신성한 내면아이

영성이란 무엇인가?

이 책은 멘탈리티의 다섯 가지 키워드 중에서 '신성한 내면아이'와 '구상화' (상상화), 두 부분으로 구성되어 있다. 신성한 내면아이는 인간 안에 신성이 있다는 것이며, 구상화는 그 신성한 내면아이를 계발시키는 방법이다. 멘탈리티의 다섯 가지 키워드는, 1) 신성한 내면아이, 2) 구상화 3) 의미(존재와 사명), 4) 통일성(관계, 규범), 5) 도약이다.[1] 기독교가 이 다섯 가지 키워드를 바르게 가르치면 성경을 벗어날 수 없다.[2]

이 다섯 가지 키워드 중에서 신성한 내면아이가 모든 것을 좌우한다. 세상은 '신성한 내면아이가 있다'고 주장하나 성경은 '신성한 내면아이가 없다'고 말한다. '신성한 내면아이가 있다' 하면 영성으로 가고, '신성한 내면아이가 없다' 하면 경건으로 간다. 그런 까닭에, 세상은 영성을 말하나, 기독교는 경건을 말한다! 기독교인이 왜 영성을 말하면 안 되는가?

키스 바이만(Kees Waaijman)은 영성을 다음과 같이 말했다.

1. 더 커다란 실재와 연결 또는 합일되는
   경험을 통해 더 커다란 자아(自我, self)에 이르는 것
2. 다른 사람들 또는 사람들의 공동체와 연결 또는 합일되는 경험
3. 자연이나 우주(cosmos)와 연결 또는 합일되는 경험
4. 신성(神性)의 영역(divine realm)과 연결 또는 합일되는 경험
   영성(靈性, Spirituality)은 종종 삶에서 영감을 주고 삶의 방향을 알려주는 원천인 것으로 경험되고 있다. 또한, 영성은 비물질적 실재들을 믿는 것이나 우주 또는 세상의 본래부터 내재하는 성품(immanent nature) 또는 초월적인 성품(transcendent nature)을 경험하는 것을 뜻하기도 한다.[3]

바이만에 의하면, 세상의 영성은 수행을 거쳐 신과 합일되는 것을 목적으로

---

1) 멘탈리티의 5가지 키워드를 이해하기 위해 필자의 다음 책들을 참고하라. 정태홍, **내적치유와 내면아이**, **내적 치유와 구상화**, **시내산언약과 도약**, **프란시스 쉐퍼의 도약반대론**, **웨스트민스터 소교리문답 상, 하**.
2) 필자의 책 『**성경적상담 시리즈**』(12권)에서 『의미와 통일성』을 참고하라.
3) Kees Waaijman, Spirituality: forms, foundations, methods (Leuven: Peeters, 2002), 1; 위키피디아에서 재인용.

한다. 영성의 근거는 '인간 안에 신성한 내면아이가 있다'는 인간론이다. 영성의 방법은 인간 안에 있는 신성을 체험하는 것이다. 수행이란 자기 안의 신성을 체험하는 것이고 그 체험을 기반으로 지고의 신과 합일에 이르는 것이 목적이다. 기독교는 존재론적 합일을 지향하지 않는다. 기독교는 언약적 하나 됨을 말한다. 요한계시록에 보면, 하나님의 나라에 가서도 하나님과 인간의 구별이 있다.[4]

그런 까닭에, 기독교는 경건을 말한다. 왜 경건이어야 하는가? 칼빈은 경건에 대해 다음과 같이 말했다.

> "경건"이 라는 것은 곧, 하나님이 베푸시는 온갖 유익들을 아는 데서 생겨나는바 하나님에 대한 두려움과 그를 향한 사랑이 하나로 결합 된 상태를 뜻한다. 사람들은 자기들의 모든 것이 하나님 덕분이요 자기들이 하나님 아버지의 보살피심으로 양육을 받으며, 자기들의 모든 선의 주인이 바로 하나님이시요, 따라서 하나님 이외에는 다른 것을 구하지 말아야 한다는 것을 깨닫기 전에는, 절대로 하나님께 기꺼이 복종하려 하지를 않는 법이다. 자기들의 완전한 행복을 하나님에게서 찾지 않고서는, 사람들은 절대로 자기 자신을 하나님께 진정으로 진실하게 드리지 않는 것이다.[5]

칼빈에 의하면, 경건은 하나님께서 우리에게 온갖 유익을 베풀어 주시는 것을 아는 데서 생겨난다. 그 유익을 알면 하나님을 두려워하며 사랑하게 된다. 경건은 인간이 철저히 하나님 의존적인 존재라는 것을 알고 하나님만이 완전한 행복을 주신다는 것에 근거한다. 그러므로, 하나님과 우리와의 존재적 구별이 있으며, 기독교는 반드시 경건을 말해야 한다. 기독교의 경건은 "하나님에 대한 두려움과 그를 향한 사랑이 하나로 결합 된 상태"이다.

---

4) 이십사 장로들이 보좌에 앉으신 이 앞에 엎드려 세세토록 사시는 이에게 경배하고 자기의 면류관을 보좌 앞에 던지며 가로되(계 4:10)
5) 존 칼빈, **기독교강요(상)**, 원광연 역 (서울: 크리스찬다이제스트, 2003), 45: "내 말은 이런 뜻이다. 곧, 하나님이 한없는 권능으로 이 우주를 지탱시키시고 그의 지혜로 그것을 운행하시고, 그의 선하심으로 그것을 보존하시며, 특별히 그의 의로우신 판단으로 인류를 다스리시고 그의 긍휼하심으로 인류를 참아 주시며, 그의 보호하심으로 보살피신다는 사실을 받아들여야 하는 것은 물론, 지혜와 빛, 혹은 의나 능력이나 정의, 혹은 순전한 진리 가운데 하나님께로부터 흘러나오지 않는 것이 하나도 없고, 또한 하나님이 그 원인이 아니신 것이 하나도 없다는 사실을 납득해야만 하며, 그렇게 함으로써 모든 것들이 하나님께로부터 오는 것임을 알고 그에게 구하고 기다리기를 배워야 하고 또한 우리가 받는 모든 것들을 하나님께로 돌리고 그에게 감사를 드려야 한다는 뜻이다. 하나님의 권능을 이렇게 감지하는 것이야말로 우리에게 경건을 - 여기에서 신앙이 샘솟아 난다 -가르쳐 주는 적합한 선생이 되는 것이다."(기독교강요 1.2.1.)

문병호 교수는 다음과 같이 말했다.

경건의 출발점은 위로부터 아래로 내려진 은혜이다. 반면, 영성의 출발점은 아래로부터 위를 지향하는 공로이다. 경건은 위로 자신을 끌어올려 하나님께 더 가까이 나아가고자 하는 반면, 영성은 하나님을 위로부터 아래로 끌어내리고자 한다.6)

문병호 교수에 의하면, 영성은 하나님을 끌어내리는 것이다. 하나님을 끌어내려 인간을 신성화하는 것이 영성이다. 오늘날 세상의 영성이 교회의 담장을 넘어와서 기독교의 경건을 무너뜨리고 있다. 기독교인이라 하면서도 영성을 말하는 것은 근거와 과정과 목적에 있어서 성경과 합당하지 않다.

이제 큐티(QT)는 관상큐티화 되었으며 렉티오 디비나를 통해 큐티를 하는 것이 일상화되어 가고 있다. 너도나도 '하나님의 음성을 들었다'라고 말하면서 입만 열면 '하나님께서 나에게 이렇게 음성을 들려주셨다'라고 말하는 시대가 되었다. 음성을 듣지 못하는 성도는 바보가 되고 말았다.

우리는 지금 칼 융의 심리학과 영성이 교회를 장악하고 있는 것을 목도하고 있다. 리차드 포스터, 유진 피터슨, 필립 얀시, 달라스 윌라드와 존 오트버그 등과 같은 영성가들이 한국교회를 휩쓸고 있다. 특히, 2006년부터 한국에 불어닥친 리차드 포스터의 레노바레는 한국교회에 심각한 피해를 안겨다 주었다. 이런 유명 영성가들은 칼 융의 심리학과 영성과 깊은 관련이 있다.7)

---

6) 문병호, 기독론 (서울: 생명의말씀사, 2016), 69.

7) David Cloud, "Richard Foster- Evangelical Sparkplug," Jan. 8. 2015. Accessed Jun. 29. 2019. https://www.wayoflife.org/database/richardfoster.html; 〈Note that Foster recommends Carl Jung, who followed a demonic spirit guide, as well as Ignatius of Loyola, who founded an organization dedicated to blind obedience to the pope at the very height of the murderous Inquisition. The "spirit realm" to which these men connected through meditative practices was the realm of darkness.〉

"Principles Jesus Taught.3 - Dallas Willard Principle," Nov. 6. 2011. Accessed Jun. 29. 2019. http://www.nova-faith.com/?p=678; "Dallas Willard in a very direct way underscored the truth of what Carl Jung said so long ago; one of the main functions of formalized religion is to protect people against a direct experience of God."

"Philip Yancey 'Addicted' to the Recovery Movement?," Accessed Jun. 29. 2019. http://www.psychoheresy-aware.org/yancey95.html; 〈The Jungian Connection: In reference to a remark made by Carl Jung, Yancey says: "In correspondence with Bill Wilson, the psychiatrist Carl Jung remarked that it may be no accident that we refer to alcoholic drinks as 'spirits'. Perhaps, suggested Jung, alcoholics have a greater thirst for the spirit than other people, but it is all too often misdirected." Correspondence

레노바레 영성 세미나의 주강사는 리차드 포스터 목사 외에 강준민 목사와 박은조 목사, 강찬기 목사 등이었다. 2007년에 열린 컨퍼런스에서는 리차드 포스터, 달라스 윌라드, 성영 탠, 강준민, 아동원(지구촌교회), 이철신, 홍정길 목사 등이 주강사로 나섰다.[8] 2007년 아동원 목사의 관상기도 세미나에 박은조 목사와 정주채 목사 등 6개 교회가 세미나 비용을 출연했다.[9] 리차드 포스터의 상상력(imagination)은 융의 상상력을 사용했다.[10] 융의 상상력이란 적극적 심상법

---

between Wilson and the well-known occult psychiatrist Carl Jung reveals that Wilson was looking for a religious experience as his only hope and that this experience was foundational to the AA movement.〉 Siang-Yang Tan, Rest: Experiencing God's Peace in a Restless World (Vancouver: Regent College Publishing, 2003); 〈Avoiding Rest: We continue to suffer from the disease of "hurry sickness." John Ortberg has wisely written, "Hurry is the great enemy of spiritual life in our day. Hurry can destroy our souls. Hurry can keep us from living well." Ortberg quotes Carl Jung: "Hruuy is not of the devil; hurry *is* the devil."〉

유진 피터슨, 다윗: 현실에 뿌리박은 영성 (서울: IVP, 2011), 68-69; 유진 피터슨은 칼 융의 경계했으나, 자신의 책인 『다윗: 현실에 뿌리박은 영성』(Leap over a Wall)에서 다윗과 골리앗의 싸움을 상상력의 문제로 말했다. "다윗의 이야기의 주제는 인간이 되는 것이다. 인간이라는 것, 인간이 되어 간다는 것, 진정한 여자, 진정한 남자가 된다는 것은 무엇을 의미하는가? 진짜 나 자신이 되고 성장하기 위해 우리가 해야 할 일은 무엇인가? … 이제 세 번째 다윗 이야기에서 우리는 우리의 상상력이 골리앗에게 사로잡히는 대신 하나님께 사로잡히기를 택해야 하는 문제에 직면한다." 또한, 『이 책을 먹으라』(서울: Ivp, 2006)라는 책에서 '렉티오 디비나'를 열렬히 권장하고 있다. 또한 『메시지』에서 가장 문제시되는 것은 전형적인 뉴에이지/사교 관용구인 "위에서와 같이 아래에서도(as above, so below)"를 삽입한 것이며, '주'(Lord)를 '마스터'(Master)로 표기한 것이다.

8) 리차드 포스터 다시 한국 온다, 레노바레 컨퍼런스. Sep. 10. 2007. Accessed May. 7. 2019. http://www.christiantoday.co.kr/news/187517; "각 분야 전문가들로 구성된 강사진은 묵상의 영성 조봉희 목사(서울지구촌교회) 성결의 영성 지향은 목사(성락성결교회) 사회정의의 영성 이윤재 목사(분당한신교회) 카리스마의 영성 이영훈 목사(여의도순복음교회) 복음전도의 영성 오정현 목사(사랑의교회) 성육신의 영성 최일도 목사(다일교회)다."

9) 이승균, "침묵의 영성이 교회를 변화시킨다" Jul. 4. 2007. Accessed May. 7. 2010. http://www.newsnjoy.or.kr/news/articleView.html?idxno=21540

10) A CRITIQUE ON THE MINISTRY OF RICHARD FOSTER.. Accessed May. 7. 2019. http://op.50megs.com/ditc/FOSTER_EXPOSE.htm; 〈FOLLOWING, SOME QUOTES FROM RICHARD FOSTER: Foster uses imagination in a New Age manner, as he teaches about the occult psychiatrist C. G. Jung, and the Jesuit, Ignatius of Loyola. "The inner world of meditation is most easily entered through the door of the IMAGINATION. We fail to today to appreciate its tremendous power. The IMAGINATION is stronger that the conceptual thought and stronger than the will. In the West, our tendency to deify the merits of rationalism - and it does have merit- has caused us to ignore the value of the imagination. Some rare individuals may be able to contemplate in an image less void, but most of us need to be more deeply rooted in the senses. Jesus taught this way, making constant appeal to the imagination and the senses. … In his autobiography C. G. JUNG describes how difficult it was for him to humble himself and once again play IMAGINATION games of a child, and the value of that experience. Just as children need to learn to

(Active imagination)을 말한다.

관상기도의 전통을 말하는 사람들은 로렌스 형제와 토마스 머튼을 말한다. 한국 레노바레 이사였던 유기성 목사는 자신의 페이스북("은혜를 담아내는 그릇", 2016.5.2.)에서 오트버그와 달라스 윌라드의 큐티와 하나님을 경험하는 것을 말했다. 그 두 사람의 큐티와 경험은 관상기도를 통한 것이다. 오트버그는 관상기도를 가르치는 사람이며, 『Ordinary Day With Jesus』 라는 책에서 신비주의 기도를 가르쳤다. 오트버그와 함께 하는 사람이 루스 헤일리 바턴(Ruth Haley Barton)이다. 이 두 사람은 살렘 인스트튜트에서 관상기도를 배우고 미국 전역에 퍼뜨렸다. 이동원 목사가 관상기도를 배운 곳이 살렘 인스트튜트(Shalem Institute)다.11) 헤일리 바턴은 관상기도와 함께 뉴에이지 영성으로 가고 있는

---

think logically, adults need to REDISCOVER THE MAGICAL REALITY of the IMAGINATION.">
11) Lighthouse Trails Editors, "Letter to the Editor: My Church is Having a 'Contemplative Communion' Good Friday," Mar.2. 2013. Accessed Jun. 6. 29. http://www.lighthousetrailsresearch.com/blog/?p=11300/ Later in A Time of Departing, Yungen quotes Shalem founder Tilden Edwards as saying the following: "This mystical stream [contemplative prayer] is the Western bridge to Far Eastern spirituality." That is the very core of why Lighthouse Trails continues warning about the contemplative prayer (i.e., spiritual formation) movement that has literally knocked the evangelical church off its feet (only she doesn't realize it). There are two key players within the evangelical camp who have been heavily impacted by Shalem Institute, one directly and one indirectly: Ruth Haley Barton and John Ortberg. Barton was trained at the Shalem Institute and later became the Associate Director of Spiritual Formation at Willow Creek. There, she teamed up with John Ortberg to create Willow Creek's curriculum on Spiritual Formation. While Richard Foster was bringing contemplative prayer into the church through his 1978 classic Celebration of Discipline, Barton and Ortberg were bringing it in through a side door, the highly influential Willow Creek. Today, both Barton and Ortberg are actively doing their part in bringing about this paradigm shift to evangelical Christianity. If one would like to see what the evangelical church is becoming, one only needs to take a look at Ruth Haley Barton today. After she left Willow Creek, she went on to start her own organization, The Transforming Center. There, her program trains thousands of pastors and church leaders how to become contemplative. Again, from Ray Yungen: The following scenario Barton relates could be the wave of the future for the evangelical church if this movement continues to unfold in the manner it already has: "I sought out a spiritual director, someone well versed in the ways of the soul … eventually this wise woman said to me, … 'What you need is stillness and silence so that the sediment can settle and the water can become clear.' … I decided to accept this invitation to move beyond my addiction to words." By "addiction to words" [Barton] means normal ways of praying. She still uses words, but only three of them, "Here I am." This is nothing more than The Cloud of Unknowing or the prayer of the heart. Like Richard Foster, Barton argues that God cannot be reached adequately, if at all, without the silence. (p. 172, A Time of Departing)

사람이다.12) 오트버그는 『생각보다 가까이 계시는 하나님』(God is Closer Than You Think, 2005)라는 책을 썼다. 오트버그는 이 책에서 C. S. 루이스를 비롯해서 신비주의 관상기도가들을 인용했다. 그중 살렘 인스트튜트의 틸든 에드워즈(Tilden Edwards)를 인용했고, 마이스터 에크하르트와 오트버그의 스승인 달라스 윌라드와 관상기도의 대부인 토마스 머튼의 글을 인용했다.13) 또한 『평범 이상의 삶』 이라는 책에서도, 퀘이커교도이자 관상 기도가인 리차드 포스트와 달라스 윌라드, 키르케고르, 헨리 나우웬, 토마스 머튼, 유진 피터슨 등의 글을 인용했다.14) 토마스 머튼은 관상기도를 하면서 일본의 선불교 학자인 스즈키 다이세즈(鈴木大拙, 1870-1966)와 교제한 사람이다. 스즈키는 토마스

---

12) "Evangelical Leaders Promote New Age and Eastern Spiritual Practices," Accessed Jun. 6. 29. http://www.lighthousetrailsresearch.com/PressReleasemarhc252005.htm; 〈Evangelical Leaders Promote New Age and Eastern Spiritual Practices. And as if that were not enough to show Ortberg's sympathies to this New Age spirituality, he will be speaking this year at the National Pastor's Convention where labyrinths, contemplative prayer exercises, and yoga workshops will take place. Do not think that the infiltration stops there—Eugene Peterson, author of The Message, endorsed the back cover of Sue Monk Kidd's book, When the Heart Waits. Monk Kidd, once a conservative Baptist, began practicing contemplative prayer and has now become a major promoter of the practice and of feminine spirituality. When the Heart Waits clearly shows her descent into this belief system. What was Peterson thinking when he put his name on that book? Christian magazines such as Christianity Today, Charisma, Youth Worker Journal and Discipleship Journal find nothing wrong with producing article after article written by those who promote this Buddhist-style New Age spirituality. Last October, Charisma magazine, carried an article called "Be Still and Know" in which contemplative prayer is described as a trance-like state of mind. According to Ray Yungen, author of A Time of Departing, this trance-like state is an altered-state of consciousness that the Bible warns about.〉
13) "John Ortberg Key Player in Contemplative Spirituality and Spiritual Formation," Accessed Jun. 6. 29. http://www.lighthousetrailsresearch.com/johnortberg.htm; "In Ortberg's 2005 book, God is Closer Than You Think, Ortberg quotes favorably from contemplatives such as Anne Lamott, Annie Dillard, Gary Thomas (Sacred Pathways), Brother Lawrence (who danced violently like a mad man when he practiced), interspiritualists Tilden Edwards (Shalem Institute), Thomas Kelly (Divine Center in all), Jean Pierre de Caussade, Frederick Buechner, Meister Eckhart as well as Dallas Willard and Thomas Merton. And yet, Christian churches are using this book."
14) "John Ortberg Key Player in Contemplative Spirituality and Spiritual Formation," Accessed Jun. 6. 29. http://www.lighthousetrailsresearch.com/johnortberg.htm; 〈"The Life You've Always Wanted: Spiritual Disciplines for Ordinary People" by John Ortberg. John Ortberg, once teaching pastor at Willow Creek, now at Menlo Park Presbyterian has some interesting things to say. Look who he quotes favorably in this book: Richard Foster, Dallas Willard, Soren Kierkegaard, Henri Nouwen, Thomas Kelly, Frederick Buechner, Thomas Merton, George Fox, Eugene Peterson, Lewis B. Smedes.〉

머튼이 "선(禪)을 가장 잘 이해한 서양인"이라고 말했으며, 머튼은 그의 친구에게 "나는 불교의 빛으로 조명하지 않고는 기독교를 제대로 이해할 수 없을 것"이라고 대답했다.15)

제임스 골은 그의 책 『관상기도』에서 인간의 상상력을 잘 활용하는 방법을 말하면서 그 '상상'이라는 것은 로렌스 형제가 말한 '하나님의 임재연습'이라고 말했다. '하나님의 임재연습'이란 무엇인가? 제임스 골(James W. Goll)은 다음과 같이 말했다.

---

15) http://daseokacademy.com/bbs/board.php?bo_table=religion&wr_id=66&sca=도교; 머튼의 선(禪)에 대한 생각들을 요약하면 다음과 같다: 〈스즈키와의 교제 이후, 머튼은 1965년에 「장자의 도/The Way of Chang Tzu」를 출간했다. 장자를 통해서, 머튼은 언어와 개념을 넘어선 "실재"에 대한 체험적 인식의 중요성을 깨달았다. 그는 기독교의 문제점은 언제나 개념화와 교리화에 집착하는 약점에 있음을 깨달았다. 머튼의 동양종교에 대한 깊은 관심은 1968년 방콕(Bangkok)의 종교회의 참석으로 절정에 달했다. 그는 이 기회를 불교뿐 아니라, 아시아 전체의 종교성과의 접촉의 기회로 삼으려 했다. 즉 인도, 태국, 스리랑카를 방문하려 했고, 달라이라마와의 만남과 일본의 선승들과 만날 계획도 세웠다. 로버트 킹(Robert King)은 말하기를 "머튼은 선불교의 선(禪)을 무조건 따르거나 모방하려 하지 않고, 그것을 자기의 명상/관상 전통에 수렴시켜서 (자기 자신의 것으로) 행하려 하였다"고 하였다. 틱낫한의 명상실행의 최대 공헌은 명상/관상 실행의 대중화라 말할 수 있다(승려중심에서 일반인에로). 이것은 그의 책 「깨어있음의 기적/Miracle of Mindfulness」에 잘 나타나 있다. 머튼의 공헌도 틱낫한과 같이 관상/명상적 영성생활의 대중화(일반화)라고 말할 수 있다(참조, 머튼의 "명상의 씨"). 틱낫한의 머튼에 대한 평가는 대부분의 서구 신학자나 영성가들이 이원론의 사고 형식에서 벗어나지 못한 데 반해, 머튼은 그런 틀에서 벗어나 있다는 사실이라고 보았다. 어느 날 친구인 데이비드 라스트(David Steindl Rast)가 머튼에게 묻기를, "불교와의 접촉 없이 기독교의 가르침을 잘 설명할 수 있었다고 생각하는냐?"고 하자, 머튼은 한참 생각하다가 "나는 불교의 빛으로 조명하지 않고는 기독교를 제대로 이해할 수 없었을 것"이라고 대답했다.
1962-1965년에 열린 제2 바티칸 공의회 이후, 가톨릭과 타종교 특히 불교와의 접촉의 문이 열렸다. 머튼과 만나 대화했던 스즈키(Suzuki)는 그를 "선(禪)을 가장 잘 이해한 서양인"이라고 말할 정도였다. 머튼은 그의 「신비주의와 선의 대가들」 서문에서 "선(禪)은 추상적인 형이상학도 아니며, 신학도 아니며, 이론적인 명제도 아니고, 의식(意識)과 앎에서 탈피하고자 하는 행위로서, 구체적인 살아 있는 존재론"이라고 말했다. 머튼은 이 책에서 기독교 전통에 얽매이지는 않지만, 교부시대, 초기 수도원 제도(사막수도자들), 영국 신비주의, 17세기 신비주의, 러시아 동방정교회 영성, 퀘이커교도, 떼제 공동체 같은 신교 수도원 공동체 등을 다루었다. 머튼은 동양의 다도(茶道)에서 단순성, 고요함/고독함, 정결함, 여럿이 하나 됨을 이룸 같은 성만찬 예식과 유사성이 있다고 보았다. 또한 머튼은 "선(禪)이란 무엇인가?"라는 질문을 던지면서 선은 신학도, 종교도, 철학도, 교리도, 고행도 아니고, 선은 단순히 길이며, 경험이며, 삶이지만, 길이면서 또한 길이 아니라고 보았다. 그러나 스즈키는 선은 단순한 "신비주의(mysticism)가 아니'라고 주장했다. "선(禪)은 완전한 비움 곧 공(空) 안에서, 모든 주관과 객관의 대립의 용해(溶解)에서 나오는 '깨달음'(satori)을 얻는 일이다. 선은 주관과 객관을 초월하는 순수 존재(실재)에 대한 존재론적 자각이라 정의할 수 있다. 따라서 선은 모든 종류의 개념화나 추상화를 거부한다." 선 곧 선불교는 6세기, 인도 승려 달마(Bodhidharma)에 의해 중국에 소개되었고, 도교와 결합하여 발전된 산물이다. 달마의 시(그러나 이것은 후대의 것으로 추정된다), "教外別傳, 不立文字, 直旨人心, 見性成佛"이란 이 시는 선불교(Zen)의 핵심을 집약적으로 드러내는 시이다.〉

창조적인 기적을 포함하여 기적을 행하는 선물로 흐를 수 있는 능력은 우리의 삶의 창조적인 부분인 상상력을 주님께 드림으로써 부분적으로 발생한다. 왜냐하면 그것이 불가능하다고 믿기 시작하기 때문이다. 묵상에서 우리의 상상력을 활용하는 것은 완벽하게 적절하며 우리가 성령으로 우리의 감각을 거룩하게 하고 채우려는 우리가 하나님이 될 때 사용할 수 있는 최상의 용도 중 하나이다. 이것은 뉴에이지의 상상력과 같지 않지만 로렌스 형제는 "하나님의 임재를 연습하는 것"이라고 간단하게 말했다.16)

제임스 골에 의하면, 로렌스 형제가 말하는 '하나님의 임재 연습'은 뉴에이지의 상상력과 동일하지 않지만, 인간의 상상력으로 활용하는 것이다. 로렌스가 사용한 인간의 상상력이란 단순히 무엇을 상상하는 정도가 아니다. 상상이 비성경적인 방향성을 가지면 성경의 진리를 벗어난다. 상상이 비성경적인 방향성을 가진다는 것은 구상화를 의미하며 구상화는 언제나 영적인 안내자와 접신이 이루어진다. 로렌스의 관상기도 영성에 대해 레이 윤겐은 다음과 같이 말했다.

> 워렌(Rick Warren)이 말하는 이 비결 중의 하나는 "호흡 기도"라고 하는 일종의 관상적인 영성이다. 워렌은 하나님과의 관계는 그냥 교회에 나가거나, 매일 경건의 시간을 갖는 정도로는 성립되지 않는다고 말한다. 그러면서 호흡 기도의 비결을 배워서 하나님과 친밀한 관계를 만든 사람의 한 예를 든다. 이 사람은 카르멜 수도회 소속의 수사인 로렌스 형제다. … 로렌스 형제는 "하나님의 임재연습"이라 스스로 붙인 습관 때문에 관상적인 저자들이 자주 인용한다. 그러나 이 임재의 실제 본질은 무엇인가? 하나님의 진정한 성품을 반영하는 무엇이었는가? 로렌스 형제를 우러러보는 한 신자가 한 다음의 말은 내게 의문을 자아낼뿐더러 곤혹스럽기까지 하다.
>
> *로렌스 형제에 대해서는 이런 말이 있다. 무엇인가가 사랑의 임재로부터 자신의 마음을 앗아갈 때면, 로렌스는 "하나님에게서 경고"를 받았다. 영혼이 울린 그는 "울부짖고, 마치 광인처럼 고성방가하고 춤추었다." 이 경고가 하나님에게서 왔고, 자신의 행위가 아니었다는 데 눈길이 갈 것이다.*

---

16) James W. Goll, The Seer Devotional And Journal: Daily Devotional Journal-A 40-Day Personal Journey; ⟨Our ability to flow in the gift of working of miracles, including creative miracles, comes in part from our surrendering to the Lord this creative part of our lives, our imagination, because that is where we begin to believe the impossible. Utilizing our imagination in contemplation is perfectly appropriate and one of the best uses to which we can put it when we as God to sanctify and fill our senses with His Spirit. This is not the same as New age imaging, but simply what Brother Lawrence called "the practice of the presence of God."⟩

로렌스 형제는 하나님과 나누는 비밀스러운 대화가 "한 날 자주 반복되어야" 한다고 했다. "그것을 바르게 훈련해야 마음이 모든 다른 것들을 비울 수 있기" 때문이다. 로렌스 형제는 배회하는 생각의 번거로움에 대해 말하며, 하나님의 임재 연습의 습관이 자신이 아는 한 산만함을 해결하는 데 "유일한 치료"이고, "최선의 그리고 가장 쉬운 방법"이라고 말한다. … 관상 사제인 켄 가이쉬는 학생들에게 로렌스 형제의 글들에서 나오는 기도 방법을 가르친다. 그리고 "임재"라는 말을 이렇게 묘사한다.

당신은 점점 하나님의 임재 안으로 들어가게 될 것이다. … 완만한, 떨리는, 깊은 에너지가 당신을 에워싸는 느낌을 받게 될 것이다. … 이 에너지에 몸을 맡기고 흘러가라. 이것이 우리 주의 임재다 … 이 임재 안에 잇대어 거할 때, 강도가 더 세진다. 이 경험은 말할 수 없을 정도로 짜릿하다.[17]

윤겐에 의하면, 로렌스의 임재연습이란 자기를 비우는 관상기도의 실제를 말하며, 결국은 깊은 에너지를 체험하는 것이다. 윤겐은 "틴델 에드워즈가 세운 워싱턴 D.C.의 살렘 연구소는 로렌스 형제를 자신의 관상 가운데 신이 온 세상 안에 있다는 신념을 가진 사람으로 간주한다."라고 말하면서, 릭 워렌을 비판한 워렌 스미스(Warren Smith)의 글을 인용했다.

기독교 관상은 하나님을 온 세상 안에서, 그리고 모든 사물을 하나님 안에서 찾을 수 있다는 의미다. 17세기 카르멜 수도회의 탁발 수도사인 로렌스 형제는 이것을 "어느 곳에서든 하나님을 발견하는 사랑스러운 응시"라고 했다.[18]

윤겐은 릭 워렌이 로렌스 형제의 이런 임재 연습이 호흡 기도로 성취될 수 있다고 말하는 것을 비판하며 베네딕스 수사들이 간단한 문구를 반복한다고 말했다. 소니아 코케티가 "우리 모두는 내면의 안내자의 음성을 듣기 위해 정신적 각성을 확대할 시간을 벌어야 한다"는 말을 인용하면서, 만트라를 사용해서 일어나는 최면 효과가 비밀종교와 구별이 안 된다고 말했다.[19]

유기성 목사의 또 다른 줄기는 프랭크 루박(Frank C. Laubach)이다. 유기성 목사는 『영성일기』에서 자신은 프랭크 루박의 '기도일기'에서 영향을 받았다

---

17) 레이 윤겐, **신비주의와 손잡은 기독교**, 김성웅 역 (서울: 부흥과개혁사, 2009), 237-244.
18) Warren Smith, *Deceived on Purpose* (Magalia, CA: Mountain Stream Press, 2004), 81, 83; 레이 윤겐, **신비주의와 손잡은 기독교**, 김성웅 역 (서울: 부흥과개혁사, 2009), 241에서 재인용.
19) 레이 윤겐, **신비주의와 손잡은 기독교**, 김성웅 역 (서울: 부흥과개혁사, 2009), 243.

고 말했다. 유기성 목사는 프랭크 루박의 기도일기를 읽고 난 후에 영성일기를 쓰기 시작했다고 추천서에서 다음과 같이 말했다.

> 저는 프랭크 루박 선교사의 일기에 도전을 받아 실제로 영성일기를 써보았고, 이제는 온 교우들과 함께 도전하고 있습니다. 제가 프랭크 루박 선교사를 통하여 얻은 유익은 바쁜 현대 생활 속에서도 온전히 하나님과 24시간 동행할 수 있다는 확신이었습니다.

유기성 목사의 영성의 줄기가 된 프랭크 루박은 누구인가? 프랭크 루박은 로마 가톨릭 수사인 로렌스 형제의 책, 『하나님의 임재연습』(The Practice of the Presence of God)으로부터 영향을 받은 사람이다. 명상과 크리야 요가(kriya yoga)를 가르치는 아난다(Ananda) 웹 사이트에서 나긴 렌티(Nakin Lenti)는 프랭크 루박에 대해 다음과 같이 말했다.

> 프랭크 루박(Frank Laubach, 1884-1970)는 기독교 신비주의자로써 하나님의 임재를 체험하는 것이 하나님 없는 외면적인 정치적 수단보다 더 선한 영향을 미친다고 믿는 사람이었다. 루박은 "일대일로 가르치기"(Each one Teach one)라는 놀라운 효과를 나타낸 어른 문학 프로그램을 개발하였다. 그의 목적은 궁극적으로 항상 영적인 것에 초점이 맞추어져 있었다. 매 순간순간마다 하나님과의 관계 안에서 살고, 다른 이들도 이처럼 살도록 독려하는 것이었다.
> "인간종교의 보편성"(A university man's religion)
> 스와미 크리야난다(Swami Kriyananda)는 루박의 종교적 훈련에서는 신성한 내면세계가 존재한다고 제시하시는 것이 전혀 없다고 말한다. 크리야난다는 "사람의 영적인 성장이라는 맥락에 있어서 신성한 본성이자 권리였으며, 그의 인식의 외적 발현이다"라고 썼다. 루박은 자신의 말로써 크리야난다의 인식을 지지한다. 1930년 전의 삶을 되돌아보는 글을 쓴 저서에는 그는 그 자신 안에는 "인간의 종교 안에 있는 보편성"을 소유했다고 말한다. "저는 예수님이 아마도 온 인류 중의 가장 위대한 삶을 살았다고 믿어왔습니다. 하지만 그렇게 믿어왔던 기억에는 예수님의 능력이 결핍되어 있었습니다. 그때 필리핀 민다나오에서 그리스도를 인격적으로 체험했고, 예수님이 살아계실 뿐만 아니라 내 안에서 살고 계심을 확신하게 되었습니다. 그가 내 마음으로 오실 때, 그는 내게 수많은 사람들을 위한 따뜻한 열정을 부어주셨고 그 열정은 내 삶속에서 커다란 능력으로 자리 잡았습니다."
> 루박은 펜실베니아의 부유한 치과의사의 아들로써 근본주의적 기독교 집안에서 자랐다. 그는 사춘기 시절 동네 도서관에서 토마스 아 캠피스의 고전소설 "그리스도를 본받아"를 통해 기도와 관상에 대해 접하면서 종교에 대한 관심을 가지기 시작했다.
> 16세가 되던 해에 그는 사역을 하기로 마음먹었다. 1913년 뉴욕 유니언 신학대학을 졸업하고 1915년 콜럼비아 대학에서 박사학위를 취득했다. 당시 신학생이었던 그는 로렌스 형제의 "하나님의 임재연습"이란 책을 접하고 있었다.[20]

렌티에 의하면, 로렌스는 "인간종교의 보편성"(A university man's religion)을 소유한 사람이다. 루박은 토마스 아 캠피스의 『그리스도를 본받아』를 통해 관상기도를 접했으며, 로렌스 형제의 『하나님의 임재연습』이라는 책을 접하고 있었다. 로렌스 역시 관상기도의 영향을 받은 사람이다.

렌타는 프랭크 루박이 인간종교의 보편성을 가지게 된 구체적인 실례를 다음과 같이 말했다.

회중 교회의 담임이 된 이후, 루박은 선교사로 부르심을 받았음을 느껴 필리핀으로 자원하여 섬기러 갔다. 그는 남쪽 해변에 있는 민다나오 섬에서 무슬림들과 사역하기로 마음먹었다. 그 지역은 기독교가 들어가지 않은 몇몇 지역 중 하나였다. 그러나, 라나오 지방의 단살란의 모로도시에 도착한지 몇 주 안 되서, 루박과 그의 아내는 그 도시를 떠나도록 압력을 받았다. 그 지역을 통제하고 있던 미군이, 모로스는 기독교인들에게 적대적이라 판단했던 것이다. 그렇게 하여 루박과 그의 아내는 민다나오의 북서지방에 정착하였고 사역을 시작하였다. 1922년 루박 부부는 마닐라로 거주지를 옮겼으며 루박은 그 지역의 초교파 교회 목사로 섬기며 유니언 신학대학을 설립하는 데 도움을 주었다. 하지만 그의 오랜 꿈은 모로스 지역에 기독교가 전파되는 것이었다.

긴장과 의심의 분위기
15년 후, 모로스의 적대심은 어느 정도 가라앉았고, 루박은 바로 라나오로 돌아갈 계획을 하고 있었다. 당시 그의 아내와 아이들은 마닐라에 머물고 있었다.
의심의 여지 없이, 루박은 긴장과 의심의 분위기로 들어가게 되었다. 몇몇 필리핀 기독교인들은 전에 단살란 지역에서 지역 문화를 어겼다. 몇몇 교사들은 죽임을 당했고, 최소 50개의 학교는 불에 타버렸다.
루박은 이러한 적대심과 마주해야 했고 어느 지역을 가도 똑같았다. 한 달 후, 그 스스로도 폭행을 당한다는 사실을 알게 되었다.

하나님이 그에게 말씀하시다.
루박은 자신이 없어질 뿐만 아니라 모로스 사람들을 이길 능력이 없음을 깨닫게 되었다. 그는 또한 그의 영적인 삶 속에서 엄청난 불만족을 느끼고 있었다. 그는 일 년 전 토마스 아 캠피스와 로렌스 형제의 책의 내용을 다시 상기했고 그는 "순간순간 하나님의 뜻을 따르는 노력이" 없이 살았음을 깨달았다.
하나님의 임재를 지속시키고자 결정하였을 때, 그는 자신의 간구를 바꾸어서 기도하기를 "하나님, 어떤 것이 이루어지시기를 원하십니까? 지금 이 순간 당신이 이루고자 하시는 것

20) Nakin Lenti, "Frank Laubach's Inner Journey," Jun. 1. 2007. Accessed Jun. 6. 29. 2019
https://www.ananda.org/clarity-magazine/2007/06/laubach-christian-literacy-god/

이 무엇입니까?"

매일 저녁 집에서 20분 떨어진 곳의 시그널 언덕 위에 해질녘에 올라갔다. 그곳에서 연못과, 산과 넓은 바다를 바라보며 그는 종종 크게 기도하며 모든 영혼을 다해 대답을 들으려고 하였다. 어느 날 저녁, 그의 절망의 깊은 곳에서, 그의 입술이 움직이기 시작했다. 이것은 마치 하나님이 그의 목소리를 루박을 통해 내는 것 같았다.

그 음성은 "나의 아들아. 네가 실패한 이유는 너는 모로스 사람들을 진실로 사랑하고 있지 않기 때문이란다. 네가 백인이란 이유로 너 스스로가 그들보다 우월하다고 생각하는구나. 너 스스로가 미국인이란 사실을 잊고, 내가 사랑한 대로 그들을 사랑한다면, 그들은 움직일 것이다." 루박은 대답하였다. "그렇습니다. 하나님. 내 자신을 비워주십시오. 하나님이 내 안에 오셔서 당신의 생각을 내 안에서 하셔서 이루어 주십시오."

그러자 그 목소리가 루박의 입술을 통해서 다시 말하였다. "만약 모로스가 네 종교에 공평하기를 원한다면, 너 또한 그들에게 공평하여라. 그들과 함께 코란을 배워라"

모로스 종교지도자에게 배우다.

다음날 루박은 모로 종교지도자에게 가서 코란을 배우고 싶다고 말했다. 그는 루박이 무슬림이 되고 싶어하는 줄로 생각하고 열렬히 반응하였다.

그들은 네 권의 이슬람 경전은 가지고 왔다, 하나는 토라(모세의 율법), 하나는 자버(다윗의 시편)였고 키탑인질(예수 그리스도의 복음)과 마호메트의 코란이었다.

루박은 그들의 언어로 최대한 할 수 있는 대로 말하길 "어렸을 적에 처음 세권의 책(토라 자버 키탑인질)을 배웠습니다."라고 말했고 모로 지도자는 영어와 그들의 방언을 섞어가며 예수는 마호메트 이후 가장 거룩했던 선지자라고 말했다.

모로스 사람들과 드디어 다리가 놓이면서 루박은 그들의 문맹의 문제를 파고들 준비가 되어있었다. 문맹을 가르치는 것은 루박에게 있어서 전도를 하기에 필요적 요소였다. 그의 첫 번째 과제는 모로어로 되어있는 "마라나우"사전을 만드는 것이었으며 인쇄소와 학교 설립이 뒤를 따랐다. 모로스 지도자와 모로스 청년들은 그들의 기쁨을 다음과 같이 표현했다. "당신이 처음으로 우리를 이해하고자 했습니다."[21]

렌티에 의하면, 루박은 무슬림의 경전인 코란을 배우고 무슬림을 이해한 사람이다.[22] 루박은 기독교의 유일성을 말하는 선교사가 아니라 인간종교의 보편성으로 사람들에게 접근했다. 이것이 유기성 목사가 극찬하며 추종하는 프랭크 루박의 실체다!

그러나, 유기성 목사는 자신의 페이스북에서 루박의 선교사역에 대해 다음과

---

21) Nakin Lenti, "Frank Laubach's Inner Journey," Jun. 1. 2007. Accessed Jun. 6. 29. 2019.
https://www.ananda.org/clarity-magazine/2007/06/laubach-christian-literacy-god/
22) Ibid.,; 렌티는 글 마지막에 다음과 같이 첨언했다. "무슬림은 마호메트를 새로운 종교의 창시자로 보는 것이 아니라 아브라함과 모세, 예수, 그리고 다른 선지자들의 본질적 일신주의를 회복한 사람이라 믿는다. 상당수의 무슬림들은 유대교나 기독교의 성경이 타락하고 본질의 신성함을 계시하지 않는다고 생각한다."

같이 말했을 뿐이다.

프랭크 루박 선교사는 1884년 생으로 필리핀 남부 민다나오 섬의 이슬람교도들의 마을에서 사역하였는데, 45세가 될 때까지 신앙생활에 만족을 느끼지 못하였습니다. '하나님께서 정말 우리의 모든 삶에 함께 하실까?' '순간순간 하나님의 임재 안에 사는 것은 가능할까?' 갈등하다가 1930년 믿음의 실험을 시작했습니다. 매 분마다 하나님을 바라보고 하나님께서 인도해 주시기를 기다리는 것입니다. 그리고 그 과정을 매일 일기로 기록하는 것입니다. 그 일기가 책으로 나왔습니다. [프랭크 루박의 편지]입니다.23)

렌티의 글을 통해 유기성 목사의 글을 보면, 유기성 목사는 프랭크 루박의 '실험'이 얼마나 위험한 실험인자를 간과했다. 기독교 용어를 사용한다고 해서 그 사람을 추종해서는 안 된다. 그 사람이 아무리 기독교 용어를 사용한다고 할지라도 실제로 어떤 방법을 사용하고 어떤 목적을 가지고 있는자를 깊이 살펴보아야 한다.

필립 로메인(Philip St. Romain)은 『쿤달리니 에너지와 기독교 영성』이라는 책에서 '관상기도는 쿤달리니 에너지'라고 관상기도의 대가인 토마스 키팅(Thomas Keating)이 인정했다고 말했다.24) 필립 로메인이 '관상기도는 뱀의 에

---

23) 유기성, "여러분은 얼마나 주님과 친밀하십니까?," Dec. 29. 2016. Accessed Jun. 6. 29. 2019. https://www.facebook.com/pastor.yookisung/posts/1221783171253003/

24) http://patriotsandliberty.com/lindas-latest/2015/3/17/kundalini-shakti-the-new-contemplativecentering-prayer)/ KUNDALINI SHAKTI & THE 'NEW' CONTEMPLATIVE/CENTERING PRAYER; 〈Cistercian priest Thomas Keating, who has inspired many Christian leaders including Brennan Manning and Quaker mystic Richard Foster who favorably quotes the heavily demonized Carl Jung in the second chapter of his book, "Celebration of Discipline," is known as a 'living Spiritual Teacher' or Master of the 'new' contemplative prayer. Terms like 'spiritual master' actually come straight out of Eastern mysticism and are tantamount to 'guru'. In the foreword to Philip St. Romain's book, "Kundalini Energy and Christian Spirituality," Keating even acknowledges that kundalini energy (aka, Zoe, seething power of Lucifer, the Force, serpent power) is the focus of the "new" Christian contemplative prayer.

http://www.raptureforums.com/forums/threads/kundalini-energy-serpent-power-same-as-contemplative-prayer.7683/ Kundalini Energy (Serpent Power) Same as Contemplative Prayer, Discussion in 'Modern Cult Groups & Errant Religions' started by Ruth, Aug 6, 2007. Kundalini Energy (Serpent Power) Same as Contemplative Prayer … Says Thomas Keating. According to Thomas Keating, the father of the modern day centering (contemplative) prayer movement that is sweeping widely within evangelical circles, the silence or sacred space that is reached during contemplative prayer/centering prayer is the same state that is reached

너지를 받는 쿤달리니다'라고 말하는 책에 관상기도의 대가인 토마스 키팅은 그
것을 인정하고 추천하는 서문을 썼다.

　강영안 교수는 2008년 11월 청어람 아카데미 가을학기에 "주자의 독서법과
렉티오 디비나"라는 제목으로 강의했으며, 2009년 연세대 미래교회 컨퍼런스에
서 "영성과 렉티오 디비나"라는 제목으로 강의했다.[25] 김수천 교수는 "렉티오
디비나 서방 가톨릭교회에서 침묵기도(관상기도)의 전형으로 실천하는 영성훈
련이다"라고 말했다.[26]

　영성가들이 말하는 상상력이란 여러 수원지(水源池)가 있지만, 많은 부분에서
융의 적극적 심상법을 활용한다. '영성의 뿌리는 칼 융이다'라고 말할 만큼 영성
에 있어서 융의 위치는 지배적이다. 영성 목회를 말하는 스위스 융 연구소를 수
학한 임영수 목사는 융을 "목회에 다시 없는 좋은 반려자"라고 말했다.[27]

　임영수 목사는 다음과 같이 말했다.

> 지금도 융은 필자에게 좋은 mentor이다. 융을 알았기 때문에 목회 현장에서 돌보아야 할
> 양무리들을 함부로 정죄하거나 단정하지 않고, 그들을 이해하고, 그들의 입장이 되어 보고
> 자 하는 목회적 태도를 갖게 된다. 무엇보다도 융을 통해서 인간의 행동을 선과 악이라는
> 이원적 구도에서 보지 않고 중립적인 안목으로 그의 문제를 볼 수 있는 안목을 갖게 되었
> 다.[28]

during what is called kundalini. Catholic priest Philip St. Romain wrote a book called Kundalini Energy and
Christian Spirituality. Kundalini is based on the occultic chakra system where a supposed universal energy
flows through a human being and through all of creation, uniting all and acknowledging divinity in all
things and all people. Ray Yungen says kundalini is a "Hindu term for the mystical power or force that
underlies Hindu spirituality"(ATOD, 2nd ed., p.46). In Hinduism, kundalini is called serpent power.
25) 최일도 목사 "교회 밖 향해 마음 크게 열어야," Jun. 23. 2009. Accessed May. 16. 2019.
http://www.christiantoday.co.kr/news/202956
26) 김수천, "렉시오 디비나를 응용한 QT와 침묵기도의 실제," May. 19. 2017. Accessed May. 16. 2019.
KMC뉴스 http://www.kmcnews.kr: "이것은 이미 6세기에 수도 규율집으로 유명한 성베네딕투스의 수도원에
서부터 실천되던 기도 방법이었는데 후에 귀고2세에 의해 서방교회 안에서 관상기도의 전형으로 정착되었다. 말
씀묵상과 기도가 결합된 렉시오 디비나는 일반적으로 네 단계로 이루어진다. 읽기(lectio), 묵상하기(meditatio),
기도하기(oratio), 관상하기(contemplatio)이다. 여기서 기도하기란 대개 소리를 내어 하는 기도로 하나님의 은혜
를 구하는 기도라고 할 수 있으며 관상하기란 성령의 임재 가운데 드리는 침묵기도를 의미한다. 기도의 단계와
목표에 있어서 이 기도는 전통적인 영성의 진보단계인 정화(purification), 조명(illumination), 연합(union)의 세
단계와 깊은 관련이 있다."
27) 임영수, "융과 목회상담 : 융(Jung) 심리학(心理學)과 목회(牧會)," 목회와 상담 3 (2002): 107(104-109).
28) Ibid., 106; "융의 이론은 얽혀 있는 인간 내면의 문제를 보다 바르게 분석하고, 그를 도와주는데 도움을 준

임영수 목사는 융을 좋은 멘토로 여기며, 인간의 행동을 선과 악이라는 이원적 구도가 아니라 중립적인 안목으로 본다고 말했다. 융이 멘토가 되면 목사에게 어떤 영향을 주는가? 임영수 목사는, "어떤 면에서 하나님은 우리가 찾는 리얼 셀프의 원형이라 할 수 있단 말예요", "저는 융을 읽어갈수록 인간 문제를 깊게 분석하고 정직하게 들여다 볼 수 있었습니다"라고 말했다.[29] 융이 멘토가 되면 하나님은 "리얼 셀프의 원형"이 된다. 하나님이 원형이 되어버리면 어떤 결과가 일어나는지 이 책을 통해 확인하게 될 것이다.

정용섭은 모새골의 영성을 말하면서, "임 목사가 끌어가고 있는 모새골의 영성은 탄탄한 신학, 칼 융의 정신분석과 건강한 세계 인식, 그리고 목회적 현실감각이 종합적으로 작동함으로써 매우 독특하고 확실한 영성의 지평을 열어간다는 점에서 구별된다"라고 말했다.[30] 융의 심리학으로 영성을 추구한다는 것은 원형과의 만남과 체험으로 가게 된다.

임영수 목사는 더 놀라운 말을 했다.

> 인간들에게는 모두 다 종교성이 있습니다. 그러나 그 종교성이라는 것은 영성과는 다른 것입니다. 우리가 내면적인 그릇을 갖고 있다고 하면 종교성이라는 그릇을 다 갖고 있는데 동양 신비 종교 같은 데에서는 거기에 하나의 자연 정신으로 채우는 것이고 우리 기독교에서는 하나님을 아는, 하나님과 깊은 교제 속에서 하나님으로 채워 가는 것입니다. 그래서 종교성이라는 그릇에 어떤 유형의 영적인 요소가 담겼느냐에 따라 불교의 영성도 되고 힌두교의 영성도 되고 기독교의 영성도 될 수 있다는 것입니다.[31]

임영수 목사에 의하면, 인간이 가진 "종교성이라는 그릇에 어떤 유형의 영적인 요소가 담겼느냐?"에 영성이라는 이름만 달라질 뿐이다. 임영수 목사의 말은 '어느 종교나 인간론에는 일치점이 있다'는 것을 의미한다. 인간론이 일치하면 어떤 결과를 가져올까?

다. 그리고 인간으로서 올바르게 성장해 가는데 도움을 주게 된다."

29) 한종호, " 정직한 영성에서 솟아나는 말씀으로," **성서와설교** (2011).

30) 임영수, '영성과 삶' 소개 글에서, Accessed Apr. 27. 2010. https://shop.hongsungsa.com/product/영성과-삶/

31) "영성, 새로운 교회 모델제시," Nov. 9. 2012. http://blog.daum.net/kimuks/7534458 Accessed. Jan. 15. 2013.

이독영은 다음과 같이 말했다.

> 융은 영적 성장이란 인격의 중심이 자아(ego)로부터 자기(self)에로 옮겨가는 것이라고 생각했다. 다르게 표현하면 영적인 성장이란 하나님에 대한 이미지를 발견해서 그것을 인격의 나머지 부분에 통합시키는 것이다.[32]

이독영은 영적 성장을 융의 분석심리학의 관점으로 말했다. 이독영의 영적 성장은 융의 신(神)인 자기(self)와의 통합이다. 놀랍게도 이독영은 융의 영성이나 기독교 역사 안의 영성을 "이 둘은 모두 의식과 무의식을 통합하는 인간의 전체성을 지향한다는 유사점을 가지고 있다."고 말했다.[33] 융의 영적 성장과 혼합되면 기독교는 무너진다. 성경의 하나님은 사라지고 융의 자기(self)가 하나님이 되기 때문이다.[34]

영성에 대한 이런 융 심리학적 관점은 그 이전 세대가 먼저 천착했다. 김성민 교수는 기독교 영성은 "사람들이 전일성(wholeness)에 도달할 때 이루어진다"고 말했으며,[35] 자기(self)를 활성화하도록 무의식과의 대화를 말했다.[36]

이어서, 김성민 교수는 다음과 같이 말했다.

> 기독교에서는 그런 삶은 그리스도에게서 완전히 실현되었으며, 사람들이 그것을 믿으면 사람들에게 하나님의 선물로 주어져서 "그리스도인의 완전"에 도달할 수 있다고 주장한다.

---

32) 이독영, "기독교 영성훈련을 통한 심리적 변화와 영적 성숙에 대한 연구" (박사학위논문, 목원대학교 대학원, 2013), 88.
33) Ibid., 2; "융의 분석심리학은 인간의 정신세계에서 중요한 부분으로 생각한 무의식 속에서 그 안에 있는 신성과의 만남을 통해서 내면의 통합을 이루어 온전한 인간의 정체성을 지향한다. 그리고 기독교 역사 안에서 영성의 삶을 산 사람들이 의식을 뛰어넘는 무의식 속에 들어가 신성을 체험하기 위하여 행했던 영성수련은 주로 나를 비우고 무의식 속에서 하나님의 임재를 구하는 관상기도 중심의 영성이었는데, 이 둘은 모두 의식과 무의식을 통합하는 인간의 전체성을 지향한다는 유사점을 가지고 있다."
34) 이독영, "기독교 영성훈련을 통한 심리적 변화와 영적 성숙에 대한 연구" (박사학위논문, 목원대학교 대학원, 2013), 75; "기독교 영성과의 관련에서 강조해야 할 것은 자기는 한 사람의 내면에만 존재하는 주관적인 요소가 아니라 다른 사람들의 내면에도 있으며, 모든 사람들을 뛰어넘어 통합의 길로 인도하는 요소인 것이다. 자기는 내재적이면서 동시에 초월적인 역동성이며, 자아와 전혀 다른 타자라는 것이다. 우리 삶의 잘못은 자아의 욕망을 하나님의 뜻으로 알고 사는 자아 중심성에서 생겨나는데 그래서 융은 자아는 언제나 자기와 긴밀한 축을 유지하며 살아야 한다고 강조했다."
35) 김성민, "기독교영성과 개성화과정 - 버나드 로너간의 신학사상과 C. G. 융의 분석심리학 사상을 중심으로," 신학과실천 51 (2016): 278(275-302)8.
36) Ibid., 299.

이 점이 비기독교적 영성과 다른 점이다. 이런 특성을 가진 기독교 영성은 가톨릭 신학자 버나드 로너간의 신학사상에 잘 나타나 있는데, 그의 생각은 스위스의 분석심리학자 C. G. 융의 개성화와 많은 점에서 유사하다. 두 사람 모두 정신발달의 궁극적 지평은 사람들이 그들의 자아(自我)를 초월하여 더 높은 단계의 삶을 사는 것이고, 그것은 사람들이 그들의 내면에 있는 신적(神的) 본성을 실현시키는 것으로 이루어지며, 그때 사람들은 자신의 본래성을 찾을 수 있다고 주장했기 때문이다.37)

김성민 교수는 기독교 영성이라 하면서 가톨릭 영성과 융의 개성화가 유사하다고 말했다. 그러나 기독교의 경건은 가톨릭과 같은 영성이 아니며 기독교의 성화는 융의 개성화와 절대 유사하지 않다. 기독교는 인간의 내면에 있는 신적(神的) 본성을 실현하는 것이 아니기 때문이다. 김성민 교수는 다음과 같이 말했다.

연금술사들의 본래적인 의도는 어떤 물질적인 것을 얻으려는 것이 아니라 물질에서 신을 추출하고, 물질 속에 갇혀 있는 신을 해방시키려고 했다는 것이다. 사실이 그렇다면 연금술이란 자연과학적인 작업이 아니라 고도로 정신적인 작업이며, 인간의 육체라는 물질 속에 갇힌 신을 의식화하고 실현시키려는 종교와 다를 바 없는 것이다. 우리 안에 있는 하느님의 형상을 깨닫고, 그것을 실현시키려는 기독교의 영성과정과 다를 바 없는 것이다. 이렇게 해서 각성되고, 고양된 의식은 무의식이나 물질로부터 해방된 신 또는 자아-의식에 성육 된 하느님으로 이해된다.38)

김성민 교수가 말하는 기독교 영성은 인간의 내면에 신성한 것이 있다는 것을 깨닫고 그 신성을 실현하는 것이다. 김성민 교수가 말하는 '하느님의 형상'이란 물질 속에 신이 있듯이 인간 안에 신이 있는 것과 같은 의미이다. 김성민 교수가 말하는 "우리 안에 있는 하느님의 형상"이란 융의 '우리 안에-있는-하느님'이다. 김성민 교수는 영성을 말하면서 아빌라의 테레사, 십자가의 성 요한, 토마스 머튼, 테제 공동체 등과 같은 신비주의 영성을 말했다.39) 신비주의는 범신론을 내포한다. 윌리엄 에임스는 "나는 신비주의를 범신론적으로 묘사했다"라고 말했다.40) 김성민 교수가 말하는 영성이란 자기 안에 있는 신성을 체험하고

37) Ibid., 278-279.
38) 김성민, **분석심리학과 기독교** (서울: 학지사, 2012), 85-86.
39) Ibid., 188.
40) 윌리엄 에임스, **종교체험의 여러 모습들**, 김성민·장지련 역 (서울: 대한기독교서회, 2005), 455.

완성하는 것이다. 김성민 교수는 다음과 같이 말했다.

> 영성과정은 사람이 하느님을 만나고 하느님과 하나가 되어 살려는 과정인데, 그것은 사람이 하느님을 만나서 자신의 내면에 있는 하느님의 형상이 하느님의 빛으로 조명되어 점점 더 분명하게 드러나 그의 존재 전체를 지배하는 과정으로 전개된다. 그러기 위해서 영성가들은 자신의 내면에 있는 하느님과 다른 부정적인 속성을 정화시키려고 하였고, 많은 시간 동안 그 작업에 몰두하였다.[41]

칼 융의 심리학에 경도된 김성민 교수의 영성은 하느님과 하나가 되는 것으로 보는 것 자체가 기독교의 경건과 다르다. 인간이 하느님과 합일에 이르기 위해 자기를 정화하는 것은 기독교 신앙이 아니다. 김성민 교수가 말하는 "내면에 있는 하느님"은 융의 신성한 내면아이를 말한다.

김성민 교수는 다음과 같이 말했다.

> 그러므로 우리는 하느님의 현존을 드러내는 수많은 상징에 "주의 깊게 관찰하고, 신중하게 고려하는 태도"를 기울이면서 하느님을 찾아야 한다. 우리가 이런 하느님을 발견하고 그 하느님을 드러낼 때 '우리 안에-있는-하느님'(God-within-us)은 온전히 실현될 수 있게 된다.[42]

김성민 교수가 언급한 '우리 안에-있는-하느님'은 중심 원형인 자기(self)를 다르게 지칭하는 것이다.[43] 융에게 원형이란 인간의 내면에서 일으키는 작용을 의미하며, 스스로 그 작용하는 것이 현실을 만들어낸다고 보았다.[44] 융의 하느님은 인간의 내면에 신성이 있다는 것이며 그 신성한 것이 스스로 작용해서 만

---

41) 김성민, **분석심리학과 기독교** (서울: 학지사, 2012), 194.

42) Ibid., 429.

43) 김성민, **칼 융의 『심리학과 종교』 읽기** (서울: 세창미디어, 2015), 45; "융은 자기를 가리켜서 우리-안에 있는-신이라고 불렀다. 자기는 사람들이 하는 종교체험의 기반이 되고, 사람들이 꿈이나 여러 가지 정신현상을 통하여 자기 원형을 체험하는 순간 신을 체험할 때 느끼는 것과 똑같은 누미노제 체험을 하게 하는 것이다."

44) 김충렬, (2017.09.07.) "자아가 의식의 주체라면, '자기'는 무의식과 전 인격의 주체," http://www.christiantoday.co.kr/news/303800/ "자기의 존재는 우리 내부에서 스스로 작용하고 있는 어떤 것 (etwas in uns selber Wirkendes)으로서 체험될 수 있다. 융은 현실(Wirklichkeit)이라는 말이 작용하다(wirken)에서 나온 것임을 주목한다. 우리들 내부에서 스스로 '작용'하고 있는 어떤 것이야 말로 진정한 현실을 드러낸다는 것이다. 물론 '작용하고 있는 것'에서 표현되고 있는 그 작용이란 다름이 아닌 원형(原型, Archetypus)의 작용이다."

들어내는 현실을 인간이 살아가는 것이다.

융의 심리학과 영성에 깊이 영향을 받은 것 중 또 하나는 예수원의 '두나미스 프로젝트'이다. 제4 과정에서는 심층심리학을 모델로 삼는다. 예수원의 젭 브래드포드 롱(Zeb Bradford Long)은 다음과 같이 말했다.

> 우리는 이 성경적인 "마음 모델"에 심층심리학(depth psychology)으로부터 얻은 통찰력을 첨가했다. 심층심리학 모델은 스위스의 심리학자인 칼 융이 제시한 것이다. 나는 많은 복음주의적 그리스도인들이 융의 업적에 대해 이의를 제기한다는 것을 알고 있다. 나는 그 중의 많은 부분에 공감하며 그가 제시한 시스템의 몇 가지 측면들이 실제로 한 사람을 마귀적인 것에 열릴 수 있음을 설명해 준다고 믿는다. 하지만 인간 정신에 대한 융의 가설은 내적 상처가 어떻게 형성되고 성령께서 어떻게 그것을 치유하실 수 있는지 이해하는데 매우 도움이 된다. 나는 여기에 가져온 융의 통찰력이 성경적 모델과 모순되지 않고 안전하게 사용될 수 있다고 믿는다.45)

롱은 심층심리학의 문제를 알고 있으면서도 심층심리학을 수용했다. 롱은 심층심리학이 내적상처가 형성되고 성령께서 치유하시는 것을 이해하는 데 도움이 된다고 생각했다. 롱은 다음과 같이 말했다.

> 잠재의식(무의식)의 내용
> 잠재적인 마음속에서 발견될 수 있는 내용들 중 몇 개를 소개한다.
> a) 의식적인 마음에 더 이상 영향을 주지 못하는 과거의 기억들, 이러한 기억들 중에는 잊혀져 무의식 속으로 가라앉은 것도 있고, 그 기억이 담고 있는 아픈 내용과 그 기억으로 연상되는 것들 때문에 적극적으로 억눌려 있는 것도 있다.
> b) 정서에 매우 강한 영향을 준 경험 주변에 달라붙어 있는 기억들은 기억의 다발을 형성한다(융은 이것을 "콤플렉스"라고 불렀다.).
> c) 원형(Archetypes)이란 우리가 몸소 경험한 것을 구체화 시키는 타고난 정신적 구조들이다.
> d) 마음(psyche)에 의미와 일관성을 부여하는 의식적인 수준에서 일어나는 과정46)

롱은 칼 융의 심리학을 그대로 옮겨왔다. 콤플렉스와 원형을 기독교 안에 가져와서 내적치유를 한다는 것은 성경의 하나님과 칼 융의 자기(self)를 혼합하는 것이다. 롱은 "모든 상처들은 심리적인 콤플렉스 혹은 기억의 다발과 같은 용어

---

45) 젭 배드르포드 롱, **예수 그리스도의 치유사역**, 조세핀 최 역 (서울: 두나미스, 2013), 195.
46) Ibid., 206.

로 묘사되는 정서적, 심리적 측면들을 갖고 있다"라고 말했다.47)

융의 심리학에서 콤플렉스의 핵심에는 자기(self)가 있다. 융은 '자기 콤플렉스'를 "헤르메스 철학에서의 현자의 돌, 또는 교부들의 그리스도에 관한 비유와 어떤 관계를 가지고 있는가를 다룰 뿐이라고 하였다."48) 융의 자기 개념에 있는 콤플렉스로 인간의 심리를 설명하면 기독교는 심층심리학보다 하위에 존재하게 된다.

권용근 교수는 융의 심리학에 근거하여 8가지 영성으로 분류하면서 다음과 같이 말했다.

> 우리는 지금까지 융의 정신유형론에 기초한 여러 형태의 영성유형을 살펴보았다. 다양한 형태의 영성유형은 어느 것이 옳고 나쁘다 할 수 있는 문제는 아니다. 모두가 그 나름대로 특징과 장단점을 가지고 있기 때문이다. 그리고 다양한 영성유형의 특징들은 각 개인이 지니고 있는 성격이나 기질과 연관성을 지니고 있는 것으로 이해해야 할 것이다. 융은 우리 각 개인이 지닌 심리적 유형의 독특성이 있어도 무의식 속에는 개발되지 아니한 열등한 기능을 지닌 또 다른 면이 있음을 지적하고 있다. 그래서 이 열등기능이 잠재되어 있다가 무의식적인 충동이 있을 때 우세한 기능까지도 흔들어놓는다고 했다. 그러므로 온전한 자기실현을 위한 개성화 과정은 잠재되어 있는 또 다른 면도 함께 개발되어져야 한다고 했다. 이러한 원리는 영적 성장을 지도하기 위한 기독교교육 현장에서도 동일하게 적용될 수 있을 것이다.49)

권용근 교수에 의하면, 여러 가지 영성이 있고 그런 영성유형을 '옳고 나쁘다'고 할 수 없다. 권용근 교수의 이런 관점은 융의 심리학으로 영성을 해석한 결과이다. 보나벤투라(Bonaventure)의 "자칫하면 자연주의 영성은 자연숭배나 범신론에 빠질 수 있다. … 오늘날 많은 뉴에이지풍의 영성유형은 뒤틀어진 감각주의 영성유형으로 볼 수 있다."라고 말함으로써 권용근 교수의 말에는 논리적 일치성이 없다.50) 권용근 교수는 다음과 같이 말했다.

> 칼 융은 모든 인격은 개성화 과정을 통해서 대극의 균형을 회복하고 전일성에 가도록 해야 한다고 한다. 마찬가지로 기독교교육 현장에서 이루어지는 인간의 영적 성장과 지도도 다

---

47) Ibid., 211.
48) 이부영, **자기와 자기실현** (파주: 한길사, 2010), 81.
49) 권용근, "칼 융(C. G. Jung)의 정신유형론에서 본 영성유형 분석," **기독교교육논총** 26 (2011): 86(57-91).
50) Ibid., 85.

양한 대극 구조 속에서 극단으로 치우치지 않고 균형 잡힌 모습으로 지도하고 성장할 수 있을 때에 온전함에 이를 수가 있을 것이다.[51]

권용근 교수는 영성을 개성화를 통한 대극의 균형과 전일성으로 가는 것이라고 말했다. 권용근 교수가 융의 개성화를 기독교 영성 성장으로 말한 것은 중대한 오류이다. 융의 개성화는 자기(self)의 실현이기 때문이다.

한국기독교 상담협회 "회원소식" 게시판에는 "윤종모 주교님 기사 링크"라는 제목의 글이 있고, 그 글에는 "본 학회 영성분과위원회 공동위원장이시자 2대 학회장을 역임하셨던 윤종모 주교님의 기사가 있어서 함께 나누고자 합니다. '오직 예수가 배타성을 띨 때 우상이 된다' 기사 바로가기"라는 글이 있다.[52] 윤종모 주교는 "'오직 예수'가 배타성을 띨 때 우상이 된다"고 말하면서, "명상은 기독교에서 거부할 대상이 아니다"라고 말했으며, 붓다의 일화를 통해 명상을 말했다.[53] 윤종모 신부는 영성치유를 융의 참자아 개념으로 말했다.[54]

오늘날 교회 안에 일어나고 있는 영성 바람에는 칼 융이 자리 잡고 있다. 융의 실체를 말하지 않으면서 융을 교회 안에 가져오면 교회는 융 교회가 되고 융 기독교가 되어버린다.

우리 주 예수 그리스도께서는 이렇게 말씀하셨다.

---

51) Ibid., 87: "칼 융의 8가지 유형과 연관시켜 찾아본 영성의 유형은 자연주의 영성, 묵상주의 영성, 행동주의 영성, 지성주의 영성, 전통주의 영성, 금욕주의 영성, 박애주의 영성, 열정주의 영성들이 있었는데 이들을 구분해서 그 성격들을 볼 수 있었다. 영성의 유형들을 더 세분화시켜서 연구하려면 융의 분석심리학에 기초한 MBTI 조사 방법을 원용하면 더 많은 유형의 내용들을 얻어낼 수 있을 것이다."

52) 한국기독교상담심리학회, Mar. 4. 2019. Accessed May. 29. 2910.
http://kaccp.org/bbs/list.asp?bid=bid_2 윤종모 주교님 링크.

53) 윤종모 주교, "오직 예수'가 배타성을 띨 때 우상이 된다" 중앙일보, Mar. 4. 2019. Accessed May. 29. 2910. https://news.joins.com/article/23400625?cloc=joongang%7chome%7cnewslist1#home

54) 송순현, "폭포처럼 쏟아지는 참나의 눈부신 빛살을 보라!" Dec. 23. 2018. Accessed May. 29. 2019.
https://bomnahl.mhjn.kr/폭포처럼-쏟아지는-참나의-눈부신-빛살을-보라; "아싸지올리Assagioli라는 사람이 정신종합요법이란 걸 소개했는데, 그 내용이 알고 보니 영성 치유법이더라고요. 아픔과 상처, 실존적인공허감, 의미상실 등으로 고민하는 사람들에게 더 깊은 차원으로 들어가 현재의 자아가 아닌 더 고차원적인 자아를 만나게 하는 건데, 그 고차원적인 자아라는 게 말하자면 칼 융Carl Gustav Jung이 말한 참자아true self 같은 거거든요. 그처럼 참되고 커다란 존재, 정신세계와 만나면 작은 것들, 이를테면 상처나 분노나 미움 같은 것들이 밀려 나면서 시원해짐을 느끼죠. 이게 바로 영적치유의 과정입니다. 다시 말해 영성치유라는 것은 그 대상을 영적으로 성장시켜 치유하는 것이죠."

예수께서 가라사대 내가 곧 길이요 진리요 생명이니 나로 말미암지 않고는 아버지께로 올 자가 없느니라(요 14:6)

예수 그리스도 외에는 구원을 얻을 수 없다(행 4:12)!!! 융의 분석심리학은 예수 그리스도의 구원을 파괴한다. 예수 그리스도를 믿어 구원을 얻은 성도라면 예수 그리스도의 복음을 무너뜨리는 사탄의 악한 궤계를 물리치고 오직 예수 그리스도를 믿는 믿음으로만 살아가야 한다(롬 1:17).

신성한 내면아이란 무엇인가?

신성한 내면아이란 '인간의 내면에 신성이 있다'는 말이다. 세상 인문학의 핵심을 쥐고 있는 것은 신성한 내면아이다. 내적치유자들이 말하는 내면아이는 '도덕적으로 순결'한 신성(神性)한 인간이다. 내적치유자들은 내면아이를 성경의 속사람이라고 속인다. 칼 융의 분석심리학도 마찬가지다. 영성도 상담도 신성한 내면아이 개념을 근본적으로 가지고 있다. 신성한 내면아이를 부정하면 세상의 영성과 인문학은 존립 자체가 불가능하다. 멘탈리티의 핵심 키워드를 말하기 위해서는 반드시 신성한 내면아이를 알아야 한다.[55]

세상은 왜 신성한 내면아이를 말하는가? 인간이 외부의 도움 없이 자기 스스로 문제를 해결하려고 하면 인간론이 정당화되어야 하기 때문이다. 인간에 대한 존재론이 부적절하면 모든 것이 무너진다. 내적인 모순을 가지고 있는 존재가 치유와 성장을 한다는 것은 논리적 모순이기 때문이다. 존재론에 정당성을 부여하기 위해 끌어들이는 개념이 신성한 내면아이다.[56]

---

55) 필자의 책 『내적치유와 내면아이』, 『내적치유와 구상화』를 참고하라.

56) http://en.wikipedia.org/wiki/Inner_child Inner; 〈child is a concept used in popular psychology and Analytical psychology to denote the childlike aspect of a person's psyche, especially when viewed as an independent entity. Frequently, the term is used to address subjective childhood experiences and the remaining effects of one's childhood. The inner child also refers to all of the emotional memory and experiences stored in the brain from earliest memory. The Twelve-step program recovery movement considers healing the inner child to be one of the essential stages in recovery from addiction, abuse, trauma, or post-traumatic stress disorder. In the 1970s, the inner child concept emerged alongside the clinical concept of codependency(first called Adult Children of Alcoholics Syndrome.) Carl Jung referred to a similar concept as the "Divine Child". Emmet Fox called it the "Wonder Child". Charles Whitfield dubbed it the

신성한 내면아이는 외부로부터의 도움을 배제하고 인간이 자율성을 가지고 삶의 문제를 해결하려는 시도에서 만들어진 개념이다. 이죽내 교수는 "모든 것은 자기 자신으로부터 출발하여야 하고, 자신의 마음 밖에서는 구할 것이 없다는 것이 동양사상과 융 심리학의 기본 태도이다."라고 말했다.57) 그렇게 하려면 먼저 자기 존재가 자리매김 되어야 하는데, 바로 그 시점에서 신성을 확보한다.

인간이 자기 안에 신성을 확보하려는 시도는 사탄이 에덴동산에서 아담과 하와를 유혹하여 하나님께 죄를 지어 타락하게 했던 때부터 시작되었다. 인간의 범죄는 하나님의 은혜 없이, 하나님의 도우심 없이 인간이 신이 되고 인간 스스로 삶의 주인이 되어 모든 것을 해결하려는 사악한 의도였다.

인간이 신성을 확보하고 자율성을 얻으려는 시도는 역사 속에서 시대마다 그 옷을 바꿔 입어 가며 일어났다. 그 시도는 하나님의 말씀을 왜곡시켜 왔으며 인간으로 하여금 죄를 짓게 했다. 오늘날에는 '신성한 내면아이'라는 이름으로 인간이 신성함을 소유하고 있으며, 신(神)이 되어 가는 과정이며, 신(神)이 되었다는 거짓된 말로 영혼들을 심판과 죽음으로 몰아가고 있다.58)

"Child Within". Some psychotherapists call it the "True self". Transactional Analysis calls it simply Child. W. Missildine may have been the first to refer to this concept as the inner child in his 1963 book Your Inner Child of the Past. The "wounded inner child" is a modified application of the inner child concept popularized by American educator, and pop psychology and self help movement leader, John Bradshaw. Other writers who have developed and expanded the concept and methods include Cathryn Taylor, Lucia Capacchione, Louise Hay, Dr. Margaret Paul, and Pia Mellody. Some recovery methods such as "radical forgiveness" disdain the inner child concept and teach that the idea of "nurturing the inner child" actually holds one back from full recovery by encouraging a victim stance. The inner child can be considered a subpersonality, and many of those therapy approaches that work with subpersonalities deal with the inner child, even if they don't use that term. Internal Family Systems Therapy(IFS) has expanded the concept considerably in recognizing that there isn't just one inner child subpersonality, but many. IFS calls the wounded inner child subpersonalities "exiles" because they tend to be excluded from consciousness in order to defend against the pain and trauma that they carry. It has a sophisticated method for gaining safe access to a person's exiles, witnessing the stories of their origins in childhood, and healing them.〉

57) 이죽내, "융 심리학과 불교사상," 불교평론(2014.9.1.).

http://www.budreview.com/news/articleView.html?idxno=1458; "융은 동양인의 내향적 사고를 서양인의 외향적 사고와 대비하면서, 서양인의 외향적 사고의 일방성을 비판하고 동양인의 내향적 사고, 즉 동양의 '마음' 같은 것을 보완하여 마음의 전일성 혹은 중도(中道)를 회복할 것을 명시하고 있다. 그런데 그런 마음을 회복함에서 중요한 것은 동양이나 동양인에서 구하는 것이 아니라, 그들의 마음속에서 구해야 함을 강조하고 있다. 왜냐하면 동양에서 그것을 구한다는 것은, 곧 다시 자신들의 내면에서 구하는 것이 아닌, 외부에서 구하는 외향적 태도와 다름없기 때문이라는 것이다."

우선 내면아이가 어떻게 불렸는가를 살펴보면 다음과 같다. 내면아이 하면 제일 먼저 떠오르는 칼 융(Carl Jung)은 '놀라운 아이'(wonder child) 혹은 '신성한 아이'(the divine child)라고 불렀고,59) 에멧 폭스(Emet Fox)는 '경이로운 아이'(the wonder child)라고 했으며, 엘리스 밀러(Alice Miller)와 도널드 위니컷(Donald Winnicott)은 '참 자아'(the true self)라고 불렀다. 마가렛 콕(Margaret Cork)은 '잊혀진 아이들'(the forgotten children)로 표현했고, 약물 중독 치료사인 로켈 레르너(Rokelle Lerner)와 정신의학자인 휴 미실다인(W. Hugh Missildine)은 '과거의 내면아이'(the inner child of the past)라고 불렀다. 심리학자이며 예술치료사인 루시아 카파치오네(Lucia Capacchione)는 magical child, creative child, playful child, spiritual child 등으로 부른다.60)

『과거의 당신의 내면아이』 (Your Inner Child of the Past)의 저자인 휴 미실다인(W. Hugh Missildine)은 내면아이의 치료 작업에 관한 주제를 처음으로 제기하였다. 『당신 자신을 축하하라』 (Celebrate Yourself)라는 책의 저자인 도로씨 콜킬 브리그스(Dorothy Corkille-Briggs)와 교류분석(TA: Transactional Analysis)의 창시자인 에릭 번(Eric Berne)은 '상처 입은(wounded), 안 괜찮은(not okay) 아이'에 관해 다루면서, 인간의 인격 중에 어린 시절에 손상당했고 수치심과 두려움을 느꼈던 부분과 관련된 주제들을 포함했다. 보다 최근에 나타

---

58) http://www.powerattunements.com/divinechild.html; 영적각성네트워크(spiritual awakening network)라는 이 홈페이지에서는 '신성한 아이'에 대하여 다음과 같이 말한다. The Divine Child represents the ongoing higher spiritual alignment occurring within our soul. The Divine Child is that place of knowing within us where we are one with our spiritual and life purpose. The Divine Child breaks through all psychic barriers and harmonizes all conflicting forces into one unity and wholeness. The Divine Child is a vessel of Divine Light, Divine Love & Divine Power within us. The Divine Child is the Alpha and Omega of our being. The Divine Child is a vessel of abundance, material & spiritual. The Divine Child is both innocent and omniscient. "Truth sees all and knows all, even the unreachable heights of the soul's upper world, and the unfathomable depths of its underworld." The Divine Child is the loveliness of our soul!

59) 존 브래드쇼, 상처받은 내면아이 치유, 오제은 역 (서울: 학지사, 2004), 14. "사람들이 자신의 상처받은 내면아이를 발견하고, 그 아이를 잘 보살피고 양육하게 되면, 그들 안에 감추어져 있는 훌륭한 선천적인 아이(a wonderful natural child)의 창조적인 힘이 나타나기 시작할 것이다. 이러한 내면의 통합이 이루어지면, 내면아이는 그 사람의 새로운 재생과 원기가 되는 자원이 될 것이다. 칼 융(Carl G. Jung)은 이 타고난 모습 그대로의 자연스러운 아이를 가리켜 '놀라운 아이'(wonder child)라고 불렀다. 왜냐하면 그 아이는 우리의 탐험에 대한 타고난 잠재력과 경이로움 또는 창조적인 존재가 될 수 있는 모든 요소들을 가지고 있기 때문이다."

60) 오제은 교수, "내면아이치료와 목회상담" http://akeft.com/zbxe/concern/337/page/3

니엘 브랜든(Nathaniel Branden)은 어린 시절의 상처와 낮은 자존감을 관련시켰는데, 브랜든의 책 『당신의 자존감을 높이려면』(How to Raise Your self-Esteem)과 『높은 자존감을 경험하라』(Experience High self-Esteem)에서 어린 시절의 해결되지 않은 감정을 다시 확인하고 치유하며 통합하는 작업을 통해서 자존감을 높일 수 있는 구체적인 방법을 제시하고 있다.

클라우디아 블랙(Claudia Black)과 샤론 웨그쉐이더 크루즈(Sharon Wegsheider-Cruse)는 처음으로 역기능 가족의 개념을 약물의존 분야에 소개했다. 클라우디아 블랙(Claudia Black)은 그녀의 책 『이 일이 다시는 내게 일어나지 않을 것이다』(It Will Never Happen to Me)에서 알콜중독 가정에서 성장한 자녀들에게 공통으로 나타나는 특징들을 구체화했다. 블랙은 그녀 자신의 회복경험과 알콜중독 가정의 성인 아이들(ACoA: Adult Children of Alcoholic)에 대한 치료 경험을 통해서 알콜중독 가정 출신의 많은 성인이 어떤 특정한 어린 시절의 패턴을 그들의 삶 속에서 번복하고 있다는 것을 알아냈다고 말했다.61) 그러나, 스티븐 르라이어스는 내면아이 치유가 "상처 입은 아이를 치유하기보다는 안락사시키는 광경을 시각화하는 것이다!"라고 말했다.62)

샤론 웨그쉐이더 크루즈(Sharon Wegsheider-Cruse)는 그녀의 책 『또 한 번의 기회』(AnotherChance)에서 알콜중독 가정에서 나타나는 가족 역동(the family dynamics)에 관한 통찰들을 추가했다. Robert Burney는 내면아이는 더 높은 자아(higher self)로 연결해 줄 뿐만 아니라 진정한 자아(true self)를 발견하는 입구가 된다고 말했다.63)

---

61) 李桂子, "성인아이 성숙을 위한 용서 프로그램 개발,"; 성인아이라는 용어는 원래 '알코올중독자 가정에서 자라난 성인아이'라는 용어에서 시작되었다. 이 용어는 '익명의 알코올중독자의 모임'(Alcoholic Anonymous)의 사람들을 통해 구체화 되었는데, 원래의 의미는 알코올중독자를 둔 성인을 말하는 것으로 성인이 되었으나 정신적 사회적으로 어린아이처럼 미숙한 사람을 일컬어 '성인아이'라고 부르게 되었으며, 알코올로 인한 가정뿐 아니라 다른 형태의 소위 '역기능가정'에서 자라난 이들의 증상과 특징들이 자신들의 증상과 유사하다는 것을 발견하게 되면서 성인아이의 개념이 확대되었다(stoop & Masteller, 2001).
62) 스티븐 버라이어스, 엉터리 심리학, 구계원 역 (서울: 동양북스, 2014), 120; "내면아이를 포용하라는 치료법은 아이에게는 괜찮지만 성인에게는 독이 되기도 한다. 성인에게는 상당히 부적절한 행동과 태도를 은근슬쩍 허용하는 결과를 낳기 때문이다."
63) Robert Firestone, "상처입은 내면아이와 상호의존증,"(The Wounded Inner Child & Co-dependence) Aug. 24. 2008. Accessed May. 7. 2019. http://akeft.kr/xe/concern/337/

내면아이에 대해서 여러 가지로 말하나, 내적치유에서는 존 브래드쇼가 하는 말이 가장 대표적인 말일 것이다. Carl Jung의 원형론(Archetype)으로 내면아이를 말하는 존 브래드쇼는 내면아이를 '과거에 무시당하고 상처받은 내면아이'(neglected, wounded inner child of the past)라고 한다.[64] 그런 까닭에, 내면아이는 종종 '성인아이', 버림받은 내면아이'로 불리기도 한다. 이리카 초피크(Erika J. chopich)와 마거릿 폴(Margaret Paul)은 내면아이에서 더 나아가 '내면어른'이라는 개념까지 만들어내고 있다.[65] 세월이 가면 갈수록 더 다양한 개념이 만들어질 것이라는 생각이 저절로 들게 된다. 내면아이를 다루는 내적치유는 가계에 흐르는 저주로 가게 되고,[66] 내적치유를 통해서 전생(前生)의 업보를 더듬는 기독교 치유도 생겨나고 있다. 드와이트 쥬디는 동양과 서양의 자료를 모아서 치유의 방법을 만들었다.[67]

팀 슬레자는 성인아이를 다음과 같이 규정한다.

---

64) 존 브래드쇼, **상처받은 내면아이 치유**, 오제은 역 (서울: 학지사, 2004), 31.

65) 이리카 J. 초피크 & 마거릿 폴, **내 안의 어린아이**, 이세진 역 (서울: 교양인, 2011), 19, 22, 47, 54; "우리 모두의 인격에는 '어른'과 '아이'로 구별되는 두 측면이 있다."(p. 19) "내면아이는 우리의 본능적 부분, '마음으로 느끼는' 감정이다. 때로는 내면아이가 무의식을 가리킬 수도 있지만 그것은 우리가 내면아이에게 거의 주의를 기울이지 않는다는 의미에서만 그렇다. … 우리의 내면아이는 어린 시절에서 비롯된 감정, 기억, 경험을 포함한다."(p. 22) "내면어른은 우리 안의 논리적 부분, 사유하는 부분이다. 내면아이는 감정에서 생각이 나오지만 내면어른은 정반대로 생각에서 감정이 나온다. 내면어른은 존재보다 실행에 더 관심이 많고 경험하기보다는 행동하려고 한다. 내면어른은 양(陽), 남성성, 혹은 우리 자신의 좌뇌적인 측면으로, 내면아이는 음(陰), 여성성, 우뇌적인 측면으로 구분할 수 있을 것이다. 또한 내면어른을 의식적인 정신, 직선적 사유의 지성으로 간주할 수 있다."(p. 47) "사랑 없는 어른은 부모와 사회로부터 여러 규칙을 흡수하여 내면아이에게도 그 규칙을 그대로 강요한다."(p. 50) "사랑하는 내면어른은 내면아이에게서, 또한 그 아이와 더불어 배우기를 선택한 어른으로서 우리 자신의 힘 있고 헌신적이며 용감한 면이고, 윤리적이고 흠 없이 행동하는 부분이다. 사랑하는 내면어른은 내면아이를 재양육하는 방법을 배우는데 매우 '헌신적'이다."(p. 54)

66) 강요셉, **내적치유 직접 할 수 있습니다** (서울: 예찬사, 2010), 99; "예수를 믿어도 행복한 감정이 부족할 수 있고, 예수를 믿어도 과거의 상처가 그대로 남아 자신을 괴롭힐 수도 있고, 심지어 자신의 상처가 또 자녀들에게 대물림되기도 합니다. 부모에게 받은 상처와 아픔은 자녀에게 이어지고, 시어머니를 통해 받은 아픔은 며느리의 아픔으로 연결됩니다."

67) 드와이트 쥬디, **그리스도인의 묵상과 내면의 치유**, 이기승 역 (서울: 이포, 2011), 7; "우리가 우리 자신에 대해 의식하는 부분은 실제 우리 자신의 아주 작은 부분에 불과하며, 우리의 의식 저변에는 한 때 신과 여신으로 표현되었을 정도로 강력한 힘을 지녔지만 의식하지 못하고 있는 에너지가 존재한다는 사실은 이해된 듯 하다. 우리 시대의 사람들은 이 에너지를 대개 융의 명명한 것처럼 원형이라 부른다."

1. 성인아이는 성인의 문제를 나이에 맞지 않게 조숙하게 다루어야 하는 아이이다. 성인아이란 먼저 정신적으로 너무 빨리 성장하는 아이라 할 수 있다. … 성인들이 해결해야 할 문제를 나이에 맞지 않게 조숙하게 다루어야 하는 아이를 말한다.
2. 성인아이는 해소되지 아니한 어린 시절의 문제를 아직 처리하고 있는 성인이다. … 어린 시절이 지나갔는데도 어린 시절에 겪었던 그 감정이 계속해서 나에게 영향을 미치고 있는 것이다.[68]

중요한 것은 이런 내면아이가 '신성'(神性)하다는 것이다. 내면아이는 곧 신성을 소유한 내면아이다. 이것은 결코 과장된 것이 아니다. 이 점을 간과하기 때문에 내적치유 사역자들이 말하는 것을 쉽게 따라가게 된다. 이런 말은 필자의 지나친 염려가 결코 아니다.

다음의 글을 읽어 보자.

필립 올리버 디아즈(Philip Oliver-Diaz)와 패트리셔 오고먼(Patricia A. O'Gorman)은 『자기 양육으로 가는 12단계』에서 더 높은 부모(Higher Parent, '사랑하는 내면어른'과 같은 개념)가 "자기 자신의 초월적 부분, 위대한 힘으로 나아가는 직행 경로"라고 말한다. 그들은 이어서 "우리 안에 존재하는 신성, 곧 우리 한 사람 한 사람에게 내재한 위대한 힘이 우리를 떠받쳐 준다."고 진술한다. … 우리는 사랑하는 내면어른과 사랑받는 내면아이의 연합이 바로 더 높은 자기라고 생각한다. … 더 높은 자기는 우주와 이어져 있을 때의 존재다. 우리는 내면의 어른과 아이가 연결될 때 이러한 우주적 연결도 발생한다고 믿는다. 진심을 품고 성실하고 동정심 있는 사람이 될 때, 우리는 더 높은 자기가 된다. 그때, 사랑, 공감, 용서가 충만해진다. 그 경이로운 상태에서 우리는 지혜, 그것도 우주에서 직접 끌어온 지혜에 의지할 수 있게 된다. … 더 높은 자기 상태는 샤먼들의 강력한 치유 상태다. 샤먼들은 치유를 행하기 위해 이른바 그들의 '여성적' 측면(우리가 말하는 내면아이)을 활용한다.[69]

이글은 내적치유가 어디까지 그 영역을 확장하고 있는지 그 실체를 보여준다. 이글에서 저자들은 동양적 철학에서 더 많은 영감을 얻었다고 말하며, 글의 내용과 함께 보면, '우주'라는 말은 우주의 궁극적 실재를 의미하는 '브라만'을 의미한다.[70] "우리 안에 존재하는 신성"이라고 분명하게 언급하고 있듯이 가장 핵심적인 것은 내면아이가 신성하다는 것이다.

---

68) Friends in recovery, **성인아이 치유를 위한 12단계**, 노용찬 · 유재덕 역 (서울: 도서출판글샘), 142–143.
69) 이리카 J. 초피크 & 마거릿 폴, **내 안의 어린아이**, 이세진 역 (서울: 교양인, 2011), 62–63.
70) 위키피디아 사전에서; "브라만(Brahman)은 힌두교에서 우주의 근본적 실재 또는 원리를 가리킨다. 아트만이 진정한 자아를 뜻하는 개별적·인격적 원리인 반면, 브라만은 우주적·중성적(中性的) 원리이다."

놀라운 것은 내면아이가 신체의 중심부인 복강신경총(명치)에 있다고 말한다는 사실이다. 이곳은 힌두교에서 제3의 차크라(chakra)로 지칭된다. 차크라는 힌두교 전통에서 신체 내에 있는 기(氣)의 중심부를 뜻하는 용어이다.[71) 내면아이를 설명하는 그림들을 보면 한결같이 명치에 위치하고 있다는 것을 알 수 있다. 그것이 결코 우연히 그린 것이 아니라는 것을 알 수가 있다.[72)

참된 기독교인이라면 '인간에게는 신성한 내면아이가 없다'는 것을 분명하게 알고 있다. 성경은 인간이 "허물과 죄로 죽었던"(엡 2:1) 존재라고 말한다. 자연인으로 태어난 인간은 허물과 죄로 죽은 존재. 그 안에는 신성(神性)이 없다. 신성(神性)은 어디에 있는가? 오직 삼위일체 하나님에게만 있다.[73) 인간은 피조물이며 죄인이다. 인간 존재에 대한 분명한 규정이 없으면 세상의 어떤 종교와 영성과도 타협하고 공유한다. '신성한 내면아이가 있느냐? 없느냐?'는 존재론의 시작이다. 이 첫 단추가 잘못되면 모든 것이 잘못된다. 인간 안에 신성이 있다면, 예수 그리스도를 구속주로 믿어야 할 필요가 없다!

성경은 인간이 허물과 죄로 죽은 존재라고 말하며, 그 죄에서 벗어나는 유일한 길은 예수 그리스도를 믿는 길밖에 없다. 예수님의 십자가의 피가 아니면 결코 죄에서 해방될 수 없다. 성경은 분명하게 말한다.

> 내가 그리스도와 함께 십자가에 못 박혔나니 그런즉 이제는 내가 산 것이 아니요 오직 내 안에 그리스도께서 사신 것이라 이제 내가 육체 가운데 사는 것은 나를 사랑하사 나를 위하여 자기 몸을 버리신 하나님의 아들을 믿는 믿음 안에서 사는 것이라(갈 2:20)

---

71) 이라카 J. 초피크 & 마거릿 폴, 내 안의 어린아이, 이세진 역 (서울: 교양인, 2011), 91-93; "내면어른의 사유과정은 머리에 있다. 사랑하는 내면어른, 배우기를 선택한 어른은 머리와 가슴 사이를 오가는 기(氣)의 순환, 즉 제4의 차크라이다. 이 말은 곧 사랑하는 내면어른의 생각은 가슴에서 흘러넘치는 사랑과 공감으로 가득 차 있다는 뜻이다. 이러한 가슴 경로가 열려 있기 때문에 내면어른은 쉽사리 제3의 차크라(내면아이의 감정)에 주의를 쏟을 수가 있다. 물론 그 이유는 내면아이의 감정을 파악하고 배우기 위해서이다. 이러한 작용이 일어날 때, 머리, 가슴, 본능 사이에서 기의 순환이 지속적으로 이루어지는데 이것이 바로 내면의 연합이다. …" 그 내면의 연합을 위해서 명상을 권장한다. 내면아이와 연결될수록 자연스럽게 우주적 연합을 경험하게 될 것이라고 말하는데, 이렇게 되면 내면아이 자체가 영적인 안내자(spirit guide) 역할을 하게 되는 것이다. 그래서 문제가 더 심각해지고 있다는 것을 확인할 수가 있다.

72) 존 브래드쇼, 상처받은 내면아이 치유, 오제은 역 (서울: 학지사, 2004), 126; 그림. 주서택 · 김선화, 마음에 숨은 속사람의 치유 (서울: 순출판사, 2099), 100; 그림.

73) 누가 철학과 헛된 속임수로 너희를 노략할까 주의하라 이것이 사람의 유전과 세상의 초등학문을 좇음이요 그리스도를 좇음이 아니니라 그 안에는 신성의 모든 충만이 육체로 거하시고(골 2:8-9)

예수 그리스도와 함께 십자가에 못 박혔으며 그 믿음 안에 산다는 것은 구원이 우리 안에서 나온 것이 아니라는 것을 말한다. 우리의 구원은 우리 밖에서, 곧 삼위일체 하나님으로부터만 주어진다. 인간 안에 신성이 있다고 말하면서 그 신성을 계발하여 구원에 도달하려는 것은 사탄의 악한 궤계이다!

자금 부상하고 있는 영성과 내적치유들의 주된 핵심은 바로 '신성(神性)한 뿌리'를 두고 있는 '내면아이'이다.74) 놀라운 것은 그런 일에 기독교 지도자들도 함께하고 있다는 것이다. 한 손에는 성경을, 한 손에는 심리학을 들고 있는 현대의 혼합주의자들은 누구를 위해 충성하고 있는지 진지하게 돌아보아야 한다.

칼 융과 내면아이

우리는 칼 융의 심리학이 '현대에 어떻게 적용하고 있는가?'를 알고 접근하는 자세를 가져야 한다. '융의 심리학이란 이런 것이다'라는 것만으로는 부족하다. 학교에서나 어디에서나 자신이 융의 심리학을 옹호하거나 가르치는 사람들이라면 적극적 심상법으로 접신을 해 본 사람이라야 한다. 접신으로 영적인 안내자인 귀신을 만나보지도 못한 사람이 융을 가르친다는 것은 융을 책으로만 배운 사람들이고 실제로는 융을 모른다는 것을 의미한다. '나의 영적인 안내자는 ***이다'라고 말할 수 없는 사람은 융을 가르칠 수가 없다! 한 마디로, 융을 가르칠 자격이 없는 사람이다!

만일 참된 기독교인이면서 융 연구소에서 수련과정을 통해서 접신을 했다면 돌이켜 회개하고 융 심리학을 버리고 오직 기독교 신앙으로 살아가야 함이 합당하다. 융을 배우면서 적극적 심상법을 통해 영적인 안내자를 만났다고 공개적으로 말하는 사람은 드물다. 이부영 교수는 융 연구소에서 분석을 받은 것을 말하나 적극적 심상을 했다는 언급이 수학 시절 이야기에는 구체적으로 없다.75)

---

74) 이 말의 의미하는 바는 '내적치유와 내면아이'를 다룬다는 것은 신비주의의 역사를 말한다는 것이다. 그러나 신비주의의 역사를 다 말하려고 하면 그것은 매우 방대한 작업이 될 수밖에 없다. 그러므로 내적치유와 관련하여 기본적으로 그리고 필수적으로 알아야 하는 것들만 언급할 수밖에 없다.

75) 이부영, "나의 「융」 연구소 수학시절," 심성연구 2(1) (1987): 64-65(53-66); "그러나 나는 Jung이 물가에 앉아서 장작도 패고 명상에 잠겼던 그런 돌 위에 앉아 갈대숲에 비친 그림자의 요동을 눈여겨 보며 그의

필자가 접신이라 말한다고 해서 놀랄 필요가 없다. 빙켈은 다음과 같이 말했다.

> 개성화 과정이 종종 영적인 삶에의 입사식이나 종교체험과 비교 연구되고 있는 것은 그리 놀라운 일이 아니다. 그러나 우리가 여기서 "비교된다"고 했지 "동일시한다"고 말하지 않은 것에 주목해야 한다.[76]

빙켈의 진술은 웃음이 터져 나오게 한다. '비교는 되나 동일시는 아니다'라는 말은 '나는 심리학자이지 무당이 아니다'라고 말하는 것과 유사하다. 융은 자기의 심리학 체계를 세우기 위해 동·서양의 여러 종교를 비교했다. 융에게 종교는 "본능의 역동성을 조정하는 정신적 규제 체계"였다.[77] 포드햄(Michael Fordham)은 분석심리학은 종교의 한 종류를 암시한다고 말했으며,[78] 놀(Richard Noll)은 융이 자기 신성화를 통해 컬트(cult)를 형성했다고 말했다.[79] 그런 까닭에, 사람들이 개성화 과정과 접신 과정을 비교한다고 해서 다른 것으로 생각할 필요가 없다.

젠(Senn)은 무의식을 체험한 융을 무당(shaman)이라고 말했다.[80] 그러나 베

世界를 再吟味하려고 노력했다."

76) 에르나 반 드 빙켈, **융의 심리학과 종교**, 김성민 역 (서울: 한국심리치료연구소, 2010), 39.

77) 칼 구스타프 융, **융합의 신비**, 김세영·정명진 역 (서울: 부글북스, 2017), 442; 〈원시적인 차원에서 보면, "종교"는 본능의 역동성을 조정하는 정신적 규제 체계이다. 보다 높은 차원에 이르면, 종교와 본능 사이의 이런 기본적인 상호 의존성이 가끔 사라진다. 그렇게 되면 종교는 쉽게 본능에 대한 방어 수단이 되고, 따라서 원래의 보상 관계가 갈등 관계로 퇴보하게 된다. 이제 종교는 형식주의로 빠지며 화석화되고 본능은 타락한다.〉

78) Sonu Shamdasani, *Cult Fictiions: C. G. Jung and the Founding of Analytical Psychology* (London & NewYork: Routledge, 1998), 6.

79) Ibid., 12.

80) Senn HA (1989) *Jungian shamanism. J Psychoactive Drugs* 21: 113-121; Tony B Benning, "Was C. G. Jung a Shaman?" *Journal of Psychology & Psychotherapy* Apr. 30. (2018): 2(6)에서 재인용; 〈Senn argued that there is evidence in Jung's life and work of the existence of the following 5 defining features of shamanism: the first is a "call", the second is a specific method or technique used to achieve communion with altered states of reality, the third is a particular quality of the altered state of consciousness, the fourth is the process of healing that is utilized. The fifth feature concerns distinctive psychic feats performed by the shaman. Senn elaborates on the life-changing encounter that Jung had with the unconscious during a time of significant turmoil in the aftermath of his break from Freud. During that time, Jung had several non-ordinary experiences including significant dreams and visions – including those in which he encountered the gnostic figure Philemon and during which Jung and his family could discern the presence of ghosts. His period of Jung's life was marked, according to Senn, by the emergence of "the most

닝(Tony B Benning)은 융이 샤만적 기술들을 사용하지 않았다고 반박했다. 베닝은 융이 누미노제와 연결을 가능하게 했으나 샤먼이 클라이언트에게 행하는 것과 동일한 방법을 사용한 것은 아니라고 주장했다.[81] 그러나, 제임스 키르쉬(James Kirsch)는 융의 분석 세션에서 융이 행하는 것을 보고 명확한 무당의 속성이라고 말했다.[82] 이부영 교수는 "원시사회의 입무(入巫)나 입사과정(initiation)은 자기실현의 원시적 형태를 구체화한 것이다"라고 말했다.[83] 또한, 이부영은 한국의 무당이 귀신들과 빙의되는 것을 원형체험이라고 말했다.[84] 융은 혼이 죽으면 귀신이 된다고 했다.[85] 융은 "몸의 해체과정을 샤만의 입문식 경험에 대한 엘리아데의 설명과 연결하여서 설명"했다.[86] 엘리아데에게 있어서

---

profoundly creative period of his life"(p. 117). Senn brings attention to the fact that Jung's method of communing with the unconscious included meditative observation of dreams and active imagination. Regarding Jung's experiences of altered states of consciousness, Senn refers to many significant dreams had throughout his life as well as the fact that at various points in life Jung had the strong perception of having a second personality. Nowhere in his paper does Senn explicitly pronounce that Jung was a shaman but he strongly implies it. He implies it by suggesting that all 5 features of shamanism are seen in Jung's life and by stating that "Jung might final achieve the acceptance and stature that many therapists and healers believe he merits if his work were recognized … as a pioneering exposition of Western shamanism" (p. 113).〉

81) Ibid.

82) C J. Groesbeck, "C G Jung and the Shaman's vision," *Journal of Analytical Psychology* 34(3) (1989): 264(255-275); "James Kirsch, another student and analysand of Jung, in a personal communication recalls analytical sessions with Jung in which Jung spoke the whole time and he never received a single association from him. Often Kirsch wondered what in the world Jung was talking about, but towards the end of the session, recognised that he was talking about him, Kirsch, in a symbolic and indirect way, discussing topics known only to him. Kirsch and others have said Jung was the only analyst who could analyse dreams without hearing them. This is certainly a shamanic attribute (HENDERSON 12)."

83) 이부영, **자기와 자기실현** (파주: 한길사, 2010), 99; 입무(入巫): 무당이 되는 것. 입사과정(initiation): 일정 기간 캄캄한 동굴 같은 곳에서 육체적, 정신적 고통을 당함으로써 상징적인 죽음과 재생을 통해 성인사회에 편입되는 것.

84) Ibid., 267; "한국의 무당은 저승으로의 여행은 하지 않지만 저승의 신령들, 귀령들을 불러서 이들에게 빙의됨으로써 이승과 저승을 이어주는 역할을 한다. 이것은 상징이라기보다 현존하는 특이한 원시적 제의(祭儀)를 통한 원형적 체험이다. 하늘과 땅, 저승과 이승을 넘나들 수 있는 능력은 입무(入巫)의 고통을 겪음으로써 획득된다. 샤먼이나 무당(특히 강신무)의 입무 과정은 자기실현의 원시적 형태를 보여주고 있다. 고통을 통한 낡은 자아의 죽음, 새로운 신령의 영입과 함께 영력을 갖춘 신성한 몸으로 변화하는 과정은 상징적으로는 새로운 전체적 인격의 실현과정을 의미한다. 입무 과정의 강신몽은 흔히 신성혼(hieros gamos)의 주제를 나타내며 이것은 대극의 융합을 통한 전체 인격의 실현을 상징하는 것이다."

85) C.G. 융, **융 기본 저작집3 인격과 전이**, 한국융연구원 C.G. 융 저작번역위원회 (서울: 솔출판사, 2007), 91-92.

86) 김재영, "칼 융과 머세아 엘리아데의 종교이해에 관한 비교연구: 원형이론을 중심으로," **종교연구** 17

"샤머니즘=접신술"을 의미한다.[87] 그런 까닭에, 융의 무의식 체험은 접신이다.

융에게 개성화란 "인간의 정신을 가장 높은 수준으로 발달시"키는 것이다. 그 인간은 내면에 신성을 가지고 있는 인간이고 존재론적 신성화가 개성화다. 내면의 신성을 체험하는 것은 원형체험으로 이루어진다.[88] 융은 대극을 통합하고 전체성을 실현하는 개성화를 위해 적극적 심상법이라는 명목으로 접신을 했다. 무의식에 뛰어들어 원형들을 만나서 대화하는 것은 접신이다. 융의 분석심리학의 목적은 인간의 신성화이고 그 신성화를 위한 방법이 적극적 심상법이다.

김성민 교수는 다음과 같이 말했다.

> 그는 1944년 『심리학과 연금술』에서 심리학과 종교에 대해서 종합적으로 고찰하였다. 이 책은 그가 기독교에 관해서 살펴본 책만은 아니었지만, 그는 여기에서 기독교에서 추구해 왔던 구원과 연금술에서 만들려는 금(또는 비약祕藥)을 같은 맥락에서 생각할 수 있으며, 그것들은 다시 분석심리학에서 추구하는 개성화와 같은 작업이라는 사실을 강조하였다. 즉 기독교, 연금술, 분석심리학은 여러 가지 정신적 문제 때문에 발현되지 못하고 있는 인간의 내면에 있는 신성(神性)을 실현시키려는 서로 다른 분야에서의 작업이라는 사실을 주장하였던 것이다.[89]

김성민 교수에 의하면, 융의 분석심리학은 인간의 신성화(deification)를 실현하는 수단이다! 이것은 매우 중요하다. 김성민 교수는 기독교를 융의 관점으로 보고 있기 때문에 분석심리학과 같은 맥락으로 보나 참된 기독교는 인간의 신성화를 목표로 삼지 않는다. 융의 신은 인간의 내면에 있고 대극적인 존재다.

개성화는 원형의 최상위인 자기(self)에 도달하는 것이다.[90] 융은 그것을 "진정으로 자기 자신이 되는 것"이라고 말했다(Ma Vie, p, 457). 조셉 캠벨(1904-1987)은 개성화를 "천복을 찾아서 가는 삶"이라고 말했다.[91] 이것은 융

(1999): 4(21-69).

87) 미르치아 엘리아데, 샤마니즘, 이윤기 역 (서울: 까치, 2007), 24; "이 복잡한 현상의 제1의적 정의 그리고 가장 위험 부담이 작은 정의는 샤머니즘=접신술이라는 정의가 될 것이다.".

88) 김성민, "하나님의 이미지와 원형적 그리스도," 한국기독교신학논총 24(1) (2002): 485(477-501).

89) 김성민, 칼 융의 「심리학과 종교」 읽기 (서울: 세창미디어, 2015), 30-31.

90) 김성민, 융의 심리학과 종교 (파주: 동명사, 2010), 238; "사람들이 개성화 과정을 통해서 페르조나, 그림자, 아니마/아니무스에 속해 있는 무의식적인 요소들을 체험하고 자기를 체험할 때, 깊은 정서적인 체험이 동시에 생겨나는 것이다."

91) J. Campbell, 신화의 힘, 이윤기 역, (서울: 고려원, 1992), 229-235; 김성민, 융의 심리학과 종교 (파주: 동명사, 2010), 240에서 재인용.

의 개성화는 신성화이며 구원이라는 것을 의미한다.

융의 분석심리학은 현대의 영성가들이나 심리학자들만이 아니라 소위 기독교 상담가들, 기독교 내적 치유자들의 이론적 근거와 실제적 방법을 제공하는 근거다. 특히 교회 내에서 융을 가르치는 사람들은 융에 대해 실험적인 시도를 하는 사람들이 대부분이다. 융의 실체를 모르거나 안다고 하더라고 융의 일부만 말한다.

어떤 이론이나 사상이라도 가장 중요한 것은 존재적 관점이다. '인간론이 무엇인가?'에 따라 모든 것이 달라진다. 존재론이 모든 것을 지배한다. 예수 그리스도를 구주로 믿은 기독교인과 칼 융의 인간론은 완전히 다르다. '내가 칼 융을 가르친다'고 한다면, '나는 칼 융의 인간론을 믿고 칼 융의 존재론을 가르친다'는 것을 의미한다. 이것은 어떤 철학이나 어떤 영역에서든지 기본적인 것이다.

임경수 교수는 "융의 심리학은 인간 무의식 안에 있는 하나님 형상의 원형이 가져다주는 인간의 종교성은 인간을 연구하는데 중요한 기초가 된다"고 말했다.[92] 융이 말하는 "하나님 형상의 원형이 가져다주는 인간의 종교성"이란 기독교가 아니다! 하나님의 형상은 인간의 무의식 안에 있는 것이 아니다. 존재론이 성경적이지 않으면 과정과 결과가 성경을 벗어난다.

융의 심리학과 영성을 말하면서 내면아이를 생각할 때, 지역과 민족의 풍토를 알아야 한다. 유럽 서부 지역은 자연숭배의 켈트 풍토였으며, 게르만 민족은 "신은 보이지 않는 우리의 내면에 숨어 있다. 그리고 그 신은 인간의 영혼 속에 태어난다"는 풍토를 가지고 있었다.[93] 융은 다음과 같이 말했다.

> 자신 안에 신이 내재하고 있다는 것에는 많은 뜻이 들어있을 것이다. 즉, 그것은 행복이나 권력의 보증이 되며, 심지어는 그 속성이 신격에 상응하는 한 전능의 보증이 된다는 것이다. 신을 자신 안에 품고 있다는 것은 거의, 그 자신이 신이라는 의미 같기도 하다.[94]

---

92) 임경수, "목회상담 관점에서 본 폴 틸리히(Paul Tillich)의 '중심된 자기'(the Centered Self)와 칼융(Carl Jung)의 '하나님의 원형적 형상'(the Archetypal Image of God)에 관한 담론," **목회와상담** 19 (2012); 149-150(133-155); "인류역사에 있어 수천의 얼굴을 가진 하나님에 대한 견해를 도그마화하여 도그마화하기 보다는 오히려 인간이 가진 종교성에 관심을 가지는 것이 보편성을 가지는 목회상담이 될 수 있을 것이다. 그리고 이러한 보편성을 가지는 목회상담학은 어느 특수분야에만 국한되는 것이 아니라, 인간의 보편적 종교성에 기초하여 치료를 제공하는 보편적 기초를 제공해 줄 수 있다."
93) 진형준, **실증주의 시대의 힘 상상력** (파주: ㈜살림출판사, 2009), 215-216.

융이 '우리-안에 있는-하느님' 곧 신성한 내면아이를 말하는 이유는 종교체험을 하려면 인간 안에 신적인 것을 느낄 수 있는 근거를 갖추고 있어야 하기 때문이다.[95] 돈 맥고완(Don McGowan)은 융의 무의식은 하나님과 동의어라고 말했다.[96] 그러나, 융이 말하는 하느님은 성경이 말하는 하나님이 아니라 하느님 이미지다.[97]

융의 하느님은 누미노제를 경험하게 하는 것이며 신적이고 초월적인 어떤 것, 곧 썸씽(something)이다. 융의 별장에는 이런 현판이 있었다.

> 우리가 하나님을 부르든지, 부르지 않든지 간에 하나님은 거기 계시다
> (Vocatus atque non vocatus, Deus aderit)

---

94) C.G. 융, **융 기본 저작집7 상징과 리비도**, 한국융연구원 C.G. 융 저작번역위원회 (서울: 솔출판사, 2005), 135.

95) 김성민, **분석심리학과 종교** (서울: 학지사, 2014), 278; 〈그는 인간의 영혼에는 하나님과 관계를 맺을 수 있는 능력이 있으며, 그 능력이 없이 종교체험은 불가능하다고 하였다: "심리학적으로 말해서 거기에 해당하는 것은 하나님의 이미지라는 원형이다." 융은 "인간의 종교활동은 본능에 기초해 있으며, 인간적인 기능에 근거를 두고 있다."라고 주장하였다. 종교체험에서 하나님의 이미지, 즉 우리 안에-있는-하나님은 무엇보다도 결정적 요소로 작용한다.〉

96) Don McGowan, *What is wrong with Jung* (NewYork: Prometheus Books, 1994), 19; 〈However, rather than attributing the common occurrence of symbols to their pointing toward a higher power, such as God, Jung believed them to have their roots in something else common to all people-their humanity. For Jung, "God" is just a synonym for "unconscious"("Late Thoughts", 327). Religion is simply a mass representation of collective unconscious. Dreams and gods all spring from the same source.〉

97) 김성민, **분석심리학과 종교** (서울: 학지사, 2014), 280; 〈융은 형이상학적인 하나님에 관해서는 언급하지 않으려고 하였다. 그 하나님은 융의 관심의 범위를 넘어서기 때문이었다. 융은 그의 입장에 관해서 이렇게 말하였다: "내가 관찰한 것을 가지고 내가 하나님의 존재 증명이나 한 것처럼 간주하는 것은 유감천만한 일이다. 내 관찰은 신성을 나타내는 그런 원형적인 이미지가 존재한다는 사실을 입증해 주고, 그 이미지를 통해서 우리가 하나님에 관해서 심리학적으로 이야기할 수 있을 것이라는 사실을 입증할 뿐이다. 그러나 그것이 매우 중요하고 강력한 영향력을 행사할 수 있는 원형이기 때문에 그것이 그렇게 자주 출현한다는 사실에 주목해야 한다."〉 김성민은 각주에서 다음과 같이 말했다, 〈융이 새겨 놓은 것은 노자의 다음 구절과 같은 맥락이다; "말로 표상해 낼 수 있는 도는 항구불변한 도가 아니다. 이름 지어 부를 수 있는 이름은 참다운 실제의 잃이 아니다."(道可道 非常道 名可名 非常名, 노자 『도덕경』 1장). 여기에서 노자가 말하는 것도 인간은 결코 도(道)의 본체를 알 수 없다는 것이다. 사람들이 그것을 말로 표상해 낼 때, 그것은 이미 항구불변한 도가 아니고, 사람들이 하나님을 일러서 이름 지어 부르면 그것은 이미 영구불변한 하나님이 아니기 때문이다. 하나님은 인간과 멀리 떨어져서 혼자 계시는 하나님이다. 그럼에도 그분은 하나님이기 때문에 인간의 삶에 무한한 영향을 미치고 있다.〉

융이 말하는 하느님은 성경의 하나님이 결코 아니다! 융의 하느님은 자기 (self)라 불리는 썸씽(something)이다. 반면에, 기독교인이 믿는 하나님은 살아계시고, 인격적이시고 영원하신 하나님이시다. 융의 하느님은 누멘적 체험을 주는 무의식 안에 있는 원형인 자기(self)를 말한다.98)

아죽내 교수는 "원형은 그 자체로 누미노줌을 갖고 있는 자연의 빛이다."라고 말했다.99) "우리-안에 있는-하느님"이나 자기(self)는 같다. 그 자기가 대극을 통합한다. 그것이 곧 개성화이다. 개성화란 종교체험이며 "우리-안에 있는-하느님"인 자기를 체험하는 것이다. 무의식의 실현이란 하느님보다 높은 자기를 체험하여 도(道)에 이르고 아트만에 이르는 것이다.100) 아트만은 영원불변하는 정신이다.101)

아죽내 교수가 주객일여, 평등일여를 말하는 의미가 여기에서 일치한다. 김병오 교수는 대극의 통합을 "'육에 속한 사람'과 '영에 속한 사람'에 비유될 수 있다"라고 말하면서, '융의 심리학적 개념이 바울이 말한 신학적 개념과 일치한다'고 말했다.102) 김병오 교수의 말대로라면 기독교인들은 굳이 예수 그리스도를 구주로 믿을 필요가 없다.

---

98) 김성민, **융의 심리학과 종교** (파주: 동명사, 2010), 345; 〈초자연적인 힘을 가지고 사람들을 뒤흔드는 이런 요소들의 속성이 이 요소들에 대한 사람들의 반응에 관해서 가장 잘 설명한 사람을 독일의 종교철학자 루돌프 오토라고 생각하면서, 융은 오토가 사용한 "누멘"(numen)이라는 개념을 가지고 그의 종교론을 전개시켰다. 오토에 의하면, 누멘이란 라틴어로 "거룩한 것", "성스러운 것"이라는 말인데, 이 세상에는 그것이 가진 거룩함 때문에 일상적인 것들과 다르게 체험되고, 사람들을 압도하며 두렵게 하면서 동시에 매혹하기도 하는 것이 존재한다고 오토는 주장하였다. 또한, 사람들은 이런 체험을 한 다음에 그 체험의 대상이 되었던 강력한 힘을 숭배하게 된다고 덧붙였다.〉
99) 이죽내, "융의 분석심리학적 심리치료 개관," **가족과 상담** 1(1) (2011): 45(41-70); "그 자연의 빛이 절대의 식성이고 절대지를 가능하게 한다. 이런 의미에서 원형의 초월기능의 의의는 이 자연의 빛을 드러나게 하는데 있다. 자연의 빛을 드러나게 하는 것이 진정한 의미의 의식화이다. 이때의 의식화는 누미노줌의 성격을 띠고 있는 밝음 그 자체로서, 의식적 자아의 분별적 의식성은 사라진다. 그러므로 이런 의식화는 의식초월적인 것으로 불려지고 그때의 의식성은 주객의 상대가 끊어진 주객일여(主客一如), 평등일여(平等一如)를 드러내는 절대성을 갖게 된다. 그 절대적 의식성이 절대지를 드러낸다."
100) 칼 구스타프 융, **융합의 신비**, 김세영·정명진 역 (서울: 부글북스, 2017), 534.
101) 이지수, **인도에 대하여** (서울: 통나무, 2010), 211.
102) 김병오, "칼 융과 중년의 자기실현," **백석저널** 3 (2003): 201(189-207); "융의 이런 대조는 성경에서 바울이 말한 '육에 속한 사람'과 '영에 속한 사람'에 비유될 수 있다. 융의 자아와 자기의 비교 개념은 육(flesh)과 영(spirit), 거듭나지 못한 사람과 거듭난 사람, 죄의 본성(sinful nature)과 새로운 피조물(new creation), 겉 사람과 속 사람, 옛사람과 새사람 등 바울이 대비한 사람들에 비교될 수 있다."

융의 인간론에는 융의 내면아이가 있다. 융은 '내면아이'를 원형 중의 하나로 보았다.103) 더 좌악 되고 심각한 문제는 이 '내면아이'를 '신성한 아이'(Divine Child)라고 보았다는 것이다.104) 융의 영향을 받은 사람들은 그 개념을 차용하여 자신이 필요로 하는 개념으로 바꾸었다. 융의 영향을 받은 사람들은 신성한 아이를 '놀라운 아이'(Wonder Child) 혹은 '참된 자아'(True Self)라고 불렀다.105) 이러한 영향을 받은 사람 중 하나인 존 브래드쇼는 "내 자신이 바로 나의 스승이며 신"이라고 말했다.106) 이런 과정에서 내면아이(inner child)는 신성한 내면아이(divine inner child)가 되었다. 융의 내면아이는 인간 안에서 해결책을 찾는 것이다.107) 이것은 성경이 말하는 것과 완전히 다른 길을 가는 것이다.

융은 인간 안에 수많은 대극적인 요소가 있다고 보았다. 기독교인은 대극이라는 말에 주의해야 한다. 대극은 음양의 원리로서 통합을 지향한다. 융은 모든 악이 대극의 균형이 파괴될 때 생겨난다고 보았다. 융은 다음과 같이 말했다.

---

103) http://defoore.com/innerchildexcerpt.htm; Some of the images of your inner child can be a kind of bellwether for you, indicating future possibilities for your development and self-expression. Here are some child images to consider about your inner child of the future: The divine child. Carl Jung refers to the divine child as one of the archetypes in some of his writings (C. Jung and C. Kerenyi, 1969). One of the definitions of the word "divine" is simply "from God". If you believe we come from God, or the Creator of the Universe, then you can accept this idea. The divine child is radiant, pure, innocent, open and vulnerable. The divine child remembers where s/he came from, and never loses the connection. This is an image of our inner spiritual nature. This reconnection with the divine is the reward for your inner journey of healing, and can be seen as a doorway to a deeper and more fulfilling connection with your Creator.
104) http://www.crystalinks.com/innerchild.html; 〈The Inner Child refers to your emotional body. Carl Jung called it the 'Divine Child'. Emmet Fox called it the 'Wonder Child'. Charles Whitfield called it the 'Child Within'. Some psychotherapists call it the 'True Self'. Our personalities emerge as a result of our genetic code, DNA, or inherited characteristics, and the environment in which we experience. Childhood is dictated by those who raise us and often causes scars that will take years to heal. For the most part, our issues go back to childhood and what impacted on our emotional and physical bodies at that time. The inner child remains with us all of our lives. We are all children at heart, innocently searching for our meaning in life.〉
105) http://www.brockman-counseling.com/child.htm/
106) 데비 드바르트, 존 브래드쇼의 상담이론 비평, 전병래 역 (서울: CLC, 2005), 73-78.
107) 로렌스 자피, 융 심리학과 영성, 심상영 역 (서울: 한국심층심리연구소, 2010), 170; 융은 다음과 같이 말한다. "우리가 필요로 하는 모든 것은 우리 내면에서 발견될 수 있다. 이것은 견지하기 어려운 진리다. 그 주된 이유는 세계에서 가장 외향적인 사회인 미국에서 우리는 끊임없이 우리가 필요로 하는 것은 외부에 있다고, 다시 말해 쇼핑센터에, 교회의 친교에 혹은 대학에 있다고 설득당하고 있기 때문이다."

우리 의식이 무의식의 내용들을 동화시키지 못하면, 그 내용들은 언젠가 분출돼 나오며 위협적인 상황을 불러일으키게 된다. 왜냐하면 이 요소들에는 태초의 고태적이며 혼돈스러운 특성이 남아있기 때문이다. 악마란 의식의 흐름 속에 나타난 무의식적인 콤플렉스들의 불현듯한 분출이며 무의식에 의한 간섭 이외에 아무것도 아니기 때문이다. 고대나 중세에서 사람들은 매우 심한 신경증적인 문제들을 악마가 씌워진 것이라고 생각하였다.108)

융에 의하면, 인간은 자신을 통제할 수 있는 존재가 아니다. 인간의 무의식이 인간을 지배하고 있다. 그 무의식에는 악마가 있다. 프로이트나 융의 무의식은 하나의 가설에 불과하다. 무의식에 하느님과 악마가 있다고 말하는 것은 성경의 하나님을 부정하는 것이다.

융은 인간이 무의식의 지배를 받는다고 말했다. 심리학자인 김태형은 무의식에 대해 다음과 같이 말했다.

프로이트나 융은 사람이 무의식을 완벽하게 통제할 수 없다고 믿었다. 프로이트는 동물적 본능은 절대로 사라지지 않고 제거될 수도 없기에, 억압은 궁극적으로 실패한다고 반복적으로 역설했다. 융도 같은 맥락에서 무의식이 "의식의 의지로는 거의 또는 전혀 영향을 받지 않는다"면서 "무의식이 의식에 의해 억압되거나 의지로 강압될 수 있다 해도 일시적일 뿐이다"라고 주장했다. 나아가 그는 심리치료도 "무의식적인 발전 경향과 일치" 시켜야 치료 효과가 있으며, Jung, 1958 "완전한 삶이란 그들과 일치할 때 가능하다. 지혜는 그들에게로 회귀하는 것이다" Jung, 1931라고 말하면서 무의식 심층에 있는 집단 무의식(원시인)에 투항하는 것을 통해서 건강한 삶이나 인격의 완성이 가능하다는 궤변을 늘어놓기도 했다. 그런데 프로이트와 융은 사람이 무의식을 통제할 수 없다고 줄기차게 주장하면서도 임상에서는 의식의 힘을 키워 의식이 무의식을 통제하게 하는 이율배반적인 심리치료 기법을 개발하고 사용했다. 심층 심리학적인 심리치료는 기본적으로 의식의 힘을 강화해 무의식을 교정하는 방법을 사용한다. 즉 사람들이 의식적으로 노력해서 무의식을 재정비하고 고치도록 하는 방법이다. … 융도 "신경증적 해리가 극복되는 것은 오직 환자의 의식된 인격이 의사와 관계에 의해 강화되어 환자가 자율적 콤플렉스를 자기 의지로 통제할 수 있는 경우에 가능하다"Jung, 1921고 주장했다. 이런 치료, 즉 의식의 힘으로 무의식을 바로 잡는 치료가 가능하다는 것은 사람이 무의식을 지배하고 통제할 수 있다는 명백한 증거다. 프로이트와 융은 모두 사람이 무의식을 통제할 수 없다고 열변을 토했지만, 심리치료에서는 의식을 활용해 무의식을 통제해야 한다고 강조했다. 왜 그랬을까? 아마도 이론적으로는 사람이 무의식을 통제할 수 없다고 우겼지만, 심리치료라는 실천 영역에서는 그런 궤변이 통하지 않기 때문일 것이다. … 결론적으로 프로이트나 융의 말처럼 표현하면, 사람의 삶을 지배하는 것은 무의식이 아니라 의식이다.109)

---

108) 김성민, **융의 심리학과 종교** (파주: 동명사, 2010), 137.
109) 김태형, **무의식의 두 얼굴** (서울: 유노북스, 2016). ; 〈프로이트는 치료 목적에 도달하는 유일한 길이 분석

김태형에 의하면, 사람을 지배하는 것은 무의식이 아니라 의식이다. 김태형은 "무의식의 지배를 받는 것은 비정상적인, 병리적인 사람의 특징이다"라고 말했다. 김태형의 관점에서 보면, 융처럼 무의식이 인간을 지배한다고 말하게 되면, 사람들은 다 비정상적이고 병리적인 사람들이다.

김태형의 글에서 중요한 것은 융이 무의식의 지배를 말하지만 실제로는 의식의 지배를 말했다는 것이다. 무의식을 통제할 수 없다고 말하지만 실제로 치료과정(?)에서는 의식으로 무의식을 통제했다. 그렇다면, '의식의 지배가 가능한 것이 어떻게 무의식이 되는가?' 하는 점이다.

이부영 교수는 "분석심리학의 입장에서 볼 때 자기실현에서 중요한 것은 의식성의 회복이다"라고 말했다.[110] 자기(self)가 자아와 동화되면 자아 팽창이 되어 착각의 세계를 살기 때문이다. 융은 자신의 심리학의 목적이 자기의 실현이라 했다. 그런데 왜 자기가 자아와 동화되면 위험한가? 자기 원형의 마성 때문이다. 문제는 인간이 그 마성을 어떻게 제어할 수가 없다는 것이다. 마성이 인간을 덮치면 인간은 착각의 세계를 살거나 미쳐버린다. 악을 통합해야 한다는 융의 심리학은 마귀에게 휘둘릴 위험성을 내포하고 있다.

융은 무의식을 "어떤 정신적 반영 세계"라고 말하면서 다음과 같이 말했다.

> 무의식이란 단순한 반응적 반영이 아니고 독자적인 생산적 활동이므로 무의식의 경험 영역은 하나의 고유한 세계이며 고유한 현실이다. 이제 이 세계에 관해서 우리는 다음과 같이 말할 수 있다. 그 세계는 마치 우리가 그 세계에 영향을 미치듯 우리에게 영향을 준다. … 정신적 대상성이라는 생각은 결코 새로운 발견이 아니며 오히려 가장 오래되고 가장 보편적인 인류의 업적이다. 그것은 귀령세계(Geistwelt)의 구체적 존재에 대한 확신이다. … 혼(또는 다양한 혼들 중의 하나의 혼)은 죽음 뒤 귀령이 된다.[111]

의 힘을 강화해 "자아를 원조"하는 것(Freud, 1937)이라고 말했고, "환자의 무지를 보상하고 그의 자아에게 정신생활의 잃어버린 영역에 대한 지배력을 회복시켜 주어야 한다"(Freud, 1940)고 강조했다. 프로이트는 자아와 의식을 거의 같은 의미로 사용하기 때문에, 이 말은 정신분석학적 치료의 유일한 수단이 의식적인 노력을 통해 '무의식을 의식화'함으로써 의식의 무의식에 대한 지배력을 확장하는 것임을 의미한다. 그는 이런 치료가 가능한 이유를 정신분석학적 치료가 본질적으로 "의식이 무의식에 미치는 영향을 토대로 한 것"(Freud, 1915)이라는 점에서 찾았다.

110) 이부영, **자기와 자기실현** (파주: 한길사, 2010), 156.
111) C.G. 융, **융 기본 저작집3 인격과 전이**, 한국융연구원 C.G. 융 저작번역위원회 (서울: 솔출판사, 2007),

융에 의하면, 무의식의 세계는 귀령의 세계이다. 무의식 안에 존재하는 원형들은 귀신들이다. 그 무의식 안에는 대극으로 존재하는 악이 있다. 대극이 균형을 이루어야 인격의 분열이 없고 통합이 된다. 그런데 거기에 위험이 상존한다는 것이다. 융이 계속해서 했던 말이 통합이다. 그 통합의 결과로 신성한 내면아이가 탄생한다.[112] 김성민 교수는 다음과 같이 말했다.

> 융은 아니마와 아니무스와 만남은 그것을 통해서 '영적인 아이'가 탄생되는 정신의 결합이라고 주장하였다. 그래서 융은 사람들이 그의 영혼의 이미지와 만나는 순간부터 그는 인격의 성숙을 향해 나아가는 인생의 후반기에 접어들게 된다고 주장하였다.[113]

김성민 교수에 의하면, 아니마와 아니무스와의 만남으로 영적인 아이가 탄생해야 인간의 인격이 성숙 되고 그때부터 인생의 후반기에 접어든다. 인간의 신성화를 위해서는 악의 문제를 해결하지 않으면 안 되었다. 융은 다음과 같이 말했다.

> 나는 신성화된 그 형상에 매달렸으며, 카오스가 그 형상을 깨뜨리게 내버려 두고 싶지 않았다. 나는 세상의 질서를 믿었으며 조직되지 않고 형태가 갖춰지지 않은 모든 것을 혐오했다. 그러므로 무엇보다도 나는 나 자신의 원칙이 나를 이곳으로 데려다주었다는 것을 깨달아야 했다. 나의 내면에서 신이 일어나고 있을 때, 나는 그 신이 나의 자아의 한 부분이라고 생각했다. 나는 나의 "나"가 그 신을 포함하며, 그 결과 그 신을 나의 생각으로 여기게 되었다. 그러나 나는 또한 나의 생각들도 "나"의 부분들이라고 생각했다. 그 결과 나는 나의 생각들 속으로, 그 신에 관한 생각 속으로 들어갔다. 그 점에서 나는 신을 나의 자아의 한 부분으로 여겼다.[114]

융에게 신은 자신의 일부였다. 그 신은 대극을 이루고 있고 악은 선의 그림자이다. 악과 선이 따로 분리된 것이 아니다. 어떤 정신적인 요소가 제대로 실현되면 선이고 안 되면 악으로 나타난다는 것이다. 융은 악을 극복하려면 악을 정신에 통합해야 한다고 강조했다. 융에게 악이란 삶에 대한 잘못된 태도에서 발생

91-92.

112) 칼 구스타프 융, RED BOOK, 김세영 역 (서울: 부글북스, 2005), 96.

113) 김성민, **융의 심리학과 종교** (파주: 동명사, 2010), 123.

114) 칼 구스타프 융, RED BOOK, 김세영 역 (서울: 부글북스, 2005), 86.

한 것이지 본질적으로 악이 아니다.

융은 그 악이 현상학적으로 나타난 것이 1) 콤플렉스, 2) 억압, 3) 투사, 4) 신경증이라고 말했다. 첫 번째로, 콤플렉스는 개인 무의식을 구성하는 요소들이다. 대부분 의식의 통제에서 벗어난 감정과 사고의 복합물이다. 자아의식에서 분리되어 있고 자아의식의 작용을 방해하기 때문에 사람의 약점이 된다. 콤플렉스는 세 가지 특성이 있다. 정동성, 유사성, 자동성이다. 정동이란 인간의 내면에서 생겨나는 본능적이고 비의지적 반작용이기 때문에 제어가 안 될 수 있다.[115] 콤플렉스의 중심의 핵은 강력한 가치와 에너지를 가지기 때문에 유사한 것들은 잡아당긴다. 콤플렉스는 자동성이 있기 때문에 더 제어가 안 될 수 있다.

두 번째로, 억압이란 내용이 너무 고통스럽거나 유치해서 의식과 함께 할 수 없는 것들이다. 억압은 투사와 유아적인 국면에 머물게 하는 퇴행을 일으킨다. 세 번째로, 투사란 무의식의 가장 전형적인 작용이며, "인간 정신의 주관적인 내용들을 객관적인 대상에 전이시키는 작용이다."[116] 네 번째로, 신경증은 의미를 찾지 못한 영혼의 고통이다. 그렇다면 해결책은 무엇인가? 대극의 통합이다. 김성민 교수는 이렇게 말했다.

> 퇴행에는 반드시 부정적인 측면만 있는 것이 아니다. 사람들을 거듭나게 하는 측면도 담겨져 있다: "퇴행은 어머니에게만 머무르지 않는다. 어머니에게 벗어나 탄생 이전의 '영원한 여성상'에까지 도달하려는 측면도 담겨져 있다. 모든 원형적인 가능성을 담고 있는 이 원초적인 세계는 모든 피조물들의 이미지로 둘러싸여 있으며, 그 속에서 신적인 아이(enfin divin)가 의식화 되도록 잠에서 깨어나기를 기다리고 있는 것이다"(*Métamorphoses de l'Ame et ses Symboles*, p. 546)[117]

김성민 교수에 의하면, 융의 해결책은 인간 안에 있는 '신적인 아이'를 일깨우는 것이다. 김성민 교수는 그것을 영성이라고 말했다. 영원한 여성상이라는 말

---

115) 앤드류 새무얼스, C. G. **융과 후기융학파**, 김성민·왕영희 역 (서울: 한국심리치료연구소, 2012), 120; 〈정동은 "감정으로 착색된 표상들의 집합"인데(CW2, paras. 239, 352), 그것은 사람들의 기억에 영향을 끼쳐서 결국 "기억의 덩어리 전체가 어떤 특정한 색깔의 감정으로 물들게 된다." 그러므로 콤플렉스란 결코 하나의 단일한 실체라고 말할 수 없다.〉

116) 김성민, **융의 심리학과 종교** (파주: 동명사, 2010), 152.

117) Ibid., 151-152; "그러므로 우리는 결론적으로 퇴행이란 유아성으로 회귀하는 길이면서 동시에 영성으로 나아갈 수 있는 또 다른 길임을 알 수 있는 것이다."

44 칼 융과 내면아이

은 매우 플라톤적이다. 이데아의 세계에 있는 오리지널한 여성상이라 할 수 있다. 플라톤적 영성에서 회상으로 이데아의 세계로 회귀하듯이, 융의 영성에서는 연금술로 영원한 여성상을 만남으로써 신성화에 이르려고 한다. 이것이 융의 개성화다. 융은 신경증을 해결하기 위해 모든 것을 포기하고 인간의 내면에 있는 신적인 것을 체험해야 한다고 말했다. 이 포기를 김성민 교수는 "무위지도(無爲之道)를 터득해야 하는 것이다"라고 말했다.118)

틸리히(Paul Johannes Tillich, 1886-1965)는 실존적 불안을 모든 인류에 해당하는 우주적인 질병이라고 보았다.119) 임경수 교수는 틸리히의 관점을 칼 융과 연결했다.120) 문제는 임경수 교수가 말하는 신경증적 불안이다.

> 틸리히의 지적처럼 불안 가운데 허무와 무의미를 가지는 사람들은 확실성을 가지고 있는 외부 대상에 몰입하여 자신을 피하기도 하는데, 사실 이러한 것 역시 존재를 피함으로써 비존재를 피하는 방식이다. 그리고 이것을 신경증적 불안으로 보았다. 분석심리학의 관점에서는 인간이 몰입할 수 있는 외적인 대상에 몰입한다는 것은 가면적인 사회적 가치와 가면을 가지는 것을 의미한다.121)

틸리히와 임경수 교수의 논리대로 하자면, 기독교인이 예수 그리스도께 몰입하면 신경증적 불안이 되어버린다. 임경수 교수는 열심히 신앙생활을 하는 기독교인 중에서 신경증적 불안과 정상안을 어떻게 구별할 수 있을까? 어디까지가 정상적인 불안이며 어디까지가 비정상적인 불안이라고 말할 수 있는 절대적인 기준이 있을까?

---

118) Ibid., 324.
119) 임경수, **폴 틸리히의 인간이해와 기독교 상담 신학** (서울: 학지사, 2018), 164.
120) Ibid., 97; 임경수 교수는 다음과 같이 말했다. "이러한 점에서 틸리히는 자신의 신학세계 형성은 실존적 철학과 더불어 이미 심층심리학과 정신분석의 관점을 가지고 관찰을 한 것이다(Martin, 1966, p. 111). 이 세상에 태어난 인간의 근본적인 구조를 가지게 된다. 그것은 자기(self)와 대상 또는 자기와 세상과의 관계이다." 우리가 임경수 교수의 이 말에서 중요하게 보아야 하는 대목은 칼 융의 '자기'(self) 개념을 말한다는 것이다. 임경수 교수는 틸리히가 "모든 질문에 앞서 있는 근원적 현상이다"(Tillich, 1951, p. 188)라고 말한 것을 인용했다. 이렇게 자기(self) 개념으로 형성된 신학은 기독교라고 할 수 없다.
121) Ibid., 161; "그리고 이러한 몰입은 오히려 인간 개인들이 가진 무의미와 공허를 직면하지 않으려는 것이기에 인간의 한계성에서 오는 콤플렉스를 버려 버리는 것이다. 그러기에 인간은 상대적으로 자신의 피난처인 외적 대상을 확대시킬 수 있다. 이것을 분석심리학에서는 균형을 상실한 과도한 페르소나(persona, 사회적 가면)라고 본다(YoungEisendrath & Hall, 1991, p. 29)"

기독교인은 소위 실존적 불안이라는 것을 너무나도 확실하게 해결한다. 실존주의자들은 인간이 이 세상에 내던져진 존재로 보나, 기독교인들은 하나님께서 창조한 자들이며 예수 그리스도의 십자가의 대속으로 구원을 받고 영원한 하나님의 나라에서 영광을 누리는 자들이기 때문이다.

　　어빈 얄롬(Irvin D. Yalom)도 틸리히도 실존적 프레임으로 인간의 삶에 접근하면서 실존적 불안을 말하기 때문에 예수 그리스도의 구원과 언약 안에서 인간의 문제가 해결되는 것을 이해할 수 없다. 틸리히의 관점으로 보면 열정적인 기독교인들은 실존적 불안을 수용하지 못하고 외적인 대상에 몰입한 신경증적 불안에 불과하다.122)

　　또한, 임경수 교수는 인간의 본질 안에 있는 용기로 불안을 극복한다고 말했다.123) 실존적 불안을 수용하는 존재의 용기로 인간의 불안을 극복한다면 하나님이 왜 필요할까? 임경수 교수는 결론적으로 다음과 같이 말했다.

> 자신의 본질로부터 소외되어 실존에 살아가는 인간은 자신이 가진 소외의 현상으로부터 스스로 치료가 될 수 없다는 사실을 안다. 그러나 본질에서 근원적인 연결을 하나님과 가지고 있는 인간은 새로운 피조물(New Being)로의 고대함이 인간을 초월하고, 인간이 있는 모습을 그대로 수용하는 하나님에 의해 발생한다고 생각한다. 그러기에 그가 말하는 신률성의 신학은 인간의 실존을 철저하게 보려는 몸부림과 인간 자체를 구원할 수 없으며, 모든 존재의 근원이 되고 인간을 부르고, 안아주는 하나님의 치료하는 힘(healing power)에 의해서만 가능하다고 생각한다(Tillich, 1983), pp. 84-85).124)

---

122) Ibid., 255; "반면 병리적 불안을 가지게 되면 비현실적인 것에 기초하여 인간의 자기긍정 속으로 빠져 들어가게 된다. 그래서 병리적 불안은 인간이 가지는 운명과 죽음이라는 한계에 대해 비현실적인 안전함을 만든다. 이것은 병리적 불안이 비현실적 특징을 가지게 됨으로 운명과 죽음에 대한 방어기제를 사용하여 현실성 없는 안전함을 만들어낸다. 죄의식과 정죄의 불안은 각각 상대적이고 절대적 특성을 가지는데, 방어기제를 통해 비현실적인 완전함을 만든다. 어떤 누구도 죄의식이나 정죄로부터 도피할 수 없음에도 자기 완전함의 성을 만들어 버려 안전함을 만든다. 의심과 무의미함의 불안은 비현실성 확실성을 만들어낸다."

123) Ibid., 146; "실체의 상실에 대한 불안만이 아니라, 위에서 언급된 모든 제한성(시간, 공간, 우연성)에 대한 불안을 극복하는 것은 인간의 본질 안에 있는 '용기'(courage)이다."

124) Ibid., 290; "그런 하나님이 오늘날 우리를 다음과 같이 초대한다. '아무것도 당신에게 요구되는 것은 없다— 하나님에 대한 생각, 당신의 선함, 당신이 종교적이어야 한다는 것, 당신이 기독교인이어야 한다는 것, 현명해야 한다는 것, 도덕적이어야 한다는 것. 다만 당신의 존재가 열려 있고, 당신에게 주어진 새로운 피조물을 수용하려는 것만 요구가 된다. (새로운 피조물은) 자신의 멍에는 쉽고, 짐은 가볍다고 말한 사랑과 정의와 진리의 존재이다(Tillich, 1976, p. 102)."

임경수 교수는 신륭성의 신학에 인간의 실존적 소외에 대한 궁극적 가능성을 말했다. 틸리히는 하나님의 치료의 힘으로 가능하다고 말했으나, 일본 선불교의 힘으로 인간 실존의 해결책을 찾았다.[125] 또한, 틸리히는 시카고 대학교에서 『샤마니즘』의 저자인 엘리아데와 공동세미나를 했다. 엘리아데는 틸리히와의 공동세미나의 경험과 융과의 대화의 경험을 "자기 생애에 가장 인상 깊은 경험"이라고 기술했다.[126] 문진건 교수는 "원형이 보내는 이미지를 완전히 이해하려면 상상과 직관 그리고 과학적인 객관성이 필요하다고 융은 믿었다. 반면에 선사들은 그러한 이미지들은 깨달음을 얻는 데 방해가 될 뿐이라고 간주한다."라고 말했다.[127] 아베 마사오(Abe Masao)는 히사마츠 신이치 선사와의 대화에서, 융은 "집단 무의식으로부터의 자유의 가능성과 필요성에 궁극적으로 동의하는 것처럼 보였다"고 말했다.[128] 틸리히나 융이나 깨달음을 얻고 자유를 얻은

---

125) "기독교와 불교의 만남(4): 폴 틸리히," http://www.dangdangnews.com/news/articleView.html?idxno=14971; 〈20세기에 들어서서 기독교 신학자로서 기독교와 불교와의 대화에 깊은 관심을 가지고 적극적인 태도를 나타낸 이는 아마도 폴 틸리히일 것이다. 틸리히의 불교에 대한 깊은 관심은 그가 1960년에 일본을 방문하여 수개월 간(5월에서 7월까지 약 8주간을) 도쿄와 교토에 머물면서 일본의 저명한 불교 학자들과의 깊은 교제와 대화를 나눈 점을 보아도 알 수 있다. 그의 일본 방문은 야사카 다까기(Yasaka Takagi) 교수의 초청으로 이루어졌으며, 그때 그가 만난 사람들은 선불교의 대가인 스즈키(D. Suzuki) 박사를 비롯하여 교토학파(the Kyoto School)의 철학자 및 불교 학자들과 또한 일본의 고유 종교인 신토(Shinto)의 스님들과 선승들(Zen Masters)도 포함되어 있었다. 틸리히는 그들과의 대담과 토론을 통하여 동양 사상 특히 선불교에 대한 새로운 이해와 많은 영감을 얻었다고 전해지고 있다. 그 증거로서 틸리히는 그의 일본 방문의 경험을 토대로 해서 "기독교와 세계 종교들과의 만남"이란 책을 저술하였으며, 그 책에서 그는 기독교와 불교와의 대화의 문제를 직접 취급하였다. 종교 간의 대화의 요건: 틸리히는 위의 책에서 기독교와 불교를 비교 고찰함에 있어, 불교를 모든 종교들 중에서 가장 위대하고, 가장 낯설며, 동시에 가장 경쟁적인(most greatest, strangest, and competitive) 종교라고 칭하고 있다. 그리고 기독교와 불교와의 대화는 현재까지는 매우 미미했지만, 앞으로 두 종교의 대화는 가까운 장래에 가장 중심적 문제로 등장하게 될 것으로 보았는데, 그 이유는 현대 세계에 나날이 확산되어가는 세속주의와 그것의 영향을 받은 유사종교들(quasi-religions)의 발흥에 공동 대처하기 위해서라고 보았다.〉
126) 김재영, "칼 융과 머세아 엘리아데의 종교이해에 관한 비교연구: 원형이론을 중심으로," 종교연구 17 (1999): 28(21-69).
127) 문진건, "불교로 읽는 고전: 칼융의 〈심리학적 유형〉," https://blog.naver.com/dlpul1010/220266445852 〈선사들은 원형 이미지의 해석에 마음을 쓰는 것은 문자의 해석에 의존하는 것만큼이나 위험하다고 생각할 것이다. 다시 말해 이러한 해석에 대한 집념은 융이 무상 무념 무아의 경지를 체험하기 어렵게 한다는 말이다. 1958년 융과 조우한 히사마츠 신이치 선사가 말하고자 했던 바도 이와 같은 맥락이다. "무의식을 무의식으로 보고 그것의 메시지를 이해하는 데 얽매이는 한 영원히 그 무의식에서 벗어나지 못한다." 융은 의식과 무의식의 구분이 없는 선수행의 진면목을 이해할 수 없었다. 융은 말했다. 깨달음을 이루더라도 무의식적인 번뇌는 또다시 일어나게 되어 있다. 우리가 무의식을 완전히 정복하는 일은 있을 수가 없기 때문이다. 하지만 선사가 되묻는다. 무엇이 무엇을 정복한다는 말인가? 융은 아마도 잠시나마 '부모미생전' 본래면목을 맛보았을 것이다.〉

곳은 선불교였다!

융에게 구원은 신성한 내면아이를 체험할 때에 이루어진다. 그 신적인 것이란 누미노즘을 체험하게 하는 원형을 말한다.129) 김성민 교수는 종교체험으로 얻는 그 힘은 "심리학적으로는 자기에게서 오는 것이고, 종교적으로는 신에게서 오는 힘이다"라고 말했다.130) 놀랍게도 그 종교체험은 "체험자도 모르게 저절로 생겨난다는 것이다." 다른 말로 하자면, 자기도 모르게 벼락같이 내리꽂혀야 하고 귀신에게 홀려야 한다. 그런 까닭에, 종교체험에는 위험성이 동반된다.131) 누가 그 위험을 제어할 수 있는가? 아무도 없다!

융의 이런 말은 인간이 의미와 통일성을 구하는 존재이지만 그 의미와 통일성을 무엇인지 모르는 '무한한 존재'로부터 얻으려고 했다는 것이다.132) 자기

---

128) Abe, Masao, "The self in Jung and Zen," *The Eastern Buddhist* 18(1) (1985): 70(57-70); "In this respect, it is extremely significant that in his dialogue with Hisamatsu, Jung seemed eventually to agree with the possibility and necessity of freedom from the collective unconscious. Ultimately, Jung and Zen seem to agree that there is hope for human beings to be emancipated from suffering itself, rather than their being destined to remain in a samsaric cycle, finding relief from one suffering only to be faced with another."

129) 김성민, 융의 심리학과 종교 (파주: 동명사, 2010), 249-295; ⟨그래서 융은 신경증 환자들이 그들의 문제를 해결하다가 모든 것을 포기해야 한다고 강조한다: "그는 모든 것을 포기하고, 그의 내면에 있는 어떤 영원한 이미지가 가진 능력에 모든 것을 맡겨야 한다 … 그 힘은 그를 이끌고, 그를 정복하며, 그를 매혹시키고 굴복시킨다. 그것은 계시처럼 원초적인 것으로 이루어져 있으며, 그에게 어떤 신적인 것을 체험하게 한다. 그래서 그 힘은 그에게 언제나 신적인 것으로 나타난다"(TP, p. 253). 그런데 그 이미지는 신의 원형이다. 왜냐하면 그 이미지는 인간의 의식을 초월하는 것이며, 인간의 의식을 초월하는 것으로 계시 된다. 다라서, 융의 종교체험은 언제나 사람들에게 모든 의지적이며 의도적인 노력들이 아무 소용없게 될 때 생겨난다고 강조하였다. 다시 말해서, 종교체험이란 체험자도 모르게 저절로 생겨나는 것이라는 말이다: "구원이 이루어지는 순간, 즉 구원의 상징이 나타나는 것은 아무도 그것을 기대하지 않았을 때, 모든 해결책이 없으리라고 생각될 때, 비로소 생겨나는 것이다"(TP, p. 253). 사람들이 모든 것을 포기했을 때, 사람들은 그것이 가진 누멘적인 특성 때문에 신적인 것이라고 말할 수밖에 없는 원형적인 이미지를 체험하게 되는 것이다.⟩

130) Ibid., 287.

131) 에르나 반 드 빙켈, 융의 심리학과 기독교 영성, 김성민 역 (서울: 한국심리치료연구소, 2010), 33-34; "하나님은 그의 피조물들과 소통하기 위해서 여태까지 상징이라는 수단을 사용해 왔으며, 지금도 사용하고 있다. 하지만 우리는 무의식 속에 비도덕적 힘이 들어 있으며, 마술사와 사탄도 무의식의 힘을 사용하고 있다는 사실을 잊지 말아야 한다. 그래서 우리는 이 양가적(兩價的)이며, 매혹적인 영역을 탐험하기 전에 이 영역에 관해서 좀 더 깊이 살펴보아야 한다. 무의식에는 수많은 위험이 도사리고 있다. 우리는 무의식에 접근할 때 매우 조심해야 한다. 그러나 다른 모든 위대한 발견의 경우에서와 마찬가지로, 몇몇 개척자들은 다른 사람들이 집단 무의식에 좀 더 쉽게 접근할 수 있도록 길을 마련해 주었다."

132) 김성민, 융의 심리학과 종교 (파주: 동명사, 2010), 295; 융은 다음과 같이 말했다. ⟨인간에게 있어서 가장 본질적인 물음은 그러므로 이것이 될 것이다: 그가 어떤 무한한 존재와 관계를 맺고 있는가? 그렇지 않은가? 이 물음은 바로 그 자신의 삶에 관해서 묻는 것이다. 그 어떤 무한한 존재가 본질적인 존재라는 사실을 우리가 알기

안에 신적인 것이 있다고 말함으로써 자기 존재의 가치를 최고로 만들었다. 인간이 자신의 존재의 풍성함을 위해 자기가 알지도 못하는 그 무엇(something)에 내던지는 것은 지극히 위험한 도약이다. 융 자신도 도약이라고 인정했다.133) 융이 그 신의 이름을 명명하게 되면 종교가 되어버리기 때문에 기독교를 거부한 자로서 체면이 서지 않는다. 자기(self)라고 해도 인간이 '알 수 없는 부분'이다.

융의 존재론은 융의 구원론으로 이어진다. 융의 구원론은 전일성이다. 융은 만다라, 부처, 그리스도를 인간의 전일성을 상징적으로 드러내는 이미지라고 말했다. 이죽내 교수는 전일성을 '심성' 혹은 '인간의 본성'을 체험하라고 말했다. '심성' 혹은 '인간의 본성'이 인간의 전체성을 드러내기 때문이다.134) 융에게 상징은 무의식의 언어이다.135) 상징은 원형이 의식으로 드러난 것이다.136)

모든 사람에게는 인간으로 사고하고 상황에 적응하는 운영체제가 있고, 그로 인해서 사람에게 같은 유형의 꿈, 신화, 상징을 만들어낸다. 융은 원형을 "특별한 존재론적 기반"이라 했다.137) 그 상징 안에 내포된 정동을 느끼게 하고 영적

만 하면 우리는 이 세상에 있는 덧없는 것이나 정말로 중요하지 않은 대상들에 몰두하지 않게 된다. 그러나 우리가 그 무한자에 관해서 알지 못할 때, 우리는 이 세계가 우리에게 보여주는 이러저러한 가치들에 몰두하게 되며, 그것을 마치 나 개인의 소유처럼 생각하게 된다"(Ma Vie, p. 369).〉

133) JEFFREY G. SOBOSAN, "KIERKEGAARD AND JUNG ON THE SELF," *Journal of Psychology & Theology* 3(1) (1975): 34(31-35). 〈There is a voice, he says, which like a law of God seems to call a man toward the fulness of personality. He also recognizes what Kierkegaard calls the despair of those who do not choose to be a self because they have chosen against a relationship with the infinite within them. It is, he says, "a defense against the objective inner activity of the psyche, or an attempt, somewhat dearly paid for, to escape from the inner voice and hence from vocation (Jung, 1954b, p. 183). Finally, he recognizes the blindness and uncertainty in any "leap of faith." Even the development of the personality is "a gamble, and tragedy is that the daemon of the inner voice is at once our greatest danger and an indispensable help"(Jung, 1954b, p. 186). Like Kierkegaard, he sees how the way of despair can also be the way of faith, and vice versa.〉

134) 이죽내, "융의 분석심리학적 심리치료 개관," **가족과 상담** 1(1) (2011): 42(41-70); 이죽내는 분석심리학적 정신치료를 위해 '철학적 사색'이나 '명상적 태도'가 필요하다고 말한다. 그 이유는 융이 체험한 것처럼 체험해야 하기 때문이다. "말하자면, 융과 같이 되는 것이 아니라 융이 체험한 것과 같은 방식으로 스스로를 체험하는 것이다."(p. 44)

135) 김성민, **융의 심리학과 종교** (파주: 동명사, 2010), 94; "융에 의하면 무의식에 모여진 정신 에너지는 그 당시 그의 정신 상태에 따라 물, 불, 빛, 만다라 등 여러 가지 상징들을 만들어서 그에게 무의식의 상황을 알려주고, 무의식의 요소들을 의식에 통합시키게 해 준다."

136) 칼 구스타프 융, **융합의 신비**, 김세영·정명진 역 (서울: 부글북스, 2017), 547; "원형은 끊임없이 새로운 해석을 내놓는 살아 있는 어떤 관념이며, 이 관념은 해석을 통해서 스스로를 드러낸다."

137) 앤드류 새무얼스, **C. G. 융과 후기융학파**, 김성민·왕영희 역 (서울: 한국심리치료연구소, 2012), 118.

인 세계로 이끌어 간다. 상징이 정신 에너지를 변환시키는 것이다. 마치 그림을 보고 누미노제를 느끼듯이 상징을 보고 누멘을 체험하는 것이다.

융의 인간관은 대극의 통일체이다. 대극적 구조가 중요한 것은 정신적 에너지가 두 극의 긴장으로 발생하기 때문이다. 융은 그 수많은 대극적 요소들이 분열하고 전체성을 이룬다고 말했다. 융은 전체성에 대해 다음과 같이 말했다.

> 대극의 관조는 동양 사람들에게 마야(Maja, 환영 幻影)의 특성을 가리킵니다. 동양적 태도에서 보면 현실이란 환상의 특징을 지닌 것으로 간주 됩니다. 대극 뒤에, 그리고 대극 속에 저 참된 현실이 있으며 이것이 전체를 인식하고 포괄하는 것입니다. 인도 사람은 그것을 아트만(Atman)이라 부릅니다. … 구상적(具象的)으로 말한다면 나의 속을 '속속들이 숨쉬는 것'입니다. 그러나 나뿐 아니라 모든 사람, 다시 말해서 그것은 개인적인 아트만뿐 아니라 아트만 푸루샤(Atman-Purusha), 보편적 아트만, 모든 것을 속속들이 호흡하는 프노이마(Pneuma, 기氣)입니다. 독일어에서는 이 말 대신에 작은 자아에 반대되는 '자기'Selbst라는 말을 씁니다. … 여기서 '자기 자신'이라 부르는 것은 내 속에 있을 뿐 아니라 모든 사람 속에 있는 아트만과 도(道)와 같은 것입니다. 그것은 정신적 전체성입니다.[138]

융은 정신의 전체성을 "모든 사람 속에 있는 아트만과 도(道) 같은 것"이라고 말했다. 그러면서도 융은 자신이 '내재적인 신', '신 대차물'을 만들어냈다가 비난하면 그것은 오해라고 말했다. 이어서 융은 "'자기'self란 결코 신(神) 대신에 있는 것이 아니고 아마 신적(神的)인 자비를 간직한 그릇인지 모릅니다"라고 말했다. 융의 이런 말은 일관성이 없다. 융 자신이 원형체험은 종교체험이라고 말해 왔기 때문이다. 그러면서도 융은 자신이 종교를 만든 것은 아니라고 말했다. 놀(Richard Noll)은 융은 20세기에 가장 영향력 있는 거짓말쟁이였다고 말했다.[139] 융은 종교적 수련에 대해 다음과 같이 말했다.

> 작용하는 것의 개념은 우리 서양인들에게는 천지 만물의 주인이다. 인도인에게는 이와는 달리 심혼과 관련되어 있다. 인도인들에게는 세계는 가상(假像)이며, 그들의 현실은 우리 서양인들이 가령 꿈이라고 부르는 것과 가깝다. 서양과의 이런 특이한 대조는 종교적 수련에서 가장 많이 드러난다. 우리 서양인들은 종교적 교화와 찬양에 관하여 말한다. 신은 우

138) C.G. 융, 융 기본 저작집9 인간과 문화, 한국융연구원 C.G. 융 저작번역위원회 (서울: 솔출판사, 2004), 144-145.
139) Sonu Shamdasani, *Cult Fictiions: C. G. Jung and the Founding of Analytical Psychology* (London & NewYork: Routledge, 1998), 12.

리 서양인들에게는 천지 만물의 주인이다. 서양인들은 이웃 사랑의 종교를 갖고 있다. 높은 곳을 지향하는 그들의 교회에는 높은 제단이 있다. 이에 반해, 인도 사람들은 선정(禪定, Dhyâna), 명상 및 침잠(沈潛)에 관해 말하고, 신성(神性)은 모든 것들의 내면에 있으며 무엇보다도 인간 속에 있다. 인도인들은 외부로부터 내면에로 향한다.140)

융은 자신이 '내재적인 신', '신 대차물'을 만들었다는 비난은 오해라고 하면서도 서양인과 인도 사람들을 비교하면서 내면의 신성을 말했다. 신성한 인간 본능의 정신적 성향은 전체성을 이루는 것이었다. 전체성을 이루려면 상징들을 연구해야 하고 연금술이 동원된다. 융은 "대극성을 체험하지 않고서는 전체성을 경험할 수 없다"고 말했다.141) 꿈에서는 태양이 "삶의 원천과 인간의 궁극적인 전체성의 상징이다."142)

인간 안에 있는 하느님을 말하고 그 하느님이 대극으로 존재한다고 말하는 융의 심리학은 근본적으로 반기독교적이다. 김성민 교수는 융이 기독교에 대해 가지는 관점을 다음과 같이 말했다.

나중에 사춘기 무렵, 잠시 기독교에 대해서 지적인 흥미를 느끼기도 했지만, 이때 형성됐던 기독교에 대한 부정적인 이미지를 근본적으로 극복하지 못해서 그는 평생동안 기독교와 심리적인 거리감을 좁히지 못하였다. 그래서 그는 기독교에서 말하는 하나님 대신에 "성스러운 존재"(numen)의 힘과 개인적이고 신비적이며 직접적인 관계를 더 추구하게 되었다. 따라서, 그는 강력한 힘을 지닌 하나님과 살아 있는 체험을 하게 해주지 못하는 화석화된 기독교 도그마와 신앙을 강도 높게 비판하였다.143)

---

140) Ibid., 203; "우리 서양인들은 행동(行動)을, 인도인들은 부동의 존재를 진실이라고 믿는다. 서양인들의 종교적 수련의 내용은 기도, 숭배 및 찬송이지만, 이에 반해 인도인들의 가장 본질적인 수련은 요가, 즉 그들이 최고의 의식으로서 찬양하는, 우리 서양인들이 말하는 바의 무의식적인 상태로의 침잠이다. 요가는 한편으로는 인도 정신의 가장 확실한 표현이며, 다른 한편으로는 바로 이런 고유한 정신적 태도를 만들어내기 위하여 끊임없이 사용해 왔던 도구이다."

141) C.G. 융, 융 기본 저작집5 꿈에 나타난 개성화 과정의 상징, 한국융연구원 C.G. 융 저작번역위원회 역 (서울: 솔출판사, 2006), 31.

142) Ibid., 109.

143) 김성민, 융의 심리학과 종교 (파주: 동명사, 2010), 53; "나는 신앙이 이해의 바탕 위에서 생겨나야 한다고 생각한다. … 마찬가지로, 신앙에 대한 맹목적인 복종 때문에 생겨난 긍정적이지 않은 결과들로부터 우리는 자유로와야 한다"(PER, p. 263). 더 나아가서 그는 이렇게 말하기도 하였다: "이런 종류의 신앙은 단순한 하나의 습관이나 영적인 나태로 변질될 위험에 처하게 된다. … 이렇게 기계화된 의존성은 손에 손을 잡고 유아성을 향해서 정신적으로 퇴행하게 된다. 그 이유는 신앙의 전통적인 내용들이 점차로 의미를 잃어가고 우리 삶에서 아무런 행동도 하지 못하게 하는 형식적인 믿음으로 되기 때문이다."(C.G. Jung, Guérison Psychologique. 287~288)

융은 신의 존재를 직접 체험하는 종교를 원했다. 신을 체험한 것을 통해 인간이 변하게 된다고 보았다. 융은 기독교 신앙을 근본적으로 잘못 이해하고 있었다. 심리학과 내적치유는 '신성한 내면아이' 개념을 말한다. 쓴뿌리 역시 성경에서 말하는 것과 내적치유자들의 말은 완전히 틀리다.[144] 신경증 환자를 다루는 측면에서 융은 다음과 같이 말했다.

> 신경증 환자는 자기 내부에 아이의 마음을 가지고 있다. 아이라는 것은 외부로부터 그에게 가해지는 여러 가지 잡다한 제한의 의미를 이해할 수가 없으며, 그 여러 가지 제한에 견딜 수가 없다. 그는 자기를 도덕적으로 적응시키려고 시도하기는 하지만 그렇게 함으로써 스스로 불화를 초래하게 되는데 한편에서는 자기를 억압하려고 하며, 다른 한쪽에서는 자기를 해방시키려고 한다. 이런 싸움이 노이로제라고 불리는 것이다. 만약에 이 싸움이 그 모든 부분에 있어서 뚜렷하게 의식되고 있다면 아마도 신경증의 증상이 생겨나는 일은 없을 것이다.[145]

융이 말하는 자기 내부에 가지고 있는 아이의 마음이란 천진난만한 아이를 말하는 것 이상이다. 융은 다음과 같이 말했다.

> 퇴행은 어머니에게만 머무르지 않는다. 어머니에게 벗어나 탄생 이전의 '영원한 여성상'에까지 도달하려는 측면도 담겨져 있다. 모든 원형적인 가능성을 담고 있는 이 원초적인 세계는 모든 피조물들의 이미지로 둘러싸여 있으며, 그 속에서 신적인 아이(enfin divin)가 의식화 되도록 잠에서 깨어나기를 기다리고 있는 것이다(*Métamorphoses de l'Ame et ses Symboles*, p. 546)[146]

융이 말하는 인간 내부에 있는 아이의 마음이란 '신적인 아이'다. 융은 사람들의 마음에 있는 하나님을 "우리-안에 있는-하느님"이라고 불렀다. 이것은 인간의 내면에 신성이 있다는 뜻이다. 융은 '우리-안에 있는-하느님'을 통해 신성을 체험할 수 있다고 말했다. 융에게 '우리-안에 있는-하느님'은 원형이다. 원형은 집단 무의식 속에 있으며 그 원형이 사람들을 누멘적인 힘에 사로잡히게 한다.

---

144) 내면아이에 대한 성경적인 개념 정리를 원하는 분은 이 책 후반부에 있는 '주서택 목사와 내면아이'를 먼저 읽는 것이 좋다.
145) C.G. 융, **C.G. 융 무의식 분석**, 설영환 역 (서울: 선영사, 2005), 36.
146) 김성민, **융의 심리학과 종교** (파주: 동명사, 2010), 151-152; "그러므로 우리는 결론적으로 퇴행이란 유아성으로 회귀하는 길이면서 동시에 영성으로 나아갈 수 있는 또 다른 길임을 알 수 있는 것이다."

신성한 내면아이와 관련하여 융의 원형론에서 몇 가지 중요한 요소는 '정신양'(Pshychoide)과 '엔텔레케이아'(entelechie), '에난치오드로미'(Enantodromie)와 텔레파티(Telepathie)이다. 김성민 교수는 다음과 같이 말했다.

> 융이 원형을 정신양이라고 주장한 것은 원형이 심리학적인 개념일 뿐만 아니라, 신체의 기관처럼 실제로 작용하는 것이라고 생각했기 때문이다. 원형은 사람의 위나 폐처럼 실제로 존재한다는 것이다.[147]

김성민 교수는 정신양이 원형의 심리학적 개념만이 아니라 물리적 실제라고 말했다. 폰 프란츠는 "원형(질서의 요소)이 가진 정신양적인 측면은 정신적인 형태로는 물론 에너지를 가진 물리적 현상으로도 드러난다"고 말했다.[148]

융은 드리쉬(Driesch)의 정신양 개념과 상충한다고 말하면서, 정신양은 "행동에서 발견된 기초적 동인"이며, "행동의 완만실현"이라고 말했다. 여기서 완만실현이란 '엔텔레케이아'(entelechie)로 "목적 자체 내에 지니고 있는 것, 발전과 완성을 성취시켜 주는 유기체 내부의 힘"을 말한다. 엔텔레케이아는 생명 현상의 본질을 말하며 존재 내부에 있는 자율적 목적을 가진 힘을 말한다. 철학적 관점에서는 "가능성으로서의 질료(質料)가 목적하는 형상(形相)을 실현하여 운동이 완결된 상태"를 말하는 아리스토텔레스의 용어이다.[149] 엔텔레케이아는 개별자의 자율성을 제공한다. 엔텔레케이아가 없다면 존재는 유지될 수도 없고 목적을 향하여 나아가지도 못한다.

융은 심혼[150]의 연령은 수백만 년을 헤아린다고 말했으며,[151] 심혼의 효능

---

147) 김성민, 칼 융의 『심리학과 종교』 읽기 (서울: 세창미디어, 2015), 186-187.

148) Ibid., 186.

149) 철학사전에서: "엔텔레케이아: 아리스토텔레스가 가능성으로서의 질료가 형상과 결부하여 현실성을 획득한 상태를 가리킬 때 쓴 용어이다. 예를 들면 대리석이라는 질료는 한 개의 조각상의 소재이면서 동시에 가능성의 상태인데 이것이 인체의 모습을 띠는 조각상으로 되는 것에서 조각상으로서의 형상이 실현된다. 거기에서 형상은 질료에 있어서 실현되어야 할 목적이고, 그 목적이 달성된 상태가 곧 엔텔레케이아, 또는 에네르게이아(energeia)로 불리운다. 이 생각은 플라톤이 이데아계와 현실의 물질계를 구별한 것에 대하여 그 통일적 견해를 추구하는 시도로서 이루어졌다."

150) 진숙, "칼 융의 무의식에 관한 탐구," 철학논총 88 (2017): 357-358(345-366); "'Psyche'를 심혼으로 번역한 것은 이를 정신이나 영혼을 모두 포괄한 정신으로서의 내용으로 다루기 위해서이다. 정신이란 의식의 측면이나 기능적 측면을 강조하게 되고, 영혼이란 종교적 심령적인 가치를 부여하기 때문에 심층심리학은 그 둘을 모두 포괄할 수 있는 개념으로 '심혼'을 대상으로 한다는 의미가 들어간다."

인 에네르게이아(신적 능력)에 대해 다음과 같이 말했다.

> 에네르게이아는 궁극적으로 '비상한 영향력'이라는 원시적, 또는 태곳적 견해로 거슬러 올라가기 때문이다. 이것이 이른바 마타(Mana) 개념으로, 멜리네시아에 국한되지 않고 네덜란드령 인도와 아프리카 동부 해안에도 존재하며 부분적으로는 라틴어 '누멘'(numen)에, 또 부분적으로는 '게니우스'(genius, 보호신)(예를 들어 genius loci)에 그 어감이 남아있다. 현대 의학 심리학에서 리비도라는 용어를 쓴 것은 원시적 마나와 놀랄 만한 정신적 연관이 있다. 그러므로 이러한 원형적 견해는 절대로 단지 원시적인 것에 지나지 않는 것이 아니고 물리적 에너지 개념과 양적이 아니라 주로 질적이라는 점에서 구별된다.[152]

심혼이란 무의식적 내용이 인격화된 것으로 무의식의 현상이 심혼이다. 그 심혼은 콤플렉스를 통해 드러난다.[153] 아리스토텔레스에게 에네르게이아(현실태)는 "질료가 완전히 형상적 규정을 얻어, 존재자가 그 완성태(完成態)에 달한 상태를 말"하지만, 융에게 에네르게이아는 개성화에 이르게 하는 신적능력이고 비상한 영향력이다. 그것이 마나, 누멘, 게니우스와 유사하고 심리학에서는 리비도로 가져왔다. 융 심리학에 대한 깊은 주의가 필요한 것은 정신 에너지를 신적 에너지로 말했다는 것이다. 그 에너지를 물리적 에너지로 본다.[154] 융은 "눈(眼)이 태양과 같듯이 심혼은 신과 같다"고 말했다.[155]

융은 드리쉬의 정신양 개념을 철학적이라고 말하면서, 블로일러(Eugen Bleuler)의 정신양 개념을 다음과 같이 말했다.

> 정신양은 … 목표 지향적이며 기억력에 따르고, 생을 유지하려고 노력하는 중추신경의 기능을 포함한 모든 신체적 기능의 힘이다.[156]

---

151) C.G. 융, 융 기본 저작집7 상징과 리비도, 한국융연구원 C.G. 융 저작번역위원회 (서울: 솔출판사, 2005), 11.

152) C.G. 융, 융 기본 저작집2 원형과 무의식, 한국융연구원 C.G. 융 저작번역위원회 역 (서울: 솔출판사, 2006), 102-103.

153) 김태영, "종교와 과학 담론으로 바라본 융의 분석심리학," 신학사상 169 (2015): 253(239-268): " 그 심혼의 기저층인 무의식은 어떻게 인식 가능한가. 융은 의식이 관여하지 않는 꿈, 환상 활동을 무의식의 자기표현으로 보았다."

154) C.G. 융, 융 기본 저작집2 원형과 무의식, 한국융연구원 C.G. 융 저작 번역위원회 역 (서울: 솔출판사, 2006), 103; "심리학적 확인은 본질적으로 질적인 것이지만, 아울러 잠재적인 '물리적' 에너지론을 갖고 있다."

155) C.G. 융, 융 기본 저작집5 꿈에 나타난 개성화 과정의 상징, 한국융연구원 C.G. 융 저작번역위원회 역 (서울: 솔출판사, 2006), 18; "신이 도처에 편재하지만 바로 인간의 심혼에는 있지 않다고 주장하는 것은 신성모독일 것이다."

융의 정신양 개념은 드리쉬의 엔텔레케이아와는 다르지만 그럼에도 불구하고 드리쉬보다 더 많은 의미를 부여했다. 아리스토텔레스와 드리쉬에게 엔텔레케이아가 개별자의 자율성을 부여하듯이, 융에게는 정신양이 개별자의 자율성을 부여한다. 융의 정신양이 플라톤에게는 에로스이고,[157] 스피노자에게는 '코나투스'가 된다. 융에게 정신양은 "그 자체의 기관이 만들어내고 유지하며 변형시키는" 가능을 말한다.[158]

융에게 있어서 정신양이 얼마나 중요한지 다음과 같은 글에도 드러난다.

> 원형 그 자체는 정신양 요소로서, 정신적 스펙트럼의 불가시적인 자외선 부분에 해당된다. 그러한 것으로서의 원형은 의식 불가능한 것인 듯하다. 내가 감히 이러한 가설을 설정한 이유는 의식으로 인지되는 모든 원형적인 것들은 기본 주조에 관한 변이들을 나타내는 것으로 여겨지기 때문이다. 만다라 주제의 끝없는 다양성을 연구할 때면 이 정황에 대해 가장 깊은 인상을 받게 된다. 만다라에서는 '중심적'이라고 말할 수 있는 의미를 지닌 비교적 간단한 기본 형태가 다루어진다. 그러나 비록 만다라가 중심의 구조로서 나타나기는 하지만, 그 구조 속에서 중심과 주변, 분리와 비분리성 중 어느 것이 더 강조되어 있는가의 여부는 확실하지 않다. 다른 원형들도 이와 비슷한 의혹을 제기하기 때문에 원형의 원래 본체는 의식 불가능한, 즉 초월적인 것이라고 보는 것이 타당할 듯하며, 그래서 나는 이것을 정신양이라고 부르는 것이다. 이미 립스가 강조했듯이, 정신적인 것의 본체는 무의식적이다.[159]

융은 원형을, 초월성을 말하면서 정신양을 말했다. 원형이 만다라로 나타나지

---

156) C.G. 융, **융 기본 저작집2 원형과 무의식**, 한국융연구원 C.G. 융 저작 번역위원회 역 (서울: 솔출판사, 2006), 34-35: "정신양과 정신의 공통점은, 목표 지향성과 목표에 도달하기 위해 과거의 경험을 이용하는 것이다."

157) H. J. 슈퇴릭히, **세계철학사上**, 임석진 역 (서울 분도출판사, 1991), 205. 에로스란 관능적인 것으로부터 정신적인 단계로 발전하려는 노력이자 스스로를 불멸의 단계로 고양시키려는 유한자로서 느끼게 되는 충동을 말한다.

158) C.G. 융, **융 기본 저작집2 원형과 무의식**, 한국융연구원 C.G. 융 저작 번역위원회 역 (서울: 솔출판사, 2006), 35; "내가 '정신양'이라는 전문 용어를 사용할 경우에는 첫째, 명사 형태가 아니라 형용사의 형태로 사용하며 둘째, 이 용어는 정신, 또는 심혼 고유의 성질을 의미하는 것이 아니라 반사적 과정을 지니고 있는 것처럼 심혼과 유사한 성질을 말하는 것이고, 셋째, 이 용어를 사용함으로써 한편으로 단순한 생명 현상, 다른 한편으로는 심적 과정과 구별되는 현상의 범주를 말하는 것이다. 이러한 구분은 정신적인 것의 종류와 범위, 그리고 특히 무의식의 정신적인 것의 정의를 내리기 위해서는 어쩔 수 없는 것이다."

159) C.G. 융, **융 기본 저작집2 원형과 무의식**, 한국융연구원 C.G. 융 저작 번역위원회 역 (서울: 솔출판사, 2006), 79.

만, 원형이 초월성을 가지는 측면에서 정신양이 필요하다. 원형을 체험함으로써 개성화가 이루어지기 때문에 정신양이 필요하다. 이것은 신적이고 초월적인 원형이 외적으로는 만다라로, 내적으로는 정신양으로 구조를 갖추고 있는 셈이다.

그런 차원에서 융은 이렇게 말했다.

> 우리는 원형을 달리 말할 수 없다. 우리가 '원형'을 말할 때 그 자체는 분명히 볼 수 없으나 작용을 하는 것, 예증, 즉 원형적 표상을 가능하게 하는 작용이 있다는 뜻으로 말한다는 것을 항상 의식해야 한다.[160]

융은 원형의 알 수 없는 부분, 정신의 본질에 관한 것을 말했다. 융이 정신양을 계속 말하면서 동시성 현상까지 말하는 것은 원형이 심리학적 개념으로만이 아니라 신적이고 초월적 실체로 말한 것이다.[161] 융은 "정신적인 것의 본체는 무의식적이다"라고 말함으로써 무의식의 원형이 인간을 좌우한다는 것을 말했다.[162] 융은 신비적 표상은 의식의 합리주의로 깨우치는 것만으로 안 되고 조명으로 가능하다고 보았다.[163]

신성한 내면아이를 생각할 때, 정신양과 함께 생각해야 하는 것은 '에난치오드로미'(Enantodromie)이다. 융은 원형의 대극을 말하면서 '에난치오드로미'(대극의 반전 혹은 역전)를 말했다.

> 주관적 의식이 집단적 의식의 관념과 의견을 선호하고 그것과 동일시하면 집단적 무의식의 내용은 억압된다. 억압은 전형적인 결과를 초래한다. 억압된 내용의 에너지양이 억압하는 요소가 가진 에너지양까지 가중되면, 그 효과가 갖는 중요성은 이에 상응하게 증가한다. 그 에너지의 부하가 증가하면 할수록, 억압하는 태도는 더욱더 광적인 성격을 띠게 되고, 그렇게 됨으로써 대극으로의 반전, 이른바 에난치오드로미(Enantodromie)가 가까워진다.[164]

---

160) Ibid., 81.

161) Ibid; "내가 보기로는 동시성 현상이 인과적 연관 없이도 비정신적인 것이 마치 정신적인 것처럼, 또한 정신적인 것이 비정신적인 것처럼 행동할 수 있다는 점에서 이런 방향의 생각을 증명해 준다."

162) Ibid., 79.

163) C.G. 융, **융 기본 저작집5 꿈에 나타난 개성화 과정의 상징**, 한국융연구원 C.G. 융 저작번역위원회 역 (서울: 솔출판사, 2006), 76-77; "합리적 '설명'보다도 훨씬 더 '조명'의 특성을 띤 **무의식의 규명**이 분명히 이루어진다."

164) C.G. 융, **융 기본 저작집2 원형과 무의식**, 한국융연구원 C.G. 융 저작번역위원회 역 (서울: 솔출판사, 2006), 86; "집단적 의식의 부하량이 크면 클수록, 자아는 자신의 실제적 의미를 더욱더 많이 잃어버린다. 자아

'에난치오드로미'는 어두운 곳에서 가장 빛나는 영적 에너지를 발견해내는 현상을 말하며, 극과 극이 서로를 향해 끌리는 것이 생명의 법칙이라는 것이다. 에너지가 존재한다는 것만으로는 안 되고 그 에너지가 작용하고 균형을 이루어야 하고 존재를 변화시켜야 한다. 양극의 균형을 상실하면 병리적 증상이 나타난다.[165]

대극의 구조를 이루고 있기 때문에 정신 에너지가 한쪽에 너무 많이 부어지면 반대편에서 반발을 일으켜 과부하를 교정하려고 움직인다는 엔트로피 법칙이다. 자기 내면의 가치나 목소리를 외면하고 외형적인 모습에만 매달릴 때 생기는 심리적인 현상을 말한다. '에난치오드로미'는 '모든 것은 언젠가는 그 반대편의 극으로 돌아간다'는 헤라클레이토스의 철학적 개념을 심리학적 개념으로 전환 시킨 것이다.

맥고완은 에난치오드로미의 동양적 대응을 도교에서 보았다고 말했다.[166] 샤론 미자레스는, "도교주의자들은, 세계는 본질적으로 대극의 융합이라고 주장하였다"고 말했다.[167] 해롤드 카워드는 중국의 도가 사상이 인도의 힌두이즘보다 융의 자기(self) 개념 형성에 근본적인 영향을 주었다고 말했다.[168] 융은 볼링겐(Bollingen)에서 도교복을 입고 도교 수행을 했다.[169] 도교는 인간을 현실적 한

가 집단적 의식의 견해와 경향에 의해 어느 정도 흡수되고, 그렇게 됨으로써 항상 무슨 무슨 주의에 빠지는 인간 집단(대중)이 생겨난다."
165) 권용근, "칼 융(C. G. Jung)의 정신유형론에서 본 영성유형 분석," **기독교교육논총** 26 (2011): 67(57-91).
166) Don McGowan, *What is wrong with Jung* (NewYork: Prometheus Books, 1994), 33.
167) 샤론 미자레스, **현대심리학과 고대의 지혜**, 김명식·최정윤·이재갑 역, (서울: 시그마프레스, 2006), 232.
168) Harold Coward, taoism and Jung: Synchronicity and The self, Philosophy East & West, Volume 46-no 4, (University of Hawaii Press, 1996), 477; 양승권, "노자(老子)의 내재화된 '도'(道) 범주와 칼 융(C.G.Jung)의 '자기'(self)," 동양철학 연구 76 (2013): 163(157-191)에서 재인용.
169) Henghao Liang, "Jung and Chinese Religions: Buddhism and Taoism," *Pastoral Psychology* 61 (2012): 757(747-758); 〈Jung once lived in seclusion in Bollingen in a tower of his own design and construction, dressed in a Taoist robe, and practiced what he preached regarding the Chinese Taoist way of life. He said that the state of Tao was the beginning of the world, when all things had not yet been created. This state is what great talents want to gain. The principle of opposites is just an archetypal image. Thus, Chinese Tao and Jung's research on the unconscious have an inner relationship and natural connection. In Jung's book Psychological Types, he stated his reason and motivation for writing: "This work sprang originally from my need to define the ways in which my outlook differed from Freud's and Adler's" (Jung 1974, Editorial Note p.V), which led him to Chinese Taoist ideas. Only when he had contact with Self would he find his way

계를 "주체적으로 뛰어넘을 수 있는 특별한 능력을 가진 존재"로 본다.170) 융은 자기를 '내면의 신'으로 보며, "존재의 가장 근원적인 세계를 향한 영원성의 상징으로 이해한다."171)

융은 대극의 통합이 이루어지지 않으면 정신적 재앙을 초래한다고 본다. 융은 원형을 다음과 같이 말했다.

> 원형들은 언제나 존재하며 영향을 주고 있고, 그것들은 믿음을 필요로 하는 것이 아니라 그 의미를 아는 것과 현명한 두려움, 즉 원형의 뜻을 절대 잊지 않는, 신에의 두려움을 필요로 한다. 영리한 의식은 원형을 고려하지 않았을 때 개개인과 사회에 닥치게 될 끔찍한 결과를 잘 안다. 원형이, 일부는 정신적 요소이고 다른 일부는 마치 충동에 내재하는 숨어 있는 의미와 같은 것처럼 정신(Geist)도 내가 앞에서 제시한 바와 같이, 모순을 간직한 역설적인 것이다. 즉, 커다란 도움이자 동시에 커다란 위험인 것이다.172)

융이 말하는 원형의 대극은 심리학적 개념으로 끝나는 것이 아니라 정신에 에너지를 제공하여 신적인 도움을 줄 수도 있고, 균형을 상실하며 위험에 처할 수도 있는 것이다. '에난치오드로미'는 의식의 경화된 일방성이 극도에 달하면 무의식의 대상적 경향은 그 반대극으로 치닫게 되어, 의식의 태도와는 판이하게 다른 극단적인 경향성이 의식을 지배하게 된다는 것이다. 거기서 벗어나려면 원형의 상징들을 체험해야 한다. 그 체험의 실제는 연금술이다.

김성민 교수는 원형의 종교체험이 가지는 특성을 다음과 같이 두 가지로 말했다.

> 첫 번째로 모든 종교체험에는 누멘적인 특성이 담겨져 있다. 누미노제는 정의상 눈에 보이는 어떤 대상에 담겨 있는 특성이거나, 눈에 보이지 않는 어떤 현존의 영향력이다. 그 어떤 경우이든지, 그것을 체험하는 사람들은 그것의 강력한 힘에 사로잡히며, 깊은 정서적 경험을 하게 된다. 그래서 누미노제는 체험자의 의식과 성격을 변화시키게 된다(PER, p. 17). 이 점에 관해서 융은 다음과 같이 말하였다: "이러한 원형을 체험한 사람들은 종종 높은 정

---

back to this world (Jung 1953, pp. 1 - 15).〉

170) 이용주, 도 상상하는 힘 (서울: ㈜이학사, 2003), 21; "도교에서는 우주의 원리를 신격화시켜서 신이라고 부르고, 인간의 내면적 생명력의 정수essence도 신이라고 부른다."

171) 신은희, "칼 G. 융의 레드북에 나타난 '무의식의 생태 영성'," 문학과종교 21(3) (2016): 130(129-150).

172) C.G. 융, 융 기본 저작집2 원형과 무의식, 한국융연구원 C.G. 융 저작번역위원회 역 (서울: 솔출판사, 2006), 89.

도의 누미노제에 사로잡히기 때문에 종교체험을 했다고 할 수도 있을 것이다"(PER, p. 114). 종교체험이 루돌프 오토가 말한 누미노제, 즉 초개인적인 특성을 가진 힘에 대한 충격적인 체험인 것만은 틀림없는 사실이다. 그래서 융은 종교체험은 양면성을 가지고 있는데, 그것은 문제에 봉착한 사람들의 문제를 풀어주고 그들의 인격을 발달시키기도 하며, 의식이 약한 사람들을 사로잡아서 그들의 정신을 파괴하기도 한다고 주장하였다(PA, p. 23).173)

융의 종교체험은 어떤 강력한 힘 때문에 하느님이라고 부르게 되는 그런 강한 정신적 요소를 체험하는 것이다. "어떤"이 무엇인지 모른다. 정체불명의 그 "어떤" 것이 자기에게 강력한 힘을 느끼게 되면 그만이다. 사랑을 느끼기 위해 아무나 만나지 않듯이, 강력한 정신적 요소가 있다고 해서 정체불명의 힘을 체험하는 것은 종교적 도약이다. 융은 텔레파티에 대하여 다음과 같이 말했다.

> 우리 생각에는 무의식적 정신에는 어떤 성질이 있어 공간과 시간 관계에 대해 매우 주목할 만한 빛을 던지고 있는 것 같다. 내 말은 공간적 시간적 텔레파티(Telepathie, 정신감응) 현상을 두고 하는 말인데, 이것은 다 아는 바와 같이 설명하려 하기보다는 무시하는 것이 훨씬 편한 현상이다. … 그런데 경우에 따라서는 정신이 공간시간성의 장벽을 깨뜨릴 수 있을지 모른다. 그것도 상대적인 무공간 무시간적이라는 정신의 한 본질적 성질 덕분에 필수적으로 이루어질지 모른다.174)

융에 의하면, 인간의 무의식 정신에는 시·공간을 초월하는 텔레파티(정신감응)라는 현상이 있다. 융은 그것을 다른 말로 '영원'이라고 말했다.175) 융은 다음과 같이 말했다.

> '위대한 신비'란 그 자체로서 존재하는 데 그치지 않고 우선적으로 인간의 심혼 속에 그 바탕을 두고 있다는 사실을 먼저 이해해야 한다. 체험으로 그것을 알지 못한다면 해박한 신학자가 될 수는 있겠지만 종교에 대해서는 아무것도 모르며 인간교육에 대해서는 한층 더

---

173) 김성민, **분석심리학과 종교** (서울: 학지사, 2014), 276–277.
174) C.G. 융, **융 기본 저작집9 인간과 문화**, 한국융연구원 C.G. 융 저작번역위원회 (서울: 솔출판사, 2004), 105.
175) Ibid., 107; "누군가가 그의 가장 깊은 마음에서 우러나온 요구에 따라, 혹은 인류의 태곳적 지혜의 가르침과 일치됨으로써, 혹은 '텔레파티적' 지각 현상의 심리학적 사실에서 정신이란 공간과 시간이 없는 존재 형식에 깊이 참여하고 있으며, 그래서 불충분하지만 상징적으로는 '영원'이라고 규정될 만한 것에 속한다고 결론짓는다면 비판적인 오성은 그에게 과학적인 '판결유예'(이 사건은 아직 판결을 내릴 단계에 이르지 못했다)라는 논란 밖에는 대응할 도리가 없을 것이다."

무지한 자가 될 것이다.[176]

융은 인간의 심혼에 위대한 신비가 있으며, 그 위대한 신비를 체험해야 종교를 알고 인간교육을 아는 자가 된다고 말했다. 융은 인간의 무의식 속에 자아를 더 깊고 넓은 정신으로 인도하는 심혼이 존재하며, 그것은 '아니마와 아니무스'라고 말했다. 아니마는 남성의 무의식 속에 존재하는 여성성이며, 아니무스는 여성의 무의식 속에 있는 남성성이다. 아니마는 남성에게 있는 여성적인 심혼이며 아니무스는 여성에게는 남성적인 심혼이다. 문제는 기독교가 심혼을 체험하는 것으로 만들지 못했다고 융이 말했다는 것이다.

놀랍게도 융은 자신의 말에 대해 기독교의 정죄가 있을 것을 알았다. 융은 다음과 같이 말했다.

> 그런데 내가 만약 심혼에는 당연히 종교적 기능이 있다는 사실을 입증하고, 또 신상의 원형 내지는 영향력과 작용을 의식 속으로 옮겨놓는 것이 모든 성인(成人) 교육의 가장 고귀한 임무라고 요구한다면, 신학은 당장에 나를 가로막고 '심리주의'를 들어 정죄할 것이다. 경험으로 보아 심혼 속에 최고의 가치(마찬가지로 이미 존재하고 있는 안티미몬 프네위마(정신의 적수)[177]와는 상관없이)가 존재할 수 없다면, 심리학은 조금도 나의 흥미를 끌지 못할 것이다. 그럴 경우 심혼은 빈약한 연무(煙霧)에 지나지 않기 때문이다. 그러나 나는 수백 가지의 체험에 의해, 심혼이란 그런 것이 아니며 오히려 도그마가 내세워온 모든 사항에 상응할 뿐더러 얼만가은 그것을 넘어선다는 것을 알고 있다. 바로 그렇기 때문에 심혼은 빛을 관조하도록 되어 있는 눈이 될 수 있는 것이다. 그러기 위해서는 무한한 범위와 측량할 수 없을 정도의 깊이가 필요했다. 사람들은 "심혼을 신격화시킨다"고 나를 비난했다. **심혼을 신격화시킨 것은 내가 아니라 신 자신이다!** 심혼에 어떠한 종교적 기능을 덮어

---

176) C.G. 융, **융 기본 저작집5 꿈에 나타난 개성화 과정의 상징**, 한국융연구원 C.G. 융 저작번역위원회 역 (서울: 솔출판사, 2006), 21; "지금까지 사용한 수단으로는, 기독교 윤리의 가장 기본적인 요구만으로 기독교적인 유럽인의 가장 중요한 관심사에 어떠한 결정적 영향을 끼칠 정도로 심혼을 기독교화지 못했다. 기독교 선교는 가난하고 헐벗은 이방인들에게 복음을 전한다. 그렇지만 유럽에 거주하는 이방인들은 기독교에 대해 아직 아무것도 들은 바가 없다. 기독교가 그 지고한 교육의 사명을 다하려면 부득이 처음부터 다시 시작해야 한다. 종교가 신조와 외적 형식에 그치고 종교의 기능이 자신의 심혼에 대한 체험이 되지 못하는 한, 근본적인 일은 일어날 수 없다."
177) 하나님의 아들의 적수인 데몬, 신격의 대극인 어둠의 영이다: C.G. 융, **융 기본 저작집6 연금술에서 본 구원의 관념**, 한국융연구원 C.G. 융 저작번역위원회 (서울: 솔출판사, 2006), 194; "하나님의 아들의 적수로 표절자이며 악의 원리인 안티미모스(Antimimos)가 나타난다. 그는 스스로를 하나님의 아들이라고 여긴다. 여기서 신격에 포함된 대극은 분명 분리된다. 우리는 도처에서 이 데몬(鬼)을 안티미몬 프네우마로서 만난다. 어둠의 영으로서 그는 인간의 육체에서 발견되고 인간의 혼으로 하여금 모든 그의 죄 많은 성향들로 가득 차게 한다."

60 칼 융과 내면아이

씌워, 그것을 날조한 것은 내가 아니다. 나는 심혼이 '본성적으로 종교적'이라는 것, 즉 어떠한 종교적 기능을 지니고 있음을 증명해주는 사실을 제시하였을 뿐이다.178)

융에 의하면, 심혼에 종교적 기능이 있고 원형을 체험하는 것이 성숙한 사람의 임무이다. 융은 사람들이 "심혼을 신격화 시킨다"는 비난에 대해 자신이 심혼을 신격화시킨 것이 아니라 심혼이 신이라고 말했다. 융은 심혼이 본성적으로 종교적이라고 말했다. 융이 이런 사실을 알고도 종교적 신격화로 간 것은 더 위험한 일이었다.

융은 심혼의 관계가 "마치 '신랑'과 '신부'의 관계와 비슷하거나 상응하게 드러나는 것이다."라고 말했다. 이것은 심혼의 대극을 말한다. 원형은 심혼 속의 원형이며, 심혼의 원형인 아니마와 아니무스가 대극을 이루고 있다는 것이다. 융은 "학문은 단지 학문으로 남아 있어야 한다"면서 비난과 정죄를 벗어나려고 했다. 그러면서도, 융은 심혼 속에 발견되는 유형이 신상(神像)이라고 말했다.179)

융은 더 나아가 그 심혼의 유형이 종교적 체험의 토대를 이루고 있으며, "신앙인이라면 그러한 상의 근원에 대한 어떤 형이상학적 해명이라도 받아들일 수 있을 것이다"라고 말했다. 또한, 융은 다음과 같이 말했다.

어느 누구도 신, 푸루샤(Purusha), 아트만(Atman), 혹은 도(道)를 최초의 근거로서 받아들이고, 그로써 인간의 궁극적인 불만족을 전적으로 지양하려는 신앙을 막을 수는 없다.180)

---

178) C.G. 융, **융 기본 저작집5 꿈에 나타난 개성화 과정의 상징**, 한국융연구원 C.G. 융 저작번역위원회 역 (서울: 솔출판사, 2006), 21-22; "그러한 기능은 내가 끼워넣거나 해석을 갖다 붙인 것이 아니다. 나를 비난한 신학자들은, 불행하게도 눈이 먼 채, 빛의 존재를 증명하는 것이 문제가 아니고, 자신의 눈으로 무엇인가를 꿰뚫어보지 못한다. 우리는 언젠가 아무도 빛을 볼 수가 없다면 빛을 칭송하고 그에 대해 떠들어대도 아무 소용없다는 것을 깨닫게 될 것이다. 차라리 볼 수 있는 기술을 그 사람에게 가르쳐줄 필요가 있다. 신성한 형상과 자신의 심혼 간의 연관성을 찾아내지 못하는 사람이 너무 많다는 것은 공공연한 사실이다. 다시 말해 그들은 그 연관성을 보지 못하며, 또 자신의 무의식 속에 이에 상응하는 상이 얼마나 많이 잠들어 있는지를 통찰하지 못한다. 그러한 내적 관조를 할 수 있으려면 관조 능력을 얻는 길이 열려야 한다. 심리학을 통하지 않고서, 다시 말해 심혼과의 접촉 없이 어떻게 그러한 길에 도달한다는 것인지, 솔직히 말해 나는 알 수 없다."
179) Ibid., 23.
180) Ibid., 24.

융에 의하면, 심혼에 있는 원형(아니마, 아니무스)이 신이며, 그 신은 기독교가 믿는 하나님이 아니라 비기독교의 신들이다. 융은 "신이 수많은 언어와 다양한 현현 방식으로 나타났다"고 말했다.[181] 융의 신은 성경의 하나님이 아니라 무의식의 알 수 없는 부분인 '자기'(self)다. 그 자기가 민족과 시대마다 다르게 나타날 뿐이라는 것이다.

융의 종교체험은 개성화에 필수적이다. 누미노제를 느끼는 종교체험을 하더라도 의식이 약하면 정신이 파괴된다는 것은 융이 바라는 그 개성화는 아무나 할 수 있는 것이 아니라는 말이다. 영웅과 같이 특수한 사람들이 해야 하는 것이 개성화라면 의식이 약한 사람들에게 융의 심리학은 소용없다는 어처구니없는 일이 생긴다. 융은 이렇게 말했다.

> 무의식에는 신적인 인간이 있는데, 그것은 인간이 아닌 모습으로 인간 정신의 깊은 곳에 유폐되어 있고, 감추어져 있으며, 잘 보호되어 있으면서, 추상적인 상징으로 나타난다(PER, p. 187).

융이 말하는 신적인 인간이란 자기(self)라는 신적이고 초월적인 원형이다. 융은 그 신을 성경의 하나님이 아니라 그리스의 다이몬으로 말했다.[182] 융은 인간 내면에서 발견되는 충동을 "신의 의지"로 이해해야 한다고 말했다. 융은, "나는 '신의 의지'라는 표현 속의 '신'을 기독교의 의미보다는, 디오티마(Diotima)가 '소크라테스(Socrates)여, 에로스는 힘이 센 악령(daemon)이니라.'라고 말했을 때의 그 다이몬으로 이해되기를 바란다."고 말했다.[183]

왜 융이 악령으로 이해되기를 원했을까? 융의 신은 체험되는 신이어야 했기 때문이다. 신을 체험하기 위해 기독교의 하나님을 버리고 악령을 택한 사람이 융이다. 융의 심리학을 가르치는 사람들은 하나님을 버리고 악령을 택한 것인

---

181) Ibid., 25.
182) 김성민, **융의 심리학과 종교** (파주: 동명사, 2010), 221; "그리스도 말에서 다이몬이라는 말과 다이모니온이라는 말은 섭리나 운명처럼 사람들의 밖에서 그들의 삶을 결정하며, 사람들에게 다가가는 어떤 세력을 지칭하고 있다"(Aïon, pp. 41~42).
183) 칼 구스타프 융, **아이온**, 김세영·정영진 역 (서울: 부클북스, 2016), 52.

가? 물론 융도 그리스도를 말했다. 융에게 그리스도는 상징의 외현화에 불과하다. 융은 자기의 상징이 만다라와 그리스도로 나타난다고 말했다. 김성민 교수는 융에게 예수 그리스도가 무슨 의미가 있는지 다음과 같이 말했다.

융은 그리스도 이미지 역시 심리학적인 측면에서 볼 때, 자기를 나타내는 이미지라고 강조하였다: "그리스도는 자기의 원형을 나타낸다. 즉, 신적인 본성이나 천상적인 것의 본성인 전체성을 보여주는 것이다"(Aïon, p. 52). 그래서 융은 "그리스도 상징은 심리학에서 가장 중요한 상징이다. 그 상징은 부처(Bouddha) 상징과 더불어서 자기를 나타내는 상징 가운데 가장 발달되어 있고, 가장 분화되어 있는 상징이다"(PA, p. 26)라고 말하였다. 예수 그리스도가 실제로 이 세상에서 살았으며, 그의 역사성이 기독교회에 의해서 주장되고 있지만, 영적인 측면에서 볼 때 그리스도의 삶은 언제나 모든 사람들의 삶을 통해서 실현되는 것이라고 융은 주장하였다. 다시 말해서, 그리스도의 삶은 원형적인 삶으로서, 우리 안에 있는 속사람이 살아가야 하는 삶이라는 것이다. 좀 더 분명하게 설명하자면, 진정한 삶의 모습을 그리스도의 삶을 통해서 발견하려는 사람들에게 우리 안에 있는 "속사람"은 그 길을 인도해 주는 문으로 인식되어야 한다는 말이다(Aïon, p. 219): "예수 그리스도의 삶은 구체적이고 개인적이며 독특한 삶이었다. 그러나 그의 삶은 하나의 원형적인 삶으로서, 어떤 본질적인 삶이라는 특성을 가지고 있는 것이다"(PER, p. 219). 그래서 우리는 그리스도라는 이미지 속에서 구속자라는 원형적인 이미지를 발견할 수 있으며, 한층 더 나아가서 그 이미지는 역사적으로 현존하였던 그리스도라는 형상과 인간의 영적인 본성 사이를 이어주는 다리가 된다고 융은 강조하였다. 그러므로 우리가 우리 안에 "속사람"이 있다는 사실을 깨달을 때, 우리는 개성화 과정을 향해서 나아갈 수 있는 것이다.[184]

김성민 교수에 의하면, 융이 말하는 그리스도는 부처와 마찬가지로 자기를 나타내는 상징 가운데 하나일 뿐이다.[185] 그리스도보다 더 상위의 존재는 자기

---

184) 김성민, **융의 심리학과 종교** (파주: 동명사, 2010), 226; 〈원형적인 이미지로서 그리스도의 삶은 언제, 어디서나 실현될 수 있으며, 실현되고 있다고 융은 주장하였다: "결국, 개성적인 것은 '역사적으로' 언제나 현존하고 있다. 왜냐하면 그것이 시간성과 긴밀하게 연관되어 있기 때문이다."(PER, p. 176). 그런 의미에서 그는 다음과 같이 덧붙이고 있다: "그리스도는 … 참으로 하나님의 이미지를 보여준다. 그런데 우리 안에 있는 '속사람'은 하나님의 이미지를 토대로 하여 창조된 것으로서, 우리 눈에 보이지 않고, 형체도 없으며, 썩지 않고, 불멸하는 것이라는 특성을 지니고 있다"(Aïon, p. 52-53). 시간이나 공간의 구애를 받지 않고, 언제 어디서나 실현될 수 있는 원형적인 것이라는 말이다. 우리가 그리스도의 이미지를 실현시키려면, 우리는 우리 안에 기독교에서 말하는 그리스도의 원형인 자기의 원형이 있다는 사실을 깨닫고 그 원형이 이끄는 대로 나아가야 한다. 이것을 신학적으로 말하면, 우리 안에 있는 속사람, 다시 말해서 "우리-안에-있는-하나님" 실현될 수 있도록 우리의 모든 개인적인 욕망과 환상에서 벗어나 영원한 이미지가 이끄는 대로 살아야 하는 것이다.〉(pp. 226-227)
185) C. G. 융, **무의식의 분석**, 권오석 역 (서울: 홍신문화사, 2011), 20; "인간의 이해 범위를 초월하는 것은 수없이 많이 있으므로, 우리는 정의할 수도 완전히 이해할 수도 없는 개념을 표현하기 위해 항상 상징적인 언어를 사용한다."

(self)다. 그 자기가 속사람이고 융의 표현대로 하자면 '우리-안에 있는-하느님'이다. 모든 주도권은 자기에게 있다.[186] 융은 "자기는 개인의 영역을 완전히 벗어나 있으며 종교적 신화의 주제로만 나타난다"고 말했다.[187] 융의 관점에서 보면, 그리스도는 자기를 나타낸 주제 중의 하나에 불과하다. 융에게 신화는 허구가 아니라 사실성을 드러내는 것이며,[188] 원형이 우리의 삶에 반복해서 나타나는 것이다.[189] 원형은 신화를 산출하는 그릇이며, 종교적 원천이다.[190] 조셉 캠벨은 영혼의 짝이 인간 안에 있다고 말했으며, 모이어스에게 "신화가 말하는 것도 바로 그겁니다"라고 말했다.[191] 이유경 교수는 신화에 대해 다음과 같이 말했다.

---

186) 김성민, **융의 심리학과 종교** (파주: 동명사, 2010), 229: "인간 정신의 중심과 전체성을 나타내는 자기는 개성화 과정에서 무의식의 조정자나 인도자로서 매우 중요한 역할을 수행하고 있다. 왜냐하면 자기는 사람들이 타고난 인간 정신의 잠재성으로써 자신의 전체성을 실현하고, 개성을 실현시키게 하여 우리 삶의 목표를 나타내기 때문이다."

187) 칼 구스타프 융, **아이온**, 김세영·정명진 역 (서울: 부글북스, 2016), 55-56.

188) 서민정, "칼 융이 이해하는 성육신과 구속," **기독교철학** 25 (2018): 120-121(113-136); 〈융에게 신화의 의미는 그리스도의 삶이 전적으로 허구임을 의미하는 것이 아니라 도리어 사실성을 드러내는 것이다. 왜냐하면 어떤 삶의 신화적 특성(mythical character)이 바로 인간의 보편타당성을 표현하기 때문이다(Jung, 『인간의 상과 신의 상』, 364). 이처럼 융은 '신화'를 fiction이 아닌, 우리 삶 가운데서 반복되는 원형으로서 실재하는 이야기로 정의한다. 융에게 신화는 인간의 보편타당한 원형의 이미지이지만, 사실 객관적 사실이기보다는 우리 마음속에 실제로 작용하는 근원적인 심리작용으로 보인다. 그러므로 융은 그리스도를 심리학적 원형(archetype)으로 이해한다. 그가 말하는 '원형'은 무의식과 연관된 것으로 어떤 인간을 완전히 사로잡고 그의 운명의 가장 작은 일까지도 결정한다. 이때 객관적인(objective)이고 초자연적이지 않은(non-psychic) 병행현상이 나타날 수 있는데 이것이 바로 원형임을 나타낸다고 본다(Jung, 『인간의 상과 신의 상』, 364). 융은 그리스도의 삶을 신의 삶이자 동시에 인간의 삶이라고 이해한다. 즉 일종의 '상징(symbolum)'으로 서로 다른 이질적인 성질의 합성이다. 융은 그리스도의 삶을 마치 사람들이 욥과 야훼를 하나의 인격으로 통합시킨 것으로 본다. 다시 말하면 성육신 되려는 야훼의 의도, 욥과의 충돌에서 생겨난 그의 의도는 그리스도의 삶과 고통에서 실현된 것이다(Jung, 『인간의 상과 신의 상』, 364). 융은 복음이 가지는 신화성에 주목하면서 아벨 외에 다른 영웅들의 삶에서도 신의 아들의 적합한 모형을 찾을 수 있다고 언급한다. 융에 따르면 신의 아들은 민족의 구세주뿐 아니라 보편적인 인류의 구원자로 생각되었고, 그 결과 이교도의 신화나 계시에서도 신들이 특별 취급한 남자의 삶들이 전승된다(Jung, 『인간의 상과 신의 상』, 360). 융은 성경에 나타난 그리스도의 삶을 보편적으로 전승되어온 신화의 영웅 모델과 관련지어 이해한다.〉

189) Ibid,.120(113-136); "그렇다면 융이 말하는 신화란 무엇인가. 융이 말하는 신화(myth)는 허구(fiction)가 아니다. 그에게 신화는 우리가 항상 관찰할 수 있는 끊임없이 반복하는 사실들이다. 융에 따르면 신화는 인간에게 일어나는 것이며 인간은 그리스의 영웅들처럼 신화적 운명(mythical fates)을 갖는다."

190) 정재서·전수용·송기정, **신화적 상상력과 문화** (서울: 이화여자대학교출판부, 2010), 327.

191) 조셉 캠벨·빌 보이어스, **신화의 힘**, 이윤기 역 (파주, 이끌이오, 2011), 360.

'원형'은 우리에게 자발적으로 일어나는 정신현상으로 나타나는데, 이를 체험한 고대인들은 그것을 조상의 가르침으로 간주하여 보존하려 하였다. 이렇게 보존된 것들은 집단의 삶에 영향력을 갖는 이야기로서, 오늘날 우리에게 '신화'로 알려져 있다.[192]

이유경 교수에 의하면, 신화는 원형의 자발적인 정신현상이다. 또한, 이유경 교수는, "융학파 정신분석가들은 신화와 민담으로부터 그 내용을 '개인의 전(全)인격화(개성화Individuation)'와 관련지어 이해하려 한다"고 말했다.[193] 이런 말들은 '신화는 신성화에 기여한다'는 것을 말하는 것이다. 개성화는 신성화를 목표로 하기 때문이다. 이유경 교수도 "무의식의 작용이나 기능이 궁극적으로 정신이 그 자체적으로 '초월적 기능'에 도달하려 한다"고 말함으로써 개성화가 신성화를 겨냥한다는 것을 알고 있다는 것을 나타냈다.[194]

융의 심리학을 극찬하면서 가르치는 사람들은 융의 실체에 대해 바르게 말해주어야 한다. 융의 심리학에 대하여 조금만 더 알아보면 비성경적인 사상을 말하고 있다는 것을 알 수 있다. 심리학과 혼합하기를 좋아하는 혼합주의 관점을 가진 교수들과 목사들과 치유사역자들은 교묘하게 비성경적인 개념의 속사람을 말하면서 개념의 혼란을 야기시킨다. 이 개념의 혼란이 성도들로 하여금 분별력을 상실케 하며, 교회를 무너뜨리는 심각한 문제점이다.

많은 사람이 내면아이를 그저 어렸을 적 충분히 사랑받지 못한 아이, 상처받고 자란 아이로 생각하고 있다. 그것은 매우 순진한 생각이다. 수많은 심리학자들과 내적치유자들이 말을 섞어서 가르치고 사역하는 혼합주의자들의 말에 넘어가지 말아야 한다.[195] 기독교 상담 혹은 성경적 상담이라는 이름으로 가르치

---

192) 이유경, "신화와 민담의 분석심리학적 이해," **한국 분석심리학회 발표요지**(Dec. 2005).
http://www.carljung.or.kr/?p=105
193) Ibid.
194) 이유경, "'예술치료'에 관한 분석심리학적 이해: '무의식'의 치유적 기능을 고려하여," **한국예술치료학회 월례학술발표회** 35 (2005): 4(1-10).
195) 이리카 J. 초피크, 마거릿 폴, **내 안의 어린아이**, 이세진 역 (서울: 교양인, 2011), 104-105; 많은 사람들이 자기를 사랑할 줄 알아야 남을 사랑할 줄 안다면서 자기를 사랑하라고 한다. 그러나 이것은 인본주의 심리학이 성경을 곡해해서 하는 말이다. 자기 사랑이라는 말은 내면아이에 대한 사랑이라는 뜻이며, 그것은 반드시 자존감과 함께 한다. 이리카 J. 초피크 & 마거릿 폴이 하는 말 속에는 그런 증거가 분명하게 나타난다. 〈 … 자신과 연결되어 있고 스스로를 사랑할 때에는 그 사랑이 흘러 넘쳐 자연스레 남들도 사랑하게 되기 때문이다. 내면아이와 연결되어 있는 사람은 뭔가를 얻기 위해 사람을 사귀려 하지 않고 오히려 자신을 사랑하는 것처럼 남들도 사랑한다. "네 이웃을 네 몸과 같이 사랑하라."는 말은 먼저 자기 자신을 사랑해야 하고 그다음에 비로소 그것과 똑같은

는 사람들조차도 혼합주의적 성향을 내포하고 있다는 것을 유의해야 한다.196)

그러기 위하여 단순히 '내면아이' 그 자체로만 다루는 것이 아니라, 역사적으로 신비주의적인 차원에서 얼마나 비성경적인 시도들이 있었는지, 그리고 지금도 얼마나 그런 악한 일들이 계속되고 있는지를 알아야 한다.197) '신성한 내면아이' 개념이 얼마나 비성경적이고 사악한 시도인지 알아야 융의 심리학과 영성을 중단하고 내적치유를 그만둘 수 있기 때문이다.

왜 그것이 비성경적이고 사악한 시도인가? 내적치유 사역에서 속사람 혹은 (신성한) 내면아이를 말한다는 것은 다만 상처받은 내면아이라는 개념만이 아니라 그 존재론적 출발부터가 인간은 신성하다고 말하기 때문이다. '부정적인 영향은 오로지 외부에서 주어지며 인간은 본질적으로 신성하다'는 개념은 감상주의 정도가 아니라 사악한 반기독교적 이교주의다.198)

칼 융은 다음과 같이 말했다.

> 나는 아동에 대한 우리의 현대 교육학적, 심리학적 열광에 정직하지 않은 의도가 있지 않나 의심한다. 즉, 아이 이야기를 하지만 실은 어른 속에 있는 아이를 생각한다고 의심하는 것이다. 어른 속에 아이가 들어 있는 것이다. 이 영원한 아이는 여전히 형성 중이며, 결코 완성이 없고, 끊임없는 보살핌과 주목과 교육이 필요하다. 그것은 인간의 인격의 전체성으로 발달되고 싶은 부분이다. 그러나 이 전체성으로부터 우리 시대의 인간은 까마득히 멀리 떨어져 있다.199)

사랑을 남들에게도 베풀 수 있다는 의미다. … 내면아이와 충분한 시간을 보낸다면 결국 자신이 누구인지를 알 수 있고, 더 나아가 스스로를 사랑할 수 있게 된다. 이것이 바로 높은 자존감이다. 높은 자존감은 선택하는 것이다. 자존감은 우리가 스스로를 어떻게 생각하는지, 또한 자신이 사랑받을 만한가 아닌가 중에서 어느 쪽을 믿기로 선택하는지에 따라 결정된다. 높은 자존감이 타인의 승인보다는 자신의 내면아이에 대한 사랑에서 유래한다는 것을 자각하면 자신을 어떻게 생각할 것인지는 실제로 우리의 선택이라는 것도 알 수 있다.〉

196) 전형준, **성경적 상담과 설교** (서울: CLC, 2011), 15; 저자 서문에는 저자의 책에 영향을 끼친 인물들이 거론되고 있다. 그 인물들은 이미 심리학과 접목해서 상담을 하는 사람들이 언급되고 있다. 그것도 "개혁주의 목회상담"이라는 이름으로 말이다.

197) 정태홍, 『**내적치유와 내면아이**』 참고하라.

198) 폴 비츠는 『**신이 된 심리학**』 (p. 115)에서 내면아이에 대하여 감상주의라고 말하나, 그것이야말로 순진한 감상주의다. 내면아이 속에 있는 위험성을 간과하고 있기 때문이다.

199) 칼 융, **융기본저작집 9 인간과 문화**, 한국융연구원 C.G. 융저작번역위원회 역 (서울: 솔출판사, 2004), 14; "자신의 결함을 막연히 예감하면서 그는 아동교육을 장악하여, 자기 자신의 교육과 아동교육에 무엇인가 잘못 되었음이 분명하며 다음 세대에서 그것을 없앨 수 있다고 즐겨 가정하면서 아동심리학에 열광한다. 이 의도는 장하지만, 내가 스스로 여전히 범하는 잘못을 아이에게서 고칠 수 없다는 심리학적 사실 때문에 좌절한다. 물론 아이들은 우리 생각처럼 바보가 아니다. 그들은 무엇이 진짜이고, 무엇이 가짜인지를 너무나 잘 알아차린다. 안데르

융이 말하는 '어른 속의 아이', '영원한 아이'는 원형이며, '우리-안에 있는-하느님'이다. 융이 말하는 "인격의 전체성"이란 인간의 내면에 있는 대극의 합일을 통해 이루어지는 것이다. 융은 "대극성을 체험하지 않고서는 전체성을 경험할 수 없다. 또한, 신성한 형상에 내면적으로 다가갈 수도 없다"고 말했다.[200] 융은 기독교가 대극의 원리를 버렸다고 보았다.[201] 대극의 합일이란 명백히 비성경적이고 위험한 일이다.

융은 소명을 말하면서 다음과 같이 말했다.

> 소명을 가진 이는 내면의 소리를 들으며, 특별히 정해져 있다. 그래서 전설에서는 그에게 사적인 귀령(Dämon)이 있어서 조언을 하고, 그가 그 귀령의 명령을 실행한다고 믿는다. 누구나 아는 이런 예가 파우스트이고, 역사적 사례가 소크라테스의 다이모니온(daimonion)이다. 원시 종족의 메디신(주의, 呪醫)들은 뱀의 정령을 가지고 있었고, 의사들의 보호신인 아스클레피우스도 에피다우로스의 뱀으로 제시된다. 게다가 그에게는 전속 귀령으로 텔레스포로스(Telesphoros)가 있어서 처방들을 읽어주었다.[202]

융에 의하면, 소명이란 사적인 귀신의 소리를 들은 것이다. 소크라테스가 다이모니온의 소리를 들었다는 것은 귀신의 소리를 들은 것이다. 융은 인간이 자신의 길을 선택하고 결단하는 것은 귀신의 소리를 들은 것으로 여겼다. 융은 예수님의 시험을 심리적 대극의 충돌로 보았다.[203] 융은 영웅, 지도자, 구세주는 '새길을 발견한 자'들이며, 그 내면의 소리를 도(道)라고 말했다.[204]

센의 동화 『벌거벗은 임금님』은 불멸의 진리를 담고 있다."
200) C.G. 융, **융 기본 저작집5 꿈에 나타난 개성화 과정의 상징**, 한국융연구원 C.G. 융 저작번역위원회 역 (서울: 솔출판사, 2006), 31.
201) Ibid., 33; "기독교는 선과 악의 이율배반성을 하나의 세계 문제로 만들었으며 도그마에 의해 대립을 공식화함으로써 하나의 절대적 원리로 고양시켰다. 아직은 해결되지 않은 그러한 갈등 속에서 기독교인은 선은 주역이며 세계 드라마의 공연자로서 일역을 맡게 되었다."
202) C.G. 융, **융 기본 저작집9 인간과 문화**, 한국융연구원 C.G. 융 저작번역위원회 (서울: 솔출판사, 2004), 21.
203) Ibid., 26; "유대 민족 전체는 제국주의적이고 정치적으로 행동력 있는 영웅을 메시아로 기대하였는데, 그리스도는 메시아적 소명을 자기 민족에게보다는 로마 세계를 위해 실현하였고, 권력이 지배하는 곳에는 사랑이 없고, 사랑이 지배하는 곳에는 권력이 통하지 않는다는 오래된 진리를 인류에게 보여주었다. 사랑의 종교는 로마의 권력 숭배에 대한 정확한 심리적 대극이었다."
204) Ibid., 33; "결국에 가서는 물론 영웅, 지도자, 구세주 또한 더 높은 안전으로 가는 새길을 발견한 자들이다. … 우리 안에 발견되지 않은 길은 심리적으로 살아 있는 것, 고전 중국 철학이 '도'(道)라고 부르며 목표를 향해

융의 내면아이가 얼마나 비성경적인지 융의 말을 조금 더 들어보면 알 수 있다.

> 아이들은 신체도 작고 그 의식적인 사고도 빈곤하고 단순하여, 우리는 유아의 마음이 유사 이전의 마음과의 근원적인 동일성을 기본적으로 가지고 있으며 상당한 복잡성을 가지고 있음을 알지 못하고 있다. 그러한 근원적인 마음은 인간의 진화의 단계가 태아의 신체 속에 있는 것과 마찬가지로 유아 속에 어느 정도 존재하며 오늘날도 작용하고 있다. … 유아기의 건망 속에 기묘한 신화적인 면은 후에 누차 정신병 속에서도 인정되었다. 이와 같은 종류의 이미지는 근원적이며 따라서 매우 중요하다. 성인에 있어서 그와 같은 회상이 재현되게 되면 어떤 경우에는 상당한 심리적 장애를 불러일으키며 또한 다른 사람에 있어서는 기적적인 치유나 종교적인 회심을 불러일으킬 수가 있다. 종종 그러한 것들은 오랫동안 잃어버리고 있었던 생명력을 가져오고 인간 생활에 목적을 부여하며 풍부하게 해 주는 것이다.205)

융이 유아기에 지대한 의미를 부여하는 이유는 유아에게는 무의식의 태곳적 잔재가 남아있다고 보기 때문이다. 융이 말하는 유아에 대한 말은 집단 무의식의 관점에서 하는 말이다. 융은 진화와 유전으로 이루어진 것이 집단 무의식이라고 말했다. 융을 가르치는 사람들은 진화론을 믿는 사람들인가? 아니면, 무의식을 신이라고 믿는 사람들인가? 참된 성도라면 이 질문을 회피해서는 안 된다.

융은 유아기를 회상함으로써 치유 효과가 일어난다고 말했다. 그런 치유 효과를 일으키기 위해 사용하는 방법이 꿈의 해석과 적극적 심상법이다. 꿈해석은 단순히 꿈을 해몽해 주는 것이 아니라 유아기의 세계뿐만 아니라 가장 원시적인 본능의 수준에까지 올라가서 일종의 유사 이전의 것들을 회상하는 것이다.206)

융은 유아기 회상에 대하여 다음과 같이 말했다.

> 유아기의 기억을 회상하는 것이나 마음의 작용이 갖는 원형적인 존재 방식의 재현을 통해서 잃어버리고 재획득된 내용을 의식으로 동화하고 통합하는 것에 성공한 경우에 있어서는 의식의 보다 커다란 지평과 광활함을 창출할 수 있다. 그러한 것들은 중성적인 것은 아닌 것으로 그들 자신이 변화를 따라가지 않으면 안 되는 것처럼 그러한 동화는 인격을 변화시키는 것으로 될 것이다. 개성화 과정이라 부르는 이 부분에 있어서 해석이 중요한 실

계속 흘러가는 물과 비교하는 것과 같다. 도(道) 안에 있음은 완성, 전체성, 채워진 소명, 사물에 고유한 존재 의미의 시작이자 목표이자 완전한 실현이다. 인격은 도(道)이다."
205) C.G. 융, **C.G. 융 무의식 분석**, 설영환 역 (서울: 선영사, 2005), 329.
206) Ibid., 328.

제적 역할을 점하는 것이며, 이것은 상징이라고 하는 것이 마음속에 있어서 대립을 조화시키고 재통합하는 자연의 시도이기 때문이다.207)

융은 유아기의 기억을 회상하는 것은 원형적인 존재 방식의 재현으로 본다.208) 그 기억을 재현해 내어서 재획득하여 의식으로 동화하고 통합함으로 치유가 된다고 말했다.209) 통합의 방법은 두 가지가 있다. 첫째는, "무의식적인 내용들을 각성하는 것"이며, 둘째는, "외부에 투사시켰던 무의식의 내용들을 거두어들이는 것"이다.210) 내적치유에서 어린 시절로 돌아가서 치유하는 것은 바로 이런 배경이 있기 때문이다. 이문성은 무의식의 내용을 의식에 통합시키기 위해 무의식의 내용이 상징으로 표현되기 때문에 상징을 체험하거나 이해함으로써 통합시킬 수 있다고 말했다.

이문성은 "꿈이나 적극적 명상을 통해서 자신에게 나타난 상징들을 이해함으로서 다시 말해 나의 신화를 이해함으로써 무의식의 내용을 의식에 통합시키게 된다."고 말했다.211) 인간의 삶을 신화로 해석하면 그 결과는 무엇이 될까? 이

---

207) Ibid., 329.
208) 이런 개념은 플라톤의 이데아에 대한 회상, 신플라톤주의의 일자에 대한 관조, 영지주의와 카발라의 관조 개념에서 비롯된 것이다. 이것은 원형론에 기초한 내면아이 치유는 다만 치유적인 접근만이 아니라 구원론적인 접근이라는 것을 유념해야만 한다. 심리학의 무의식 개념은 다만 인간 삶의 문제를 해결하는 것만이 아니라 신격화를 꿈꾸기 때문이다. 그것은 곧 잘못된 구원론과 잘못된 성화론을 가르치는 것이다. 성경적 구원은 일자에 대한 관조 혹은 원형과의 조우를 통해 성취하는 것이 아니라 예수 그리스도의 십자가로 구원받은 것이며, 성경적 성화는 원형과의 계속적인 조우를 통해 완성해 가는 것이 아니라, 구원계시의 주체자 되시는 삼위하나님과의 교제와 그 말씀에 순종함으로써 옛사람을 벗어버리고 새사람을 입는 지속적인 과정이다.
http://www.crystalinks.com/jung.html; "··· For Jung, alchemy was not the search for a way to transform lead into gold, but the transformation of the soul on its path to perfection. Jung's dreams in 1926 and on frequently found him in ancient places surrounded by alchemical codices of great beauty and mystery. Jung amassed a library on the great art which represents one of the finest private collections in this field."
209) 여기에는 융의 말 그대로 상징이 마음속에 대립을 조화시키고 재통합하는 능력이 있다고 보기 때문이며, 거기에는 해석이 중요한 열쇠가 된다. 그러나 융은 이런 일에는 원형이 가지는 마력의 위험성을 경고하고 있다.
210) 김성민, 융의 심리학과 종교 (파주: 동명사, 2010), 90.
211) 이문성, "분석심리학적 무의식의 이해-서론," 한국분석심리학회 (2018.1.18.)
http://www.carljung.or.kr/?p=101 "꿈에 나타난 상징의 의미는 개인의 연상을 통해서 알아볼 수도 있지만 개인의 연상으로는 이해되지 않거나 아예 개인적 연상이 없을 때가 있다. 이럴 때는 신화나 민담에 나타난 인류의 보편적인 연상을 통해서 그 상징을 이해해볼 수 있다. 그래서 분석심리학에서는 신화나 민담을 연구하는 것이다. 그러나 신화나 민담에 대한 지식이 아무리 많다고 하더라도 자신에게 나타난 상징을 체험하고 이해하지 못하는 한 남의 다리를 아무리 긁어도 내 다리가 시원하지 않은 것과 같다. 나의 신화, 나의 민담을 이해할 수 있어야 한다. 나의 신화, 나의 민담은 나 자신의 무의식이 실현되어 나에게 나타난 나의 인생이다."

준섭은 신화와 신비주의에 대한 결론에서 "우리는 윤화를 통해서 신에게로 재통합되는 과정에 있는 것이라고 볼 수 있을 것이다"라고 말했다.212)

신화를 말하면 인간에게 신성을 부여한다.213) 오화철 교수는 꿈 치료와 신앙의 상관성에 대해 말하면서 다음과 같이 말했다.

> 꿈은 무의식의 왕도라는 프로이트의 말이 사실이라면 동시에 꿈은 인간의 신적 속성을 발견하여 가는 길이라고 말하고 싶다. 융의 의견대로 꿈은 우리에게 고대의 원형적이고 신적인 삶을 살았던 선조들의 무의식적 자산이 내재 되어 있는 공간이며, 인류는 꿈을 통해서 각 개인의 삶이 개인화되어 왔다. 프로이트가 말하는 무의식적 소망의 성취 메커니즘을 넘어서 꿈은 수많은 상징과 이미지를 통해서 우리에게 메시지를 전달하고 있다. 그 꿈을 각 개인이 분석하고 통찰하는 것은 인간 안에 내재 되어 있는 신적인 속성과 연계된 종교성과 신앙심을 탐구하는 것이며, 삶의 의미와 미래를 탐구하는 중요한 방향을 제시하고 있다. 꿈 치료와 신앙이 함께 지향하는 인간 안에 내재 된 초월성을 통해서 인간의 회복과 치유의 길을 발견할 것으로 기대한다.214)

오화철 교수에 의하면, 인간 안에는 신적인 속성이 내재 되어 있으며 내재 된 초월성이 있다. 오화철 교수는 꿈을 집단 무의식 개념으로 말했다. 오화철 교수는 세상에 존재하는 종교의 공통된 속성은 "물질에 갇혀 있는 인간의 삶을 해방하고, 물질 속에 갇혀 있는 인간의 신성을 발현함으로서 인간 안에 존재하는 초월적 경험을 실현하고 외재화 하는 역할"이라고 말했다.215) 기독교가 과연 인간 안에 신성이 있다고 말하는가?

융의 신화는 근본적으로 신성을 말한다. 융은 신성한 내면아이로 말했다. 융이 말하는 내면아이에 대한 가장 중요한 핵심은 인간의 내면에 신성함이 있다는

---

212) 이준섭, **고대신화와 신비주의의 세계** (서울: 고려대출판부, 2006), 166.
213) Ibid., 24.
214) 오화철, "꿈 치료와 신앙," **한국기독교상담학회지** 28(4) (2017): 126(107-128).
215) Ibid., 123-124; "융의 꿈 이해처럼 개인의 꿈이 집단무의식의 원형적 형상이라면 초월적 존재와 경험을 추구하는 종교의 속성도 단순히 개인의 산물이 아니라, 신적인 존재의 초월성과 내재성이 이미 인간 안에서 꿈을 통해서 통합되어지는 집단적인 소산이라고 이해할 수 있다. 이렇게 종교를 원형적 측면으로 이해한다면, 융의 꿈 치료는 인간 안에 이미 내재된 초월적 속성을 발현하는 중요한 기제로 이해할 수 있다. 꿈의 심층에 잠재되어 있는 원형적 상징은 종교가 추구하는 초월적 믿음의 하부에 위치한 원형적 의미와 맥락을 같이할 것이다. 그런 점에서 융은 인간을 종교적인 존재(homo religious)로 이해하고 있으며 인간의 정신 안에서 종교의 선험적인 존재론적 기반을 설명하고 있다. 어떤 점에서 종교가 외적인 신적대상을 추구하면서도 동시에 인간의 내면을 통합하는 방향성을 추구한다고 볼 때, 융은 인간의 개성화(individuation)가 인간정신의 자기실현이며 종교적으로 본다면 인간 안에 내재 된 신적인 속성(divine attribute)이 신적인 대상을 향해 실현성을 갖는 것으로 이해한다."

것이다. 그래서 신성한 내면아이다. 이 신성한 내면아이 개념은 기독교적 인간 관과 정면으로 반대되는 개념이다. 성경은 자연 발생적으로 출생하는 모든 인간 은 죄인이라고 선포하고 있다. 만일 누구든지 신성한 내면아이 개념을 추구하고 가르치고 있다면 그 사람은 기독교인이 아니다.

융을 가르치는 사람들이 말하는 융의 하느님은 기독교의 하나님이 아니다. 융 을 가르치는 사람들은 그 사실을 말해 주었던가? 융을 가르치는 사람들은 성경 이 말하는 하나님을 믿는지, 아니면, 융이 말하는 하느님을 믿는지를 분명히 고 백해야 한다. 참된 기독교 신앙이라면 융의 하느님이 아니라 성경에서 말하는 하나님을 믿기 때문이다. 융은 다음과 같이 말했다.

> 처음에 초인적인 힘과 미(美)를 갖추고 눈 덮인 산이나 어두운 동굴, 숲이나 바다에 살고 있던 신들은 후에 모여서 하나의 신이 되고, 이 신은 마침내 인간이 되었습니다.[216]

융은 장난삼아 이런 말을 한 것이 아니다. 진화론에 입각하여 인간을 보는 융 은 존재의 근거를 초인적인 힘과 미를 가진 신에 두었다. 인간이 원천적으로 신 성을 가진 존재라는 것을 말하기 위해 신이 발전해서 인간이 되었다고 말했다.

융이 말하는 하느님은 어떤 하느님인가? 융은 이렇게 말했다.

> 심리학적으로 말해서 하나님의 이미지는 원형적인 본성을 드러내는 콤플렉스의 일종이다. 우리는 이것을 투사 작용을 통해서 나타나는 에너지(리비도)의 표현이라고 생각해야만 한 다 … 하나님이란 명칭은 심리학적인 관점에서 볼 때, 매우 강력한 어떤 감정적인 것 주위 에 모인 콤플렉스에 붙여진 이름이다(Métamorphoses de l'Ame et ses Symboles, p, 125). 하나님이라는 말이나 최상의 존재라는 말은 그 단어가 이미 암시하고 있듯이 최고 의 가치를 나타낸다. 다시 말해서, 이 말들은 우리의 생각과 행동을 결정할 수 있을 정도로 가장 높고, 가장 보편적으로 중요한 어떤 것을 나타내는 말인 것이다(Métamorphoses de l'Ame et ses Symboles, p, 47). 사람들은 엄청난 에너지를 품고 있는 정신적인 요소에 의해서 매혹당하거나 무의식적으로 사로잡힐 수 있다 … 사람들 속에서 가장 강력한 힘을 가지고 있는 정신적인 요소는 '신'(神)으로 표상된다(PER, p. 161).[217]

융에 의하면, 신이란 "사람들 속에서 가장 강력한 힘을 가지고 있는 정신적인

---

216) C.G. 융, **심리학과 종교**, 이은봉 역 (서울: 창, 2019), 167.
217) 김성민, **융의 심리학과 종교** (파주: 동명사, 2010), 170-171.

71 칼 융과 내면아이

요소"가 표상된 것이다. 융의 신개념으로 보면, 기독교인이 믿는 하나님은 사람들의 머릿속에서 있는 생각들이 형상화된 것에 불과하다. 무의식 속에 있는 원형이 객관적인 방식으로 나타난 것이 하나님이라는 것이다. 김성민 교수는 다음과 같이 말했다.

> 사람들이 생각하는 하나님이 사실은 무의식적인 내용들의 투사로 이루어진 이미지이기 때문에 사람들은 그 이미지에서 정신 에너지들을 회수하여 인격의 발달을 이룰 수가 있다.218)

융의 심리학에서 하느님이란 정신 에너지를 가지고 있는 이미지에 불과하다. 인격의 발달을 이룬다는 것은 단순히 인격적인 사람이 된다는 것이 아니다. 자신의 무의식 안에 있는 원형과 통합을 이루는 것이다. 그 통합이란 접신으로 이루어지는 것이다.

김성민 교수는 하느님의 이미지의 특성을 다음과 같이 말했다.

> 융은 하나의 원형으로서 하나님의 이미지가 가지고 있는 특성을 다음과 같이 네 가지로 열거하였다. 첫째로, 그것은 인간의 본성에 의한 것이다. 둘째로, 그것은 가장 강력한 가치를 지니고 있다. 셋째로, 사람들은 그것이 자기 내면에 깃들어 있다는 사실을 알지 못하고 그의 밖에 있는 어떤 대상에 투사시킨다. 넷째로, 그것은 사위일체적인 모습으로 나타난다.219)

---

218) Ibid., 171; 융은 다음과 같이 말했다. "하나님을 자기 안에 받아들이는 것은 대단히 좋은 일이다. 그것은 행복을 보장받고, 힘을 얻는 것이다. … 하나님을 자기 안에 받아들이는 것은 그 자신이 하나님처럼 되는 것이다."(Métamorphoses de l'Ame et ses Symboles, p. 167)

219) 김성민, **융의 심리학과 종교** (파주: 동명사, 2010), 167; 〈첫 번째로, 그는 인간에게서 종교성은 본능적인 것이며, 하나님의 이미지는 인간의 본성으로부터 표출되는 것이라고 주장하였다: "인간의 종교적 행위는 본능적인 성향에 기초를 두고 있으며, 인간의 특별한 기능에 속해 있는 것이다."(C.G. Jung, Présent et Avenir, p. 94) … 두 번째로, 하나님의 이미지는 인간의 정신 활동이 최고조로 도달했을 때 형성되는 것이며, 그 안에 리비도가 가장 많이 담겨 있고 삶의 깊이 역시 가장 많이 배어 있기 때문에, 사람들의 삶에 가장 강력하고 결정적인 영향을 미친다: 세 번째로, 융은 사람들이 자기 내면에 있는 하나님의 이미지를 다른 모든 무의식적인 내용들과 마찬가지로 자기 밖에 있는 어떤 대상에 투사시킨다고 주장하였다. 다시 말해서, 삶들이 신이라고 부르는 존재는 심리학적인 견지에서 볼 때, 신 자체가 아니라 삶들이 신이라고 생각하는 존재, 다시 말해서 사람들의 마음속에 있으며 그가 신이라고 부를 수밖에 없을 정도로 강력한 힘을 가진 정신적인 요소를 자기 밖에 투사 시킨 것이라고 주장했던 것이다. 융에 의하면, 하나님은 인간과 질적으로 다른 존재이기 때문에 사람들이 결코 완전하게 다 알 수가 없다. 그래서 그들은 그들의 무의식에 있는 하나님의 원형을 투사시켜 놓고, 그 이미지를 하나님이라고 생각한다. 네 번째로, 융은 '우리-안에 있는-하나님"의 이미지는 기독교 교리에서 말하는 것처럼 심위일체 하나님이 아니라, 사위일체적인 특성을 지닌 하나님이라고 주장하였다.〉

무엇보다 융이 말하는 하나님은 사위일체라는 것이다. 그 4위가 "어두운 하나님"(the dark God)인 악마다(CW, 11:412.).[220] 융에게 마귀는 선하신 하나님의 또 다른 측면이다.[221]

김성민 교수는 다음과 같이 말했다.

> 한편, 욥은 하나님이 자기 자신과 모순된 관계에 있다는 사실을 잘 알고 있었다고 주장하였다(RJ, p. 31). 그래서 융은 마귀란 선하신 하나님의 또 다른 측면이라고 강조하였다: "마귀는 … 자동성을 가지고 있다. 그는 자유로우며 영원한 존재이다. 또한, 그는 하나님과 함께 형이상학적 속성을 나누어 가지고 있기 때문에 하나님과 맞설 수도 있다"(PER, p. 115). 우리가 하나님의 이 어두운 측면을 깨닫지 못하는 한, 이 측면은 하나님으로부터 분리되고 만다. 그리하여 자동성을 얻어서 우리 삶에 해악을 끼친다. 하나님의 통제를 벗어나기 때문이다. 그래서 융은 하나님의 그림자를 인식하는 것이 우리 시대에서 가장 중요한 도덕적인 문제라고 강조하였다.

융에 의하면, 하나님이나 마귀나 같은 차원의 하나님이다. "하나님과 함께 형이상학적인 속성을 나누어 가지고 있"다는 것은 동등한 신이라는 뜻이 된다. 융은 하나님의 어두운 측면을 깨닫지 못하면 마귀가 자동성을 얻어서 우리의 삶에 해악을 끼친다고 주장했다. 융에게 사위일체는 역동성을 잃은 기독교를 극복하는 새로운 이미지였다.[222]

융은 인간이 남성성과 여성성으로 대극을 이루고 있듯이, 하나님도 양의 하나님과 음의 하나님으로 대극을 이루고 있다고 보았다. 양의 하나님이 남성적인 특성이고 음의 하나님이 여성적인 특성이다.[223] 융은 그런 마귀가 자동성을 가

---

220) 손호현, "융의 사위일체 신정론: '넷째는 어디에 있는가'," **신학사상** 182 (2018): 297(287-319); 넷째는 어디에 있는가라는 플라톤의 질문에 대한 융의 대답이 바로 "어두운 하나님"(the dark God)인 악마이다.〉
221) 칼 구스타프 융, 융합의 신비, 김세영·정명진 역 (서울: 부글북스, 2017), 241; 〈중세의 자연 철학자들, 특히 도른에게 삼위일체가 네 번째 요소로 보완되어야 한다는 것이 너무나 분명하게 느껴졌다. 라피스가 언제나 원소들의 콰테르니오로 여겨져 왔기 때문이다. 삼위일체를 4번째 요소로 보완하려면 반드시 사악한 정령이 포함되어야 한다는 점은 자연 철학자들에겐 아무런 문제가 되지 않았다. 반대로, 융이 사지를 자르고 스스로를 삼키는 것이 그들에겐 훌륭한 작업으로 비쳤다. 그러나 도른은 콰테르니오에서 삼위일체와 정반대의 것을, 즉 "악마의 원리" 같은 여성적인 원리를 보았다. 그래서 도른은 이 악마를 "4개의 뿔을 가진 뱀"이라고 불렀다.〉
222) 김성민, **칼 융의 『심리학과 종교』 읽기** (서울: 세창미디어, 2015), 30.
223) 김성민, **융의 심리학과 종교** (파주: 동명사, 2010), 177; 〈성령에 여성적인 속성이 부여되기는 했지만, 그것은 불완전한 것이다. 기독교에서 말하는 삼위일체-성부, 성자, 성령-에 여성적인 요소는 하나도 없기 때문이

지고 있으며 자유롭고 영원한 존재라고 말했다. 융을 가르치는 사람들은 이 사실을 모를까? 융을 전공하고 융 연구소에서 수련했다면, 이런 반기독교적인 것을 모른다고 말할 수 있을까?

김성민 교수는 신적인 아이에 대해서 다음과 같이 말했다.

> 심리학적인 관점에서 볼 때, 야훼 하나님 곁에 여성적인 요소가 존재한다는 것은 신성혼(hieros gamos)을 의미하는 것으로, 그것을 통해서 새로운 창조가 이루어질 수 있는 것이다: "이 하늘의 혼인을 통하여 태어난 아들은 대극의 융합으로서 통합의 상징이며, 삶의 전일성을 나타내는 것이다"(RJ, p. 176. cf. RJ, p. 85). 신성혼을 통해서 태어난 신적인 아이를 융은 심리학적인 관점에서 볼 때 개성화 과정의 궁극적인 목표인 자기(Soi)에 해당한다고 주장하였다. 이 신적인 아이, 다시 말해서 하나님의 아들은 모든 반대되는 요소들을 자기 안에 통합시켜야 태어날 수 있는 것이다. 여기에서 우리는 우리 삶의 개인적인 차원에서는 물론 집단적인 차원에서도 대극의 문제를 해결하는 것이 무엇보다도 중요한 것임을 알 수 있는 것이다.224)

융에 의하면, 인간 안에 있는 신적인 아이는 신성혼, 곧 하늘의 혼인으로 태어난 것이다. 신성혼은 "대극의 합일의 전형적인 상징적 표현이다"225) 그 신적인 아이가 남성성과 여성성, 양의 하느님과 음의 하느님, 성부, 성자, 성령과 사탄을 통합해야 비로소 온전해진다는 것이다. 그 온전함이란 신성화를 말한다. 이것은 필자의 편견이 결코 아니다. 김성민 교수는 다음과 같이 말했다.

> 하나님의 본질이 자신의 내면에 들어있다는 사실을 깨달을 때, 사람들은 자신의 삶을 통해서 신성을 실현시킬 수가 있다. 그러나 자신의 내면 깊은 곳에 신적인 본성이 들어있다는 사실을 알지 못할 때, 그들은 결코 신적인 본성을 실현시키지 못하고 만다: "사람들이 자신의 본성 깊은 곳에 도달하지 못하는 한, 하나님은 언제나 외적인 이미지(image extérieure)에 불과할 뿐이다"(PA, p. 9). 사람들이 하나님을 본받으려고 노력할 때, 그들의 영혼 깊은 곳에서는 변화가 이루어지고, 그들의 영혼은 그들이 닮고자 하는 존재의 전일성을 이루어가게 된다: "하나님이 그 본성을 사람들과 함께 나누어 가졌다면, 사람들은 하나님의 본성에 참여할 수 있는 것이다"(PA, p. 401).

다. 그래서 융은 기독교에서 말하는 "하나님의 이미지"가 정신적으로 가장 완전한 것을 나타내는 것으로서 전일성의 상징이 되려면 그 안에 여성적인 요소가 반드시 덧붙여져야 한다고 강조하였다(RJ, p. 223).〉 "그래서 캠프는 융이 여성원리와 악의 원리를 뒤섞어서 생각했으며, 융의 심리학에서 이 두 원리는 종종 동일시 된다고 주장하였다."(p. 174).

224) Ibid., 179.

225) 장덕환, *C. G. 융과 기독교* (서울: 새물결플러스, 2019), 351.

김성민에 의하면, 융은 사람들이 자신의 본성에 신성이 있다는 것을 알아야 하고 그 하느님의 본성에 참여하여 존재의 전일성을 이루어야 한다고 말했다. 융은 인간이 그렇게 신성화로 가는 것은 인간의 의지만이 아니라 하느님이 무의식 속에서 움직이면서 대극을 통합하고 조화시킨다고 본다.[226]

그 신성한 내면아이가 심리학과 내적치유에 사용되면 일차적으로는 색깔을 감춘다. 그리고 어렸을 적 받은 상처에 울고 있는 아이로 초점을 맞추게 한다. 그 아이를 '상처받은 내면아이'라고 말한다.

그러나 심리학에서 무의식 혹은 잠재의식을 말한다는 것은 단순히 상처받은 내면아이를 말하는 것이 아니다. 그것은 신성한 내면아이를 의미한다. 절충주의자들이야 이것저것을 섞어서 말하겠지만 심리학이 인본주의 심리학이라는 의미는 인간이 신성하며 주체적인 존재라는 것을 의미한다. 만일 인본주의 심리학이 이 핵심을 제외하면 그것은 곧 기독교로 돌아오겠다는 것을 의미한다. 그러니 일반 심리학자들은 성경에서 말하는 하나님 앞에는 얼씬도 안 한다. 그들이 말하는 하나님은 '우리 안에 있는 하느님'을 말하는 것이지 성경의 하나님이 아니다. 하나님이라고 하면 다 같은 줄로만 알고 있으니 사람들은 쉽게 속아 넘어간다.

왜 칼 융을 말해야 하는가?

왜 융을 언급해야만 하는가? 융이 다른 심리학자들과 다른 점은 무엇인가? 결론부터 말하자면, 융의 분석심리학은 학문의 차원이 아니라 종교적이고 영적인 차원이기 때문이다.[227] 이부영 교수는 "인간과 무의식의 창조성을 인정하는

---

226) Ibid., 182-183; 〈"사람들이 그들의 삶에서 '하나님의 이미지'들이 나타나고 있다는 사실을 깨닫고, 그것과 만날 때 그들은 인간이 되려는 야훼 하나님의 결단을 알 수 있고, 그것을 인격발달을 위한 상징으로 받아들일 수 있다. 하나님은 무의식 속에서 움직인다. 그리고 무의식으로부터 흘러나오는 서로 반대되는 충동들을 통합하고, 조화시키도록 한다"(RJ, p. 211).〉
227) 에르네 반 드 빙켈, **융의 심리학과 기독교 영성**, 김성민 역 (서울: 한국심리치료연구소, 2010), 18-19; 융은 정신분석의 두 가지 측면으로, 하나는 치료적인 측면을, 다른 하나는 성숙의 측면이라고 했다. 일반적으로 정신분석이 치료적인 측면으로 알려져 있으나, 정신분석은 영적발달에 깊이 관여한다. 정신분석은 치료와 영적발달

심리학만이 인간의 고통 속에서 희망과 의미를 발견할 수 있다"고 말하면서, "불가의 깨달음"을 함께 말했다.[228] 융의 심리학은 근본적으로 종교적이다.[229] 리차드 놀(Richard Noll)은 융의 목표는 언제나 종교였다고 말했다.[230]

융이 종교를 말할 때는 "붓다와 마호메트나 공자, 혹은 차라투스트라뿐 아니라 미트라스, 아티스, 키벨리, 마니, 헤르메스와 그 밖의 많은 이교도들"의 종교 현상을 말한다.[231] 제임스 럿셀(James Russell)은 칼 융의 "종교를 하나의 참 자아를 찾는 여정이며 동시에 '신적 실재' 혹은 '신성'(the Divine)를 찾는 여정으로 이해했다."[232] 김태영은 융의 심리학은 "근원적인 종교체험"에 관심을 가진다고 말했다.[233]

융의 심리학은 근본적으로 반기독교적이다. 융에게 있어서 무의식은 하나님과 동의어이다.[234] 융을 가르치거나 배우면서 융을 단순히 심리학으로 말하거

두 측면을 뚜렷이 분리하지 않으며 분리시킬 수도 없다고 본다. "융의 사상에 의하면, 이 세상 사람들은 어느 누구라도 영적인 가치를 깨닫지 못하고, 그 영적인 가치로 되돌아가지 않는다면, 그들 존재의 조화를 이룰 수가 없다. 신경증이라는 것도 그 개인의 의식과 영원한 가치 사이에 균열이 생겼음을 알리는 일종의 신호인 것이다."
228) 이부영, 자기와 자기실현 (파주: 한길사, 2010), 114.
229) C.G. 융, 융 기본 저작집4 인간의 상과 신의 상, 한국융연구원 C.G. 융 저작번역위원회 (서울: 솔출판사, 2006), 21; "나는 의사이며 신경-정신 질환 전문의이기 때문에 나의 출발점은 어떤 신앙고백이 아니고 종교적 인류(homo religiosus), 즉 자신과 자신의 일반 상태에 영향을 주는 어떤 요소들을 고려하고 주의 깊게 살피는 인간들의 심리학이다."
230) Richard Noll, *The Jung Cult* (NewYork, Free Press Papperbacks, 1994), 136-137; "Jung's earliest psychological theories and method can be interpreted as perhaps nothing more than an anti-Christian return to solar mythology and sun worship basd on Romantic beliefs about the natural of the ancient Aryan peoples. What Jung eventually offered to völkisch believers in sun worship circa 1916 was a practical method-active imagination-through which one could contact ancestors and also have a direct experience of God as a star or sun within. ⋯ Sun worship is perhaps the key to fully understanding Jung and the story I tell in this book."
231) C.G. 융, 융 기본 저작집4 인간의 상과 신의 상, 한국융연구원 C.G. 융 저작번역위원회 (서울: 솔출판사, 2006), 21.
232) 칼 융의 영성 이해(2010.10.10.) http://www.dangdangnews.com/news/articleView.html?idxno=15847
233) 김태영, "종교와 과학 담론으로 바라본 융의 분석심리학," 신학사상 169 (2015): 264(239-268).
234) Main, Roderick, "PANENTHEISM AND THE UNDOING OF DISENCHANTMENT," *Zygon* 52(4) (2017): 1108(1098-1122); "First, in Jung's thought as in generic panentheism, God is not separate from the world. In terms of his psychological model, insofar as Jung treated the unconscious as a synonym of God and, by implication, consciousness as a synonym of the world, it is clear that for him God was not essentially separate from the world, any more than the unconscious was essentially separate from consciousness ([1947/1954]1969, paras. 381-87). Similarly, the unknowable archetype, including the God archetype, was not essentially separate from the known archetypal images, including archetypal images of

나 분석심리학을 기독교적이라면서 기독교 카테고리 안에서 학습한다면 지극히 부분적인 지식을 가졌다고 스스로 드러내는 것이다.

아규민 교수는 다음과 같이 말했다.

> 기독교적 진리 주장과는 차이와 간극이 존재하지만, 융의 종교심리 이해가 가진 순기능을 활용함으로써 위기에 놓인 한국교회와 기독교교육 현장에 새로운 활력을 불어넣을 수 있는 방안을 이론적으로 성찰하는 것은 중요한 시도라 할 수 있다[235]

아규민 교수는 융의 종교체험을 루돌프 오토의 개념으로 말하면서, "기독교, 유대교, 아슬람에서의 신 체험은 이러한 신적 체험이며 이것은 집단 무의식에 들어있는 원형의 체험을 기반으로 이루어진다고 융은 주장한다(Jung, 1952, 142)."라고 말했다.[236]

또한, 아규민 교수는 다음과 같이 말했다.

> 신앙적 경험과 체험이 있어야 기독교 신앙이 가진 능력과 힘을 행사할 수 있고 적용할 수 있기에 이러한 신앙의 능력을 체험할 수 있는 교육이 요청된다. … 융은 종교가 인간의 의식을 집단 무의식과 연결시켜 줌으로써 인간의 심리와 내면을 성숙시키고 치유할 수 있음을 강조한다(Jung, 1953, 11). 융은 인간 내면의 성숙과 치유는 인간의 의식이 집단 무의식과 연결될 때 이루어진다고 보았고 이러한 연결을 위해 종교가 지대한 영향을 미친다고 확신하였다.[237]

아규민 교수는 신앙의 체험을 하려면 집단 무의식과 연결되어야 한다고 말했다. 과연 이것이 기독교 신앙인가? 집단 무의식과 연결되려면 적극적 심상법으로 무의식의 원형들을 만나는 접신을 해야 한다. 융에 대한 실체를 모르고 융을

God ([1952a]1969, paras. 557-58)."

235) 아규민, "융의 종교심리학에 나타난 종교의 역할과 치유적 기능 : 종교이해의 타당성과 기독교교육적 함의를 중심으로," **기독교교육논총** 43 (2015): 138(137-167).

236) Ibid., 142; 〈심리학적 관점에서 융은 종교 또는 종교체험을 이렇게 이해한다. 인간 본성을 "가장 높고도 가장 강력한 가치와 결합시켜 주는 것"이 곧 종교라는 것이다(Jung, 1958, 79). 이러한 토대 위에서, 융은 가장 강력한 심리적 파장은 인간의 집단 무의식 속에 들어있는 원형과 접촉할 때 일어난다는 것을 발견하였다. 이러한 원형은 인간의 의식이 가진 힘을 넘어서는 것이다. 인간의 의식을 능가하고 압도하는 힘을 가진 신 또는 하나님은 집단 무의식 속에서 경험된다. 집단 무의식이 활성화될 때 종교적 경험이 생겨난다는 것이다(Jung, 1971b, 23).〉

237) Ibid., 156-157.

77 왜 칼 융을 말해야 하는가?

말하는 사람들이 갈수록 늘어간다. 류순규는 "통합이라는 전일성의 회복은 기독교의 구원을 좀 더 확실하게 조명하며, 구원받은 그리스도인들이 전일성 회복의 상태로 온전히 거룩한 상태로 흠 없이 예수 그리스도가 강림하실 때까지 구원을 온전히 이루어가는 길을 조명"하는 것이라고 보았다.[238]

융이 말하는 신은 기독교인들이 믿는 하나님이 아니다! 융이 신을 말한 것은 인간이 삶의 의미와 통일성을 더 이상 공급받지 못했기 때문이다. 융은 현대사회에는 새로운 신의 이미지가 필요하다고 말했다. 융은 신과 접촉하고 신을 체험하는 신앙의 출현을 원했으며 그것을 분석심리학으로 이루었다. 유명복은 "뉴에이지 비평가인 엘리엇 밀러(Elliot Miller)는 융보다 뉴에이지 운동을 형성하는 데 더 공헌한 인물은 없다고까지 말하고 있다"라고 진술했다.[239]

김성민 교수는 다음과 같이 말했다.

> 그러나 융은 예수 그리스도는 그의 그림자를 직시했으며, 하나님의 선으로 악을 통합하였다고 주장하였다. 예수 그리스도는 그의 몸에 하나님의 선과 세상의 악을 모두 통합하고 십자가에서 죽어서 부활하였고, 그의 부활은 사람들에게 그들의 몸에서 악을 피하지 말고 모두 담당하여 선으로 통합할 것을 촉구한다는 것이다. 그것은 예수 그리스도가 골고다에서 죽을 때 한편에는 회개한 강도, 다른 한편에는 회개하지 않은 강도를 가운데 두고 제3의 자리에서 죽은 모습에서 잘 드러난다. 예수 그리스도는 선과 악을 초월하는 제3의 자리에서 죽으시고 부활하여 대극의 갈등 때문에 고통당하는 사람들에게 내면적인 대극인 외적인 대극을 통합하는 새로운 상징이 된 것이다. 현대인이 예수 그리스도를 본받아 그런 삶을 몸으로 살 수 있을 때, 그들은 그들을 부르는 신화적인 삶을 살 수 있을 것이다.[240]

김성민 교수가 말하는 예수 그리스도는 융의 분석심리학으로 이해된 존재다. 융에게 예수 그리스도는 대극의 갈등을 극복하고 대극을 통합한 새로운 상징이다. 어떤 기독교인이 예수 그리스도를 그런 존재라고 믿는가? 참된 기독교인이라면 그렇게 믿을 사람이 없다.

김성민 교수는 그리스도 상징의 중요성을 다음과 같이 말했다.

---

238) 류순규, "폴 틸리히의 새로운 존재와 칼 융의 전일성 개념 비교 연구" (박사학위논문, 협성대학교대학원, 2018), 3.
239) 유명복, "뉴에이지(New Age) 사상의 심리학적 고찰," **백석저널** 2 (2002): 238(235-252); "뉴에이지 사회학자 폴 힐러스(Paul Heelas)도 융이 뉴에이지 운동을 있게 한 세 주요 인물 가운데 한 사람이라고 주장하고 있다."
240) 김성민, **분석심리학과 기독교 신비주의** (서울: 학지사, 2012), 73.

1951년 『아이온』에서 구원자라는 원형이 역사적으로 어떻게 인류의 정신사에 나타났는가를 고찰하면서, 그리스도라는 개념도 인류가 가지고 있는 구원자 원형에서 도출된 것이라고 주장하였다. 그다음에 마지막으로 저술한 『욥에의 응답』(1952)은 그가 기독교에 대해서 저작한 책 가운데서 가장 중요한 저술이다. 여기에서 그는 인류의 정신사에서 신관이 어떻게 변화되어 왔는지를 고찰하면서, 그리스도의 성육신 개념은 인간이 불합리한 운명을 받아들이면서 자신의 내면에 있는 신성을 완성하는 탁월한 개념이라고 주장하였다. 그래서 현대인은 앞으로 그리스도가 성육신하였듯이 자신의 내면에 있는 신성을 의식화하여 계속되는 성육신을 이루어가야 한다고 강조하였다. 그것은 한 개인에게 정신발달을 이루는 작업일 뿐만 아니라 인류 전체의 정신발달을 도모하는 작업이기 때문이다.241)

융에게 그리스도의 성육신은 모든 인간이 자기 안에 있는 신성을 완성하는 과정으로서 하나의 상징이다. 융 분석가인 김정택 교수는 예수 그리스도를 하나의 신화로 보면서, "십자가의 엄청난 고뇌를 통해서 비로소 인간 예수는 자신의 신성(神性)을 깨닫는다."고 말했다.242)

융에게 종교는 종교적 상징체계로 하느님과 인간을 맺어주고 자신의 내면을 통합하는 수단이다.243) 융의 하느님은 성경의 하나님이 아니! 융은 다음과 같이 말했다.

중력이라는 히포스타시스가 사과가 아래로 떨어지게 합니다. 맞습니다. 여러분은 중력이 있다고, 그것이 사과가 아래로 떨어지도록 한다고 단정합니다. 혹은 예를 들어, 칸트는 신의 존재를 둘러싼 그 유명한 논의에서 "신은 존재하고 신은 존재하지 않는다"라고 말합니다. 다른 누군가가 신은 존재한다고 말할 때면 그도 똑같이 신은 존재한다고 말하지만, 칸트가 그렇게 말하는 것 자체가 신이 존재한다는 것을 의미하지 않습니다. 그는 신이 존재한다고 말할 수 있습니다. 다만, 아마 신은 존재하지 않을 것입니다. 그러나 여러분이 실체화할 때, 그때엔 여러분은 신이 존재한다고 말함으로써 신이 실제로 존재한다고 가정하게 됩니다. 여러분이 신을 만들어내는 셈이지요. 그래서 신이 실제로 존재하게 됩니다.244)

---

241) 김성민, **칼 융의 『심리학과 종교』 읽기** (서울: 세창미디어, 2015), 31.
242) 김정택, "신화(神話)를 품은 인간(人間)," Jan. 17. 2019. Accessed Apr. 17. 2019. http://www.carljung.or.kr/?p=675; "십자가의 엄청난 고뇌를 통해서 비로소 인간 예수는 자신의 신성(神性)을 깨닫는다. 그래서 십자나무는 바로 세계수(World Tree), 즉 구원의 나무인 것이다. 따라서 인간 예수는 믿는 사람들에게는 바로 인간 구원(自己實現)의 전형(prototype)이 된다. "하느님께서는 세상을 너무나 사랑한 나머지 외아들을 내 주시어, 그를 믿는 사람은 누구나 멸망하지 않고 영원한 생명을 얻게 하셨다(요한 3:16). 이것이 바로 '예수 그리스도의 구원신화'의 핵심이다."
243) 김성민, **분석심리학과 기독교** (서울: 학지사, 2012), 75.
244) 칼 구스타프 융, **쿤달리니 요가의 심리학**, 정명진 역 (서울: 부글북스, 2018), 41-42; 〈사람은 단순히 어떤

융에 의하면, 사과가 아래로 떨어지는 것은 중력의 작용이듯이, 신이 존재한다는 것은 인간이 산을 실체화할 때 신이 만들어진다. 융이 말하는 신이란 인간의 목적을 위해 신이 필요해서 만들어 낸 존재에 불과하다. 그렇게 인간에게 신을 만들어 주는 것이 융의 분석심리학이다.

융은 심리학의 필요성을 다음과 같이 말했다.

> 그러한 내면적 상이 존재한다는 사실을 이성적으로나 감정적으로 인식하고 체험하면 이제 종교적 교리가 인간에게 제시하고 있는 또 다른 상에 접근할 수 있는 길도 열린다. 그러므로 사람들이 비난하고 있는 것과는 상반된 일을 심리학이 하는 것이다. 즉 심리학은 기존의 것을 더욱 잘 이해할 수 있게 해주며 도그마의 충만한 의미에 대해 눈뜨게 한다. 그것은 그야말로 무엇인가를 파괴하는 것이 아니고 텅 빈 집안에 새로운 거주자를 들여 넣어주는 것이다. 나는 다양한 체험을 통해 그러한 사실을 입증할 수 있다. 예컨대 완전히 다른 신조를 지닌 배교자나 냉담자들이 그들의 옛 진리에 새롭게 다가갈 수 있는 길을 찾았다. 그 가운데에는 가톨릭교도가 적지 않다. 심지어는 파르시(Parsi) 교도조차도 조로아스터교의 불의 신전(Feuertempel)으로 가는 길을 다시 찾았다. 그러한 사실에서 나의 입장이 객관성을 지닌다는 것을 알 수 있을 것이다.[245]

융은 심혼(아니마, 아니무스)이 신이라고 말하면서 이 말을 했다. 융은 심리학이 신을 체험하도록 길을 열어주는 것이라고 말했다. 예수 그리스도를 구주로 믿는 사람이 융을 가르친다는 것은 무엇을 의미하는지 잘 알아야 한다. 융은 가톨릭이나 파르시교나 조로아스터교나 구별이 없다. 신이 여러 모습으로 나타났다고 생각하기 때문이다. 만일 기독교인이 융을 가르친다면 기독교인이 믿는 하나님은 심혼이 여러 가지로 나타난 것 중 하나를 믿는 것이다.

융은 1937년 테리 강좌(Terry Lectures)에서, "종교는 인간의 마음의 표현형식이라고 보면, 가장 오래되고 가장 일반적인 것 중의 하나였다고 보는 것은 의심의 여지가 없습니다."라고 말했다.[246] 이어서 융은 "종교는 사회학적, 역사적

사물이 존재한다고 선언함으로써 아주 불행한 상황을 초래할 수 있습니다. 아니무스가 하고 있는 것이 바로 그런 것이지요. 또 사람이 아니무스에서 반대하고 있는 것도 바로 그런 것이지요. "오, 나는 …라고 생각했어." 그러면 여러분이 불을 껐다고 생각했다는 이유로 집이 불탑니다. 그러나 불행하게도 집은 전소하고 말았지요.〉

245) C.G. 융, **융 기본 저작집5 꿈에 나타난 개성화 과정의 상징**, 한국융연구원 C.G. 융 저작번역위원회 역 (서울: 솔출판사, 2006), 24.
246) C.G. 융, **심리학과 종교**, 이은봉 역 (서울: 창, 2019), 13.

현상"이라고 말했다.[247] 융은 종교를 누미노줌의 작용의 결과로 본다.[248]

그렇다면 융에게 종교란 무엇인가? 융은 다음과 같이 말했다.

> 나에게 종교란 인간 정신의 어떤 독특한 태도로 보여지는데, 종교는 라틴어로 religio라고 하는 말의 본래의 사용법과 일치하여 형성되고 있습니다. 즉 어떤 종류의 동적 요인을 신중하게 고려하고 관찰한 것으로서, 그 동적 요인은 힘, 정령, 악령, 신, 법률, 관념, 이상 등 인간이 이 세상에서 발견한 힘 있고, 위험하고, 도움을 주는 것이라고 생각한 것들이거나 경건하게 숭배되고 사랑받을 만큼 위대하고, 아름답고, 의미 있고, 이러한 요소들에 주어진 이름들을 말합니다.[249]

융의 말에 의하면, 세상의 모든 종교는 "힘, 정령, 악령, 신, 법률, 관념, 이상"에서 만들어진 것들이다. 어느 것이든지 누미노제를 체험할 수 있으면 신이 되고 종교가 된다. 융에게 종교는 신적인 강력한 체험이 만들어 낸 정신적 태도에 불과하다.[250] 융의 종교에는 차별이 없다. 기독교 신앙으로서 예수 그리스도만이 구원의 길이라는 성경대로 믿는 종교가 아니다. 이어서 융은 이렇게 말했다.

> 엄밀하게 학문적 태도를 취할 때에 심리학자는 개개의 종교가 내걸고 있는 자기만이 유일하고 영원한 진리라고 주장하는 요구를 거부하지 않으면 안 됩니다. 심리학자의 눈은 종교 문제의 인간적인 측면에 눈을 향하지 않으면 안 될 것입니다. 왜냐하면, 심리학자에게 있어서 중요한 관심사는 근원적인 종교체험이며, 개개의 신경(信經)이 무엇으로부터 그것을 만들었는지에 대해서는 관심을 갖지 않습니다.[251]

융은 "자기만이 유일하고 영원한 진리라고 주장하는 요구를 거부하지 않으면 안 됩니다."라고 분명하게 말했다. 융의 이 말은 자기모순에 빠져 있다. 첫 번째 문제는 원인을 찾는 문제이다. 종교를 심리학적으로만 보아야 한다고 말하면서

247) Ibid., 14.
248) Ibid., 18; "누미노줌은 그것이 어떤 원인에 의해서 생겨나는 것이든 간에 주체인 인간에게는 자기의 의지로 어찌할 수 없는 조건인 것입니다. 어떻든 종교의 가르침이나 〈일반적 합의〉가 언급하는 바에 따르면, 항상 어디서나 이런 종류의 제약은 개인의 밖에 있는 존재에 그 원인을 돌리는 것으로 설명되고 있습니다."
249) Ibid., 19-20.
250) 김성민, 분석심리학과 기독교 (서울: 학지사, 2012), 72; 〈모세가 호렙산에서 하느님의 음성을 듣고 신발을 벗을 수밖에 없을 정도로 두려워한 것이나, 베드로가 게네사렛 호수에서 예수님 말씀을 듣고 엄청나게 많은 고기를 잡은 다음 두려워서 "주님, 나에게서 떠나 주십시오. 나는 죄인입니다."라고 말했던 것은 모두 그들의 전 존재를 사로잡고, 그들을 무한한 의미의 원천으로 이끌었던 강력한 힘을 가진 요인과 만났기 때문이다.〉
251) C.G. 융, 심리학과 종교, 이은봉 역 (서울: 창, 2019), 22-23.

자기 자신은 심리학적인 원인을 찾기 위해 무의식 안으로 들어갔다. 두 번째 문제는 자신의 분석심리학으로 모든 종교를 보는 것 자체가 자기 종교를 "유일하고 영원한 진리라고 주장"해서는 안 된다는 논리를 스스로 무너뜨린다. 융을 가르치고 배우는 사람들은 융의 이 말에 대해 어떻게 생각하는가? 기독교 신앙으로만 살 것이라고 믿고 고백하는 성도라면 융의 주장과는 정면으로 배치된다.

융은 종교를 기능적 차원에서 보았다. 융에게 종교는 초월적인 존재와 인간의 관계를 설명하고 강렬한 종교적 정동(émotion)을 불러일으키는 것이다. 융에게 종교는 인간 속에 있는 초월적인 차원을 보여주고 삶의 신비를 계시해 주는 것이다.[252]

융의 종교는 누미노즘 체험에 근원을 두고 있다.[253] 융에게 종교는 "사람들이 신(神)이라고 부를 수밖에 없는 어떤 강력한 힘을 가진 존재를 체험하고, 그 결과 사람들의 의식이 변화된 상태, 또는 변화된 의식에서 나오는 어떤 특별한 정신적인 태도"를 의미했다.[254]

그런 까닭에, 융은 "종교현상이라는 것은 붓다나 마호메트, 공자, 차라투스트라에 한정하지 않고 미트라스, 아티스, 마니, 헤르메스 그 밖의 많은 이교적 숭배 가운데서도 나타나고 있음은 의심의 여지가 없습니다"라고 말했다.[255]

김성민 교수는 다음과 같이 말했다.

> 융은 종교는 사람이 유한한 실존을 극복하고 더 높은 정신성을 이루려는 인류의 산물인데, 현대사회에 들어와 그 역할을 다하지 못한다고 생각하였다. 융에 의하면 모든 사람에서 가장 강력한 충동은 자신의 전체성을 이루려는 개성화를 향한 충동이며, 그것은 종래 종교

---

252) 김성민, **융의 심리학과 종교** (파주: 동명사, 2010), 56.
253) C.G. 융, **심리학과 종교**, 이은봉 역 (서울: 창, 2019), 20; "내가 여기서 분명하게 말하고자 하는 것은 〈종교〉라고 하는 말이 하나의 신경(信經, creed)을 뜻하고 있지는 않다는 것입니다. 그러나 종교의 고백이라는 것은 모두 일면에 있어서는 누미노즘 체험에 그 근원을 두고 있는 동시에 또 다른 면에서는 이른바 그리스어로 피스티스(pistis; 信仰), 즉 누미노즘적 효과를 가지게 되는 어떤 특정한 체험 및 그로부터 결과한 의식의 변화를 향한 충성심, 신뢰, 신앙에 유래한다고 말할 수 있습니다. 바울의 회심(回心)은 이에 대한 가장 중요한 예가 되고 있습니다. 그러므로 〈종교〉는 누미노즘 체험을 통하여 변화를 하게 된 의식에 독특한 태도를 가리키는 말인 것입니다. 신경(信經)은 근원적인 종교적 체험을 모아서 편집하고 교의화(敎義化)한 것입니다"
254) 김성민, 융의 심리학과 종교 (파주: 동명사, 2010), 17; "종교란 사람들이 그들의 삶을 온통 흔들어 버릴 수 있는 어떤 강력한 존재를 만나고, 그 존재를 만난 다음에 삶이 변화되고, 그 전과는 전혀 다른 삶을 살게 되는 것을 가리켰던 것이다."
255) C.G. 융, **심리학과 종교**, 이은봉 역 (서울: 창, 2019), 22.

적 충동으로 여겨져 왔다. 왜냐하면 사람들이 하나님과 하나가 되면서 전일성을 이루려는 것은 분석심리학적으로 볼 때 자아-자기가 긴밀한 축을 이루는 것과 유비적 관계에 있기 때문이다. 그러나 현대사회에서 종교는 대단히 약화되었다. 그래서 현대사회에서 정신분석학이 생겨났고, 분석심리학 역시 종교가 약화 된 현대인들에게 새로운 상징을 제시하면서 종교가 했던 작업을 수행하려고 한다.256)

융의 분석심리학은 종교의 대체물이라는 말이 그냥 나오는 말이 아니다. 융은 인간의 유한성을 알고 그 유한성을 극복하기 위해 종교가 필요했을 뿐이다. 종교성이 아니면 인간이 삶의 의미와 통일성을 상실하기 때문이다. 인간의 유한한 의미와 통일성을 극복하기 위해 종교성의 영원한 의미와 통일성으로 채우려고 했다.

융은 정신적 치료의 9단계를 말하면서 다음과 같이 말했다.

> 8. 어떠한 종파에 대한 소속감을 다시 찾거나 개종한 뒤 9. 실용적 생활철학(고대 그리스적 의미에서의 '철학!')을 구축하기 시작한 뒤에 이루어진다.257)

융이 말하는 종파는 어느 종교나 상관이 없다. 융이 그리스적 의미의 철학에 느낌표를 붙일 만큼 기독교와는 상관이 없다. 기독교는 대극을 말할 수 없으나 그리스 철학은 "대극을 이어주는 구불구불한 길"이기 때문이다.258) 융이 그리스도를 말하기는 하지만 융은 심혼의 발전으로써만 말했다.259) 빙켈은 "정신분석을 통하여 사람들을 성령(Esprit)에로 되돌아가게 했던 것이다."라고 말했

---

256) 김성민, **분석심리학과 기독교 신비주의** (서울: 학지사, 2012), 35; 〈그러나 융은 분석심리학이 종교를 대체하려고 하는 것은 아니라고 주장하였다. 오히려 신앙을 잃은 사람들이 종교상징의 의미를 깨달아 신앙을 회복하여 내면의 통합을 이루는데 도움을 주려고 한다고 강조하였다. 그것은 프화플린 목사에게 보낸 융의 편지에 잘 나와 있다. "나는 무의식이 당신에게 알려 주려는 것은 기독교에서 말하는 것과 전혀 다른 것이 아니라는 사실을 한 번 강조하려고 합니다. 오히려 그것은 기독교 상징을 더 심화시키고, 기독교가 서 있는 기반을 활성화하려는 것입니다."〉
257) C.G. 융, **융 기본 저작집5 꿈에 나타난 개성화 과정의 상징**, 한국융연구원 C.G. 융 저작번역위원회 역 (서울: 솔출판사, 2006), 11.
258) Ibid.,, 14; "그것은 미로처럼 너무 혼란스럽게 얽혀 있어 경악하지 않을 수 없는 오솔길로서, 길을 안내해 주는 카두케우스(caduceus)를 생각나게 한다."
259) Ibid., 14-15; "그리스도의 '모방' 즉 그의 본을 닮아가려는 요구는 고유한 내적 인간의 발전과 고양을 목적으로 해야 한다. 그러나 그것은 피상적이고 기계적인 상투성에 빠져드는 신자들에 의해 외적인 예배대상이 되어 버렸다. 바로 그런 식의 숭배 때문에 예배의 대상은, 심혼 깊은 곳을 파고들어 심혼을 본보기에 부응하는 전체성으로 거듭나게 하는 데 실패한다."

다.[260] 빙켈은 융의 심리학을 영적인 것으로 말하고 강조했다. 융에게 있어서 하느님은 무의식과 동의어에 불과하다. 융에게는 자기(self)가 신이다. 융은 그것이 모든 인간에게 보편적인 것이라고 했다.[261] 융은 "무의식의 자기 조절이 존재한다"고 말했다.[262]

그러면 기독교는 무엇인가? 보편적이지 않아서 버린 것인가? 보편적인 것이 참이라면서 보편적이지 않은 것은 잘못되었다는 개념을 만들어내고 그 보편적인 것으로 획일화를 강요하게 된다. 성경은 예수 그리스도만이 우리 구원의 유일한 길이라고 말한다.[263] 기독교 신앙은 보편적이지 않다! 하나님께서는 가나안의 종교를 우상이라고 규정하시고 우상을 섬기는 자는 저주를 받는다고 말씀하셨다.[264] 보편적이라는 이름으로 정당화하는 것은 하나님과 하나님의 계명에 반역하는 것이다.

융의 집단 무의식이 원형들로 구성되어 있고, 그 원형들이 "신화를 산출하는 그릇이고 마음속의 종교적 원천"이라는 것은 보편적이지 않은 기독교를 죽이는 것이다. 장정은 교수는 "원형을 원형적 심상으로 표현되고 경험할 수 있다"고 말했다.[265] 이죽내 교수는 "'자기'란 의식과 무의식을 통튼 '하나'인 전체를 말하고 자기원형은 인간으로 하여금 스스로 전체로서 살 것을 요구하는 가능을 말한다"고 자기원형의 가능을 말했다.[266] 융의 자기는 체험하는 신을 원하는 융

---

260) 에르나 반 드 빙켈, **융의 심리학과 종교**, 김성민 역 (서울: 한국심리치료연구소, 2010), 18: "융의 사상에 의하면, 이 세상 사람들은 어느 누구라도 영적인 가치를 깨닫지 못하고, 그 영적인 가치로 되돌아 가지 않는다면, 그들 존재의 조화를 이룰 수가 없다. 신경증이라는 것도 그 개인의 의식과 영원한 가치 사이에 균열이 생겼음을 알리는 일종의 신호인 것이다."

261) Don McGowan, *What is wrong with Jung* (New York: Prometheus Books, 1994), 19; "However, rather than attributing the common occurrence of symbols to their pointing toward a higher power, such as God, Jung believed them to have their roots in something else common to all people-their humanity. For Jung, "God" is just a simply a synonym for "unconscious"("Late Thoughts", 327). Religion is simply a mass representation of a collective unconscious. Dreams and gods all spring from the same source."

262) C.G. 융, **C.G. 융 무의식 분석**, 설영환 역 (서울: 선영사, 2005), 224.

263) 예수께서 가라사대 내가 곧 길이요 진리요 생명이니 나로 말미암지 않고는 아버지께로 올 자가 없느니라 (요 14:6)

264) 장색의 손으로 조각하였거나 부어 만든 우상은 여호와께 가증하니 그것을 만들어 은밀히 세우는 자는 저주를 받을 것이라 할 것이요 모든 백성은 응답하여 아멘 할지니라(신 27:15) 무죄한 피 곧 저희 자녀의 피를 흘려 가나안 우상에게 제사하므로 그 땅이 피에 더러웠도다(시 106:38)

265) 장정은, "분석심리학과 문학치료: 상담적 개입의 치료 효과에 대한 논의를 중심으로," **문학치료연구** 45 (2017): 14(9-34).

의 신개념이다. 융에게 보편적인 것은 산을 체험하는 종교이어야 하기 때문에, 체험의 산을 말하는 보편적 신화가 아닌 기독교를 완전히 말살하는 것이다.

융의 분석심리학을 말하기 이전에 가장 먼저 기억해야 할 것은 융의 다음과 같은 말이다.

> 나의 가장 본질적인 견해와 개념들은 이러한 체험에 근거를 두고 있다.267)
> 인간은 그 누구도 궁극의 진리가 무엇인지 알 수가 없다. 때문에 우리는 우리가 체험한 한에 있어서의 진리를 믿지 않으면 안 된다.268)

그 체험이라는 것은 어디에서 온 것인가? 융의 신성한 내면아는 내면의 목소리가, 영적인 안내자가 가르쳐 준 것이다.269) 그는 매일 만다라270)를 그리며 필레몬271)과 살로메와 대화하면서 자신의 심리학을 만들어 갔다.272) 그것은

266) 이죽내, "융의 분석심리학적 심리치료 개관," **가족과 상담** 1(1) (2011): 45(41-70); "그 생명의 원천과 창조적 가능성은 정신의 전체성을 유지하게 하는 자기 원형의 목적적 의미로 나타난다." (p. 49).
267) C.G. 융, **원형과 무의식**, 한국융연구원 C.G. 융 저작 번역위원회 역 (서울: 솔출판사, 2006), 67.
268) C.G. Jung, *Psychology & Religion, The Terry Lectures* (New Haven: Yale University Press (Originally Published, 1938), 1992), 114.
269) C. G. Jung, *The RED BOOK*, edited by Sonu Shamdasani, Mark Kyburz and John Peck (New York · London: W.W. NORTON & COMPANY, 2009), 234; "The spirit of the depths teaches this mystery. Prosperous and woeful are those whose God is developed! Prosperous and woeful are those whose God is child! What is better, that man has life ahead of him, or that God does? I know no answer, Live; the unavoidable decides. The spirit of the depths taught me that my life is encompassed by the divine child. From his hand everything unexpected came to me, everything living. This child is what I feel as eternally springing youth in me. …"
270) C.G. 융, **원형과 무의식**, 한국융연구원 C.G. 융 저작 번역위원회 역 (서울: 솔출판사, 2006),. 116. 융은 야콥 뵈메(Jacob Böhme)의 '분노의 불'의 신, 진정으로 숨어 있는 신을(인간 내부의 신을 말한다) 말하면서, 야콥 뵈메의 만다라는 신격의 본질을 묘사하며, 대극의 흔적을 남겼다고 말한다. 뵈메는 독일 기독교 신비주의자였으며 영지주의 만유내재신 사상을 가진 자였다. 야콥 뵈메의 '피라미드 전시안 이미지들'은
http://blog.naver.com/PostView.nhn?blogId=yoochinw&logNo=130116527683을 참고하라.
271) 네이버 백과사전에서; http://www.greekmyth.co.kr/(그리스 신화에 나오는 농부) "제우스는 헤르메스와 함께 인간들의 심성을 알아보기 위해 누추한 행색의 인간으로 변장하고 한 마을을 방문했다. 그러나 찾아간 집마다 그들은 문 앞에서 박대했다. 화가 난 제우스는 인간들을 벌하기로 마음먹고 마지막으로 작고 초라한 집을 방문했다. 바우키스라는 노파와 소박하고 어진 부부로 살아가는 필레몬은 인간으로 변장하고 방문한 제우스와 헤르메스를 극진히 대접했다. 제우스는 노부부의 정성에 감동했지만 앞서 자신들이 찾아갔을 때 접대를 거부했던 인간들에 대한 노여움은 사라지지 않았다. 그는 인간을 벌하기 위해 큰 홍수를 일으켰다. 결국 마을의 모든 집들이 물에 잠기게 되었다. 그러나 필레몬의 누추한 집만은 화려한 신전으로 바뀌었다. 필레몬의 접대를 흡족히 여긴 신들은 그에게 소원을 물었다. 착하고 소박한 필레몬은 그 신전을 지키며 살게 해줄 것과 사랑하는 아내와 같은 날 같은 시간에 죽게 해 달라는 소원을 말했다. 소원이 이루어져 두 부부는 신전을 지키며 오랫동안 화목하게

일반적인 연구가 아니었다. 사람들은 이 말의 심각성을 모르기 때문에 분별력을 잃어버린다. 융을 가르치는 분들은, '심리학을 교회에서 사용하는 것이 무엇이 잘못되었느냐?'고 말한다. 과연 잘못이 없을까?

머리 스타인(Murray Stein)은 "융 자신이 고대 영지주의와 중세 연금술의 계보에 있다"라고 말했다. 융 연구가들은 융의 후기 심리학 이론의 씨앗이 '초핑기아 강좌'(Zofingia Lectures)와 관련되어 있다면서 다음과 같이 말했다.

> 역사가 앙리 엘런베르거(Henri Ellenberger)는 융의 분석심리학의 기초사상이 초핑기아 학생회의 토론이나 그의 영매인 어린 사촌 헬레네 프라이스베르크와 한 실험에서 발견된다고 주장하기도 한다. 종교와 신비적 체험을 과학적·경험적 연구에 연관시키려고 한 데서 알 수 있듯이, 초핑기아 강좌는 전 생애에 걸쳐 그를 사로잡은 여러 주제들을 가지고 이미 초기에 고군분투했다는 것을 보여준다. 심지어 청년 융은 그런 주제들을 경험적 조사에 개방해야 하며 열린 마음으로 접근해야 한다고 주장했다.[273]

스타인에 의하면, 융은 "종교와 신비적 체험을 과학적·경험적 연구에 연관시키려고" 했다. 영매와 실험했다는 말을 가볍게 생각하지 말기 바란다. 융은 인간의 심층을 경험하기 위해서는 모든 종교와 모든 신비적 체험을 수용했다. 나중에 구상화에서 살펴보겠지만, "융에게 '정신의 실재'에 대해서 가르침을 준 최고의 선생은 필레몬(Philemon)"이라는 영적인 안내자였다. 스타인은 "필레몬이라

살았고 훗날 서로의 몸에서 나뭇잎이 돋아나고 가지가 자라는 모습을 지켜보며 함께 죽었다. 그들은 각각 참나무와 보리수로 변하여 선하고 사이좋은 부부의 전설로 남아있다."
272) http://www.spiriforum.net/artikel/a16-carl-gustav-jung.html;
"Darauf folgte für Jung eine Zeit der Verwirrung und Desorientiertheit. Er fand daraus heraus, als er nach vielen Widerständen von Seiten des Ego seinem Impuls folgte und spielte wie ein Kind, um sich bewusst auf sein eigenes Unbewusstes einzulassen und zu forschen. Sein Spiel bestand darin, aus Kieseln eine Stadt zu bauen, er malte täglich Mandalas, und es erschienen ihm zwei Geistwesen namens Philomen und Salome, die während dieser Zeit seine Geistführer waren. Er zeichnete in einem "Roten Buch" endlose Gespräche seiner inneren Aspekte auf, und channelte von einem "Basilides in Alexandria" die "Septem Sermones ad Mortuos", die "Sieben Belehrungen der Toten". Im Haus der Familie Jung spukte es häufig zu dieser Zeit (was offenbar die ganze Familie völlig normal fand), und Jung selbst hatte häufig intensive Träume und Visionen im Wachzustand. In dieser Zeit wurden in symbolischer und bildlicher Form alle Informationen heruntergeladen, die Jungs Lebenswerk ausmachen – und die restlichen fünfzig Jahre seines Lebens verbrachte er damit, diese Informationen zu erden und in Worte zu fassen: "Ich sah, dass soviel Fantasie festen Bodens bedurfte, und dass ich zuerst ganz in die menschliche Wirklichkeit zurückkommen musste."
273) 머리 스타인, **융의 영혼의 지도**, 김창한 역 (서울: ㈜문예출판사, 2017), 13-14.

는 인물이었다"라고 말함으로써 융이 접신을 통해 만나는 존재가 영적인 안내자라는 사실을 암시해 준다.

융은 자신의 심리학의 정당성을 확보하기 위하여 과학의 영역과 비교한다. 융은 '심리학자들 간의 견해 차이가 있더라도 다른 사람들의 이론과 방법을 틀린 것으로 간주하지 말아야 한다'[274]고 말하면서 다음과 같이 말했다.

> 그러므로 문제를 더 단순화하기 위해서, 각 관점을 대변하는 사람들은 다른 사람들의 견해를 틀린 것으로 간주하는 경향이 있었다. 그러나 사실을 객관적으로 평가해 보면, 이러한 이론과 방법은 각기 어느 정도의 정당성을 가지고 있음을 알 수 있다. 왜냐하면 각 방법은 어느 정도의 성과뿐 아니라 그때그때의 전제를 광범위하게 증명할 심리학적 사실을 제시하기 때문이다. 우리는 정신치료에서 현대 물리학이 빛에 대한 서로 모순된 두 개의 이론을 제시한 것과 비교될 만한 상황에 직면하고 있다. 심리학에서도 여러 가지 다른 관점이 있다고 해서 그 모순은 대립된 것이며 여러 견해가 단지 주관적이기 때문에 비교할 수 없다라고 주장할 근거는 없다.[275]

이러한 융의 주장은 설득력이 없다. 물리학은 빛이라는 실험가능하고 검증이 되는 분명한 객관적 존재가 있지만, 인간의 정신이란 심리학자마다 그 전제와 결과가 천차만별이기 때문에 과학이라고 할 수 없다.[276] 융 자신이 말한 대로,

---

274) C.G. 융, **융 기본 저작집1 정신요법의 기본문제**, 한국융연구원 C.G. 융 저작번역위원회 (서울: 솔출판사, 2007), 13-19, 39; 융은 이런 자세는 결국 변증법적인 융의 태도를 적나라하게 말해 준다. 그것은 융이 『정신요법의 기본문제』라는 책을 시작할 때부터 말하는 그의 심리학에 대한 기본적인 입장이다. 그의 이런 변증법적인 자세는 신성한 내면아이에게 체험을 주기 위해 세상의 모든 종교와 사상을 수용한다. 또한 그것은 실제 치료 방법에서도 변증법적 자세를 위한다. " … 변증법은 원래 고대 그리스 철학의 대화술의 하나였는데, 예로부터 새로운 합성을 만들어 내는 과정을 일컫는 명칭이 되었다. 한 인간은 하나의 정신 체계이다. 그것이 다른 인간에게 작용할 때 다른 정신 체계와 상호작용을 하게 된다. … "(p. 13) " … 그러므로 내가 개별적인 인간의 정신치료를 하고자 하는 한, 좋든 싫든 간에 모든 권위, 영향을 주고자 하는 마음이나 내가 더 잘 안다는 온갖 마음을 포기해야만 한다. 어쩔 수 없이 나는 서로의 소견을 비교하는 변증법적인 방법을 택해야만 한다. 이것은 다른 사람이 나의 전제로 인해 제약받지 않고 그의 소견을 완전히 표현하는 기회를 갖도록 해줌으로써 가능하다. 이러한 표현을 통해 그의 정신체계는 나의 정신체계와 연결되고, 내 고유의 정신체계와 연결되고, 내 고유의 정신 체계 속에서 어떤 작용이 일어나게 된다. … "(p. 16) "우리가 서론 부분의 개요에서 논의한 바와 같이, 개인적인 것은 일회적인 것, 예측할 수 없는 것, 해석할 수 없는 것이기 때문에 이 경우 치료자는 그의 모든 가정과 기법을 포기해야만 하고, 모든 방법을 피하는 태도를 취하면서 순수한 변증법적 과정에만 국한시켜야 한다."(p. 19) "어쨌든 융 분석심리학 안에서 우리는 겸손해야 하고, 상반되는 다양한 의견들의 유효성을 시인해야 한다. … "(p. 39)
275) C.G. 융, **융 기본 저작집1 정신요법의 기본문제**, 한국융연구원 C.G. 융 저작번역위원회 (서울: 솔출판사, 2007), 14.
276) Ibid., 46; 그러나 실제로 융은 과학적 검증보다는 치료의 결과를 중시한다. " … 꿈에 대하여 숙고하여 생긴

87 왜 칼 융을 말해야 하는가?

빛은 파동성이냐 입자성이냐를 논할 수 있는 빛이라는 분명한 실체가 있지만, 정신은 인간이 볼 수 없는 불가해한 대상이기 때문에 인간적인 전제로 어떤 결과를 도출해도 '맞다', '틀리다'를 논할 수가 없다.

　어떤 학문이든지 그 전제가 매우 중요하다. 융의 전제는 한계를 가지고 있다. 융이 어떤 전제를 가지고 있는가?

> 그것이 말하고자 하는 바는, 정신적 영향은 두 정신 체계의 상호 작용이라는 것이다. 정신 체계의 개별성은 무한히 다양하기 때문에 상대적으로 타당한 설명 또한 무한히 다양하게 생겨난다. 만약 개성이 전적으로 특수하다면, 다시 말해 한 개인이 다른 개인과 전적으로 다르다면 과학으로서의 심리학은 존재할 수 없을 것이다. … 심리학에서의 두 번째 기본적 대극은, 개별적인 것은 보편적인 것에 대해 아무 의미도 없고, 보편적인 것은 '개별적인 것에 대해 아무 의미도 없다'는 말이다. 다 알다시피 보편적인 코끼리는 존재하지 않으며, 다만 개별적인 코끼리만 있을 뿐이다. 그러나 코끼리의 보편성과 불변의 다수가 없다면 개별 코끼리도 결코 존재할 수 없을 것이다.[277]

　정신 체계의 개별성과 보편성을 생각하는 융의 의도는 무엇인가? 개별적인 인간의 정신치료를 할 때 변증법적인 방법으로 치료를 해야 한다는 것이다.[278] 영향을 주고자 하거나 더 잘 안다는 온갖 마음을 포기하고, 서로의 소견을 비교함으로써 내담자의 정신 체계와 상담자의 정신 체계가 연결되어 정신 체계의 상호작용이 일어나게 된다는 것이다.

　그런 까닭에, 융은, "치료자는 이제 행동하는 주체가 아니고 개인의 발달과정에서 함께 체험하는 자"라고 말했다.[279] 치료자와 상담자의 정신 체계가 연결되어 함께 체험해야 한다는 것이다. 함께 체험할 수 있는 근거는 보편성과 개별성이다.

결과가 과학적으로 검증될 수 있거나 뒷받침 될 수 있는 것인지 여부는 나의 중요한 관심사가 아니다. 만일 그렇지 않다면, 나는 자기애적인 부차적인 목적을 추구하고 있는 것이 된다. 내가 그 꿈에 대한 숙고한 결과가 환자에게 어떤 것을 말해 주고 그의 삶을 다시 움직이게 해준다는 사실에 전적으로 만족해야 한다. 내가 시인할 수 있는 유일한 기준은 내 노력의 결과가 치료 효험을 나타낸다는 사실이다. 나의 과학적인 취미, 즉 왜 치료 효험이 생겼는지를 알고자 하는 것은 뒤로 미루어야겠다."
277) Ibid., 15.
278) 프란시스 쉐퍼, **이성에서의 도피**, 김영재 역 (서울: 생명의말씀사, 2006), 53-55. 참고하라.
279) C.G. 융, **융 기본 저작집1 정신요법의 기본문제**, 한국융연구원 C.G. 융 저작번역위원회 (서울: 솔출판사, 2007), 19; "개별적인 것은 보편적인 것에 대해 아무 의미도 없고, 보편적인 것은 개별적인 것에 대해 아무 의미도 없다"

우리가 언제나 보편성과 개별성을 생각할 때, '개별자가 어떻게 영원한 의미와 통일성을 확보하는가?'에 직면한다. 르네상스에서 종교개혁으로 전환되는 중요한 시대에 레오나르도 다 빈치(Leonardo da Vinci)는 피렌체의 지배적 사상이었던 신플라톤주의를 수용했다.280) 또한, 피렌체의 코지모 데 메디치(Cosimo de Medici)는 신플라톤주의만이 아니라 다른 이교의 사상도 수용했다. 융이 기독교의 하느님을 버렸을 때도 동일하게 직면한 것이 보편자와 개별자의 문제이고, 개별자의 통일성이다. 융은 개별자의 통일성을 서양의 신화와 신비주의와 동양의 종교에서 찾았다. 종교적인 측면에서 보자면, 각각의 신화와 종교는 개별자이다. 융은 그 개별자들을 자기(self)로 통일성을 제공했다. 결국, 융의 자기가 보편성을 제공하는 하느님이 되었다. 김성민 교수는 다음과 같이 말했다.

> 우리 안에 있는 하느님의 형상인 자기 원형의 속성을 가장 잘 살펴볼 수 있는 것은 예수 그리스도의 삶을 통해서다. 예수 그리스도의 삶은 모든 사람 안에 잠재성의 형태로 들어있는 자기 원형이 구체적인 삶 속에서 완전히 드러난 원형상인 것이다. 그래서 그리스도 교회에서는 초대 교회 이래 예수 그리스도는 하느님이 인간 안에서 그의 참된 신성과 인간성을 모순됨 없이 가장 잘 통합한 모습으로 드러내셨고, 그의 삶은 모든 사람이 따라갈 수 있는 실제적인 모범이 된다고 주장하였다. "예수 그리스도의 삶은 구체적이고 개인적이며 독특한 삶이었다. 그러나 그의 삶은 하나의 원형적인 삶으로서, 어떤 본질적인 삶이라는 특성을 가지고 있는 것이다."

김성민 교수에 의하면, 예수 그리스도는 자기 원형이 드러난 것에 불과하다. 예수 그리스도는 원형적 삶의 모범이라고 말하는 김성민 교수의 견해는 성경의 진리를 완전히 무너뜨리고 있다.

김성민 교수는 이어서 다음과 같이 말했다.

> 예수 그리스도는 모든 사람의 내면에 보편적으로 깃들어 있는 신-인을 나타내는 자기 원형이 특정하게, 개인적으로, 시간 속에서 실현된 모습으로 나타났다는 것이다. 이것은 기독교만이 아니라 이 세상에 있는 모든 종교에서도 마찬가지다. 언제나 사람은 자신의 정신을

---

280) 프란시스 쉐퍼, **기독교문화관**, 문석호 역 (서울: 크리스챤다이제스트, 1994), 243; "1416년에 세상을 떠난 피렌체의 원로 코시모(Cosimo)는 플라톤 철학의 중요성을 인식한 최초의 인물이었다. 토마스 아퀴나스는 아리스토텔레스의 사상을 도입하였다. 코시모는 신플라톤주의를 열렬히 옹호하였다. 가장 탁월한 신플라톤주의자 피치노(Ficino, 1433-1499)는 위대한 로렌초(Lorenzo, 1449-92)를 가르쳤다."

89 왜 칼 융을 말해야 하는가?

구성하고 있는 수많은 대극적인 요소가 분열되어 어려움에 빠지는 것을 극복하고 통합하려는 상징을 가지고 있는데, 그것이 만다라 이미지나 그리스도나 부처 등으로 나타나는 것이다. 예수 그리스도는 그의 내면에 깃들이 있는 강력한 자기 원형을 따라서 자신의 모든 무의식적인 요소를 의식화하고 분화시키며 통합하여 인간 정신의 대극적인 요소들이 만들어 낼 수도 있는 고통을 극복하고, 역동적이며 의미 있는 삶을 살았다. 그러므로 우리가 예수 그리스도를 따라 살 때, 그처럼 온전한 삶을 살면서 의미 있는 삶을 살 수 있게 된다. … 그런 의미에서 융은 예수 그리스도는 우리의 구원자이며, 구속자라고 주장하였다.281)

김성민 교수에 의하면, 모든 사람의 내면에 보편적으로 신-안을 나타내는 자기라는 원형이 있다. 융에게 이 자기는 개별자에게 보편성을 제공한다. 예수 그리스도 역시 자기라는 강력한 원형을 따라 통합을 이룬 삶을 살아간 사람에 불과하다. 구원자, 구속자라는 말을 사용하지만 자기의 통합에 이른 본보기로서 구원자이고 구속자이지, 성경대로 자기 백성의 죄를 대속한 구원자, 구속자가 아니다. 사용하는 단어가 같다고 해서 그 단어가 같은 의미를 담고 있는 것이 아니다. 융의 심리학에 오염된 자들은 성경에서 가르치는 대로 예수 그리스도를 말하지 않는다.

융은 외부의 간섭, 곧 하나님의 간섭 없이 인간 스스로가 삶의 의미와 통일성을 부여할 수 있다는 것을 분석심리학으로 만들었다. 융의 분석심리학은 인간의 무의식의 자율성에 기초하고 있는 것이며, 인간의 노력으로 개성화, 곧 신성화에 이를 수 있다는 것이다.282) 그런 까닭에, 융은 "심리학자에게 가엾은 이교도의 신들을 착각이라고 설명하는 선교사의 관점보다 더한 바보짓은 없다."고 말

---

281) 김성민, **분석심리학과 기독교** (서울: 학지사, 2012), 85; "그리스도는 … 참으로 하느님의 이미지를 보여준다. 그런데 우리 안에 있는 '속사람'은 하느님의 이미지를 토대로 하여 창조된 것으로서, 우리 눈에 보이지 않고, 형체도 없으며, 썩지 않고 불멸하는 것이라는 특성을 지니고 있다."
282) C.G. 융, **융 기본 저작집1 정신요법의 기본문제**, 한국융연구원 C.G. 융 저작번역위원회 (서울: 솔출판사, 2007), 14; "예를 들어, 한 환자가 상징적인 그림을 그리는 작업을 통해 비참한 마음의 상태가 해소된 것을 한두 번 경험하기만 하면, 그는 일이 잘 안 될 때마다 늘 이 해소책을 택하게 될 것이다. 이 방법을 통해 환자는 말할 수 없이 중요한 것을 얻게 되는데 그것은 독립으로 향한 시작, 심리적 성숙으로 향한 이행이다. 그는 이제 자신의 꿈이나 치료자의 지식에 더 이상 의존하지 않고 자기 자신을 그림으로써 스스로 해결해 나갈 수 있다. 그가 그리고 있는 것은 작용하고 있는 환상이기 때문에 그가 그리는 것들은 자신의 내부에서 작용하고 있는 것들이다. 그리고 그의 내부에서 작용하고 있는 것은 바로 자기 자신이다. 자기 자신이란 더 이상 그의 개인적인 자아가 아니라, 그의 자아는 자기 자신의 대상이 되는, 지금까지의 자아로서의 그에게는 새롭고 생소한 의미의 '자기'(das Selbst)이다. 수많은 그림에서 그는 결국에는 우리들 심혼의 가장 깊은 기초인 '영원한 미지의 타자'를 발견하기 위하여 자신 속에서 작용하고 있는 것을 끝까지 표현하고자 노력한다."

했다.283) 언제나 융의 심리학에서는, 상담자가 내담자에게 체험을 일으키도록 도와주어야 하기 때문에 기독교는 아무런 의미가 없다. 내담자나 상담자나 인간 내면의 신을 일깨우고 함께 체험하면서 신성화의 길로 가기 때문이다.

여기에 융의 인간적인 한계와 욕망이 드러난다. 융은, 정신(Psyche)은 존재하며 존재 그 자체라고 말했다.284) 그것은 융이 인간을 신성한 내면아이라는 동일한 차원으로 보는 시각에서 나온 것이다. 종교 역시 같은 시각으로 바라본다.

그러나 기독교 신앙에는 인간 속에 신성한 내면아이가 없다. 그런 까닭에, 하나님과 인간의 존재론적 구별 속에서 보는 개별성과 보편성과 융이 모든 종교를 같은 차원으로 보려는 틀 안에서 보는 개별성과 보편성은 차원이 다르다. 그 차이는 하나님께서 인간에게 역사하시는 아가페의 길과 인간이 인간을 분석하고 신이 되어 가는 에로스의 길의 차이이다. 아가페의 길에는 하나님만이 주관하시며 역사하시는 특수성이 있다.

모든 종교를 동일한 차원으로 해석하려는 융의 입장에서는 절대로 이해할 수 없다. 융이 종교의 차원으로 영적인 차원으로 그의 심리학이 접근했던 것도285) 실제로는 인과론으로는 이해할 수 없는 것이 인생이기 때문이다.286) 그러면서도 그는 기독교를 거부했다. 왜냐하면, 인간 외부에서 계시하시며 인도하시는 하나님이라는 사실이 싫었기 때문이다. 그러기 때문에 거기에 엄연히 실재하시는 하나님의 특수성을 이해하지 못한다. 유한이 무한을 이해할 수가 없기 때문

---

283) Ibid., 58; 선교사의 관점은 체험에서 나온 것이 아니라 인간 외부, 곧 하나님으로부터 주어진 계시이기 때문이다.

284) C.G. 융, **융 기본 저작집4 인간의 상과 신의 상**, 한국융연구원 C.G. 융 저작번역위원회 (서울: 솔출판사, 2006), 25.

285) Ibid., 33; "결국에 가서는 물론 영웅, 지도자, 구세주 또한 더 높은 안전으로 가는 새길을 발견하는 자들이다. 이 새길이 발견되어야 한다고 절대적으로 요구하지 않는다면, 새길을 찾을 때까지 이집트의 모든 괴로움들로 인류를 괴롭히지 않는다면, 모든 것을 옛 상태로 둘 수도 있다. 우리 안에 발견되지 않은 길은 심리적으로 살아있는 것, 고전 중국 철학이 '도'(道)라고 부르며 목표를 향해 계속 흘러가는 물과 비교하는 것과 같다. 도(道) 안에 있음은 완성, 전체성, 채워진 소명, 사물에 고유한 존재 의미의 시작이자 목표이자 완전한 실현이다. 인격은 도(道)이다."

286) C.G. 융, **융 기본 저작집1 정신요법의 기본문제**, 한국융연구원 C.G. 융 저작번역위원회 (서울: 솔출판사, 2007), 31, 43; "··· 심혼은 그 자신의 특수한 고유 법칙을 지니고 있는 영역이다. 그 심혼의 본질을 다른 과학의 영역의 원리로써 추론할 수 없다. 그렇게 되면 정신의 고유의 성질이 침해받게 된다. ···", "··· 어떤 사람에게는 맞는 신발이 다른 사람에게는 꼭 끼듯이 인생에는 보편적인 처방이란 없다. 모든 사람은 자신의 내부에 자신의 삶의 형태, 즉 다른 어떤 사람도 능가할 수 없는 하나의 비합리적인 삶의 형식을 갖고 있다."

이다.

전도자의 고백을 들어보라.

> 하나님의 모든 행사를 살펴보니 해 아래서 하시는 일을 사람이 능히 깨달을 수 없도다 사람이 아무리 애써 궁구할지라도 능히 깨닫지 못하나니 비록 지혜자가 아노라 할지라도 능히 깨닫지 못하리로다(전 8:17)

하나님께서 행하시는 그 모든 역사를 인간으로서는 절대로 이해할 수 없다. 그러기 때문에 전도자는 다음과 같이 권면한다.

> 일의 결국을 다 들었으니 하나님을 경외하고 그 명령을 지킬지어다 이것이 사람의 본분이니라 하나님은 모든 행위와 모든 은밀한 일을 선악 간에 심판하시리라(전 12:13-14)

융은 인생에게 일어나는 일들의 오묘함을 절대로 모른다! 융은 하나님이 아니기 때문이다! 하나님께서 그 뜻하시는 대로 인생에게 행하시는 일을 이해할 수 없다. 그것이 융의 심리학이 가지는 한계다.

융이 말한 대로, "한 개인이 다른 개인과 전적으로 다르다면 과학으로서의 심리학은 존재할 수 없을 것이다."라고 했으니, 하나님께서 한 개인에게 독특하게 역사해 가시는 것은 다른 개인과 전적으로 다르다. 그런 까닭에, 융의 심리학은 존립할 수가 없다. 심지어 현대인들마저도 상대성이라는 원리를 과학에서만이 아니라 인간이 사는 사회와 종교와 문화의 원리로 이해하며, 모든 사람들이 전적으로 동일한 사고방식으로 살아간다고 생각하지 않는다. 하나님께서 개개인에게 독특하게 역사하시는 것을 죄인 된 인간으로 한계 내에 살아가는 것을 융은 결단코 담아낼 수가 없다.

융의 심리학이 세상 사람들로부터 환영을 받는 이유는 무엇인가? 그것은 인간의 내면에서 신성을 찾고 답을 찾으려고 하기 때문이다. 그 방법이 세상 사람들이 사용하는 방법과 같기 때문이다. 융이 자신의 심리학을 말하기 전에 세상은 이미 그런 생각을 가지고 있었다.287)

---

287) C. G. Jung, *The RED BOOK*, edited by Sonu Shamdasani, Mark Kyburz and John Peck, W.W. NORTON & COMPANY, New York · London, 2009, 195; "Depths and surface should mix so that new

종교에 관해 논하기 전에 나는 내가 생각하는 종교의 개념을 먼저 설명해야겠다. 종교 (Religion)이란 '렐리게레'(religere)라는 라틴어가 말해주듯, 루돌프 오토(Rudolf Otto)가 적절하게도 '누미노줌'(Numinosum, 신적인 것, 신성한 힘-역자 주)이라고 부른 것, 즉 어떤 역동적인 존재나 작용에 대한 주의 깊고 성실한 관찰이다. 그와 같은 존재나 작용은 인위적인 의지 행동으로 일어난 것이다. 그 원인이 무엇이든 간에 누미노줌은 주체에 대한 제약이며, 그것은 주체의 의지로부터 독립되어 있다.288)

융은 종교는 누미노줌이고 인간의 의지적인 행동으로 작용 가능하다고 보았다. 융은 종교를 인간 정신의 '특수한 태도'(Einstellung)라고 생각했다. 그것을 무엇이라고 부르든지, 인간이 그의 세계에서 강력하며 위험 하거나 큰 도움을 주는 것으로 경험하여 주의 깊은 고려를 하게 한 것들이나 위대하고 아름다우며 깊은 의미를 가지고 있어서 그것을 경건하게 숭배하거나 사랑하게 되는 그런 요소라고 말했다.

융은 누미노줌의 경험을 통하여 변화된 의식의 특수한 태도를 종교라고 말했다.289) 그렇기 때문에 누미노줌의 경험을 줄 수 없는 종교는 의식이 되고 제도가 되었다고 말했으며, 유일 절대의 영원한 진리를 내세우는 신앙고백의 요청을 해서는 안 된다고 말했다.290) 융은 누미노줌에 대해 다음과 같이 말했다.

---

life can develop. Yet the new life does not develop outside of us, but within us. What happens outside us in these days is the image that the people live in events to bequeath this image immemorially to far-off times so that they might learn from it for their own way, just as we learned from the images that the ancients had lived before us in events."

288) C.G. 융, **융 기본 저작집4 인간의 상과 신의 상**, 한국융연구원 C.G. 융 저작번역위원회 (서울: 솔출판사, 2006), 17-18.

289) C.G. 융, **C.G. 융 무의식 분석**, 설영환 역 (서울: 선영사, 2005), 179; "… 원형은 이와 같이 그것 자신이 주도권을 가지며 그 자신의 특정한 에너지를 갖고 있다. … 우리들이 원형에 수반되는 특별한 매력을 경험할 때 그 특수한 에너지를 인지할 수 있다. … 그러나 개인적인 콤플렉스는 개인적 편견 이상의 것을 산출하지는 않지만 원형은 신화나 종교나 철학 등에 대해 한 나라 혹은 한 시대에 영향을 주어 특성적인 신화, 종교, 철학을 만들어 낸다. … 예를 들면, 영웅신화는 항상 용, 뱀, 괴물, 악마 등의 모습을 한 악에 승리하여 인간을 파괴와 죽음으로부터 해방하는 강한 인간 혹은 신인(神人)에 관한 것이다. 성전을 읽고 의식을 반복하고 춤, 음악, 찬미가, 기도, 제사 등에 의해 그와 같은 인물을 숭배하는 행위는 청중을 (마치 매력적인 주문을 외우는 듯) 누미너스(신과의 영적 교섭에 있어서 느끼는 매혹과 두려움이 뒤엉킨 감정)한 감동에 사로잡히게 되어 영웅과의 동질감을 느끼게끔 개인을 고양시킨다."

290) C.G. 융, **융 기본 저작집4 인간의 상과 신의 상**, 한국융연구원 C.G. 융 저작번역위원회 (서울: 솔출판사, 2006), 19-20.

누미노줌은 눈에 보이는 어떤 객체가 지니고 있는 성질이거나 혹은 인간의 의식에 독특한 변화를 가져오는 눈에 보이지 않는 존재의 영향입니다.291)

그런 까닭에, 프로이트와 융은 차원이 완전히 다르다. 융은 그 영적인 차원으로 접근하기 위하여 기독교를 제외한 세상의 여러 종교와 영지주의와 기타 오컬트에서 신성한 내면아이라는 개념을 도출해 내었다.292) 그 신성한 내면아이가 신성화 되는 것이 융의 목적이며, 그 신성한 내면아이가 오늘날 수많은 내적치유 이론의 핵심적인 배경이 되었다. 칼 융을 배제한다는 것은 내적차유라는 집의 기초를 완전히 무너뜨리는 것과 마찬가지이다. 그만큼 칼 융의 심리학은 심리학과 내적차유에 있어서 중요한 역할을 하고 있다. 이단에 대해서는 경계하면서도 심리학에 대해서는 자극히 관용적인 태도는 교화를 무너뜨리는 주범이다.

이규민은 "융의 심리학이 일종의 영지주의적 경향을 지니고 있다고 비판하는 사람들도 있다."라고 말했다.293) 스타븐 휠라는 융을 마지막 영지주의자라고 말하면서, 그에 대하여 다음과 같이 말했다.

융은, 스스로를 영지주의라고 밝힌 빌레몬(philemon)이라는 이름의 영적 인물과 관련된 일련의 환상을 경험했다. 융은 빌레몬이 전해 준, 상징의 의미에 관한 가르침을 책 속에 담아냈으며, 이 책 때문에 융에 대한 프로이트의 마지막 불만은 폭발하고 말았다. 프로이트와 결별한 직후, 그러니까 자신의 이력을 쌓기 시작한 아주 초기부터 융은 일종의 영지주의적 '복음서'를 저술했다. 발렌티누스 학파의 영지주의자들-하지만 자신들만의 복음서를 썼다는 이유로 이레네우스에게 맹렬하게 비난받은-처럼, 융은 영감을 받아 고대 영지주의 문서의 형식을 그대로 본떠서 한 권의 책을 저술했다. 『죽은 자를 위한 일곱 가지 설교』라고 제목을 단 이 책에 대해 융은 "동양과 서양이 만나는 도시 알렉산드리아의 바실리데스가 쓴, 죽은 자를 위한 일곱 가지 설교"라는 설명을 붙였다. 융은 자신의 심리학적 이론과 통찰 대부분이 이 책에 수록된 '초기의 환각들' 속에 종자의 형태로 존재했다고 고백했다 (C.G 융, 『회상, 꿈, 그리고 사상 Memories, Dreams, Reflections』). 따라서 융의 과학적인 연구 너머에 영지주의적 영감이 있었음은 너무도 자명하다. 융은 확실히 영지주의 지혜

---

291) C.G. 융, **심리학과 종교**, 이은봉 역 (서울: 창, 2019), 18.
292) C.G. 융 · C.S. 홀 · J. 야코비, **C.G. 융 심리학 해설**, 설영환 역 (서울: 선영사, 2007), 93; "1918년부터 1926년에 이르는 동안, 나는 그노시스의 제자들에 대해서 진지한 연구를 했다. 왜냐하면 그들도 무의식이라고 하는 근원의 세계와 대결하고 있었으며, 그 내용이나 심상을 취급하고 있었기 때문이다."
293) 이규민, "융의 종교심리학에 나타난 종교의 역할과 치유적 기능 : 종교이해의 타당성과 기독교 교육적 함의를 중심으로," **기독교교육논총** 43 (2015): 143(137-167).

의 상당 부분을 부활시키고 영지주의 개념과 신화, 이미지를 분석심리학에 훌륭하게 적용시켰다.[294]

스티븐 횔러에 의하면, 칼 융은 영지주의적 영감으로 책을 썼다. 요한1서를 보면, 영지주의는 적그리스도다! 칼 융이 적그리스도 영지주의라는 수원에서 물을 길어 왔던 것은, 다만 치료 차원에서만 접근한 것이 아니다. 융은 정신분석을 통하여 치료를 초월해서 영적인 성숙과 발달로 연결 지었다. 이것이 오늘날 더욱 융에 대한 계속된 접근들과 연구 결과를 쏟아 내게 하는 단초가 된다. 예를 들어, 신경증이라는 것이 단순한 삶의 문제가 아니라, 그 개인의 의식과 영원한 가치 사이에 생긴 균열로 보았다. 삶의 문제를 영적인 문제로 보았다.

많은 사람이 융을 심리학적인 차원(?)에서만 이해하려고 한다. 그러나 조금이라도 융에 대하여 생각하면 얼마나 종교적이며 얼마나 영적이었는지 동의하게 된다. 이 점을 놓치면, 융의 반쪽도 못 보게 된다. 분석심리학이 단지 정신치료의 방편이 아니라 영적인 차원이라는 말이 무엇인가? 그것은 분석심리학으로 인간에게 구원의 길이 열린다는 말이다. 이것이 결코 과장된 말이 아니다.

기독교적인 차원에서 본다면, 칼 융을 이해하기 위한 선지식으로 그 어떤 것보다 심층심리학이 품고 있는 종교 다원주의적 사상이다. 헤겔의 변증법이 종교 다원주의를 배태하고 있었듯이 칼 융의 심층심리학 역시 종교 다원주의를 정당화시키는 변증법적인 개념을 내포하고 있다는 것을 잊지 말아야 한다. 이것은 그의 꿈 해석에서 드러나게 되는데, 칼 융은 프로이트와 달리 현실이 반드시 인간의 욕망을 억압하지 않는다고 보았다.[295] 융에게 있어서 꿈은 "무의식 내의 현실 상황을 상징형식으로 자발적으로 자기를 묘사한 것"이라고 보았다.[296] 또

---

294) 스티븐 횔러, **이것이 영지주의다**, 이재길 역 (서울: 샨티, 2006), 220-221.

295) C.G. 융, **융 기본 저작집4 인간의 상과 신의 상**, 한국융연구원 C.G. 융 저작번역위원회 (서울: 솔출판사, 2006), 54; " … 꿈은 퇴화된, 세속성과 군중 본능에 의해 망가진 종교의 상(像)을 부여하고 있다. 그것은 신적 체험의 누미노줌을 대신한 종교적 감상이다. 이것은 잘 알려진, 살아 있는 신비를 상실한 종교의 특징이다. 그러한 종교가 무슨 도움을 준다든가, 그 밖의 어떤 도덕적인 영향력을 줄 수 없다는 것은 쉽게 이해할 수 있는 것이다." 이와 같이 꿈에 대한 융의 생각은 신성체험을 말하고 있으며, 그것을 주지 못하는 종교는 아무런 도움도 안 되며 도덕적인 영향력도 줄 없다고 매도해 버린다. 융이 말하는 그 종교는 바로 기독교를 말한다. 왜냐하면 기독교는 신성한 내면아이가 없다고 말하기 때문이다!

296) 정인석, **의식과 무의식의 대화** (서울: 대왕사, 2008), 100; "요컨대, 융의 관점에서 본다면 무의식은 결코 프로이트의 관점처럼 마음속에 있는 '악역'은 아닌 것이다. 그리고 꿈도 '무의식 내의 현실상황을 상징형식으로

한, 융은 화상에 의해 무의식의 영역 밖으로 튀어나온 것이 꿈이며 그것은 상징적 이미지로 나타난 것이라고 말했다.[297]

우리는 여기서 상징이라는 의미를 알고 가야 한다. 융은 상징을 "비교적 알려져 있지 않지만, 그 존재에 대해서는 의식할 수 없는 어떤 (무의식적인) 사실들을 가능한 한 완벽하게 나타내 주는 표상"이라고 정의했다.[298] 상징은 사람들 속에 있는 신성을 일깨워 주는 것이다. 무의식의 숨겨진 것을 상징이 알려준다. 무의식(집단 무의식)으로부터 나오는 것이 상징이고 상징은 이미지를 통해 드러난다. 상징은 이미지와 함께 에너지를 가지고 있으며, 그런 까닭에 상징을 통해 원형이 가지고 있는 누미노제를 경험할 수 있다는 것이다.[299]

빙켈은 다음과 같이 말했다.

> 여기에서 우리는 상징과 기호의 차이에 관해서 구별해 두어야 한다. … 상징이 우리 존재의 가장 깊은 차원인 집단 무의식에 뿌리를 두고 있는 원형으로부터 생겨나는 것을 볼 수 있다. 상징이란 인간에게 원초적으로 주어져 있는 어떤 것이다. 우리가 우리 내면에 대해서 오랫 동안 탐구하지 않으면, 우리는 상징에 관해서 거의 알 수 없다. 그러나 기호는 우리의 의식으로 하여금 지각하게 하는 어떤 것이다. 우리 의식이 분석 작업을 통해서 우리 존재의 심층에 내려가 상징과 만나는 것도 바로 이 기호 덕분이다. 하지만 기호에는 상징에서와 달리 어떤 생명력이나 힘이 없다. 상징만이 우리를 돕고, 구원할 수 있다. 융과 그의 제자들은 위대한 원초적 상징을 만나고, 그것을 체험하는 것(상징을 연구하거나 분석하거나 지적으로 이해하지 않고) 그 체험자들에게 해방을 가져다 준다고 주장하였다. 왜냐하면 우리의 체험이 입증하고 있듯이, "진리란 언제나 우리의 내면에 들어있기" 때문이다.[300] 우리가 수메르인이나, 아카드인, 이집트인, 그리스인들은 물론 유태인들을 살펴볼 때 위대한 진리는 언제나 상징의 도움으로 밝혀진다. 그것은 나일 강 유역 사람들의 작품

자발적으로 자기 묘사한 것'이라고 보았다. 또한 꿈해석에 있어서도 '인과적'이면서도 더 '목적론적'으로 해석하여 꿈에는 '장래 의식적으로 달성될 수가 있는 무의식적인 예상이 존재하고 있다'고 보았다."

297) C.G. 융, C.G. 융 무의식 분석, 설영환 역 (서울: 선영사, 2005), 237; "마음의 사상 중에는 우리에게 의식되지 않은 것들이 존재한다. 그것들은 의식 영역의 바닥 밑에 체류되어 있는 것으로 보인다. 그것들은 의식에 의해 지각되지 않은 채 형성되어, 잠재의식적으로 흡수된 것이다. … 나중에는 일종의 회상에 의해 그것들이 무의식의 영역 밖으로 튀어나오게 되는 것이다. 예컨대 그것은 꿈이라는 형태로 나타나게 될 수 있다. 일반적으로 어떤 사상의 무의식적인 면은 꿈을 통해 어둠 밖으로 모습을 드러내는데, 그것은 합리적인 사고로서가 아니라 상징적인 이미지로서 나타난다."

298) 김성민, 융의 심리학과 종교 (파주: 동명사, 2010), 183.

299) Ibid., 184; 〈"상징은 리비도를 그와 비슷한 어떤 것으로 옮겨 놓으며, 리비도를 원시적인 형태로부터 다른 형태로 이끌고 간다"(EP, p. 72). 상징이 원시적인 성향을 다른 새로운 흐름으로 이끌고 가서 정신적인 것들을 산출할 수 있다고 융이 주장한 것은 이 때문이다.〉

300) 에르나 반 드 빙켈, 융의 심리학과 종교, 김성민 역 (서울: 한국심리치료연구소, 2010), 31-32.

인 『사자의 서』(死者의 書)를 보든지, 티베트의 『바르도 퇴돌』을 보든지, 그리스의 신비서 『헤르메스 트리스메지스트』를 보든지, 히브리의 신비 철학서인 『차발』(Kabbale)을 보든지 언제나 마찬가지이다. 인도의 성문학(聖文學)이나 기독교의 성서를 보아도, 상징으로 가득 차 있다. 특히 복음서에서 예수는 상징이라고 하는 영원한 언어를 가지고 그의 수많은 비유들을 개진하고 있다.[301]

빙켈에 의하면, 먼저, 기호와 달리 상징은 생명력이 있고 인간을 도와주며 구원할 수 있다. 대극의 법칙을 따라 하나의 쌍을 짓고 있는 상징을 체험할 때 구원을 얻는다는 것은 구상화를 통해 영적인 안내자를 만나는 접신을 해야 한다는 의미이다. 또한, 빙켈은 세상의 온갖 종교들에 상징이 있고 특히 신약성경의 복음서에서 예수님은 상징으로 가르쳤다고 말했다.[302] 결국, 예수님은 상징보다 못한 존재로 전락해 버렸다. 빙켈에 의하면, 상징이 생명력을 주고 구원을 주고 해방을 주니 예수님은 다만 그 상징을 통해 구원을 받는다고 가르친 것이다. 융은 1941년 에라노스 학회에서 「미사에서의 변환의 상징」을 발표하면서 '기독교 제의에서 나타나는 상징이 인간의 정신에 치유적 기능을 하고 있다'고 주장했다.[303]

융은 상징을 통해 집단 무의식을 알 수 있다고 말했다. 신화, 설화, 꿈에 나타나는 노현자나 길을 가르쳐주는 여인, 사람에게 도움을 주는 동물들이 집단 무의식의 상징들이라는 것이다. 융은 연금술(적극적 심상법)을 통해 집단 무의식에 뛰어들었다. 칼 융은 자신의 임상실험 결과들을 살펴볼 때 꿈이 억압과 검열의 결과라기보다는 인간의 내부에 자리 잡고 있는 욕망이 건강하게 발현된 경우가 많기 때문이다. 심지어 꿈은 미래에 일어날 일을 예견하는 기능을 가진 경우도 있었다.[304] 이것을 목적론적 꿈 해석이라 하며, '이 꿈이 나에게 무엇을 말해 주고자 하는가?', '무슨 목적으로 이 꿈이 나타났을까?'라는 목적 의미를 찾

---

301) Ibid., 32.
302) Ibid., 81; "예수 그리스도는 인간의 육신 속에서 고대로부터 모든 종교들이 사람들에게 상징적으로 제시해 왔던 비의(祕義)를 완성시키러 왔다."
303) 김성민, 칼 융의 『심리학과 종교』 읽기 (서울: 세창미디어, 2015), 30; "기독교 미사는 그리스도가 자신을 바치는 의식을 재현하는 것인데, 미사에서 재현되는 신의 자기희생과 부활을 통하여 인간 속에 있는 본능적 욕망이 신에 의해 받아들여지면서 신성에 통합된다고 주장했던 것이다. 이러한 작업들을 한 다음 그는 1944년 『심리학과 연금술』에서 심리학과 종교에 대해서 종합적으로 고찰하였다."
304) 진형준, **상상력혁명** (서울: 살림, 2010), 62.

으려 했다.305) 융이 그런 생각을 가진 것은, 첫째로, 꿈을 사실로써 취급하고, 둘째로, 꿈을 무의식의 고유한 표현 중 하나로 전제했기 때문이다.306) 그런 까닭에, 융은 프로이트와 전혀 다르게 집단 무의식(집합 무의식), 원형의 개념을 사용하여 새로운 꿈의 해석을 시도했다.307) 융의 분석심리학은 종교심리학이다. 융은 하느님을 체험하기 위해 성경의 하나님을 버리고 세상의 종교와 신화를 통해 산을 체험하려고 했다. 기독교가 융의 분석심리학을 수용한다는 것은 기독교를 버리고 하나님을 배반하는 것이다.

칼 융과 기독교

융의 사상을 잘 이해하기 위해 먼저 융의 어린 시절과 기독교에 대해 어떤 생각을 가졌는지 살펴보자. 융은 기독교에 대하여 어떤 생각을 가지고 있었을까? 그의 어린 시절은 융에게 기독교에 대하여 매우 부정적으로 생각하게 했다.308) 융은 기독교에 실망을 느끼고 떠나게 되었는데, 거기에는 여러 가지 사건이 있었다.309) 대략 일곱 가지로 말할 수 있다.

첫 번째, 그의 나이 세 살 되던 무렵에 어머니가 몇 달 동안 입원을 하게 되었는데, 그때 매우 불안정한 상태가 되었다. 밤은 융에게 사람들이 어릴 때 종종 듣게 되는 귀신이 돌아다니고, 이상한 일이 많이 일어나는 지하세계의 이미지를 갖고 있었다. 밤의 색깔은 검은색이고 검은색이란 개신교 목사였던 그의 아버지가 기독교 예식을 집행할 때 흔히 입는 옷의 색깔이었다. 그는 밤-검은색-아버

---

305) 정인석, **의식과 무의식의 대화** (서울: 대왕사, 2008), 100.
306) C.G. 융, **C.G. 융 무의식 분석**, 설영환 역 (서울: 선영사, 2005), 248.
307) Ibid., 179; "꿈에 나오는 이미지나 사고연관(思考聯關)은 결코 우리가 의식적인 의도를 가지고 만들어 낸 것은 아니다. 이들 이미지나 사고연관은 자발적으로 발생한 것이며, 우리가 손질을 한 것은 아니다. 말하자면 자의성이 미치지 않은 심적 활동을 나타내고 있다. 따라서 꿈은 본래의 고도의 객관적인 소산이다. 말하자면 마음의 자연적 소산인 것이다. 그렇기 때문에 꿈에서 적어도 마음의 준비가 있는 일정한 기본 경향에 대한 시사나 암시를 기대해도 잘못이 없다. 그런데 심적인 생명현상은 다른 생명현상과 마찬가지로, 단지 인과적인 경과만이 아니라 미래지향적인 합목적적 사상(事象)이기도 하다. 따라서 심적인 생명현상의 자화상일 따름인 꿈이라는 것에서, 한편으로는 객관적인 원인성에 관한 정황 증거, 객관적인 경향들에 관한 정황 증거를 기대해도 아무런 상관이 없는 것이다."
308) 매기 하이드, **융 Jung**, 방석찬 역 (서울: 김영사, 2002), 7-14.
309) 김성민, **융의 심리학과 종교** (서울: 동명사, 2010), 21-32.

지-기독교를 모두 부정적인 이미지 고리에 넣고 생각하게 되었다. 그의 내면에는 아버지로 대표되는 기독교가 밤의 검은색과 연관되어서 어떤 믿지 못할 두려운 것으로 확고하게 자리 잡게 되었다.

두 번째, 융은 유년 시절 어느 날 밤, 그의 꿈속에서 거대한 남근(男根)에 관한 꿈을 꾼다. 그는 꿈속에서 정사각형 모양을 한 커다란 구멍 하나를 보게 되었다. 이상한 생각이 들어 그 구멍에 다가가 그 속을 들여다보았더니, 그 구멍 밑바닥에 황금빛 보좌가 있었다. 다시 들여다보니 그 보좌 위에는 거대한 물체 하나가 불쑥 솟아 있었다. 그는 처음에 그것이 "거대한 나무등걸"인 줄로만 알았다. 그러나 그것은 나무등걸이 아니라, 거대한 남근(phallus)이었다. 그때, 그의 귓가에는 그의 어머니가, "그래, 그걸 잘 봐 두어라. 그것은 사람을 잡아먹는 괴물이다. 식인귀(ogre)310)라는 말이다"라고 외치는 소리가 들렸다. 이 소리를 듣자, 그에게는 마치 지옥에라도 간 것 같은 공포가 엄습해 왔다. 그래서 두려움 때문에 온몸이 땀에 흠뻑 젖어서 깨어났다.

융은 이 꿈을 정신과 의사가 되고 난 후에 해석하였다. 그가 꿈속에서 본 남근은 보통 남근이 아니라 제의적인(ritual) 남근으로서 지하세계의 신(dieu souterrain)을 의미하는 것이었다. 이 꿈은 당시 그의 영혼의 상태를 반영하는 것이었는데, 융은 이 무렵 예수 그리스도를 지하세계의 신과 동일시하고 있었고, 예수 그리스도를 전혀 긍정적인 존재나 사랑할 만한 존재로 받아들이지 못하고 있었음을 말해 준다. 그에게 있어서 예수 그리스도는 산 사람들을 위한 신이 아니라, 죽은 사람들을 위한 신이었다.311)

---

310) 사람을 잡아먹는 귀신.

311) 김성민, **분석심리학과 기독교 신비주의** (서울: 학지사, 2012), 25-26; 〈그때 그는 그 꿈의 의미를 몰랐지만, 나중에 그는 그 남근이 그가 평생동안 찾아야 하는 지하세계의 신이라는 것을 깨달았다. 그것은 인간의 무의식 깊은 곳에 있는 강력한 에너지를 가진 원형이었다. 그래서 사람들이 그것과 올바른 관계를 맺으면 사람들에게 중심을 잡아 주고, 정신을 통합시켜 주지만, 그렇지 못할 경우 사람들을 잡아먹는 식인귀가 되는 것이다. 종교인들이 신이라고 부르는 것은, 융에 의하면, 무의식에 있는 이 강력한 요인이다. 이 요인은 인간의 저신에서 강력한 힘을 갖고 작용하는데, 사람들은 이 요인에 신상을 투사시킨다. 거기에 강력한 에너지가 들어 있기 때문이다. 그러나 그것은 종교에서 말하는 합리적인 신의 이미지보다 훨씬 더 원초적인 누멘의 형태로 무의식에서 존재한다. 융은 그 당시 했던 일련의 체험과 꿈이 이제 더 많은 현대인의 투사를 받을 수 없게 된 기성종교의 신상과 다른 진정한 하나님을 찾으라는 메시지라는 생각이 들었다. 현대인들은 현대 교회에서 제시하는 하나님에게서 아무런

세 번째, 그는 어린 시절 장례식장에서, '사람들이 저렇게 슬퍼하는데 주 예수는 왜 그들을 불러 갔을까?' 하는 의문에 빠져들었다. 융은 자기 또래 소년으로서는 도저히 풀 수 없는 의문을 품게 되었다. 이때, 그의 내면에는 밤-검은색-아버지-기독교 등 부정적인 이미지 고리에 죽음의 이미지가 덧붙여지면서 이 모든 것들이 무엇인가 위험하고, 신뢰하지 못할 것이라는 생각을 가져다주었다.

네 번째, 융의 나이 열두 살 무렵 그의 삶에 매우 중요한 두 가지 체험을 하게 된다. 첫 체험은 어느 날 학교에서 돌아오는 길에 넘어져서 보도(步道) 모퉁이에 머리를 찧게 되었다. 그 당시 그의 가족이 바젤로 이사 와서 학교 적응하기도 힘들어 괴로웠는데 육 개월이나 학교를 합법적으로 쉴 수 있었다. 마냥 즐거워하고 지내다가, 하루는 그의 아버지와 친구가 나누는 대화를 듣게 되었다. 융이 앞으로 어떻게 살아갈지 걱정하는 이야기를 듣고, 새로운 결심을 하게 되었다. 이제는 더 이상 병 속으로 도피하지 않고, 자기에게 다가오는 삶의 과제들과 용감하게 맞서 싸워야 하겠다는 생각이 들었던 것이다.

또 한 가지는, 성령을 거스르는 용서받지 못할 죄라고 생각되는 환상이 머리에 떠올랐는데, 그 환상을 아무리 지우려고 해도 잘되지 않게 되었다. 어느 날, 학교에서 돌아오는 길에 바젤 대성당 앞에 있는 광장을 가로질러 가게 되었다. 그때 하늘은 몹시 푸르고 성당 지붕은 햇살에 반짝이고 있었다. 갑자기 이 모든 아름다운 광경을 없애 버리고, 신성모독같이 생각되는 이상한 환상이 떠올랐다. 그는 사흘 동안 그 환상과 싸우느라 밥도 제대로 먹지 못하면서 그 환상이 튀어나오지 못하게 하느라고 애썼다. 그러다가 삼 일째 되는 날, 그 환상이 이끄는 대로 가 보자는 마음을 먹게 되었고, 그의 머릿속에서 나오려고 하는 환상이 이끄는 대로 가게 되었다.

정동체험도 하지 못하여 활기가 없는 신앙생활을 하는데, 그 역시 마찬가지였기 때문이다. 그래서 그는 거기에서 그가 앞으로 살아갈 신화, 즉 그의 삶을 이끌어갈 영원과 맞닿아 있는 신화를 찾았다는 생각이 들었다. … "그때 나는 나 자신이 나를 나의 신화로 이끌어 주는 길 위에 서 있다고 하는 내적인 확신을 느끼고 있었다. …" 그래서 그는 그다음 영지주의, 연금술, 기독교 도그마 등에 나타난 구원자 원형, 성육신 사상, 미사의 의미 등을 연구하면서 진정한 하나님을 찾으려 하였다.〉

융의 눈앞에는 아름다운 대성당이 우뚝 솟아 있었고, 그 위에서 푸른 하늘이 빛나고 있었다. 하느님은 이 세상보다 훨씬 더 높은 곳에서 황금으로 된 옥좌 위에 앉아 계셨다. 그때 갑자기 그 옥좌 위에서 한 무더기의 똥 덩어리가 내려와 고양이 눈알처럼 반짝이는 성당의 새로 수리한 지붕 위에 떨어졌다. 그 똥 덩어리는 지붕을 산산조각이 나게 했고, 교회 벽까지 무너지게 했다. 융은 그 환상이 이끄는 대로 가면서 말할 수 없는 해방감을 느꼈다. 나중에 융은, 이 환상은 하느님이 융으로 하여금 겉만 번지르르하고 죄와 처벌만을 강조하는 교회를 부정하고, 사람들에게 참된 구원을 가져다주는 하느님을 찾으라는 계시를 주신 것이라고 해석하였다.[312]

다섯 번째, 어느 날 융은 우연히 그의 아버지가 기도하는 것을 듣고 분개했다. 융의 아버지는 그의 믿음이 부족한 것을 용서해 달라고 하나님께 울면서 기도했다. 아버지의 이런 기도는 사춘기 시절을 보내는 융에게 대단히 충격적인 것이었다. 그리하여 융은 사람들이 잘 이해할 수도 없는 것을 믿으라고 강요하는 하나님이 원망스럽다고 생각했다.

여섯 번째, 이 체험을 하기 열한 살 무렵, 융은 하나님의 문제에 대해 큰 흥미를 가지고 있었다. 그래서 하나님께 열심히 기도했다. 융은 의문을 품었던 종교적인 질문에 대해 답을 해줄 수 있는 책들을 찾아 읽기 시작했다. 그런데 융의 아버지 서재에 있는 책들은 이해하기도 어렵고 지루했다.

그 당시에 아버지는 그 또래 아이들에게 견진례(confirmation)를 준비시키기 위해 기독교 교리에 관해 강의했다. 융은 자기의 머리로 잘 이해되지 않는 삼위일체 교리에 관해 물어보았으나, 아버지는 자기도 도저히 이해하지 못하겠다고 했다. 융은 깜짝 놀랐다. 그리고서 속았다는 기분이 들었다.

문제는 융이 기다렸던 견진례 날에 아무것도 일어나지 않았다는 것이 기독교를 떠나게 하는 결정적인 요인이 된다. 융은 이 엄숙하고 장엄한 날에 뭔가 특별한 사건이 일어나지 않을까 하는 기대감에 쌓여 있었다. 그런데 그날도 다른 날

---

312) 김성민, **분석심리학과 기독교** (서울: 학지사, 2012), 27.

과 똑같았다. 견진례를 받을 때도 무슨 특별한 감정이 생겨나지도 않았던 것이다. 융은 다시 한번 속았다는 느낌이 들었다. 융은 내일이라도 무슨 일이 생길 거라고 기대를 했으나 역시 아무것도 없이 여느 날과 똑같았다.

융은 다음과 같이 생각했다. "그것은 나에게 있어서 종교도 뭐도 아무것도 아니었다. 하나님이 없는 종교였던 것이다. 이제 교회란 내가 다시는 발을 들여놓을 데가 되지 못하는 곳이었다."313) 사실상 융은 이때부터 기독교를 결정적으로 떠났다고 해도 과언이 아니다.314)

일곱 번째, 융이 기독교에 대해 마지막으로 희망을 걸었던 성찬식의 실망(?) 때문이었다. 융은 그때의 상황을 다음과 같이 말했다.

> 나는 알지 못하더라도 아무튼 믿어 보려고 온갖 노력을 다 기울였고 성찬식에다 마지막 희망을 걸었다. … 어느덧 내 차례가 되었다. 나는 빵을 입에 집어넣었다. 빵은 생각보다도 맛이 없었다. 포도주는 약간 혀만 대보았을 뿐이지만 물을 많이 섞었으므로 찝찔한 편이었다. 분명히 최상품의 포도주는 아니었다. 그리고 마지막 기도가 끝나자, 사람들은 슬프지도 기쁘지도 않은, '다 그렇고 그런 것이지' 하는 표정으로 돌아갔다. … 그 후에 생각해 보니 나에게는 사실상 아무 일도 일어나지 않았다. 나는 그 무렵 이미 종교적 비결 전수의 극에 도달하고 있었다. 그리고 무언가 일어날 것을 기대하고 있었지만 결국 아무 일도 일어나지 않았던 것이다. 나는 신이란 말 할 수 없이 훌륭하다는 사실, 즉 시련과 이 세상의 것이라고는 생각할 수 없는 계시를 나에게 전수하게 될 것이라고 생각했다. 그러나 이러한 의식은 신의 흔적조차 지니고 있지 않았다. 분명히 그곳에서도 신에 관한 언급은 있었으나, 결국 말 이상의 것은 아니었다.315)

이 글에서 나오는 대로, 융은 체험되지 않는 신에 대하여 엄청난 실망을 느꼈

---

313) C.G. 융 · C.S. 홀 · J. 야코비, **C.G. 융 심리학 해설**, 설영환 역 (서울: 선영사, 2007), 93; 융은 18살 때 아버지와의 토론을 통해 체험이 없는 종교는 종교가 아니라고 생각을 굳혔다. 아버지는 말했다. "정말 어리석은 일이로구나, 너는 언제나 생각하려고만 하니, 생각만 해서는 안 된다. 믿어야 한다." 그때마다 융은 "그게 아닙니다. 체험하고, 또한 알아야 합니다."라고 대답했다.

314) 이죽내, **융 심리학과 동양사상** (서울: 하나의학사, 2005), 110; 융은 서양인은 신의 은총에 의지하기 때문에 서양인에게 인간이란 지극히 작은 것이며, 서양인은 경외, 속죄, 약속, 굴복, 자기비하, 선행, 찬양 등을 통해 자신을 신이란 커다란 힘에 겸손하게 맞추려 하기 때문에 인간의 마음은 과소평가 되고 있다고 했다. 융은 그 절대적 신이란 것은, 인간이 그 신을 조금 더 깊이 들여다본다면, 깨닫지 못한 인간마음이 엮어 낸 환상의 베일에 불과한 것임을 알게 될 것이라고 했다.

315) C.G. 융 · C.S. 홀 · J. 야코비, **C.G. 융 심리학 해설**, 설영환 역 (서울: 선영사, 2007), 27-29.

다.316) 그것은 융의 성경에 대한 무지에서 비롯된 것이었지만, 체험되지 않는 신에 연연할 필요가 없다고 생각한 것이다. 그런 생각 속에서 융은 내면의 신을 체험하는 철학과 신비주의 사상에 몰입하게 되었다. 융은 기독교의 중심 표상이 영지주의에 뿌리를 두고 있다고 말했다.317) 융은 로마 가톨릭의 신비 사상가인 마이스터 에크하르트에게서 생명의 숨결을 느꼈다. 에크하르트는 인간의 영혼에 작은 불꽃이 있다고 보며, 인간 존재의 궁극적 상태를 삼위일체의 위격적 관계성에 참여하는 것으로 본다.318) 나중에는 하나님도 버리고 최고의 덕에 도달한다고 생각했다. 김성민 교수는 다음과 같이 말했다.

> 그는, 그런 기독교에 대해 맹렬히 반발하면서 새로운 기독교를 찾아나섰고, 기독교를 새롭게 해석하려고 하였다. 다시 말해서, 그는 사람들을 억압하고 사람들에게 처벌과 죽음만을 가져다주며, 사람들로 하여금 두려움 속에서 떨게 하는 기독교가 아니라, 사람들을 해방시키고 사람들에게 희망과 삶을 가져다주며 사람들로 하여금 자신의 삶을 온전하게 통합하여, 성숙하고 의미 있는 삶을 살게 하는 새로운 기독교를 찾았던 것이다.319)

융은 기독교를 거부하면서도 기독교를 새롭게 해석하려고 했다. 융이 사람들을 변화시키기 위해 하나님이 없어서는 안 되지만, 그렇다고 기독교인들이 믿는 그 하나님이 아니라 하나님 이미지로 바꾸었다. 하나님 이미지는 기독교 하나님의 속성을 그대로 가져오면서, 그 하나님이 인간 밖에 존재하는 것이 아니라 '우리-안에-하느님'이라 했다.320) 융은 하느님이 내면에만 존재하는 것이 아니라

---

316) 조덕영, "정신분석학자 칼 융은 창조 신앙의 소유자인가?," Aug. 11. 2011. Accessed Apr. 17. 2010. http://christiantoday.co.kr/view.htm?id=249168; 융의 사상에 의하면 교리와 개인적인 종교체험 사이에는 직접적인 연관 관계가 있다. 그 연관 관계 속에 함축되어 있는 의미를 파악하고 그것에 익숙해진다는 사실은 기독교에 있어서 하나의 도전이며 동시에 기회였다. 융은 서구 문화의 발달에는 기독교가 자리하고 있다고 전제한다. 교리에 대한 그의 기본 입장은 다음과 같다. (1) 교리는 무의식의 원형의 표현이다. (2) 교리는 합리주의 시대에 살고 있는 사람들에게는 비지성적이다. (3) 종교 체험 중에 있을 때 상징들은 의식이 요청하는 수준보다 더욱 깊은 무의식의 수준에서 작용한다. (4) 각자의 개인적인 종교체험을 통하여 단지 소수의 사람들만이 대극의 통일이라는 긴장을 참아 낸다. 또는 그것을 즐긴다.
317) C.G. 융, **융 기본 저작집5 꿈에 나타난 개성화 과정의 상징**, 한국융연구원 C.G. 융 저작번역위원회 역 (서울: 솔출판사, 2006), 51; "기독교의 중심 표상은 고전적 종교가 진부한 것이 되어버렸던 시대에 심리학적 법칙상 당연히 발전될 수밖에 없었던 그노시스 철학에 그 부리는 두고 있다. 그노시스 철학의 바탕이 되는 것은 인간의 삶을 지배하는 집단적 상위 표상이 와해될 때면 항상 생겨나는 무의식적 개성화 과정의 상징에 대한 인지다."
318) 마크 A. 매킨토쉬, **신비주의 신학**, 정연복 역 (서울: 다산글방, 2000), 379.
319) 김성민, **융의 심리학과 종교** (파주: 동명사, 2010), 340.
320) Ibid., 348; 〈융은 이렇게 말한 적이 있다: "기독교는 인간의 영혼에 아주 깊숙이 들어가지 못하였다. 기독

객관적인 존재라고 보았다. 객관적인 존재이기 때문에 민족마다 다르게 나타났다고 보았다.[321]

김성민 교수는 융이 말하는 하느님은 칸트의 '물 자체'(la shose en soi) 개념에서 채용한 것이라 볼 수 있다고 말했다.[322] 실제로 융은 "자기는 이른바 칸트가 말한 '물 자체'와 같이 완전히 하나의 경계개념이다"라고 말했다.[323] 융에게 중요한 것은 체험이었다.[324] 종교적 체험이 인간을 변화시킨다고 보았기 때문이다.

융은 기독교 문화는 "경악할 정도로 공허함을 드러낸다"라고 말하면서, "내면적 인간에게 감동을 주지 못하기 때문에 변화되지 않은 상태에 머문다"라고 말했다. 융이 말하는 인간의 내면이란 '태곳적 신들'이 지배하는 내면이다. 융은 다음과 같이 말했다.

> 기독교 교육은 인간이 할 수 있는 일을 다 했지만 그것으로 충분하지 않았다. 신적 형상이 자기 자신의 심혼이 지닌 가장 내밀한 소유물이라는 사실을 체험한 사람은 극소수다. 사람들은 단지 표면적으로 그리스도를 만났을 뿐 결코 자신의 심혼에 다가간 것이 아니다. 따라서 그곳에서는 아직도 음울한 이교도적 정신이 군림하고 있는데, 때로는 더 이상 부인할 수 없을 정도로 뚜렷하게, 때로는 애매모호하게 위장된 채 이른바 기독교의 문화 세계에 흘러넘치고 있다.[325]

융은 기독교가 그리스도를 표면적으로만 만나게 했고 심혼에 다가가지 못했

교는 새로워져야 한다. 그러기 위해서 우리는 기독교를 체험해야 하며, 기독교를 동화시키고, 실제로 살아야 한다. 하나님이 사람으로 되셨다는 그리스도의 메시지의 깊은 의미는 바로 거기에 있다. 사람들의 내면에서 계속해서 일어나는 사건을 가리키는 것이다. 우리는 우리를 초월하기만 하고, 우리 밖에만 있는 하나님과는 아무 관계도 맺지 못한다." 그래서 융은 우리-안에 있는-하나님(Dieu-en-nous)에게 관심을 기울였다.〉

321) Ibid., 243.
322) Ibid., 379.
323) C.G. 융, **융 기본 저작집5 꿈에 나타난 개성화 과정의 상징**, 한국융연구원 C.G. 융 저작번역위원회 역 (서울: 솔출판사, 2006), 230; "그것은 우리의 꿈들이 밝혀주는 것처럼, 경험에 의해 점차 명백해지는 이념이지만 그로 인해 그것의 초월성을 상실하지는 않는다. 우리는 알지 못하는 것의 경계를 알아낼 수 없기 때문에 자기에 대해서도 어떤 경계를 설정할 입장에 있지 않다."
324) 김성민, **융의 심리학과 종교** (파주: 동명사, 2010), 406; 〈융이 『현대 사회에서의 영혼의 문제』라는 책 속에서 한 말을 인용하려고 한다: "우리에게 필요한 것은 우리가 진리를 얼마나 아느냐 하는 것이 아니다. 오히려, 우리들로 하여금 그 진리를 체험하게 해 주는 내면적인 길인 것이다."〉
325) C.G. 융, **융 기본 저작집5 꿈에 나타난 개성화 과정의 상징**, 한국융연구원 C.G. 융 저작번역위원회 역 (서울: 솔출판사, 2006), 20.

다고 말했다. 표면적이 아니라면 어떻게 해야 하는가? 융은 인간의 내면에 대극으로 존재하는 심혼(아니마, 아니무스)을 체험해야 한다고 말했다.[326] 융은 화석화된 기독교가 아니라 신의 에너지를 체험하는 기독교를 말했다.

융은 다음과 같이 말했다.

> 만약에 예수 그리스도가 죽음에서 부활했다는 내용을 글자 그대로의 의미가 아니라 상징으로 이해한다면, 그 내용은 다양하게 해석될 수 있으며, 또 그 해석은 지식과 충돌하지도 않고 그 표현의 의미를 훼손시키지도 않는다. 그 표현을 상징적으로 이해하면 불멸이라는 기독교인의 소망이 물거품이 되고 만다는 식의 반대는 터무니없다. 왜냐하면 기독교가 도래하기 오래전부터 인간이 사후의 생명을 믿고 있었던 까닭에 불멸의 증거로 예수 그리스도의 부활을 필요로 하지 않았기 때문이다. 오늘날엔 교회가 가르치는 대로 글자 그대로 이해된 신화가 깡그리 부정될 위험이 그 전 어느 때보다 크다. 지금은 기독교 신화를 버려야 할 때가 아니라 이따금 상징적으로 해석해야 할 때가 아닌가?[327]

융은 예수 그리스도의 부활을 문자 그대로 믿지 않았다. 융에게 부활은 하나의 상징에 불과했다. 융은 그리스도의 부활을 일종의 신화로만 여겼기 때문이다. 융에게 부활이란 상징을 해석하여 종교적 경험이나 통합을 이루는 것에 불과했다. 그 경험과 통합은 인간 안에 신이 있다는 전제를 가지고 있다. 그런 까닭에, 김성민 교수는 "상징은 인간의 전일성을 각성하게 해 준다"고 말했다.[328]

융은 다음과 같이 말했다.

> 기독교의 메시지의 의미를 제대로 읽는다면, 신(神)조차도 개인의 내면 안에서 자신의 목표를 추구하고 있다.[329]

융에 의하면, 기독교의 하나님은 계속해서 발전해 가고 있는 하느님이다. 융이 말하는 신개념은 기독교의 신이 아니라 노자의 도(道)와 같은 것이기 때문이다. 양승권은 "융은 동양사상을 끌어들여 새로운 심리학, 즉 분석심리학을 탄생

---

326) 김성민, **분석심리학과 기독교** (서울: 학지사, 2012), 100; "융은 현대 교회에서는 기독교 교의를 선포만 하지 말고 직접 체험하게 해야 한다고 강조하였다. 현대 교회가 현대인의 정신과 동떨어진 도그마만 선포하고, 그들에게 진정한 생명을 주는 에너지를 체험하지 못하게 하는 것이 안타깝기 때문이다."
327) 칼 구스타프 융, **무엇이 개인을 이렇게 만드는가?** 김세영 역 (서울: 부글북스, 2014), 66-67.
328) 김성민, **종교체험: 기독교 회심체험에 대한 연구** (서울: 대한기독교서회, 2015), 154.
329) Ibid., 183.

시켰다"라고 말했다.330) 융에게 신은 끊임없이 발전해 가는 신이다.

　김성민 교수는 융 심리학에서 발견되는 문제점을 다음과 같이 세 가지로 말했다.

　　첫째, 그의 사상에서는 무의식과 하느님, 심리학과 신학 사이의 경계가 분명하지 않다. 그는 어떤 때는 집단적 무의식의 원형으로서 하느님의 이미지에 관해서 말하다가, 또 다른 때는 사람들의 밖에 있으며 심리적인 실재로 경험되는 하느님을 말하는 등 혼동될 때가 많았다. … 그에게는 어디까지가 심리학적 진술이고, 어디까지가 신학적 진술인지 구분할 수 없는 경우가 많이 있다.
　　둘째, 융이 말하는 하느님과 개성화 과정은 너무 주관적이고 내향적인 특성을 띠고 있다. 그에 따르면 사람들이 하느님을 체험할 수 있는 것은 오직 자신의 내면을 살펴보고, 거기에서 발견되는 여러 가지 원형적인 이미지들과 콤플렉스들을 통합해야 가능하다. 그가 비록 하느님의 이미지에 대한 체험이 우리의 자아-의식을 뛰어넘는 객관적이고, 초월적인 것이라고 강조하지만, 그것 역시 내향적인 작업을 통해야 가능할 것이다. 그러나 기독교 전통에서 말하는 하느님은 스스로의 의지를 가지고, 역사 속에서 활동하며, 역사를 구원하시는 좀 더 커다란 차원의 하느님이다. …
　　셋째, 융이 말하는 하느님에게서는 도덕성이 문제시되고, 절대선의 모습을 찾아볼 수 없다. 융이 하느님의 이미지를 자기-원형의 투사로 말했기 때문에 그에게서 하느님은 선과 악을 모두 통합한 전체적이고 누멘적인 양가성을 가진 존재일 수밖에 없다. 따라서 그런 하느님은 도덕적인 악을 물리치고, 선을 세우려는 그 어떤 시도도 할 수 없다. 하지만 그런 하느님은 기독교에서 말하는 정의와 사랑의 하느님이 될 수 없고, 기독교에서 강조하는 도덕적 명령 역시 설 자리가 없게 된다. 따라서 우리는 이런 하느님 앞에서 우리 존재의 의미를 부여해 줄 수 있는 궁극적인 가치의 원천을 찾을 수가 없다. 기독교의 하느님은 이런 하느님이기보다 이 세상 전체를 선과 의로 이끌어가는 하느님인 것이다. 융의 이런 생각은 그가 절대적인 하느님의 사랑을 체험해 보지 못했기 때문에 나온 생각일 것이다.331)

　김성민 교수에 의하면, 융의 심리학에서 무의식과 하느님은 구별이 되지 않는다. 융의 하느님은 주관적이고 내향적인 신이며, 절대선이 없기 때문에 도덕성이 문제가 된다. 김성민 교수가 이렇게 말한다고 해서 융의 심리학을 거부하지

---

330) 양승권, "노자(老子)의 내재화된 '도(道)' 범주와 칼 융(C.G.Jung)의 '자기(self)'," **동양철학 연구** 76 (2013): 162(157-191); 〈융은 특히 노자에 지대한 관심을 기울이면서 노자가 말한 도를 전체정신의 상징인 자기(self)에 대응시켰다. 융은 말한다. "나는 '자기'라는 표현을 동양철학에 맞추어 적용하였다."〉 C.G. Jung, Trans. R. F. C. Hull, "*The Collected Works of C.G. Jung volume 11*" (Princeton University Press, 1977), 82. 그리고 칼 융, **융 기본 저작집 4**, 한국융연구원 C.G. 융 저작 번역위원회 역 (서울: 솔출판사, 2008), 124.
331) 김성민, **분석심리학과 기독교** (서울: 학지사, 2012), 88-89.

않는다.

김성민 교수는 다음과 같이 말했다.

그러나 기독교가 현대 사회에서 여전히 의미를 지니려면 이 문제를 해결할 수 있는 새로운 하느님의 이미지와 그 수행방법을 제시해야 한다.[332]

김성민 교수가 말하는 '새로운 하느님의 이미지'와 '수행방법'이란 성경에 계시 된 하나님이 아니며 그 하나님의 말씀으로 만족하지 않는 위험한 방법이다. 융이 말하는 하느님은 인간의 내면에 있는 하느님(원형)이며, 수행방법이란 내면의 하느님을 체험하는 접신이기 때문이다.[333] 김성민 교수는 융의 신은 "전통적인 기독교 교의에서 말하는 신과 다른 신의 이미지"라고 말했다.[334]

참고로, 헤르만 헤세는 인도 선교사 가정에서 태어나고 자랐다. 헤르만 헤세의 소설은 자기(self)의 구현 과정이다. 헤세는 1917년 9월 7일에 융을 처음 만났으며 강한 인상을 받았다. 융은 만난지 닷새 후인 9월 12일 헤세는 꿈속에서 『데미안』의 등장인물을 만났다. 헤세는 융을 통해 개인적으로 정신적 위기에서 벗어나고 여러 작품을 집필할 때 가장 큰 영향을 끼쳤다.[335]

---

332) Ibid., 432.
333) Ibid., 90-91; "예수님은 모든 사람들에게 들어있는 신-인 원형을 그의 삶으로 구체적으로 구현하였으며, 모든 사람에게 이 원형이 들어있다는 사실을 깨우쳐 주었다. 그러므로 우리는 이 원형을 바깥에 투사하지 말고 자신의 내면에서 찾아내 실현시켜야 한다."
334) Ibid., 94.
335) 박광자, "헤세의 소설과 융(Jung) 심리학," 헤세연구1집 (1998): 54-55(53-76); "헤세의 소설에서도 자기구현을 이룬 사람은 아웃사이더적인 과거의 삶에서 벗어나 세상을 있는 그대로 받아들이는 사람이 된다. 자기구현의 마지막 단계에서 할러는 유모어라는 삶의 지혜를 배운 중년의 남자로, 싱클레어는 자신에 대한 신뢰를 가진 지성인으로, 싯다르타는 도(道)의 경지에 들어간 완성자가 된다(ibid., 62).

Ⅱ. 칼 융의 심리학에 대하여

칼 융의 무의식 개요

융의 심리학은 분석심리학 혹은 심층심리학이라고 한다. 분석심리학은 '전체성 심리학' 혹은 '심성 심리학'이라 한다. 이죽내 교수는 "분석심리학에서 보는 인간의 본질은 전체성에 있다."라고 말하면서 정신의 전체성이 "모든 생물학적, 정신적 일어남의 고유한 원동력"으로 나타난다고 말했다. 융은 이 정신의 전체성을 '자기'라고 말했다.336) 융의 심리학은 인간 정신의 전체성인 '자기'의 심리학이다.

여기서 '전체성' 혹은 '심성'은 단순한 인간의 마음이 아니라 인간 내면에 있는 '불성' 혹은 '신성'(神性)을 말한다. 그것은 '신성한 내면아이'를 말한다. 융은 그 신성이 인간의 정신에 보편적으로 존재하는 것이라 했다. 거기로부터 종교도 신화도 흘러나온다고 보았다. 보편적 근거를 인간의 정신에 두었다. 그런 까닭에, 융의 심리학은 하나님만이 신성한 존재임을 고백하는 기독교 신앙과는 정면으로 배치된다.

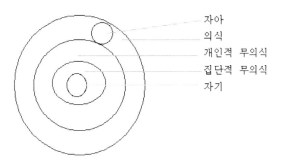

자아
의식
개인적 무의식
집단적 무의식
자기

마음의 구조 1337)

---

336) 이죽내, "융의 분석심리학적 심리치료 개관," **가족과 상담** 1(1) (2011): 44(41-70); "'자기'는 우선 자아 (ego)와 구별된다. 자아가 '일상의 나'라면 '자기'는 '본래적 나'이다. 철학적 용어를 빌리면 자아가 '경험적 나'라면 '자기'는 선험적 나이다. 그러므로 자아와 '자기'와의 관계는 주객관계로 본다면 객체와 주체의 관계이다. 말하자면 자아가 주체가 되는 것이 아니라 '자기'가 주체가 되는 것이다. '자기'는 의식초월적인 존재이기 때문에 의식으로는 파악될 수 없는, 우리들 내부에서 스스로 작용하고 있는 어떤 것으로서 체험될 수 있을 뿐이다."
337) 그림자료 출처 http://java2core.blog.me/90015622997/ 종교심리학의 정의와 학문적 역사(2007.3.23.).

융의 기본개념을 정리하면 다음과 같다. 융은 사람의 퍼스낼리티를 정신, 의식, 개인 무의식, 집단 무의식(집합 무의식)의 구조로 본다.338) 인격을 의식과 무의식으로 나누고, 무의식은 개인적 무의식과 집단적 무의식이 있다. 의식은 자아와 가면(페르소나)으로 구성된다. 자아는 의식의 핵심이며, 가면은 환경에 대처하고 적응해 가는 얼굴의 역할을 한다. 자아와 가면이 조화와 균형을 이루지 못하면 심리적 부담을 일으키고 병적으로 될 수 있다.

중요한 것은, '왜 융의 무의식을 이해해야 하는가?'이다. 융의 무의식은 신성화를 목표로 하기 때문이다. 융의 무의식은 "그 자체로 자율적으로 존재하면서 의식과 함께 전체적인 존재, 완전한 인격체를 가진 존재가 되도록 하는 것"이며, "의식과 무의식의 균형은 '완전한'(총체적인) 인간의 이미지가 구현된 것이다."339)

개인적 무의식은 경험에 바탕을 두고 있으며 의식할 수 있다. 집단적 무의식은 의식되기 어려우며 인격 전체를 지배하고 있으며 태곳적으로부터 종족적으로 유전된 것이다. 그런 까닭에, 집단 무의식은 개인적 경험을 초월한다. 인격은 내향적, 외향적 유형으로 구별되며, 심적 기능은 지각, 사고, 감정, 충동이 있어서 여덟 가지 유형으로 구분할 수 있다. 마음은 인간의 정신 에너지인 리비도에 의해 조절된다. 집단 무의식 안에는 원형들이 대극으로 구성되어 있고 대극의 합일을 이루는 개성화를 통해 궁극적인 목표인 자기(self)에 도달한다.

---

338) 정인석, **의식과 무의식의 대화** (서울: 대왕사, 2008), 105-107; 융의 심리학을 공부하려고 할 때, 먼저 이해하고 들어가야 할 기본적인 포인트가 있다. 그것은 사람의 마음의 요소에는 여러 가지가 있지만 그것들은 크게 묶는다면 '어떤 세트'로 되어 있다는 점이다. … 요컨대, '의식과 무의식', '외향성과 내향성', '아니마와 아니무스' 등 이와 같은 요소의 세트가 한 마음을 만들고 있는 것이다. 이 경우에 보다 중요한 점은 세트의 요소란 대조적이지만 결코 서로가 방해하거나 부정하는 관계에 있지 않다는 것을 이해하는 일이다. … 세트의 요소는 대립하고 있는 것이 아니라 대조적이기 때문에 서로를 '보완'(complement) 하고 있는 것이다. … 표면에 나타나 있는 요소에 무리가 생길 때는 이를 보완하려고 다른 한 쪽의 요소가 나타나려 한다는 것이다. … 따라서 건전한 마음이란, 요컨대 '마음의 요소(의식·무의식, 외향성·내향성, 아니마·아니무스)가 항상 균형 잡힌 상태에서 과불급이 없이 서로를 떠받쳐 주고 있는 상태'라고 볼 수 있다. 그러면서도 평소에는 에너지의 비교적 강한 요소가 표면에 더 나타나 보이게 된다고 볼 수가 있다.

339) 조영복, **원형 도상의 언어적 기원과 현대시의 심연** (서울: 소명출판, 2012), 11; "집단 무의식에 관한 융의 논의는 원형 심상과 직접적으로 연결된다. … 개인 무의식이 주로 정감적인 것에 치중하고 각 개인에게 친숙한 내용들인데 비해 집단적 무의식의 내용은 원형들이다."

표층-정신과 자아와 의식

정신

'융에게 정신이란 무엇인가?'를 이해하는 것이 중요하다. 융은 다음과 같이 말했다.

> 정신은 하나의 우주적 원리와 같은 존엄을 얻으며, 이것이 철학적으로나 실질적으로나 정신에게 육체적 존재의 원리와 동등한 지위를 부여한다.[340]

융이 이렇게 말하는 이유는 인간이라는 존재의 영원성을 확보하기 위함이다. 하나님으로부터 의미와 통일성을 받는 것이 아니라 인간의 내면에 신성을 부여하고 그 신성을 우주적이라고 보편화시켰다. C.S. 홀은 퍼스낼리티에 대해 다음과 같이 말했다.

> 사람의 퍼스낼리티에 관한 완전한 이론은 다음 세 가지 문제에 대해 대답해야 한다. (1) 퍼스낼리티의 구조를 이루고 있는 구성 요소는 어떠한 것일까, 그리고 그 요소들은 서로 어떻게 상호작용하고 있을까? (2) 외계와는 어떻게 상호작용하고 있을까? 퍼스낼리티를 활동시키는 에너지의 근원은 대체 무엇이며, 그 에너지는 여러 가지 구성 요소들에 어떻게 분배될까? (3) 개인의 일생에 있어서 퍼스낼리티는 어떻게 생기며 어떻게 변화할까? 이 세 가지의 문제는 각각 구조적·역학적·발달적 문제라고 부를 수 있다. 융 심리학은 이 문제들 전부에 대답하고자 애쓰고 있으므로 포괄적인 퍼스낼리티의 이론이라고 볼 수가 있다.[341]

C.S. 홀은 사람의 퍼스낼리티(personality)를 구조, 역학, 발달의 문제로 말했다. 융의 심리학에서 퍼스낼리티는 사람으로서의 존재, 인격, 개성을 말한다. 홀은 융 심리학을 "포괄적인 퍼스낼리티의 이론이라고 볼 수가 있다"라고 말한 것은 융의 퍼스낼리티 개념이 가장 탁월하다는 뜻이다. 그러나 융이 말하는 인간의 퍼스낼리티의 핵심은 접신을 통하여 귀신으로부터 받은 것이다.

융은 다음과 같이 말했다.

---

340) 칼 구스타프 융, **무엇이 개인을 이렇게 만드는가?** 김세영 역 (서울: 부글북스, 2014), 82.
341) C.G. 융·C.S. 홀·J. 야코비, **C.G. 융 심리학 해설**, 설영환 역 (서울: 선영사, 2007), 79.

인간의 인격은 두 가지 요소로 성립되어 있다고 생각할 수 있습니다. 첫째의 요소는 의식 및 의식에 의하여 포괄되는 것이고, 둘째의 요소는 무의식적 심혼의 배경을 이루고 있는 무한한 영역을 가진 부분입니다. 인격 가운데 있는 의식적 부분은 정도의 차는 있겠지만 분명하게 규정되고 한계 지워져 있는데, 인간의 인격 정체라는 면에서 보면 그 내용을 완전하게 서술하거나 정의하기는 불가능하다는 점을 인정하지 않을 수 없습니다.342)

융이 말하는 "무한한 영역을 가진 부분"이란 신적이고 초월적인 것이다. 융 자신이 그 무한한 신성에 이르렀다는 것을 알게 된 것은 영적인 안내자와의 만남으로 이루어졌다. 인간 안에 신성이 있고 그 신성을 체험하다가 신성에 이르는 것을 전체성으로 말했다.

융의 심리학에서 퍼스낼리티 전체를 '정신'이라고 부른다. 정신은 의식적·무의식적인 모든 생각과 감정 및 행동을 포함하고 있다. 융은 정신 개념을 하나의 전체로 보고 다음과 같이 말했다.

인간이 일생을 통해 해야 할 바는, 이 타고난 전체성을 되도록 최대한으로 분화된 것을 일관성 있고 조화롭게 발전시키는 것이다. 그것이 뿔뿔이 흩어져 제멋대로 움직임으로써 갈등을 일으키며, 여러 체계로 분열하여 분해된 퍼스낼리티란 비뚤어진 퍼스낼리티이다.343)

융은 이 전체성을 회복시키고, 정신을 강화하여 장래의 분해에 저항할 수 있는 힘을 길러 주려고 했다. 융의 "정신분석의 궁극적인 목표는 '정신종합'이다."344) 그렇게 하기 위해, 융은 티벳의 밀교에서 그리는 만다라를 연구하고 수많은 만다라를 그렸다.

이 정신은 세 가지 수준으로 구별되는데, 의식, 개인 무의식, 집단 무의식(집합 무의식)을 말한다. C.S. 홀은 융이 퍼스낼리티를 처음부터 '하나의 전체'라는 개념으로 보는 것을 높이 샀다. 융은 출생 시에 전체성으로 태어나나 분화가 되고 비뚤어진 퍼스낼리티를 전체성으로 회복시키고 정신을 강화하여 분해에 저항할 수 있는 힘을 길러주어야 한다고 보았다.345)

342) C. G. 융, **심리학과 종교**, 이은봉 역 (서울, 도서출판 창, 2004), 84.
343) C.G. 융·C.S. 홀·J. 야코비, **C.G. 융 심리학 해설**, 설영환 역 (서울: 선영사, 2007), 81.
344) Ibid., 82.
345) C.G. 융·C.S. 홀·J. 야코비, **C.G. 융 심리학 해설**, 설영환 역 (서울: 선영사, 2007), 81.

문제는 전체성이라는 개념과 전체성을 화복하는 방법이다. 융의 전체성은 신적이며 초월적인 원형이 자리 잡고 있다. 전체성을 화복하기 위해 구상화를 통해 무의식의 세계에 뛰어들어야 한다.

자아와 의식

자아는 의식의 주체이다.[346] 그러나 인격 전체를 대표하고 인격의 중심이 되는 것은 자아보다 더 큰 자기(self)이다. 자아는 자기의 힘에 참여함으로써 정신적 발달을 이루어야 한다. 자아가 자기에 대해 체험함으로써 자기-실현을 향하여 나아갈 수 있다.[347]

융이 자아를 말한다는 것은 인간의 존재에 관한 것이다. 존재의 구성을 말하기 위한 것만이 아니라 존재가 어떻게 작동하는가를 말하기 위한 것이다. 융은 자아는 자신의 성격을 형성하는 유전적으로 물려받은 소질과 무의식적으로 얻어진 인상의 복합체로 구성되어 있다고 말했다(*Psychologie et Education*, p, 52).

김성민 교수는 융의 심리학에서 자아가 하는 일을 4가지로 말했다.

---

346) 김성민, **분석심리학과 기독교** (서울: 학지사, 2012), 41; "자아는 인간의 모든 정신 활동을 집행하는 주체로서 정신의 가장 중요한 구성 요소인데, 사람들이 '나는 어떤 사람이다'라고 생각하는 내용이 하나의 핵으로 작용하여 그와 관계되는 요소들을 그 둘레에 불러 모아 형성한 일종의 콤플렉스다."

347) 김성민, 칼 융의 「심리학과 종교」 읽기 (서울: 세창미디어, 2015), 64; 〈그때 자아에게는 자기에 대한 체험이 무엇보다도 필요하다. 자아는 그의 내면에 중심이 되고, 전체가 되는 정신 요소가 있다는 사실을 깨닫고, 그 요소가 실현될 수 있도록 "주의 깊게 관찰하고, 신중하게 고려하는 태도"를 가져야 한다. 그래야 자아는 자기의 도움으로 성장 과정을 통해서 부정적 특성을 띠게 된 무의식의 수많은 정신 요소를 통합하면서 자기-실현을 향해서 나아갈 수 있다. 그때 자기는 기독교에서 그리스도가 구원자로 작용하듯이 자아에게 구원자가 된다. 그 과정에서 신의 이미지는 사람들에게 자기의 전체상을 매개해 주면서 많은 도움을 줄 수 있다. 즉 신의 이미지는 사람들이 눈에 보이지 않는 신 또는 자기의 힘을 받는데 결정적 역할을 하는 것이다. 인간에게 무의식적인 것은 의식화되지 않았을 경우 투사를 통해서 밖에는 작용하지 않기 때문이다. 그런 의미에서 틸리히가 말한 신의 이미지 네 가지는 융이 자기의 기능과 특성으로 말한 것들과 상당히 유사하다. 한 가지 다른 점은 조직신학자로서 그가 제시한 신의 모습이 너무 완전하다는 것이다. 그가 제시한 모습에서는 부정적인 요소는 하나도 없기 때문이다. 그러나 그것은 그가 신학자이기 때문에 어쩔 수 없는 것일 것이다. 그래서 융은 정신의학자라서 기독교 신학에서 제시하는 이미지보다 더 전체적인 신상의 필요성을 제시하였다. 왜냐하면 현대인의 영적 상황은 앞에서 말한 것처럼 궁핍해 있기 때문이다.〉

1) 자아는 한 사람이 그의 환경에 적응하게 해 준다.
2) 자아의식은 행동의 주체가 사물을 인식하게 해 준다.
3) 자아는 인격발달의 주체로 중요한 기능을 수행한다.
4) 자아는 콤플렉스나 원형 등 인간의 정신을 구성하고 있는 요소들이 의인화되어 나타날 수 있는 무대의 역할을 한다.348)

C.S. 홀은 "자아에게 그 존재가 인정되지 않으면 관념·감정·기억·지각은 자각될 수 없다"라고 말했다.349) 자아가 수많은 경험을 하지만 의식에 도달하기 이전에 자아에 제거되는 것도 있다. 오늘의 나가 어제의 나와 동일한 사람으로 느끼는 것은 자아 덕분이라는 것도 존재적 관점을 말한다. 자아가 의식화를 허용하는 한계 안에서만 개성화를 이룬다는 것은 '자아가 어떻게 존재적 관점을 확보하느냐?'를 의미한다.

융을 떠올리면 정신의 배후에 있는 심층의 실체를 밝히려고 노력했지만, 인간의 의식에 대한 탐구도 병행했다. 융은 인간의 정신에 대한 완벽한 지도를 그리려고 했기 때문에 의식과 자아에 대한 탐구는 인간의 궁극적 목적을 실현하기 위한 선결 요건이었다.

융의 후기 저작인 『아이온』 (Aion)에서 자기(self)의 원형에 대해 말하면서 먼저 자아(The Ego)에 대해 말했다. 우리가 일반적으로 생각하는 자아 개념과는 근본적으로 다르다. 융은 자기(self)라는 큰 틀 안에서 자아를 말했다.

의식과 자아는 정신의 배후 영역인 심층이 아니라 표층(자아 의식적)이다. 의식이란 개인이 직접 인식할 수 있는 정신의 부분이다. 자아는 의식의 가장 중심적인 특징이다. 융은 의식이란 주어진 환경에 적응하는 과정을 돕기 위해 집단적 무의식으로부터 파생된 것으로 생각했다.350) 의식은 자각하고 있는 상태를 말하며 의식의 중심에는 '나'가 자리하고 있다. 자아는 광대한 내면의 우주인 영혼으로 들어가는 입구의 역할을 한다.351) 그러나 인간을 좌우하는 것은 무의식

---

348) 김성민, 융의 심리학과 종교 (파주: 동명사, 2010), 107-109; "자아는 마성적 인격이나 어머니 콤플렉스, 아버지 콤플렉스의 등장 무대가 되며, 인간 정신의 궁극적인 목표인 자기 역시 자아를 통해서 실현되는 것이다. 자아가 없다면, 이 요소들은 드러날 방도를 찾지 못하고 만다. "
349) C.G. 융 · C.S. 홀 · J. 야코비, C.G. 융 심리학 해설, 설영환 역 (서울: 선영사, 2007), 83.
350) 김성민, 융의 심리학과 종교 (파주: 동명사, 2010), 77; "의식은 한 개인의 삶에 있어서나 인류 집단의 차원에 있어서 무의식의 깊은 어둠을 뚫고서 점차 파생되어 나온 것이다. 한 개인의 삶에서 의식은 갓난아기 때의 무의식 상태에서부터 자아가 형성되면서 생겨나는 비교적 후기의 산물이다."

에 있다. 융은 다음과 같이 말했다.

> 사람의 정신적 존재를 결정하는 인과적 요소들은 대부분 의식 밖의 무의식에 있다. 마찬가지로 사람의 내면에는 무의식에서 비롯된 결정적인 요소들이 작동하고 있다.[352]

융에 의하면, 인간의 정신을 지배하는 것은 무의식(자기)이다. 무의식이 인간을 이끌어 가고 있다. 융이 이런 말을 한 것은 외부의 도움을 차단하기 위해서였다. 융은 16세기의 도른(Dorn)의 글에도 표현되었다고 말하면서 "모든 것을 다 가진 자는 외부의 도움을 전혀 필요로 하지 않는다"라는 모리에누스 로마누스(Morienus Romanus: 7-8세기)의 말을 인용했다.

의식은 자기 신체나 존재에 대한 의식을 통해서나 일련의 기억을 통해서 형성된다. 유아는 사고(생각), 감정, 감각, 직관이라는 4가지 '심리적 기능'을 서로 다르게 사용하고 내부 또는 외부로 의식을 향하게 하는 과정에서 점차 성장하고 분화되어 간다.[353] 사고와 감정은 합리적 대응 관계의 세트이며, 감각과 직관은 비합리적 대응 관계의 세트를 이룬다.[354]

융은 '의식의 지향'을 결정하는 두 가지 태도는 외향성과 내향성이라 했다. 외향성은 의식이 외적·객관적 세계로 향하고 내향적 태도는 의식이 내적·주관적 세계로 향한다는 것이다. 융은 "어떤 인간이라도 순수하게 내향적이라거나 순수하게 외향적이 아니라, 양쪽 대응 태도의 가능성이 모두 부여되어 있다"라고 말했다.[355]

심리적 기능- 사고(생각), 감정, 감각, 직관
의식의 지향 - 외향성과 내향성

---

351) 머리 스타인, **융의 영혼의 지도**, 김창한 역 (서울: ㈜문예출판사, 2017), 23: "자아는 영혼의 복잡한 특성, 즉 많은 수수께끼와 아직 대답되지 않은 질문을 보유한다는 특성이 있다."

352) 칼 구스타프 융, **아이온**, 김세영·정영진 역 (서울: 부글북스, 2016), 225.

353) http://www.mrw.co.kr/report/data/view.html?no=636386/

354) 정인석, **의식과 무의식의 대화** (서울: 대왕사, 2008), 148.

355) C.G. 융, **C.G. 융 무의식 분석**, 설영환 역 (서울: 선영사, 2005), 80; "즉 내향형에 있어서는 깊숙한 쪽 어디엔가 외향형의 마음이 미발달 상태로 잠들고 있으며, 그와 반대로 외향형에 있어서는 내향형이 앞의 외향성의 경우와 마찬가지의 상태로 존재하고 있는 것이다. 내향성의 인간이라도 외향적 태도를 가지고 있는 것이지만, 그것은 그에게 있어서 무의식인 것이다. 왜냐하면 그의 의식의 눈길은 언제나 주체에 향해 있기 때문이다."

기독교인은 이런 구분을 단지 퍼스낼리티의 구조로만 보면 안 된다. 네 가지 심리적 기능과 두 가지 의식의 지향은 개성화를 이루기 위해 인간의 심리구조를 파악하는 것이기 때문이다. 융은 의식의 시작을 개성화의 시작으로 보았다. 개성화는 자기 존재적 관점을 확보하는 것이다. 문제는 인간이 자기 존재적 관점을 확보하려니 유한한 자기 존재를 보게 되는 것이다. 융은 이 한계를 넘어서 자기 존재를 확보하기 위해 초월적이고 신성한 원형으로 존재적 관점의 영원성을 확보했다.

자아의식의 본질을 탐구하는 이유는 왜곡(distortion)이 일어나기 때문이다. 인간이 가진 지식은 편견이나 왜곡이 반영된 것이다. 사유를 바르게 하려면 의식에 대한 비판적 이해가 기본적이다. 융은 "인간 의식을 식별하고 정보와 삶의 체험을 다르게 처리하는 여덟 가지 인지 양식을 밝혀" 주려고 심리유형을 말했다.[356] 그 유형이 반영된 것이 MBTI다.

융은 자아가 의식의 장(field)의 중심을 형성하며, 그것이 경험적 성격을 구성하는 한 자아는 의식의 모든 개인적 행위의 주체라고 말했다.[357] 이것은 인간 이외에 다른 존재의 개입이 없다는 것을 의미한다. 그 다른 존재란 하나님께서 인간의 삶에 역사하심으로 인간을 주도해 가신다는 것을 원천적으로 배제하는 것이다. 융에게 자아는 의식의 모든 개인적 행위의 주체이며 의식의 기준을 형성한다는 말을 매우 주의 깊게 여겨야 한다. 이것은 하나님 없이 인간이 주체이고 기준이 되기 때문이다. 그것은 융이 자아의 기능에 대해 말할 때 드러난다.

융은 다음과 같이 말했다.

> 자아에 대한 정신 내용의 관계는 자아의식의 기준(criterion)을 형성하므로 어떠한 내용도 주체에 표상되지 않는다면 의식이 될 수 없다.[358]

---

356) 머리 스타인, **융의 영혼의 지도**, 김창한 역 (서울: ㈜문예출판사, 2017), 25.

357) C G Jung, *Collected Works of C G Jung, Vol 09 Part 2 - Aion- Researches Into the Phenomenology of the self*, 3; "It forms, as it were, the center of the field of consciousness; and, in so far as this comprises the empirical personality, the ego is the subject of all personal acts of consciousness."

358) Ibid.; "The relation of a psychic content to the ego forms the criterion of its consciousness, for no content can be conscious unless it is represented to a subject."

융에게 자아란 정신의 내용들이 표상되는 주체이다. 마치 거울처럼 정신이 스스로 보고 인식한다는 것이다. 융의 이런 자아 개념은 피조물 된 인간의 존재와 의미가 절대적으로 하나님께 의존하고 있다는 성경적 관점을 근본적으로 반대하는 것이다.

이에 반해, 조나단 에드워즈(Jonathan Edwards, 1703-1758)는 "물체 자체의 바로 그 실체"는 "오직 신적인 힘 또는 그것의 계속적인 작용"이어야 한다고 보았다. 에드워즈는 하나님께서 끊임없이 물리적 우주를 붙드신다고 주장했다. 에드워즈는 로크의 경험주의에 동의하면서도,359) 인간 영혼은 존재의 지속을 위해 하나님께 의존해야 한다고 보았다.360)

자아의 정의를 말한 융은 정신의 의식적 특성과 무의식적 특성의 중요한 차이가 있다고 말했다. 의식은 우리가 아는 것을 말하나 무의식은 우리가 모르는 모든 것을 뜻한다. 의식과 무의식의 구분은 다음과 같다.

> 추후에 시험되고 조작될 수 있는 어떤 내용들은 자아에 반영되고 의식에 포착될 수 있는 반면, 다른 정신의 내용들은 일시적 또는 영구적으로 의식 외부에 놓여 있다. 이유나 지속 여부에 상관없이 무의식은 의식 밖에 있는 정신의 모든 내용을 포함한다.361)

융은 종종 자신의 저술들에서 자아를 일종의 '콤플렉스'(complex)라 하였으나, 『아이온』에서는 콤플렉스를 "의식의 특별한 내용"이라고 말했다. "의식은 자아보다 더 큰 범주이며 자아와 자아가 아닌 부분을 포함한다."362) 그 의식 자

---

359) 마이클 맥클리먼드·제럴드맥더모트, 한 권으로 읽는 조나단 에드워즈 신학, 임요한 역 (서울: 부흥과개혁사, 2015), 161-162; 〈에드워즈는 로크의 경험주의에 다음과 같은 동의를 표했다. "모든 마음의 행동은 감각(sensation)에서 온다. 즉 모든 관념이 감각에서 시작되고, 마음이 먼저 감각에서 오는 관념들을 받아들이지 못하면 어떤 관념, 생각 또는 마음의 활동이 있을 수 없다." 따라서 감각경험은 스스로 증명하는 성격이 있다. 우리의 감각으로 아는 것은, 에드워즈가 꿀이 달다고 하는 유명한 예를 든 것처럼, 연역적 추론이나 귀납적 추론의 결과로써가 아니라 직접적으로 아는 것이다. "우리가 직접적인 감각으로 아는 것들을 우리는 직관적으로 안다. 그리고 이 대상들은 매우 자명한 사실이다. 잔디가 푸르고 태양이 빛나고 꿀이 달콤한 것과 같다."〉
360) Ibid., 154-156; 〈에드워즈의 의도는 인간 마음과 육체적인 몸이 매 순간 존재하기 위해 하나님께 완전히 의존한다는 사실을 확립하는 것이다. 하나님의 마음은 모든 실재를 뒷받침한다. 만일 "물질"이라는 용어가 하나님과 별개로 존재하는 자존성이 있는 실재라고 한다면, 그런 "물질"은 전혀 존재하지 않는다.
361) 머리 스타인, 융의 영혼의 지도, 김창한 역 (서울: ㈜문예출판사, 2017), 27.
362) Ibid., 27.

체, 곧 자아가 자리를 잡고 중심을 차지하고 경계를 지어주는 장은 '일깨움'이다. 의식은 깨어 있어서 자기 주변의 세계를 관찰하거나 인지한다. 그리하여 정신 내용을 채운다. 의식의 반대는 꿈을 꾸지 않고 깊이 잠이든 상태이거나 반응과 감각적 인식이 전혀 없는 상태이다.

의식이 자아에 선행하나 의식의 중심은 자아이다. 융은 동양적 무아, 자아가 없는 의식 자체는 의문시했다. 자아는 의식 안에서 가장 중심적이고 영구적인 특성을 갖는다고 보았다. 자아가 의식 영역에 머물지만, 무의식에 깊이 빠지도록 크게 관여한다는 것이다. 자아가 원하지 않거나 감내하기 힘든 고통스러운 내용을 억압하기 때문이다.

융은 자아가 신체적 요인과 환경에 충돌할 때 자아가 성장한다고 본다. 그 충돌로 자아가 발달하기도 하고 손상을 입기도 한다. 여기서 중요한 것은 '자율성'이다. 아동기에 자율성을 성취한 자아는 의식을 뜻대로 지배하고 지휘할 수 있다고 생각하나 스트레스를 받아 붕괴한 자아는 정신을 보호하려고 한다.

융은 '자아가 외부의 충돌에 어떻게 반응하느냐?'에 따라 심리유형이 결정된다고 본다. 자아가 환경에 적응하고 그에 수반되는 조건을 수행할 때에 내향성과 외향성이라는 두 가지 주요한 태도와 사고, 감정, 감각, 직관이라는 네 가지 기능이 장래에 자아의 발달 방향에 큰 영향을 끼친다는 것이다.

융은 자아가 충돌에 반응하고 가능할 때에 잠재적 자아가 깨어나고 세계와 관련을 맺는다고 생각했다. 놀라운 점은 정신이 주변 세계와 '신비로운 참여'를 한다는 것이다.

> 융은 이 어구를 자아가 세계와 집단 또는 부족과 갖는 가장 원시적인 관계를 설명한 프랑스 인류학자 레비-브릴(Levy-Bruhl)에게서 차용했다. '신비로운 참여'(pariticipation mystique)는 자기와 대상(이 대상이 사물이든, 개인이든, 집단이든 상관없이) 사이의 원시적 동일성 상태를 지시하는 것이다.363)

자아가 현실과 충돌할 때 정신이 주변 세계와 '신비로운 참여'를 하는 데 방해가 되기도 한다고 보는 것은 깨어나기 시작한 잠재적 자아가 가지는 본래적

---

363) Ibid., 47-48.

성격이 신적이라고 생각하기 때문이다. 융은 정신을 말할 때 일반적으로 생각을 넘어서 초월적인 것이라고 보았다.[364] 초월적인 정신이 세계에 적응하여 형성하는 것이 '심리유형'이다. 우리가 일반적으로 심리유형이라고 말하는 그 이면에는 인간의 정신이 초월적이고 신적이라는 개념을 전제로 한다. 이것은 지극히 반기독교적인 것이다. '나는 이런 심리유형이다'라고 말하는 것은 '나의 정신은 초월적이고 신적이며 이 현실의 충돌 속에서 이런 성격을 형성한 것이다'라고 말하는 것이며, 그 심리유형을 잘 분석함으로써 잠재적 자아가 신적으로 나아가도록 해야 한다는 것을 의미한다.

융은 정신과 개인적 자유를 말하면서 "내면세계에서 자유의지는 자기(self)가 제시하는 사실들과 갈등을 일으킨다"고 보았으며, 상반됨의 악마가 자아와 갈등을 일으킨다고 말했다.[365]

머리 스타인은 다음과 같이 말했다.

> 자유에 부과된 모든 제한은 바깥 세계, 즉 사회와 외부 규제에서 온 것처럼 보이고, 자아가 내부에서 얼마나 많이 통제받는지에 대한 자각은 거의 없는 편이다. 이점을 면밀히 따져볼 때 우리가 외부적 권위에 종속된 만큼이나 자신의 인격적 구조와 내면에 도사린 악마에 종속되어 있다는 것이 드러난다.[366]

머리 스타인에 의하면, 융이 말하는 인격 구조에는 악마가 있다. 융은 인격의 구조를 대극의 원리로 말하기 때문이다. 이 대극을 통합하는 것이 융의 개성화이기 때문에 개성화는 결국 '악마와 어떻게 조화를 이루느냐?'에 달려 있다.

융의 자아 개념에서 중요한 것은 자아가 유아기 이전부터 이미 존재한다는 것이다. "자아의 기원은 초기 아동기와 유아기 훨씬 이전으로 거슬러 올라간다."[367] 그 자아가 목표로 하는 것은 개성화다. 자아는 자료를 통합하고 관리하며, 강한 자아도 있고 약한 자아도 있다. 머리 스타인은 이렇게 말했다.

---

364) Ibid., 38; "정신은 마음이나 영(여기서 영을 의미하는 희랍어 '누스'(nous)는 융 사상을 가장 잘 포착해 준다"

365) Ibid., 53.

366) Ibid., 51.

367) Ibid., 33.

많은 사람들은 '내면아이'(child within)를 발견하고 감동한다. 이는 아이였던 그 사람이 지금 성인인 나와 같은 사람이라는 인식과 다르지 않다. 자아의 본질적 핵심은 생애에 걸쳐 변하지 않는 것 같다. 이 핵심은 신체의 죽음과 함께 사라지는 것이 아니라, 영원한 안식의 자리(천국, 열반)로 가거나 물리적 수준에서 다른 생명 형태로 다시 태어난다(윤회)는 것은 수많은 사람들의 직관과 확신을 통해 알 수 있다.368)

스타인에 의하면, 자아는 변하지 않고 다음 세대를 넘어 다시 태어나고 영원히 존속된다. 스타인이 자아를 윤회 속에 태어난 자아로 말한 것은 인간의 존재적 관점에 대한 매우 비성경적인 개념이다. 융의 자아 개념은 집단 무의식과 원형 개념과 매우 직결되어 있다. 참고로, 융의 영향을 받은 어윈 샤르(Erwin Scharrer)는 개인 무의식, 가족 무의식, 집단 무의식이 있다고 말했다.369)

융은 사람의 의식이 타인으로부터 분화되어 개성화하는 과정을 '개성화'(individuation)라고 부른다. 개성화의 목표는 가능한 한 완전히 자기 자신을 아는 것, 즉 '자기의식'에 있다. 의식이 증가하면 개성화도 증가한다. 의식의 개성화 과정에서 '자아'라고 부르는 새로운 요소가 생겨난다.370)

이렇게 자아는 의식의 개성화, 즉 개인의 의식이 다른 사람으로부터 분리 혹은 분화되는 과정을 통해 생겨난다.371) 즉, 자아는 의식의 견해이므로, 의식적

---

368) Ibid., 34.

369) 어윈 샤러, **무의식의 치유**, 오정숙·최형걸 역 (서울: 비움과 채움, 2006), 11.

370) C.G. 융 · C.S. 홀 · J. 야코비, **C.G. 융 심리학 해설**, 설영환 역 (서울: 선영사, 2007), 81; 융은 "나는 '개성화'라는 말을 한 인간이 '개인', '분할 할 수 없는 것', 즉 별개의 분할이 불가능한 통일체 또는 '전체'가 되는 과정을 가리키기 위해 쓰고 있다"고 말했다.

371) 에르나 반 드 빙켈, **융의 심리학과 기독교 영성**, 김성민 역 (서울: 한국심리치료연구소, 2010), 38, 60-61, 66-67; "개성화는 자기(the self)에로 이끌어 가는 이 발달적인 과정은 개인화(individualization)와는 정반대되는 과정이다. 개성화가 '자아(le moi)'에서 벗어나는 헌신적인 과정을 추구하고 있는 것에 반해서 개인화는 자아를 찬양하며, 자기중심주의를 지향하고 있다."라는 빙켈의 말 속에는 인간의 내부 속에서 답을 찾으려는 융의 속내를 드러내고 있다. 개성화는 개인화가 아니라는 말 속에는 범신론적 사고가 깊숙이 자리하고 있다는 증거이기도 하다. 융의 분석심리학은 인간의 내면으로 들어가서 그 내면이 아무것도 아닌 것, 무(無)라는 경지로 가게 한다. 토마스 아 켐피스나 아빌라의 테레사 같은 사람들은 다 그런 영성을 추구한 사람들이다. 아 켐피스는 이렇게 말했다. "하나님의 나라는 우리 안에 있다.", "그대 내면으로 들어가시오.", "하늘나라 신랑이 머물기에 합당한 자리를 마련하시오. 그러면 그가 와서 거기에 머물 것입니다. 왜냐하면 그는 그를 부른 마음에 가서 머무는 것을 매우 즐거워하기 때문입니다." 인간이 노력해서 하나님을 모실 합당한 자리를 만들 수 없다. 죄인 된 인간은 그 일을 못하며 성령 하나님께서만 그 일을 하실 수 있다. "그대가 내 모습을 보여주었을 때, 그대는 내가 어느 만큼까지 내려갈 수가 있으며, 어느 만큼까지 내려갔는지 하는 것을 보여주었다. 왜냐하면 나는 아무것도 아닌 존재인데, 내가 그것을 몰랐기 때문이다."(Imitation, 제3권, 제8장) "그대는 아무것도 아니고, 그대가 행한 것도 아무것도 아니다." 인간은 아무것도 아닌 존재가 아니라 허물과 죄로 죽었던 죄인이다(엡 2:1).

119 표층-정신과 자아와 의식

인 지각, 기억, 사고, 감정이 자아를 이루게 된다. 자아는 의식의 중심이며 의식의 주인이다. 자아는 의식을 지배하고 또한 의식의 문지기 역할을 한다. 어떤 정보를 접했을 때 개인이 필요한 것만 의식에 남고 나머지는 무의식에 저장된다. 예를 들어 어느 장소에 가거나 어떤 사람을 만나더라도 기억나는 것이 있고 기억이 안 나는 것이 있다. 그 기억 안 나는 것이 무의식에 남아 있다고 본다.[372]

용의 심리학적 개념들을 더 살펴보기 전에, 과연 융의 이런 개념들이 성경적 개념과는 어떻게 차이가 있는지 짚어 보자. 로이드 존스는 다음과 같이 말했다.

> 오늘날 널리 유행하는 인간관은, 인간을 단지 여러 가지 능력들(powers)과 기력들(forces)이 모여 있는 집합체로 여기고서 이러한 여러 가지 능력들과 기력들이 서로 상호작용하여 결과물을 내놓게 된다고 말합니다. 결국 인간 그 자체도 이러한 상호작용의 결과로 생성된 산물에 불과하다는 것입니다. … 이런 관점에서 보면 인간이란 그런 생물학적인 체제(mechanism)에 불과합니다. 또 인간의 자아나 개성 역시 순전히 생물학적인 기력이 상호작용한 결과물에 지나지 않습니다. … 눈여겨보아야 할 중요한 점은 그들에게서 자아가 사라져 버렸다는 것입니다. 그들에게 자아는 더 이상 구별되는 어떤 실체가 아니라 단지 다양한 기력과 요인들의 상호작용이 낳은 결과일 뿐입니다. … 결국 인간이란 단지 이런 요소들로 구성된 존재에 불과하기 때문에 이것들을 억제한다는 것은 인간에 대한 폭력입니다. 따라서 이 견해에 따르면, 손이나 발을 향해서 '범죄하게 한다'고 말하는 것도 옳은 말이 아닙니다. 왜냐하면 손과 발과 눈도 진정한 자아의 구성 요소로서 그 속에 포함되어 있기 때문입니다. 바로 여기에 결정적인 차이점이 있습니다. … 그분은 절대 그러한 능력이나 도구를 자아와 동일한 것으로 보시지 않습니다. … 이런 사상에 따르면 사람들은 그 어떤 요인에 대해서도 책임이 없으며, 그러기에 양심에 대해서도 아무런 책임이 없기 때문입니다.[373]

세상이 말하는 심리학적 자아는 "생물학적인 기력이 상호 작용한 결과물"이지만, 성경적 의미의 자아는 단순히 손이나 발이나 눈과 같은 것이 아니라

---

372) C.G. 융 · C.S. 홀 · J. 야코비, **C.G. 융 심리학 해설**, 설영환 역 (서울: 선영사, 2007), 84; "자아가 의식화를 허용하느냐, 않느냐는 무엇이 결정할까? 그것은 더 높은 기능에 의해 결정된다. 즉, 감정적 유형인 사람의 자아는 더욱 많은 정서적 경험의 의식화를 허락할 것이다. 사고적 유형이면 감정보다 생각 쪽이 의식화되기 쉬울 것이다. 그리고 그것은 경험이 자아에게 얼마만큼 불안을 자아내는가에 의해 결정된다. 불안을 자아내는 관념과 기억은 자각-의식-되기 어렵다. 또 부분적으로 그것은 어느 정도 개성화가 달성되어 있느냐에 의해 결정된다. 고도로 개성화 된 사람의 자아는 더 많은 경험의 의식화를 허용할 것이다. 그리고 부분적으로 그것의 경험의 강도에 의해 결정된다. 약한 경험은 자아의 문에서 간단히 거부당하지만, 매우 강한 경험은 그 문을 부수고 들어갈 것이다."

373) 로이드 존스, **타협할 수 없는 진리**, 김효남 역 (서울: 지평서원, 2010), 26-31.

'너'(thou)이며, 곧 '인격 전체'를 의미한다.

그러면 로이드 존스(David Martyn Lloyd-Jones, 1899-1981)가 말하는 성경의 전체성과 융의 전체성의 차이는 무엇인가? 융의 전체성은 무의식의 자기 실현, 곧 신성화로 가지만, 성경의 전체성은 하나님의 형상으로 지음 받았으나 죄로 타락했기 때문에 자기 스스로 자신을 구원할 수 없고 외부에서 구원해 주어야 한다. 그 구원은 오직 예수 그리스도의 십자가 대속뿐이다!

충동과 본능으로는 인간의 실질적인 자아를 구성하지도 못할 뿐 아니라 죄에 대한 인식이 문제가 된다. 충동과 본능으로 인간의 자아를 설명하는 사람들은 그것이 선하고 완전하다고 말한다. 그래서 그것들이 아무런 제한 없이 발휘되어야만 한다고 말한다. 인본주의 심리학에 근거한 이런 이론들을 억압하거나 억제한다는 것은 인간에 대한 폭력으로 여긴다.

그러나 성경은 분명히 자아가 완전하거나 선하다고 말하지 않는다. 오히려 인간은 태어날 때부터 죄인이라고 선언한다. 인간은 죄인이기 때문에 인간의 충동과 본능을 따라 살아가는 것은 매우 위험하고 심각한 결과를 초래한다.

무의식과 전일성

융의 마음 구조에서 중요한 것은 무의식이다. 무의식을 말하는 이유는 "인간에게는 의식보다 훨씬 더 큰 영역이 존재하며, 그 영역은 우리에게 끊임없이 영향을 미치고 있다"라고 말하기 위함이다.[374]

융이 말하는 무의식은 "모든 사람 속에 있는 아트만과 도(道) 같은 것"이며, "정신적 전체성"이다.[375] 융의 심리학이 말하는 무의식은 프로이트의 무의식과는 차원이 다르다. 융이 말하는 무의식은 "내적 본성이 신성(神性)이나 우주의 본질과 하나(Einssein)"인 것이다.[376] 기독교나 불교나 상관없이 신성한 자기를

---

374) 김성민, **분석심리학과 기독교** (서울: 학지사, 2012), 172.

375) C.G. 융, **융 기본 저작집9 인간과 문화**, 한국융연구원 C.G. 융 저작번역위원회 (서울: 솔출판사, 2004), 145.

376) Ibid., 223; 〈그리스도교의 만다라와 불교의 만다라 사이에는 미세하지만 엄청나게 큰 차이가 있다. 그리스도 교도는 결코 명상 중에 **"나는 예수 그리스도이다"**라고 말하지 않고, 바울처럼 "나는 더 이상 나로서 살지 않고 예수 그리스도가 내 안에서 살고 있다"라고 고백할 것이다(갈라디아서 2장 20절). 그러나 우리의 경(經)은

알고 하나가 되는 것이 목적이다. 에릭 프롬은 정신분석의 목적이 선불교와 동일하다고 주장했다.377)

융의 분석심리학을 정신의 전일성(全一性, die Einheit und Ganzheit)에 대한 통찰에 근거하고 있는 전일성의 심리학이다. 심리학이 무슨 별스러운 말을 하는 것 같지만 철학이 그래 왔듯이 인간이 고민하는 문제가 같은 고민이었기 때문에 아무리 복잡한 말을 해도 그 핵심은 동일하다.

전일성이란 무엇인가? 대극(對極, Gegensatz)의 합일을 말한다. 대극이란 무엇인가? 쉽게 이해하자면 동양의 음양 원리를 말한다. 동양사상에서는 이것을 상반 상생의 원리라 한다. 대극이란 빛과 어둠, 선과 악, 여기와 저기, 의식과 무의식, 파우스트와 메피스토펠레스를 의미한다. 이 대극이 일치되고 합일되지 않으면 정신병리 현상이 생긴다고 본다. 심리학자들은 의식과 무의식이 일치되고 합일이 되어야 한다고 말한다. 융은 이것을 개성화의 과정이라고 하고, 동양에서는 수도(修道)의 과정이라고 한다. 말을 좀 어렵게 하는 사람들은 '정신의 전일성을 실현하는 과정'이라고 말한다. 정신의 전일성을 가능케 하는 원리가 대극성이며, 그래서 융의 심리학을 '대극성 심리학'이라 부른다.378)

그러면 성경적 관점에서 볼 때, '정신의 전일성을 실현하는 과정'이 무엇이 잘못되었는가? 무엇보다 가장 중요한 것은 죄악에 대한 관점이 성경적이지 않기 때문이다. 융은 악이란 대극의 균형이 파괴될 때 생겨난다고 말했다. 대극의 균형이 깨어지는 근본적인 이유는 두 가지인데, 첫째는 인간이 어떤 정신적인 요

"너는 네가 **부처**임을 알 것이다"라고 말한다. 불교도는 '무아'(anātman)가 될 때만이 이런 깨들음에 도달하게 되는 한, 그리스도 교도의 고백은 근본적으로 이것과 다를 바 없다. 그러나 정형화에 있어서는 무한한 차이가 있다. 즉, 그리스도 교도는 그의 목적을 예수 그리스도 안에서 달성하고, 불교도는 그가 부처임을 깨닫는다. 그리스도 교도는 바로 무상하고 자아집착적인 의식세계를 떠난다. 그러나 불교도는 여전히 내적 본성의 영원한 기반에 근거하고 있다. 내적 본성이 신성(神性)이나 우주의 본질과 하나(Einssein)임은 역시 인도의 다른 종파들에서도 확인되고 있다.〉

377) Don McGowan, *What is wrong with Jung* (New York: Prometheus Books, 1994), 32.

378) 이죽내, **융심리학과 동양사상** (서울: 하나의학사, 2005), 113-114. 전일성과 대극에 관해서 융은 도(道)에 관심을 가졌다. 융은 도를 이해함에 있어서 항상 도(道)의 본질적인 측면인 '하나임'과 도(道)의 현상적 측면인 '전체'를 구별하면서 그 양 측면은 불가분적 관계에 놓여 있음을 말하고 있다. 본질은 현상의 본질이고 현상은 본질의 현상이기 때문에 양자의 구별은 현실적으로는 불가능하지만 개념상의 구별은 매우 중요하다. 왜냐하면 이런 개념상의 구별이 없이는 본질에 대한 통찰이 희미해지고, 그로 인해 현상은 전일성을 떠난 부수 현상으로만 보여지고 오직 인과론적으로만 이해될 수 있기 때문이다.

소에 대해 알지 못하거나 그 요소를 무시할 때이며, 둘째로 어떤 요소가 일방적으로 발달하게 될 때라고 주장했다.[379] 결국, 죄악이란 하나님 앞에서 언약을 어기고 범죄 한 실제적 사건이 아니라 인간 내부에서 일어난 심리적인 현상일 뿐이다. 하나님도 무의식 속의 원형 발로로 보는 융인데 죄악은 더 말할 것 없는 것이다. 융은 대극의 관점에서 보기 때문에 사탄도 정당한 위치를 확보하게 된다. 그래서 사위일체를 말한다! 그런데도 융의 심리학에 기초한 온갖 가정사역·내적치유·음악치료·무용치료를 자랑삼아 교회 안에서 하고 있으니 어찌 교회라 하겠는가! 그것을 가르치는 자들에게 예수 그리스도의 십자가는 무슨 의미가 있는가! 십자가도 가르치고, 융도 가르치는 것은 예수님도 가르치고, 사탄도 가르치는 융 무당이 되는 것이다!

분석심리학의 핵심은 정신의 전일성이다. 의식과 무의식의 이해와 합일을 통한 자기(self)를 목표로 한다. 의식의 모든 개인적 행위의 주체는 자아이며,[380] 무의식의 주체는 자기(self)이다. 자아는 '경험적인 나'이며, 자기는 '선험적인 나'이다. 의식을 지배하는 것은 자아이고 무의식을 지배하는 것은 자기(self)이다. 융은 "의식과 무의식이 서로 접촉하면 이미 그때는 둘 사이의 대립도 사라진다"라고 말했다.[381]

프로이트에게 무의식은 억압의 산물이고 삶에 문제와 불편을 야기하는 부정적인 것이다. 융의 무의식은 인간 정신의 중심이며 다른 정신요소를 통합하도록 돕는 것이다. 프로이트는 의식이 먼저 있고 의식으로부터 무의식이 파생된다. 융은 무의식이 먼저 있고 무의식으로부터 의식이 파생된다고 생각했다.

융에게 무의식은 개인 무의식과 집단 무의식으로 구성되어 있다.[382] 자아는 신체적 토대와 정신적 토대 위에 서 있다. 두 토대에서 주어지는 자극들 대부분은 무의식적으로, 잠재 의식적으로 일어난다.[383] 자아의 신체적 토대는 의식과

---

379) 김성민, **융의 심리학과 종교**, 동명사, 2010, 136-143; 융은 악마에 대하여 다음과 같이 말했다. "악마란 의식의 흐름 속에 나타난 무의식적인 콤플렉스들의 불현듯한 분출이며 무의식에 의한 간섭 이외에 아무것도 아니기 때문이다. 고대나 중세에서 사람들은 매우 심한 신경증적인 문제들을 악마가 씌워진 것이라고 생각하였다"
380) 칼 구스타프 융, **아이온**, 김세영·정명진 역 (서울: 부글북스, 2016), 12.
381) C.G. 융, **융 기본 저작집5 꿈에 나타난 개성화 과정의 상징**, 한국융연구원 C.G. 융 저작번역위원회 역 (서울: 솔출판사, 2006), 186.
382) 김성민, **분석심리학과 기독교** (서울: 학지사, 2012), 39; "융은 집단적 무의식이란 어느 한 사람에게만 있는 것이 아니기 때문에 객관적으로 존재하는 객관적 정신이라고 부르기도 하였다."

무의식적 요소들로 이루어져 있으며, 무의식의 세 집단이란, 1) 일시적으로 잠재 의식적인 내용물, 2) 의지에 따라 재생될 수 없는 내용물, 3) 절대로 의식이 될 수 없는 내용물이다.

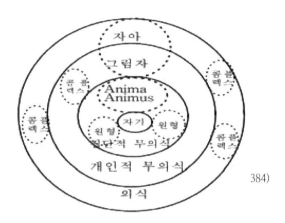

384)

유아는 집단 무의식의 상태이며, 심리학적으로 분화가 이루어지지 않은 상태이다. 인간이 태어나기 이전에 이미 집단 무의식이 있고 자아가 생성되어 가면서 의식기능이 분화가 일어난다는 것이다. 이 말은 유아가 신성한 존재라는 것을 의미한다. 인간의 존재적 관점이 학문을 지배한다. 융은 인간을 신성한 존재로 보기 때문에 본성적으로 죄인이라고 말하는 성경의 인간론과 배치(背馳)된다.

자아는 의식화된 인식이나 기억, 사상과 감정들로 이루어져 있다. 의식이란 자아에 의해 연상되는 모든 작용을 말한다. 자아는 의식에 이르는 문지기 역할을 하며, 의식의 영역을 넓히거나 좁히기도 하며, 무의식의 작용을 받아들이기도 하고 거부하기도 한다. 거부된 것들은 개인 무의식 속에 모이는데, 그것을 콤플렉스라고 말했다. 콤플렉스는 퍼스낼리티(personality, 인격) 전체 속에 별개의 작은 퍼스낼리티 같은 것이다.

383) 칼 구스타프 융, **아이온**, 김세영·정영진 역 (서울: 부글북스, 2016), 13.
384) 권영욱, "Carl G. Jung의 개성화와 목회상담에서 전인성과의 상관성 연구" (박사학위논문, 계명대학교 대학원, 2005), 42.

유아 ← 집단 무의식(원형들)
↓
자아 생성과 의식의 분화
↓
거부된 것들이 모여 콤플렉스 형성

융은 무의식의 내용물을 말하면서, "물론 이것은 하나의 가설에 지나지 않는다"고 말했다. 그러면서도 "경험에서 얻은 자료의 특별한 성격" 때문에 "이 가설을 받아들이지 않을 수 없도록 만든다"라고 말했다.[385] 융은 자신의 심리학을 과학적이라고 주장했다.

여기서 두 가지를 생각하게 된다. 첫째는, 융의 무의식은 가설이다. 융이 무의식을 말하는 의도는 인간의 삶에 알지 못하는 부분이 많으며 여전히 신비한 존재라는 것을 말하기 위함이다. 알지 못하는 것을 가설로 안다고 말하는 것은 자신의 무지를 폭로하는 것이다. 융은 무의식이 가설이라 하면서도 체험을 말했다. 융은 다음과 같이 말했다.

> 나의 삶은 스스로 실현되려고 하는 무의식의 이야기다. 무의식에 있는 모든 것은 밖으로 드러나 스스로를 표출하려고 한다. 인간의 성격 역시 그에게 주어져 있는 무의식적 조건들 속에서 벗어나 스스로를 드러내 보이려고 하며, 스스로를 하나의 전제로 체험하려고 한다.[386]

융은 인간을 주도하는 것은 이성이 아니라 무의식이라고 말하며 그 무의식을 체험해야 한다고 말했다. 알지 못하는 것을 체험했다(?)면 어느 정도로 체험했다는 것인가? 융이 말하는 그 체험이라는 것은 성경의 하나님께서 저주를 받을 것이라고 금한 우상의 종교로부터 만들어 낸 것들이다.

둘째는, 융은 그 가설을 증명할 만한 자료들이 있기 때문에 가설을 받아들여야 한다고 말했다. 융이 말하는 자료들이란 무엇인가? 신의 이미지를 나타내는 만다라 상징이고 신화이다. 여러 곳에서 같은 것들이 발견되었다고 해서 그것이 진리라고 말할 수 없다. 진리는 다수결로 결정되지 않는다. 진리가 진리로 드러

---

385) 칼 구스타프 융, **아이온**, 김세영·정명진 역 (서울: 부글북스, 2016), 18.
386) 김성민, **분석심리학과 기독교** (서울: 학지사, 2012), 23.

나기 이전에 수많은 사변이 진라를 무너뜨리려고 한다.

기독교인으로서 융의 가설과 체험에 대해 무엇이라고 말해야 하는가? 성경은 그런 가설과 체험을 우상이라고 말한다. 그렇다면 강단에서 융을 가르치고 있는 사람들은 하나님께서 금하신 것을 가르치고 있다. 참된 기독교인이라면 하나님께서 금하신 것을 중단해야 한다.

집단 무의식에는 태고원형(유형)들이 있으며, 페르소나, 아니마와 아니무스, 그림자와 자기라는 4가지 중요한 태고원형(Archetype)이 있다.387) 원형은 사람들에게 같은 방식으로 생각하고 행동하게 하는 정신적 요인이다. 그런 정신적 요인은 인류가 그동안 경험했던 것들이 침전되어 만들어진 원시적이고 고태적인 특성들을 지니고 있는 틀이다.388) 그 원형은 상징을 통하여 표현된다.

무의식은 상징을 통하여 말한다. 원형은 자동성이 있어서 사람으로 하여금 전일성을 향하게 한다. 전일성이란 의식과 무의식이라는 대극의 합일을 말한다. 대극이란 음양의 원리이다.389) 대극의 합일에 이른 것이 '자기'(self)이다.390)

---

387) http://blog.naver.com/polargenius?Redirect=Log&logNo=40004781795; "인간의 육체가 종족의 차이를 초월하여 공통적인 해부학적 조직을 나타내는 것처럼 인간의 정신도 문화와 의식의 모든 차이를 초월하는 공통적인 층을 갖고 있다. 이처럼 융은 정신을 진화 과정 안에 놓음으로써, 정신의 엄격한 환경결정론을 깨뜨리고 진화와 유전이 정신계에 뚜렷한 흔적으로 존재함을 입증했다. 즉 어느 누구에게나 이미 선험적으로 부여되고 있는 인간 공유의 원초적 체험 내용, 태초로부터 인류의 체험에 대한 침전이며, 생물학적인 인간의 뇌의 구조처럼 이미 주어진 여러 가지 원초적 체험의 가능성 혹은 그 가능성을 산출하게 하는 조건이 집단 무의식이다. 집단 무의식은 오랜 진화 과정을 거치면서 '태고유형'(Archetype)을 형성하게 된다. 이 태고유형들은 인간의 마음을 사로잡고 뒤흔들며 강력한 감정을 자아내는 선험적인 무의식성이라고 말할 수 있다. 이렇듯 태고유형은 인간의 최심층에 자리 잡고 있어서 종교와 상당히 깊은 관계를 맺고 있다. 종교는 인간 최고의 열망과 최고의 가치를 추구하는 것이기 때문에 결국 이 태고유형과 만나지 않을 수 없다. 태고유형은 인간에게 항상 보호와 구원을 가져다주는 것이다. 이처럼 융의 집단 무의식 개념은 한 개인의 심성의 차원을 넘어서 전 인류의 공통된 심성이라고 할 수 있다.

388) 김성민, **분석심리학과 기독교** (서울: 학지사, 2012), 39.

389) Don McGowan, *What is wrong with Jung* (New York: Prometheus Books, 1994), 33-35; 융은 이런 대극의 개념을 중국의 도교에서 가져왔다. "… Jung saw Taoism as an Oriental counterpart to Heraclitus's enantiodroma, 'the reversal into the opposite'('Psychotherapists or the Clergy', 275) Enantiodroma was one of Jung's favorite occidental ideas, and finding it supported by Taoism must have reinforced his belief in it. … In Jung's syzygy, the masculine and feminine elements balance and complement each other, just as they do in the Taoist system."

390) 이죽내, **융 심리학과 동양사상** (서울: 하나의학사, 2005), 26; 자기(Selbst)는 자아와 다르다. 자아가 '일상의 나'라면 자기는 '본래의 나'이다. 철학적으로 말하면 자아가 '경험적 나'라면 '자기'는 선험적 나이다. 자아와 자기를 주객 관계로 본다면 객체와 주체의 관계이다.

융에게 자기란 "분명히 현실에 존재하고 있음에도 불구하고 절대로 완벽하게 알 수 없는 인격 전체"를 의미했다.391) 대극의 합일에 이르는 과정을 '개성화 과정'이라고 한다. 그러기 위해서는 꿈의 분석,392) 화화분석 및 적극적 심상법을 통하여 무의식을 이해해야 한다.393) 그중에서도 특히 '적극적 심상법'은 융의 분석심리학에서 가장 핵심적 방법이다. 그것은 신성한 내면아이를 계발하는 구상화(visualization)를 말한다.

신성한 내면아이 차원에서 융에 접근할 때, 가장 주목해야 하는 이론은 칼 융의 '집단 무의식'394)과 '원형론'이다.395) 오늘날 심리학과 영성과 내적치유에서

---

391) 칼 구스타프 융, **아이온**, 김세영·정영진 역 (서울: 부글북스, 2016), .16
392) 정인석, **의식과 무의식의 대화** (서울: 대왕사, 2008), 128-138; "융은 꿈을 두 종류로 말하는데, '보상'의 꿈과 '예시'의 꿈으로 나눈다. 보상적 기능의 꿈은 사람의 의식적 태도의 치우침이나 잘못됨과 미흡한 점을 알려서 이를 보완해 주는 꿈을 말한다. 예시의 꿈은 프로이트의 인과적 관점보다 나아가서 목적론적 관점의 의미로 보는 것인데, 꿈 분석을 통해서 장래 가능성에 대한 예견이나 계시 같은 것도 얻을 수 있다고 생각했다. 또한 융은 꿈에 나타나는 사물이나 인물을 객체적 수준과 주체적 수준이라는 두 가지 관점에서 설명한다. 꿈속에 등장하는 인물이나 사물이 자기가 동경하는 여자가 나타난 경우와 같이 '각각 그 자체의 존재'로서 나타났을 경우에는 '객체적 수준'이라 하며, 이와 달리 꿈에 나타난 것이 '자기 마음속에 있는 여성적 요소가 비유적인 모습으로 나타난 '무의식을 비유한 것'일 경우 주체적 수준의 꿈이라 했다. 융이 꿈을 해석하는 두 가지 방법은 '연상'과 '확충'이다. 연상은 꿈의 맥락에 관한 것으로, 꿈속에 나타난 것이 '그 사람 개인에게 있어서 어떤 의미가 있는가?'를 알고자 하는 것이다. 확충은 인류 공통의 관념인 보편적인 집단적 이미지에 관한 것으로, 신화·역사·문화 등에서 볼 수 있는 유사한 이미지를 이용하여 '은유'(metaphor)에 적합한 꿈의 상징을 밝히고 넓혀 가는 것이다. 그속에서는 원형과의 만남이 이루어지게 된다."
393) C.G. 융, **융 기본 저작집1 정신요법의 기본문제**, 한국융연구원 C.G. 융 저작번역위원회 (서울: 솔출판사, 2007), 51; 융의 적극적 심상법은 프로이트의 자유연상법에서 나온 것이다. "나의 치료기법의 문제로 되돌아가기 위하여 치료기법에 관해 어느 정도로 프로이트에게 빚을 지고 있는지 자문해 본다. 어쨌든 나는 치료기법을 프로이트의 자유연상법으로부터 배웠으므로 나의 치료법은 프로이트의 자유연상법의 직접적인 연장으로 생각한다."
394) http://www.freudphil.com/03program01.php; 집단 무의식이라는 개념이 다만 융에게서만 발견되는 것은 아니다. 프로이트에게서도 오이디푸스 콤플렉스를 인류의 무의식 속에 그 경험된 것이 깔려 있다고 보았다. 자기와 민족과 인류의 무의식에 접촉하여 증상을 치유하는 단서와 심오한 지혜를 얻어내기 위해 프로이트는 포문을 열게된 개척자라면 칼 융은 프로이트의 안내와 그 자신의 노력으로 심리학의 금자탑을 쌓게된 것이다.
395) 프란시스 A. 쉐퍼, **기독교와 현대사상 살아계신 하나님**, 홍치모 역 (서울: 성광문화사, 1992), 92-93; 집단 무의식에 대한 쉐퍼의 견해를 참고하면 다음과 같다. "칼 구스타프 융(Carl Gustav Jung 1875-1961)은 민족 전체로부터 발생하는 집합적 무의식에 관하여 말하고 있다. 나는 그가 이러한 집합적 무의식의 기원을 진화론적으로 생각하는 것은 잘못이라고 본다. 그러나 문화 속에서 언어에 의하여 전달되는 어떤 기억이 확실히 존재하고 있다. 융이 집합적 무의식(Collective unconscious)이라고 부르는 것은 이와 같이 언어와 연결된 기억에 의해서 보다 적절하게 설명할 수 있다고 생각한다." 그리고 쉐퍼는 각주에서 다음과 같이 말한다. "나는 사색을 계속하는 가운데 언어와 결부된 집합적인 문화의식과 기억이 존재하고 있다는 것을 믿게 되었다. 그리고 그것은 두 개의 부분으로 구분된다고 말할 수 있다. 즉 특정 민족의 집합적 기억과 인간과 실존의 본질에 관한 모든 인간의 집합적 기억이다. 따라서 인간 스스로의 언어(language)에 의해서(개인적인 신앙과는 관계없이) 신이 실존하고

등장하는 가장 중요한 핵심 중 하나인 내면아이 개념은 칼 융의 작품이다.[396)
'내면아이'라는 단어를 떠올리면 '융과 내면아이'라고 해도 과언이 아니다.

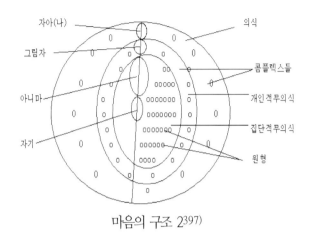

마음의 구조 2[397)

융의 무의식 개념과 그 문제점은 무엇인가? 먼저, 융에게 있어서 무의식은 무엇인가? 융에게 있어서 무의식은 알려지지 않은 것이 아니라 알려지지 않은 정신적인 것 즉, 의식이 되었을 때 알고 있는 정신적 내용과 구별되지 않는다고 전제하는 모든 것을 말한다. 융에게 무의식은 억압된 욕망의 창고가 아니라 "해방

있다는 것을 '상기하는' 것이다. … 때로는 언어의 암시적인 의미가 정의적인 의미보다는 깊고 또한 '무의식적'이다. 이와 같은 말의 사용은 어떤 특정의 민족이 생각한 그 말의 뜻과 그 말에 기초를 둔 행동 양식과 일치할 것 같으면 보다 큰 반응을 일으키며 그 실제의 의미와 인간의 실체가 일치할 것 같으면 보다 작은 반응을 일으킴으로서 끝나게 된다. 뿐만 아니라 나는 민족의 세계관과 경험에 의해서 어떤 특정한 언어의 정의적인 의미와 부대적인 의미가 형성된 후에는 그 언어와 어떤 상징체계로서 그와 같은 세계관과 경험을 존속시키며 또한 가르치는 운반수단이 된다고 생각한다. 따라서 모든 일들은 본래 인간이 언어에 의해서 말하고 전달한다는 것 즉 언어문제인 것 같이 생각된다. 이와 같이 볼 것 같으면 바벨탑(Tower of Babel)의 언어분열은 역사에 있어서 유례를 찾아볼 수 없는 심원한 순간이었다고 나는 주장하고 싶다."

396) http://en.wikipedia.org/wiki/Child_(archetype); "Jung placed 'the child (including the child hero)' in a list of archetypes incorporating 'the chief among them. … like milestones of the individuation process'. Jungians exploring the hero myth have noted that 'over and over again one hears a tale describing the hero's miraculous but humble birth', and have considered that 'it represents our efforts to deal with the problem of growing up, aided by the illusion of an eternal fiction'. Thus for Jung, 'the child is potential future', with the archetype 'symbolising the whole personality in its development from primordial unconsciousness to ego consciousness to self'."

397) 그림자료출처 http://java2core.blog.me/90015622997/ 종교심리학의 정의와 학문적 역사(2007.3.23.).

의 능력과 구원의 힘"이 담겨 있는 것이다.398) 다른 한편으로는 전혀 알지 못하는 성질을 지닌 정신양의 체계도 포함한다.399) 이 말 속에는 개인 무의식과 집단 무의식 개념이 실려 있다.

융이 말하는 무의식을 이해하기 위해 다음의 글을 참고해 보자.

> 융이 언급을 하는 무의식은 인간의 이성과 지성과 오성에서 인식 작용하는 의식과 사고와 지각 기능과 활동이 아닌 것이며 인간의 정신세계의 깊은 심층에서 인간의 의지와 노력과 능력과 관련이 없이 자발적이고 자율적으로 이루어지는 사고, 관념, 이념으로써 융은 이것을 인간의 의지와 노력과는 관련 없이 인간의 정신세계의 심층에서 자율적으로 발생을 하는 창조적인 의식이라고 하는 것이다. 이것은 인간의 이성과 지성의 의식 세계에 침입해 오는 것이며 인간이 자기의 의식과 사고라고 할 수 없는 인간의 의식적인 사고 밖에서 외부에서 이루어지는 것이라고 하는 것이다. 그런데 인간은 이와 같이 인간의 정신의 심층에서 발생을 하는 관념과 인식과 이념이 무엇이며 어디에서 발생을 해서 인간의 이성과 지성의 의식 세계에 침입하고 들어오는지 알지 못한다고 하는 것이다. 그러면서 융은 이 둘이 인간의 정신세계의 전체적이며 종합적인 정신세계라고 하는 것이다.
> 융은 이 두 가지의 정신세계를 언급하면서 인간의 심층에서 발생을 하고 이루어지는 관념과 사고가 인간의 무의식이며 이와 같이 인간의 정신세계의 심층에 있는 것을 심혼이라고 하면서 그가 연구하고 살펴보는 심혼의 세계, 심혼의 관념 등이 그가 언급하는 무의식인 것이다. 융은 이와 같은 심혼이 인간의 종교적인 것과 신의 관념을 가지고 있고 이와 같은 종교적인 것과 신의 관념을 인간의 심혼은 인간의 의지와 노력에 관련이 없이 인간의 의식 세계에 발생을 하고 침입을 하는 것이라고 언급을 하는 것이다. 현대 세계의 인간은 무신론적인 세계관도 과학주의로 인해서 이와 같은 종교적인 것과 신의 관념을 억누르고 의식 세계에 표출을 하지 않기 때문에 현대 세계의 인간에게 있어서 종교적인 것과 신의 관념이 인간의 심혼에 가라앉으며 인간에게 갑자기, 어느 시기에 발생을 하면서 인간에게 혼돈과 심각한 갈등을 발생시키는 것이라고 언급을 하면서 이와 같은 것이 인간의 신경증이라고 언급을 하는 것이다.400)

398) 에르나 반 드 빙켈, **융의 심리학과 기독교 영성**, 김성민 역 (서울: 한국심리치료연구소, 2010), 24; "말하자면 우리의 무의식에는 인간의 창조 능력이 포함되어 있다. 즉 인간의 가장 진정한 가치와 가장 선한 능력이 내포되어 있다. 말하자면 무의식에는 아무리 사용해도 고갈되지 않는 해방의 능력과 구원의 힘이 담겨져 있다."
399) C.G. 융, **융 기본 저작집2 원형과 무의식**, 한국융연구원 C.G. 융 저작번역위원회 역 (서울: 솔출판사, 2006), 44; 융은 계속해서 다음과 같이 말한다. "… 이와 같이 정의되는 무의식은 매우 불안전한 사실을 기술한다. 즉, 내가 알고 있지만 지금 이 순간에는 생각하고 있지 않은 모든 것, 언젠가 의식했지만 의식이 유념하지 않은 모든 것, 내가 의도 없이, 주의하지 않고, 다시 말해 무의식적으로 느끼고, 생각하고, 기억하고, 하고자 하고, 행하는 모든 것, 내 안에 준비되어 있어 나중에야 비로소 의식에 나타나게 될 모든 미래의 것, 이 모든 것이 무의식의 내용이다. 이 내용들은 말하자면 모두 어느 정도 의식될 수 있거나 적어도 언젠가 한 번은 의식되었고 바로 다음 순간에 의식될 수 있는 것이다. 따라서 무의식은 윌리엄 제임스(William James)가 언젠가 표현한 바대로 '의식의 언저리'이다. …"
400) http://blog.daum.net/k07210501/16135843/

무의식을 설명하는 융의 핵심 키워드는 정신세계, 심혼, 심혼의 세계, 심혼의 관념, 종교적인 것, 신의 관념 등이다. 인간의 의지와 상관없이 자율성을 가지고 움직이는 정신세계가 있으며, 그것이 인간 정신의 깊은 곳, 곧 심층에서 이루어지며 그 심층에 있는 것이 심혼이라는 것인데, 그 심혼의 관념과 사고가 인간의 무의식이라는 것이다.

여기서 더 중요한 것은 그 심혼이 종교적이고 신적인 관념을 가지고 있다는 것이다. 융은 "심혼은 생명을 주는 데몬(귀령, 軀齡)"이라고 말했다.[401] 이것은 융의 심혼 개념이 매우 비성경적이라는 것을 말해 준다.

융의 이런 개념들이 매우 비성경적임에도 불구하고 융의 심리학을 수용하는 것을 당연시하고 있다. 임경수 교수는 기독교의 핵심 교리인 중생의 과정이 융의 개성화 과정에 접목할 수 있다면서 다음과 같이 말했다.

> 의식의 영역이 무의식의 영역, 그중에서도 무의식의 원형과의 조우를 하는 순간은 바로 누미너스(the numinous)의 순간이다. 마치 이 순간은 종교적 회심의 순간으로 표현하기도 한다. 융은 이러한 무의식의 깊은 곳과 우리의 의식과의 만남은, 마치 인간이 하나님과의 만남으로 피할 수 없는 불가피한 것과 같은 것으로 보고 있다.[402]

임경수 교수에 의하면, 의식이 무의식의 원형과 조우를 하는 바로 그 순간에 '누미너스의 순간'이며, 그것은 마치 '종교적 회심의 순간'이다. 임경수 교수가 누미너스의 순간을 "하나님과의 만남"으로 말하나, 그것은 성경이 말하는 하나님이 아니다. 임경수 교수가 언급한 그 하나님은 자기(self)의 상징에 불과하다. 임경수 교수는 "융은 이 하나님의 개념을 인간 안에 앞서 존재하는 존재(pre-existing)로 보았다."고 말했다.[403] 임경수 교수가 말하는 "인간 안에 앞서

---

401) C.G. 융, **융 기본 저작집2 원형과 무의식**, 한국융연구원 C.G. 융 저작번역위원회 역 (서울: 솔출판사, 2006), 136.

402) 임경수, "칼융(Carl Jung)의 개성화(Individuation) 과정과 중생(Rebirth)에 대한 상담신학적 담론," **한국기독교상담학회지** 14 (2007): 180(171-196); "심리적 기술이 기독교에 있어서 의식 부재의 대안이 될 수 있다는 말은 융의 심리학에서 중요한 부분을 차지하는 개성화와 기독교의 중생은 상호보완적인 의미가 있다는 점이다. 심리학과 목사들이 관심을 가지고 있는 영혼에 대한 치유는 목사는 믿음의 고백에 기초로, 심리학자는 무의식의 것들을 기초로 치료 접근을 하기 때문에 쉬운 작업은 아니다."(Ibid., 185)

403) Ibid., 181; "하나님에 대한 융의 입장은 인간의 의식 또는 무의식 안에 이미 코드화되어 있는 하나님의 원

존재하는 존재"는 자기(self)라는 신성하고 초월적인 원형이다. 임경수 교수의 주장대로 '누미너스의 순간'이 중생이라면 오직 예수 그리스도를 믿어야만 구원을 받는다고 말할 필요가 없다.

중요한 것은 '이런 말을 하는 융의 의도는 무엇인가?' 하는 것이다. 인간의 정신세계의 깊은 심층에서 나오는 것이요 인간의 의지와 능력과 노력과 상관없이 자발적이고 자율적으로 이루어지는 사고, 관념과 이념이란 무엇인가? 그것도 자율적으로 발생을 하는 창조적인 의식이라니 이것이 도대체 무엇을 의미한다는 말인가? 결국, 융이 말하는 무의식은 하나님을 대체한 것이다!404)

융의 심리학으로 보면, 삶의 문제는 의식과 무의식이 분열되어서 오는 것이므로 무의식의 도움을 받아야 한다. 융은 "무의식은 의식에 통합되지 않으면 더 이상 '발전할' 수도 '구원될' 수도 없다"라고 말했다.405) 융은 현대사회의 문제는 무의식의 원천과 역사적 층으로부터 멀어졌기 때문에 발생했다고 말하면서 의식과 무의식의 통합이 인간에게 구원을 가져다준다고 말했다.406) 이것은 융

형적인 어떤 것이 존재하고 있다는 의미다. 그러므로 인간 안에 있는 구조에 대한 이해를 함으로 인간의 내적으로 하나의 그릇(vessel)을 마련할 수 있으며, 동시에 외부적으로 접근하는 하나님의 실체에 대하여 담을 수 있는 그릇이 필요하다는 점이다. 동시에 이미 내재화되어 있는 원형적인 하나님 상(archetypal image of God)은 인간이 가지는 어떠한 외부적 환경의 변화에 의해서도 파괴되거나 소멸되지 않는 향수병(nostalgia)을 가지고 있고, 하나님의 형상을 구하려는 의지를 가지는 인간의 경향은 그 어떤 열정이나 사랑보다 강한 것이다(Justin Lim, 2000, 23)."(Ibid., 181-182).

404) 조덕영, "정신분석학자 칼 융은 창조 신앙의 소유자인가?," Nov. 11. 2011. Accessed Apr. 20. 2019. http://christiantoday.co.kr/view.htm?id=249168; 하나님에 대해 융은 어떻게 여겼을까? 융의 저택 현관 문 위에 새겨져 있었다는 "우리가 불러 보았든지 안 불러 보았든지 하나님은 거기 계신다."는 말을 그의 사상에 비추어 보면 하나님에 대한 그의 입장이 어떤 것이었는지 어렴풋이 짐작할 수 있게 한다. 그는 여러 곳에서 여전히 하나님에 대하여 언급하고 있기는 하나 그는 항상 과학자이자 경험주의자의 입장이었으며, 관찰 가능한 기초 위에 서지 않고는 아무런 단정도 내리려 하지 않았다. 융은 다른 자유주의 신학자들이 그러하듯 역사적 예수와 신앙의 예수를 구분해서 생각하였던 사람이었다. … 가지고 살펴보려는 것과도 유사하다. 그에 의하면 하나님은 단지 선이 조금 많으신 분일뿐이다. 그것도 그저 그분은 자신의 체험 안에서만이 해석된다. 결국 과학과 경험을 중요시하는 융의 입장에서 하나님은 자신의 종교 체험 안으로 모시기에는 불편한 존재일 수밖에 없었을 것이다. 그리스도의 체험이란 융의 표현대로라면 자기가 만나는 것이다. 그가 기독교에 도전하면서 촉구하는 것은 기독교로 하여금 우리들에게 상징적인 의미의 뼈대를 만들어 줄 수 있는 기회를 제공하는 데에 있었다. 결국 융의 희망은 기독교 공동체가 자신의 이 도전과 소망을 받아들이기를 바랐다고 생각된다.

405) C.G. 융, 융 기본 저작집6 연금술에서 본 구원의 관념, 한국융연구원 C.G. 융 저작번역위원회 (서울: 솔출판사, 2006), 248.

406) 김성민, 융의 심리학과 종교 (파주: 동명사, 2010), 84: "융은 현대사회가 전반적으로 무의식의 원천으로부터 멀리 떨어져 있고, 역사적인 층으로부터 너무 멀리 떨어져 있기 때문에 마치 뿌리 뽑혀진 시대처럼 되었으며,

이 의미와 통일성을 성경의 하나님으로부터 받지 않고 무의식으로부터 확보했다는 것을 의미한다.

융은 연금술에서 불꽃의 관념을 가져오는데, 쿤라트(Khunrath), 파라켈수스(Paracelsus), 도른(Dorn)과 같은 사람들의 말을 인용하면서 인간의 무의식에는 "자연의 빛"이 있다고 말했다. 그 자연의 빛은 '누미노제'(Numinosität), 곧 신성한 힘을 내재하고 있다.[407] 그것이 인간 내면에 선험적으로 존재하는 무의식이다. 외부의 간섭이 필요 없으며 그의 실존에 신성함을 부여하는 무의식은 인간을 신으로 출발하게 한다. 이것이 융의 분석심리학이 심층심리학이 되는 가장 중요한 핵심이다. 그런 까닭에, 융은 다음과 같이 말했다.

> 심혼은 많은 점에서 잘 알려진 것처럼 보이는 묵시적 전제다. …408)
> 심혼은 그 자신의 특수한 고유 법칙을 지니고 있는 영역이다. 그 심혼의 본질을 다른 과학영역의 원리로써 추론할 수 없다. 그렇게 되면 정신의 고유의 성질이 침해받게 된다.409)

융은 묵시적 전제를 가지며 특수하고 고유한 법칙을 지니고 있는 영역이 심

본능적으로 불안정한 사회가 되었다고 주장하였다(PI, p. 204. cf. PM, p. 205).

407) http://blog.daum.net/cheongpa580601/1325; 〈누미노제(Numinose)-이 말은 독일의 신학자 루돌프 오토(Rudolf Otto)가 한 말로, 인간이 거룩한 존재 앞에 섰을 때 자신이 진실로 피조물임을 존재론적으로 통감하는 감정적, 미학적, 직관적체험이라고 하였다. 한 마디로 누미노제는 "거룩의 체험"이라고 번역할 수 있겠다. 그는 이 누미노제 체험 안에는 무엇이라 말할 수 없는 신비하고 매혹적이며 두렵고 떨려오는 요소가 있다고 하였습니다. 오토는 모든 종교의 시작에는 이런 누미노스적 차원이 실재한다고 보았다. 오토는 누미노제 개념이란 슐라이엘마허(Friedlich Schleiermacher, 1768-1834) 등의 신학자들로 대표되는 기존의 '감정신학-거룩한 존재에 대한 의존감정'이 아니라, 그보다 더 깊고 심원한 감정 즉 그 거룩한 존재 앞에 섰을 때 자신이 진실로 어떤 존재인지, 진정한 피조물임을 존재론적으로 통감하는 그런 감정적, 미학적, 직관적, 체험이라고 하였다. 또한 이 누미노제 체험 안에는 무엇이라 말할 수 없는 신비하고 매혹적이며 두렵고 떨려오는 요소도 있다고 하였다. 오토는 모든 종교의 시작에는 이런 누미노스적 차원이 실재한다고 보았다. 바로 이런 누미노스적 체험 속에서 사람들은 하느님의 현존, 인간의 무상함과 존재의미, 죄악의 더러움, 용서받는 감동과 감격이 나온다고 하였다. 또한 이런 누미노스 체험은 일반적 자연인은 도저히 알 수 없는 신비적 사건이며, 영적인 사람만이 자신이 모든 것들 위에 계신 거룩한 존재 앞에 서 있는 피조물임을 절감하며, 이를 통하여 참된 자기를 자각할 수 있다고 하였다. 루돌프 오토는 이 누미노스 연구를 통하여 종교 현상에는 합리적이고 이성주의적 관념에 익숙한 신학자들의 논리만으로는 설명할 수도, 이해할 수도 없는 〈누미노스적인 것들〉이 분명히 존재하고 있다는 것을 밝히려 애썼다.〉

408) C.G. 융, **원형과 무의식**, 한국융연구원 C.G. 융 저작 번역위원회 역 (서울: 솔출판사, 2006), 25.

409) C.G. 융, **융 기본 저작집1 정신요법의 기본문제**, 한국융연구원 C.G. 융 저작번역위원회 (서울: 솔출판사, 2007), 31.

혼이라고 말했다. 융이 그렇게 열변을 토한 것은 프로이트가 그랬듯이 융도 인간의 삶의 새로운 원리와 지평을 열어 가고 싶었기 때문이다.

그 지평이란 '인간의 심혼에 가라앉은 종교적인 것과 신적인 관념이 자리하고 있다'는 융의 말에서도 드러난다. 왜 종교적이고 신적이라는 말이 나와야 하는가? 그것은 융이 그의 인생 경험에서 나온 것인데, 융은 그의 나이 40살이 되어서 세상의 것들을 다 가졌지만 만족함이 없었다. 그는 영혼의 갈증을 느꼈고 그 갈증을 종교적이고 신적인 것에서 찾았다.410) 거기에 동원된 방법이 바로 적극적 심상법이다. 그러나 기독교는 싫어했다. 자기 내면의 신성함으로 가야 했기 때문이다.411)

그러면, 인간의 심혼에 가라앉은 종교적인 것과 신적인 관념을 어떻게 이해할 수 있을까? 그것은 꿈을 해독하는 것이다. 왜냐하면, 꿈은 이와 같은 관념을 일깨우기 때문이다. 융은 "꿈은 우리가 알지 못하는 심혼의 어떤 부분에서 생겨나 다음날을 준비하고 다음 날의 사건을 준비"하는 것이라고 말했다.412)

융은 여기서 끝나지 않고 그런 관념을 더 추적해 가기 위해서 신화와 상징, 신비주의 비의들과 연금술, 종교와 철학을 통해서 무의식을 파악하려고 했다. 융이 그렇게 집중적으로 파고들었던 이유는 무엇인가? 신화와 동화들이 무의식적 과정을 표현하고 있으며, 신화와 동화를 되풀이해서 들려줌으로써 무의식적 과정을 다시 생생하게 살려내고 회상함으로써 의식과 무의식의 관계를 재확립한다고 생각했기 때문이다.413) 또한, 융은 꿈과 함께 그런 것들이 무의식적인 환상의 소산이라고 보았기 때문이었다.414)

융이 말하는 무의식의 보상작용이란 의식에 결여된 것을 보충, 보상하는 역할을 말하며, 이런 보상작용을 통해 개인의 심리적인 통합을 도모한다고 말한다. 예를 들면, 외부 생활에서 매우 외향적이고 활동적인 사람들이 가정에 돌아오면

410) C. G. Jung, *The RED BOOK*, edited by Sonu Shamdasani, Mark Kyburz and John Peck, W.W. NORTON & COMPANY, New York·London, 2009, 231.
411) Ibid., 238.
412) C.G. 융, **융 기본 저작집7 상징과 리비도**, 한국융연구원 C.G. 융 저작번역위원회 (서울: 솔출판사, 2005), 26.
413) 칼 구스타프 융, **아이온**, 김세영·정영진 역 (서울: 부글북스, 2016), 246.
414) C.G. 융, **융 기본 저작집1 정신요법의 기본문제**, 한국융연구원 C.G. 융 저작번역위원회 (서울: 솔출판사, 2007), 28.

매우 내향적으로 되어 화가 난 사람처럼 거의 말을 하지 않게 되는 경우나, 혹은 정반대로 사회활동에서 조용하고 침착한 사람이 집에 돌아와서 마치 어린아이처럼 폭군 행세를 하거나 수다스러워지는 경우를 말한다.[415]

융은 사람의 심적 표현방식인 의식 태도, 즉 '외향적 태도'와 '내향적 태도'에 합리적·비합리적 '네 가지 심리 기능'(사고·감정·감각·직관)을 짝지어서 여덟 가지 개성의 유형을 분류하였다.[416] 여기에 기초하여 만들어진 것이 MBTI(Myers-Briggs Type Indicator) 성격유형 검사이다.[417] 오늘날 사람들은 MBTI의 신뢰성에 대해 의문을 제기하고 있다.[418]

---

415) http://blog.daum.net/ksook0123/576; 외부에서의 활동에 대해 무의식이 그와 반대로 행동하게 보상함으로써 외향성과 내향성 간의 조화를 이루게 한다. 이런 현상이 바로 무의식의 의식에 대한 보상작용 혹은 대상작용이다. 결국 무의식은 이런 보상작용을 통해 자동적으로 개인으로 하여금 심리적 균형과 통합을 이루게끔 한다.

416) 정인석, 의식과 무의식의 대화 (서울: 대왕사, 2008), 156; 심리학자도 오류를 인정하고 있다. "하지만 유형이론typology이란 경험과학으로서 심리학 이론이고, 이는 '정신 일반'mind-in-general을 문제삼을 뿐이며, '구체적인 개개인의 정신'mind-in-particular을 만족스럽게 설명할 수는 없기 때문에 한 사람의 복잡한 개성을 이해하기 위해서는 끈기 있는 관찰과 분석이 필요한 '개성 기술적'idographic인 태도가 필요하다고 본다."

417) http://mbti.co.kr/under/under_01.htm; MBTI란? MBTI(Myers-Briggs Type Indicator)는 C.G. Jung의 심리 유형론을 근거로 하여 Katharine Cook Briggs와 Isabel Briggs Myers가 고안한 자기 보고식 성격유형 지표이다.

418) 성격 유형 검사 'MBTI' 얼마나 믿을만한가, May. 16. 2017. Accessed May. 15. 2019. http://pub.chosun.com/client/news/viw.asp?cate=C01&mcate=M1004&nNewsNumb=20170323922&nidx=23923; 〈동일한 사람이 시차를 두고 MBTI 검사를 했을 때 각기 다른 유형으로 판정되는 경우가 적잖이 발생하는 것은 이 지침서의 신뢰도가 빈약함을 보여주는 사례다. 그만큼 자기가 처한 상황의 변화에 따라, 또 그 사이 겪은 경험에 따라 다르게 해석될 여지가 많은 문항들이 적지 않다는 얘기다. 이렇게 결과에서 차이가 보이는 원인은 두 가지를 꼽을 수 있다. 우선, 설문 내용이 16가지 성격 유형을 적합하게 묘사하지 못했을 수 있다. 또 성격 모델 자체에 문제가 있을 수 있다. 다른 사람이 우리의 성격을 대략적으로 가늠할 척도로 설문지를 작성했기 때문에 이를 토대로 성격을 진단하려는 모델이 유효하지 않다면 아무리 설문하기 좋은 양식을 갖추었더라도 진단 결과는 타당성이 떨어진다. 심리학자인 애니 머피 폴은 "MBTI 검사에서 말하는 16가지 유형이 12개의 별자리보다 더 유효하다는 증거는 없다"라며 MBTI 검사의 경우 두 가지 문제점이 다 있을 수 있다고 단정했다. [〈심리학에 속지 마라〉(스티브 아얀 지음)에서 인용]

MBTI에 대한 유효한 비판 https://namu.wiki/w/마이어스-브릭스%20유형%20지표; MBTI에 대한 유효한 비판은 아래와 같은 몇 가지로 압축할 수 있다. **자기보고(self-report)형 심리검사의 한계**: MBTI는 문항에 대해 응답자가 스스로 판단하여 점수를 매기는 자기보고식 검사로 이루어져 있다. 그러나 이러한 검사가 으레 그렇듯, 의도적이든 의도적이지 않든 자신의 실제 모습에 비교했을 때 응답을 속여서 하거나, 표면적으로는 똑같은 점수를 매겼다고 하더라도 사람마다 그 점수에 부여하는 의미가 일관적이지 않다는 등의 문제가 존재한다.

성격에 대한 유형론적 접근이 가지는 통계적 가정의 문제: MBTI와 같이 성격을 '유형'의 관점에서 접근하는 것이 타당하려면, (외향성-내향성 축을 예로 들었을 때) 이 세상의 모든 사람들의 외향성-내향성 분포는 뚜렷하게 외향적인 사람들의 집단과 뚜렷하게 내향적인 사람들의 집단으로 양분되어야 한다. 그러나 경험적으로 보나 통계적으로 보나, 사람들의 성격이 가지는 분포는 이러한 양극화된 분포보다는 정규분포와 비슷한 형태가 되는 경문제는 이렇게 분류하여 성격유형 검사를 하면 그 유형에 속하지 않는 사람이 실제로 생겨난다는 사실이다. 융의 말대로 보상작용이 일어난다면 모든 사람에게 보편타당하게 일어나야 한다. 만일 그렇지 않으면 무의식의 보상작용은 융의 주관적인 견해에 불과한 것이다. 그렇게 될 수밖에 없는 이유는 융의 심리학이 경험(체험)에 기초하고 있기 때문이다. 이것은 융의 심리학이 잘못된 가설에 불과하다는 것을 말해 준다.

　이런 경험론의 오류에 대해서는 인식론의 오류에서 밝혀진 것들이다. 영국의 고전 경험론의 결정적인 잘못은 오류 불가능하고 절대 확실하다고 주장되는 경험의 최소 단위가 결국은 사적인(private) 성격을 벗어날 수 없었다는 데에 있다. 인식주관의 사적인 경험과 객관적인 이론 사이의 간극을 영국경험론은 끝내 연결해 줄 수 없었다. 그래서 경험론자 흄(D. Hume, 1711-1776)은 과학의 인식론적 정당화가 아예 원천적으로 불가능하다고 주장하기까지 하였다. 그 후 칸트(Immanuel Kant, 1724-1804)는 흄의 이런 경험론은 인식론적인 파멸을 의미한다고 보았다. 과학의 정당화가 가능하고 인식론이 설 자리가 마련되고자 한다면 어떻게 해서든지 새로운 기초를 찾아야 한다는 것이 칸트의 일생일대의 과업이었다. 칸트는 '과학이 어떻게 해서 가능한가?'라는 물음을 철학의 제일 질문으로 여겼다. 과학의 가능 조건을 인간의 마음에서 찾았다. 칸트에 의하면 인간은 자연에 관하여 인간의 마음이 부여하고 심어 놓은 바대로 안다는 것이다.[419]

　칸트 이후의 철학사를 다 말할 수는 없지만, 융의 나이 40살이 되었을 때는 1차 세계대전이 발발하고 프로이트와 결별한 이후에 신비 종교를 체험하는 시절이었다.[420] 그런 경험들을 통하여 융은 경험(체험)을 그의 심리학의 근간으로

우가 많다. 즉, 대부분의 사람들은 외향성과 내향성에 있어 어느 정도의 평균을 중심으로 정도의 차이를 가지는 것이며, 이를 억지로 이분법적으로 나누고 이해하려는 유형론의 시도는 비합리적인 가정인 경우가 많은 것이다. **MBTI가 택하고 있는 성격 지표들의 현대심리학적 타당성:** 현대 심리학에서 많이 의존하고 있는 성격 측정 체계인 Big5의 경우, 요인분석이라는 통계적 기법을 통해 인간의 성격 구조가 개방성, 성실성, 외향성, 친화성, 신경성 or 정서 안정성 등의 다섯 가지 축으로 설명될 수 있음을 반복적으로 확인하고 있다. 그러나 이 요인구조와 MBTI가 완벽히 일치하는 부분은 외향성-내향성 차원뿐이고, 사고-감정 차원은 친화성이나 신경성 등의 차원과 일부 겹치는 부분을 인정할 수 있을 뿐이다. 또한 감각-직관 차원은 인간의 일반적 추론 및 사고방식으로서의 접근은 많이 이루어지고 있으나, 과연 이러한 요인들이 '감각적 인간' 또는 '직관적 인간'과 같이 성격으로 성립할 수 있는가에 대해서는 논란이 많다.〉

419) http://pakebi.com/philosophy/episte/hist02-modern.html?PHPSESSID=573656ee28bcc94ca8f182e9fdd698ce/

135 무의식과 전일성

삼게 되었다.

결국, 중요한 것은 사적인 성격을 벗어날 수 없는 경험론의 오류를 내포하고 있는 융의 심리학은 인간 개성의 보편타당한 원리가 될 수 없다는 사실이다.

그러면 정신치료의 과정에서는 어떻게 될까? 정신치료에 있어 융 심리학의 기본 원리도 인간의 정신과 무의식 사이에 존재하는 보상작용에 의해서 스스로 조절해 나갈 수 있는 체계로 되어 있다고 본다.[421] 그 치료의 방법으로서는 첫 단계로 환자 자신이 기억하여 낼 수 있는 모든 중요한 경험들을 가지고 분석가와 검토하는 것으로 출발한다.[422] 그러나 분석과 검토는 단순한 이야기 전개에서 끝나지 않으며 구상화를 통한 더 적극적인 해결책에 빠졌다.

보상작용이 문제가 되는 것은 의식과 무의식이 상호작용을 통하여 자기(self)에 도달하려는 것이기 때문이다. 그렇게 되기 위하여, 자아의식을 보상하는 무의식 과정은 전체 정신의 자가 조절에 필요한 모든 요소를 지니고 있다고 말했다.[423] 그렇게 자가 조절 기능을 갖추고 그 완성을 목적으로 보상작용을 하는 그 대상은 무엇인가? 그것은 바로 신(神)이 되는 것이다. 성경은 존재론적인 신성화를 말하지 않는다. 또한, 선과 악이 동반되어야 한다고 말하지 않으며 죄와 악은 뿌리 뽑혀야만 하는 원수이다. 그러나 융은 대극의 합일을 통한 존재론적 신성화로 나가기 때문에 무의식의 보상 이론은 스스로 높여져 하나님이 되려는

---

420) 융은 1907년에 처음으로 프로이트를 만났으나, 프로이트가 1912년 「리비도의 변천과 상징」을 발표하자 자신과 지향점이 다르다는 것을 확인하고 결별을 선언했다. 프로이트와 결별 후에 발표한 책은 인간의 성격유형에 관한 책이었다. 융은 자신의 심리학이 프로이트와 아들러와 무엇이 다른지 말해 주려고 했다. 융은 무의식의 구조의 문제보다 개인의 의식적 경향을 먼저 생각했다. 의식적 경향과 함께 무의식의 보상작용을 탐구했다.

421) 조덕영 박사 칼럼에서, http://christiantoday.co.kr/view.htm?id=249168; "프로이트가 종교를 일종의 환상이라고 본데 비하여, 융에 있어서 하나님은 심리적 실재였다. 즉 신 자체가 아닌 신 이미지였으며 일종의 원형이었다. 그렇다고 그것이 비인격적인 신도 아니었다. 이 실재는 개인의 삶에 깊이 관여된 사건으로 나타나는 힘이었다. 즉 그가 말하는 종교란 정확히 말해서 〈종교적인 태도〉 또는 〈보다 높은 힘에의 귀의〉라고 정의 할 수 있겠다. 따라서 그는 유일 종교로서의 기독교를 자연스럽게 벗어나게 되었다. 그가 UFO나 고대 인도의 상징 차크라 등과 같은 온갖 유별난 유사과학적 현상들에 주목한 것은 결코 우연이 아니었다. 결국 그가 가진 창조 신앙은 최소한 정통 기독교의 창조 신앙은 분명 아니었다."

422) http://www.christiantoday.co.kr/view.htm?id=249168; 조덕영 박사 칼럼, 「정신분석학자 칼 융은 창조 신앙의 소유자인가?」 "융의 정신치료 이론은 우리가 원인들 뿐 아니라 목표에 의해서도 상당히 많은 지배를 받고 있다고 본다. 즉 프로이트의 무의식적인 동기 개념에 대하여 동의하고 있다. 그런 의미에서 융의 심리학도 역시 심층심리학이라고 할 수 있다."

423) C.G. 융, **융 기본 저작집3 인격과 전이**, 한국융연구원 C.G. 융 저작번역위원회 (서울: 솔출판사, 2007), 80-81.

비성경적인 인본주의 신격화 이론이다.

기독교와 관련해서 융은 다음과 같이 말했다.

> 연금술은, 말하자면 표면을 지배하는 기독교의 저변부를 흐르는 저류(底流) 같은 것을 이루고 있다. 연금술과 기독교의 관계는 꿈과 의식의 관계와 같다. 꿈이 의식의 갈등을 보상하듯이 연금술은 기독교의 대극 긴장으로 열린 틈을 메우고자 노력한다. [424]

융의 심리학에서 선과 악은 대극으로서 존재한다. 융은 선과 악을 신의 측면이라 했다.[425] 융에게 있어서 홀수는 남성적인 것으로 짝수는 여성적인 것으로 파악된다. 그러므로 삼위(三位)는 남성적인 신성이 되어버린다. 반면에 그리스도와 마리아는 남녀 양성으로 본다. 이것은 연금술의 한 핵심적인 원리인, '마리아 프로페티싸'(Maria Prophetissa)의 정리,[426] 즉 "하나는 둘이 되고 둘은 셋이 되며, 또한 셋에서는 넷인 하나가 생겨난다"는 원리에 이르게 된다.[427] 그 넷째가 사탄이다. 그런 까닭에, 칼 융의 심리학은 적그리스도다!

대극의 합일을 통하여 융이 하고 싶은 말은 무엇인가? 융에게 있어서 그리스도는 무의식이 나타난 형상이다.[428] 융에게 있어서 그리스도는 자기의 상징에

---

424) C.G.융, **꿈에 나타난 개성화 과정의 상징**, 한국융연구원 C.G. 융 저작번역위원회 역 (서울: 솔출판사, 2007), 35.
425) C.G. 융, **융 기본 저작집9 인간과 문화**, 한국융연구원 C.G. 융 저작번역위원회 (서울: 솔출판사, 2004), 137-138; "우리는 선과 악이 피린치피아(principia)임을 알게 됩니다. 프란치프(原理, prizip)란 '프리우스'(prius)라는 말에서 나왔는데, 이것은 '이전에', '시초에' 존재하는 것을 말합니다. 가장 최후에 생각할 수 있는 프린치피움(pricipium)은 신(神)입니다. '프린치피아'가 최후에 귀착되는 것은 신의 측면입니다. 선과 악은 우리의 윤리적 판단의 프린치피아입니다. 최후의 존재적(ontisch) 뿌리에 귀착시키면 그것은 '시초', 신의 측면, 신의 이름입니다." "선과 악의 현실성은 느닷없이 닥치는, 너무나 엄청나서 감당하기 어려운 상황이나 사물에 있습니다. 여기서 우리는 생사를 건 상황 속에 있는 것입니다. 이렇게 강렬하게 내게 다가오는 것에서 나는 어떤 누미노즘을 경험하며 이것을 신적(神的)인 것, 마귀 같은 것, 또는 숙명적인 것이라고 해도 좋을 것입니다."(p. 143)
426) 칼 구스타프 융, **융합의 신비**, 김세영·정명진 역 (서울: 부글북스, 2017), 93; 마리아의 공리(axiom of Maria)라 하며 3세기의 연금술사 마리아 프로페티사(Maria Prophetissa)가 제시한 것으로 알려져 있다.
427) C.G. 융, **융 기본 저작집5 꿈에 나타난 개성화 과정의 상징**, 한국융연구원 C.G. 융 저작번역위원회 역 (서울: 솔출판사, 2006), 34; "그와는 달리 도그마는 셋이 하나님을 주장하는 반면, 넷이 하나라는 것은 부인한다. 예로부터 홀수는 서양에서뿐 아니라 중국에서도 남성적인 것으로, 한편 짝수는 여성적인 것으로 알려져왔다. 그렇게 볼 때 삼위는 분명 남성적인 신성이다. 따라서 남녀 양성인 그리스도나, 성모의 특수한 지위와 승격은 그에 대한 완전한 등가물이 되지 못한다."
428) Ibid., 34-37; "… 그렇지만 무의식은 '기본재료'와 '대우주의 아들'의 형상으로 나타난 키벨레(Kybele)-아티스(Attis, 아티스는 모신母神 키벨레의 아들로서 스스로 남근을 절단하고 죽은 뒤 부활하는 신-역주)의 유형을 선호하였던 것임이 드러났다. 그렇기 때문에 무의식은 단순히 의식과 대립 된 입장에 있는 것이 아니고 다소간

불과하다.[429] 이재훈은 "융은 그리스도야말로 인류 역사상 가장 완전한 자기의 상징으로 보았다"라고 말했다.[430] 융이 말하는 대로 그 그리스도는 인간의 밖에 있는 것이 아니라 인간 안에 있는 그리스도이다. 그리스도는 융의 연금술이 가는 길의 목표이다.

융은 예수님의 십자가상의 희생의 의미를 다음과 같이 말했다.

> 인간은 예수의 십자가의 처형으로 죄가 용서된 것이 아니라, 신이 인간의 고통을 알고 인간을 죄지을 수 있게 만든 잘못을 깨달아 신의 잘못을 보상함으로써 인간과 신은 화해·결합하였다고 보았다. 요컨대, 예수가 등장함으로써 그리스도교에 나타난 '사랑과 용서'의 원리는 신이 일방적으로 인간을 용서함이 아니라 신도 신의 실수를 인정함으로써 실현된다는 것이다.[431]

융이 이런 말을 하는 까닭은 대극의 원리로 기독교를 이해했기 때문이다.[432] 그에게 있어서 신이란 선과 악이 공존하는 신이었기 때문에, 악의 문제에 대하여 성경적인 차원으로 이해하지 못했다. 세상의 종교와 신비주의적인 시각에서

변형된 적수이거나 한편임을 알 수 있다. 아들 유형은 '지하계적인' 무의식으로부터 말이 아니라 여전히 아들을 '보충상'(補充像)으로서 불러낸다. 이 주목할 만한 사실은 추측컨대 현세적 인간의 본성에 내재 된 순수하게 정신적인 신의 현현(顯現)과 관계가 있는 듯하다. 그러한 일은 동정녀의 자궁을 잉태시킨 성령에 의해 가능하다는 것이다. 따라서 위의 것, 정신적인 것, 남성적인 것은 아래의 것, 지상적인 것, 여성적인 것으로 기울어지며, 그와 마찬가지로 아버지의 세계보다 선재(先在)했던 어머니는 남성적인 것에 응하여 인간정신('철학')의 도구를 통해한 아들을 생산한다. 그는 그리스도와 대립되는 자가 아니라 그의 지하세계적 부분이며, 신인(神人)이 아니라 근원적 어머니(Urmutter)에 부합하는 상상적 존재이다. 그리고 상부의 아들에게 인류(소우주) 구원의 임무가 주어지듯이, 하부의 아들은 '대우주의 구원자'(salvator macrocosmi)의 역할을 맡는다."

429) Don McGowan, *What is wrong with Jung* (New York: Prometheus Books, 1994), 48.
430) 이재훈, "융과 목회상담–앤 율라노프의 공헌을 중심으로," **목회와상담** 3 (2002): 119(110-131).
431) 정인석, **의식과 무의식의 대화** (서울: 대왕사, 2008), 295.
432) http://christiantoday.co.kr/view.htm?id=249168; 융은 종교 심리학에도 공헌한다. 융은 세계 종교들을 정신 치료를 위한 위대한 상징체계라 불렀다. 인생 후반기에 접어든 환자들에게서 그들 삶의 종교관을 발견하는 것이야말로 그들 문제의 궁극적 접근이라는 것이다. 모든 종교들은 사람들의 마음에 생겨난 어떤 균열들을 치료해 주고자 한다는 것이 융의 생각이다. 그는 이러한 상처 중에서도 가장 근본적인 것은 의식과 무의식 사이의 균열이라고 보았다. 이 분열상을 어떻게 치료할 것인가? 가장 근본적인 문제는 보다 높은 의식 수준 위에서 대극을 재통일하는 것이라고 융은 주장하고 있다. … 그럼 기독교에 대한 융의 입장은 어떠했을까? 융은 여러 면으로 기독교에 도전하였다고 볼 수 있다. 그 도전의 저변에 깔려 있는 주제들을 요약하면 다음과 같다. 첫째 기독교인들은 종교 언어가 상징적인 언어로 표현될 필요가 있다는 사실을 인식하여야 된다고 하였고, 둘째, 기독교인들은 종교적 상징주의로서의 기독교의 의미를 새롭게 깨닫고 재발견해야 된다는 것이었다. 특히 기독교의 언어들은 융의 말년의 관심 분야였다. 그는 확대라고 하는 자신의 꿈 해석 기법을 통하여 기독교의 상징 언어에 접근하고 그것을 감정하는 방법을 제시하기도 하였다.

하나님에 대하여 접근했기 때문에 예수님의 죽음을 이해할 수 없었다.

또한, 융은 그림자와의 조우, 신성한 원형과의 만남으로 나아가도록 부추기는 데, 융에게 있어서 예수는 신성한 빛을 밝히기 위해 암흑의 체험을 떠난 선구자이기 때문이다.[433] 이것이 오늘날 융 기독교, 융 가톨릭, 융 내적치유, 융 가정 사역, 융 음악치료, 융 미술치료 등으로 만드는 핵심적인 원리가 되었다는 것을 절대로 놓쳐서는 안 된다!

그러므로 이론적으로나 실제적 치료에 있어서나 그 목적에서도 무의식의 보상작용은 비성경적이기 때문에 융의 심리학은 기독교인의 삶을 해결하기 위한 원리가 될 수 없다.

융은 무의식을 개인 무의식과 집단 무의식으로 설명했다. 자아에 의해 의식화되지 못한 것들은 개인 무의식에 저장된다고 보았다. 집단 무의식에 도달하려면, 분석 등에 의해서 무의식의 개인적인 층은 벗겨지고, 분석되고, 의식화되어야 한다. 이 의식화의 과정에서 적극적 명상 혹은 적극적 심상법이라는 구상화 방

---

433) 정인석, **의식과 무의식의 대화** (서울: 대왕사, 2008), 51-52; "… 기독교의 중심 표상은 고전적 종교가 진부한 것이 되어버렸던 시대에 심리학적 법칙상 당연히 발전될 수밖에 없었던 그노시스 철학에 그 뿌리를 두고 있다. 그노시스 철학의 바탕이 되는 것은 인간의 삶을 지배하는 집단적 표상이 와해될 때면 항상 생겨나는 무의식적 개성화 과정의 상징에 대한 인지다. 그러한 시대에는 필연적으로 새로운 주상(主想, Dominanten)을 형성하기 위해 표면으로 밀려드는, 엄청나게 많은 수의 신성한 원형에 사로잡혀 있는 수많은 개인들이 있게 된다. 사로잡힌 상태는 이른바 사로잡혀 있는 자들이 스스로를 자신의 무의식의 원형적 내용과 동일시하는 상황에서 예외 없이 나타난다. 그런데 그들은 자신에게 던져진 역할이 계속 인식해야 할 새로운 내용의 결과라는 것을 깨닫지 못한 채 그들 자신의 삶을 통해 그러한 내용을 모범적으로 보여주는데, 그렇게 해서 예언자나 개혁자가 되는 것이다. 기독교 드라마의 원형적 형상이 많은 사람들의 불안정하고 절박한 무의식을 만족스럽게 표현할 수 있었던 만큼 그것은 '모두의 동의'에 의해 보편적 구속력을 지닌 진리로 승격되었다. 그것은 물론 어떠한 판단 행위에 의한 것이 아니라 광범위하게 작용한 사로잡힘이라는 비합리적 사실을 통해서였다. 그와 함께 예수는 모든 사람들을 사로잡고자 위협했던 저 원형적 힘을 막는 수호상이 되었다. 복음은 이렇게 선포되었다: '그러한 일이 일어났지만, 너희가 신의 아들 예수를 믿는 한 더 이상 그런 일은 일어나지 않을 것이다. 믿어라! 그러나 그런 일은 일어날 수 있었고 현재도 일어날 수 있으며 장차 누구에게라도 일어날 수 있다. 그에게 기독교의 주상(主想)이 쇠퇴하는 한 말이다.' 그렇기 때문에 의식 생활의 주상(主想)에 만족하지 못한 채 몰락에 빠지든 축복을 얻든 간에 은밀하게 옆길로 빠져들어 영원한 뿌리를 근원적으로 체험하고자 한 사람들이 늘 있었다. 그들은 불안정한 무의식의 매혹에 현혹되어, 마치 예수와도 같이, 적대자인 어둠의 아들과 맞부딪쳤던 저 광야를 향해 길을 떠났던 것이다. 그리하여 한 연금술사는 (그는 성직자다!) 이렇게 간청한다. '우리 정신이 지닌 무서운 어둠을 씻어 버리시오, 우리의 감각에 빛을 밝히시오!' 거기에서 말하는 것은 작업의 첫 단계인 '니그레도'(nigredo, 암흑)의 체험이다. 그것은 연금술에서 '멜랑콜리아'(melancholia)로 감지되며 심리학적으로 볼 때 그림자와의 조우에 상응한다."

법을 사용한다.

　놀라운 것은 이 집단 무의식이 개인의 과거만을 담고 있는 것이 아니라, 모든 사람의 보편적인 과거나 미래를 담고 있다고 말했다는 것이다. 그런 가정에 근거하여, 이 집단 무의식[434] 때문에 시간과 공간과 인종을 초월해서 보편적인 세계와 접촉할 수 있다고 말했다.[435] 그 보편적 세계란 무엇인가? 그것은 궁극적으로 신성의 세계를 말한다.[436]

---

434) Don McGowan, *What is wrong with Jung* (New York: Prometheus Books, 1994), 82; 융은 나중에 집단 무의식을 인종 무의식(racial unconscious)이라고 말했다.

435) 에르나 반 드 빙켈, **융의 심리학과 기독교 영성**, 김성민 역 (서울: 한국심리치료연구소, 2010), 26.

436) http://theologia.kr/board_korea/27266; 칼 구스타프 융의 심리학적 종교 다원주의-〈칼 융의 무의식론에 의하면 무의식이란 "프로이드가 초기에 생각했던 것처럼 의식으로부터 억압되어 생긴 것만으로 구성되는 것이 아니고, 태어날 때부터 가지고 있으면서 의식에 의해 그것이라고 인식되지 못한 채 정신작용에 큰 영향을 주는 부분"이라고 보았다. 그는 특히 개인의 출생 이후 특수 경험을 바탕으로 이루어지는 '개인적 무의식'과는 다른 선천적으로 존재하고 시간과 공간을 초월해서 모든 인간에게 보편적 성격을 띠게 하는 '집단적 무의식' 또는 '보편적 무의식'을 강조하였다. 무의식은 개인적일 뿐만 아니라 집단적이기도 한데 만약 무의식이 각 개인 속에 존재하는 보다 깊은 우물이나 샘으로 간주 될 수 있다면, 모든 개인적인 우물들은 집단적 무의식이라는 공통의 지하수로 합류한다고 볼 수 있다. 그런데 이러한 집단적 무의식은 인간에게 주어진 여러 가지의 근원적 유형(원형, Archetype)들에 의해 구성된다. 근원적 유형 또는 원형이란 지리적인 차이, 문화나 인종의 차이와 관계없이 존재하는 인간의 가장 원초적인 행동 유형을 말하는데, 이것은 신화를 산출하는 그릇이며 우리의 마음속의 종교의 원천이기도 한 것이다. 융은 인간의 무의식 안에서 신의 흔적을 발견할 수 있다고 하면서 신관념은 심리학적 사실이라고 말한다. 그는 자신이 발견한 무의식과 그 안에 담긴 신의 이미지의 현존으로부터 기존 종교의 본질, 그것들의 차이, 그것들의 유사성에 관한 결론을 이끌어 내면서 모든 계시가 개인적, 집단적 무의식 속에 그 기원을 가지며, 최소한 그 기원에 속한다고 말한다. 이것 때문에 계시는 본질적으로 심리적인 사건이다. 계시는 안으로부터 말하는 신체험이며, 본질적으로 이것은 모든 인간 존재에게 있어서 동일하다고 한다. 윌리엄 제임스도 융과 같이 공통의 심리학적 기원을 말하고 있다. 종교들은 광범위하고도 필연적으로 다양성을 가지고 있지만 그 저변에는 본질적인 동일성이 있다고 그는 말한다. "종교의 모든 영역을 살펴보면 거기에 편린되어 있는 사상체계는 상당한 다양성이 있음을 발견하게 된다. 그러나 다른 한편으로는 그 행동은 거의 비슷하다. 왜냐하면 스토아 철학, 기독교, 불교의 성인들은 그 실천면에서 보면 그 삶에 거의 차이가 없기 때문이다." 이러한 심리학적 기원에 대하여 마르틴 부버와 다른 많은 신학자들은 융이 초월적인 신을 인간의 한계 안에 가두어 놓았다고 신랄하게 비판했다. 부버의 견해로는 융이 종교를 심리학으로 환원시켰다는 것이다. 즉 신은 신성에 대한 능력과 느낌과 의식, 자의식 이외에 아무것도 아닌 것이 되었다는 것이다. 그러나 융은 신과 유한자는 각각 안에서 두 존재를 가진다고 보고, 또 이들은 구분되기는 하지만 서로가 없이는 실재할 수 없다고 본다. 종교에 대한 융학파의 접근과 관련된 근본적인 문제는 신학자, 철학자 그리고 인류학자들에 의하여 제기되었다. 즉 이들은 너무 개인주의적이고 주관주의적이며 비역사적이라는 것이다. 또한 구원의 문제에 있어서 융의 관점은 예수가 구원을 이룬 것은 주로 그가 무엇을 행함에 있어서가 아니라(예를 들면 신의 빛을 갚는 행위 같은) 무엇을 계시함으로써-인간을 깊이 감동 시켜서 그들이 자유로운 행위를 할 수 있도록 하는 신의 이미지와 삶의 비전을 보여 줌으로써-라고 보아서 전통적인 구속론에서 벗어나 있음을 알 수 있다. …〉

내면의 거주자-콤플렉스

융의 심리학에서 가장 중요한 개념이 콤플렉스와 원형이기 때문에 '콤플렉스 심리학'이라고 부른다. 콤플렉스론은 1928년 『정신에너지의 발생론』에서 발표되었다. 사람들이 콤플렉스라는 말을 사용하게 된 것은 융의 심리학의 영향이다.

융은 정신의 표층으로서 자아의식은 개인과 외부 환경 사이의 갈등으로 인해 마음에 동요와 감정적 반발을 일으킨다고 말하면서 정신세계에 일어나는 이런 충동을 긍정적으로 여겼다. 그 충돌이 자아가 발달하는데 자극이 되고 문제 해결 능력이 강화되며 개인의 자율성이 증대된다고 보았기 때문이다.437)

그런 충돌 속에서 자극이 일어나기도 하지만 환경적 원인과 직접적인 연관이 없어도 의식의 동요가 일어나는 것을 융은 내면에 충돌이 있기 때문이라고 보았다. 융은 그 내면이란 무의식을 말하고 그 무의식에 처음으로 조우하는 것은 '콤플렉스'(complex)라고 말했다. 콤플렉스는 무의식의 운영체제에 돌아다니는 바이러스와 같다.

콤플렉스는 '단어연상실험'(Word Association Experiment)를 통해 나왔다. 이 실험은 여러 단어를 불러주고 연상되는 것을 한 단어로 반응하게 하여 그 결과를 살피는 것이다. 융은 피검자가 어떤 단어에 대해서는 전혀 대답을 못 하고 어떤 단어에 대해서는 매우 느리게 반응하는 것을 보았고 단어연상에 장애가 일어나는 것을 목격했다.

그때 마침 프로이트의 억압설을 접하고 단어연상이 잘 안 되는 이유는 연상의 흐름을 깨뜨리는 무엇인가가 마음속에 존재하고 있기 때문이라고 생각하고 그것을 콤플렉스라고 불렀다. 융은 연상이 자극 단어와 숨겨진 무의식의 내용 사이에 일어난다고 추론하고 의식에 동요를 일으킨다고 생각했다.

개인 무의식의 중요한 특징은 여러 내용이 뭉치고 떼를 지어서 한 그룹을 이루며, 의식의 동요에 반응하는 무의식의 내용을 융은 '콤플렉스'라고 불렀다.438)

---

437) 머리 스타인, **융의 영혼의 지도**, 김창한 역 (서울: ㈜문예출판사, 2017), 55.
438) C.G. 융·C.S. 홀·J. 야코비, **C.G. 융 심리학 해설**, 설영환 역 (서울: 선영사, 2007), , 85; 콤플렉스의 존재가 비로소 떠오른 것은 융이 언어 연상 실험을 통해 연구하고 있을 때였다. … 일련의 단어를 한 번에 하나씩 읽고, 피실험자는 마음에 떠오른 최초의 단어를 대답한다. 그때 피실험자가 반응하기에 긴 시간이 걸리는 점에

콤플렉스란 감정, 기억, 사고, 지각 등의 유사한 내용이 모여 하나의 무리를 형성하고 있는 정서적 색채가 강한 내용, 곧 관념의 덩어리이다. 개인적 무의식을 구성하는 것이 콤플렉스라면, 집단적 무의식을 구성하는 요소는 원형(archtype)이다.[439] 융은 인간은 백지상태(tabla rasa)로 태어나는 것이 아니라 정신적 요소를 가지고 태어난다고 보았다.[440]

특히 콤플렉스는 '감정에 의해 채색된 복합체'라고 불렸다.[441] 콤플렉스는 개인의 사고의 흐름을 방해하거나 의식의 질서를 일시적으로 또는 장기적으로 교란하며, 감정적으로 동요하거나 흥분하게 만들고 강한 부정적 정서를 경험하게 하며, 이를 행동으로 표현하게 만들기도 한다.[442]

융은 인간의 정신은 감정으로 고조된 콤플렉스로 이루어져 있다고 생각한 것은 사람의 정신활동을 좌우하는 무언가가 사람 마음속에 있다고 보았기 때문이다. 융에 의하면, 콤플렉스는 개인의 경험에서 발생하는 개인적인 콤플렉스가 있고, 타고난 성향에서 생겨난 집단적인 콤플렉스가 있다. 김성민 교수는 다음과 같이 말했다.

> 콤플렉스는 사람들에게 정신적 체질처럼 그가 어떤 외부적인 사태에 대해서 어떤 특정한 반응을 하게 하는 요인으로 작용한다. 콤플렉스는 어떤 정신적 내용으로 이루어진 핵을 둘러싸고 그 주위에 그와 관계되는 다른 내용이 엉겨 붙어서 만들어졌기 때문이다. 융에 의하면 자아도 일종의 콤플렉스이고, 무의식을 구성하는 원형도 모두 콤플렉스다. 그러므로 인간의 정신활동은 그에게 어떤 콤플렉스가 어떻게 조합되어 있느냐에 따라서 결정된다.[443]

김성민 교수에 의하면, 인간을 움직이는 것은 콤플렉스 원형이다. 개인적인

융은 주목하였다. 그가 왜 반응에 그렇게 긴 시간이 걸렸느냐고 물어도, 피실험자는 시간이 걸린 까닭을 설명하지 못했다. 융은 시간이 걸린 까닭은 무의식적 정서가 반응을 했기 때문일 거라고 생각했다. 그래서 이 문제를 더 깊이 조사했더니 반응을 지연시킨 단어와 관계있는 다른 단어도 반응하는 시간이 길다는 것을 알았다. 그래서 융은 무의식 속에 감정·생각·기억의 연합군-콤플렉스-이 반드시 있을 것이라고 생각했다.

439) 김성민, **융의 심리학과 종교** (파주: 동명사, 2010), 100.
440) 김성민, **분석심리학과 기독교** (서울: 학지사, 2012), 34.
441) 가와이 하야오, **융이 그린 마음의 해부도**, 김지윤 역 (서울: 바다출판사, 2018), 61: "이렇게 많은 심적 내용이 동일한 감정에 의해서 하나의 연결고리를 만들고, 이에 관계되는 외적인 자극이 주어지면 그 심적 내용 한 무리가 의식의 제어를 넘어서 활동하는 현상을 볼 수 있는데, 무의식 안에 존재하면서 어떤 감정에 의해서 연결된 심적 내용의 집합체를 융은 콤플렉스라고 이름 붙였다."
442) C.G. 융·C.S. 홀·J. 야코비, **C.G. 융 심리학 해설**, 설영환 역 (서울: 선영사, 2007), 93.
443) 김성민, **분석심리학과 기독교 신비주의** (서울: 학지사, 2012), 47.

콤플렉스도 인간의 정신활동을 좌우하지만, 더 깊은 차원에서 인간의 정신활동을 지배하는 것은 집단적인 콤플렉스이다. 그 집단적 콤플렉스의 핵심에는 자기(self)가 있고, 그 자기가 인간을 주도해 간다고 보는 것이 융의 분석심리학의 실체이다.

김성민 교수는 콤플렉스의 특징을 다음과 같이 네 가지로 말했다.

> 첫째로 어떤 정신적인 내용이 하나의 핵(核)을 형성하고, 둘째로 거기에 정동적인 요소가 착생되어 있으며, 셋째로 그 핵은 그것과 비슷한 특성을 지닌 정신 내용들을 흡수하며, 넷째로 자율성을 띠고 있는 것이다.[444]

콤플렉스는 인간 정신에서 정신적인 내용으로 가득 찬 하나의 내용을 이루고 있으면서 그와 비슷한 특성을 지닌 정신 내용을 흡수하여 큰 핵으로 만든다. 그런 콤플렉스는 정동이 있고 자율성이 있다. 콤플렉스가 자아와 무관하게 작용하기 때문에 자율성이다.

융은 다음과 같이 말했다.

> 즉 자극어가 숨겨진 콤플렉스와 연결된 어떤 것을 자극할 때마다 의식적 자아의 반응은 방해를 받거나 혹은 경우에 따라서는 그 콤플렉스로부터 나온 답변에 의해서 대치되거나 하게 될 것입니다. 그것은 마치 콤플렉스는 자아의 의도를 방해하는 힘을 가진 독립된 존재인 듯이 보입니다. 사실상 콤플렉스라는 것은 그 자신의 독립된 정신생활을 가지고 있는 2차적 인격 혹은 부분 인격(partial personalities)과 같은 태도를 나타내고 있습니다.[445]

융에 의하면, 콤플렉스는 자아의 의도를 방해하는 것이며 2차적 인격으로 자리 잡고 있다. 콤플렉스는 다른 사람들보다 무엇인가를 가지지 못한 것, 그 부족한 것이 의식화된 것이다. 예를 들어 키 콤플렉스가 있다는 것은 다른 사람에 비하여 키가 작다는 것이고, 만일 어떤 사람이 키에 대해 말하면 감정적으로 동요하여 이성적인 사고에 어려움을 당하게 되는 것이다.

444) 김성민, **분석심리학과 기독교** (서울: 학지사, 2012), 33.
445) C.G. 융, **심리학과 종교**, 이은봉 역 (서울: 창, 2019), 32; "많은 콤플렉스는 다만 의식으로부터 격리되어 있는데, 그 까닭은 의식이 그 콤플렉스로부터 벗어나기를 원하기 때문입니다. 그러나 일찍이 의식 가운데 존재한 적이 없고, 따라서 결코 제멋대로 억압된 적이 없는 콤플렉스가 존재하고 있습니다. 이러한 콤플렉스는 무의식으로부터 발생하는데, 그 콤플렉스는 자기의 기묘하고 난공불락의 자신감과 충격력을 가지고 의식을 침해하여 압도하는 것입니다."

한편으로는, 어떤 사람이 콤플렉스를 가지고 있다면 무엇인가에 깊이 몰두하고 있어서 다른 것은 전혀 생각할 수 없다는 뜻이다. 만일 '모친 콤플렉스'가 있다면 그 사람은 어머니가 말하는 것, 느끼는 것에 민감하여서 어머니의 모습이 늘 그의 마음에 자리 잡고 있다. 어머니와 관련된 일, 어머니를 모방하는 일, 어머니 같은 여성을 좋아하게 된다. 어려서는 '엄마를 따르는 아들'이 어른이 되었는데도 '어머니에게 쥐여사는 아들'로 사는 것이다.[446]

콤플렉스에 대처하기 위해 자아가 취하는 여러 방법을 '자아 방어기제'라고 하며, 그중 하나가 '동일시'(identificaton)다. 남성은 자신의 아버지를, 여성은 자신의 어머니를 닮아 가는 경우가 있다. 어렸을 때 동성의 부모를 비판했으나 감정을 표현하지 못하고 아버지상이나 어머니상을 중심으로 콤플렉스를 형성한다. 어른이 되고 난 다음에 자신을 돌아보면 어렸을 때부터 그렇게 비난했던 부모를 그대로 닮아 가고 있다는 것을 알게 된다. 동일시가 심해지면 자신을 신이라고 생각하면서 세상을 다스릴 것이라고 호언장담을 할 수도 있다.

융은 이런 일들이 개인의 경험에만 있는 것이 아니라 보편적으로 존재한다고 생각하고 집단 무의식과 원형 개념을 발전시켰다. 가와이 하야오는 융이 개인이 경험한 어머니(상)를 넘어서 '어머니 그 자체'라고 부를만한 '보편적인 존재'를 파악하려고 했다고 말했다.[447] 이것은 융이 개별자에게 통일성을 제공하는 보편자를 찾으려 했다는 것이다. 융의 보편자는 초월적이며 신적인 집단 무의식이다. 융은 기독교의 하나님을 버리고 자기를 신으로 만들었다.

융은 환자의 신경증적 상태가 콤플렉스와 몹시 얽혀 있다고 인식하였다. 그러나 콤플렉스가 반드시 개인의 적응을 방해하지 않고 중요한 영감과 충동의 근원이 된다고도 보았다. 중요한 것은, '콤플렉스가 어떻게 일어나는가?' 하는 것이다. 융은 프로이트의 영향을 받아서, 아동기 초기의 외적인 체험에 있다고 생각했으나 그보다 훨씬 더 깊은 무엇이 있다고 생각했으니 그것이 집단 무의식이다.[448]

융은 심리적 부하가 일어나는 순간을 '포진'이라 했다. 콤플렉스의 개입으로

446) Ibid., 86.
447) 가와이 하야오, **융이 그린 마음의 해부도**, 김지윤 역 (서울: 바다출판사, 2018), 67.
448) C.G. 융 · C.S. 홀 · J. 야코비, **C.G. 융 심리학 해설**, 설영환 역 (서울: 선영사, 2007), 87-88.

의식의 동요가 일어났거나 일어나려는 순간을 포진된 상태라 했다. 어떤 사람의 콤플렉스를 알게 되면 그 사람이 가지는 감정의 취약점을 알게 된다. 특정한 '누름단추'를 누르면 감정적으로 반응한다. 단추를 누르면 콤플렉스가 포진하게 되고 감정이 자극을 받아 반응을 일으키게 된다. 그렇게 반응할 때 비합리적으로 반응하고 나중에 후회하는 일이 발생한다. 그런 반응을 하지 않으려고 해도 다시 반복하게 되고 그로 인해 무력감이 발생한다.

융은 이런 현상을 자신의 의지보다 더 강한 힘, 곧 '악마의 속박에 갇혀 있다'고 보았다. 융의 인간론은 악마의 지배 속에 있는 비참한 존재이다. 자아는 많은 콤플렉스 가운데 하나이고 자신만의 특별한 양의 에너지를 가지고 있으며, 융은 그런 자아 에너지를 '자유의지'(free will)라고 말했다. 자아 에너지란 초월적이고 신적인 자아의 에너지라는 의미이다. 인간이 외부로부터 생명력을 공급받지 않아도 인간의 내면에 에너지가 존재한다는 뜻이다. 스카튼(Bruce W. Scotton)은 "콤플렉스와의 작업이 원형적 핵심에 이르게 되면, 흔히 초월적인 에너지와 공명하는 초자연적인numious 첫 번째 경험이 나타난다"라고 말했다.[449]

여기서 중요한 것은 융이 악마의 힘으로 설명한다는 것이다. 머리 스타인은 다음과 같이 말했다.

> 만약 우리가 하나의 콤플렉스에 내재한 에너지 양을 언급하고 싶어한다면, 우리 내면의 악마가 가진 힘에 대해 말할 수 있다. 이 악마들은 우리를 붙들어 매어 그들이 원하는 것을 하게 하는 불합리한 강박 충동들이다.[450]

왜 악마가 가진 힘이라고 말하는가? 콤플렉스는 외부의 충돌에 대한 내면의 부정적인 요소로 자리 잡아 포진된 것이고 자신의 의지보다 더 강한 힘인 악마의 속박에 갇혀 있는 것이기 때문이다.[451] 융은

---

449) B. W. Scotton·A. B. Chinen·John R. Battista, **자아초월 심리학과 정신의학**, 김명권 외 7인 역 (서울: 학지사, 2008), 75; "콤플렉스는 자아초월 작업에 중요한 개념이다. 왜냐하면, 이 개념은 의식적 자아의 외부에 있는 자기self의 중요한 부분에 이르는 길을 보여주기 때문이다. … 이것은 융이 기여한 다른 중요한 점을 반영하는 것이다. 즉, 정신병리적 증상은 치유적인 자아초월적 경험을 가져올 수 있다는 것이다."
450) 머리 스타인, **융의 영혼의 지도**, 김창한 역 (서울: ㈜문예출판사, 2017), 69.
451) Ibid., 68; "융은 콤플렉스가 주변 세계의 대상과 사람들에게도 영향을 미친다는 것을 관찰했다. 콤플렉스는 소란을 일으키는 유령이나 다른 사람들에게 쉽게 포착되지 않는 영향력으로 행동할 수 있다."

자신이 암에 걸렸다고 상상하는 환자에 대해 다음과 같이 말했다.

> 이 환자는 교양과 지성미를 갖추었음에도 불구하고 이러한 콤플렉스에 사로잡히고 빙의되어 있는 어쩔 수 없는 희생자였던 것입니다. 그에게는 악마적인 힘을 지닌 자신의 병적인 상태에 대하여 어떤 방법으로든 대항하여 스스로를 지킬 능력이 전혀 없었던 것입니다.[452]

융은 환자가 콤플렉스에 사로잡혔다고 하면서 악마적 힘에 사로잡혀 빙의된 희생자라고 말했다. 융의 이런 분석이 다만 심리적인 진술인가? 악마, 빙의라는 말을 심리적인 것이라고 말하는 것은 융의 말을 듣는 사람들에게 매우 혼란을 일으키게 한다. 융이 악마라고 하는 것은 악한 영을 의미한다.[453]

정신 이미지

융은 "이 콤플렉스는 감정적으로 강하게 두드러지며, 더욱이 의식의 습관적 태도와 양립되지 않는 어떤 정신적 상황의 이미지다"라고 말했다.[454] 융은 콤플렉스를 가리키는 이미지라는 말 대신에 '이마고'(imago)를 사용했다. 예를 들어, '어머니 이마고'는 실제상의 어머니와 구별되는 어머니 콤플렉스이다. 융은 콤플렉스를 말할 때, 원형 이미지와 관련시켰다.

> 콤플렉스는 특별한 상황이나 사람들에게 자발적 반응을 일으킨다는 점에서 본능처럼 나타나지만, 순전히 고유한 본능처럼 보이지는 않는다. 콤플렉스는 주로 정신적 외상, 가족 간 상호작용과 가족 형태, 문화적 조건 같은 경험의 산물이다. 이들은 융이 원형적 이미지라고 부르는 고유한 요소와 결합해 콤플렉스 전체를 구성한다. 콤플렉스는 정신이 경험을 소화해 내적 대상으로 재구성한 뒤에 정신 안에 남아있는 것이다.[455]

융은 콤플렉스를 원형과 연결함으로써 콤플렉스를 해결하기 위해 결국은 자기(self)와 통합되어야 한다는 것을 말했다. 콤플렉스가 콤플렉스만의 문제가 아

---

452) C.G. 융, **심리학과 종교**, 이은봉 역 (서울: 창, 2019), 33.
453) Ibid., 33-34; "대부분의 인간의 마음 가운데에는 무의식이 지니고 있을지도 모를 내용에 대하여 원시인이 악령에 대하여 품고 있었던 두려움과 흡사한 어떤 것이 존재한다고 말할 수 있겠습니다. 모든 자연적인 수줍음과 수치, 재주의 배후에는 알려지지 않은 〈영혼의 위험(perils of the soul)〉이라고 불려지는 비밀스런 공포심이 존재하고 있습니다."
454) 머리 스타인, **융의 영혼의 지도**, 김창한 역 (서울: ㈜문예출판사, 2017), 75.
455) Ibid., 76.

나라는 것이다.

성격의 파편

콤플렉스는 성격의 파편들 혹은 잠재 인격으로 간주 된다. 그것은 분열을 야기시킨다는 의미이기도 하다. 일종의 해리 장애를 일으킨다. 여기서 놀라운 점은 어떤 특정한 순간에 자아가 자아의 콤플렉스가 원하는 것과 종종 갈등을 일으킨다는 것이다. 융은 콤플렉스를 우리의 꿈속에 있는 행위자를 의미한다고 보면서, 덴마크 민담에 나타나는 꼬마요정을 말했다. 두 꼬마 요정에게 주기도문을 가르치는 어느 목회자 이야기에 잘 나타나 있다고 말했다.[456] 이것은 융의 적극적 심상법(active imagination)에 나타나는 영적인 안내자와 같은 개념이다.

콤플렉스의 구조

융이 말하는 콤플렉스는 억압된 기억이다. "자아가 쉽게 소화하기 힘든 것들이 정신적 외상을 입은 순간들의 응결된 기억으로 구성되었다"는 것이다.[457] 그런 콤플렉스 요소들을 긴밀하게 연결하는 것은 감정이다. 감정이 접착제 역할을 하는 셈이다. 느낌이 가미된 콤플렉스는 핵성분(nuclear element)과 2차적으로 포진된 상당수 연상체로 구성되어 있다.[458]

머리 스타인은 다음과 같이 말했다.

> 핵성분은 콤플렉스가 기반을 둔 핵심 이미지와 경험, 즉 응결된 기억이다. 이러한 핵심은 두 부분, 즉 정신적 외상이 일어나는 이미지 또는 정신의 흔적과 이와 밀접히 연관된 본래적(원형적) 조각으로 구성되어 있다. 콤플렉스의 이중적 핵심은 주변의 연상체를 모아 성장하며, 생애 내내 지속될 수 있다. 예를 들어, 한 남성의 어투, 삶을 대하는 방식, 감정적 반응이 한 여성으로 하여금 엄격하고 학대하는 아버지를 떠오르게 한다면, 그는 그녀에게 아버지 콤플렉스를 포진시킨다고 봐야 한다. 그녀가 일정 기간 그와 교유한다면, 이 콤플렉스에 재료가 추가될 것이다.[459]

---

456) Ibid., 80.
457) Ibid., 81.
458) Ibid.
459) Ibid., 81-82.

머리 스타인에 의하면, 여성을 대하는 남성의 비인격적인 태도가 여성의 내면에 있는 아버지 콤플렉스를 활성화하는 것이다. 치료사는 여성이 부모 콤플렉스를 포진시킬 때, 여성으로 하여금 다른 종류의 부모를 경험하게 함으로써 치료할 수 있다고 본다. 자기 부모가 아닌 다른 부모를 경험함으로 치료한다는 것은 엉터리 치료다.

융은 영적인 안내자인 살로메를 통해 모성 콤플렉스의 갈등을 해소했다.[460] 융은 콤플렉스의 가장 핵심적인 부분을 원형론으로 설명했다. 부모 콤플렉스는 환경적인 원인으로만이 아니라 아버지와 어머니의 원형적 이미지가 있어서 개인적 경험만이 아니라 집단 무의식에서 왔다는 것이다. 콤플렉스가 정신적 외상으로 형성되지만, 인간 안에 있는 원형 이미지와 결합한다는 것이다.[461]

융은 인간이 사회의 도덕적 태도로 인해 전일성을 확보하지 못하고 사회에 적응하거나 순응하면서 인간의 본질적인 부분을 배제하는 사회적 가면인 '페르소나'를 만든다고 말했다. 인간의 심층에서는 전일성을 원하나 사회와 문화의 구속이 전일성을 금지하면 인간 본성이 그런 구속에 반항한다는 것이다. 전일성은 궁극적으로 신성화를 의미하기 때문에 그런 반항이 콤플렉스를 일으키는 원인이 되기도 한다는 것은 신성화로 가는 갈등이고 충돌이라는 뜻이 된다.

콤플렉스 분출

콤플렉스 분출이란 자아가 내면의 대극에 압도되어 버리는 것이다. 융은 그것을 '홀림'이라 했다. 머리 스타인은 "악마에 사로잡힌 나머지 의식이 이전에 가

---

460) 신은희, "칼 G. 융의 레드북에 나타난 '무의식의 생태 영성'," **문학과종교** 21(3) (2016): 146(129–150); "살로메와 같은 여성원형은 융의 내적 인격 중의 하나인 아니마의 상징이다. 융은 살로메와의 만남을 통해 무의식 층에 잠식되어 있던 '모성 콤플렉스'의 갈등을 해소한다. 『레드북』의 살로메는 본능적이고 충동적인 이브 상의 아니마에서 성숙한 지혜의 아니마로 승화되어 융에게 다시 나타남으로 대극의 합일을 이루도록 돕는다. 이러한 무의식의 원형상을 통한 영적 변환은 '검은 뱀'의 상징과 같이 '우주 뱀'의 원리로 탄생과 소멸의 순환적인 변형을 가능하게 한다."

461) 머리 스타인, **융의 영혼의 지도**, 김창한 역 (서울: ㈜문예출판사, 2017), 83; "일반적으로 콤플렉스란 정신적 외상 때문에 형성된다. 정신적 외상이 일어나기 전까지 이 원형적인 부분은 이미지와 동기를 유발하는 힘으로 존재하지만, 콤플렉스처럼 장애와 불안을 일으키는 특질을 갖지 않는다. 정신적 외상에서 비롯된 기억 이미지는 원형 이미지와 결합하고, 이들은 다소 영구적인 구조로 옹결된다. 이렇게 형성된 구조는 특정한 양의 에너지를 함유하고, 에너지를 함유한 구조는 다른 연관 이미지들 안에서 엮어 더 큰 망상조직을 형성한다. 그래서 콤플렉스는 계속되는 유사한 종류의 경험을 통해 강화되고 확대된다."

장 성스럽다고 여긴 것들을 향해서 저주를 퍼붓는다."고 말했으며,[462] 다음과 같이 말했다.

다른 분열된 정신들(콤플렉스들)은 자아의 후원을 받으려고 경쟁한다. 쉽게 홀리는 자아가 어느 한 콤플렉스와의 동일시를 중단할 때 이 자아는 다른 콤플렉스로 이동해 간다. 이 두 번째 콤플렉스는 종종 첫 번째 콤플렉스의 일종의 그림자 형제나 자매다. 그리스도처럼 영적, 상향적upward oriented, 베푸는 이타적 특성을 갖는 콤플렉스는 물질주의와 이기주의 태도를 갖는 악마적 콤플렉스와 필적한다. 이 두 콤플렉스는 지킬과 하이드처럼 번갈아 자아를 홀린다. 전자는 공적인 사회에서 공적인 페르소나로 기능하고, 후자는 사적이고 친밀한 환경에서 의식적 성경을 지배할 것이다. 자아는 융이 말한 '에난티오드로미아'(enantiodromia), 즉 상대편 대극에로의 전환(reversal into the opposite)에 취약하다.[463]

머리 스타인에 의하면, 콤플렉스에도 그리스도적 콤플렉스가 있고 악마적 콤플렉스가 있다. 그 두 대극의 콤플렉스가 인간의 내면세계에 있다는 것이고, 그 콤플렉스들은 '자율적'이다. 스타인은 "그런 신들은 가벼이 취급되지 않아야 한다."고 말했다.[464] 스타인의 이 말은 콤플렉스가 자율적이고 신성하다는 의미이다.

인간의 내면에 자율적이고 신성한 것이 있다는 것은 매우 반기독교적이다. 무의식의 자율성과 신성은 인간의 신성화를 위한 발판이다. 기독교 안에서 융의 심리학을 가르친다는 것은 기독교와 정면대결하는 것이다. 융의 심리학을 가르치면서 기독교와 아무런 문제가 없다는 것은 융의 심리학을 모르거나 기독교를 모르거나 둘 중 하나일 가능성이 높다.

개인 무의식

자아에게 인정받지 못한 경험들, 곧 의식화되지 못한 것들은 어떻게 되는가? 융은 '자아가 경험한 것은 소멸되지 않는다'고 말했다. 융은 자아에게 인정받지 못한 경험들이 저장되는 곳을 '개인 무의식'이라고 말했다.

---

462) Ibid., 86.
463) Ibid., 87.
464) Ibid., 88.

개인 무의식은 의식적인 개성화 또는 기능과 어울리지 않는 모든 심리적 활동과 내용을 받아들이는 저장소이다. 개인 무의식은 기억은행과 같아서 그것이 유용하게 될 때는 호출되어 나온다. 낮에는 주목하지 않았던 경험이 밤에 꿈속에 나타나는 현상이 그중 하나라고 본다.[465]

의식에 머물지 못한 경험들이 개인 무의식에 저장되어 있는데, 여러 내용이 뭉치고 떼를 지어 한 그룹을 이룬 것을 '콤플렉스'라 한다. 콤플렉스는 무의식 속에 있는 감정·생각·기억의 연합군이다. 프로이트는 콤플렉스가 아동기 초기의 외적 체험으로 보았으나 융은 그보다 더 깊은 것이 있다고 보았다. 그것이 집단 무의식이다.

의식
네 가지 심적 기능(생각, 감정, 감각, 직감)과
두 가지 지향성(외향성, 내향성)
↓
개인 무의식(자아에게 인정받지 못한 경험들)
콤플렉스(무의식 속에 있는 감정·생각·기억의 연합군)
↓
집단 무의식(진화에 의해 형성된 원시적 이미지)

집단 무의식

융은 "개인 무의식의 내용물은 개인이 평생을 두고 습득하는 반면에, 집단 무의식은 처음부터 항상 있어 왔던 원형들이다."[466] 그렇다면, "처음부터"는 언제부터인가? 진화론 입장에 있는 융은 그 처음이 언제부터라고 대답할까? 기원이 없는 이론은 망상이다. 망상을 추종하는 것은 맹목이다. 실존은 썸씽(something)의 노예다!

집단 무의식은 인류가 지금까지 경험했던 삶의 흔적들이 집적된 요소들이다. 그야말로 태곳적 잔존물로 구성된 것이다. 여기서 집단이란 개인의 대립어가 아

---

465) C.G. 융 · C.S. 홀 · J. 야코비, C.G. 융 심리학 해설, 설영환 역 (서울: 선영사, 2007), 84–85; 또는 괴로움을 주는 생각, 미해결의 문제, 개인적 갈등, 도덕적 갈등 등과 같이 일단은 의식적인 경험으로 받아들이지만 여러 가지 이유로 억압되거나 무시되기도 한다. 경험되었을 때 중요하지 않다고 보였기 때문에 잊혀진 것들도 적지 않다. 너무나 약하기 때문에 의식에 도달하지 못하는, 또는 의식에 머물러 있지 못하는 경험은 전부 개인 무의식에 저장된다.
466) 칼 구스타프 융, **아이온**, 김세영·정영진 역 (서울: 부글북스, 2016), 20.

니라 "인간 '보편' 혹은 '인간 류종'이라는 의미이다.467) 집단 무의식에는 개인적인 특성이 아니기 때문에 초개인적 무의식이라 부르기도 했다. 집단이란 "사람이면 누구나 가지고 있는 것"이라는 뜻이다.468) '태곳적 잔존물'이라는 의미가 내포하는 궁극적인 의미는 무엇인가? 그에 대해 김성민 교수는 다음과 같이 말했다.

> 융은 심리학적인 관점에서 볼 때, 인류는 태초부터 신적인 존재를 체험하였고, 인류가 체험한 신은 집단 무의식 속에 원형의 형태로 저장되었다고 주장하였다. 그래서 후대 사람들은 무의식에 각인된 이 체험의 흔적들을 기반으로 해서 다시 신을 체험할 수 있다. 그래서 융은 자기를 '신 이미지의 원형'이라고 하였다. 자기는 한 사람만이 신은 어떻다고 그리는 이미지가 아니라 모든 사람이 신은 어떻다고 그리는 이미지의 원천이라는 것이다. 사람들이 그것을 토대로 해서 살아 있는 신에게 다가가는 것은 그 때문이다: "사람들은 자기 속에 신과 함께할 수 있는 능력을 가지고 있다. 다시 말해서 신의 본성과 만날 수 있는 기능을 가질 수 있는 것이다. 그것 없이 신과 인간의 관계는 불가능하다. 심리학적인 관점에서 말하자면, 신과 관계 맺을 수 있는 것은 사람들 속에 있는 '신의 이미지라는 원형' 때문인 것이다. 그러므로 자기는 신이 사람들의 내적 분열을 통합하게 하고, 삶의 올바른 방향을 찾아 나가게 하는 것처럼, 한 사람의 내면에서 모든 정신요소를 통합하게 하고, 정신의 균형이 깨어질 때 조절하게 한다.469)

김성민 교수에 의하면, '태곳적 잔존물'이란 인류가 신적 존재를 체험한 것이다. 그 신 체험은 사람들의 무의식에 각인되어 있어서 신 체험은 다시 일어날 수가 있다는 것이다. 융의 분석심리학은 신 체험, 누미노제를 체험하는 것이다.

개인 무의식과 집단 무의식의 차이점은 다음과 같다.

개인 무의식	집단 무의식
그림자와 콤플렉스로 구성	본능과 본능에 관계되는 요소 및 원형으로 구성
개인적인 삶의 산물로 얻어짐	유전적인 방법으로 전달
자아의식에서 축출된 정신적인 요소들만 나타낸다	사람들의 삶 전체를 일정한 방향으로 이끌어가는 역할을 한다

---

467) 조영복, 원형 도상의 언어적 기원과 현대시의 심연 (서울: 소명출판, 2012), 11-12; "즉 '모든 인간이 원초적으로 가지고 있는'이라는 의미가 함축된 '집단'이라는 의미에 주의해야 한다."
468) 김기환, "심리학자들이 발견한 하느님: 심리학과 신학의 대화," 宗教敎育學研究 15 (2002): 178(173-203).
469) 김성민, 칼 융의 『심리학과 종교』 읽기 (서울: 세창미디어, 2015), 45-46.

김성민 교수는 융의 집단 무의식에 대해 다음과 같이 말했다.

융은 다음과 같은 일로 집단 무의식이 있다는 결론에 이르렀다. 1913년 말부터 1914년 6월 사이에 융은 무시무시한 꿈과 환상들을 많이 보았다. 그것들은 북해에서부터 알프스 사이에 있는 북쪽 지방의 모든 나라들이 거대한 물결에 뒤덮여 있거나, 그 나라들에 거대한 한파가 밀어닥쳐서 온 나라가 꽁꽁 얼어붙는 모습이었다. 또 다른 때는 그 나라들이 피로 물든 강물에 나타나기도 하였다. 처음에 그는 이 꿈과 환상이 무엇을 의미하는지 알지 못했다. 그러나 1차 대전이 발발하자, 그가 개인적으로 보았던 이 꿈과 환상들은 유럽 사람들 전체가 집단적으로 겪어야 하는 체험과 아주 밀접한 관계가 있다는 사실을 알아차리게 되었다. 왜냐하면 이 꿈과 환상들의 내용은 그의 개인적인 삶과 아무 관계도 없었기 때문이었다. 다시 말해서 이것들은 그의 정신의 내용을 나타내 주는 것이 아니라, 좀 더 집단적인 상황을 그리고 있는 것이기 때문이었다. 이러한 융의 깨달음은 모든 사람들의 삶이란 그 사람의 삶에서 끝나는 것이 아니라, 그보다 더 큰 삶과 관련되어 있다는 사실을 알게 해 주었다.
그래서 그는 인간 정신이 가진 이러한 구조의 보편적인 토대를 탐구하기 위해 북아프리카, 푸에블로 인디언, 영국령 동 아프리카와 엘곤 산에 사는 원주민들에게 찾아가 그들과 함께 살면서 그들의 정신 구조에 관해서 연구하였다. 융이 그들을 찾아간 이유는 이들은 아직 현대문명에 오염되지 않아서 "원시적인 정신 구조"가 남아 있을 것 같았기 때문이었다. 그는 이 과정을 통해서 정신과 환자들에게서 발견되는 어떤 정신적 요소들이 이들과 똑같이 발견되고 있었다는 사실을 확인할 수 있었다. 그래서 그는 집단적 무의식은 사람들에게 있는 고태적인 잔존물들로 구성되어 있다는 결론을 내릴 수 있었다.[470)]

융은 자신의 꿈과 환상이 집단적인 상황과 관련 있다고 생각했으며, 그것이 인간 정신 구조의 보편적인 토대라고 보았다. 공통적인 것이 있다고 해서 그것이 진리라고 할 수 없다. 공통적으로 죄를 짓는다고 해서 죄짓는 것을 인간의 보편적 규범이라고 할 수 없다. 교통법규를 어기는 사람이 많다고 해서 교통법규를 어기는 것을 법으로 만들 수 없다. 융은 보편성을 추구하다 보니 자기 종교를 유일하다고 말해서는 안 된다고 말했다.

집단 무의식은 사람의 생각과 행동을 좌우하는 것이 개인 무의식보다는 더 깊은 무엇을 말한다.

집단 무의식은 융이 대개 '원시적 이미지'라고 부르는 잠재적 이미지의 저장고이다. '원시적'이란 '최초'라든가, '원래'를 뜻한다. 그러므로 원시적 이미지는 정신의 처음의 발달 단계

470) 김성민, 융의 심리학과 종교 (서울: 동명사, 2010), 42-43;

와 관련되어 있다. 인간은 이 이미지를 조상대대로의 과거로부터 이어받고 있다. 과거의 조상이란 인간이었던 조상만이 아니라, 동물의 조상도 포함하고 있다. 이런 이미지들이 유전된다고 하더라도, 그것은 개인이 의식적으로 그것을 잊지 않고 있다든가, 조상이 지니고 있던 이미지를 그대로 지니고 있다는 뜻은 아니다.[471]

그런 까닭에, 융의 집단 무의식 개념은 진화와 유전에 기초하고 있다. 신체와 마찬가지로 마음도 진화에 의하여 형성되었다는 것이다. 예를 들어, 뱀에 대하여 사람들이 가지게 되는 공포는 유전되어 온 것이라고 말했다. 인간이 특정한 방법으로 생각하며 지각하고 행동하는 것들이 선천적으로 주어져 있다는 것이다. 이 개념이 무너지면 융의 심리학은 거짓으로 판명이 난다.

융은 집단 무의식이 원형으로 이루어져 있다면서 다음과 같이 말했다.

> 이 집단적 심상은 다시 살아난 원형(Archetypus)이다. 원형이라는 말은 내가 다른 곳에서 이러한 원상(源像, Urbilder)들에 붙인 이름이다. 원형은 이 옛 상(像)들을 다시 산출하는 꿈의 원시적이고 유추적인 사고방식이다. 이것은 유전된 표상이 아니고 유전된 궤도들이다.[472]

1890년 이후 프로이트가 인간의 무의식을 연구한 이래 무의식은 주로 기억하고 싶지 않은 일이 저장되는 곳으로 생각되었다. 그러나 융은 인간의 무의식은 이런 개인적인 차원의 무의식뿐만 아니라, 인류의 먼 조상, 더 나아가 인류 이전의 선행 인류 및 동물의 조상 때 습득된 이미지로 구성되는 집단 무의식으로 이루어져 있다고 생각했다. 집단 무의식은 본능과 마찬가지로 타고나고 물려받는 것인데, 어떤 계기를 통해서 의식의 층으로 올라오면서 구체적인 형태를 띠게 된다.[473]

---

471) C.G. 융·C.S. 홀·J. 야코비, C.G. 융 심리학 해설, 설영환 역 (서울: 선영사, 2007), 89.

472) C.G. 융, **융 기본 저작집3 인격과 전이**, 한국융연구원 C.G. 융 저작번역위원회 역 (서울: 솔출판사, 2007), 31.

473) 융의 집단 무의식, **현대사상의 키워드** 7 (1998), http://blog.naver.com/shinade/60010691805; 〈융은 신화, 종교, 철학에 집단 무의식이 상징적인 형태로 표현되고 있다고 본다. 따라서 그것은 인간이 자기 이해에 이르려는 것을 도와주는 것을 중요한 열쇠로 이해된다. 융은 이것을 건축에 비유하고 있다. "집단 무의식 구조 안에는 인간 심리의 원형적 건축자재들이 저장되어 있으며, 인류 전체에 집합적 기억이 축적되어 있다. 각기 다른 문화와 시대에 있었던 상징물, 이미지, 신화, 신 등이 놀랍도록 비슷할 뿐더러 환자의 꿈에 나타난 이미지들과도 비슷하다는 사실은 그 점을 증명해 준다." 다시 말해 과거의 조상들까지 포함하여 우리들 모두는 원형이라는 벽돌로 지어진 집단 무의식이라는 집 속에서 살고 있다는 이야기다. 이렇듯 집단 무의식의 '집단'은 바로 인류 전체를

융은 집단 무의식에 대해 "인간의 진화 과정을 통해서 유전적으로 전해지는 이 강력하고 영적인 실체를 담고 있는 그릇이다. 그런데 이 실체는 각 개인의 존재 구조 속에 계속해서 새롭게 재생된다."고 말했다.[474] '물질이 영적인 존재가 되었다'는 것은 물질 스스로 신적인 존재가 되었다는 의미이다.

빙켈은 다음과 같이 말했다.

> 이 집단 무의식에 도달하려면, 분석 등에 의해서 무의식의 개인적인 층은 벗겨지고, 분석되고, 의식화되어야 한다. 이 집단 무의식은 개인의 과거만 담고 있지 않는다. 모든 사람들의 보편적인 과거나 미래를 담고 있다. 따라서 우리들은 집단 무의식 덕분에 시간과 공간과 인종을 초월해서 이 보편적인 세계와 접촉할 수가 있다.[475]

융이 말하는 집단 무의식은 '개인과 과거'와 '모든 사람들의 보편적인 과거와 미래'를 보유하고 있다. 융은 다음과 같이 말했다.

> 어느 정도 표면에 있는 무의식 층은 명백히 개인적이다. 우리는 그것을 개인적 무의식이라 부른다. 그러나 이 개인적 무의식은 개인의 경험이나 습득에 의하지 않고 태어날 때부터 있는 더 깊은 층의 토대 위에 있다. 이 더 깊은 층이 소위 집단적 무의식이다. 나는 '집단적'이란 표현을 선택했는데, 그 이유는 이 무의식이 개인적이 아닌 보편적 성질을 가지고 있기 때문이다. 즉 그것은 개인적 정신과는 달리 모든 개인에게 어디서나 똑같은 내용과 행동 양식을 가지고 있는 것이다. 달리 표현하자면 그것은 모든 인간에게 동일하며 모든 사람에게 존재하는, 초개인적 성질을 지닌 보편적 정신의 토대를 이루고 있다.[476]

개인 무의식은 정감이 강조된 콤플렉스이지만, 집단 무의식은 원형들로 이루어져 있다. 융은 원형 개념을 필로 아우대우스(Philo Iudaeus)의 신의 이마고(imago Dei), 이레내우스(Irenaeus), 헤르메스, 플라톤의 에이도스(형상), 레비-브릴의 집단 표상에서 가져왔다. 리차드 놀은 융의 집단 무의식 이론이 프로이트에 대한 반발이라고 보았다. 프로이트와 그 추종자들이 대부분 유태인이었기 때문에 융은 프로이트가 이교도 신화에 무관심하다고 생각했다는 것이다.[477]

가리키는 것이며, 일시적으로 작용하는 것이 아니라 개별 인간과 인류 전체가 생존하는 한 지속되는 것이다.〉
474) 에르나 반 드 빙켈, 융의 심리학과 기독교 영성, 김성민 역 (서울: 한국심리치료연구소, 2010), 27.
475) Ibid., 26.
476) C.G. 융, 융 기본 저작집2 원형과 무의식, 한국융연구원 C.G. 융 저작 번역위원회 역 (서울: 솔출판사, 2006), 106.

융은 원형을 "고대로부터 존재해 온 보편적 상"을 의미한다고 말했다. 원형은 신화나 민담으로 알려졌다고 말했다. 원형이 제공하는 상들은 인간에게 신성의 직접적인 경험을 제공한다고 보았다.[478] 그런 까닭에 맥고완은 융이 원형의 영원성을 믿었다고 말했다.[479] 의미와 통일성의 영원성을 성경의 하나님이 아닌 신성한 내면아이로 확보한 것이 집단 무의식의 원형이다.

융의 집단 무의식 개념은 「태양음경남자 이야기」에서 유래한다. 융은 그 환자에 대하여 다음과 같이 말했다.

이미 출판되었지만 실제의 사례 하나를 골라서 여기서 새롭게 다루고자 한다. 사례의 내용이 짧아서 여러분에게 보여주기에 특히 적합하기 때문이다. 게다가 먼저의 출판물에서는 삭제했던 몇 가지 논평들을 덧붙이겠다.

1906년 나는 여러 해 동안 입원해 있던 한 편집증 환자의 주목할 만한 환상을 만나게 되었다. 환자는 젊은 시절부터 불치의 정신분열증을 앓고 있었다. 초등학교를 다녔고 어떤 사무소의 직원으로 일하고 있었다. 그는 아무런 특별한 재능도 가지고 있지 않았다. 나 자신도 당시에는 신화학이나 고고학에 관해서 아는 것이 없었다. 그래서 선입견을 가지고 있다고 의심할 만한 상황이 결코 아니었다. 어느 날 나는 그가 창가에 서서 머리를 이리저리 움직이며 해를 보면서 눈을 깜박이는 것을 보았다. 그리고 그는 나에게도 그렇게 하도록 부탁했다. 아주 재미있는 것을 보게 되리라고 장담하였다. 무엇을 보고 있는지를 묻자 그는 내가 아무것도 못 보는 것에 놀라면서 말했다. "태양의 음경이 보이지 않아요? 내가 머리를 이리저리 움직이면 그것도 함께 움직이고 그것이 바람의 근원이지요." 물론 나는 이 특이한 생각을 전혀 이해하지 못했다. 그러나 그것을 잘 기록해 두었다. 약 4년 뒤에 내가 신화학 연구를 할 무렵에 나는 그 환상을 밝혀 낼 유명한 철학자, 알브레히트 디테리히(Allbrecht Dieterich)의 책을 발견했다. 1910년에 간행된 이 저술은 파리의 국립도서관의

477) Dr. Jan Garrett, "The Jung Talk The Enigmatic Origins of the Jung Cult(?)," August 1, 2011. accessed Apr. 17. 2019. http://people.wku.edu/jan.garrett/jung_talk.htm; "Jung explained the resistance of Freud and his close followers to Jung's version of analysis in an essentially racist way. The Freudians were mostly Jews, as was Freud himself. Freudians are uninterested in pagan myths, Jung decided, because they are mostly Jews. The Jews came from the Middle East, which was urbanized and thus depaganized at an early date. Jews had allegedly lost their pagan roots so long ago that they no longer had access to the collective unconscious. By contrast, Germanic peoples had lost their paganism at a relatively late date, roughly 500 to 1100 AD. Thus the pagan collective unconscious lay close enough to the psychological surface that it could still be dug up if only one were persistent enough. Since for Jung being in touch with the collective unconscious is a precondition for psychological health, Germanic types like himself are potentially healthier than Jews."

478) C.G. 융, 융 기본 저작집2 원형과 무의식, 한국융연구원 C.G. 융 저작번역위원회 역 (서울: 솔출판사, 2006), 112; "그 상들은 인간에게 항상 신성의 예감을 열어주는 동시에 신성의 직접적인 경험을 보증한다."

479) Don McGowan, *What is wrong with Jung* (NewYork: Prometheus Books, 1994), 22.

고대 그리스 파피루스를 다루고 있었다. 디테리히는 그 책의 한 부분에서 미트라스(Mitras) 제의를 발견했다고 믿었다. 그 글은 의심할 바 없이 미트라스가 언급된 어떤 특정한 간구(懇求)를 수행하는 종교적 교시였다. 그것은 알렉산드리아의 비학파(非學派)에서 나온 것으로 그 의미상으로 비교(秘敎) 모음집, 코르푸스 헤리미티쿰(Corpus Hermeticum)과 일치했다.480)

융은 이 환자의 환상이 고대 그리스의 상징학에서 나타나는 것과 일치하기 때문에 사람의 정신에 집단 무의식이 있다고 결론을 내렸다. 그 환자가 4년 뒤에 간행된 파피루스의 지식을 갖고 있으리라고는 결코 생각할 수 없다고 보았기 때문이다. 또한, 그는 중세의 회화에서 수태고지(受胎告知)를 관(管)과 같은 기구로 묘사하고 있는 데서 연결점을 찾음으로써 집단 무의식에 대한 의지를 굳혔다.481)

그러나 놀라운 사실은 이 환자는 호네거(Honegger)의 환자였다는 것이다! 그 남자는 1909년 겨울, 정신병 환자 보호시설에 수용된 호네거의 첫 임상경험 환자였다. 앞글에서 보았듯이 어이없게도 융은 태양음경남자 이야기를 자기가 치료한 환자로 말했다.482)

---

480) C.G. 융, **원형과 무의식**, 한국융연구원 C.G. 융 저작 번역위원회 역 (서울: 솔출판사, 2006), 166-167.
481) Ibid., 169.
482) Richard Noll, *The Jung Cult* (NewYork: Free Press Papperbacks, 1994), 181-183; 〈Jung then cites a translation of a passage from the Mithraic Liturgy in a 1907 Theosophical publication by G.R.S Mead. In *Wandlungen* Jung also repeatedly cite the work that probably first drew his attention to the Mithraic Liturgy contained in the Greek Magical Papyri, the small book by Dieterich entitled *Eine Mithrasliturgie*. Jung owned and used the second edition of this book(1910). Jung's claim throughout his life is that this institutionalized patient could not have had prior access to such mythological ideas and that therefore this was indisputable evidence of the collective unconscious. Jung's responses to Freeman in the 1959 interview is typical of the many published references to the Soar Phallus Man Jung made when bolstering his arguments in print for a collective unconscious.

[Freeman] *But how could you be sure that your patient wasn't unconsciously recalling something that somebody once told him?*

[Jung] Oh, no. Quite out of the question, because that thing was not known. It was in a magic papyrus in Paris, and it wasn't even published. It was only published four years later, after I had observed it with my patient.

It is clear that by the 1930s, long after Honegger's suicide in March 1911 and therefore long after he was forgotten except by only a very few intimates, the story of the Solar Phallus Man took on the following new shape: 1. The patient was Jun's and Honegger disappears from the history of analytical psychology. 2. Jung later claimed the patient's clinical work began only in 1909, which would have been the only time

태양음경남자 이야기를 담은 호네거의 개인 문서는 1911년 호네거의 자살 이후에 사라졌다가, 1993년 11월에 워싱턴 국회도서관에서 사진복사본으로 보관된 것을 윌리엄 맥과이어에 의하여 다시 나타났다.

가장 논란이 되는 것은, 융이 후에 디테리히의 1903년 판이 존재했다는 것을 발견했다는 것이다. Collected Works의 편집자는 1903년에 첫판(first edition)을 발행했기 때문에, 1910년 판은 사실상 재판(second edition)이라고 했다. 그리고, 이 환자가 1903년 전에 몇 년 동안 (정신병원에) 수용되어 있었다고 말했다. 그렇다면, 태양음경남자가 신지학 문학과 접촉했다는 것을 배제할 수가 없다는 의문을 남긴다.483)

Honegger could have "discovered" the Solar Phallus Man's hallucination. 3. The text of the Mithraic Liturgy was published in 1910, four years after Jung claims he discovered the Solar Phallus Man. Jung first took credit for the case of the Solar Phallus Man in the essay "Die Strukur der Seele" in 1930, which is the date of the foreword to the collection of his essays in which it appears, Seelenproblem der Gegenwart, but which was published in 1931. ··· The contradictions in the story over priority and date of discovery are disturbing enough. However, perhaps most disturbing is that Jung later found out that a 1903 edition of Dieterich's work existed, but he still stuck with his story. This is indicated by a footnote added by the editors of the Collected Works: "As [Jung] subsequently learned, the 1910 edition was actually the second, there having been a first edition in 1903. The patient had, however, been committed some years before 1903." Why, then, did he continue in print and in person (as in the 1959 BBC interview) to stick the false story? If, as the London editors of the Collected Work claim, this does not rule out the Solar Phallus Man's contact with such material through the widely available Theosophical literature in German or, perhaps, even through the work of Creuze or Bachofen. as Ellenberger was the first to notice. Creuzer contains a brief discussion of the motif of a solar phallus (Sonnenphallus) in the third volume of his Symbolik und Mythologie der alten Völker. In the introduction to das Mutterecht, Bachofen makes the statement that "the phallic sun, forever fluctuating between rising and setting, coming into being and passing away, is transformed into the immutable source of light. Thus, the Solar phallus Man, locked away in s Swiss institution, may have asso had access to Bachofen's work either during or prior to his incarceration.

There are further contradictions. Indeed, in Wandlungen und Symbole der Libido, Jung himself cites the 1907 Theosophical work by Mead that contains a translation of the Mithraic Liturgy (with Theosophical commentary), and which Mead clearly indicates on the first page (the contents page) is based on Dieterich's Eine Mithrasliturgie, Mead's work came out a full three years before Dieterich's second edition. Furthermore, Jung's own copy of the second edition of Eine Mithrasliturgie is clearly labeled on the title page, right under the author's name and in the center of the page, "Zweite Auflage" (second editon). The case of the Solar Phallus Man, therefore, may most optimistically be regarded as one of biased cognition; at its worst, it may be regarded as evidence of deliberate distortion by Jung and his colleagues to keep the magical story of the Solar Phallus Man alive to bolster the belief of others in the collective unconscious.〉
483) Ibid., 183.

융의 원형이론은 이렇게 융이 자기 이론을 만들기 위해 남의 환자를 자기 환자로 속이고 조작하여 만들어 낸 조잡한 이론이라는 의문의 여자를 남기게 된다. 이것도 역시 원형의 작용이라고 말해야 하는가?

김성민 교수는 다음과 같이 말했다.

> 집단적 무의식에 대한 융의 생각은 다른 많은 학자의 공격을 받았다. 유전학적으로 볼 때 획득형질은 유전되지 않기 때문이다. 그래서 융은 사람들이 경험했던 내용이 유전되는 것이 아니라 경험했던 것이 두뇌에 어떤 흔적을 남기고, 모든 사람이 두뇌를 물려받기 때문에 사람들은 어떤 상황에서 전형적인 행동을 하게 된다고 하면서, 집단 무의식은 태곳적 잔재의 침전물이라고 주장하였다[484].

'획득형질은 유전되지 않는다'는 사실을 회피하기 위해, 융은 인간의 경험이 두뇌에 흔적을 남기고 그 후세대가 물려받으면서 전형적인 행동을 한다고 말했다. 융의 반박은 논리적이지 못하다. 융이 말하는 것이 바로 획득형질이기 때문이다. 오늘날 '유전자의 변화 없이 획득한 능력이나 형질이 자식에게 전달된다'는 '후성유전'을 주장하나 여전히 논란이다. 융은 융의 시대 속에 살았기 때문에 자신의 시대에 일어난 반론을 말하나 반복된 진술에 불과하다.

융에게 집단 무의식 이론을 형성하는데 중요한 기반을 제공한 사람은 그 당시 독일 진화생물학을 지배했던 라이프치히 대학의 해부학 교수인 에른스트 헤켈(Ernst Haeckel, 1834-1919)이었다. 헤켈(Haeckel)은 "개체발생이 계통발생(진화과정)을 반복한다"고 말했다. 헤켈의 이 주장은 데이터 조작으로 날조해 낸 허위이론으로 밝혀졌다.

리처드슨은 1997년 「사이언스」 지를 통해서 헤켈의 조작에 대해 다음과 같이 말했다.

> 헤켈은 (배 그림을) 삭제하거나 추가했을 뿐만 아니라, 크기를 과장되게 속여 종들 간의 유

---

484) 김성민, **분석심리학과 기독교 신비주의** (서울: 학지사, 2012), 39; "신화소란 그 사이에서 인적·물적·문화적 교류가 없는 두 부족의 신화에서 같은 종류의 신화적 주제가 발견될 수 있는데, 그것은 그 두 부족이 같은 인간 조상의 정신세계를 물려받았다는 이유 이외로는 설명되지 않는다는 것이다. 또한 집단적 관념이란 서로 다른 많은 사회의 제도나 언어나 풍습에서 서로 비슷한 관념이 존재하는 것인데, 그것 역시 마찬가지다. 집단 무의식은 개별적으로 발전하는 것이 아니라 물려받는다는 것이다."

사성을 나타내고자 했으며, 어떤 경우에는 10배나 크기를 속였다. 더욱이 헤켈은 종들 간의 차이를 속이고자 이름을 혼란스럽게 표시했으며 이렇게 함으로써 하나의 종이 전체를 대표하는 것처럼 꾸몄다. 실상은 가장 가까운 물고기 종류만 비교하더라도 종에 따라 (배아의) 모양과 발생 과정이 굉장히 다르다고 지적하고 있다. 헤켈의 그림은 생물학에서 그 유래를 찾아보기 힘든, 가장 악명 높은 조작 중의 하나이다[485]

리처드슨의 말처럼 헤켈의 이론은 임의로 조작되었기 때문에 거짓으로 판명났다. 융의 집단 무의식 이론이 헤켈의 이론에 근거했기 때문에 융의 주장은 거짓이다. 융의 집단 무의식 이론이 개체발생이 정당하다는 가정하에 시작되었기 때문에 융의 집단 무의식은 거짓된 이론이다.[486]

융은 의대 시절 헤켈의 글을 방대하게 읽었으며, 초핑기아 강의(Zofingia lectures)에서 헤켈과 토론했다. 융은 헤켈이 제시한 "짐승의 영혼으로부터 사람의 영혼까지 발전하는 단계들을 추적할 수 있다"는[487] "계통학적 심리학"(phylogenetic psychology)에 근거하여 집단 무의식이라는 개념을 만들어냈다.[488] 융의 집단 무의식은 헤켈의 이론에 근거한 무의식이었다.

---

485) 헤켈이 조작한 발생학적 증거, 배 발생도, Nov. 11. 2011. accessed Apr. 17. 2019. https://m.blog.naver.com/woogy68/140144345045/
486) Richard Noll, *The Jung Cult* (NewYork, Free Press Papperbacks, 1994), 53; "All this experience suggests to us that we draw a parallel between the phantastical, mythological thinking of children, between the lower races and the dreams. This train of thought is not a strange one for us, but quite familiar through our knowledge of comparative anatomy and the history of development, which show us how the structure and function of the human body are the results of a series of embryonic changes which correspond to similar changes in the history of the race. Therefore, the supposition is justified that ontogenesis corresponds in psychology to phylogenesis. Consequently, it would be true, as well, that the state of infantile thinking in the child's psychic life, as wels as in dreams, in nothing but a re-echo of the prehistoric and the ancient.
487) Dr. Jan Garrett, "The Jung Talk The Enigmatic Origins of the Jung Cult(?)," August 1, 2011. accessed Apr. 17. 2019. http://people.wku.edu/jan.garrett/jung_talk.htm; "trace the stages of the development of the soul of man from the soul of the brute"(TJC, 52).
488) Richard Noll, *The Jung Cult* (NewYork, Free Press Papperbacks, 1994), 51-52; 〈Jung read Haekel copiously during his medical-shcool years: "I interested myself primarily in evolutionary theory and comparative anatomy, and I also became acquainted with neo-vitalistic doctrines," Jung reaveasl. Haeckel dominated these science. Jung discussed him in his Zonfingia lecures, and, given Haekel's great fame, jung was certain to know of the promotional efforts of Haekel and his Monistenbund. Jund read Die Welträsel in 1899 and based his own later phylogenetic theories of the unconscious on Haekel's recommendations for a "phylogen of science of evolutionary research alogside embryology, paleontology, and biological phylogeny. Jung's own comparative the collective unconscious (which he began in October 1909) seems to have been based closely on the methodological suggestions of Haeckel. … Jung introduced an analogus

융은 집단 무의식이 존재하는 근거를 신화소와 집단적 관념을 내세웠다. 집단적 관념은 프랑스 종교 인류학자 레비-브륄이 주장했던 개념이며 앙리 베르그송도 말했다. 융을 비롯한 신화소나 집단적 관념을 주장하는 배경에는 인간과 역사에 대한 발전적 개념을 내포하고 있다.[489] 진화와 유전의 개념이 더 나은 방향으로 발전한다는 생각을 배제한다면 지적 살인에 직면한다.

융은 『태을금화종지』(太乙金花宗旨)을 번역한 『황금꽃의 비밀』을 통해 집단 무의식 개념을 정립하는 데 도움을 받았다.[490] 융은 『태을금화종지』의 해설서인 「서양인을 위한 심리학적 해설」에서 동양의 철학자들을 '상징'을 강조하는 심리학자로 간주했다. 융은 집단 무의식을 종족 본능과 동일시하였으나 도가/도교와 인도 사상에 심취하면서 종족을 넘어선 보편적 심성으로 보고 '원형론'의 가설에 확신을 가졌다.[491] 융은 티벳 불교가 서양인들을 양성의 초월과 대극의 합일로 이끌어줄 것으로 보았으며, 불교의 음양 합일을 통해 대우주의 일치와 완전을 경험할 수 있을 것으로 생각했다. 그런 까닭에, 첸 빙(Chen Bing)은 융의 집단 무의식은 불교의 제8번째 의식인 아라야 의식(Alaya Consciousness)과 동일하다고 말했다.[492]

---

historical approach to the study of the evolution of the human mind and the phylogeny of its unconscious roots in the first part of his Wandlungen und Symbole der Libido(1911).〉

489) 김성민, 칼 융의 『심리학과 종교』 읽기 (서울: 세창미디어, 2015), 47; "여기서 우리는 자기 원형을 두 가지 측면에서 생각할 수 있다. 첫째로 자기는 어떤 사람이 그가 믿는 신을 어떤 존재라고 생각할 때 투사의 원천으로서 그로 하여금 그 신을 체험하게 하는 정신요소이고, 둘째로 자기는 한 사람의 삶에서 그를 이끌어가는 중심적 진리와 가치의 원천이 되는 요소인 것이다. 이렇게 볼 때, 자기는 생명이 태초로부터 지금까지 진화하면서 최적의 상태에 도달해왔듯이, 현재라는 시점에서 다시 새로운 진화를 향해서 나아가게 하는 내적 동인임을 알 수 있다. 그러므로 모든 종교에서 종교인이 신을 닮으려고 애쓰는 것처럼 자아는 자기를 실현시키려고 한다. 신의 이미지와 자기의 원형상 사이에는 밀접한 관계가 있는 것이다. 그러므로 사람들이 형이상학적인 신을 체험하려면 올바른 신의 이미지가 무엇보다도 필요하다. 그러나 융은 현대 교회에서 제시하는 신의 이미지에는 무엇인가 부족함이 있다고 주장하였다."

490) 장덕환, C. G. 융과 기독교 (서울: 새물결플러스, 2019), 259; "융은 환자들의 마음의 발전 과정과 중국 연금술에서의 변환 과정이 유사함을 보면서, 인간은 동서고금을 막론하고 무엇이든지 관념화하고 행동하는 공통의 본성을 가지고 있고, 또한 모든 의식적 관념화와 행동은 이러한 무의식의 원형적 패턴에 기초하여 발달해 왔고 항상 그러한 패턴들에 의존한다고 주장하기에 이르렀다."

491) 양승권, "노자(老子)의 내재화된 '도(道)' 범주와 칼 융(C.G.Jung)의 '자기(Self)'," 동양철학 연구 76 (2013): 163(157-191).

492) Henghao Liang, "Jung and Chinese Religions: Buddhism and Taoism," Pastoral Psychology 61 (2012): 749(747-758); 〈In his Seven Sermons to the Dead, Jung said that "void" in Buddhism corresponds to "empty" and "full" in the "material appearance of things" (Jung 1916, part 1). He pointed out that there are

무엇보다도 중요한 것은, '신화가 사실인가?' 하는 것이다. 맥고완은 '그리스인들이 자신들 신화들을 실제 믿었을까?'라는 의문을 제기하면서 그 당시 사람들은 터무니없는 것으로 여겼다고 말했다.[493] 신화가 사실이 아니라는 의미는 융의 분석심리학이 근거 없는 조작이라는 것을 말해 준다. 아이들이 산타클로스를 믿을지라도 그것은 사실이 아니다. 어른이 되면 사실이 아닌 것은 버린다.

이런 논의들은 결국 융의 집단 무의식 개념이 잘못되었다는 것을 말해 준다. 하나님 없이 영원한 의미와 통일성을 누리기 위해 집단 무의식 안에 원형이 있다는 말은 허황된 거짓이다.

현실에서는 어떻게 가르쳐지고 있을까? 임경수 교수는 틸리히와 융의 관점을 "목회상담에 있어 중요한 정체성을 가지는 데 기여해 줄 수 있다고 생각한다"라면서 다음과 같이 말했다.

> 하나님의 실체를 규명하고 증명하고 눈앞에 확연한 것을 잡으려는 인간의 과도한 욕구보다는 집단 무의식 안에 있는 하나님 형상으로서의 원형이라는 내용에 관심을 가지는 것이 더 바람직하다는 것이다. 그러므로 융의 기여는 하나님 형상이 도그마화 된 것이 아니라, 인간의 집단 무의식 안에 자리 잡고 있는 하나님이며, 이 형상은 또한 모든 인간이 가지는 종교성에 있다는 점이다.[494]

---

many opposites, such as true and false, life and death, similar and different, light and dark, hot and cold, time and space, good and evil, and beauty and ugliness, which are all opposites that contradict each other. Jung believed that the practice of Tibetan Buddhism could lead Westerners to the transcendence of duality and unity of opposites. Jung also thought that Buddhist practices involve searching for the unity of Yin and Yang in the microcosm of one's own body and mind, so as to experience the initial unity and perfection of the great macrocosm in 'total enlightenment.' Chinese scholar Chen Bing also believed that the 'collective unconsciousness' is equivalent to the eighth consciousness in Buddhism, which is Alaya Consciousness1 (Chen 1989, p. 358).〉

493) Don McGowan, *What is wrong with Jung* (NewYork: Prometheus Books, 1994), 39.

494) 임경수, "목회상담 관점에서 본 폴 틸리히(Paul Tillich)의 '중심된 자기'(the Centered Self)와 칼융(Carl Jung)의 '하나님의 원형적 형상'(the Archetypal Image of God)에 관한 담론," **목회와상담** 19 (2012): 151(133-155); 임경수 교수는 다음과 같이 결론지었다. '폴 틸리히의 '중심된 자기'의 개념은 심리학적 사실들이 목회상담학에 사용되고 있는 상황에서, 인간의 '중심된 자기'에 대한 가능성과 교만성, 그리고 교만성으로 인해 이탈되어 있는 '소외'의 현상이 오히려 인간의 뿌리와 근원에 대한 향수(鄕愁)의 절규라는 시각은 목회상담학의 신학적 뿌리를 제공할 수 있는 근거가 될 수 있을 것이다. 칼 융이 지적하는 하나님의 형상이 내재되어 있다는 인간의 보편적 종교성에 대한 관점은 목회상담이 성과 형상이라는 외재적 요소와 현상에 대한 관심이 아니라, 인간의 내면에 가지는 우주적 종교성에 관심을 가짐으로 심리학과 인간 심리에서 발생하는 이론과 현상에 대하여 종교성의 관점을 제공할 수 있을 것이다. 그래서 이 양자가 주장하는 뿌리 뽑힐 수 없는 보편적 종교성을 나

임경수 교수에 의하면, 하나님의 형상으로서의 원형은 집단 무의식 안에 있다. 임경수 교수는 융의 기여가 "인간의 집단 무의식 안에 자리 잡고 있는 하나님이며, 이 형상은 또한 모든 인간이 가지는 종교성에 있다"면서 융의 원형론을 고수한다면, 기독교 하나님의 형상이 아니라 융의 '우리 안에-있는-하느님'을 말하는 것이다! 틸리히의 '중심된 자기'나 융의 '자기'는 성경의 인간론이 아니다.

김경재 교수는 틸리히가 타락 사건을 "인간의 보편적 실존 상황을 말하는 상징"으로 보며, "결코 과거 어느 시점에 발행했던 타락 사건 이야기가 아니라"고 말했다.495) 김경재 교수는 창세기의 타락 사건을 '신화적 상징'이라고 말했다.

틸리히는 왜 그렇게 말했는가? 김경재는 "창세기의 인간 타락 설화는 인간 실존이 소외 상태에 있음을 깨닫게 한다"고 말했다. 틸리히에게 하나님께 범죄하여 타락한 사건은 그저 인간 실존의 소외를 깨닫게 하는 신화적 상징에 불과하다. 그런 까닭에, 임경수 교수가 틸리히와 융에게 천착하여 기독교 상담학을 말하는 것은 결코 기독교적이지 않다! 투르니에 역시 성경에 대해 모호한 입장을 취했다. 자신을 스스로 불신자라고 말하는 투르니에는 성경이 하나님을 계시하는 유일한 수단이 아니라고 말했으며, 아무도 지옥의 심판을 받지 않게 될 것이라고 말했다.496)

성경의 인간론은 범죄 한 인간이 타락했다는 것이며, 인간이 죄로 타락했기 때문에 예수 그리스도께서 십자가에 피 흘려 죽으심으로써 대속하여 구원하셨다. 존재론이 비성경적이면 구원론도 비성경적이다. 존재론이 성경적이지 않으면 틸리히나 융과 같이 인간의 실존적 기투(企投, Entwurf)로 구원이 이루어지며 기독교와 멀어진다.

이관직 교수는 『관계의 걸림돌 극복하기』 에서 다음과 같이 말했다.

타내는 하나님의 형상에 대한 정의는 21세기의 목회상담의 정체성을 정립해나가는데 좋은 길라잡이 역할을 할 것이다. 목회상담이 어느 특정한 영역에 국한된 것이 아니라, 인간의 실존과 의미를 추구하는 기본적인 학문이며, 이 하나님 형상을 추구하는 것이 인간 모두에게 내재하고 있는 '보편적 종교성'에 기초한 상담이 되어야 한다는 점이다. 동시에 목회상담은 기독교의 특수성만을 강조하는 일부 기독교 현실에 하나님 형상의 보편성 문제를 제기함으로 향후 기독교와 목회상담의 정체성을 형성해 가는데 중요한 역할을 할 것이다."
495) 김경재, **틸리히 신학 되새김** (서울, ㈜여해와함께대화출판사, 2018), 193.
496) 전요섭·박기영, **기독교상담학자** (서울: 쿰란출판사, 2008), 395-396.

그런 점에서 첫 인간이 하나님으로부터 쫓겨났을 때 겪은 트라우마는 분석심리학자 칼 융이 주장한 개념을 사용하자면 모든 인간의 '집단 무의식'에 내재화되어 있다고 볼 수 있다.

이관직 교수는 첫 인간의 타락을 집단 무의식으로 말했다. 그러면서도 죄의 결과로 사망이 온다고 말했다. 이런 혼합이 일어나는 것은 근본적으로 인간론이 비성경적이기 때문이다.

구원론이 삶을 지배한다. 예수 그리스도만이 우리의 구원이시다. 인간은 내면에 신성이 없다. 인간은 죄인이며 하나님의 은혜로만 구원을 얻는다. 기독교의 구원론은 이신칭의(justification by faith)에 근거한다.

4가지 원형

융은 집단 무의식의 원형을 말하기 이전에 원시적 이미지라고 말했다.[497] 원형 속에는 페르소나, 그림자, 아니마와 아니무스, 자기(self)라는 4가지 주요한 원형이 있다. 그림자와 페르소나는 자아의 양극성이다. 정신에 위치한 대극의 짝을 이루고 있다. 융은 심리발달의 과제를 통합으로 보고 최상의 가치를 전일성에 두었기 때문에 페르소나와 그림자가 통합되어야 한다고 보았다.[498]

원형의 내용은 상상할 수 없고 "관찰과 경험을 통해 나타난다"[499] 관찰과 경

---

497) 진숙, "칼 융의 원형개념에 대한 철학적 연구" (박사학위논문, 전북대학교 일반대학원, 2018), 34; "집단 무의식은 신화 연구에 끼친 융의 공헌 중 가장 중심이 되는 용어이며 융 학파의 신화에 대한 핵심은 이미지의 개념에 있다. 융이 후에 집단 무의식의 원형을 지칭하기 위해 처음 사용한 용어는 '원시적 이미지'(urtümlichesBild)였으며 이것은 그가 19세기 역사가 야코프 부르크하르트(JacobBurckhardt)에서 차용한 것이다."
498) 머리 스타인, **융의 영혼의 지도**, 김창한 역 (서울: ㈜문예출판사, 2017), 179; "여기서 자기 수용이란 페르소나에 속하지 않은 이상적 이미지 또는 문화적 규범 같은 이미지를 자신의 일부로 온전히 받아들인다는 뜻이다. 사람이 수치스러워하는 개인적인 면은 철저히 악한 것으로 느껴지곤 한다. 어떤 것은 진짜 악하고 파괴적인 반면에, 그림자의 자료는 늘 악한 것이 아니다. 페르소나에 순응하지 않아서 그림자에 붙어 있는 수치심 때문에 그렇게 느껴질 뿐이다."
499) Ibid., 23; "즉 원형은 표상들을 배열하면서 나타나고 표상들은 그때마다 무의식적으로 일어나므로 언제나 나중에서야 비로소 인식되는 것이다. 원형은 현상계에서 유래된 표상 자료를 동화하며, 가시화되고 정신적이 된다. 이것은 전형적인 표상으로 나타나는데 정신질환자의 환상, 신화와 민담, 전 세계에 퍼져 있는 이야기의 핵심, 이른바 신화소(Mythologem)는 원형의 내용, 원형상이다. 융은 이미지의 세계에서 표상되는 이러한 동일성과 차이를 원형과 상징으로 설명한다. 그는 정신질환 환자가 겪는 환상이 고대로부터 이어져 오는 원형적 심상이나 상

힘으로 얻게 되는 것은 누미노제를 체험하는 것이다. 원형은 집단 무의식의 정신 재현이 가능한 전형성이다.[500] 원형의 체험은 아니마와 아니무스라는 대극을 통합하는 것이다.[501]

김성민 교수는 원형에 대해 다음과 같이 말했다.

> 원형이란 행동의 유형들을 가리키는데, 융은 원형을 설명하는 단어로 영어 단어 patterns of behavior라는 말을 자주 사용하였다. 다시 말해서, 원형이란 사람이나 동물이나 식물들로 하여금 그 본래적인 기능을 발휘하게 하고, 그에게 알맞은 법칙이나 독특한 특성을 따라서 발달하게 하는 어떤 원리를 말하는 것이다. 원형이란 우리 정신에 생래적으로 주어져 있는 잠재적인 성향(disposition)이며, 사람들은 원형 때문에 어떤 사태에 대해서 본능적으로 반응을 보일 수 있다. 원형이란 인간의 영혼에 있는 무엇인가를 형성시키는 힘인데, 이 힘은 매순간 활용할 수 있다. 즉, 우리가 갈등상태에 빠져 있거나 매우 격렬한 정동상태에 사로잡혀 있을 때, 우리 삶의 아주 주요한 문제들이 아주 특별한 방식으로 우리에게 다가올 때, 이 힘은 작동할 수 있는 것이다. 원형이 어떤 원리와 같은 것이라고 한다면, 원형은 수정을 만들어내는 모액(母液) 속에 잠재되어 있는 어떤 축의 구조와 비슷한 것이라고 할 수 있을 것이다. 즉, 원형은 인간의 영혼 속에 있는 어떤 작동체계나 구조의 요소들인 것이다.[502]

김성민 교수에 의하면, 인간의 삶에 일어나는 일들은 원형의 작용 결과이다. 원형은 인간의 작동체계이다. 원형은 정신기관이고 정신적인 기능체계이다.[503] 벌이 벌집을 짓고 개미가 개미굴을 파고 만들 듯이 사람도 사람으로 살 수 있도록 하는 것이 원형이다.[504] 원형이 작동함으로써 만들어내는 것은 개성화이고 개성화를 통해 자기(self)에 이르는 것이다.

융은 사람이 아동기만이 아니라 평생 성장해 간다고 보았으며 인생의 후반기

징적 집단적 저장물로부터 나옴을 발견하게 되고 1919년 '원형'(Archetyper)이라는 용어를 처음으로 사용한다."
500) 박은정, "영웅이미지와 연금술적 상상을 표현한 작품연구 : 칼 융의 원형과 연금술 연구를 중심으로" (박사학위논문, 홍익대학교 대학원, 2018), 1; "'원형'은 모든 인간이 선천적으로 태어난 집단의 공통된 정신의 현상인 '집단 무의식'의 정신 재현이 가능한 전형성이다. 그중 하나의 정신 재현 가능한 이미지가 '원형상'이며 '원형상'의 상징적 의미가 예술창조에 있어서 상상력의 근거를 제공한다. 이러한 '원형상'은 인간의 심층 심리 속에 존재하는 여성적 경향인 아니마와 남성적 경향인 아니무스에 의해 구체화 되었다. '원형상'을 구체화하기 위한 방법을 연금술의 '상상'의 과정에서 찾았다."
501) Ibid., 100.
502) 김성민, **융의 심리학과 종교** (파주: 동명사, 2010), 382-383.
503) Ibid., 100.
504) 김성민, **분석심리학과 종교** (서울: 학지사, 2014), 101.

인 중년기가 더 중요하다고 말했다. 정석환 교수는 다음과 같이 말했다.

> 1930년대부터 스위스의 정신분석가인 융(Carl G. Jung)은 중년의 우울함의 무의식적 에너지가 인생의 후반기를 어떻게 파괴할 수 있는지를 많은 임상경험들을 통해 밝히고 있다.[505]

정석환 교수는 인생 후반기의 파괴를 무의식적 에너지로 파악했다. 삶의 문제와 죄를 무의식적 에너지로 말한다면 기독교 상담학이라고 말할 필요가 없다. 성경 어디에도 무의식적 에너지라고 말하는 곳은 없다. 기독교가 아닌 것을 기독교라는 수식어를 붙여서 말해서는 안 된다.

융은 삶의 후반기를 무의식을 의식화하는 개성화를 이루어야 한다고 말했다.[506] 융의 목적은 인간의 개성화(individuation) 혹은 자기실현(self-actualization)이다. 융의 자기실현은 '자기가 되는 것'이다. 이부영 교수는 다음과 같이 말했다.

> 모든 사람이 자기실현을 할 수 있는 잠재력을 가지고 있다. 그런 잠재력을 일깨워서 적극적으로 자기실현을 수행하느냐 하지 않느냐는 자아에 달려 있다.[507]

이부영 교수에 의하면, 자기실현의 관건은 잠재력을 깨우는 것에 달려 있다. 이것은 자기실현, 곧 개성화는 아무나 할 수 없다는 말이 된다. 개성화는 약한 자아(ego)로부터 시작해서 성숙 된 자기(self)로 찾아가는 과정이다. 융에게 있어서 인생 후반기의 과제는 종교적인 과제이다. 세상에는 종교를 가지고 있지 않은 사람들이 많다. 개성화는 종교와 무관한 사람들에게는 아무런 의미가 없다는 결론이 난다. 윤회로 다시 태어날 사람들이라면 굳이 애써서 개성화를 이룰 필요가 없다.

김성민 교수는 "왜냐하면 모든 종교의 궁극적 목표 역시 자신의 내면에서 불성을 실현시키거나 성령의 은총을 받아서 내면적인 통합을 이루는 것이기 때문

---

505) 정석환, "중년기 목회자의 성적 유혹에 대한 심리적 분석," 목회와 신학 6. (2006):151.
506) 이부영, 분석심리학 이야기 (서울: 집문당, 2014), 76.
507) 이부영, 자기와 자기실현 (파주: 한길사, 2010), 94.

이다."라고 말했다.508) 이부영 교수는 "자기실현이란 본래의 마음을 실현하는 것이다"라고 말하면서 융의 자기(self)를 원효의 근원(Ursprung)으로 말했다.509)

이부영 교수는 융의 분석심리학을 말하면서 "칼 구스타브 융은 기독교를 포함한 모든 종교는 인간의 본성에서 우러나온 원시적 이해이며 그것 없이는 살아갈 수 없고 정신기능의 토대라고 하였다."고 말했다. 융이 말하는 종교성은 "각 종파의 신앙 태도를 두고 말하는 것이 아니고 보편적인 인간의 태도"를 말하며, "커다란 신성한 힘 앞에서의 경건한 태도"라고 말했다.510) 박철안은 중년기의 우울증 극복을 위해 "칼 융의 집단 무의식론에 기대어 그 대안으로 시도하고 이를 심리치료적인 방법으로 적용"하고, "아니마와 아니무스의 통합이 요구된다"고 말했다.511)

빙켈은 후반기에 "사람들은 자아를 벗어버리고, 영(靈)의 자녀가 된다"고 말했다.512) 온전함에 이른다는 것은 전일성(wholeness)을 향하여 나아가는 것이며 그것을 개성화라 했다. 개성화는 인간의 인격의 의식적인 부분과 무의식적인 부분을 통합하여 온전함으로 이끈다는 것이다. 융이 말하는 온전함이란 궁극적으로는 '존재적 신성화'를 의미한다.

그 개성화의 첫 단계는 그림자(shadow)이다. 그림자의 핵심 덩어리가 콤플렉스이다. 무의식의 영역에서 처음으로 대하는 부분이 콤플렉스이다. 콤플렉스는 사회 부적응에서 오는 자괴감이 본체이며, 아동기의 성장 과정에서 입은 정신적 외상이 개인 무의식에 억압되어 그림자로 남아있게 된다는 것이다.

두 번째로, 이 그림자가 사회적 억압으로 발생하기 때문에 일종의 집단정신의 가면인 페르소나를 취하게 된다. 예를 들어, '나는 강하다', '나는 실력가다'라는 가면을 쓴다. 페르소나는 사회 적응 과정에서 사회체계와 문화 속에 맡은 역할이다. 페르소나의 긍정성도 있으나 페르소나가 강하면 진실을 제대로 볼 수 없

---

508) 김성민, **분석심리학과 기독교** (서울: 학지사, 2012), 185.

509) 이부영, "원효의 신화와 진실," 불교연구 3 (1987): 107(97-112)

510) 이부영, "목회자와 정신건강," **연세대학교 연신원 목회자 하기 신학세미나 강의집** 6 (1986): 588-589(583-591).

511) 박철안, "중년기 우울증의 문제와 그 극복의 방안 - 칼 융의 이론을 중심으로," **신학과실천** 49 (2016): 541, 545(533-554).

512) 에르나 빈 드 빙켈, **융의 심리학과 기독교 영성**, 김성민 역 (서울: 한국심리치료연구소, 2010), 112.

다.

세 번째로, 인간 안에 있는 원형인 아니마(anima)와 아니무스(animus)의 통합이 이루어져야 개성화가 가능하다는 것이다. 융은 남성 안에는 여성성의 원형인 아니마(에로스)가 있고, 여성 안에는 남성성의 원형인 아니무스(로고스)가 있다고 본다. 융의 무의식 구조에서 보면 집단 무의식이 개인 무의식을 에워싸고 있다. 그 핵심에는 자기(self)가 있으며, 자기(self)를 경험하기 위해 남성은 아니마를 여성은 아니무스를 통합해야 개성화가 일어난다. 융은 자기 안에 있는 대극의 원형을 경험하지 않으면 자기실현을 이룰 수 없다고 보았다.

여기서 우리는 기독교인으로서 융이 말하는 통합이 무엇인지 생각하고 가야한다. 빙켈은 다음과 같이 말했다.

> 사실 선과 악의 원초적 대립에 관한 원형은 예수님과 사탄 속에서 나타난다. 우리는 그의 심리학이 언제나 대극 개념들로 되어 있는 것을 안다. 그래서 결국 예수님과 사탄은 대립되게 되며, 이때 이 둘에는 똑같은 가치와 힘을 가지고 있다. 원형의 영역, 다시 말해서 상징과 이미지로써만 언급될 때는 충분히 논의 가능한 이 사상은 신학의 영역에서 논의될 때, 결코 받아들일 수 없는 것으로 된다. 왜냐하면 이것은 피조물에 내재해 있는 이원성을 하나님(또는 예수님)에게 투사시키기 때문이다. 즉 하나님을 마치 음과 양으로 나눠서 대극적인 개념으로 설명하기 때문이다. 만약에 사실이 그렇다면 인류의 진화가 궁극적으로 지향하고 있는 정신적 통합은 어떻게 되는가? 다시 말해서 하나님이 통합적인 존재가 아니라면, 우리 영혼의 통합은 어떻게 가능할 수 있으며, 우리는 어떻게 통합을 목표로 나아갈 수 있는가? 융은 예수님과 사탄이 모두 하나님의 아들이기 때문에 같은 비중을 가진다고 주장한다.[513]

빙켈이 무엇이라고 말했는가? 빙켈은 원형에는 원초적 대립이 있고 그 대립은 예수님과 사탄의 대립이라고 말했다. 또한, 예수님과 사탄이 똑같은 가치와 힘을 가지고 있다고 말했다. 융은 예수님이나 사탄이나 같은 하나님의 아들이라고 보았다는 것이다. 예수님이나 사탄이나 같은 비중을 가진 존재라 보고, 두 존재가 통합되어야 한다는 것이다. 이 말은 필자가 하는 말이 아니다. 프랑스의 분

---

513) 에르나 반 드 빙켈, **융의 심리학과 기독교 영성**, 김성민 역 (서울: 한국심리치료연구소, 2010), 96; 빙켈은 융의 이런 통합을 다음과 같이 말했다. "그러나 기독교의 계시와 무관한 융은 이 문제에서 하나의 타협을 하고 있다. 즉 그의 심리학이 인간의 정신의 영역을 넘어가지 않는 한 기독교 교리와 아무런 저촉도 없도록 타협하고 있는 것이다."

석심리학자 에르나 반 드 빙켈이 한 말이다. 융을 가르치는 사람들은 융이 말하는 통합을 모를까?

집단 무의식의 내용은 '원형(태고유형)'이라 불린다. 융이 말하는 원형에는 출산, 재생, 죽음, 권력, 마법, 영웅, 어린이, 사기꾼, 신, 악마, 늙은 현인, 어머니인 대지, 거인, 나무, 태양, 달, 바람, 강, 불, 동물과 같은 많은 자연물, 고리나 무기와 같은 인공물 등이 있다.514)

융이 말하는 원형(태고유형) 개념 중에서 '신의 콤플렉스'가 발달하는 경우를 살펴보면 얼마나 성경과 위배 되는지 알 수 있다.

> 실제로 태고유형은 콤플렉스의 핵심이기 때문이다. 태고유형은 중심이나 핵심으로 작용하여, 자석처럼 관계있는 경험들을 끌어당겨서 어떤 콤플렉스를 형성한다. 경험이 추가되어서 충분한 힘을 얻으면, 콤플렉스는 의식에 침입할 수가 있다. 태고유형이 의식과 행동에 표현되는 경우는 잘 발달한 콤플렉스의 중심이 되었을 때뿐이다. 예를 들면, 신의 태고유형에서 '신의 콤플렉스'가 발달하는 경우를 살펴보자. 모든 태고유형과 마찬가지로, 신의 태고유형과 관계있는 경험이 그것에 붙어 콤플렉스를 형성한다. 콤플렉스는 새로운 자료의 모음에 의해 점점 강해지며, 결국 의식에 침입할 수 있을 정도로 강해진다. 신의 콤플렉스가 지배적으로 되면 당사자가 무엇을 경험하는가, 어떻게 행동하는가가 거의 신의 콤플렉스에 의해 결정된다. 그는 모든 것을 선악의 기준으로 지각하고 판단하며, 악인에 대해서는 지옥의 불과 천벌을, 선인에게 대해서는 영원한 낙원을 설교하고, 죄 많은 자를 비난하여 회개를 요구한다. 그는 자기를 신의 예언자, 또는 스스로 신이라고 믿어, 인류에게 정의와 구원의 길을 제시할 수 있는 사람은 자기 말고는 없는 걸로 생각하고 있다. 이런 사람은 광신자 또는 정신병자로 생각될 것이다. 이것은 콤플렉스가 그의 퍼스낼리티 전체를 점령하고 있기 때문이다. 이 예는 콤플렉스가 극단적인 무한정한 힘을 가진 경우의 예이다. 이 사람의 '신콤플렉스가 퍼스낼리티 전체를 점령하지 않고 퍼스낼리티의 '일부'로서 일하고 있다면, 그는 인류를 위해 크게 봉사했을지도 모른다.515)

이런 융의 말대로 하면 예수님은 어떻게 되는가? 예수님의 열두 제자나 사도

---

514) C.G. 융 · C.S. 홀 · J. 야코비, **C.G. 융 심리학 해설**, 설영환 역 (서울: 선영사, 2007), 91; 융은 이 원형들의 결합에 따라서 여러 유형의 인간이 생겨난다고 말한다. 퍼스낼리티의 주도권은 결국 원형이 잡고 있는 셈이다. "태고유형들은 집합 무의식 속에서 서로 별개의 구조를 이루고 있지만, 결합을 이루는 경우도 있다. 예컨대 영웅의 태고유형이 악마의 태고유형과 결합되면, 그 결과 '무자비한 지도자' 유형의 인간이 생긴다. 또는 마법의 태고유형과 출산의 태고유형이 결합되면, 약간의 원시 문화에서 발견되는 '번식의 마법사'가 생긴다. 이 마법사는 새색시를 위해 번식의 의식을 집행하여, 그 여자가 확실히 아기를 낳을 수 있도록 한다. 모든 태고유형들이 갖가지로 결합되어서 작용한다는 것도 개개인의 퍼스낼리터 서로 다르게 되는 한 요인이다."
515) Ibid., 93.

바울은 어떻게 되는가? 융의 말대로 하자면, 그들은 "'신의 콤플렉스'가 발달"한 자이고 "광신자" 혹은 "정신병자"이다. 그런 까닭에, 융의 심리학은 반기독교적이다! 이런 융의 심리학을 내적치유와 상담 사역에 사용할 수 있는가? 그렇다고 말하는 사람들은 과연 어떤 예수를 믿고 있는 것인지 너무나도 궁금하다.

무엇보다 융의 이런 원형이론은 수많은 신화와 동양의 종교와 신비주의들을 탐구하고 난 뒤에 만들어졌다는 사실을 결코 간과해서는 안 된다. 그런 연구들을 통해서 융은 인류가 무한한 되풀이에 의해서 인간의 정신 속에 새겨졌으며 그것이 유전된다고 말했다.

이런 융의 원형이론에는 신화적 요소들이 실제가 아니라는데 그 기초를 두고 있다. 융은 신화를 모든 민족 속에 공통적으로 나타나는 무의식의 작용으로 일어나는 상상력의 결과물이라고 보았다. 그러나 과연 그럴까? 만일 그것이 아니라면 융의 원형이론은 무너지게 된다. 모든 신화가 반드시 허구가 아니라는 증거는 얼마든지 있다. 이집트의 역사와 피라미드는 전설이 아니라 사실(a fact)이라는 것이 헤로도투스(Herodotus)에 의하여 알려졌다.516) 이렇게 역사적 사실 위에 기초한 신화가 있게 되면 융의 원형이론은 그 근거를 상실하게 된다.

원형이론의 오류에 대하여 상식적인 접근을 해보자. 융은 원형이 인류에게 보편적이라고 말했다. 만일 결혼한 남자가 결혼하지 않은 남자에게 자기 아내와 싸운 이야기를 했다고 하자. 그러면 그 결혼하지 않은 남자가 결혼한 남자에게, "무슨 말씀인지 알겠습니다."라고 말할 수 있다. 결혼하지 않은 남자는 자기 생애 속에서 다른 사람들과 싸운 상황을 생각하게 된다. 그러나 과연 두 사람의 싸움이라는 것이 과연 같은 싸움일까? 그것은 질적으로 다른 경험이다.

융의 관점에서 보자면, 아내와 싸우는 것은 모든 사람에게 잠재하고 있는 원형이다. 결혼한 사람은 그가 경험한 원형을 말한 것이지만 결혼하지 않은 사람은 그렇지 못하다. 결혼한 사람의 경험과 결혼하지 않은 사람의 경험은 똑같은 느낌이 될 수가 없기 때문에 융의 원형이론은 오류로 판명 나게 된다.517)

다음에 나오는 글 역시 융의 원형이론에 오류가 있음을 말해 준다.518) 융은

---

516) Don McGowan, *What is wrong with Jung* (New York: Prometheus Books, 1994), 76.
517) Ibid., 86.
518) 융 심리학자(2015.5.15.) http://blog.daum.net/saidamaken/15757294/

마국인 여성 프랑크 밀러가 쓴 글에 관심을 갖게 됐는데, 밀러의 글에는 무의식의 '원시적 잔상기억(archaic residues: 한 개인의 과거 경험을 통한 기억의 저장물이 아닌, 인류가 고대로부터 경험해 체득한 기억의 저장고로 일종의 문화적 유전자)'으로 가득한 환상이 담겨 있었다.

그녀가 반쯤 깨어 누워 있을 때 아즈텍 인디언이 그녀 앞에 나타났다. "나는 치완토펠이라고 해. 내 영혼의 짝을 찾아다녔으나 헛수고였다네. 파란 독사가 나타나 인디언과 말을 죽였고 … 화산이 폭발하여 인디언을 삼켜 버렸지. 나는 내 몸을 상처 없이 지켰다.-아! 그녀는 이해할 것이다!-너, 자-니-와-마 (Ja-ni-wa-ma)여, 나를 이해하는 너!"519)

프랑크 밀러 자신은, "제가 보고 들은 것은 반의식 상태, 곧 최면 상태의 전형이다. 마치 심령술을 하는 무당이 죽은 사람으로부터 메시지를 전해 받는 상태와 같은" 것이라고 생각했다. 테오도르 플루니와는, 그것은 무의식 속에 있는 잠재의식인 일상의 잔여 기억으로부터 나오는 것이라고 말했다. 그러나 융은 이와는 달리 설명했다. 밀러는 내향적인 사람으로 그녀의 심리적 에너지는 내부로 향해 있어 이러한 무의식의 원시적 잔상기억을 끌어내고, 인디언의 실패와 죽음은 밀러 자신이 어머니로부터 분리되는 영웅적 행동을 하는 데 실패한 것을 극적으로 나타내는 것으로, 밀러의 무의식은 어머니로부터 분리를 원하지만 그렇게 하지 못하는 무능력함 때문에, 곧 밀러 역시 커다란 '산사태에 의해 삼켜질' 것임을 보여주는 것이라고 했다. 융은 환상을 통해 밀러가 완전히 와해 될 수도 있는 잠재적인 정신증을 지니고 있다고 진단했다.520)

융은 프랑크 밀러를 한 번도 만나지 못했지만, 밀러의 명성에도 불구하고 밀러에 대한 분석을 출간했다. 그 후의 판본에서 융은 밀러의 진단적 예후에 대해 "대부분 적중했다"는 내용을 추가했는데 이는 정신분열병의 와해로 인한 괴로움으로 요양원에 입원했기 때문이었다. 만일 융의 예언이 들어맞는다면, 이는 신화적이고 역사적인 이미지의 행간(行間, 숨은 의미)을 해석함으로써 환상으로부터 심리적인 증상을 정확히 진단할 수 있음을 암시한다. 이후 여러 사례에서

---

519) C.G. 융, **영웅과 어머니 원형**, 한국융연구원 C.G. 융 저작 번역위원회(서울: 솔출판사, 2006), 453-460을 참고하라.
520) 융 심리학자, May. 15. 2011. Accessed May. 8. 2019. http://blog.daum.net/saidamaken/15757294/

융의 진단은 사실로 판명되었지만, 그러나 밀러의 사례에서는 오류를 범했다. 밀러의 입원은 사실이었지만, 정신분열병 상태와 일치하는 환각이나 망상이 없었으며 일주일 만에 퇴원했던 것이다.[521] 밀러 이야기의 핵심은 결국 원형이란 존재하지 않는다는 것이다! 오류를 범한 융의 원형이론은 그 시작부터가 잘못되어 있다!

타자에게 드러내고 감추는 관계: 그림자/페르소나

융은 사람의 성격이 하나만 있는 것이 아니라 잠재 인격들로 구성되어 있다고 보았다. 융은 "인간의 심성이란 완전히 빛으로만 이루어지고 있는 것이 아니고 또한 많은 그림자로 되어 있다"고 말했다.[522]

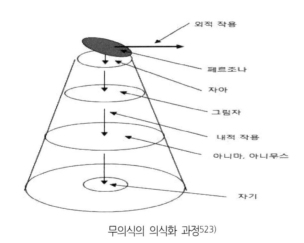

무의식의 의식화 과정[523]

머리 스타인은 이렇게 말했다.

융은 이러한 문제들을 밝히려고 시도한다. 먼저 자아 콤플렉스가 있고, 다음으로 여러 소

521) 같은 사이트.
522) C.G. 융, 융 기본 저작집3 인격과 전이, 한국융연구원 C.G. 융 저작번역위원회 (서울: 솔출판사, 2007), 35.
523) 그림출처; https://m.blog.naver.com/pnukmed10/220985773853/ 융의 분석심리학(2017.4.18.)

규모 개별 콤플렉스들이 존재한다. 이들 소규모 콤플렉스 가운데 어머니 콤플렉스와 아버지 콤플렉스가 가장 중요하고 강력하며, 마지막으로 원형 이미지와 원형적 포진들이 주요 역할을 한다. 어떤 면에서 우리는 다양한 잠재적 태도와 지향성을 갖고 있으며, 이들은 쉽게 서로 대립하고 갈등을 일으켜 신경증적 유형으로 발전된다.[524]

스타인에 의하면, 인간 안에는 콤플렉스와 원형이 있어서 다양한 잠재적 태도와 지향성을 갖는다. 인간의 내면에 잠재 인격이 있으며, 그 잠재 인격은 그림자와 페르소나가 짝을 이루고 있다. 짝을 이룬다는 것은 대극을 이룬다는 것이다.

1) 그림자

개성화의 첫 단계는 그림자를 인식하고 받아들이는 것이다. 융에 의하면, 개인 무의식 속에는 자신도 모르는 또 다른 자신이 존재하고 있어 자신의 모습과는 전혀 다른 모순된 행동을 하게 만드는 요소가 있는데 그것을 그림자라고 불렀다. 그림자는 인격의 어두운 측면이다.[525] 융은 인격의 열등한 측면을 가리킨다고 말했다.[526] 그림자는 자아가 제어할 수 없는 무의식의 정신요소 중 하나이다. 그림자는 자아의 배면(拜面)으로 자아가 의도하고 의지하고 방어하는 자아 조작의 무의식적 측면이다. 자아의 이면에 자신이 모르는 자신의 분신인 그림자가 존재한다.[527] 융은 무의식을 필요악이라고 말했다.[528]

---

524) 머리 스타인, **융의 영혼의 지도**, 김창한 역 (서울: ㈜문예출판사, 2017), 155-156; "삶 초기에 성격은 미분화된 단순 통합체다. 성격은 다 형성되지 않았고 실체적이라기보다 잠재적이며, 그래서 전일적이라 할 수 있다. 성장과 더불어 전일성은 분화되고 여러 부분으로 분리된다. 자아의식이 형성되며, 이 자아의식이 자라면서 이제 전체로 나타나는 자기 부분은 '무의식'으로 남는다. 반대로 무의식은 이마고, 내면화, 정신적 외상 경험과 연계된 일단의 자료로 구조화되어 잠재 인격, 즉 콤플렉스를 형성한다. 콤플렉스는 자율적이며 자체 의식을 갖는다. 콤플렉스는 일정한 정신 에너지와 결합되어 있고, 자체 의지도 있다."
525) 칼 구스타프 융, **아이온**, 김세영·정영진 역 (서울: 부글북스, 2016), 20-21.
526) 김성민, **융의 심리학과 종교** (파주: 동명사, 2010), 111; "그림자에 사로잡혀 있는 사람들은 흔히 그 안에 정동적인 특성이 짙게 배어 있는, 어둡고 잔인한 성격을 드러내게 된다. 융이 그림자에서 특히 주목하는 것은 그림자가 가지고 있는 정동적인 특성 때문이다. 왜냐하면 그림자는 사람들에게 억압되거나 무시된 정신적 요소들로 구성되어서, 그 안에 정동적인 특성을 담지 않을 수 없기 때문이다."
527) C.G. 융·C.S. 홀·J. 야코비, **C.G. 융 심리학 해설**, 설영환 역 (서울: 선영사, 2007), 99-100; 그림자는 다른 어떤 태고유형보다도 인간의 기본적인 동물적 본성을 많이 포함하고 있다. 그림자는 진화의 역사 속에 매우 깊은 뿌리를 가지고 있으므로, 모든 태고유형 중에서도 아마 가장 강하며, 잠재적으로 가장 위험한 것이다. 그림자는 특히 동성의 타인들과의 관계에 있어서 최선의 것과 최악의 것의 근원이 된다. 인간이 공동사회에서 필요한 사람이 되기 위해서는 그림자에 포함되어 있는 동물적 정신을 길들일 필요가 있다. 길들인다는 것은, 그림자의 징후들을 눌러 그림자의 힘에 대항하는 강한 페르소나를 발달시키면 된다. 자기 본성의 동물적 측면을 억누르는

그림자는 자아의식이 거절한 것이다. 자아가 긍정적으로 받아들여서 동일시하고 흡수하면 페르소나의 일부가 된다. 페르소나나 그림자는 자아의 이질적인 인물들인데, 페르소나는 공식적인 인물이고 그림자는 은폐된 인물이다. 융은 나르치스와 골트문트, 지킬 박사와 하이드 씨, 카일과 아벨, 이브와 릴리트, 아프로디테와 헤라를 예를 들어 말했다. 페르소나와 그림자는 인물의 상반된 모습을 보여주며, 다른 한쪽을 보완해 주거나 적대적이다.

그림자는 자아가 처음 의식할 때 미숙하고 열등하고 부도덕하다는 등 부정적 인상을 준 것들로서 자아가 자신의 일부로 받아들이기를 꺼리는 것들이다.[529] 인지적 혹은 감정적 부조화에 의해 억압된 성격의 일부는 그림자로 전락한다. 그런 까닭에 그림자는 비도덕적이거나 평판이 나쁜 특질을 갖는다. 사회적 관습이나 도덕적 관례와 반대되는 본성을 가진 사람의 특성을 포함한다.[530]

사회에서 부정되거나 부도덕하고 악하다고 생각되는 것은 그림자 원형과 관련되어 있다. 대체로, 인간의 어둡거나 사악한 측면을 나타내는 원형인 그림자에는 두 가지 측면이 있다. 개인적인 측면과 집단적인 측면이다. 김성민 교수는 다음과 같이 말했다.

> 개인적인 측면에서의 그림자는 한 사람의 삶에서 어떤 정신적인 요소들이 받아들여지지 않고 거부되거나 억압되어서 그에게 개인적인 어둠을 만들어 내는 것이고, 집단적인 측면에서의 그림자는 한 사람이 태어날 때부터 선천적으로 가지게 되는 열등하고 어두운 정신적인 소질로서 인류에게 공통적으로 존재하는 어둠인 것이다. 악마라든지 마술사 등은 집단적인 측면의 그림자가 의인화되어서 나타난 것이라고 융은 주장하였다.[531]

사람은 문명인이 되겠지만, 그때에는 원시성의 특징인 자발성, 창조성, 강한 정서, 깊은 통찰의 원동력을 줄여야 하는 대가를 치러야 한다. … 그렇지만 그림자는 끈질기다. 그림자는 억압에 의해 간단히 굴복하지 않는다. 예를 들면 한 농부가 시인이 될 것이라는 영감을 받는다. 영감은 항상 그림자의 작용이다. 그때 농부는 아마 농부로서의 페르소나가 몹시 강하기 때문에, 이 영감을 실행 가능하다고 생각지 않고 상대하지 않는다. 그러나 그림자가 끈질기게 압력을 가하므로, 그 생각은 그를 괴롭힌다. 드디어 그는 어느 날 굴복하여, 농사일을 그만두고 시를 쓰기 시작한다. … 그림자는 생각이나 이미지를 주장하는 힘을 가지고 있는데, 그 생각이나 이미지는 개인에게 있어서 유리한 것일 수도 있고 아닐 수도 있다. 그림자는 그 지독한 끈기에 의해 개인을 더 만족할 만한 창조적 활동 속에 몰아넣는다.

528) C.G. 융, **융 기본 저작집5 꿈에 나타난 개성화 과정의 상징**, 한국융연구원 C.G. 융 저작번역위원회 역 (서울: 솔출판사, 2006), 231; "무의식이란 바로 우리가 고려해야 하는 필요악이며, 그렇기 때문에 몇 가지 무의식의 기이하고 상징적인 움직임을 따라가 보는 것이 더 현명하다고 생각한다."

529) http://cafe.daum.net/sabang100li/DXWx/31?docid=1L9IuDXWx3120110409124931

530) 머리 스타인, **융의 영혼의 지도**, 김창한 역 (서울: ㈜문예출판사, 2017), 157.

김성민 교수에 의하면, 그림자는 개인의 억압이 있고 집단의 억압이 있다. 그렇다면 억압을 받은 것이, 개인이든 집단이든, 누구의 잘못인가? 억압이라고 단정을 지으려면 분명한 규범이 있어야 한다. 융은 억압이 있고 열등하다는 말만 했다. 그 억압이 발생하는 이유가 되는 규범과 책임에 대해서는 말하지 않았다. 융이 그것을 말하면 융의 심리학은 와해 된다. 융은 보편성을 추구하고 누미노제를 경험하면 되기 때문이다.

그림자가 표출되는 방식은 두 가지다. 첫 번째는 내적인 형태로 꿈에서 이미지로 나타난다. 두 번째는 외적인 형태로 투사를 통해 일어난다. 그림자는 무의식적으로 외부 세계에 투사 될 경우에 비로소 개인은 그림자를 인식할 수 있는 기회를 갖는데, 이때 대부분 혐오감이나 불쾌감을 갖게 된다.

예를 들어 자기 스스로 정확한 이유를 모르지만, 누군가를 만났을 때 이유 없이 마운 감정이 드는 경우가 여기에 해당한다. 나의 어두운 부분이 바로 그림자이다. 나의 일부분이지만 받아들이지 않으려 한다는 것이다.

사회적 관계에서 발휘되는 기능적 콤플렉스와는 반대되는 보완적 기능 콤플렉스인 그림자는 페르소나가 허용하지 않는 것을 하길 원하는 잠재 인격이다. 예를 들어, 괴테의 『파우스트』에 나오는 메피스토펠레스는 그림자 인물이다.[532]

융에 의하면, 한 인간에게 있어서 그림자를 통합한다는 것은 매우 어려운 문

531) 김성민, **융의 심리학과 종교** (파주: 동명사, 2010), 112.
532) 머러 스타인, **융의 영혼의 지도**, 김창한 역 (서울: ㈜문예출판사, 2017), 161-162: "파우스트는 모든 것을 보았고, 중요한 모든 책을 읽었으며, 알고 싶은 모든 것을 배웠으나 이제 기력이 떨어져 삶의 의지 없이 권태를 느끼는 지식인이다. 그는 우울해져서 자살을 생각했다. 이때 푸들 강아지 한 마리가 갑자기 그의 앞을 가로질러 달려가더니 메피스토펠레스로 변한다. 메피스토펠레스는 파우스트를 죄어 연구를 중단시키고 함께 세상으로 뛰어들어 그의 다른 면인 관능을 경험하게 한다. 메피스토펠레스는 파우스트에게 열등 기능들인 감각과 감정을, 그리고 이제껏 영위하지 못한 성적인 삶이 주는 전율과 흥분을 알려준다. 이것은 교수와 지식인으로서 파우스트의 페르소나가 허용하지 않던 삶의 단면이다. 파우스트는 메피스토펠레스의 지도 아래 융이 전향 enantodromia이라고 일컬는, 즉 반대 성격유형으로 성격의 역전reverse을 경험한다. 그는 그림자를 받아들이고, 얼마동안 그림자가 갖는 에너지와 특성을 자기와 동일시하게 된다. 페르소나나 페르소나가 형성한 가치 및 특성과 동일시해온 자아에게, 그림자는 부패와 악의 악취를 풍긴다. 메피스토펠레스는 악을 실제로 구현한다. 이 악은 순전하고, 의도적이며, 고의적인 파괴를 의미한다. 그러나 그림자와의 조우는 파우스트에게 변화를 일으킨다. 그가 새로운 에너지를 찾게 되자 권태는 사라지고, 그는 마침내 더 완벽한 삶의 경험으로 이끄는 모험을 감행한다."

제다. 그림자를 완전히 외면하고 살면 적당히 살다가지만 그림자를 경험하면 비록 삶에는 부도덕의 오점이 있으나 더 큰 전일성을 획득하게 된다는 것이다. 이 말은 "악마의 거래"이기 때문에 매우 비기독교적이다. 머리 스타인은 다음과 같이 말했다.

> 이것은 진정으로 악마의 거래다. 파우스트의 딜레마이고, 인간 존재의 핵심적 문제다. 파우스트의 경우에는 결국 영혼을 구제받지만, 신의 은총으로만 그렇게 된 것이다.533)

스타인에 의하면, 그림자를 경험하고 통합한다는 것은 "진정으로 악마와의 거래"이다. 융을 가르치는 사람들은 얼마나 자주 그림자의 통합을 말하는가! 그들은 예수 그리스도를 구주로 믿는 성도들에게 '악마와 거래를 하라'고 종용하는 사람들이다.

융에게 있어서 개인 무의식의 내용물들은 개인의 삶에서 습득되는 것이지만, 집단 무의식의 내용물은 태곳적부터 있어 왔던 원형들이다. 그 원형들 중에 가장 접근이 용이하고 경험하기 쉬운 것이 그림자이다.534) 그림자가 개인 무의식을 나타내기 때문이다. 융은 아니마와 아니무스는 "언제나 악의로 가득하다"고 말했다.535)

아니마와 아니무스는 이성에게 투사되며, 남성과 여성의 관계는 아니마와 아니무스에 의해서 결정된다고 말했다. 그리고 당사자 자신의 성을 대표하며, 동성인 사람과의 관계에 영향을 끼치는 다른 태고유형을 융은 '그림자'라고 불렀다. 그림자는 진화의 역사 속에 매우 깊은 뿌리를 가지고 있기 때문에 다른 어떤 태고유형보다도 인간의 기본적인 동물적 본성을 많이 포함하고 있으며, 가장 강하며, 잠재적으로 가장 위험하다고 보았다.536)

융은 다음과 같이 말했다.

> 그림자의 어둠을 보는 것은 그 자체로 하나의 계몽이며, 또 인격 중에서 지금까지 무의식

533) 머리 스타인, **융의 영혼의 지도**, 김창한 역 (서울: ㈜문예출판사, 2017), 162.
534) 칼 구스타프 융, **아이온**, 김세영·정명진 역 (서울: 부글북스, 2016), 20.
535) Ibid., 33.
536) C.G. 융·C.S. 홀·J. 야코비, **C.G. 융 심리학 해설**, 설영환 역 (서울: 선영사, 2007), 99.

이었던 요소들을 통합함으로써 의식을 확장하는 것이다. … 그림자는 문명인의 내면에 지금도 살아서 활동하고 있는 원시인이며, 우리의 개화된 이성은 원시인에게 아무런 의미를 지니지 않는다. 이 원시인은 위대한 종교에서 발견되는 것과 같은 높은 권위에 의해 지배될 필요가 있다. 이성은 프랑스 혁명 초기에 승리를 거두었을 때조차도 스스로 재빨리 하나의 여신으로 변해 노트르담 성당에서 왕위에 올랐으니 말이다.537)

융은 그림자를 통해 의식을 확장하고, 그림자는 인간 내면에 살아서 활동하는 원시인이라고 말했다. 그 원시인은 종교적인 모습으로 나타난다. 그림자 원형은 인간의 삶에 계속해서 영향을 미치고 있다는 것이다.

융이 진화의 관점에서 그림자를 말하고 있다는 것을 기독교인으로서는 마땅히 거부하고 경계해야 한다. 인간의 심성이 진화된 것이라고 말하면 하나님의 온전한 창조성이 부정된다. 하나님께서는 인간을 하나님의 형상을 따라 창조하셨으며 "보시기에 심히 좋았더라"고 말씀하셨다.538) 융 심리학을 가르치는 혹자는 융 심리학의 좋은 면만 가져오면 된다고 말하지만, 기독교 신앙을 올바르게 가진 자라면 누구도 융 심리학이 가진 반기독교적인 요소를 배제하고 가져올 수 없다! 윤종모는 그림자를 받아들여야 한다면서 "명상을 수련하여 깨달음을 얻으십시오"라고 말했다.539)

융에 의하면, 자아는 그림자를 직접적으로 경험하지 않으며 무의식적으로 타자에게 투사된다고 한다. 사람들은 자기중심적이고 이기적인 모습을 감추고 타인들에게 사려 깊고 신중하고, 공감적이고 상냥하게 보이려고 한다. 사회적 규범을 따르지 않으면 부정적 정체성을 가지고 탐욕과 공격성에 사로잡힌다. 대중 앞에서는 자기를 과시하지만, 내면의 그림자는 민감하고 감상적이다.540)

융은 그림자를 인정하라고 했다. 이 말은 성경적인 기독교에서는 결코 용인할

---

537) 칼 구스타프 융, **융합의 신비**, 김세영·정명진 역 (서울: 부글북스, 2017), 324-325.
538) 하나님이 가라사대 우리의 형상을 따라 우리의 모양대로 우리가 사람을 만들고 그로 바다의 고기와 공중의 새와 육축과 온 땅과 땅에 기는 모든 것을 다스리게 하자 하시고(창 1:26) 하나님이 그 지으신 모든 것을 보시니 보시기에 심히 좋았더라 저녁이 되며 아침이 되니 이는 여섯째 날이니라(창 1:31)
539) 윤종모, **치유명상** (서울: 정신세계사, 2010), 103; 〈어떤 느낌이 듭니까? 마음속에 일어나는 느낌을 고요히 바라보십시오. 그리고 아래의 만트라를 반복해보십시오. "나는 위대한 영혼이다. 그런 하찮고 조그마한 일로 화내고, 슬퍼하고, 질투하고, 좌절하기에는 너무나 큰 정신이다. 나는 위대한 정신이다. 위대한 정신이다. 아, 마음의 평화 …!"〉
540) 머리 스타인, **융의 영혼의 지도**, 김창한 역 (서울: ㈜문예출판사, 2017), 158.

수 없는 말이다. 왜냐하면, 사탄을 신으로 인정하라는 말이기 때문이다. 그런 까닭에, 융은 적그리스도다!

> 그러기에 융도 '마귀는 누구나 갖고 있는 그림자에 비유한 모습'이라고 보아 이 존재를 인정해야 된다고 보았다. 융의 관점은 사람들이 그림자라고 하는 원형을 의식한다는 것이 고통스러운 일이지만, 이는 인격의 성숙과 마음의 성장을 위해서는 필요하다고 본 것이다. 이런 점에서 융은 '악마(그림자)를 인정하라'고 갈파하였고 그림자는 살아 있는 인격의 일부이며, 어떤 형식으로든 '인격은 그림자와 더불어 살아갈 것을 바란다'고 보았다.541)

자기 안에 있는 악마를 인정한다는 것은 성경과 완전히 위배 되는 말이다. 하나님께서는 인간 안에 악을 창조하지 않으셨! 사탄은 끊임없이 하나님의 백성들을 향하여 시험하며 죄를 짓게 하는 멸망 받아야 할 원수다. 그런 악의 존재를 인정한다는 것은 범신론에서나 가능한 것이다. 융은 다음과 같이 말했다.

> 어두움은 말씀을 이해하지 못한다. 하지만 인간을 이해할 수는 있다. 정말로, 어두움은 인간을 이해한다. 인간 자체가 어두움의 한 조각이기 때문이다. 말씀으로부터 인간으로 내려가는 것이 아니고, 말씀으로부터 인간으로 올라가게 하라. 바로 그것이 어두움이 함축하고 있는 바다. 어두움은 당신의 어머니이다. 어두움은 존경을 받을 가치가 있다. 왜냐하면 그것이 위험하기 때문이다. 어두움은 당신에게 파워를 행사한다. 어두움이 당신을 낳았기 때문이다. 그 어두움을 빛으로 공경하라. 그러면 당신은 당신의 어두움을 밝힐 것이다. 만일 당신이 그 어두움을 이해하면, 그것이 당신을 붙잡는다.542)

융에게 그림자는 여성성이면서도 악이기 때문에 그 악이 파워를 행사해서 마성에 휘둘려 광인이 될 수도 있기 때문에 존경해야 한다는 것이다. 융은 그림자가 사회로부터 강하게 억압되거나, 그 배출구가 적당치 않으면 비참한 결과를 낳는다고 본다. 그러면서 다음과 같이 기독교를 비방한다.

> 기독교만큼 무고한 백성들이 흘린 피로 더럽혀진 종교가 없으며, 세계사에서 기독교 국가의 전쟁만큼 피비린내 나는 전쟁이 일찍 없었던 까닭은 여기에 있다.543)

---

541) 정인석, **의식과 무의식의 대화** (서울: 대왕사, 2008), 240.
542) 칼 구스타프 융, RED BOOK, 김세영 역 (서울: 부글북스, 2005), 144.
543) 정인석, **의식과 무의식의 대화** (서울: 대왕사, 2008), 101.

그러나 지나간 역사에서 그런 잘못된 일이 있었던 것은 인간의 죄악 때문이었으며, 하나님의 말씀을 떠났기 때문이다. 융의 분석처럼 인간의 퍼스낼리티를 구성하는 그림자를 억압했기 때문이 아니다. 융은 제2차 세계대전과 여러 전쟁에 관해서도 말했다.[544] 그러나 동일하게 해석하기 때문에 인간의 죄는 사라져 버린다. 융의 심리학으로는 결단코 성경적인 역사관과 인간관을 견지할 수가 없다! 인간의 문제를 해결하기 위해 융은 인간의 내부에서 찾으려 했으나, 인간 내부로 돌아가서 해결할 길은 없다. 그것은 인간 외부, 곧 오직 하나님과 하나님의 말씀 안에서만 구원과 해결책이 있을 뿐이다!

2) 페르소나

개성화의 첫 단계를 그림자를 인식하고 받아들이는 것이라면, 그다음 단계를 페르소나와의 균형을 이루는 것이다. 융은 그림자에 대해서는 깊이 들어가지 않으나 페르소나에 대해서는 상세하게 설명했다. 융은 1921년에 『심리유형』에서 페르소나에 대해 정의했다. 페르소나는 실제적인 인물이 아니라 드러난 인물이다. 페르소나는 어떤 특정한 목적을 위해 채택한 심리학적·사회적 구성물이다. 페르소나는 일종의 모방이며 사회적 역할과 태도에 관련된 것이다. 페르소나는 외적 인격이고, 아니마/아니무스는 내적 인격이다. 그림자는 개인 무의식의 총체이며, 페르소나는 개인의식의 총체이다.[545]

융은 페르소나에 대해 다음과 같이 말했다.

> 집단정신으로부터 많은 노력을 들여 이루어낸 이러한 단면을 나는 페르조나(Pernona)라고 이름하였다. … 다만 페르조나가 집단정신에서 나온 얼마간 우연한 또는 임의적인 단면이라는 정황 덕분에 우리는 페르조나를 '개별적인 것'이라고 보는 잘못을 저지른다. 그러나 페르조나는 그 이름이 말하는 대로 다만 집단정신의 가면일 뿐이다. 그것은 다른 사람이나 자기 자신이 개별적이라고 믿게 만드는, 마치 개성인 것처럼 보이게 하는 가면이다. 사실은 집단정신이 그 속에서 발언하는 연기된 역할일 뿐이다.[546]

544) C.G. 융, C.G. 융 무의식 분석, 설영환 역 (서울: 선영사, 2005), 71-72; "세계대전의 가공할 파국은 가장 낙천적인 문화 합리주의자까지도 명청하게 만들었다. … 우리는 세계대전을 통하여 문명의 합리적 의도성의 한도를 무서울 만큼 깨달았다."
545) 임경수, "칼융(Carl Jung)의 개성화(Individuation) 과정과 중생(Rebirth)에 대한 상담신학적 담론," 한국기독교상담학회지 14 (2007): 188(171-196).

융의 페르소나 개념이 집단적이기 때문에 개인이 사회적으로 범죄를 하거나 국가나 민족이 범죄를 저지르게 될 때 실제적인 죄의 책임을 물을 수가 없다. 개인이나 국가와 민족이 행한 것은 다만 집단정신이 그렇게 하도록 만들었기 때문이다. 융의 원형론으로 인간의 삶을 해석할 때 얼마나 무서운 일이 일어나는지를 알 수 있다.

페르소나는 아니마/아니무스와 대극쌍을 이루고 있다. 페르소나는 외적인 인격이며 아니마/아니무스는 내적인 인격이다.

페르소나	⇔	아니마/아니무스
외적 인격		내적 인격

페르소나는 개인으로 혹은 겉으로 보이는 탈이며, 사회에 받아들여지기 위해 좋은 인상을 주는 것을 그 목적으로 삼는다.[547] 페르소나라는 것은 배우의 가면, 즉 연극에서 배우가 맡은 역할을 하기 위해 쓰는 탈을 말한다. 페르소나는 외부와의 관계성을 말하며 생존을 위해 필요한 것인데, 대세에 순응하는 원형(태고유형)이라 볼 수 있다.[548]

임경수 교수는 중생과 관련하여 다음과 같이 말했다.

융의 개성화 과정에 나타난 그림자나 페르소나에 대한 이해는 목회자들로 하여금 심리적 구조와 상담에 대한 관심을 가지게 하고, 중생의 과정에서 분석심리학적 입장으로 사용함

---

546) C.G. 융, **융 기본 저작집3 인격과 전이**, 한국융연구원 C.G. 융 저작번역위원회 (서울: 솔출판사, 2007), 56.

547) **신화 원형 비판**, May. 28. 2008. Accessed May. 10. 2019. http://blog.daum.net/likemts/11643483; "신화비평은 기존의 역사주의나 감상주의 비평을 보다 넓고 깊게 작품을 이해하는 방법을 개척한 것이 사실이다. 인간의 가장 원초적인 신화에서 가장 깊은 내면의 정신적 정체를 밝힌 노력은 주목할 만한 것이다. 그러나 원형, 단일신화를 추구하다 보면 신화비평이 일정한 동일성이나 예상성에 빠질 수 있다. 즉, 문학에서 되풀이되는 기본적인 신화형성상의 패턴을 강조함으로써, 개별적이고 특이한 문학작품들을 단일한 작품으로 융합시키는 위험에 빠질 수 있다. 또한 신화비평은 문학을 원시적인 표현의 한 형식으로 환원해 버리고, 예술가를 어린아나 원시인과 동일한 것으로 간주하는 경향이 있다."

548) C.G. 융 · C.S. 홀 · J. 야코비, **C.G. 융 심리학 해설**, 설영환 역 (서울: 선영사, 2007), 94.

으로 내담자의 깊은 면을 끄집어낼 수 있음으로 좀 더 심화된 중생의 과정을 이끌 수가 있다는 점이다. 왜냐하면 그림자, 페르소나, 그리고 애니마와 애니무스는 모든 사람들이 삶 가운데서 경험하는 공통분모로 인해 공감을 가질 수 있기 때문이다.[549]

임경수 교수는 중생의 과정을 그림자, 페르소나, 그리고 애니마와 애니무스와 연결지으려고 했다. 임경수 교수의 이런 주장은 기독교 신앙의 근간을 파괴하는 것이다. 그림자, 페르소나, 그리고 애니마와 애니무스는 신적이고 초월적인 성격을 지닌 원형들이기 때문이다. 성경은 오직 성령 하나님의 역사로 죄인이 중생케 된다고 말한다. 융의 심리학에서는 성경이 말하는 죄인은 없다. 성경 어디에도 원형의 초월작용으로 죄인이 중생한다고 말하는 구절은 없다!
머리 스타인은 페르소나에 대해 다음과 같이 말했다.

> 페르소나는 문화변용, 교육, 그리고 물리적·사회적 환경에 대한 적응의 결과로서 형성된 인물이다. 앞서 언급한 대로 페르소나는 로마 연극에서 배우의 가면을 나타내는 말로, 융이 차용한 용어다. 가면을 씀으로써 배우는 극에서 제시하는 특별한 역할과 정체성을 견지하고, 그의 목소리는 가면에 입 모양으로 도려내어진 부분을 통해서 나온다. 심리학적으로 볼 때 페르소나는 개인의 의식적 생각과 감정을 타자에게 감추거나 드러내는 일을 하는 기능 콤플렉스다. 콤플렉스의 한 형태로서 페르소나는 높은 자율성을 지녔으며, 자아의 완전한 통제 아래 있지는 않다. 배우는 일단 배역을 맡으면 그 대사가 싫든 좋든, 그리고 특별한 의식 없이 기억한 대로 발설한다. 어느 비 오는 날 아침 누군가가 당신에게 "잘 지내시나요?"라고 인사하면, 당신은 윙크하듯 재빨리 "잘 지냅니다. 당신도 잘 지내시죠?"라고 망설임 없이 대꾸한다. 페르소나는 이렇게 우발적으로 일어나는 사회적 상호작용이 쉬워지도록 하고, 어색함이나 사회적 곤란을 일으킬지도 모를 거친 부분을 유연하게 해준다.[550]

스타인에 의하면, 융이 말하는 페르소나는 가능 콤플렉스이다. 문제는 페르소나가 높은 자율성을 지녔다는 것이다. 페르소나도 원형에 해당되기 때문이다. 융이 원하는 것은 인간의 존재적 관점을 하나님 없는 자율적인 존재로 확보하려는 것이다. 페르소나가 자율성을 가졌다는 말은 매우 반기독교적이다.
융은 페르소나가 개인에게 이로울 수도 있으나 해로울 수도 있다고 말했다. 회사에서 다른 사람들과의 관계 속에 자신이 맡은 직책을 책임감 있게 잘 수행

---

549) 임경수, "칼융(Carl Jung)의 개성화(Individuation) 과정과 중생(Rebirth)에 대한 상담신학적 담론," 한국기독교상담학회지 14 (2007): 191(171-196).
550) 머리 스타인, 융의 영혼의 지도, 김창한 역 (서울: ㈜문예출판사, 2017), 161.

할 수도 있으나, 페르소나에 압도되어 여러 가지 페르소나(탈)를 쓰게 되면 문제가 발생한다는 것이다. 그것은 자아가 페르소나와 동일화되는 현상으로, 융은 그것을 '팽창'이라 불렀다.

동일시는 다른 사람을 모방하는 것과 관련되나, 자아가 페르소나와 동일시할 수도 있고 동일시하지 않기도 한다. 자아가 동일시 된다는 것은 '있는 스스로의 나'(I am that I am)가 아니라 어떤 특정한 개인사를 가진 홍길동이 되는 것이다. 여기서 '있는 스스로의 나'라고 말하는 부분이 얼마나 놀라운가? 머리 스타인은 다음과 같이 말했다.

> 페르소나는 사회적 교류에서 모습을 드러내는 자아의 측면을 최대한 가까이 싸고 있다. 그러나 사람들은 역할을 해내는 것과 참된 내면이 주는 차이를 보통은 알아차릴 것이다. 자아의 핵심은 개별적이고 개인적일 뿐 아니라 원형적이다. 이것은 작지만 고요한 성찰점, 즉 '나'의 중심이다. 자아의 핵심에서 원형적 측면은 순수한 '있는 그대로의 나'I am, 즉 자기self의 드러남이다. 간단히 말해서 '나 됨' I-am-ness이다. 하지만 개인적인 면에서 자아는 외부의 영향력을 허용한다. 그런 영향은 자아가 새로운 내용과 동일시할 때 침투해 자아의 순수한 '나 됨'I-ness을 밀어내는데, 이것을 자아의 '습득'learning이라 한다. 우리는 자신이 이름을 배운다. 그 후에 우리는 우리의 이름이 된다. 즉 우리는 이름이 발음되는 소리와 동일시한다. 자아가 페르소나와 동일시할 때, 자아는 페르소나와 동일하게 되었다고 느낀다. 그래서 나는 내 이름과 같은 '존재' is이며, 나는 내 부모의 아들이며, 내 누이의 확실한 남자 형제다. 일단 이런 동일시가 이뤄지면, 나는 이제 단순히 '있는 스스로 있는 나' I am that I am가 아니라, 어느 특정한 날에 태어나고 특별한 개인사를 가진 머리 스타인 Murray Stein이다.[551]

우리는 머리 스타인이 말한 '있는 스스로의 나'(I am that I am)에 집중할 필요가 있다. '있는 스스로의 나'(I am that I am)는 이 말은 여호와 하나님께서 모세에게 "나는 스스로 있는 자니라"고 말씀하실 때 계시하신 말씀이다. 여호와 하나님의 이름을 인간 안에 있는 나(self)를 '있는 스스로의 나'(I am that I am)라고 말하는 것은 신성모독에 해당한다.

융이 이렇게 말할 수 있는 것은 '나'(self)는 초월적이고 신적인 원형이기 때문이다. C.S. 홀은 페르소나를 '대세에 순응하는 태고유형'이라고 말했다.[552] 페르

551) Ibid., 167-168.
552) C.G. 융 · C.S. 홀 · J. 야코비, **C.G. 융 심리학 해설**, 설영환 역 (서울: 선영사, 2007), 94.

소나가 원형이라는 말이 얼마나 위험한지를 알게 된다. 존재론이 사상을 지배하고 인간론이 삶을 지배한다. 융의 존재론이 융 사상을 지배한다. 융의 인간론이 융의 삶을 지배한다. 융의 존재론은 인간 내면에 신적인 원형론이 있다는 것이며 융 심리학의 목적은 누미노제를 체험하는 것이다.

심층의 내부에 이르는 길: 아니마와 아니무스/자기

3) 아니마와 아니무스

아니마와 아니무스는 무의식과 자아를 관계짓는 관계기능을 한다. 융은 인생 후반기의 개성화의 주된 관심은 아니마와 아니무스에 있으며, 아니마와 아니무스가 분화되면 새로운 원형상이 나타난다고 보았다. 남성은 꿈속에서 신신령 같은 노현자 상으로, 여성은 지혜로운 늙은 여자의 상으로 나타난다는 것이다. 융은 그것을 '마나 인격'이라 했다.[553] 그것이 바로 영적인 안내자이다. 폰 프란츠는 아니마의 의식화가 진행되면 '위대한 사람'(great man)의 소리만 들린다고 말했다.[554]

페르소나를 정신의 '겉면'이라 부르고, 정신의 '내면'을 남성의 경우에는 '아니마', 여성의 경우는 '아니무스'라고 했다.

> 남성의 무의식 내면에는 아니마(anima)라는 여성성이 있고 여성의 무의식 내면에는 아니무스(animus)라는 남성성이 있다. 이 그림자는 늘 자기를 따라다니지만 정작 자신은 거의 인식하지 못한다. 그래서 이것들을 그림자 원형(shadow archtype)이라고 하며 아니마/아니무스는 사회적이면서 외면적 인격인 페르소나와는 다른 내면적 인격을 형성한다. 또한 아니마/아니무스는 자율적이면서 독자적이어서 인지하거나 통제하기가 쉽지 않다. 특히 아니마/아니무스는 인류 전체가 가지고 있는 깊고 강력한 집단 무의식이기 때문에 모든 사람들에게 큰 영향을 미친다.[555]

553) 이죽내, "융의 분석심리학적 심리치료 개관," **가족과 상담** 1(1) (2011): 55(41-70).
554) 이부영, **자기와 자기실현** (파주: 한길사, 2010), 142; 〈"아니마가 남자의 마음을 올바른 내적 가치와 합치되도록 하여 보다 깊은 마음에 이르는 길을 열어 주게" 될 것이며, "내적 '라디오'가 어떤 주파수로 조정되어 관계 없는 소리들은 배제하고 위대한 사람(great man)의 소리만 들리도록 하게 될 것이다.〉
555) 김승환, "아니마 아미누스," Feb. 20. 2011. Accessed Apr. 30. 2010.
http://blog.daum.net/hypnotherapist/8736877; 남성이 여성을 대하는 태도를 네 가지로 나눌 수 있다. 비교적

인간은 이런 외부와의 관계성만으로 사는 것이 아니라 내부와의 관계성으로 살아가야 하는데 그것이 '젤레'(Seele)이다. 페르소나가 외적 관계기능이라면 젤레는 내적 관계기능이다. 이 젤레에는 아니마(Anima)와 아니무스(Animus)가 있다. 아니마는 여성적인 것이며 아니무스는 남성적인 것이다. 융은 "그림자는 파트너와의 관계를 통해서만 인식될 수 있고, 아니마와 아니무스는 이성 파트너와의 관계를 통해서만 인식될 수 있다"고 말했다.556) 이것은 이론만으로 그치는 것이 결코 아니었다. 스카튼은 아니마와 아니무스를 설명하면서, "융이 적어도 여성 분석가 두 명과 분명히 성적 관계가 있었다"고 말했다.557) 이부영 교수는 다음과 같이 말했다.

> 마리 루이제 폰 프란츠가 나에게 들려준 이야기가 있다. 노령의 융이 어느 대학의 명예박사학위를 받는 식장에서 있었던 일이다. 유명한 사회인사들과 함께 융이 명예박사의 옷차림으로 앉아 있는 곳을 그녀가 두려움과 황송한 마음으로 지나칠 때였다. 융이 팔꿈치로 폰 프란츠의 팔을 툭 치고는 놀라 쳐다보는 그녀에게 싱긋 웃으며 말했다. "나 어때?"558)

이부영 교수가 융의 자기실현을 말하면서 이 말을 했다는 것이 놀라운 일이다. 노령의 융이란 자기실현(신성화)을 이룬 융인데 여성을 그렇게 팔로 툭 치면서 "나 어때?"라고 말하는 것이 과연 자기실현을 이룬 자의 모습이란 말인가? 이부영 교수는 융의 이런 모습을 "그는 사회적 이익보다 안에서 터져 나오는 창조적 심혼이 이끄는 길로 갔다"면서 융을 옹호했다.559) 결국, 아니마와 아니무

단순하지만 순차적이기도 한 이 태도는 첫째 이브(Eve)와 같은 성적 욕망의 대상, 둘째 헬렌(Helen)과 같은 지적 대화의 대상, 셋째 마리아(Maria)와 같은 경건한 숭배의 대상, 넷째 소피아(Sophia)처럼 세상을 관조할 것 같은 지혜의 대상 등이다. 여성 역시 남성을 대하는 네 가지 태도가 있는데 타잔과 같은 육체적인 남성, 시인 셸리와 같은 낭만적인 남성, 목사나 교수와 같이 논리적인 남성, 깊은 정신세계를 가지고 있는 현자(賢者) 등이다. 남성이 가지고 있는 여성성이 단선적이고 시간적인 데 비해서 여성이 가지고 있는 남성성은 복합적이어서 선명하게 드러나지 않는다.
556) 칼 구스타프 융, **아이온**, 김세영·정명진 역 (서울: 부글북스, 2016), 43.
557) B. W. Scotton·A. B. Chinen·John R. Battista, **자아초월 심리학과 정신의학**, 김명권 외 7인 역 (서울: 학지사, 2008). 85; "융이 적어도 여성 분석가 두 명과 분명히 성적 관계가 있었다는 사실은 그의 남성적 편향을 보여 준다. 물론 그를 변호하기 위해, 역전이와 적절한 치료적 경계의 문제가 그 당시에는 해결되지 않았기 때문이라고 이야기할 수도 있을 것이다."
558) 이부영, **자기와 자기실현** (파주: 한길사, 2010), 112.
559) Ibid., 321; "그는 사회적 이익보다 안에서 터져나오는 창조적 심혼이 이끄는 길로 갔다. 그렇다고 해서 그

스로 융은 자기 죄를 완전히 정당화해 버리는 결과를 만들었다.

아니마와 아니무스는 원형 개념과 함께 이해되는 매우 비기독교적인 개념이다. 융은 인간의 깊은 심리 속에는 문화와 역사의 차이를 넘어서는 공통 특질이 들어있다고 보았는데 그것이 바로 원형 개념이다. 그 원형 중의 원형이 바로 아니마와 아니무스다.[560] 이것이 '공통된 특질'이라는 차원에서 인간을 이해하는 것으로 끝나지 않기 때문에 더 큰 문제가 생긴다. 그런 '공통의 특질'이라는 차원에서 문화와 종교를 해석하기 시작하면 각 민족과 나라의 종교는 다만 그 표현하는 형태만을 달리할 뿐이고 본질은 다 동일하다는 결론을 낳게 된다. 자동적으로 종교 다원주의가 정당화된다.

존 샌포드는 다음과 같이 말했다.

> 이 원시종족들은 그들을 사방에서 에워싸고 있는 악한 세력들을 이런 식으로 인격화했다. … 고대인들은 이러한 악의 세력들을 신화적인 존재나 정령精靈으로 인격화했다. 현대 심리학에서는 이러한 악의 세력들을 원형archetypes 혹은 자율적 콤플렉스autonomous complex라고 한다. 원시신화와 분석심리학은 인간의 운명이 그의 의식적 통제를 초월한 자율적인 정신요소들에 의해 광범위하게 조절된다는 데에 의견을 같이 한다.[561]

샌포드에 의하면, 악의 세력들은 원형이거나 자율적 콤플렉스이다. 이부영 교수는 "아니마와 아니무스의 가장 핵심적인 특징은 자율성이다"라고 말했다.[562] 자율적 콤플렉스라는 것은 원형과 동의어이다. 원형이 악이라는 뜻이다. 원형이 악이란 무엇을 말하는가? 그것은 아니마가 악이라는 것이다. 샌포드는 사위(四位, Quaternity)를 말하면서 다음과 같이 융의 말을 인용했다.

는 수도자나 은둔자, 또는 사회개혁자의 결벽성을 가지고 있지 않았던 까닭에 만년에 그에게 찾아온 영예, 사회의 요구 등을 굳이 거절하지 않았다. 그 때문에 오해도 받았으나 그가 그런 페르소나를 대단하게 생각했다는 증거는 어디에도 없다."

560) 진형준, **상상력혁명** (서울: 살림, 2010), 120.
561) 존 샌포드, **융 심리학 악 그림자**, 심상영 역 (서울: 한국심층심리연구소, 2015), 32-33; "현대인은 우리 시대의 악이 인간의 영혼이나 영적인 영역에 존재하는 것이 아니라 정치적 혹은 경제적인 원인을 갖고 있을 따름이며, … 현대인은 자신 안에 악마들과 악령들에게서 그 적이 있다는 것을 알려고 하지 않기 때문이다."
562) 이부영, **자기와 자기실현** (파주: 한길사, 2010), 135; "아니마와 아니무스의 가장 핵심적인 특징은 자율성이다. 이것은 우리 마음 안에 혼과 같은 것이다. 혼이 무엇인가. 자아를 뛰어넘고 자율적으로 활동하고 있는 심리적 콤플렉스이다."

잃어버린 네 번째 것, 이른바 사위를 완성하는 네 번째 것은 지금은 혼란스럽게 다양한 방식으로 표현된다. 예를 들어, 융은 다음과 같이 말한다: "동양의 상징에서 정사각형은 요니 yoni, 곧 여성성femininity을 지니고 있다. 인간의 무의식 역시 여성적이며, 아니마에 의해 구체화 된다. 아니마는 '열등한' 기능을 나타내며, 그러한 이유로 자주 그늘진 특성을 지닌다. 사실상, 아니마는 때때로 악 자체를 대리하기도 한다. 아니마는 일반적으로 네 번째 위격이다. 아니마는 어머니의 어둡고 두려운 자궁이며, 이 자궁은 본질적으로 상반되는 감정을 지닌 본성으로 이루어져 있다. 기독교의 하나님은 세 위격 가운데 하나이다. 천상의 드라마에서 네 번째 위격은 단연 악마일 것이다. 심리학적인 입장에서 보다 순진하게 말하면, 악마는 단지 열등한 기능일 뿐이다."563)

융은 아니마를 네 번째 위격이며 악마라고 말했다. 융이 말하는 네 번째 위격이란 사탄을 말한다. 아니마는 사탄이다! 살로메는 융의 아니마다. 소누 삼다사니(Sonu Shamdasani)는 융의 영적인 안내자 살로메가 융을 숭배하면서 융에게 '너는 그리스도다'라고 말했을 때, 악의 기운(aura of evil)에 둘러싸인 열등한 기능이라고 말했다.564) 엥겔스만은 하나님 이미지 안에 있는 여성 자기(the female self)라고 말했다.565) 융에게 악과 사탄은 통합해야 할 원형이지만, 기독교 신앙에서 악과 사탄은 멸망 받아야 할 원수이다! 융을 가르치면서 개성화와 통합을 말하는 사람들이 무엇을 가르치고 있는지 그 실체를 분명하게 알아야 한다.

융은 모든 남성 속에는 여성상인 아니마를 지니고 있고 여자에게는 남성상인 아니무스가 있다고 말했다. 융은 다음과 같이 말했다.

---

563) 존 샌포드, **융 심리학 악 그림자**, 심상영 역 (서울: 한국심층심리연구소, 2015), 222-223; 〈In Eastern symbolism the square-signifying the earth in China, the *padma* or lotus in India-has the character of the *yoni*: femininity. A ma's suconscious is likewise feminie and is personified by the anima. The anima also stands for the "inferior" function and for the reason frequently has a shady character; in fact she sometimes stands for evil itself. She is as a rule the fourth person(cf. dreams 10, 11, 15; pars. 136, 147, 162). She is the dark and dreaded maternal womb(fig. 74), which is of an essentially ambivalent nature. The Christian deity is one in three persons. The fourth person in the heavenly drama is undoubtedly the devil. In the more harmless psychological version he is merely the inferior function.〉 (Jung, *Psychology and Alchemy*, par. 192)
564) Sonu Shamdasani, *Cult Fictiions: C. G. Jung and the Founding of Analytical Psychology* (London & NewYork: Routledge, 1998),
565) Joan Chamberlain, Engelsman, *Beyond the anima: the female self in the image of God* (Wilmette, Ill: Chiron Publications, 1987).

모든 남성은 자신 속에 여성상을 내내 지니고 있다. 그것은 이 특정한 여성의 상이 아니라 어느 한 특정한 여성의 상이다. 근본적으로 이 상(像)은 무의식적인, 태고로부터 나오며 살아 있는 체계 속에 새겨진 유전 물질이며, 조상대대로 여성과 가진 모든 경험의 하나의 '전형'(Typus, 원형 Archetypus)이며, 여성에 대한 모든 인상들의 침전, 물려받은 심리적 적응체계이다. 여자들이 없다 해도, 여자가 심혼적인 면에서 어떤 존재인지가 이 무의식적 상으로부터 언제든지 나올 수 있는 것이다. 여자도 마찬가지로 타고난 남성상이 있다. 경험을 근거로 더 정확히 말하면, 여자에게는 남자들의 상이고, 남자에게는 그 여자의 상이다. 이 상은 무의식적이기 때문에, 사랑하는 인물 속에 언제나 무의식적으로 투사되고 이것이 정열적으로 반함과 싫어함에 대한 가장 본질적 이유 중의 하나이다. 나는 이 상을 아니마(심혼)라 불렀고, 따라서 '여자에게 심혼(아니마)이 있는가?'라는 스콜라 철학적 물음이 매우 흥미 있다고 본다. 그 의심이 정당해 보이기 때문에 현명한 질문이라고 생각하는 것이다. 여자에게는 아니마가 없고 아니무스가 있다.566)

융에 의하면, 남자에게 있는 아니마(심혼)는 태고로부터 물려받아 유전된 것이다. 조상으로부터 여성과 관련된 모든 경험이 하나의 원형을 형성했다는 것이다. 플라톤처럼 저 이데아의 세계에서 온 것이 아니라 인간의 유전과정에서 원형이 형성된 것이다. 융이 원형을 신적이고 초월적이라고 말한 것은 인간 이전에 물질이 신성하다는 전제를 내포하고 있다. 이것은 성경의 창조론에 반대되는 매우 비기독교적인 사상이다.

아니마와 아니무스는 외부적 인격인 페르소나를 보상하는 정신적인 요소이다. 융은 "여자는 남성적인 요소에 의해 보상되고, 따라서 여자의 무의식은 어떤 남자의 흔적을 갖고 있다"고 말했다.567) 아니마와 아니무스 역시 유전으로 전해진다. 융은 아니마와 아니무스를 '영혼의 이미지'라고 말했다. 영혼의 이미지와 직면하려면 먼저 자신의 그림자를 극복해야 한다. 아니마와 아니무스는 매우 다루기 어렵기 때문이다. 아니마와 아니무스를 다루지 못하는 사람들은 신성화에 이르지 못하는가? 매일 만다라를 그리고 접신하는 사람만이 개성화를 이룰 수 있는가?

아니마와 아니무스는 그림자와 페르소나와 같이 정신 내부의 한 성격이나 더 다른 면이 있다. 그림자와 페르소나를 구분하는 것은 악에 대한 선의 측면이나,

---

566) C.G. 융, **융 기본 저작집9 인간과 문화**, 한국융연구원 C.G. 융 저작번역위원회 (서울: 솔출판사, 2004), 68.
567) 칼 구스타프 융, **아이온**, 김세영·정영진 역 (서울: 부글북스, 2016), 31.

아니마와 아니무스는 남성성과 여성성의 양극이다.[568] 가인과 아벨의 차이가 아니라 솔로몬과 시바 여왕의 차이이다. 아니마와 아니무스는 원형 안에 내재하는 인물이다. 융은 개성화 과정에서 아니마/아니무스가 '영혼의 안내자'라고 주장했다.[569] 아니마/아니무스는 영적인 안내자이다. 아니마와 아니무스는 페르소나와 보완적이며 무엇보다 중요한 것은 자아로 하여금 정신의 최심층에 위치한 자기(self)의 이미지와 경험에 연결되게 하는 역할을 한다.[570]

> 정신의 겉면 - 페르소나
> 정신의 내면 - 남성: 아니마, 여성: 아니무스

 자아가 세계와 만나기 위해 채택한 습관적 태도가 페르소나이다. 페르소나는 외부 세계에 기능적 역할을 하는 콤플렉스이다. 아니마와 아니무스 역시 기능 콤플렉스이다. 그러나 내면세계의 적응과 관련된 콤플렉스이다. 융은 아니마와 아니무스가 정신적 구조의 초석이라고 말했다.[571] 그림자를 통해 개인 무의식에 도달하며, 아니마와 아니무스를 통해 집단 무의식의 이미지에 도달한다.
 임경수 교수는 아니마와 아니무스의 개성화의 과정이 중생의 과정에 기여할 수 있다고 말했다.

> 애니마와 애니머스의 개성화의 과정이 중생의 과정에 기여할 수 있는 것은 인간이 편협하게 어느 한 편의 성향만을 고집해서 안 된다는 점이다. 성취와 돌봄에 대한 균형성은 매우 실재적인 것으로 애미나와 애니머스는 우리로 하여금 한 곳에만 정착되어 있는 편견성을 극복하기를 요청하고 있다. 중생의 과정은 죄에 대한 용서에서 시작되어서 관계성의 회복 단계로 가는 실질적인 과정이 설명되어야 하며, 특별히 가장 가까운 사람 관계에서부터 시작하여 대인관계의 회복을 자신의 편견과 편협성을 인정하고 다른 편을 수용함으로 시작이 되어야 한다는 점이다.[572]

568) C.G. 융, 심리학과 종교, 이은봉 역 (서울: 창, 2019), 63-64: "아니마와 아니무스, 이 두 가지가 전형적으로 나타나는 것 가운데 하나는 예부터 적의(antimostiy)라고 불려지는 현상입니다. 아니마는 비논리적인 무드의 원인이 되고 있고, 아니무스에 의해서는 도발적인 토픽이나 합리적이 아닌 의견을 산출해 냅니다. … 무의식 그 자체에는 이러한 부정적인 면은 없지만, 그 부정적인 면이 나타나는 것은 주로 아니마나 아니무스에 의하여 인간의 형태를 취할 때이고, 더욱이 이 양자가 의식에 대하여 영향을 미치기 시작할 경우입니다."
569) 김성민, 분석심리학과 기독교 (서울: 학지사, 2012), 205.
570) 머리 스타인, 융의 영혼의 지도, 김창한 역 (서울: ㈜문예출판사, 2017), 187.
571) 칼 구스타프 융, 아이온, 김세영·정명진 역 (서울: 부글북스, 2016), 40.
572) 임경수, "칼융(Carl Jung)의 개성화(Individuation) 과정과 중생(Rebirth)에 대한 상담신학적 담론," 한국기

임경수 교수의 진술은 매우 모호하다. 임경수 교수가 "인간이 편협하게 어느 한 편의 성향만을 고집해서 안 된다"고 말한 의미는 무엇인가? 인간의 내면에 아니마와 아니무스라는 신적이고 초월적인 원형이 있다는 것을 인정하라는 뜻인가? 아니면, 아니마와 아니무스라는 대극의 합일을 이루어야 한다는 뜻인가? 인간 안에 신성한 내면아이가 있다는 기초에서 출발하기 때문에 대극의 합일을 말하는 것이 융의 분석심리학이다. 대극의 합일을 통해서 태어나는 아이가 중생이라면 기독교는 철저하게 파괴된다.

융은 아니마와 아니무스에 대해 다음과 같이 말했다.

> 모든 남성은 자기 속에 영원한 여성상을 가지고 있다. 그것은 특정한 어떤 모습을 가진 여성의 이미지가 아니라 일정한 여성상이다. 이 이미지는 기본적으로 무의식적인 동시에 남성의 살아 있는 유기 조직에 새겨져 있는 원시적 기원의 유전적 요인이며, 모든 조상의 여성 경험의 흔적 또는 태고유형으로, 말하자면 일찍이 여성에 의해 만들어진 모든 이미지의 침전물이다. 이 이미지는 항상 무의식적으로 연인에게 투사되어 정열적인 매력 또는 혐오감이 되는 주요한 원인의 하나이다.[573]

융이 말하는 여성상, 남성상이란 원형으로서의 상이다. 원형이란 신적이고 초월적이다. 인간 안에 이런 신적인 요소를 가지고 있다는 것은 성경의 인간론과 다르다. 융이 '원형은 유전적으로 생겨났다'는 말을 하는데도 기독교인으로서 융을 가르친다는 것은 신앙의 근본도 모르는 것이다!

융은 아니마와 아니무스가 무의식적 권력임과 동시에 사실 "신"(神)이라고 말했다.[574] 맥고완은 융의 아니마와 아니무스라는 대극 개념이 도교의 음양개념에서 볼 수 있다고 말했다.[575] 이부영 교수도 "자기(自己)는 음양이 합하여 도

독교상담학회지 14 (2007): 192(171-196).
573) C.G. 융·C.S. 홀·J. 야코비, **C.G. 융 심리학 해설**, 설영환 역 (서울: 선영사, 2007), 97-98.
574) 칼 구스타프 융, **아이온**, 김세영·정명진 역 (서울: 부글북스, 2016), 42: 〈두 원형은 똑같이 무의식적 권력이고 사실 "신"(神)이다. 고대 세계도 그들을 그런 것으로 인식했다. 두 원형을 무의식적 권력이나 신이라고 부르는 이유는 그것들에게 심리학적 가치 체계에서 중심적인 위치를 부여하기 위해서이다.〉
575) Don McGowan, *What is wrong with Jung* (NewYork: Prometheus Books, 1994), 33-34; "We see this most clearly in Jung's concept of the syzygy, the animus and the anima inside of everyone, … In Jung's syzygy, the masculine and feminine elements balance and complement each other, just as they do in the Taoist system."

(道)를 이룬다는 동양사상의 도(道) 개념에 일치된다"고 말했다.576) 이보섭은 "아니마와 아니무스가 만나 결합할 때, 대극을 결합하는 원형인 자기(self)의 원형이 나타난다. 이것을 융은 '넷의 결혼'(Heiratsquaternio)라고 표현했다."라고 말했다.577) 칼 융을 가르치면서 자기와 대극의 합일을 '모른다' 할 수 없다. 아니마와 아니무스의 실체를 안다면 칼 융을 가르치는 것을 포기해야 마땅하다.

융은 다음과 같이 말했다.

> 인도의 탄트라적 차크라·체계에서는 '아니마'(anima)가 횡경막 아래에 자리하고 있다고 보았다. 그러나 이에 대해서 아니마는 신의 대리자요, 왕의 부관이며 만물의 창조주(Deus creator)와 유사하다.578)

융은 『쿤달리니 요가의 심리학』을 쓴 사람이다. 차크라는 정신 에너지가 집중되는 중심을 말한다. 융이 말하는 아니마는 신성한 존재이다. 아니마가 "아니마는 신의 대리자요, 왕의 부관이며 만물의 창조주와 유사하다"는 말은 아니마를 완전히 신으로 떠받드는 것이다. 융이 아니마가 신성하면서 악한 존재이고 제4격이라는 것은 얼마나 반기독교적인가?

융은 아니마에 대해 다음과 같이 말했다.

> 우리는 아니마 원형과 더불어 신들의 영역, 즉 형이상학이 남겨놓은 세계로 들어선다. 아니마가 접촉하는 모든 것은 신성한 힘을 얻는다. 즉 무조건적이며 위험하고, 금기시되고, 마술적인 것이 된다. 아니마는 선량한 의도로 가득 찬 악의 없는 인간의 낙원에 살고 있는 뱀이다.579)

융은 원형체험을 통해 신성화에 이르려고 했으며, 그 원형체험에는 아니마를 체험함으로써 신성한 힘을 얻으려고 했다. 그 힘은 악마가 주는 힘이고 뱀이 주

---

576) 이부영, **자기와 자기실현** (파주: 한길사, 2010), 60.
577) 이보섭, "집단적 무의식으로서의 아니마와 아니무스," **(한국분석심리학회 춘계학술대회 발표요지**, 2006년 5월) (2018.1.18) http://www.carljung.or.kr/?p=111
578) C.G. 융, **융 기본 저작집6 연금술에서 본 구원의 관념**, 한국융연구원 C.G. 융 저작번역위원회 (서울: 솔출판사, 2006), 83.
579) C.G. 융, **융 기본 저작집2 원형과 무의식**, 한국융연구원 C.G. 융 저작번역위원회 역 (서울: 솔출판사, 2006), 137.

는 힘이다. 아니마가 중생에 기여하고 아니마가 성화에 유익을 줄 수 있을 것으로 말하는 것은 융의 실체를 알고 하는 말인가? 모르고 하는 말인가?

융은 다음과 같이 말했다.

> 아니마는 보수적이며, 피곤할 정도로 오래된 인간 본질을 고수한다. 그러므로 아니마는 역사적 의상을 걸치고 나타나며 특히 그리스나 이집트의 것을 선호한다.[580]
> 고대 그리스 로마인에게 아니마는 여신 또는 마녀로서 나타난다. 이에 반해서 중세의 사람들에게는 여신이 성모 마리아나 어머니인 교회로 대체되었다. 개신교도들의 탈상징화 된 세계는 처음에는 불건강한 감상주의를 불러일으켰고, 그다음에는 도덕적인 갈등으로 첨예화되었다. 이것은 당연히 니체의 '선과 악의 피안'으로 유도되었다.[581]

융에 의하면, 아니마는 비너스나 헬레나로 혹은 시대마다 여성적인 신으로 나타났다. 융은 "고대 그리스 로마인에게 아니마는 여신 또는 마녀로 나타난다"고 말했다.[582] 상징이 사라진 기독교는 감상적이고 비도덕적으로 변했다. 융이 "니체의 '선과 악의 피안'으로 유도 되었다"는 말은 니체가 기독교의 가치 체계를 부정하고 선악의 관념에 생을 구속하지 말고 피안이 아니라 현세에서 생을 충실히 살아야 한다는 것을 의미한다. 융에 의하면 교회도 아니마가 가진 여성성이 시대와 민족에게 다르게 나타난 것 중 하나에 불과하다. 기독교인으로서 아니마를 가르치는 것은 자기 신앙을 죽이는 것이다.

머리 스타인은 융이 자서전에서 아니마를 경험한 것을 다음과 같이 말했다.

> 1913년 프로이트와 결별한 뒤 몇 년에 걸쳐 내면을 깊이 성찰하면서, 그동안 했던 작업의 본질과 가치에 대해 스스로 되묻는 시간을 보냈다. 이러한 연구 작업은 과학에 속하는가? 아니면 예술인가? 그는 스스로 되물었다. 그는 자신이 꾼 꿈을 기록하고 해석하며, 때로는 그 꿈을 그림으로 표현하면서 스스로 체험한 환상을 이해하려고 노력했다. 어느 순간에는 "예술이다"라고 하는 여성의 '음성'을 들었다. 놀란 그는 그녀와의 대화에 빠져들었고, 점차적으로 그녀가 자신의 환자 가운데 한 사람과 닮았다는 점을 깨달았다. 그녀는 일종의 내면화된 인물이었지만, 융 자신의 무의식적 생각과 가치의 일부를 대변해 주기도 했다. 자신의 자아 및 페르소나와 관련해 융은 예술가가 아닌 과학자이기를 원했다.[583]

---

580) Ibid., 138.
581) Ibid., 140.
582) C.G. 융, **원형과 무의식**, 한국융연구원 C.G. 융 저작 번역위원회 역 (서울: 솔출판사, 2006), 140.
583) 머리 스타인, **융의 영혼의 지도**, 김창한 역 (서울: ㈜문예출판사, 2017), 183~184.

이 글에서 "내면을 깊이 성찰"했다는 것은 무의식의 영적인 안내자와 접신을 했다는 것을 의미한다. 융은 프로이트와 결별한 후에 '밤바다 여행'을 통해 구상화에 깊이 몰입하고 있었다. 1913년에 융은 『RED BOOK』을 쓰기 시작했다.[584] 그런 것을 예술이 아니라 과학이라고 말하면 무당도 과학이라고 말해야 한다. 융이 영적인 안내자를 만나는 것이나 무당이 접신하는 것이나 같은 것이기 때문이다. 이부영 교수는 "대승불교의 一心 사상과 융의 사상은 닮은 데가 많다"고 말했다.[585]

스타인은 융의 아니마 경험을 말하면서 "적극 상상"이라는 말의 의미를 충분히 말하지 않았다. "적극 상상"이란 무의식에 적극적으로 뛰어드는 '적극적 심상법'(active imagination)이다. 스타인은 이렇게 말했다.

> 융에게 이것은 '아니마'의 내적 경험이자, 분석심리학의 집단 기억에서 아니마의 현시를 보여주는 핵심 기준점이었다. 융 이래로 적극 상상을 발휘한 수많은 사람들은 그와 유사한 내면의 인물을 발견해냈다. 통상적으로 남성에게 아니마는 여성적 인물이고, 여성에게 '아니무스'라는 내적 인물은 남성적이다. 아니마와 아니무스는 그림자보다 더 깊은 무의식을 표상하는 주관적 인격들이다. 좋든 나쁘든 그들은 영혼의 특성들을 드러내고 집단 무의식의 영역으로 진입한다.[586]

"집단 무의식의 영역으로 진입한다"는 말은 구상화를 통해 영적인 안내자와 조우한다는 것을 의미한다. 집단 무의식 안에 들어가서 안내자들을 만나 대화를 하면서 자기 안에 있는 신성을 발견하고 신성화를 이루는 것이 융의 적극적 심상법이다.

융이 말하는 대로 수용하게 되면 기독교는 원형의 상징을 무너뜨린 체계이고 결국 인간을 위한 종교가 아니다. 원형(태고유형)의 상징을 허물어 인간이 신성

---

584) 칼 구스타프 융, RED BOOK, 김세영 역 (서울: 부글북스, 2005), 6; "칼 구스타프 융이 손수 책의 형태로 묶은 『RED BOOK』은 말하자면 융의 '유고'(遺稿)인 셈이다. 융은 1913년부터 달필로 직접 쓰고 삽화까지 그린 이 책의 제목을 라틴어로 '새로운 책'이라는 뜻으로 'Liber Novus'라 붙였다. 그런 한편으로 융은 빨간색 가죽 장정을 한 이 책을 'RED BOOK'이라 부르기도 했다. 융이 1959년 이 책 말미에 '에필로그' 형식의 글을 쓰려 한 것으로 봐서 출판할 뜻을 가진 것 같지만 무슨 사정에선지 에필로그를 미완성으로 남겼으며, 이 원고는 1961년 융이 세상을 떠난 직후 출판하지 못하고 유족에게 넘어갔다. 학자들이 이 원고를 보는 것도 2001년이 되어서야 허용되었다. 그 후 2009년에 독일과 미국에서 처음 소개되었다."
585) 이부영, "C.G. 융의 생애와 사상," 심성연구 23(2) 2008: 55(55~63).
586) 머리 스타인, 융의 영혼의 지도, 김창한 역 (서울: ㈜문예출판사, 2017), 184.

으로 가는 길을 방해했다고 보기 때문이다. 이런 것들은 다 인간 내부의 신성에 기초하기 때문에 반기독교적일 수밖에 없다. 융은 동성애 역시 페르소나와 아니마 또는 아니무스와의 불균형의 결과로 본다. 이렇게 되면 죄에 대한 성경적 선언이 사라지고 인간을 심리적으로 해석하고 판단하기 때문에 모든 죄악 된 것을 용인하게 된다.

머리 스타인은 다음과 같이 말했다.

> 우리는 물론 지속적으로 투사를 하며, 그래서 삶과 타자 및 세계가 축조되는 방식에 대해 우리가 갖는 관점은 이렇게 축조된 환경으로 투사되어 절대적으로 사실이라고 집착하게 되는 무의식 내용으로 구성되어 있다. 여기에서 융이 말하는 것은 아니마/아니무스는 허상(虛像)의 세계를 창조한 인도의 여신 마야Maya와 같은 존재이며, 자아는 이렇게 투사에 기반해서 형성된 세계에 주로 거주하게 된다는 것이다. 융은 이러한 사실을 동양 종교에 대한 연구를 통해서가 아니라, 주로 정신과 의사이자 정신분석가로서의 직접 경험을 통해 알게 되었다. 사람들의 시각이 얼마나 왜곡되는지는 놀랄 만한 정도다. 이처럼 우리 모두는 놀랍게도 심각한 오류가 있을 때마저 우리 자신의 견해를 절대적으로 믿는 경향이 있다는 것이다. 일련의 기본 가정들에도 거의 의문을 제기하지 않는다.[587]

스타인에 의하면, 융이 말하는 아니마와 아니무스는 인도의 여신 마야와 같은 존재이다. 스타인은 융이 "동양 종교에 대한 연구를 통해서가 아니라, 주로 정신과 의사이자 정신분석가로서의 직접 경험을 통해 알게 되었다"고 말했지만, 그것은 스타인의 사견에 불과하다. 아니마와 아니무스가 마야와 같은 존재라면 기독교 상담학이라는 이름으로 칼 융을 가르치는 사람들이 아니마와 아니무스를 가르친다는 것은 반기독교적이다.

4) 자기

자기(self)는 융의 분석심리학의 핵심이다. 자기는 집단 무의식에의 원형 가운데 가장 중요한 원형이다.[588] 모든 원형은 중심 원형인 자기와 관계하며, 자기

---

587) Ibid., 208.
588) 김성민, **분석심리학과 기독교** (서울: 학지사, 2012), 82; 〈융은 자기란 인간 정신의 중심이고, 의식과 무의식을 통합한 전체성을 이루며, 의식과 무의식 등 모든 정신 내용을 초월하여 우리 정신에서 모든 대극적인 요소-의식과 무의식, 우리 인격의 밝고 긍정적인 측면과 어둡고 부정적인 측면, 남성적인 요소와 여성적인 요소-를 통합하게 하는 자기-조절요인이 된다고 주장하였다. 인간 정신의 모든 흐름은 자기를 향해서 나아가며, 자기는 모

로 돌아가려고 한다. 융은 이것을 자기의 초월 기능이 작용하는 것이라 했으며, "중국 연금술에서의 금강체와 서양 중세 연금술의 부패하지 않는 몸"에 비유했으며, "불멸의 부활체인 중세 기독교의 영광체와 같은 것"이라고 말했다.[589] 사람들이 하느님, 그리스도, 부처를 생각할 수 있는 것은 자기라는 강력한 정신 에너지 요소가 내재해 있기 때문이라고 주장했다.[590] 이부영 교수는 "'자기'가 무엇인지 우리는 모른다"고 말했다.[591] 융은 자기는 우주의 본질과 연결되어 있기 때문에 신성하며, 심리학적 온전함의 실현이라고 생각했다. 융은 최고의 심리학적 온전의 표현을 만다라에서 발견했다.[592]

자아가 의식의 중심이라면 자기는 전체성의 중심이다. 자기는 내적 조절자이며, 의식과 무의식의 균형을 잡기 위해 여러 가지 신호를 내보낸다. 혼돈된 상태를 보상하기 위해 꿈을 만들어내고 치유를 한다고 보았다.[593] 융은 인간의 궁극적 관심의 원천을 집단 무의식의 원형 중 하나인 자기(self)에서 찾았다. 융에게 자기는 하느님이다.[594] 그 자기는 하느님 위의 하느님이다.

김성민 교수는 다음과 같이 말했다.

> 자기는 무의식 안에 있는 전체적인 요소이기 때문에 에너지를 많이 담고 있으며, 강력하게 작용한다. 그래서 사람들은 가장 가치가 있다고 생각하는 것에 자기를 투사시켰으며, 종교에서 하나님이라고 부르는 것도 자기의 투사성이다.[595]

든 것을 통합한 가장 전일적인 요소라는 의미에서 인간 정신의 깊은 곳에 있는 신적 본성이다: "무의식에는 신적인 인간이 있는데, 그것은 인간이 아닌 모습으로 인간 정신의 가장 깊은 곳에 유폐되어 있고, 감추어져 있으며, 잘 보호되어 있으면서 추상적인 상징으로 나타난다." 따라서 자기는 그 안에 강력한 에너지를 품고 있으며, 우리가 자기의 투사성을 만날 때 루돌프 오토가 말한 누멘체험, 즉 사람을 온통 사로잡고 뒤흔드는 체험을 하게 된다.〉

589) 이부영, **자기와 자기실현** (파주: 한길사, 2010), 71.
590) Ibid., 83; "그리스도 상징은 심리학에서 가장 중요한 상징이다. 그 상징은 부처 상징과 더불어서 자기를 나타내는 상징 가운데서 가장 발달되어 있고, 가장 분화되어 있는 상징이다."
591) Ibid., 54.
592) Henghao Liang, "Jung and Chinese Religions: Buddhism and Taoism," *Pastoral Psychology* 61 (2012): 749-750(747-758).
593) 김성민, **분석심리학과 기독교 신비주의** (서울: 학지사, 2012), 43.
594) 김성민, **분석심리학과 기독교** (서울: 학지사, 2012), 194; "기독교에서는 그 실재를 하느님이라고 하였고, 융은 자기(self)라고 하였다. 자기는 모든 정신 소를 통합하고 있는 정신의 중심이고, 정신 에너지를 많이 가지고 있는 역동적인 요소이기 때문이다."
595) 김성민, **분석심리학과 기독교 신비주의** (서울: 학지사, 2012), 44.

융에게 기독교나 다른 종교나 별다른 것이 없고, 그 종교에서 하나님이라 부르는 것은 자기가 투사된 것이다. 자기가 최상 위의 신이고 가장 가치 있는 것이며, 하나님이란 자기가 투사된 것이므로 종교에서 하나님이란 사실은 허상이다.596)

그러면서도 김성민 교수는 다음과 같이 말했다.

> 그러나 조심해야 하는 것은 부버처럼 융이 하나님을 심리적 요소로 환원시켰다고 오해하지 말아야 하는 것이다. 왜냐하면 융은 하나님과 하나님의 이미지를 구분해서 생각했기 때문이다. 융에게 있어서 하나님 자체는 인간의 이성으로 도저히 파악할 수 없는 신비다. 그러나 하나님이 신비로만 있을 경우, 하나님과 관계를 맺을 수 없기 때문에 사람들은 '하나님의 이미지'를 그리면서, 하나님은 그런 존재이겠거니 하면서 다가간다. 사람들이 '하나님'이라고 부르는 것은 하나님 자체가 아니라 '하나님의 이미지'이고, 그 이미지는 사람들이 하나님 자체에 다가갈 때 커다란 도움이 되는 것이다. 그래서 융은 "내가 '하나님'이라고 할 때, 나는 심리학적 이미지에 대해서 말하는 것이다. … 심리학에서 관심을 가지고 있는 것은 심리적인 이미지이지 신 자체는 아니다."라고 하였다.597)

융을 변호하는 김성민 교수는 부버의 비판이 달갑지 않겠지만 부버의 주장은 결코 공허하지 않다. 사실은 부버의 비판보다 더 나아가서 융은 기독교의 하나님을 원형상으로 보았기 때문에 기독교 신앙을 심리학적으로 분쇄해 버렸다. 하나님을 이해할 수 없는 신비라고 하면서 그 신비가 자기이고 하나님은 다만 투사상이라고 하면서 기독교인들이 믿고 고백하는 하나님을 신 자체가 아니라고 함으로써 부버의 비판보다 더 철저하게 하나님을 파괴해버렸다.

융은 원형이 이미지와 정동으로 구성되어 있으며, 상징은 '신비적 융합' 작용을 일으킨다고 말했다. 사람이 어떤 대상과 신비적으로 하나가 되면 상징이 가진 힘에 의해 존재의 변화가 일어난다는 것이다. 상징에서 이미지는 의미를 전달하나 정동은 힘을 전달하기 때문에 변환이 일어난다는 것이다.598) 또한, 상징은 전일성을 이루는 수단이며, 대극을 융합시키는 초월적 가능을 가지고 있다고

---

596) 이부영, **자기와 자기실현** (파주: 한길사, 2010), 83; "그러므로 우리가 신의 개념을 사용할 때는 우리는 이로써 단지 하나의 일정한 심리적 사실, 즉 의지를 방해하고 의식에 강요하며 기분과 행위에 영향을 주는 능력을 가진 어떤 정신 내용의 독립성과 위력을 설명할 뿐이다.(G. Jung, *Die Beziehungen zwischen dem Ich und dem Unbewußen*, 135)"
597) Ibid., 44-45.
598) Ibid., 62.

보았다. 원형과 상징의 이런 작용이 인간에게 실제적 작용이 일어나 변환을 일으킨다면, "나는 심리학적 이미지에 대해서 말하는 것이다."라고 말하는 것은 자기 도피에 불과하다.

융에게 자기는 하느님 위의 하느님이다. 사람들이 말하는 하느님은 하느님의 본체(Godhead)가 아니라, 하느님이라고 생각하는 하느님의 이미지라고 말했다. 사람들이 하느님이라고 말한 것은 '자기의 투사상'이라는 것이다. 인간의 무의식에 있는 정신요소가 투사가 되는데, 강력한 요소이기 때문에 하느님 이미지로 투사가 된다. 융에 의하면 하느님의 본체는 '자기'이며 '우리 안에-있는-하느님'이다.599)

자기는 "그리스도나 붓다를 가리키는 것이 아니고 그에 상응하는 형상들의 총체를 가리키는 말이다."600) 그리스도와 붓다 위에 자기가 있다. 융은 "붓다와 마찬가지로 그리스도도 자기의 구체화이다"라고 말했다.601) 융은 "그리스도는 자기의 원형을 구체적으로 보여주고 있다"고 말했다.602)

그러나 융은 그리스도만으로는 인간의 모든 것을 다 포괄할 수 없다고 보았다. 인간에게는 악의 문제가 있기 때문이다. 인간의 악을 정당화하기 위해 융은 악을 선의 결핍이 아니라 선의 대극이요 하나의 실체성을 가진 것이라고 보아야 한다고 강조했다.603) 융에게 하느님은 집단 무의식에 있는 원형인 자기의 투사를 받는 것이다. 붓다는 "모든 사람 안에 니르바나가 존재한다"고 가르쳤다.604)

---

599) 김성민, **분석심리학과 기독교** (서울: 학지사, 2012), 199.

600) C.G. 융, **융 기본 저작집5 꿈에 나타난 개성화 과정의 상징**, 한국융연구원 C.G. 융 저작번역위원회 역 (서울: 솔출판사, 2006), 29.

601) 아니엘라 야훼, **C. G. 융의 회상, 꿈 그리고 사상**, 이부영 역(서울: 집문당, 2012), 319; 이부영, 자기와 자기실현 (파주: 한길사, 2010), 88-89에서 재인용; "붓다와 마찬가지로 그리스도도 자기의 구체화이다. 그러나 전혀 다른 의미에서 그러하다. 두 사람은 다 세계극복자이다. 붓다는 그것을 이른바 이성적 통찰로서, 그리스도를 이룰 숙명적인 희생으로 성취하였다. 기독교는 더 많은 고통을 겪었고 불교는 더 많이 인식하고 더 많이 행하였다. 양자는 모두 옳았다. 그러나 인도(印度)의 의미에서 붓다는 보다 완전한 인간이었다. 그는 역사적 인물이므로 이해하기가 보다 쉽다. 그리스도는 역사적 인간이면서 신이다. 그러므로 파악하기가 훨씬 어렵다."

602) G. Jung, *Aion*, 56; 이부영, **자기와 자기실현** (파주: 한길사, 2010), 85에서 재인용.

603) 이부영, **자기와 자기실현** (파주: 한길사, 2010), 84-85.

604) 디팩 초프라, **붓다2**, 진우기 역 (서울: 푸르메, 2010), 236; "사람들은 신을 원했다. 붓다는 신이 존재하는지의 주제에 관해 말하기를 거부했다. 그는 자신이 신적 존재라는 것을 강하게 부정했다. 사람들은 제례와 의식 속에서 안심을 찾았지만 붓다는 제례를 멀리했다. 그는 개개의 인간이 내면을 보고, 물리적 세계에서 시작하여 순수하고 영원한 의식 상태인 니르바나에서 끝나는 개인적 여정을 통해 해탈을 찾기를 원했다"(pp. 235-236).

김성민 교수는 자기의 세 가지 특성을 말했다.

첫째로, 자기는 인간 정신의 중심이다: "내가 자기라고 부른 것은 자아와 무의식 사이에 똑같은 거리를 두고 떨어져 있는 이상적인 중심이다"(M. Serrano, "Rencontre avec C.G. Jung", p. 96). 둘째로, 자기는 인간의 전체성을 나타낸다: "자기는 자아가 아니라, 의식과 무의식을 감싸 안으면서 자아 위에 있는 전체성이다"(RC, p. 301). 셋째로, 자기는 인간 정신의 초월성을 가리킨다: "자기는 의식적인 내용과 무의식적인 내용의 총합을 가리키고 있기 때문에 초월적인 개념이다"(Aïon, p. 76)[605]

융의 관점에서 보면, 자기는 인간의 내면에 있는 신성이다. 그 신성을 경험하는 것이 수동적인 차원에서는 꿈과 환상이고, 적극적인 차원에서는 적극적인 심상법이다. 또한, 자기를 나타내는 상징이 만다라와 그리스도이다. 융은 만다라를 인류가 가진 종교의 상징 중에서 가장 오래된 상징의 하나라고 보았으며 신의 본성을 나타내는 상징이라고 말했다. 또한, 그리스도 이미지 역시 자기를 나타내는 이미지라고 말했으며, 다음과 같이 말했다.

예수 그리스도는 자기의 원형을 보여주고 있다. 예수 그리스도는 신성하거나 천국에 있는 그런 것의 전체성을, 영광으로 빛나는 인간을, 죄로 얼룩지지 않은 신의 아들을 나타내고 있다. 아담의 후예로서, 예수 그리스도는 타락 이전의 첫 번째 아담, 말하자면 순수한 신의 이미지로 남아 있을 때의 아담과 일치한다.[606]

자아는 의식의 중심이며, 자기는 정신 전체의 중심이다. 융은 "자기는 자아가 아니다. 자기는 자아 위에서 의식과 무의식을 아우르고 있는 정신의 전체성을 나타낸다"(RC, p. 301)라고 말했다. 인간 정신이 자기를 향해 나아간다고 주장했으며, 자기는 사람들에게 감추어진 본성이고 인간의 가장 깊은 곳에 있는 신적인 본성이라고 말했다(PER, pp. 184-185).[607] 융은 "아트만은 개별적인 자기인 동시에 우주의 존재이며 도(道)는 개별적 상태이면서 동시에 세계적 사건의 바른 자세로서 같은 말이다"라고 말했다.[608]

605) 김성민, **융의 심리학과 종교** (파주: 동명사, 2010), 269.
606) 칼 구스타프 융, **아이온**, 김세영·정명진 역 (서울: 부글북스, 2016), 67.
607) 김성민, **융의 심리학과 종교** (파주: 동명사, 2010), 219.
608) C. G. Jung, *Aion*, 384-385; 이부영, **자기와 자기실현** (파주: 한길사, 2010), 88에서 재인용.

빙켈은 "전일성 속에서 존재의 조화를 이루는 것, 즉 의식과 무의식이 통합된 충만함 속에서 존재가 조화를 이루는 것을 융은 자기라고 불렀다."고 말했다.609) 분석의 목적이 "구원의 길이 될 수도 있다고 주장할 수 있었는가?"라고 빙켈이 말한 것은 융 심리학의 목적이 단순히 심리학 이상이라는 것을 보여준다.610) 머리 스타인은 "자기는 융의 전체 기획에서 가장 근본적인 특성을 드러내는 것이다."라고 말했다.611) 자기는 사람이 가지고 있는 가장 충실한 잠재력이며, 인격 통일성의 원형적 이미지이며 초월적이다.612) 그런 까닭에 자기는 모든 원형의 최상위에 위치하는 원형이다.613) 융은 "자기는 대극의 합일이다"라고 말했다.614) 자기의 대극, 자기의 그림자는 사탄이다.615)

자기에 대한 융의 글들은 융의 50번째 생일인 1925년 이후에 출판된 책과 논문에 등장한다. 융 전집에 기술되어 있으나 자기를 집중적으로 다룬 것은 『아이온』 (부제: 자기의 현상학적 탐구, 1951년)이다. 『아이온』 은 '자기의 원형'에 대한 긴 학술서'이다. 놀랍게도 이 책의 제목은 고대 종교인 미트라교 신에서 따왔다. 미트라는 무적의 태양신이다. 미트라 밀교는 주후 1–4세기 로마 제국의 로마 군인들 사이에 널리 믿어진 컬트 종교이다. 융은 책의 제목을 통해서 자아의식을 지배하며 시공의 연속체를 초월하는 요소가 있다는 것을 말해 주려고 했다.616)

609) 에르나 반 드 빙켈, **융의 심리학과 기독교 영성**, 김성민 역 (서울: 한국심리치료연구소, 2010), 20; 〈이 자기는 분석을 통하여 완전히 이루어질 수 있다고 생각하는 않는 편이 좋다. 융은 분석이 완료되었을 때, 모든 것은 시작된다고 주장하였다. … 분석의 모든 목적들이 "자기"를 실현시키기 위한 과정이라는 점에서 일치한다는 사실들만 지적하고자 한다.〉
610) Ibid., 21.
611) 머리 스타인, **융의 영혼의 지도**, 김창한 역 (서울: ㈜문예출판사, 2017), 219; "자기는 그의 심리학 이론의 핵심이고, 모든 면에서 심층심리학과 정신분석학의 다른 연구자들과 그를 가장 잘 구분해준다."
612) Ibid., 220; "융에게 자기는 정신 영역에 제한받거나 포함되지 않고 오히려 정신 영역을 넘어가며, 중요하게는 정신 영역을 규정한다는 의미에서 초월적이다. 자기 초월성의 이러한 점이 바로 융의 이론을 코헛kohut 등의 자기에 대한 이론가들과 구별된다."
613) 정인석, **의식과 무의식의 대화** (서울: 대왕사, 2008), 250.
614) C.G. 융, **융 기본 저작집5 꿈에 나타난 개성화 과정의 상징**, 한국융연구원 C.G. 융 저작번역위원회 역 (서울: 솔출판사, 2006), 30.
615) 이부영, **그림자** (서울: 한길사, 2000), 41; 이독영, "기독교 영성훈련을 통한 심리적 변화와 영적 성숙에 대한 연구" (박사학위논문, 목원대학교 대학원, 2013), 78에서 재인용.
616) 머리 스타인, **융의 영혼의 지도**, 김창한 역 (서울: ㈜문예출판사, 2017), 227.

『아이온』의 차음 네 장에서 융은 자신의 심리학을 개략적으로 말했으며, 자아, 그림자, 아니마/아니무스, 자기에 대해 말했다. 융은 자기에 대해 말할 때 많은 상징적 표상을 논의했다. 융은 1차적으로 성경적 전통, 영지주의, 그리고 연금술의 상징에 대해 말했다. 자기의 본성과 에너지를 파악하는 데 유용하다고 보기 때문이다. 문제는 강의실에서 자기와 상징을 말하는데도 놀라는 사람은 거의 없다는 사실이다.

융은 도입부에서 이렇게 시작했다.

> 자기는 개인적 영역에서 완전히 벗어나 있고, 개인 영역 안에 있다 하더라도 종교적 신화의 기본 주제mythologem로만 나타나며, 그 상징들은 최고 형태에서 최저 형태까지 범위가 넓다. … 서로 상반 된 특성을 보이는 지적인 면뿐만 아니라 감정의 가치도 동시에 실현하는 난제를 성취하려는 사람은 아니마/무스의 문제와 씨름해 고차원적 연합, 즉 '대극의 일치'comiunctio oppositorum을 성취하기 위한 길을 모색해야 한다. 이것은 전일성을 이루기 위한 필수가결의 전제 조건이다.[617]

융은 자기가 개인적 영역에서 벗어나 종교적 신화의 기본주제라고 말했다. 자기는 아니마와 아니무스의 씨름과 연합인 대극의 일치를 통해 전일성을 이룬다. 융의 말대로라면 기독교는 자기가 나타나는 상징의 한 형태일 뿐이다. 그런데도 융을 가르치는 사람들은 자기의 전일성을 열심히 가르친다.

전일성이란 인간의 의식에 자기가 실현되는 결과이다. 자기 안에 내재하는 대극의 통합으로 전일성이 일어난다. 전일성이 한 번으로 끝나는 것이 아니기 때문에 계속해서 '자기의 도(道)'에서 살아야 한다. '자기의 도(道)'로 살아가려면 만다라를 그리고 적극적 심상법으로 구상화를 통해 영적인 안내자와 접산을 해야 한다. 무의식을 알아차려야 한다면서 편안한 자세에서 내면의 세계로 들어가는 것은 형태만 조금씩 다른 것이며 구상화를 하는 것이다.

기독교인이라면 자기(self) 개념이 얼마나 반기독교적인지 알아야 한다. 머리 스타인은 자기에 대해 다음과 같이 말했다.

---

617) Ibid., 228; "비록 '전일성'은 언뜻 보기에 (아니마와 아니무스 같은) 추상적 관념에 불과한 것 같지만, 그럼에도 이것은 자발적이거나 자율적 상징의 형태로 정신이 예상하는 한 경험적이라고 볼 수 있다. 이러한 사위체 또는 만다라 상징들은 들어본 적이 전혀 없는 현대 인간의 꿈에 나타날 뿐 아니라 수많은 민족과 시대에 걸쳐 역사적 기록물 형태로 널리 유포되어 있다."

자기의 상징은 『아이온』에서 매우 중요하게 다뤄지고 있다. 이 상징들은 융이 인지한 대로 도처에 존재하고ubiquitous 자생적이며(즉 고유하고 자발적이며), 원형 자체에서 나와 원형적인 유사정신 지역을 통과해 정신에게 전달된다. 초월적이며 비심리적인 실체인 자기는 정신계에서 활동해 전일성의 상징을 산출한다. 이 상징들은 종종 사위체나 만다라 이미지(정사각형과 원)로 표현된다. "이들이 '연합과 총체성의 상징으로서' 중요한 이유는 경험 심리학뿐만 아니라 역사에서 풍부한 증거를 보여주기 때문이다. 처음엔 추상적 관념에 불과한 듯 보이는 것이 실제로는 존재하고 경험될 수 있는, 즉 선험적 임재presence를 자발적으로 드러내는 것이다. 그래서 전일성은 우리와는 별도로 독립적으로 주체에 직면하는 객관적 요인이다.618)

스타인에 의하면, 자기는 상징으로 나타나며 도처에 존재하고 자생적이며 초월적이며 비심리적 실체이며 선험적으로 임재하는 것이다. 이런 진술은 자기가 곧 신이라는 말이라는 것을 부인할 사람은 없다. 융은 하나님의 자리에 자기로 대체해 버렸다. 융 심리학의 핵심은 바로 이 자기에 있고 그 자기가 신성하고 초월적이고 자율적이라는 것을 알면 기독교인으로서 융을 가르치거나 배울 수가 없다. 융의 심리학은 기독교 신앙과 정면으로 배치되기 때문이다.

스타인은 자기에 대해 다음과 같이 말했다.

정신 전체의 지배를 주재하는 것은 자기인데, 자기는 궁극적 권위와 최고의 가치를 갖는다. "연합과 총체성은 객관적 가치의 규모에서 최고점에 위치하는데, 여기에서는 연합과 총체성 상징이 '신의 형상'imago Dei과 더는 구별되지 않기 때문이다." 융은 우리 모두가 자신 안에 신의 형상 God-image, 곧 자기 self의 인(印)을 지니고 있다고 주장한다. 우리는 원형의 표식인 '티포스'typos를 지닌다. 티포스는 화폐에 새겨져 있는 도장을 의미하며, '아르케'arche는 이러한 화폐를 찍어내는 원본 또는 원판을 의미한다. 인간은 각각 자기라는 원형의 날인을 지니고 있다. 이는 본래적이며 부여받은 것이다.619)

융이 말하는 '신의 형상'이라는 개념은 성경이 말하는 '하나님의 형상'이라는 말과는 판이하다. 융이 말하는 '신의 형상'이란 인간 안에 신성한 요소가 있다는 것이다. 앤서니 후크마는 하나님의 형상을 "인간이 특정한 측면에서 하나님을 닮은 하나님의 표상"이라고 말했다.620) 정병호는 "그(칼 융)의 인간집단 무의식

---

618) Ibid., 229.
619) Ibid., 232.
620) 앤서니 후크마, **개혁주의 인간론**, 이용중 역 (서울: 부흥과개혁사, 2012), 29.

안에 있는 원형연구는 하나님 형상에 관한 폭넓은 심리학적 이해의 길로 인도한다."고 말함으로써 성경의 하나님의 형상과 융의 집단 무의식에서 말하는 하나님의 형상을 구분하지 않았다.[621] 융의 관점에서 예수는 그저 종교적 형상에 불과하며 신의 대리자일 뿐이다.[622]

융이 자기의 원형을 발견한 것은 다른 모든 원형을 철저히 연구하고 저술이 끝난 후의 일이었다. 그 말이 가지는 의미가 무엇인가? 융의 심리학이 목표로 하는 것은 단순히 인간의 삶의 문제를 해결하는 것이 아니라 신성화로 가는 초영성심리학 혹은 종교심리학이라는 것이다.

융의 진술에 의하면 자기 경험은 1916-1918년에 일어났다. 융의 나이 41세가 될 무렵이었으며, 프로이트와 결별하고 정서적 상실과 직업적 불확실성으로 괴로운 시절을 보내던 시기에 이루어졌다. 융은 중년기(1913-1916년) 전반부에 내면세계, 아니마 그리고 수많은 무의식적 이미지와 환상을 발견했다. 그것을 기록한 것이 『RED BOOK』이다.

융이 무엇을 했는지 머리 스타인은 이렇게 말했다.

> 그는 무의식에서 그에게 쏟아져 내리는 이미지와 감정을 분류 및 정리하면서, 이들이 어떻게 서로 잘 맞고 의미하는 바가 무엇인지 이해하려고 애썼다. 그는 요가 호흡 같은 훈련을 하면서 정서적 평정을 유지하려고 했다. 그에게 솟아나는 감정이 정신적 평정과 안정을 파괴하려고 위협할 때, 정신의 평형상태를 유지하기 위해 명상, 놀이치료, 적극 상상, 그림 그리기 등을 이용했다. 그는 스스로 자신의 치료사로서, 무의식에서 쏟아져 나오는 자료 material의 홍수 속에서도 안정적인 자아의식을 유지하는 법을 만들어냈다.[623]

구상화에서 더 다루겠지만, 스타인의 이 말에 포함된 '적극 상상'은 적극적 심상법이며, '그림 그리기'는 만다라를 그리는 것이다. 융은 만다라를 그리면서 무

---

621) 정병호, "하나님 형상 연구: 융의 자기(The Self)와 융 모래놀이치료를 중심으로," **목회와 상담** 30 (2018): 277(270-304).

622) 장덕환, **C. G. 융과 기독교** (서울: 새물결플러스, 2019), 158.

623) 머리 스타인, **융의 영혼의 지도**, 김창한 역 (서울: ㈜문예출판사, 2017), 222; "그는 계속 자신의 내면 경험을 관찰하고, 듣고, 기록했다. 이렇게 열려 있는 태도는 정신의 연속체에서 원형적 끝과 영의 세계에까지 확대되었다. '아니마 수준'에서 씨름하며 여러 해를 보내고 나서, 그는 정신의 전일성과 질서를 가장 근본적으로 설계하는 설계가인 자기를 드러내는 영토로 들어갔다. 여러 해에 걸쳐 이뤄진 자기에 대한 이러한 발견은 그의 자서전에 자세히 설명되어 있다."

념무상의 세계로 들어가서 영적인 안내자와 접신을 했다.

머리 스타인은 다음과 같이 말했다.

> 이러한 목적과 형태를 산출하는 정신 안에서 작용하는 원형적 요소를 융은 자기라고 이름 지었는데, 이는 고도의 숙련 단계에 있는 성격을 가리키는 '아트만'atman을 명시한 인도의 우파니샤드를 따른 것이다. 이렇게 도안을 그리고 만다라 그림으로 발전시킨 경험을 통해 융은 자기의 중심적 경험을 유지할 수 있었다. 이러한 자기는 서서히 경험적으로, 자발적 으로 의식 안으로 출현한다.

스타인에 의하면, 자기는 아트만이다. 그 고도의 숙련 단계에 이르고 유지하기 위해 만다라를 그렸다. 그런 과정을 통해 자기를 체험했다. 융은 1928년에 꿈을 꾸었다. 자기를 '생명의 웅덩이'로 여겼으며, 개인 신화의 중심이라고 선언했다. 융은 나중에 '본원적 원형(유일자)'이라고 말했다.[624] 융이 말하는 자기는 결국 신성의 최고 형태이다. 융은 그 자기의 상징을 동양 종교에서 보자면 수행의 궁극적인 목표인 도(道), 진여(眞如), 일심(一心), 금태장(金胎藏) 등에 표현되었다고 말했다.[625]

자기는 의식과 무의식이 통합된 전체를 말하나 자기는 자아와 다른데, 자기는 선험적으로 주어진 것이다. 무엇이 선험적으로 주어졌다는 것인가? 그것은 신성(神性)이 주어졌다는 것이다. 칼 융은 다음과 같이 말했다.

---

624) Ibid., 226-227; 〈마침내 융은 1928년에 자신이 꾼 꿈을 기록했는데, 그에게 이 꿈은 자기self 실현의 완성을 표상하는 것이었다(비록 휘몰아치는 중년의 위기가 1920년 무렵 끝났을지라도, 그 여파는 52세가 되는 1928년까지 지속되었다). 융은 40대 내내 일종의 심리적 전이 단계 또는 과도기에 살았는데, 처음엔 강렬했고, 심화되다가, 나중에 차츰 약화되었다. 끝판에 그는 자신이 영국 도시 리버풀에 머무는 꿈을 꾸었다. 그는 스위스 친구들과 함께 비가 내리는 밤거리를 걷고 있었는데, 곧 바퀴처럼 둥글게 보이는 교차로에 이르렀다. 여러 갈래의 거리가 중심에서 방사형으로 뻗어 있었고, 이 교차로 중간 지점에는 정사각형 광장이 있었다. 모든 주변 지역은 어두웠지만, 이 광장의 연못 가운데 있는 작은 섬은 밝게 빛나고 있었다. 거기에 나무 한 그루가 있었는데, 불그스름한 꽃들이 만발한 목련이었다. 그의 동료들은 이 아름다운 나무를 못 본 것 같았지만 융은 그 광경에 압도되었다. 그는 나중에 이 꿈을 중심의 비전, 자기, 즉 '생명의 웅덩이'(pool of life, 즉 Liverpool)에 있는 신비한 아름다움의 이미지를 받았다는 의미로 해석했다. 이러한 꿈의 경험에서 "나의 개인 신화를 암시하는 첫 번째 것이 출현했다"고 적고 있다. 이 핵심 구절에서 융은 자기란 개인 신화의 중심이라고 선언한다. 그는 나중에 이것을 본원적 원형(유일자)이라고 보았다. 이 본원적 원형에서 다른 모든 원형과 원형적 이미지가 궁극적으로 나온다. 자기self는 융의 심리학적 우주에서 자석처럼 끌어당기는 중심이다. 자기의 출현은 자아의 나침반 침이 항상 북쪽을 향하도록 한다.〉

625) 이부영, **자기와 자기실현** (파주: 한길사, 2010), 83-84.

나의 생애는 무의식의 자기실현의 역사이다. 무의식에 있는 모든 것은 사건이 되고 밖의 현상으로 나타나며, 인격 또한 그 무의식적인 여러 조건에 근거하여 발전하며 스스로를 전체로서 체험하게 된다.[626] 자기는 인생의 목표이다. 자기는 우리가 개성이라고 부르고 있는 운명적 통일체의 가장 완벽한 표현이기 때문이다.[627]

융이 말하는 "무의식의 자기실현"이란 신성화를 의미한다. 그래서, 융이 말하는 자기(self)란 신성한 내면아를 일컫는 말이다. 융은 퍼스낼리티의 궁극적인 목표를 자기실현이라고 보는데 이것은 신성화를 말하며 기독교적 용어로 말하자면 그리스도가 되는 것이다. 융은 자기(self)의 영원성을 믿었다.[628]

자기는 의식으로 직접 감득(感得)하지 못하며 어떤 형태의 비유를 통해서나 꿈이나 이미지를 통해서 만날 수 있다. 예를 들면, 자기는 비인격적으로(원형, 만다라, 결정체, 돌) 묘사되는 경우도 있고, 인격적으로(왕과 여왕, 신의 아들이나 신성의 상징으로서) 묘사되며, 신(神)·부처의 모습으로 투사되기도 한다. 도(道) 혹은 선(禪)을 깨우친다는 것은 자기의 자각이다. 이런 것들은 모두 전체성, 합일, 양극의 조화, 동적 평형의 상징이며 개성화 과정의 도달점이다. 이와 같은 자기의 상징에는 누미노줌을 갖게 하는 강력하고 초월적인 신적 이미지를 심어주어 심령적 체험을 가능케 한다. 그래서 융은 인간의 내면에는 '신적인 요소'가 있다고 보았다.[629] 그런데도 왜 교회는 융을 그렇게 좋아할까?

C.S. 홀은 다음과 같이 말했다.

태양이 태양계의 중심이듯, 자기는 집합 무의식 속의 중심적인 태고유형이다. 자기는 질서·조직·통일의 태고유형이다. 자기는 모든 태고유형들과 콤플렉스 및 의식 속의 태고유형의 형태를 끌어당겨서 조화시킨다. 자기는 퍼스낼리티를 통일하여 그것에 '일체성'과 불변성의 감각을 준다. … 모든 퍼스낼리티의 궁극적인 목표는 자기실현을 달성하는 데에 있다. … '예수'와 '석가모니' 같은 위대한 종교적 지도자는 이 목표의 가장 가까이까지 갔다.[630]

626) 전철, "칼 구스타프 융의 분석심리학: 인간 정신의 깊은 바다를 연 한 의사의 삶과 사상," Accessed Apr. 30. 2019. http://theology.co.kr/article/jung.html

627) C.G. 융 · C.S. 홀 · J. 야코비, **C.G. 융 심리학 해설**, 설영환 역 (서울: 선영사, 2007), 105.

628) Don McGowan, *What is wrong with Jung* (New York: Prometheus Books, 1994), 22.

629) 정인석, **의식과 무의식의 대화** (서울: 대왕사, 2008), 250-251.

630) C.G. 융 · C.S. 홀 · J. 야코비, **C.G. 융 심리학 해설**, 설영환 역 (서울: 선영사, 2007), 103-104.

'예수'와 '석가모니'가 "같은 위대한 종교적 지도자"이고, 자기에 도달한 자라면, 기독교는 무슨 소용이 있을까? 그리스도인들이 믿고 있는 예수님은 어떻게 되는가? 융의 논리대로 하자면, 그것은 자기실현을 달성한 모범에 불과하며 영적인 안내자일 뿐이다. 성경은 예수님을 살아 계신 성자 하나님으로 말하나, 융은 무의식을 의식적으로 만들어 본성과 조화를 이룬 대표적인 인물에 불과한 것이다. 그런데 어떻게 융의 심리학을 교회가 수용해서 가정사역으로, 내적치유로 가르칠 수 있겠는가?

머리 스타인은 자기를 다음과 같이 말했다.

> 만일 우리가 앎에 대한 의식의 가능성을 넘어서 있는 것이 있음을 안다면, 우리 안에 알려지지 않은 인식 주체, 즉 시간과 공간의 범주를 초월하고 여기와 저기, 지금과 그때 동시에 있는 정신의 한 측면도 존재하는 것이다. 이것이 바로 자기(self)일 것이다.[631]

스타인은 '절대지'(絕對知)를 설명하면서 이 말을 했다. 스타인은 융의 지식이 칸트적 앎의 범위를 넘어서는 무의식의 선험적 지식이라고 말했다. 스타인이 말하는 그런 지식은 신적인 지식이다. 스타인은 "사람들 안에 있는 이러한 무의식의 앎의 주체는 신의 눈 the eye of God과 비교될 수 있"다고 말했다.[632] 이런 의도성을 보면, 빙켈이 "자기는 모든 분석에서 궁극적으로 도달하고자 하는 이상적인 목표이다"라고 말하는 의미를 알 수가 있다.[633]

김성민 교수는 자기에 대해 다음과 같이 말했다.

> 융은 인간의 내면에는 온갖 신이나 신화, 상징들을 만들어서 가히 만신전(pantheon)이라고 부를 수 있는 영역이 있으며, 그 영역이 우리 삶을 궁극적으로 이끌어 간다고 주장하였다. 융이 집단적 무의식이라고 부른 그 영역은 인간의 모든 행동을 가능하게 해주는 원형(archetype)의 창고인데, 우리 의식과 너무 다른 내용들로 구성되어 있어서 사람들에게 비일상적인 것으로 경험되는 것이다. 융이 말한 "하나님의 이미지", 즉 "우리-안에 있는-하나

631) 머리 스타인, **융의 영혼의 지도**, 김창한 역 (서울: ㈜문예출판사, 2017), 300.

632) Ibid., 301.

633) 에르나 반 드 빙켈, **융의 심리학과 기독교 영성**, 김성민 역 (서울: 한국심리치료연구소, 2010), 37; "융은 자기를 하나의 상태라고 생각하지 않았다. 만일 자기를 하나의 상태라고 생각한다면 우리는 자기를 정의하기가 어려워진다. 왜냐하면 자기는 모든 한계를 벗어나고 있으며, 우리가 어떤 틀에 집어넣어서 규정하려고 하는 것 위에 있기 때문이다. 자기는 의식과 무의식의 조화에서 생겨난다."

님" 역시 이 영역의 산물이다. 다시 말해서, 집단적 무의식 안에 있는 완전하고, 초월적이
며, 모든 것을 통합하고 있는 정신요소인 "자기"의 투사인 것이다. 자기는 분열되어 있는
모든 것들을 통합하려고 하며, 사람들의 삶을 근본적으로 이끌어 간다.634)

김성민 교수에 의하면, 융이 말하는 집단 무의식은 원형의 창고이다. 그 원형
이 인간의 모든 행동을 가능하게 한다. "우리–안에 있는–하나님"도 원형의 산
물이고 자기는 원형들을 통합한다. 기독교인들의 하나님도 하나님 이미지에 불
과하고 원형이 작용한 결과이다. 원형이 주는 누미노제를 체험해서 하나님이라
고 느낀 것에 불과하다.

머리 스타인은 자기(self)에 대해 다음과 같이 말했다.

> 정신을 통해 이어지는 상상의 선을 그어보자. 이 선은 스펙트럼 양 끝의 본능과 영을 연결
> 한다. 이 선 한쪽 끝에 원형이 연결되고, 다른 끝에 본능이 연결된다. 이 선을 따라 정보와
> 데이터는 유사정신을 통과해 집단 무의식으로, 그다음에는 개인 무의식으로 전달되고, 이
> 내용들은 의식에 이르게 된다. 본능적 지각과 원형적 표상은 실제로 정신이 경험하는 데이
> 터지 그들 자체가 본능과 원형은 아니다. 스펙트럼 양 끝의 어느 것도 직접적으로는 경험
> 될 수 없다. 왜냐하면 양 끝의 그 무엇도 정신적이지 않기 때문이다. 양 끝에서 정신이 쇠
> 하면 물질과 영으로 변한다. 원형적 이미지로 경험되는 것은 "매우 다양한 구조로 되어 있
> 지만, 이 모든 것은 본질적으로 '표상될 수 없는' 기본적 한 형태인 것이다." 모든 원형적
> 정보의 형태는 단일한 원천인 '자기'(self, 自己)에서 온다. 융은 인간이 포착할 수 없는 실
> 체를 설명하려고 '자기'라는 말을 마련했다. 자기의 기본적 형태는 "형식적 요소와 근본적
> 의미를 갖지만, 단지 대략적으로만 포착될 뿐이다." 자기라는 말은 융의 중요한 개념이다.
> 자기와 자아의식을 연결하는 원형 이미지는 중간 영역, 즉 융이 '아니마'anima와 '아니무
> 스'animus라고 일컫은 영혼 영역을 형성한다. 융의 견지에서 다신론적 종교들은 아니마와
> 아니무스의 영역에서 생겨나 이 영역을 표상하는 반면에, 유일신론적 종교들은 자기self
> 원형에 기초를 두고 이것을 지시한다.635)

머리 스타인에 의하면, 기독교는 "자기 원형"에서 발원된 것이 된다. 융에게
있어서 인간이 포착할 수 없는 실체가 '자기'이고 그 '자기'로부터 유일신앙이
나왔다면 예수 그리스도를 구주로 믿는 기독교인들은 헛된 망상에 사로잡힌 자
들이다. 기독교 상담학이나 영성 목회라는 이름으로 칼 융의 심리학을 가르친다
는 것은 기독교를 죽이는 것이다. C.S. 홀은 다음과 같이 말했다.

---

634) 김성민, **융의 심리학과 종교** (파주: 동명사, 2010), 350-351.
635) 머리 스타인, **융의 영혼의 지도**, 김창한 역 (서울: ㈜문예출판사, 2017), 15-154.

자기실현을 달성하느냐, 못 하느냐는 자아의 협력에 달려 있다. 자아가 자기의 태고유형으로부터 오는 메시지를 무시한다면, 자기의 평가와 이해는 불가능할 것이다. 모든 것이 의식적으로 되지 않는다면, 퍼스낼리티를 개성화하는 효과를 지니지 못한다.[636]

예수 그리스도께서 자기(self) 유형의 메시지를 수용하여 자기실현을 했던가? 성경은 예수 그리스도께서 하나님이시라고 분명하게 말한다.[637] 참된 기독교인이라면, '예수 그리스도의 말씀대로 가르치고 살 것인가?', 아니면, '칼 융의 심리학대로 살 것인가?'를 분명하게 나타내야 한다.

자기는 자아에게 꿈의 상징을 통하여 자신의 메시지를 전달한다. 그러나 융에게 있어서는 자기실현을 위해서 꿈이 너무나도 소중하고 가치 있는 것이다. 자기가 무의식의 세계를 꿈을 통해서 드러내기 때문이다. 수동적인 계시인 꿈을 기다리지 못해서 능동적으로 무의식에 뛰어드는 것이 적극적 심상법이다.

자기에 대해 마지막으로 살펴볼 것은 자기의 상징이다. 융은 『아이온』에서 자기를 말하기 위해 이미지 목록을 말했다. 그 이미지들은 원, 정사각형, 별 모양이 있으나 특히 4와 4의 배수로 된 사위체 구조를 나타낸다. 융은 3이라는 숫자는 자기를 부분적으로만 표현한다고 보았기 때문에 좋아하지 않았다. 그런 관점에서 삼위일체는 사위일체로 가는 전일성에 가까운 것에 불과했다. 삼위일체 신론은 현대인의 무의식에 있는 '신적 불꽃'을 자극하지 못한다고 보았다.[638]

융은 다음과 같이 말했다.

> 현대인의 심리를 통하여 이해된 4라는 수로 표현된 상징은 직접적으로는 인간 안에 있는 신을 암시할 뿐만 아니라 신과 인간이 동일한 존재라는 것을 시사하고 있다.[639]

---

636) C.G. 융 · C.S. 홀 · J. 야코비, **C.G. 융 심리학 해설**, 설영환 역 (서울: 선영사, 2007), 103-104; "꿈의 분석에 의하여 자기의 인식에 접근할 수가 있다. 더욱 중요한 점은 진정한 종교적 체험에 의해 자기를 이해하며 실현할 수가 있다는 것이다. 동양인은 요가의 명상과 같이 자기에 달성하는 의식적 수업에 의해 서양인보다 쉽게 자기를 지각할 수 있다. 융이 종교에 관해 말하는 것은 정신적 발달에 언급하고 있는 것이지, 초자연적 현상에 언급하고 있는 것은 아니다."
637) 태초에 말씀이 계시니라 이 말씀이 하나님과 함께 계셨으니 이 말씀은 곧 하나님이시니라(요 1:1) 복스러운 소망과 우리의 크신 하나님 구주 예수 그리스도의 영광이 나타나심을 기다리게 하셨으니(딛 2:13)
638) 김성민, 칼 융의 『**심리학과 종교**』 읽기 (서울: 세창미디어, 2015), 156.
639) C.G. 융, **심리학과 종교**, 이은봉 역 (서울: 창, 2019), 122.

융에게 4는 인간이 신이라고 말해 주는 숫자이다. 융은 "악마적인 기만"(diabolica frasu)이라 부를 수 있다고 말했다.[640] 이것은 대극의 조합으로서 사탄을 말한다. 융은 다음과 같이 말했다.

> 4라는 숫자에 상징적인 의미를 부여하는 것은 오랜 역사를 가지고 있습니다. 그것은 그리스도교에서 상징학이나 신비주의 사상 가운데서 나타나고 있을 뿐만 아니라 그노시스 철학에서는 아마도 아직도 큰 역할을 하고 있고, 그 영향은 다시 중세 전체를 이어 내려와 18세기에까지 미치고 있습니다. 지금 논의한 꿈에서 4라는 숫자는 종교예배에서 가장 의미 있는 요소로 나타나고 있습니다. 이 종교적 예배는 무의식적인 정신에 의해 창조된 것입니다.[641]

융에 의하면, 4라는 숫자의 의미는 신비주의와 영지주의에서 가져왔다. 융에게 4는 악마이고 악의 원리이다.[642] 융이 "그리스도교에서 상징학"이라고 말한 것은 기독교 신앙이 아니다. 융은 종교적 예배를 "무의식적인 정신에 의해 창조된 것"이라고 말했다. 융은 하나님 대신에 무의식으로 바꾸었다. 예배는 하나님에 의해 주어진 것이다. 칼빈은 다음과 같이 말했다.

> 사람이 하나님을 찾으려면 당연히 자기들 자신보다 높이 올라가야 하는 것이 마땅한데도, 저 가련한 사람들은 그렇게 하지를 않고, 자기들의 육신적인 어리석음의 잣대로 하나님을 재려고 하고, 또한 건전한 탐구를 무시하며 호기심에 이끌려 허망한 사색에 이리저리 휩쓸리는 것을 볼 때에, 헛된 교만과 완고함이 그들에게 있다는 것이 거기서 잘 드러난다. 그러므로 그들은 하나님께서 자기 자신을 제시하시는 대로 그를 깨닫지 않고, 자기들 자신이 추측하는 대로 그렇게 하나님을 상상하여 꾸며내는 것이다. '이처럼 엄청난 괴리가 있기 때문에, 어느 방향으로 발걸음을 내디디든지 그들은 곧바로 멸망으로 내던져지지 않을 수가 없다. 하나님에 대하여 그런 관념을 갖고 있는 상태에서는 아무리 하나님을 경배하고 섬기려는 의도로 무슨 일을 시도한다 해도, 그것은 하나님을 높이는 것일 수가 없는 것이다. 왜냐하면 그들이 예배하는 것은 하나님이 아니라 자기들 마음으로 꿈꾸어 지어낸 것일 뿐이기 때문이다.[643]

---

640) Ibid., 123.

641) Ibid., 79.

642) Ibid., 128; "4라는 수에 의한 상징은 분명히 이 아니마로부터 발하는 것처럼 생각됩니다. 따라서 수에 의한 상징의 어머니 혹은 모태, 즉 신을 낳은 자(Theotokos), 또는 신의 어머니(Mater Dei)라고 해도 좋을 것입니다. 그러나 신의 삼위일체성에 대한 도그마 가운데에는 악마는 물론 여성도 또한 존재할 여지가 없기 때문에, 만약 종교적 상징이 4라는 수를 중심으로 하고 있다면 악의 원리도 또한 그 일부분을 형성하고 있을 것입니다."

643) 존 칼빈, **기독교강요(상)**, 원광연 역 (서울: 크리스챤다이제스트, 2003), 53-54; 기독교강요 1.4.1. 〈바울은 이러한 사악함을 웅변적으로 묘사하고 있다: "스스로 지혜 있다 하나 어리석게 되어"(롬 1:22). 그는 그보다 앞

칼빈에 의하면, 융의 심리학은 하나님을 제거하려는 육신적인 어리석음이요 허망한 사색에 휩쓸리는 것이다. 종교적 예배를 무의식에서 창조된 것이라고 말하는 것은 "자기들 마음으로 꿈꾸어 지어낸 것일 뿐"이다. 융은 자기 이론을 요약하면서 자기에 대한 도형을 그렸다. 『아이온』의 390항과 391항의 도형은 융의 자기에 대한 전체적인 그림이다. 스타인은 다음과 같이 설명했다.

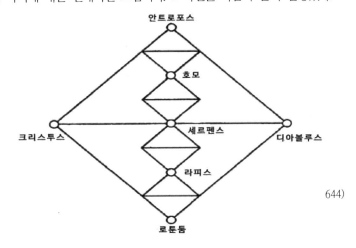

644)

서서 그들의 "생각이 허망하여지며"라고도 말했고, 또한 아무도 자기들의 죄책에 대해 변명하지 못하도록 그들의 미련한 마음이 어두워졌다고 덧붙이기도 했다(롬 1:21). 건전한 탐구에 만족하지 않고, 자기들에게 합당한 한도 이상을 스스로 주장하여 제멋대로 어두움을 자기들 자신에게 드리우며, 사실 자기들의 공허하고 완악한 오만함으로 인하여 스스로 바보가 되어 버리는 것이다. 그러므로 그들의 어리석음이 핑곗거리가 될 수 없다는 것이 자명해진다. 그런 상태가 헛된 호기심의 결과일 뿐 아니라, 합당한 것 이상을 알고자 하는 방자한 욕심에다 거짓된 확신이 겹쳐서 생겨난 것이기 때문이다.〉

644) C G Jung, *Collected Works of C G Jung, Vol 9 Part 2 - Aion- Researches Into the Phenomenology of the Self*, § 390; "In the diagram I have emphasized the point of greatest tension between the opposites, namely the double significance of the serpent, which occupies the centre of the system. Being an allegory of Christ as well as of the devil, it contains and symbolizes the strongest polarity into which the Anthropos falls when he descends into Physis. The ordinary man has not reached this point of tension: he has it merely in the unconscious, i.e., in the serpent.79 In the lapis, the counterpart of man, the opposites are so to speak united, but with a visible seam or suture as in the symbol of the hermaphrodite. This mars the idea of the lapis just as much as the all-too-human element mars Homo sapiens. In the higher Adam and in the rotundum the opposition is invisible. But presumably the one stands in absolute opposition to the other, and if both are identical as indistinguishable transcendental entities, this is one of those paradoxes that are the rule: a statement about something metaphysical can only be antinomial."

207 자기

각 수준은 사위체로 형성되어 있고, 이들 각각은 그 수준에서 갖는 복잡성과 전일성을 드러낸다. 네 개 사위체가 갖는 이미지는 총체성과 전일성을 표현하는 것이다. 이들 사위체는 그림이 보여주듯이 물질적 극에서 영적인 극으로 올라가는 순서로 되어 있다. … 이러한 입체적 이중 피라미드 각각은 아래위로 공유점을 한 개씩 갖는다. 이렇게 아래위로 나란히 네 단계로 쌓여 있는 것을 반으로 나누는 크리스투스Christus(그리스도) - 디아볼루스Diabolos(악마) 선이 있다. 이 선 위쪽엔 호모Homo(인간)와 안트로포스Anthropos(이상적 인간) 사위체가 있고, 아래쪽엔 라피스Lapis(돌)와 로툰둠Rotundum(원) 사위체가 자리하고 있다. 호모 자리의 원은 자아의식의 자리를 가리킨다. 바로 호모 자리 위에 안트로포스가 있는데, 이는 영적 수준에서 이상적 전일성을 표현한다. 안트로포스 사위체는 영지적Gnostic 안트로포스 또는 높은 아담the higher Adam으로서 이상적 인물을 상징한다.

융이 자기를 사위체로 표현한 그림을 보면 아담이 최상위에 있다. 아담이란 이상적 인물이다. 그 이상이란 인간의 신성화이다. 영지적 안트로포스는 신성화된 인간이기 때문이다.[645] 스티븐 횔러는 다음과 같이 말했다.

> 영지주의적인 환상에는 흔히 천상으로의 상승이 포함되지만, 무아 상태에서의 죽음과 같은 다른 종류의 환상도 엄연히 포함된다. 창조된 세계를 버리고 영원한 세계들로 상승해 감으로써 그 영역들에 거하는 존재들과 대화를 나누게 되는 것이다. 영지주의자들은 이런 환상이 적어도 부분적으로는 마음 안에서 벌어지는 것임을 분명히 알고 있었고, 그래서 그것들에 특별한 위상을 부여했다. 그들은 이런 환상을 개인 안에 있는 '신적 불꽃' pneuma(靈)이 더 높은 세계의 실재와 하나가 되는 경험으로 묘사했다. 다른 신비주의자들과 마찬가지로, 영지주의 현자들도 합일의 경험을 신성한 존재(소피아, 그리스도)나 궁극의 하느님의 영적 본질과 연결되는 것(신비한 결합 unio mystica)으로 이해했다. 이처럼 환상적인 경험과 합일적인 경험이 동시에 존재하는 것이 그노시스의 특징이라 할 수 있다.[646]
> 영지주의자들에게 구원이란 무엇인가? 여러 가지 점에서 영지주의의 구원 개념은 힌두교와 불교 전통에서 볼 수 있는 해탈(해방)의 개념과 가깝다. 영지주의자는 죄(원죄나 그 밖의 죄)로부터의 구원이 아닌, 죄의 원인이 되는 무지로부터의 구원을 바란다. 그노시스를

645) 김성민, **분석심리학과 기독교** (서울: 학지사, 2012), 108; 〈자기는 정신의 중심이며, 중심화 작업의 주체다: "자기는 의식은 물론 무의식까지 포용하고 있는 중심이며 동시에 원주다. 자아가 의식의 중심인 것처럼 자기는 전체성의 중심이다." 자기는 사람들 속에서 대극을 통합하여 정신의 균형을 이루게 하고 질서를 잡아 주는 내적 조절 원리인 것이다. 그래서 융은 자기를 성경에서는 속사람이라 불렀고, 연금술사들은 세계의 혼이라고 했으며, 그리스에서는 안트로포스로 불렀다고 하였다. 자기는 인간의 내면에 있는 중심이며 질서의 원형이라는 것이다. 그래서 무의식 작업을 통하여 자기가 정신에 자리 잡으면 사람의 인격은 성숙하게 되고, 삶의 곤경 앞에서 의연하게 대처할 수 있게 된다. 그의 내면에 새로운 중심이 생겼기 때문이다.〉
646) 스티븐 횔러, **이것이 영지주의다**, 이재길 역 (서울: 산티, 2006), 25-26.

통해 신성한 존재를 알게 된 자는 모든 죄를 벗어버리지만, 그노시스가 없는 자는 죄 안에 머물 수밖에 없다. 무지-곧 영적 실재들에 대한 무지-는 그노시스에 의해 일소되고 만다. 그노시스의 결정적인 계시는 빛의 사자들, 특히 이 시대의 사자로 인정받는 예수에 의해 전해졌다.[647]

융이나 영지주의자들에게나 구원은 영적인 안내자와의 대화를 통해 궁극적인 하느님과 연합되는 것이다. 융에게 예수는 죄로부터 구원하시는 메시아가 아니라 영적인 안내자에 불과하다. 자기의 그림에서 볼 수 있듯이 융에게 그리스도는 디아볼루스와 대극을 이루고 있을 뿐이다. 머리 스타인은 그리스도가 어떤 의미인지 다음과 같이 말했다.

융은 지난 2,000년으로 구성된 현 역사 시대는 이러한 영적 사위체가 중요하다는 인식과 함께 시작되었다고 진술한다. 인간이란 역사적 인물인 나사렛 예수에 투과된 기독교의 이상적인 영적 이미지에 내재한 영적 존재로 간주되었다. 예수가 그리스도로 변모하게 된 것은 사람들이 이 인물에게 영적으로 높은 (안트로포스) 자기들을 투사한 결과다.[648]

스타인에 의하면, 예수는 사람들이 "영적으로 높은 (안트로포스) 자기들을 투사한 결과"에 불과하다. 예수의 대극에 뱀이 위치하고 있다는 사실에 주목해야 한다. 융에게 있어서 뱀은 "자기 안에 있는 대극이 극도로 긴장을 유지하는 것을 상징한다."[649]

기독교는 삼위일체 하나님을 고백하나, 칼 융은 사위일체 하나님을 말했다.[650] 양의 하나님은 성부, 성자, 성령이고 음의 하나님은 사탄이 된다.[651] 빙

---

647) Ibid., 39.

648) 머리 스타인, **융의 영혼의 지도**, 김창한 역 (서울: ㈜문예출판사, 2017), 237.

649) Ibid., 238.

650) C.G. 융, **융 기본 저작집4 인간의 상과 신의 상**, 한국융연구원 C.G. 융 저작번역위원회 (서울: 솔출판사, 2006), 61; 김성민, "기독교의 삼위일체 도그마와 융의 사위론 C. G. : 기독교의 삼위일체 도그마에 대한 분석심리학적 고찰," **한국기독교신학논총** 82 (2012): 332-333(313-343); 〈그러면 성부-성자-성령으로 이루어진 삼위일체에 포함되어야 할 네 번째 요소는 무엇인가? 그것은 인간의 정신기능 가운데서 열등기능처럼 다른 셋과 다르게 나타나는데, 전체성을 이루는 것 가운데 하나는 흔히 다른 셋과 다르다: 네 번째 형상은 대체로 특별히 교훈적인 것이다. 그것은 다른 것들과 양립할 수 없거나, 마땅치 않거나, 놀랍거나, 선악의 기준이 달라서 어쨌든 이상한 것이다."융은 이 마땅치 않거나 이상한 요소 가운데서 제일 먼저 생각할 수 있는 것은 악이라고 주장하였다. 사람들은 악을 바깥에 투사하지 말고 그의 내면에서 통합해야 한다는 것이다. 그러나 기독교인들은 아우구스티누스를 따라서 하나님이 창조한 이 세상의 선성을 강조하기 위하여 악을 '선의 결핍'(privatio boni) 정도로 약화시키고 악의 실재에 대해서 눈을 감고 있다. 그러는 사이에 악은 이 세상에 실제적으로 존재하면서 수많은 것

켈은 "삼위일체가 하나님이고, 밝은 성격을 지니고 있기 때문에 제4의 요소는 그의 대극인 사탄, 즉 어두운 그림자라고 해야 한다"고 말했다.652) 이것은 성경이 말하는 하나님이 아니다. 사탄은 하나님의 피조물이지 하나님과 동등한 위치에 있지 않다.

많은 사람이 융을 말하면서 융이 하나님을 말한다고 해서 기독교인들이 믿고 고백하는 하나님과 같은 의미로 말한다. 융이 말하는 하나님은 인간 밖에 살아 계시고 인격적이고 무한하신 하나님이 아니라 인간 안에 있는 하느님, 곧 '우리-안에-있는-하느님'653)이다.654) 인간의 무의식 안에 하나님 원형이 있고 그

___

들을 파괴시키고 이 세상에 어둠을 드러고 있다: "악이 다만 선의 결핍이라면, 선과 악의 대립은 그 자리에서 부정되고 만다. '악'이 존재하지 않는 것이라면, 사람은 어떻게 '선'에 대해서 말할 수 있을까? 그렇지 않으면, '어둠'이 없다면, 어떻게 빛을 말하고, '아래'가 없다면 어떻게 '위'를 말할 수 있을 것인가?' '선의 결핍설'은 하나님을 선한 하나님과 악마로 분열시켜서 악의 원리는 하나님의 바깥에 있게 되는 것이다. 그 결과 악의 원리는 삼위일체 하나님과 분리되어 악마로 인격화되어서 무의식 속에서나 이 세상의 어둠 속에서 자율적으로 작용하게 된다. 그래서 융은 "삼위일체적 신 의식에 연계되지 않은 마귀에 관한 모든 신학적 처리는 그 본래의 실상을 잘못 보는 것이다"라는 쾨프겐의 말을 인용하면서, "이 견해에 의하면 마귀는 인격을 가지고 또한 절대적 자유를 누리고 있다. 그러므로 그는 진정한, 그리고 개인적인 '그리스도의 적수'일 수 있다"고 주장하였다.〉

651) 김성민, 융의 심리학과 종교 (파주: 동명사, 2010), 173-174; "융은 사람들이 하나님이라고 생각하는 이미지가 전일성을 나타내려면, 거기에 또 다른 요소가 덧붙여져야 한다고 생각하면서, 그 요소는 여성적인 원리, 또는 악의 원리가 되어야 한다고 주장하였다. 여성적인 원리란 이 세상에서 남성과 여성이 합쳐져야만 온전한 통합이 이루어질 수 있고, 악의 원리란 선과 악이 합쳐져야만 비로소 도덕적으로 온전해질 수 있기 때문이다. 그런데 융은 덧붙여져야 할 요소가 여성적인 요소인지, 아니면 악의 원리인지 명확하게 말하지 않았다. 어떤 때는 여성적인 원리를, 또 다른 때는 악의 원리를 말하였다. 그 역시 명확하지 않았던 것이다. 그래서 깸프는 융이 여성 원리와 악의 원리를 뒤섞어서 생각했으며, 융의 심리학에서 이 두 원리는 종종 동일시된다고 주장하였다."

652) 에르나 반 드 빈켈, 융의 심리학과 기독교 영성, 김성민 역 (서울: 한국심리치료연구소, 2010), 190.

653) 김성민, "기독교의 삼위일체 도그마와 융의 사위론 C. G. : 기독교의 삼위일체 도그마에 대한 분석심리학적 고찰," 한국기독교신학논총 82 (2012): 332-333; 〈그러나 융은 이 단계의 삶, 즉 삼위일체적인 신성을 실현시키는 삶은 원죄가 없었던 예수 그리스도에게는 가능했지만, 현실적인 실존을 사는 인간에게는 그렇게 쉽지 않고 계속적인 성육신을 통해서만 가능한 것이라고 주장하였다. 삼위일체 상징은 인간에게 신적인 완전성을 보여주어 사람들이 앞으로 나아갈 지향점을 보여주지만, 인간이 지상에서 실현시킬 수 있는 현실태가 되기에는 여간 어려운 것이 아니라는 말이다: "성자의 세계는 도덕적 부조화의 세계이다. 그것이 없으면 인간의 의식은 정신적이고 영적 분화로 나아가는 진전이 거의 이루어지지 못했을 것이다." 인간의 의식이 발달하여 모든 사람들이 신-인을 실현시킬 수 있는 인식이 생겼고, 그것이 예수 그리스도에 의해서 나타났지만, 여전히 많은 사람들은 선과 악의 첨예한 갈등 속에서 그들을 통합시키지 못하고 있다는 것이다. 그래서 융은 사람들이 선악의 대립과 갈등에서 벗어나려면 그들의 내면에 있는 전체성인 자기를 조명해줄 새로운 신성이 필요하다고 주장하였다. 더구나 신의 이미지가 우리 안에-있는-하나님(God-within-us)인 자기를 나타내는 것이라면 그것은 사위일체적 상징이어야 한다고 강조하였다: "중심적인 기독교 상징이 삼위일체성인 데 비하여 무의식의 공식은 사위일체성을 표현한다는 흥미 있는 사실에 주의를 환기시키지 않을 수 없다." 그래서 융은 플라톤이 티마이오스에서 네 번째 것을 찾았으며, 괴테도 파우스트에서 네 번째 것을 찾았다고 주장하였다. 삼위일체 신은 너무 지적이고 영적이기만 해

하나님은 대극의 원리, 곧 사위일체로 이루어져 있다고 보았다. 융은 그 하나님을 체험하기 위해 영적인 안내자와 만나는 접신을 했다. 그것을 말하는 책이 『RED BOOK』이며, "영원한 대조의 법칙"으로 말했다.[655] 융은 사위일체를 성경에 근거해서 말한 것이 아니라 성경 밖에 자료들과 혼합해서 말했으며, 실존적인 차원으로 말했다.[656]

융 심리학이 반기독교적인 것은 하나님을 사위일체 하나님으로 말하기 때문이다.

서 현실성이 결여되어 있다는 것이다: "삼위일체 사상 속에 현실과의 이 관계는 결여되어 있는데, 현대인들은 그 상실을 눈치 채지 못하고 그것을 전체적으로 보지 못한다. … 이러한 분열은 의식이 무의식의 내용에 올바른 표현을 해주는 관념을 구성해줄 수 있을 때 고쳐질 수 있다. 삼위일체에 측정할 수 없는 네 번째 것이 더해지면 가능한 것이다.">

654) 같은 논문에서, 326-327; "그러나 여기에서 한 가지 사실을 분명히 해야 하는데, 그것은 융이 종교에서 말하는 하님은 하나님 자체(Godhead)가 아니라 사람들이 하나님은 어떤 존재라고 생각하는 이미지(image of God)라고 주장했던 것이다. 즉 그가 말하는 하나님은 실제 존재하는 하나님이 아니라, 사람들이 하나님이라고 생각하는 이미지인데, 그 이미지는 자기(self) 원형의 투사라는 것이다. 살아계신 존재로서의 하나님은 인식의 대상에서 벗어나기 때문에 사람들은 하나님의 이미지에 대해서 말할 수밖에 없다. 그런데 자기 원형은 정신요소가 가운데서 가장 핵심적이고 에너지를 많이 가진 요소로서, 모든 정신요소들을 통합하여 삶에 중심을 잡아주고, 온전한 삶을 살게 하는 기능을 수행한다. 자기원형은 인간의 정신요소들 가운데서 가장 온전한 특성을 가지고 잇으며, 전체성(totalité)을 나타내는 요소인 것이다. 따라서 그것은 원, 사각형, 만달라 등 4위적인 이미지로 나타난다. 그러므로 융은 하나님의 이미지가 자기의 투사상이라면 하나님의 이미지는 4위적으로 나타날 수밖에 없으며, 4위적으로 나타나는 신상(神像)만이 인간의 정신 속에 있는 가장 온전한 정신요소인 자기(自己)와 조응(照應)할 수 있다고 주장하였다. 4위적 신상(神像)은 내면의 전체성인 자기 원형에 자극을 주고, 역동적으로 작용할 수 있도록 무의식에 배역(配役)을 일으킬 수 있다는 것이다. 이렇게 생각할 때 삼위일체 상징에는 무언가 중요한 결핍이 있다고 생각하지 않을 수 없다."

655) 칼 구스타프 융, RED BOOK, 김세영 역 (서울: 부글북스, 2005), 348-349; "나는 예수 그리스도가 자신의 내면에서 따로 분리시켰던 것을 하나로 묶는다. 왜냐하면 나의 존재의 반쪽이 선을 향해 노력할수록 다른 반쪽은 지옥 쪽으로 더 가까이 다가서기 때문이다."

656) C. G. 융, 심리학과 종교, 이은봉 역 (서울, 도서출판 창, 2004), 78-79. "헤라클리토스 이래 생명은 〈영원한 불(pyraeizoon)로 묘사되었고, 그리스도 자신을 〈생명〉이라 불렀기 때문에, 오리게네스의 설교집 가운데 있는 주의 말씀도 이해할 수 있습니다. 이와 같이 불을 〈생명〉의 상징으로 보는 것은 〈생명의 충실〉만이 종교의 유일한 원천이라고 강조하고 있는 꿈의 입장과도 일치하고 있습니다. 따라서 4개의 첨단을 이루도록 배열되어 있는 촛불은 이른바 신 혹은 신과 흡사하거나 동일한 가치가 있는 관념을 나타내는 것으로 기능하고 있습니다. 이미 말한 바와 같이, 4라는 숫자는 이 꿈에서 중요한 역할을 하고 있는데, 그것은 피타고라스의 이른바 테트락티스(Tetraktys: 4의 수란 뜻-역주)와 유사한 관념을 표현하고 있습니다. 4라는 숫자에 상징적인 의미를 부여하는 것은 오랜 역사를 가지고 있습니다. 그것은 그리스도교에서 상징학이나 신비주의 사상 가운데서 나타나고 있을 뿐만 아니라 그노시스 철학에서는 아마도 아직도 큰 역할을 하고 있고, 그 영향은 그로부터 다시 중세 전체를 이어 내려와 18세기에까지 미치고 있습니다."

제4위의 것(Quaternarium, 네 개 원소로 합성된 것, 제4(차)위의 것-역주), 혹은 사위일체성(Quaternität)은 긴 역사를 가지고 있다. 그것은 기독교의 이콘학이나 신비적 사변에만 나타나는 것이 아니다. 아마 그노시스 철학에서 더욱 큰 역할을 했고, 그로부터 그 영향력은 전 중세에 걸쳐 18세기에까지 이르렀다. 우리가 다루어 온 꿈에서 사위일체성은 무의식에 의해 만들어진 종교적 제례의 가장 중요한 대표자처럼 나타나고 있다.657)

사탄이 상대적으로 억제되었기 때문에 야훼는 자신의 밝은 측면을 동일화함으로써 좋은 신, 사랑하는 아버지가 되었다.658)

융은 사람들이 하나님이라고 생각하는 이미지가 전일성을 나타내려면, 거기에 또 다른 요소가 덧붙여져야 한다고 생각하면서, 그 요소는 여성적인 원리, 또는 악의 원리가 되어야 한다고 주장하였다. 여성적인 원리란 이 세상에서 남성과 여성이 합쳐져야만 온전한 통합이 이루어질 수 있고, 악의 원리란 선과 악이 합쳐져야만 비로소 도덕적으로 온전해질 수 있기 때문이다. 그런데 융은 덧붙여져야 할 요소가 여성적인 요소인지, 아니면 악의 원리인지 명확하게 말하지 않았다. 어떤 때는 여성적인 원리를, 또 다른 때는 악의 원리를 말하였다. 그 역시 명확하지 않았던 것이다. 그래서 깸프는 융이 여성원리와 악의 원리를 뒤섞어서 생각했으며, 융의 심리학에서 이 두 원리는 종종 동일시된다고 주장하였다. 왜냐하면 남성들에게 무의식은 종종 여성적인 그림자 속에서 드러나며, 가부장적인 사회에서 남성들은 여성들과의 관계를 맺으면서 여성들을 억압하면서 지배자가 되기 때문에, 여성적인 요소는 발달할 기회를 잃게 되어 열등한, 따라서 악한 요소로 여겨지기 때문이다. …

먼저, 융은 사람들이 온전하다고 생각하는 "하나님의 이미지"에는 악의 원리가 본래 담겨져 있다고 주장하였다. … 진정한 하나님의 이미지는 선과 악이라는 대극의 절대적인 통합을 이룬 이미지라고 융은 주장하였다: "하나님의 선하심과 사랑과 정의를 격찬하는 찬미 가운데서 하나님의 구원만을 보는 것은 잘못된 일이다. … 하나님 속에는 대극들이 융합되어 있기 때문이다. …"

그래서 융은 마귀는 선하신 하나님의 또 다른 측면이라고 강조하였다: "마귀는 … 자동성을 가지고 있다. 그는 자유로우며 영원한 존재이다. 또한, 그는 하나님과 함께 형이상학적인 속성을 나누어 가지고 있기 때문에 하나님과 맞설 수도 있다"(PER, p. 115).659)

융은 삼위 하나님을 부정하고 사위일체로 말하고 있다. 대한민국에 수많은 신학교에서 기독교 상담학을 가르치면서 융을 가르치고 있다. 융은 다음과 같이 말했다.

> 위에는 삼위일체 하나님, 즉 빛과 남성의 원리가 있으며, 아래에는 물질과 여성적인 원리가 있다. 그 둘 사이에 있는 하나님의 나라에는 이 둘의 중재자인 성자, 즉 중보자가 있다. 그런데 완전성과 성취는 삼위일체에 네 번째 원리가 도입될 때에만 이루어진다.660)

657) C.G. 융, 융 기본 저작집4 인간의 상과 신의 상, 한국융연구원 C.G. 융 저작번역위원회 (서울: 솔출판사, 2006), 61-62(「도그마와 상징」에서).
658) Ibid., 366. 「욥에의 응답」에서.
659) 김성민, 융의 심리학과 종교 (파주: 동명사, 2010), 173-175.

기독교 상담학을 가르치는 교수들은 칼 융이 이렇게 말하는 것을 알고 있을까? 모르고 있을까? 이런 사실을 올바르게 안다면 과연 신학교에서 칼 융을 가르칠 수 있을까?661) 결코 그럴 수 없다! 칼 융이 '사탄은 하나님의 또 다른 측면이다'라고 말하는데 그런 심리학을 신학교 안에서, 교회 안에서 가르친다는 것은 너무나도 심각한 일이다.

융을 비판하면 융의 심리학은 인간의 심리학적 현상을 설명하는 수단이었다고 슬그머니 빠져나간다. 그렇게 말하는 융도 그러하거니와 융을 가르치는 사람들도 자신들이 말하는 것에 대한 용기도 없는 사람들이다. 융 자신의 말부터 보자.

나는 어떤 변증학이나 철학을 한 것이 아니다. 나는 과학을 한 것이다. 나는 하나의 종교를 창시하고자 하는 의향도 없고, 그럴만한 능력도 없다. 나의 저술들은 그 자체로서 이미 말하고 있다. 나는 종교의 체계 안에 머무르고 있다. 왜냐하면 나는 종교 현상을 다루는 데 있어서 우리가 눈으로 관찰할 수 있는 심리적인 사실을 벗어나지 않으려고 했기 때문이다. 그런데 왜 내 저작들이 그렇게 읽혀지고 있지 않은지 나는 모르겠다. 내 저술들에는 그 어

660) 에르나 반 드 빙켈, **융의 심리학과 기독교 영성**, 김성민 역 (서울: 한국심리치료연구소, 2010), 191.
661) http://www.christiantoday.co.kr/news/302495/ 김충렬 박사. '하나님의 형상'에 대한 칼 융의 원형적 해석(2017.7.20.); 한일장신대의 김충렬 박사는 크리스천투데이에서 다음과 같이 말하지만, 사위일체에 대해서는 말하지 않는다. 〈신의 원형은 원형을 생성하는 요인이라고 볼 수 있다. 사람이 '신의 형상을 닮았다'는 것은 기독교적인 관점에서 이해되고 있다. 이런 것이 맞다면 인간은 보이는 외형적인 모습이 아니라 보이지 않는 정신의 특성이 신의 특성과 닮았다는 것이라고 보아야 한다. 신의 원형과 관련하여 정신의 복합적인 특성인 콤플렉스를 생각할 수 있는데, 원형은 콤플렉스의 핵심이라는 점에서다. 원형은 심리 및 정신에서 중심이나 핵심으로 작용하는 특성을 가진다. 이러한 작용은 자석처럼 관계있는 경험들을 끌어당겨서 콤플렉스를 형성한다. 이러한 경험이 증가되어서 충분한 세력을 얻으면 콤플렉스가 의식에 침입할 수가 있다. 다만 원형이 의식과 행동에 나타난 경우는 원만하게 발달한 콤플렉스의 중심이 되었을 때이다. 신의 원형에서 '신의 콤플렉스'가 발달한 경우는 그 한 예라고 볼 수 있다. 개인이 세계를 경험함에 따라서 신의 원형과 관계있는 경험이 그것에 결합되어 콤플렉스를 형성한다. 이 콤플렉스는 새로운 경험들에 의해 점차 세력을 얻어 결국에는 의식에 침입할 수 있을 정도로 된다. 신의 콤플렉스가 지배적으로 되면 당사자가 무엇을 경험하든지, 어떻게 행동하든지에 대한 것이 모두 신의 콤플렉스에 의해 결정된다. 그런 경우 당사자는 모든 것을 선악의 기준으로 지각하고 판단하게 된다. 그리하여 이들은 악인에 대해서는 지옥의 불과 천벌을, 선인에게는 영원한 낙원을 설파하고 죄 많은 사람들에 대해서는 비난하며 회개를 촉구하는데, 이는 자신을 신의 예언자, 더 나아가서는 자신을 신이라고 확신하여 인류에게 구원의 길을 제시할 사명감을 갖는다. 그것은 자신 외에는 이러한 일을 감당할 사람이 없다고 여기는데서 연유한다. 이런 사람은 광신자 또는 정신병자로 취급을 받는다. 이런 현상은 콤플렉스가 자신의 전체를 점령하고 있는 상태이다. 이는 물론 콤플렉스가 무한적으로 세력을 가진 극단적인 경우이다. 반면에 이런 사람의 '콤플렉스'가 정신전체를 점령하지 않고 정신의 '일부'로서 작용하고 있었다면, 그는 인류를 위해 크게 기여한 사람이 되었을지도 모른다.〉

느 다른 목적도 없다. 따라서 내 저술들을 과학적인 관점 외에 그 어느 다른 관점에서 볼지라도 그것은 잘못된 것이다. 나에 대한 비판 가운데서 우리가 귀담아들어야 하는 비판들은 내가 과학적인 사실을 다룬 문제에 대한 언급이다. 그리고 내가 과학의 원리를 잘못 적용했을 경우뿐이다.662)

융은 자신의 심리학이 과학이며 종교 체계 안에 머무르는 것이라고 분명히 말했다. 융의 심리학은 종교를 벗어나서는 존립할 수가 없다. 융이 말하는 과학이란 우리가 일반적으로 말하는 과학과 동일한 개념이 아니다. 융 스스로가 말했듯이 종교적 체험이 경험되어졌다고 해서 과학이라고 할 수 없다.

빙켈은 다음과 같이 말했다.

> 우리는 이런 점진적인 통합을 통해서 조금씩 조금씩 자기에게 다가갈 수 있으며, 결국 새로운 출발점에 도달할 수 있다. 왜냐하면 우리 속에 있는 전일체(全一體)에 도달함으로써 우리는 우주적인 전일체와 관계 맺을 수 있으며, 영적인 존재의 문턱에 도달할 수 있기 때문이다. 자기란, 말하자면, 원초적인 전일체인 것이다. 자기에 도달하는 것은 우리가 인간 심리의 세계나 상징의 영역에서 벗어나 거룩성의 무한한 영역에 개방되는 것을 의미한다. "그러나 자기는 결코 신(神)의 자리는 빼앗지 않는다. 자기가 아무리 때때로 신의 은혜를 받을 수 있는 그릇이 되고 있음에도 불구하고 신을 대체할 수는 없다. 깊은 분석을 통해 얻어지는, 자기에로의 이 점진적인 접근과정을 융은 개성화(individuation)라고 불렀다.663)

빙켈의 이런 진술은 융의 심리학이 영적인 세계를 말하고 있으며, 신의 세계보다 더한 것이 자기라고 분명하게 밝히는 것이다. 그럼에도 불구하고, 그저 심리학적인 것으로 말하는 것은 학자로서 저급하고 초라한 자세이다. 자기가 가르치는 것에 대해 당당하지 못할 거라면 칠판에다 '믿거나 말거나'라고 먼저 써놓고 강의를 시작하는 것이 더 나을 것이다.

머리 스타인은 다음과 같이 말했다.

> 통일성과 전일성은 융에게 최상의 가치를 지녔으며 자기가 융의 개인 신화를 형성했다는 사실은 그의 저작들을 통해 분명히 알 수 있다. 그러나 이것은 그가 증거를 제기하고 이론을 확립함으로써 근거를 제시하려고 시도한 일종의 신화다. 더 정확히 말해서 자기 이론

662) 에르나 반 드 빙켈, **융의 심리학과 기독교 영성**, 김성민 역 (서울: 한국심리치료연구소, 2010), 46.
663) Ibid., 38.

(정신 밖에서 정신을 다스리고 그 전체를 한정하는 개념)은 원 또는 만다라의 자발적 출현, '보상'이라고 불리는 것에서 정신의 자기 조절 기능, '개성화'라고 불리는 것에서 생애에 걸친 의식의 점진적 발전, 그리고 심리학적 삶에서 일관된 구조를 형성하고 에너지를 발생시키는 수많은 대극의 존재 같은 기본적인 심리학적 현상을 설명하는 데 융이 사용한 수단이었다. 융은 자기self를 신적 개념God-concept으로 변형해 그 스스로 창조한 제단에서 숭배 의식을 치렀다며, 일부 보수적인 신학자들에게서 비판을 받아왔다. 그가 살아 있다면, 자신은 경험과학자로서 단순히 사실들을 관찰해 그 존재와 서로의 관계를 설명하는 것이라고 주장하며 그런 비난에 대응했을 것이다. 자기 개념은 정신의 중심적 신비 가운데 하나에 대한 최상의 설명을 제시했다. 그러한 정신의 중심적 신비들이란 기적적으로 보이는 정신의 창조성, 중심 역할, 질서와 일관성의 심층 구조를 말한다.664)

스타인의 이런 추측성 설명은 융의 심리학에 대한 지적 자살이다. 융은 자기를 자기의식이 있는 원형이라고 말했다. 『빨간 책』(RED BOOK)에서 융은 영적인 안내자와 만나는 접신을 했다. 그런 것들을 통해 자기 심리학이 과학적이라고 주장했고 스타인 역시 융의 심리학이 과학적이라고 말했다.665) 자기의 경험을 통해 만들어진 과학적 심리학을 기본적인 심리학적 현상을 설명하는 수단이었다고 말하면, 그런 과학은 사이비 과학이다.

K. E. 스타노비치는 "심리학의 위상에 관해서는 전혀 의심의 여지가 없다. 왜냐하면 유수 대학의 모든 심리학과는 컴퓨터, 시약, 모든 유형의 전자장치들로 가득 차 있기 때문이다"라고 말했다. 일반 과학자들이 시험관과 컴퓨터와 전자장치 등을 가지고 과학을 정의해 가는 것과 심리학자들이 하는 일이 동일한 것인가? 스타노비치는 "과학이란 우주의 작동을 심도 있게 이해하도록 이끌어 가는 사고방식과 관찰방식을 일컫는 것이다"라고 말했다. 그렇다면, 비인과율적으로 일어나는 수많은 인간의 삶을 무엇으로 설명할 것인가? 소위 과학이라는 이름으로 시작하는 인과율적인 접근은 인간의 삶에 일어나는 비인과율을 설명할 수 없기 때문에 융과 같이 종교적 도약이 일어난다.

융은 "내가 경험하고 기록해 두었던 사실들을 나의 과학적인 연구라고 하는 용기 속에서 증류하는 데는 사실상 45년이라는 세월이 걸린 셈이었다."라고 말

---

664) 머리 스타인, **융의 영혼의 지도**, 김창한 역 (서울: ㈜문예출판사, 2017), 242.
665) Ibid., 20-21; "융은 체계적으로 사고하지 않았다. 그는 경험과학자이기를 원했다. 그래서 경험 세계가 연구자의 인식 틀에 꼭 들어맞지 않는 무질서를 보여주듯이, 그의 이론화 작업은 이런 경험 세계의 무질서에 필적할 만큼 혼란스러운 면도 있다."

했다.666) 자신의 연구를 과학적인 연구라고 명백히 말했음에도 불구하고 비판을 피하기 위해 심리학적 현상을 설명한 것이라고 말한다면, '심리학적 연구'라고 말해야 학자의 올바른 태도이다. 스타인 스스로도 다음과 같이 말했다.

> 융은 원형 정신의 심층적 형태(원형 이미지)와 물리적 세계에 나타나고 물리학자들이 연구를 통해 밝혀낸 과정 및 형태 사이에 상당한 일치가 일어난다고 본다. 그래서 매우 역설적이게도, 첫 번째 단계인 원시적 심리의 '신비로운 참여'는 현실과 크게 동떨어진 것이 전혀 아니다!667)

융의 심리학이 물리학적 결과와 일치가 있다고 말하면서, 융의 심리학을 비판하면 단순히 심리학적 현상을 설명하는 것에 불과하다고 말한다는 것은 심각한 논리적 오류이다.

머리 스타인은 심지어 다음과 같이 말했다.

> 원형은 본질적으로 무엇인가? 동시성 현상에서 명백한 질서를 부여하고 스스로를 수와 이미지의 형태로 드러내는 역동적 배후의 힘은 분명히 존재한다. 융은 새로운 우주론을 향한 자신의 작업, 즉 정신뿐만 아니라 세계를 위한 질서 원리에 대한 진술을 향한 작업을 하고 있었다. 이러한 진술은 종교적 또는 상상의 의미에서 1차적으로 신화적이라기보다 오히려 현대의 과학적 세계관에 기초한다.668)

어떤 사람들은 융을 열심히 가르치다가 융의 심리학이 성경이 말하는 것과 다르다고 말하면, '학문적 관점과 신앙적 관점은 다르다'고 말하면서 질문을 회피한다. 그런 말은 기독교 신앙인으로서만이 아니라 학자로서도 기본적 자세가 아니다.

머리 스타인은 『융의 영혼의 지도』(*Jung's Map of the Soul*)의 서론에서 칼 융의 심리학이 과학적이라고 계속해서 강조한다. 과학이라고 강조하는 스타인의 서술은 집착처럼 보인다. 과학이라고 말하면서, 스타인 스스로 융의 박사학위 논문에서 영매(靈媒)를 말하고 적극적 심상법(active imagination)를 말하는 것은 전혀 과학적이지 않다. 융은 『RED BOOK』 서문에서 자신의 무의식

---

666) C. G. 융·C.S. 홀·J. 야코비, **C. G. 융 심리학 해설**, 설영환 역 (서울: 선영사, 2007), 66.
667) 머리 스타인, **융의 영혼의 지도**, 김창한 역 (서울: ㈜문예출판사, 2017), 295.
668) Ibid., 302.

세계의 체험을 "과학적으로 정교하게 다듬고"라고 말했다.669) 스타인은 융의 분석심리학의 기초 사상이 "종교적 신비적 체험"이라는 것을 분명히 말했다.670) 이런 것을 과학적이라고 말하면 과학적이라는 말이 얼마나 사이비 과학인지를 스타인 스스로가 증거하는 것이다.

융 자신이 집단 무의식을 과학적이라고 증명할 수 없다는 사실을 잘 알고 있었다. 그런 까닭에 융은 자신의 작업을 과학이 아니라 예술(art)이라고 말했다.671) 융은 자신의 주장에 대한 증거를 축적했다고 말했으나, 이론으로 설명할 수 있는 사실들을 모았다고 해서 과학적이라고 할 수 없다.672)

융의 학문이 융의 삶이었다. 융의 심리학은 융의 종교였다. 융의 심리학이 융의 삶을 지배했다. 기독교인들은 기독교 신앙이 삶을 지배한다. 예수 그리스도를 믿으면 예수 그리스도의 말씀에 순종하는 삶을 살아야 참된 신앙이다. 그런 까닭에, 학문적 관점과 신앙적 관점이 다르다고 말하는 것은 기독교인으로서 할 말이 아니다.

그렇다면, 융이 말하는 과학적이라는 의미는 무엇인가? 융은 다음과 같이 말했다.

---

669) 칼 구스타프 융, RED BOOK, 김세영 역 (서울: 부글북스, 2005), 4.

670) 머리 스타인, **융의 영혼의 지도**, 김창한 역 (서울: (주)문예출판사, 2017), 13-14. "종교와 신비적 체험을 과학적·경험적 연구에 연관시키려고 한 데서 알 수 있듯이, 초평기가 강좌는 전 생애에 걸쳐 그를 사로잡은 여러 주제들을 가지고 이미 초기에 고군분투했다는 것을 보여준다."

671) Don McGowan, *What is wrong with Jung* (NewYork, Prometheus Books, 1994), 99; 〈Before allowing his anima to speak, thereby producing the statement by which we examined it, Jung was in a quandary as to this unconscious voice that spoke to him and called his work "art." In his discussion of the voice, Jung drops as aside that tells us much about his conception of the anima. "Obviously what I was doing wasn't science. What then could it be but art? It was as though these were the only alternative in the world *That is the way a woman's mind works*." ("Confrontation," 185, emphasis added)〉

672) Dr. Jan Garrett, "The Jung Talk The Enigmatic Origins of the Jung Cult(?)," August 1, 2011. accessed Apr. 17. 2019. http://people.wku.edu/jan.garrett/jung_talk.htm; "It will be said that Jung amassed evidence for his claims. But you cannot make a theory scientific simply by trying to find facts that might be explained by the theory. You have to try to find facts that could only be explained by the theory, and this means that you should try to show that no rival theory could explain those same events. A theory is meaningfully proposed as a scientific theory only if the proposer is willing to look seriously at rival theories that have some claim to explain the same events, in order to determine whether those theories do not do a better job."

심리학자들이 만약에 진정으로 과학적인 태도를 취하고자 한다면, 그들은 여러 가지 다른 종교의 진리 가운데서 어느 하나만이 유일하고 영원한 진리라고 주장해서는 안 된다. 오히려 그들은 종교적인 문제가 가지고 있는 인간적인 측면에 관심을 기울여야 한다. 왜냐하면 그때에만 그들은 종교의 원초적인 체험과 관계하고 있기 때문이다. 사실 이때 그들은 그 신앙고백이 어떻게 생겨났는가 하는 사실에는 별로 관심이 없다.673)

융이 말하는 과학적이란 첫 번째 의미는 "어느 하나만이 유일하고 영원한 진리라고 주장"하지 않는 것이다. 두 번째는 '종교는 인간적인 측면에 관심을 기울여야 한다'는 것이다. 융은 다음과 같이 말했다.

나를 보고 가끔 철학자라고 부르는 사람도 있지만, 나는 사실상 임상의사이며 그 때문에 나는 현상학적 입장을 떠날 수가 없습니다. 그래서 만약에 경험적 자료의 단순한 수집이나 분류의 범위를 넘어서서 고찰하려고 하더라도 나는 그것이 과학적 경험론의 근본 원칙에 저촉되는 것은 아니라고 믿고 있습니다.674)

융은 자신을 임상의사라고 하면서 현상학적 입장을 취한다고 했다. 놀라운 것은 융 스스로가 "경험적 자료의 단순한 수집이나 분류의 범위를 넘어서서 고찰하"는 것을 "과학적 경험론의 근본 원칙에 저촉되는 것은 아니라고 믿고 있습니다"라고 말했다는 것이다. 현상학적 입장을 취하면서 경험을 넘어서는 것을 다루면서 과학적 경험론이라고 말하는 것은 논리적 오류를 스스로 폭로하는 것이다. 융이 말하는 현상학적 입장이라는 것이 무슨 의미인가? 융은 다음과 같이 말했다.

나의 입장은 철두철미하게 현상학적 입장을 취하고 있습니다. 즉 내가 대상으로 하고 있는 것은 현상이나 사건이나 경험, 요컨대, 사실에 국한하고 있습니다. 이런 입장에 서서 말하는 진리는 사실이며 판단이 아닙니다. 예컨대, 동정녀 마리아를 통한 그리스도의 탄생이라는 모티브가 있다고 할 때, 심리학은 그러한 관념이 있다는 사실에 관심을 가질 뿐이지, 이러한 관념이 어떤 의미에서 진실이냐, 거짓이냐, 하는 문제에는 전혀 관심을 갖지 않습니다. 그러한 것이 존재하고 있는 한에서 심리학적으로 그 관념은 진실이라고 말합니다.675)

673) 에르나 반 드 빙켈, **융의 심리학과 기독교 영성**, 김성민 역 (서울: 한국심리치료연구소, 2010), 40.
674) C.G. 융, **심리학과 종교**, 이은봉 역 (서울: 창, 2019), 14; "종교라는 현상이 극히 중대한 심리적 측면을 가지고 있는 한에서 나는 이 테마를 순수하게 경험적인 입장에서 고찰하려고 하고 있습니다. 즉 나는 스스로 현상을 관찰하는 데 국한하고 있을 뿐이고, 형이상학적이거나 철학적인 고찰방법을 사용하고 있는 것은 아닙니다."
675) Ibid., 16; "심리학적인 존재는 그 관념이 단지 한 개인 안에서 생겨나고 있는 한에 있어서 주관적이라고

융은 동정녀 마리를 통해 그리스도가 탄생했다는 것을 '모티브'로, '관념'으로 보았다. 그리스도께서 동정녀를 통해 탄생하셨다는 그것이 '사실이냐?', '아니냐?'는 관심이 없고 그런 모티브와 관념이 있다는 그것을 진실로 보고 현상학적으로 접근했다. 융에게는 어떤 역사적 사실이 중요한 것이 아니라 사람들이 일반적으로 생각하고 있는 그런 심리를 현상학적으로 보았다. 융에게 사건이란 실제로 일어난 객관적 사건이 아니라 심리적 사건이다.

빙켈은 융이 과학적이라는 의미를 한 가지 더 말해 준다.

> 융은 그가 직접 경험했던 체험, 그가 알 수 있는 체험의 기반 위에 서서 연구했던 것이다.676)

융의 심리학이 과학적이라는 세 번째 의미는 융 자신이 체험했던 경험에 근거했다는 것이다. 그 경험의 타당성을 말하기 위해 보편적 근거를 말해야 했고 그것이 원형이고 원형의 궁극인 자기(self)이다. 그 원형을 드러내는 것이 상징이고, 자구상의 모든 종교에는 그런 상징이 있다고 말함으로써 융의 심리학은 보편성을 확보했다. 다수가 확보되었다고 해서 진리가 아니다. 진리는 다수결로 확보되는 것이 아니다. 참된 기독교인이라면, '융이 무슨 말을 했는가?'가 중요한 것이 아니라, '성경이 무엇을 말하는가?'가 더 중요하다. 로마서 1장을 보면, 타락한 죄인은 금수와 버러지 형상을 만들었다.

> 22 스스로 지혜 있다 하나 우준하게 되어 23 썩어지지 아니하는 하나님의 영광을 썩어질 사람과 금수와 버러지 형상의 우상으로 바꾸었느니라(롬 1:22-23)

성경에 의하면, 융이 말하는 그 보편적인 상징이란 하나님 없는 인간이 죄악된 욕망을 정당화하기 위해 만들어 낸 우상이다. 하나님 없는 융의 심리학은 우상을 정당화하는 체계이다. 융의 심리학은 경험과 다수로 하나님의 진리를 짓밟

할 수 있습니다. 그러나 그 관념이 〈일반적 합의(consensus gentium)〉에 의하여 한 사회 전체에 걸쳐 설립되었을 때에는 객관적인 것이라고 말할 수 있습니다."
676) 에르나 반 드 빙켈, **융의 심리학과 기독교 영성**, 김성민 역 (서울: 한국심리치료연구소, 2010), 40-41.

고 자기(self)를 하나님보다 더 높이 떠받들어 하나님을 대적하는 적그리스도다.

학문과 신앙이 다르다는 것은 성립될 수 없다. 융을 가르치는 사람들에게 '융의 심리학이 기독교 신앙과 다르다'라고 말하면, '학문적이다'라고 말한다. 학문적이라면 왜 삶의 변화를 말하는가? 빙켈은 신경증의 발생과 정신의 전일성을 말하면서 "융에게는 … 종교가 인간에게 있어서 무엇보다 중요하며, 인간을 구원할 수 있는 가능이 있다는 깨달음이 왔다"고 말했다. 빙켈의 이런 말은 융의 심리학과 종교가 별개의 것이 아니라는 증거이다. 융은 다음과 같이 말했다.

> 우리는 이 개념을 오직 '신비의 통합'이나 도(道), 사마디(samadi) 또는 선(禪) 불교의 깨달음과 비교할 수 있다. 깨달음의 경지에 이르면, 사람은 이성의 모든 기준이 무너지고 극도의 주관적인 영역으로 들어가게 된다. 이 같은 경험은 실증적으로 충분히 증명될 수 있다. 이를 뒷받침하는 증거는 동서양을 막론하고, 현재와 과거를 불문하고 많이 발견되고 있으며, 이는 그런 경지의 주관적인 의미를 뒷받침한다.677)

융이 말하는 정신적 경험은 '도, 사마디, 선불교의 깨달음'과 같은 것이다. 무아의 경지로 들어가서 영적인 안내자를 만나는 접신을 하는 것이다. 세상은 상천하지에 여러 신들이 있다. 하지만 참신은 오직 하나님뿐이시다! 진리는 많은 것이 아니라 하나님의 존재와 속성에 일치해야 진리다.

융은 종교를 가치의 문제로 보았다. 융은 다음과 같이 말했다.

> 종교는 가장 높거나 가장 강한 가치-가령 그 가치가 적극적이든 소극적이든-에 대한 관계입니다. 그리고 그 관계는 자유의지에 의한 경우도 있지만 그렇지 않은 경우도 있습니다. 즉 우리가 무의식 중에 하나의 가치에 붙잡히는(possessed) 경우도 있겠지만 또 그 가치를 의식적으로 받아들이는 경우도 있을 수 있습니다. 한 인간이 가지고 있는 심리적 사실 가운데서 가장 세력이 강한 것이 신이라는 형태를 취하고 있습니다. 왜냐하면, 신이라고 불려지는 것은 심리적 사실 가운데서 항상 압도적인 것이기 때문입니다.678)

융에게 종교는 가장 가치 있는 심리적 요소이고 신이라는 형태를 갖고 있는 것에 불과하다. 융은 신경증이란 의미를 발견하지 못한 영혼의 고통이라고 말했다. 신경증을 치료하려면 가장 가치 있는 심리적 요소를 소유해야 하고 신적인

---

677) 칼 구스타프 융, **융합의 신비**, 김세영·정명진 역 (서울: 부글북스, 2017), 574.
678) C.G. 융, **심리학과 종교**, 이은봉 역 (서울: 창, 2019), 161.

가치를 만나야 한다. 그것은 결국 종교체험을 의미하며, 적극적 심상법을 통해 누미노제를 경험해야 하는 것이다. 김성민 교수는 다음과 같이 말했다.

융은 "종교는 의식과 무의식과 무관하지만 의식 너머에 있으면서 의식의 심적 배경이 되는 어둠에서 일어나는 정신과정과 생생한 관계를 맺는 것이다."라고 하였다. 종교는 단지 신을 믿으면서 신이 우리 삶에 복을 가져다 달라고 비는 것만이 아니라, 때때로 정반대 방향으로 나아가려는 삶의 의지를 통일하고, 삶에서 불가피한 고통 때문에 분열되려는 정신체계를 통합하며, 사람들이 궁극적으로 지향해야 할 바를 제시하는 고차원적 정신기능의 산물이라는 것이다. 그가 종교를 단순히 기독교나 불교처럼 어떤 신조를 같이 신봉하는 교단을 지칭하는 것이 아니라, 인간의 삶에서 체험되는 누멘을 주의 깊게 관찰하고 신중하게 고려하는 정신적 태도라고 주장한 것은 그 때문이다. 그래서 종교는 언제나 사람들을 궁극적 존재의 기반이나 의미의 원천과 만나게 하고 전일성(wholeness)을 향해서 나아가게 한다. 종교는 인간의 삶에 안정을 가져다주고, 인격을 발달시키게 하는 것이다. 그런 의미에서 모든 사람은 종교인이고, 모든 사람은 종교적 지향을 가지고 있다고 말할 수 있다.679)

융은 종교적인 것은 이성으로 파악 불가하고, 종교의 특성들은 상징으로 나타난다고 보았다. 상징을 통해서만 종교적인 것들을 파악할 수 있다는 것이다. 김성민 교수는 폴 틸리히도 상징을 그런 의미로 파악하고 있다고 말했다.680) 실존적인 접근으로 하나님을 파악하려는 사람들은 하나님을 불가해한 하나님으로 만든다. 그야말로 썸씽(something)이다. 인간이 만들어내고 생각할 수 있는 신이 이성으로 파악할 수 없다고 하는 이유는 무엇인가? 성경에 계시 된 하나님을 믿지 아니하기 때문이며, 인간의 이성으로 상정된 신개념이기 때문이다.

예수 그리스도를 구주로 믿는 성도 중에서 자기 신앙이 가장 큰 가치의 문제로 생각하는 사람이 있는가? 참으로 거듭난 성도라면 신앙을 가치의 수준으로 보는 사람은 없다. 기독교 신앙은 자기 존재의 구원 문제에 관한 것이기 때문이다. 융을 가르치며, 융의 심리학으로 삶의 문제를 상담하면서 융의 체계로 문제

679) 김성민, **분석심리학과 기독교 신비주의** (서울: 학지사, 2012), 59.
680) Ibid., 59; "그래서 신학자 폴 틸리히는 상징은 본래 그 자신 너머에 있는 것을 드러내고, 알지 못하는 것을 지각하게 하며, 인간 속에 있는 그에 해당하는 깊이를 열어준다고 주장하였다. 인간은 이성의 능력만 가지고서는 '하나님'을 다 알 수 없어서 무의식에서 체험한 '하나님'과 여러 가지 종교현상을 표현하기 위하여 상징의 도움을 받아서 나타낸다는 것이다. 상징을 통해서라도 그것들을 표현하지 않으면 그것들은 다시 무의식에 잠겨 버리고 마기 때문이다. 그러므로 우리는 모든 종교적 표현을 접할 때 그것의 겉으로 드러난 부분만 보려고 할 것이 아니라, 그 뒤에 있는 더 깊은 부분을 보려고 해야 한다."

를 해결하는 것이 신앙으로 삶의 문제를 해결해 가는 것과 다르다는 것인가? 그렇다면, 삶의 문제에 대한 두 개의 해답이 존재한다는 것인가? 어떤 한 문제에 대하여 성경은 이렇게 말하고, 융은 저렇게 말한다는 것인가? 학문이란 인생과 세계에 대한 포괄적이고 구체적이고 실제적인 체계이다. 그런 까닭에, 학문이 신앙과 분리되면 이원화가 발생하고 결국 참된 신앙인으로 살아갈 수 없다.

정신 에너지: 리비도

우리는 지금까지 융이 말하는 정신의 기본적인 구조를 살펴보았다. 이 구조에 활기를 불어넣고 생명을 부여하는 힘이 '리비도'이다. 콤플렉스에 대한 융의 생각들은 정신 에너지로 향했다. 융의 리비도는 "베그르송의 생명의 약동, 또는 힌두교의 프라나prana681)에 훨씬 가까운 개념이다."682) 머리 스타인은 "리비도는 욕망이며 감정, 즉 정신에 생명을 불어넣는 피다."라고 말했다. 융은 이 리비도를 '정신 에너지'라고 말했다.683) 에너지는 정신의 역동적 특성을 보여주며, 정신의 다양한 부분들 사이에 일어나는 관계를 추상적인 방법으로 개념화한 것이다.684)

머리 스타인은 정신 에너지가 철학에서 오래된 주제라고 말하면서, 융의 사유의 선구자로 하르트만, 분트, 실러, 괴테, 메스머, 카루스 같은 인물들이라고 말했다. 카루스는 19세기의 유명한 독일 내과 의사이자 철학자였다. 카루스는 에너지 원천으로서의 무의식에 대해 고찰하면서 의식적인 마음에 무의식이 지대한 영향력을 미친다고 보았다.

---

681) 프라나는 힌두교에서 말하는 '생명력'이며, 사티야는 '사실, 깨달음에 대한 진리'를 뜻한다.
682) B. W. Scotton·A. B. Chinen·John R. Battista, **자아초월 심리학과 정신의학**, 김명권 외 7인 역 (서울: 학지사, 2008). 79.
683) 김성민, **분석심리학과 기독교 신비주의** (서울: 학지사, 2012), 47; 〈융은 인간의 모든 활동을 정신 에너지인 리비도의 작용이라고 생각하였다. 리비도는 사람들에게 욕망, 의지, 정감을 일으키면서 여러 가지 행동과 현실적 기능을 수행하게 하는 것이다: "욕망 혹은 욕구로서 리비도의 개념 역시 에너지상의 정신적 과정에 대한 하나의 해석인데, 그것을 우리는 욕구의 형태로 체험한다. 그 개념의 바탕이 무엇인지 우리는 잘 모른다." 그런데 융은 리비도를 성욕으로 보았던 프로이트와 달리, 리비도는 어떤 질적인 개념이 아니라 양적인 것으로서, 생명 에너지를 뜻하는 정신 에너지라고 주장하였다.〉
684) 머리 스타인, **융의 영혼의 지도**, 김창한 역 (서울: ㈜문예출판사, 2017), 89.

정신 에너지는 결국 신성한 내면아이 개념에 근거한다. 자아나 원형이 초월적이고 신성하다는 융의 개념은 신성한 존재가 가지는 에너지를 필연적으로 말하지 않을 수가 없다.

머리 스타인은 다음과 같이 말했다.

> 심지어 바이올린을 연주하거나 돈을 세는 것처럼 사람이 관여하는 활동이 특별히 성적으로 보이지 않아도, 리비도는 인간이라는 기계에 시동을 걸어 작동하게 하는 원동력이다. 성은 이러한 인간 활동의 주요 동인이며, 사람을 신경증과 편집증과 정신분열증 같은 심각한 정신병에 빠뜨리는 심리적 갈등의 주요 원인이기도 하다. 프로이트는 최종 분석에서, 개인과 집단의 삶에 드러난 정신 에너지는 상당 부분 성적인 **충동**과 이러한 **충동**의 승화 또는 억압의 결과임을 보여주려고 했다. 프로이트는 성적 갈등이란 모든 신경증과 정신병의 토대가 된다는 것을 설명하는데 특히 전념했다.685)

스타인에 의하면, 프로이트는 인간 활동의 주요 동인을 성으로 보았다. 성으로 모든 것을 설명하는 것이 프로이트의 심리학이다. 기독교인들이 프로이트의 심리학을 가르친다는 것이 불가한 이유가 여기에 있다. 우리가 예수 그리스도를 믿는다는 것은 하나님의 예정과 섭리 속에 살아가는 것을 의미한다.

프로이트는 쇼펜하우어로부터 정신 에너지를 가져왔다. 쇼펜하우어는 의지(Will)가 인간 활동과 사유의 근원적 동기 부여자로 보았으며, 프로이트는 의지를 리비도로 차용했다. 다만 프로이트는 인간 본성에는 감각적이고 쾌락적인 요소가 있다는 점을 강조했다.686) 프로이트는 성이 전부는 아닐지라도 정신과정과 행동의 주요 동기 부여자로 생각했다.

융 역시 리비도라는 개념을 사용하나 그는 리비도를 성적인 충동의 의미로 사용하지 않았다. 융은 리비도를 인간이 지니고 있는 보편적인 심리적 에너지라는 뜻으로 사용했다.687)

---

685) 머리 스타인, **융의 영혼의 지도**, 김창한 역 (서울: ㈜문예출판사, 2017), 92.

686) Ibid., 91.

687) C.G. 융, **상징과 리비도**, 한국융연구원 C.G. 융저작 번역위원회 역 (서울: 솔출판사, 2005), 105, 134-135; " … 언제든지 어디에서나 정신적인 힘을 지닌 것은 '신'과 같은 것으로 불린다. 그럴 때 '신'은 늘 인간과 대립되며 그것과 뚜렷이 구분된다. 사랑은 물론 양자가 함께 하는 것이다. 인간이 사랑할 능력이 있는 한, 사랑은 인간 고유의 것이 된다. 그러나 인간이 사랑의 대상이 되거나 희생물이 될 때 사랑은 다이몬에게 속한다. 심리학적으로 보자면, 리비도(Libido)는 욕구하고 추구하는 힘이며, 넓은 의미로는 심리적 에너지로서 부분적으로 자아의 통제를 받는다. 그러나 다른 한편으로는 자아에 맞서 자율적 태도를 취하고 경우에 따라서는 자아를

리비도에 대하여 융은 다음과 같이 말했다.

「성욕설에 대한 세 편의 논문」(Drei Abhandlungen zur Sexualtheorie)에서 프로이트는 그의 리비도 개념을 도입하고, 위에서 언급했다시피 그것을 성적인 의미로 정의했다. … 리비도가 정말로 단지 성욕에 지나지 않는 것이라면, 거세된 사람은 어떻게 연관 지을 수 있는가? 그런데 그들의 경우에는, 현실에 대한 '리비도적' 관심이 곧바로 없어지더라도 그렇다고 반드시 정신분열증으로 반응하지 않는다. … 나는 일찍이 내 논문 「조발성 치매의 심리학」에서 '정신적 에너지'라는 표현으로 도움이 되었다. 왜냐하면 어떤 상실된 것이 있다면, 그것은 단순한 성애적 관심 이상의 것이기 때문이다. 바로 그 관계의 상실, 즉 인간과 관계의 정신분열증 분리를 오로지 성애(Erotik)의 후퇴에 의한 것으로만 설명한다면, 그로 인해 프로이트식 해석의 당연한 특징인 성욕 개념을 부풀리는 일이 벌어질 것이다. … 내게는 프로이트의 「세 논문」의 성 이론 대신에 에너지 측면에서의 해석이 더 적절하다고 생각되었다. 그런 식의 해석을 통해 나는 '정신적 에너지'(Psychische Energie)라는 표현을 '리비도'라는 용어와 동일시할 수 있었다. 후자는 어떠한 도덕적 심급(審級), 혹은 그 밖의 심급에 의해 저지를 받지 않는 일종의 욕구 또는 충동을 나타낸다. 리비도는 자연적 상태에 있는 일종의 욕구(appetitus)다. 발전사에서 보면, 리비도의 본질을 이루는 것은 배고픔, 갈증, 수면, 성욕, 그리고 감정적 상태, 정감(Affekte)이다. 이 모든 요소는 고도로 복잡한 인간 정신 속에서 차별화되고 극히 섬세하게 세분화된다.[688]

융은 프로이트의 성이론에 대해 비판적이었으며,[689] 융에게 있어서 리비도는 심적 에너지(psychi energy)나 정신적 에너지로까지 확대·보편화시켜 무의식으로부터 의식으로 옮아갈 때 상징의 형식을 취한다고 보았다.[690] 융의 말에 내재되어 있듯이 리비도를 더 깊은 차원으로 말했다. 무의식은 창조성을 지니고

규제하기도 하기 때문에, 자아가 뜻하지 않게 궁지에 빠지든지, 혹은 리비도가 자아에 예기치 않게 부차적인 힘의 원천을 열어 주기도 한다. … "(p. 105) "리비도를 의식의 지배를 받는 정신적 에너지로만 이해한다면, 그에게는 그런 식으로 정의를 내린 종교적 관계는 당연히 자기 자신과 벌이는 우스꽝스러운 유희처럼 보일 것이다. 그러나 그 에너지는 원형 또는 무의식에 속한 것이고 따라서 우리가 마음대로 할 수 없는 것이다. 그러므로 언뜻 '자기 자신과 벌이는 유희'로 보이는 이러한 관계는 결코 우스꽝스러운 것이 아니다. 자신 안에 신이 내재하고 있다는 것에는 많은 뜻이 들어 있을 것이다. 즉, 그것은 행복이나 권력의 보증이 되며, 심지어 그 속성이 신격에 상응하는 한 전능의 보증이 된다는 것이다. 신을 자신 안에 품고 있다는 것은 거의 그 자신이 신이라는 의미 같기도 하다. 육체적인 관념이나 상징들이 최대한 말살된 기독교에서도 이러한 심리학의 흔적을 볼 수 있다. … "(pp. 134-135)
688) C.G. 융, 상징과 리비도, 한국융연구원 C.G. 융저작 번역위원회 역 (서울: 솔출판사, 2005), 199-204.
689) C.G. 융, C.G. 융 무의식 분석, 설영환 역 (서울: 선영사, 2005), 40; "프로이트의 신경증에 관한 성이론은 하나의 진지한, 그리고 구체적인 원리에 의거하고 있기는 하지만, 일면성과 전일성의 오류를 범하고 있을 뿐만 아니라 인간에 의해서는 포착하기 어려운 에로스를 조잡한 술어로 처리하려고 하는 필요 없는 처사까지 범하고 있다."
690) 정인석, 의식과 무의식의 대화 (서울: 대왕사, 2008), 35.

있으며, 자율적 능력을 갖춘 하나의 틀로서 말했다.691) 이런 개념은 신적인 개념이다.692) 그리고 여기서 중요한 것은 그 에너지가 단 하나가 아니라 여럿이라는 것이다.693)

참된 기독교인이라면, 인간을 비롯한 세상 만물을 창조하고 섭리하시는 분은 하나님이라고 고백한다. 윌리엄 에임스(William Ames, 1576-1633)는 다음과 같이 말했다.

> 하나님의 섭리는 하나님께서 하나님의 의지의 경륜에 일치하도록 현존하는 피조물들을 만물 안에서 보존하시는 사역이다. 섭리는 일반적일 뿐만 아니라 개별적인 모든 사물에게 미친다. 섭리는 여하한 원인에 의해서도 결정되지 않으며 오히려 모든 원인들을 결정하고 따라서 만물의 보편적이며 개별적인 원인이다.694)

---

691) http://www.mightyatlas.net/jung_himself_archtype_freud/ In 1909 Jung and Freud sailed to the United State at the invitation of Clark University. "We were together every day, and analyzed each other's dreams."(C. G. Jung, 1961) Jung published 『Symbols of Transformation』 in 1912 and later designated his psychology "Analytical Psychology" as distinct from Freud's "Psychoanalytic" theory. "I had written that book that cost me my friendship with Freud because couldn't accept it. To him the unconscious was a product of consciousness; it simply contained the remnants; I mean it was a sort of storeroom in which was contained all the discarded things of consciousness were heaped up, and left. But to me, the unconscious then was already a matrix, a … a sort of basis of consciousness of a creative nature; namely, capable of autonomous acts; autonomous intrusions into consciousness." "Man's soul is a complicated thing and takes sometimes half-a-lifetime to get somewhere in one's psychological development. You know it is by no means always a matter of psychotherapy, or treatment of neuroses. It is all psychology; it is also … the aspect of … it is an education … it is something like antique philosophy, and not what we understand by a technique. It is something that touches on the whole of man, and which challenges also the whole of man; in the patient-or whatever the receiving part is - as well as in the doctor." The psychological rule says that when an inner situation is not made conscious, it happens outside, as fate. That is to say, when the individual remains undivided and does not become conscious of his inner contradictions, the world must perforce act out the conflict and be torn into opposite halves.(C. G. Jung, 1959) "consciousness is one factor, But there is another factor, equally important, and that is the unconscious. That can … interfere with consciousness anytime it pleases. And of course I say to myself, this is very uncomfortable, because I think I am the only master in my house, but I must admit that there is another …, somebody in that house that can play tricks … and I have to deal with the unfortunate victims of that interference every day, in my patients."

692) 프란시스 쉐퍼, **이성에서의 도피**, 김영재 역 (서울: 생명의말씀사, 2008), 27-28; "종교개혁자들은 토마서 아퀴나스와는 반대로 오직 하나님만이 자율적이라고 주장했다. 그것은 두 가지 면에서 진리였다. 첫째로, 최종적 권위면에서 볼 때 자율적인 것은 아무것도 없다. 둘째로, 구원 문제에서 인간이 자율적이라는 것을 찾아 볼 수 없다. 그것은 오직 믿음으로만 가능하다."

693) 진형준, **상상력혁명** (서울: 살림, 2010), 62-63.

에임스에 의하면, 인생에게 일어나는 일들은 하나님의 섭리로 인한 것이며, 살아가는 삶의 생명력을 제공하는 것도 모든 것의 원인을 제공하사는 하나님이시다. 반면에, 세상의 종교와 사상은 인간 안에 신성한 에너지가 있어서 스스로 움직인다고 말한다.

융은 초기 저작에서 프로이트적 틀 안에서 성적 환원주의적 태도를 보였다. 프로이트를 그대로 추종하지 않은 융에게 인간 본성의 개념과 인간 의식의 의미로 프로이트와 논쟁이 일어났다. 1928년 「정신 에너지에 관하여」(On the Psychic Energy)라는 논문은 융이 리비도에 대한 자신의 관점을 잘 말해 주었다. 머리 스타인은 논문의 핵심을 다음과 같이 말했다.

> 융은 단지 현상을 묘사하는 관점 대신 유전적(genetic) 관점이라고 부르는 것에서 출발한다. 그는 쇼펜하우어의 의지 개념을 따라서, 리비도를 넓은 의미에서 정신 에너지로 보고 연구를 시작한다. … 성적 리비도는 더 보편적인 의지 또는 생의 힘의 한 지류에 지나지 않는다. 정신 에너지의 이러한 일반적 흐름에 여러 지류들이 있으며, 인간 진화의 역사에서 이런 지류들의 일부는 어떤 지점에서 다른 지류들보다 더 두드러지게 나타나기도 한다. 인간 발달의 어떤 단계에 집단적이고 개인적인 성적 리비도는 현저하고 근본적이지만, 다른 단계에서는 그러한 현저함과 근본성이 떨어지기도 한다. 더욱이 융에 따르면, 한때 성과 밀접히 연결되고 성적 본능에서 파생된 것이 분명한 활동들도 인간 의식과 문화가 진화를 거듭함에 따라 성적 영역과 크게 분리되어 성과는 거의 연관성이 없어지게 된다.695)

스타인에 의하면, 융이 '성이란 지엽적이고 연관성이 없어진다'고 말함으로써 프로이트를 처참하게 짓밟아 버렸다. 융은 진화론적 관점에서 프로이트적 관점이 지나간 퇴물이라고 보았다.

융은 『무의식의 심리학』에서 에너지의 변형을 말하면서 인간의 성적 동기나 생각이 인간의 의식과 무의식의 삶에서 점차로 은유, 유비, 상징으로 대체되었다고 말했다. 프로이트에게 리비도는 성적 욕망이었으나 융에게 리비도는 의지였다. 융은 의지를 생명 의지와 죽음 의지로 나누어 말했다. 융이 초기에는 원형 개념이 부족했으나, 1912-1913년에 대폭 수정된 개정판인 『변화의 상징』

---

694) 윌리엄 에임스, **신학의 정수**, 서원모 역 (서울: 크리스챤다이제스트, 2012), 148.
695) 머리 스타인, **융의 영혼의 지도**, 김창한 역 (서울: ㈜문예출판사, 2017), 96.

에서 원형이론을 논하면서 정신과 정신 에너지를 구조화시켰다.

융의 정신 에너지 개념은 물리학에 빚지고 있다. 중력이 다른 대상들에게 영향을 미치듯이, 정신 에너지(리비도)가 정신세계에서 대상들에게 영향을 미친다고 보았다. 융은 당구 하는 사람들을 보면서 정신 에너지가 인과관계 속에서 역학관계를 가진다고 생각했다. 그것을 적용하면, 콤플렉스는 정신적 외상에서 비롯되었다고 보았다. 콤플렉스는 인간의 정신 속에서 에너지의 흐름을 방해한다.

이제 중요한 것은, '이 정신 에너지의 원천이 무엇인가?' 하는 것이다. 머리 스타인은 다음과 같이 말했다.

> 콤플렉스는 새 정신 에너지를 두 가지 방법으로 끌어들인다. 하나는 콤플렉스와 연관되어 있고 콤플렉스를 풍부하게 하는 새로 생긴 정신적 외상에서 오고, 다른 하나는 콤플렉스의 원형적 핵심에 있는 자기력(magnetic power)에서 온다. 콤플렉스의 원형적 핵심은 그 에너지를 두 원천에서 끌어들인다는 것이다. 한편으로 이러한 원형적 핵심은 연관되는 본능을 통해 에너지를 채운다. 본능과 원형은 정신에서 동전의 양면과 같다. 따라서 정신이 생물학적 토대에서 이 원형적 이미지를 이용할 수 있을 때, 원형적 이미지는 에너지의 유인자(attractor)로 활동한다. 다른 한편으로 원형들은 다른 원천에서 에너지를 끌어들인다. 원형들은 타인들과의 교환, 심지어는 영(spirit) 자체와의 교환을 통해 문화로 변환된다. 정신은 결코 닫힌 체계가 아니다. 오히려 정신은 몸을 통해, 영을 통해 세상에 열려 있다.696)

스타인에 의하면, 에너지의 근원은 외상과 원형, 두 가지이다. 스타인의 글을 보면, 융의 관심은 무엇보다 원형에 있다는 것을 알 수 있다. 원형이 정신 에너지의 본산지가 된다. 원형은 타인들과 교환을 통해 에너지를 확보하지만, 무엇보다 "영 자체와 교환"한다는 것이다.

인간의 무의식에 원형이 있고 그 원형이 에너지의 근본 출처이고 그 원형이 영 자체와 에너지를 교환한다는 것은 원형이 가지는 초월적이고 신적인 활동을 의미한다. 맥고완은 융이 인도와 힌두교의 신앙을 반복하며 사비즘(Saivism)으로 결론이 난다고 말했다.697) 시바는 모든 상반되는 것들, 곧 창조와 파괴, 선과

---

696) Ibid., 112-113.
697) Don McGowan, *What is wrong with Jung* (NewYork: Prometheus Books, 1994), 23-24; 〈In "Aspects of the Libido," Jung makes repeated references to India and Hindu beliefs, which in the end all reduce to Saivism or, more precisely, to Saivism in its limited creative aspect.〉

악, 남과 여, 정지와 활동을 화합한다. 이것은 융의 대극의 통합을 이끄는 자기를 말하는 것과 같다.

또한, 맥고완은 인도의 종교가 성상징(sexual symbolism)이 적용된 것이라고 비판했으며, 융이 힌두교에 대한 첫 생각들은 칼 아브라함(Karl Abraham)의 『꿈과 신화』(Dreams and Myths)로부터 왔다고 말했다.[698] 맥고완은 융의 무의식 개념, 집단 무의식은 아브라함의 개념을 통째로 가져온 것이라고 말했다.[699] 융의 원형 에너지 개념이 힌두교에 근거하고 있다는 것을 알 수 있다.

융에게는 원형이 하나님 노릇을 하고 있다. 융은 상징이 정신 에너지를 끌어당기며 종교는 그런 역할을 한다고 보았다.[700] 상징은 무의식에 있는 상상적 사고에서 나온다고 주장했다. 융은 "리비도의 모든 상징들 중에서 가장 중요한 것은 데몬이나 영웅과 같은 인간의 형상이다"라고 말했다.[701]

김성민 교수는 다음과 같이 말했다.

> 이때 꿈에 나타났던 남근은 무의식 속에 있는 힘이며, 지하세계의 신이었다고 해석하였다. 인간의 내면에 있으면서, 강력한 힘을 가지고 인간의 삶 전체에 강력한 영향을 끼치는 요소, 프로이트가 성(性)으로, 아들러가 권력 의지로 해석했던 것을 융은 지하세계의 신으로 해석했던 것이다. 이 신은 기독교에서 말하는 사랑의 하느님과는 전혀 다른 신으로 누미노제적인 신이다.[702]

---

698) Ibid., 25.
699) Ibid.,26; "However, Jung took Abraham's idea in its entirety and supported a major work(Unconscious) with it. In time, Jung took the ideas from Unconscious and used them as the basis for the rest of his life's researches into the nature of the collectives unconscious."
700) 머리 스타인, 융의 영혼의 지도, 김창한 역 (서울: ㈜문예출판사, 2017), 123; "'상징'은 스스로 상당한 양의 에너지를 끌어들이며, 정신 에너지가 옮겨지고 보내지는 방식에 영향을 미친다. 종교는 전통적으로 상당히 많은 양의 인간 에너지를 끌어들였고, 그 기능을 제대로 발휘하려고 상징에 주로 의존한다. 종교가 이러한 상징들을 사용하면 정치적으로나 경제적으로도 강력해지지만, 이러한 정치적·경제적 힘은 사실 그들을 떠받치고 있는 상징이 갖는 힘에 비해 부차적인 것이다. 상징의 힘이 제거되면 종교가 갖는 모든 구조가 붕괴되어 버린다. 활기가 넘치고 살아 있을 때 종교적 관념과 의례는 어떤 활동이나 일에 몰두하도록 인간 에너지를 끄는 강한 자력을 갖고 있다."
701) C.G. 융, 융 기본 저작집8 영웅과 어머니 원형, 한국융연구원 C.G. 융 저작번역위원회 (서울: 솔출판사, 2005), 11.
702) 김성민, 분석심리학과 기독교 (서울: 학지사, 2012), 26; "그는 세 살에서 네 살이 될 무렵에 아주 이상한 꿈을 꾸었는데, … 어느 날 꿈속에서 정사각형 모양을 한 커다란 구멍 하나를 보았다. 그 속을 들여다보니, 그 구멍 밑바닥에서는 녹색의 커튼이 쳐진 방이 하나 있었고 그 가운데 황금빛 보좌가 있었다. 그 보좌 위에는 거대한 물체 하나가 불쑥 솟아 있었다. 처음 보기에는 커다란 나무기둥 같았는데, 사실은 거대한 남근(phallus)이었다."

융은 프로이트의 에너지 개념으로는 인간의 삶을 다 설명할 수 없다고 보았기 때문에 보다 더 강력하고 신성한 힘을 말해야 했다. 그런 이유로 융은 인간의 무의식에는 강력한 힘을 가진 신이 있다고 말했다. 그 신은 기독교의 하나님이 아니라 인간의 내면에 있는 신이며 체험할 수 있는 신이다.

융은 다음과 같이 말했다.

> 그리스도가 인간을 '신적'인 사랑으로 '받아들였음'은 당연하다. … 인간의 사랑도 '영적인', 또는 '신적'인 특성을 마땅히 지녀야 할뿐더러, 또한 그럴 수 있다. … 원형의 에너지는 대개 의식에 공급되어 마음대로 쓸 수 있게 하지 않기 때문이다. 그래서 인간적인 형태의 사랑이 '영적인' 것으로나 더욱이 '신적인' 것으로 통하지 않는 것 또한 당연하다. 원형의 에너지는 인간의 자아가 원형의 자율적인 활동에 의해 영향을 받거나 사로잡힐 때에만 자아에 전달된다.703)

융에 의하면, 인간이 원형의 에너지를 받기 위해서는 원형의 자율적 활동에 영향을 받거나 사로잡혀야 한다. 그것은 종교적 체험과 직결된다.704) 융은 종교를 "하나의 대용품(substitute)"에 지나지 않다고 말한 것은,705) 종교적 체험이 중요하기 때문이다. 스타인은 "에너지의 흐름은 이러한 영적이며 정신적인 내용들을 향해 나아가는 것이다."라고 말했다.706) 정신 에너지에 대한 융의 개념이 이러한데도 기독교 상담학이라는 이름으로 융을 가르친다는 것은 인간을 신적이고 초월적인 존재로 여기고 그 완성을 지향하도록 하는 비성경적인 것이다.

빙켈은 다음과 같이 말했다.

> 무의식이란 아직 확정되어 있지 않고, 미분화 되어 있는 잠재적인 에너지다. 모든 형태는 그 속에 담겨 있다. 무의식은 그 자체로서는 형태를 만들 수 없다. 밖에서 받아들일 수가 있을 뿐이다. 무의식은 가치 중립적이다. 무의식은 사탄으로부터 그 형태를 받아들여서 형상화될 수도 있고, 하나님으로부터 형태를 받아들여 형상화될 수도 있다. 그래서 우리 영

703) C.G. 융, 융 기본 저작집7 상징과 리비도, 한국융연구원 C.G. 융 저작번역위원회 (서울: 솔출판사, 2005), 106.
704) Ibid., 107; "고대 그리스의 종교적 체험이 주로 신격과의 육체적 결합으로 이해되었듯이, 몇몇 예배 의식에는 온갖 양태의 성욕이 배어들어 있었다."
705) C. G. 융, 심리학과 종교, 이은봉 역 (서울, 창, 2004), 91.
706) 머리 스타인, 융의 영혼의 지도, 김창한 역 (서울: ㈜문예출판사, 2017), 126.

혼은 아무런 인도 없이 무의식의 이 미궁(labrinth)을 헤맬 때 말할 수 없는 위험에 처하게 된다. 이 위험은 우리가 무의식 속을 더욱더 깊이 내려갈 때 더 심해진다. 왜냐하면 사탄이 빛의 천사로 가장하여 나타날 수도 있기 때문이다. 우리가 초월적 무의식에 접근해 갈 때, 우리 영혼이 이런 위험 속에서 미혹되는 경우가 많이 있다.[707]

빙켈은 무의식은 잠재적 에너지라고 말했다. 융의 관점에서 잠재적 에너지는 사탄의 손아귀에 잡힐지 하나님의 손에 잡힐지 모른다. 사람이 무의식에 접근할 때 사탄에 지배를 당할 수도 있다는 것이다. 융의 심리학에서 이렇게 말하는 이유는 무의식 안에 있는 원형이 대극의 구조를 이루고 있다고 생각하기 때문이다. 양의 하나님과 음의 하나님이 대극을 이루고 있다는 것이다. 사탄은 음의 하나님이다. 융은 예수 그리스도와 사탄은 하나님의 아들이라고 보았다.[708] 예수 그리스도를 구주로 믿는 기독교인으로서 융을 가르치는 사람들은 이 말에 동의하는가???

원형과 집단 무의식

이제 원형에 대하여 좀 더 살펴보도록 하자. 원형(Archetype)은 집단 무의식과 함께 이해해야 하는 개념이다.[709] 융이 말하는 무의식은 개인 무의식을 넘어 집단 무의식을 말한다.[710] 집단 무의식은 원형으로 구성되어 있으며, 이 원형들은 쉬지 않고 상호작용을 하면서 의식의 보이지 않는 곳에서 움직이고 있다고 보았다.

융은 집단 무의식을 구성하는 요소들을 원형이라고 불렀다. 원형은 '태고유형'이라고도 한다.[711] 융에게 집단 무의식의 전수는 유전적이며 원형의 전수도

---

707) 에르나 반 드 빙켈, **융의 심리학과 기독교 영성**, 김성민 역 (서울: 한국심리치료연구소, 2010), 102.
708) Ibid., 96; "융은 예수님과 사탄이 모두 하나님의 아들이기 때문에 같은 비중을 가진다고 주장한다."
709) C.G. 융, C.G. **융 무의식 분석**, 설영환 역 (서울: 선영사, 2005), 157; "… 무의식은 개인적인 것일 뿐 아니라, 비개인적인 것, 계승된 모든 카테고리라는 형태의 집합적인 것 내지는 원형(元型)을 내포하고 있다고 우리는 가정하지 않을 수 없다. 그러므로 나는 무의식은 그 보다 깊은 층에 비교적 생명력을 가진 집합적인 내용을 가지고 있다는 가설을 제창했다. 즉, 내(칼 융)가 말하고 있는 것은 집합적 무의식이라는 것이다."
710) 융이 무의식의 구조를 발견하고 집단 무의식, 아니마와 아니무스를 말한 때가 1916년 그의 나이 41살 때였다. 1913년에 프로이트와 결별했으니 불과 2년 후이다.
711) C.G. 융 · C.S. 홀 · J. 야코비, C.G. **융 심리학 해설**, 설영환 역 (서울: 선영사, 2007), 91; "태고유형이라는 용어는 다른 종류의 것들이 그것에 따라 모조되는 최초의 모델을 뜻한다."

유전적이다. 그러나, 문제는 '원형의 기원은 알지 못한다'(L'Hommes et ses Symboles, 69)는 것이다.

조영복 교수는 "원형들은 인간 혹은 인간 상호 간의 내면에 깊숙이 자리 잡고 있으면서 삶의 에너지를 분출시키고 삶의 동기와 방향을 제시한다"고 말했다.[712] 그렇게 중요한 원형인데 왜 기원을 모른단 말인가? 기원이 없으면 존재는 불안에 빠진다. 존재의 불안은 의미와 통일성의 부재를 강화한다. 융의 심리학은 불안을 내포하고 있는 인문학이다.

융은 원형을 하나의 "행동 양식들"이라고 말했다. 원형이란 그 자체로는 비어 있는 형식적인 요소이지만, 어떤 내용을 만들어내는 그릇 혹은 틀이다. 사람에게 육체적인 본능이 있듯이, 사람의 정신과 삶을 결정짓는 반응체계 혹은 반응 가능한 구조가 원형이다. 원형은 사람의 어떤 특정한 행동을 가리키는 것이 아니라 그렇게 행동할 수 있는 행동 양식을 말한다.[713] 원형이란 인간의 심리 본성을 규정하는 초인격적인 인간의 심리적 구조이며, 개인의 심리 안에 내재하는 역사적이고 집합적인 기억의 본질이다.[714]

기독교적인 관점에서 반드시 짚고 넘어가야 할 것은, '융이 이런 원형을 어떻게 인식하고 확인했느냐?' 하는 것이다. 융은 '밤바다 모험(칼 융이 겪은 중년의 정신적 위기와 환상 체험)'을 통해 고대의 심상과 상징[715]을 만났고, 이 만남을

---

712) 조영복, **원형 도상의 언어적 기원과 현대시의 심연** (서울: 소명출판, 2012), 13.

713) 김성민, **융의 심리학과 종교** (서울: 동명사, 2010), 102; 〈야코비는 원형에 대한 융의 생각이 다음과 같이 변천되어 왔다고 설명하였다. 제일 처음에 융은 강력한 에너지를 가지고 있으며, 기능적으로 작용하고, 사람들의 삶에 전반적이며 지배적인 영향을 끼치는 어떤 "동기(motif) 또는 상징"을 야곱 부르크하르트(Jacob Burckhardt)를 따라서 "원초적인 이미지"(image primodiales, 1912)라고 불렀다. 그다음에 융은 원형을 "집단적 무의식에 있는 결정인자"라고 불렀으며, 1919년에 와서야 비로소 『정신에너지론』 속에서 본격적으로 원형이라는 단어를 쓰게 되었다고 주장하였다. 이어서 그녀는 원형에 대해서 다음과 같이 설명하고 있다: "융은 1946년부터(비록 명확한 태도로 그러는 것은 아니지만) '원형'과 '원형상'을 구분해서 사용하였다. 원형이 모든 사람들의 정신구조 속에서 아직 지각되지 않고 잠재적인 상태로 존재하는 무의식의 요소라면, 원형상은 그것이 이미 실현되어서 사람들의 의식 영역에서 지각될 수 있는 요소를 말하는 것이다. 예를 들어서 말하자면, 이 세상에는 구원자라는 원형이 있는데, 그것은 여러 시대를 통해서 모세나 예수 그리스도 등의 원형상을 통해서 나타났다. 세속적으로 말하자면, 많은 소설이나 영화에서 주인공이 매우 어려운 처지에 놓여서 거의 죽게 되는 순간에 갑자기 구원자가 등장해서 주인공이 살아나게 되는 장면이 종종 나타나는데(춘향전의 '어사출두'와 같이), 이것들 역시 구원자의 원형상이 여러 가지 다른 모습으로 나타나는 예일 것이다.〉

714) 남경태, **한 눈에 읽는 현대철학** (서울: Humanist, 2012), 83.

715) 이죽내, **융심리학과 동양사상** (서울: 하나의학사, 2005), 91–92; 〈융은 심리적 사실로의 현상, 후설은 순수 의식적 사실로서의 현상, 하이데거는 존재로서의 현상을 말하고 있다. 융과 하이데거는 많은 점에서 상통한 면을

231 원형과 집단 무의식

통해 원형의 실체를 확인하였다. 1919년에 융은 '원형'이라는 용어를 '밤바다 여행'과 관련하여 처음으로 사용했다. 개인적 무의식에 덧붙여, 융은 본능과 원형이라는 두 개의 요소로 이루어진 집단 무의식을 가정했다. 이런 방식은 무당이 접신하는 것과 동일한 방식이다. 교회가 분별을 하지 못하는 것은 무당이 사용하는 말이 현대적인 용어로 사용되었기 때문이다. 그리고 그것을 가르치는 소위 유명하다는 사람들이 현대 영성가로서 활동하고 있기 때문이다.

　본능이란 필요에 의해 특정한 행동을 취하게 하는 충동으로, 이런 본능은 새들이 집으로 돌아오는 귀소 본능과 유사하게 생물학적 성질을 가지고 있다. 본능은 우리의 행동을 결정한다. 동일한 방식으로 융은 인식 그 자체를 통제하는 선천적 무의식이 있음을 강조했다. 이것이 바로 원형으로 모든 심리적 과정의

보이고 있는데, 외양상으로는 달라 보이지만, 융의 정신적 사실로의 현상이라는 말에서 '정신'이라는 개념과 하이데거의 존재의 사실로서의 현상이라는 말에서 '존재'라는 개념이다. 분석심리학에 있어서 정신 혹은 정신적 현실성의 의미는 구체적으로 촉지되거나 가시적인 사실성으로서의 현실개념과 구별되는 것으로, 인간이 직접 경험할 수 있는 직접 경험성으로서의 정신이다. 이것은 하이데거의 현존재분석에 있어서 존재개현성의 현존재 개념과 별 차이가 없다. 정신의 직접 경험은 감각적 지각과는 구별되는 초감각적인 심성에 의한 지각으로서, 본질지각과 관계되는 경험이다. 본질지각은 의미지각을 뜻한다. 현존재분석에 있어서 존재개현은 현존재의 Da가 열림으로써 존재가 일어나고 존재가 일어날 때 '사실 그 자체'가 드러나는 것이다. '사실 그 자체'는 의미 내용으로서 통상적인 감각적 지각으로는 파악될 수 없는 것이다. 이것은 간염과 황달을 통해서 이해할 수 있다. 간염에 있어서 황달은 하나의 증상으로서 기호이고 간염 그 자체가 현상의 의미 내용이다. 그러므로 현상의 의미 내용인 간염 그 자체는 황달증상처럼 육안으로 볼 수 없다. 즉 의미 내용은 감추어져 있다. 증상인 황달은 감각적으로 지각될 수 있는 것이라면, '사실 그 자체', 즉 의미 내용인 간염은 초감각적인 심성 혹은 존재 개현을 통해서만 지각될 수 있는 것이라 본다. 현존재분석에서는 황달증상과 같은 것을 존재자적 현상이라 하고, 간염 그 자체는 존재론적 현상이라 하여 구별한다. 존재론적 현상의 의미 내용은 그 자체로서는 스스로 드러내고 있지만 인간 현존재에게는 감추어져 있고, 감추고 있는 인간 현존재의 성질을 은폐성이라 한다. 이 은폐성을 벗겨 현상이 스스로 드러내고 있는 존재 의미 내용을 보게끔 하는 것이 현상학적인 방법이다. 그러므로 현존재분석에 있어서 현상의 의미 내용을 드러내어 본다는 것은 관찰자 자신의 은폐된 존재를 드러내는 것을 말한다. 이 은폐성과 비교되는 분석심리학적 개념은 무의식성이다. 정신분석학적 무의식은 의식으로부터의 억압된 내용인데 반해, 분석심리학적 무의식은 근본적으로 자연이고, 이 자연은 이미 주어진다. 인간 내부의 자연이든 인간 외부의 인간에게 알려져 있지 않는 것은 모두 무의식에 속한다. 따라서 정신현상의 의미를 밝힌다고 함은 무의식에 은폐되어 있는 의미를 밝힘이다. 의미를 은폐하고 있는 정신현상을 가리켜 상징이라 한다. 상징은 결코 이미 알려져 있는 내용으로 전제되어 있지 않고, '스스로를 표현하고 있는 것'이다(Jung, 1976c).〉 그러나 인간이 아무리 탐색을 해본들 의미 내용을 제대로 알 수가 있을까? 황달이 기호이고 간염이 현상의 의미 내용이라고 한 예에서도 생각할 수 있는 것은 간염이 정말 현상의 의미 내용의 전부가 될 수 있을까? 만일 간염이 또 다른 기호이며 '사실 그 자체'가 아니라면 어떻게 되는가? 또 그보다 더 깊고 깊은 은폐성이 있다면 어떻게 되는가? 융이 인과율을 벗어나려고 목적론을 말했지만, 인간은 결코 하나님의 오묘한 섭리를 헤아릴 수 없다. 하나님의 계시 된 말씀 없이 인간의 자의로 하나님의 진정한 의미 내용을 파악하려는 시도는 하나님이 되려는 시도와 동일한 반역이요 타락이다.

필연적인 과정으로 일종의 직관이며, 이것은 모두가 선천적으로 지니고 있는 것이다.

본능이 개인의 행동을 결정하는 것처럼, 원형은 개인의 이해 방식을 결정한다. 본능과 원형은 개인적인 차원을 넘어선, 보편적이고 집단적이며, 모든 이가 유전적으로 공유하는 것이다. 인간은 생물학적 본능보다 문화적이고 역사적인 '본능'이 큰 작용을 하게 되는데 그것이 원형이다. 동물이 조상에게서 본능을 물려받듯이 인간은 조상에게서 원형을 물려받는 셈이다.[716)

그 원형이 인간의 본능을 지배한다.

> '상황을 어떻게 이해하는가?'에 의해 행동하고자 하는 충동이 결정되듯이, 원형을 통해 얻은 무의식적 이해는 본능의 형태와 방향을 결정한다. 한편 행동하려는 충동(본능)은 상황을 어떻게 이해할지를 지시해 준다. 이와 같이 상호 보충적으로 작용하는 원형과 본능의 관계를 융은 닭과 계란에 비유하였다. 원형은 자신에 대한 본능적 인식, 즉 '본능적 자화상'이라 할 수 있다. 이것은 의식이 '객관적인' 생의 과정에 대한 내적 지각인 것과 정확히 일치하는 것이다.[717)

융은 사람에게 생리적 기관이 외부적인 상황의 변화에 대처하기 위해서 존재하듯이, 원형은 정신적인 사건에 반응하고 작용하는 정신적인 기관 혹은 정신적인 가능체계라고 보았다.

이렇게 말하면, '그것이 뭐 별것인가?' 싶을 것이다. 융은 집단 무의식 속에 보물이 담겨 있다고 생각했다. 그 보물이 무엇인가? 신이나 악마 같은 것이 그 집단 무의식에서 나온다고 보았고, 그 집단 무의식이 사람들을 이끌어 가고, 그것이 꿈, 신화, 상징의 형태로 나타나 있기 때문에 그것을 이 시대의 현대 언어로 해석해서 살아가야 한다고 말했다.

원형이란 인간이 의식하지 못하는 에너지를 말한다. 꿈, 신화, 상징을 말하는 이유는 인간의 에너지가 옛날에는 그렇게 표현되었다고 보기 때문이다.[718) 융

---

716) 남경태, **한눈에 읽는 현대철학** (서울: Humanist, 2012), 83.
717) 윤경재, **융 분석심리학 탐구**, 기본개념. Oct. 25. 2008. Accessed May. 27. 2019. blog.daum.net/whatayun/6986959
718) 드와이트 쥬디, **그리스도인의 묵상과 내면의 치유**, 이기승 역 (서울: 도서출판 이포, 2011), 46-47; "… 우리가 우리 자신에 대해 의식하는 부분은 실제 우리 자신의 아주 작은 부분에 불과하며, 우리의 의식 저변에는 한때 신과 여신으로 표현되었을 정도로 강력한 힘을 지녔지만 의식하지 못하고 있는 에너지가 존재한다는 사실은

의 관점에서 해석하면, 그 에너지가 돌연한 회심이나 철저한 심경의 변화와 같은 일들을 일으키게 된다. 성령 하나님의 역사가 아니라는 것이다.[719] 융의 말을 조금만 알고 나면 기독교와는 절대로 같이 갈 수 없다.

아코바는 1919년에 「정신에너지론」 (p. 74)에서 본격적으로 원형이라는 단어를 사용했다고 말했다. 원형에 대해 융은 다음과 같이 말했다.

> 원형이란 그 자체로서는 비어 있고 형식적인 요소이다. 그것은 기껏해야 사람들에게 선험적으로 주어져 있는 어떤 내용을 만들어내는 그릇인 것이다. 사람들에게 유전되는 것은 표현물이 아니라 틀이다. 이 틀은 육체적인 본능처럼 사람들에게 커다란 틀로서만 전수된다 (*Les Racines de la Conscience*, p. 95).[720]

융에게 원형이란 눈에는 안 보이나 사람들의 삶을 결정짓는 '반응체계' 혹은 '반응 가능성의 구조'이다. 융이 이런 말을 하는 것은 태곳적으로부터 인간의 내면에 축적이 된다면 모든 사람이 공유할 수 있는 하나의 보편적인 구조가 필요하기 때문이다. 그런 까닭에 융이 원형을 '행동 양식들'(patterns of behavior)이라고 말한 것은 그냥 나온 말이 아니다. 융은 사람이 행동하도록 하는 양식(mode)을 원형이라고 말했다. 융이 자신의 심리학의 정당성을 확보하는 일에 집단 무의식과 원형이 중요한 이유가 여기에 있다. 오늘날로 말하자면 원형은

이해된 듯하다. 우리 시대의 사람들은 이 에너지를 대개 융이 명명한 것처럼 원형이라 부른다. 원형 그 자체는 우주적이며, 그 단어가 가리키는 이미지를 초월한다. 이들은 아버지나 어머니, 아이, 현자, 영웅, 전사, 치유자, 선생, 노동자, 자아와 같이 매우 보편적인 원리이다. 융의 설명을 따르자면, 이 원형은 개인의 영혼이 세워지는 비인격적이고 우주적인 구조이며, 이 원형적인 힘은 우리가 그것을 의식하든 못하든 스스로 자유롭게 존재한다. 우리가 그런 원형과 마주칠 때, '그것은 매력을 발휘하며, 우리의 의식에 활발하게 이의를 제기하며, 결국은 우리의 생각과 감정, 행동에 무의식적인 영향을 미침으로써, 비록 이런 영향을 몇 훗날까지 알아채지 못한다고 해도, 우리의 운명을 만들어 낼 것이다'(융, 1967, 5, §467). 그러나 그와 비슷한 신화적인 문화권에서 원형은 개성을 가지고 있고, 신이나 여신으로 불려졌다."

719) C.G. 융, **C.G. 융 무의식 분석**, 설영환 역 (서울: 선영사, 2005), 301; "여기서 13세기의 스페인 귀족인 레이몽 루울의 유명한 예를 들어보자. 그는 사모하는 여인을 장기간 따라다닌 끝에 밀회에 성공하였다. 그런데 그녀는 말없이 옷을 벗더니 암으로 짓무른 그녀의 가슴을 그에게 보여주었다. 이 쇼크는 루울의 인생을 변화시켰다. 그는 그 후 저명한 신학자가 되어 가장 위대한 전도자 중의 한 사람이 되었다. 이와 같은 돌연한 변화의 경우에는 원형이 무의식 속에서 장기간 작용하여, 그 위기를 불러일으킨 상태를 교묘하게 설정하고 있다는 것이 증명될 수 있다. 이와 같은 경험은 원형적인 형태가 단순한 정적인 형태는 아니라는 것을 보이고 있다. 그것들은 본능과 같이 자연발생적으로 충동 속에서 나타나는 동적(動的)인 요소인 것이다."

720) 김성민, **융의 심리학과 종교** (파주: 동명사, 2010), 101.

운영체제이다.721) 호환되는 시스템이 있어야 한다. 삼성 핸드폰과 아이폰은 운영체제가 다르다.

그렇다고 원형이 운영체제로만 주어진 것이 아니다. 원형이란 융의 운영체제는 정동과 이미지로 되어있다. 융은 "원형은 이미지고 정동이다"라고 말했다.722) 김성민 교수는 다음과 같이 말했다.

> 원형에는 강력한 힘이 담겨 있고, 자율적으로 작용해서 원형적 체험은 자아에 속해 있지 않은 원초적이고 근원적인 체험인 것이다. 그래서 융은 종교적 회심이나 의미체험도 원형에 대한 체험이라고 주장했다. 원형은 사람을 삶의 뿌리와 관계되게 하고, 인간의 본성에 다가가게 하며, 창조적 환상의 모태가 되는 것이다.723)

원형은 하나의 틀이면서도 정신 에너지가 축적되어 있고, 자율성을 지니고 있다.724) 정동이란 "인간의 내면에서 생겨나는 본능적이며 비의지적인 반작용이다."(La Guérison Psychologique, 263–264) 정동이 의식도 실현하고 원형도 움직이게 한다. 원형은 이미지로 되어 있기 때문에 원형이 효력을 발생하려면 정동이 발동해야 한다. 정동이 발동하면 이미지가 누멘적인 것으로 바뀐다. 융은 자신의 심리학의 목적을 누멘체험에 두었다.

원형의 체험에 대하여 융은 다음과 같이 말했다.

> 현대인은 이 원형의 체험에서 인간이 그 대상이며 자율적으로 활동하는 태곳적 방식의 사고를 경험한다. 헤르메스 트리스메기스토스(Hermes Trismegistos), 또는 비술적(秘術的) 문학의 토트(Thoth), 포이만드레스(Poimandres), 오르페우스(Orpheus)와 이에 밀접하게 관련된 헤르마스의 포이맨(Poimēn des Hermas)은 같은 경험의 다른 공식화인 것이다.

---

721) 김성민, **분석심리학과 기독교 신비주의** (서울: 학지사, 2012), 40; "원형은 보편적인 상(相)이라는 의미를 가진 플라톤의 에이도스와 같은 말인데, 인간의 삶에는 전형적인 상황이 존재하고, 인류가 계속해서 그것을 경험한 것이 인각되어 전해진다는 것이다. 그것은 무의식에 남아서 나중에 사람들이 그와 비슷한 상황이 되면 언제나 비슷한 방식으로 행동하게 하는 원천이 된다. 그래서 융은 원형을 동물학에서 말하는 행동유형에 해당되는 말이라고 주장하였다."

722) C. G. 융, **무의식의 분석**, 권오석 역 (서울: 홍신문화사, 2011), 170.

723) 김성민, **분석심리학과 기독교 신비주의** (서울: 학지사, 2012), 42.

724) 김성민, **분석심리학과 기독교** (서울: 학지사, 2012), 40; "원형에는 짙은 정동이 담겨 있는 것은 그것이 고대로부터 침전되어 그 안에 많은 정신적 에너지가 농축되어 있으며, 어떤 강력한 체험을 한 다음 그것이 그에게 강력한 이미지를 각인시켰기 때문이다. 그 예로, 융은 아침에 바다에서 장엄하게 떠오르는 태양을 본 사람들은 그 강렬한 체험이 그의 뇌리에 각인되고, 그것을 통해 태양신의 부활이라는 원형이 자리 잡게 된다고 주장하였다."

'사탄(Lucifer)'이라는 이름이 편견에 사로잡히지 않았더라면 그것은 아마도 이 원형의 매우 적절한 표현이었을 것이다. 그러므로 나는 그것을 노현자나 의미의 원형으로 부르는 것에 만족한다.[725]

융의 말대로 하자면, 사탄은 그저 원형의 하나에 불과하다. 그것이 원형 중의 하나라는 말은 기독교적 차원에서는 매우 위험한 말이다. 융에게 원형이란 심혼을 구원하는 원천으로써 계시 된 자로 말하기 때문이다.[726] 사탄이 하나의 원형으로서 설명이 된다면 그리고 심혼을 구원하는 자로 해석이 된다면 기독교는 사탄의 종교가 되어버린다. 융에게 사탄은 대극으로서 존재하기 때문이다. 이런 융의 원리는 축사사역의 기초가 되었다.[727]

이런 것들이 얼마나 비성경적인지 다음과 같은 말을 들어보라.

원형은 아주 먼 옛날부터 조상들의 삶의 지혜를 통해서 계속해서 모든 삶의 자리에서 전해져 내려왔다. 인간은 그 전해 내려온 원형들을 반복함으로서 비로소 자연적이고 본능적인 상태에서 새롭게 만들어져 영적 인간으로 다시 태어나게 되는 것이다. 특히 엘리아데는 원시사회에 있어서 입문식을 통해서 신참자가 새롭게 태어난다는 과정에 대한 분석을 통해

---

725) C.G. 융, **원형과 무의식**, 한국융연구원 C.G. 융 저작 번역위원회 (서울: 솔출판사, 2006), 150.

726) Ibid., 149; "… 마법사는 바로 원시 사회의 메디신맨에 기원을 둔 노현자와 같은 뜻의 말이다. 그는 아니마와 마찬가지로 단순한 삶의 혼란스러운 어둠을 의미의 빛으로 뚫고 들어가는 불멸의 데몬이다. 그는 깨우친 자이자 스승이고 장인이며 영혼의 인도자인데, 그것의 인격화 자체는 '잔칫상의 파괴자'인 니체 자신도 피해갈 수 없었다. 비록 그가 거의 호메로스 시대의 우월한 정신, 짜라투스트라로의 그의 화신을 자기 자신의 '디오니소스적' 깨우침과 환희의 전달자이며 선도자로서 불러내긴 했지만 말이다. 그에게 신은 죽었다. 그러나 지혜의 데몬은 그에게는 소위 생생한 제2의 존재가 되었다. 그는 말한다: 거기, 갑자기, 여자 친구여! 하나가 둘이 되었네- 그리고 짜라투스트라는 내 곁을 지나갔다. … 니체에게 짜라투스트라는 시적 인물 이상의 것으로, 그의 의도하지 않은 신앙고백인 것이다. 그 역시 신을 저버린 탈기독교적 삶의 어둠 속에서 길을 잃었고, 그렇기 때문에 그의 심혼을 구원하는 원천으로서 계시된 자, 깨달은 자가 그에게 다가온 것이었다. 『짜라투스트라』의 성직자적 언어가 여기서 유래한다. 그것이 원형의 스타일이기 때문이다."

727) 존 & 폴라 샌드포드, **속사람의 변화**2, 황승수·정지연 역 (서울: 순전한 나드, 2010), 223-224; "어떻게 사탄이 가로막고 어둡게 하는가? 한 가지 방법은 사람의 생각에 자리한 어둠의 세력의 지배를 받는 고대의 원형에 의해서이다."(p.223) "단순하게 말해 원형은 개개인 안에 있는 것이 아니라 인류의 육신 안에 있는 습관 혹은 행실이다."(p. 224) "우리가 친구들의 생각에 원형이 작용하는 것을 볼 때, 우리는 영적전투로 부름받는다. 우리는 원형의 이름을 불고 묶고 그것이 잠잠해지도록 명령하기만 하면 된다."(pp. 230-231) "귀신들린 자가 귀신을 원할 때는 축사를 할 수 없다. 마찬가지로, 전투 초기에 상대방을 상담하지도 않고 모든 원형과 그 이면에 있는 귀신들과 정사들을 다 쫓아낼 수 없다."(p. 232) "원형과 관련해 앞서 앞서 말한 부분의 요점은, 아마도 사랑하는 그 사람은 누군가가 중보적인 영적전쟁의 대가를 치루지 않으면 결코 놓이고 싶다고 외칠 힘이 없다는 것이다. 강한 자, 즉 그의 생각을 붙들고 있는 원형을 휘두르는 세상의 주관자가 묶여야 한다. 그 권세가 깨져야 한다."(p. 233)

서 이점을 잘 보여주었다. 그에 의하면, 입문식이란 태초에 계시되어 나타난 삶의 시간인 영원한 시간을 회복하여 성을 경험하는 것이다. 그러므로 모든 역사적 사건들이 원형을 통해 표출되어 나오지 않았다면 그것은 시적인 상상력이나 대중적인 기억들 속에 남아 있지 않게 된다. 다시 말해서 역사적인 진리라는 것도 역사 자체가 스스로 만들었던 것이 아니라 그것을 만들어 낸 전통이나 사회가 규범으로 받아들여 온 모델인 원형과 조우될 때만이 생명력을 갖게 된다. 오히려 태초의 영원한 현재는 역사적인 시간 때문에 방해받거나 망각되어지고 있으므로, 역사 자체는 원형적 삶의 공포의 대상이라고 할 수 있다.[728]

"원형과 조우될 때만이 생명력을 갖게 된다."는 말은 접신술을 말한다. 원시사회의 입문식이라는 것도 그런 접신술의 변형태이다. "원형과 조우될 때만이 생명력을 갖는다"는 말은 무당이 애가동자라는 원형에 사로잡혀야 무당이 제 기능을 발휘하는 것을 말한다.

기독교 예배는 원형과의 조우가 아니다! 인간과는 존재론적으로 구별되는 살아계신 하나님을 경배하고 찬양하는 것이 기독교 예배이다! 그렇게 살아계신 하나님께 대하여 성경은 다음과 같이 말한다.

> 오직 그에게만 죽지 아니함이 있고 가까이 가지 못할 빛에 거하시고 아무 사람도 보지 못하였고 또 볼 수 없는 자시니 그에게 존귀와 영원한 능력을 돌릴지어다 아멘(딤전 6:16)

여기서 한 번 더 깊고 넘어가야 할 것은, 앞서 언급했듯이, 융이 이런 고민을 할 때가 그의 나이 40살이었다는 것이다. 융은 그 나이에 세상에 태어난 사람으로서 가질 것은 다 가졌으나 만족과 자유를 누리지 못하고 허탈감에 빠져 있었다.[729] 그런 상황 속에서 자기 영혼의 갈급함을 채우기 위해 달려간 곳이 세상의 여러 종교와 신비주의였고 그 속에서 집단 무의식과 원형을 만들어내었으며 그 원형과의 조우를 통해서 자기 인생의 개성화를 이루었다. 융은 자칭 그리스도가 되었다!!![730] 이것이 융의 실체다! 그래도 심리학을 교회에 도입하고, 순전한 성도들에게 내적치유를 하고 가정사역을 하고 싶은가!

집단 무의식과 원형에 대한 개념이해를 위해 다음 글을 살펴보자.

---

728) 김재영, "칼 융과 머세아 엘리아데의 종교이해에 관한 비교연구-원형이론을 중심으로," 宗教研究 17 (1999): 25(21-69).

729) C. G. Jung, The RED BOOK, edited by Sonu Shamdasani, Mark Kyburz and John Peck (New York · London, W.W.NORTON & COMPANY, 2009), 232-233.

730) Ibid., 243, 286.

집단 무의식은 의식이 이에 대해 관심을 갖던 갖지 않던 간에 항상 쉬지 않고 자신을 자신의 언어로 표현한다. 이 언어는 의식의 언어와는 근본적으로 다른데 중요한 특성은 상징 언어라는 것이다. 융은 대표적인 집단 무의식의 언어로 꿈, 민담, 신화, 오래된 여러 종교의 경전들 등등 속의 이야기들을 들었다. 융의 제자로서 민담 연구를 심화시킨 폰 프란쯔(Von Franz)는 민담은 인류 공통의 영혼의 뼈대를 보여주기 때문에 민담을 통해 영혼의 해부학을 공부할 수 있다고 하였다. 문화와 인종적 차이로 인한 겉모습의 다름에도 불구하고 신체의 뼈대의 구조는 동일하듯 이 영혼의 뼈대 구조도 동일한 것이다.[731]

(집단)무의식은 상징을 통해서 이해될 수 있다. 왜냐하면 무의식은 항상 상징으로 표현된다고 보기 때문이다. 상징은 어디에서 나오는가? 원형으로부터 나온다고 말한다. 상징은 무의식의 언어인 셈이다. 그 언어는 단어로 표현되는 것이 아니라 어떤 구체적 혹은 상징적인 이미지로 감추어져 있거나 의식에 떠오르게 한다.[732]

그러면, 왜 그렇게 상징으로 나타나게 되는가? 인간의 합리적인 언어로는 표현하지 못하는 것을 표현하기 때문이라고 한다. 그것이 합리적인 언어로 표현되지 못하는 것은 상징이 신성과 관련된 신비적인 것이기 때문이다. 그런 까닭에, 상징들은 인간에게 항상 신성의 예감을 열어주는 동시에 신성의 직접적인 경험을 보증한다고 융은 말했다.[733] 그것이 겉으로 드러난 것이 꿈·민담·신화·종교

---

731) 이보섭, "융-싸이코 드라마/음악과 적극적 명상." 모래놀이 http://jungfairytale.or.kr/m02.html/

732) C.G. 융, **융 기본 저작집1 정신요법의 기본문제**, 한국융연구원 C.G. 융 저작번역위원회 (서울: 솔출판사, 2007), 47-49; "이제 사람들은 틀림없이 꿈이 '무의식적 형이상학' 같은 것을 내포하고 있다는 것을 도대체 내가 어떻게 아는지 이의를 제기할 것이다. 이에 대해 나는 꿈이 그것을 가지고 있는지 모른다고 고백할 수밖에 없다. 그것에 관해 말하기에는, 내가 꿈에 관해 아는 바가 너무 적다. 나는 다만 환자에게 미치는 작용만을 알 뿐이다. … 그리고 만약 꿈꾼 사람이 자신의 꿈을 통해 그런 생각을 갖게 된다면 그런 의미에서 역시 '무의식의 형이상학'이란 말을 할 수 있을 것이다. 그러나 나는 좀 더 앞으로 나아간다. 나는 환자에게 자신의 꿈에 대해 연상할 기회를 줄 뿐 아니라, 나 자신에게도 그런 기회를 준다. 나는 환자에게도 나의 연상과 의견을 제공한다. … 그러므로 나에게는 원시인의 심리학, 신화, 고고학, 그리고 비교종교사에 관하여 가능한 한 많이 아는 것이 특히 중요하다. 왜냐하면 이 분야들은 내 환자들의 연상을 풍부하게 할 수 있는 값진 비유 자료들을 나에게 제공해 주기 때문이다. … 비록 개인적이고 합리적인 삶의 영역에서 최선을 다했으나 아직 거기에서 의미와 만족을 찾지 못한 보통 사람에게는, 비합리적인 경험의 영역에 들어갈 수 있다는 것이 대단히 중요하다. 그것을 통해서 통상적이고 일상적인 면이 변화되고, 이 변화는 그런 통상적이고 일상적인 면에 하나의 새로운 빛을 부여할 수 있다. … 나는 심지어 환자와 함께 환상하려고 힘쓰고 있다. 나는 환상을 가치가 적은 시시한 것으로 생각하지 않는다. 나에게 환상은 결국 남성적인 정신 속에 있는 모성적 창조성이다. 근본적으로 우리는 환상의 영역을 결코 벗어나 있지 않다. …"

733) C.G. 융, **원형과 무의식**, 한국융연구원 C.G. 융 저작 번역위원회 (서울: 솔출판사, 2006), 112-113. 융은 신성한 내면아이에 기초하여 인간 내면의 신성을 계발시키려고 하기 때문에 기독교와 기독교의 상징은 '신앙의 대상'이 되어버렸다고 말하면서 거부한다. 예를 들면, 삼위일체 하나님이 신앙의 대상이 되면 안 되고 인간의 신성을 일깨우고 확장시키는 것이 되어야 한다는 것이 융의 생각이다. 그래서 그렇게 해주는 신비주의와 동양의 종

다!

여기서 중요한 것은, '상징이 어떻게 형성되는가?' 하는 점이다. 융은 상징이 인간의 상상력에 기반을 둔 정신작용이라고 했다. 또한, 융은 "상상력이란 살아 있는 힘, 즉 정신적인 힘은 물론 물리적인 힘이 압축되어 있는 정수(extrait)이다"라고 말했다. 상상력에 기반을 둔다는 것은 하나님 대신에 인간이 주인이 되는 것을 말한다.

원형의 자동성과 상상력이라는 두 가지 차원에서 생각해 보면, 융이 얼마나 신성(神性)에 도전하고 있는지 생각하지 않을 수가 없다. 특히나 융이 말하는 상상력이란 단순한 상상이 아니라 적극적인 상상력을 두고 하는 말인데, 그것은 인간 내면에 능동적으로 뛰어드는 것을 말한다. 거기에 구상화가 사용된다. 그럼으로써 인간 내면의 깊은 세계와 그 의미를 인간 스스로가 파악하고 장악하겠다는 것이다. 그것은 오직 하나님만이 아시고 하나님만이 펼쳐 가시는 세계이다. 그러니 융의 상징 세계는 신성(神性)의 세계이며 반기독교적인 세계이다.

운영체제가 움직이려면 운영체제가 본능이 있어서 체제를 움직여 주어야 한다. 그 움직임이라는 것이 인간의 의지와 상관이 없고 비의지적이고 자동적이다. 운영체제가 초월적이고 신성한 AI(Artificial Intelligence)를 탑재한 것이다. 그 신적인 요소에는 마성도 있고 창조적 측면도 있다. 운영체제가 신적인 운영체제가 된다.

교에 몰입한다. 다음의 글은 융의 그런 사상을 정확하게 말해 준다. "많은 사람들에게 기독교의 관념 세계가 퇴색해 버렸다 하더라도 그 대신에 동방의 상징적 보고(寶庫)는 아직 경이로움으로 가득 차 있어 바라보는 데서 얻는 즐거움이나 새 옷에 대한 즐거움을 오랜 시간 동안 지속하게 만들고 있다. … 동정녀 마리아의 출산의 비밀이나, 아버지와 아들의 닮은꼴(상사상, 相似像) 그리고 3위성이 아닌 삼위일체성은 더 이상 철학적 상상력을 북돋아 주지 않는다. 그것은 단순한 신앙의 대상이 되어버렸다. 그러므로 교육을 받은 유럽인들의 종교적 욕구나 신앙적 의미, 철학적 사변으로 동양의 상징들, 신격(神格)에 대한 인도의 웅대한 견해, 중국의 도교 철학의 심연에 매혹을 느끼는 것은 별로 놀라운 일이 아니다. 고대 그리스인들의 마음과 혼이 그 옛날 기독교 이념에 사로잡혔던 것과 마찬가지다. 많은 사람들이 처음에는 기독교의 상징에 몰두해서 키에르케고르식 신경증에 얽혀든다. 그러다가 신선하며 이색적인 동양의 상징들에 매혹되는 상태에 이르게 된다. 신과의 관계에서 상징적 의미의 빈곤이 점차로 증가하게 됨에 따라, 참을 수 없이 첨예화한 나-너 관계로 발전된 결과로, 이제는 유럽이 동양의 상징의 지배 아래 있는 것이 무조건 패배를 뜻하는 것은 아니다. 종교적 감성이 개방되어 있고 살아 있음을 증명하는 것이기도 하다. … 사람들이 이러한 영원한 상(像)에 빠지는 것 자체는 정상적인 일이다. 그러기 위해 이 상들이 존재하는 것이다. 상들을 마땅히 끌어당기고, 확신하고, 매료하며 압도해야 한다. 그것들은 계시의 원초적 자료에서 만들어진 것이며 그때그때의 신격의 최초의 경험을 묘사한다. 그러므로 그 상들은 인간에게 항상 신성의 예감을 열어주는 동시에 신성의 직접적인 경험을 보증한다. …"

융은 "원형의 자동성은 사람들에게 내면적인 음성을 듣게 하거나 환상적인 이미지들을 보게 한다."(La Guérison Psychologique, 302)고 말했다. 신을 체험하거나 누미노제를 체험하는 것은 원형에 대한 체험이라고 보았다. 원형이란 그림자, 아니마/아니무스, 노현자, 자기, 악마와 같은 것들인데, 이것을 융은 "원형이 의인화된 모습들"이라고 말했다(*Métamorphoses de l'Ame et ses Symboles*, p, 712, 552, *Les Racines de la Conscience*, p, 55, *Psychologie de l'Inconscient*, p, 172).[734] 원형이 이미지로 나타난 것들은 운영체제의 아바타인 셈이다. 원형은 그 아바타가 실제로 존재하는 운영체제이다. 아바타의 안내가 없으면 원형이라는 운영체제를 알 수가 없다. 그런 까닭에 융은 영적인 안내자를 만나는 연금술을 통해 접신을 했다.

머리 스타인은 "융에게 원형은 정신 에너지와 이러한 에너지가 보여주는 형태의 근본적 원천"이라고 말했다.[735] 원형은 정신 상징의 궁극적 원형이기 때문에, 융의 심리학을 '원형심리학'이라고 부른다. 융은 원형이 정신 에너지를 끌어들여 구성하며 문명과 문화를 창조한다고 보았다. 융에게 상징은 "의식을 초월한 내용으로 이루어진 상(像, Bild)"이었다.[736] 틸리히는 '종교상징은 인간의 내면에서 상징을 만들어내고, 거기에 응답하는 깊은 차원이 있다'고 보았으며, 그런 까닭에, 김성민 교수는 "종교상징은 개인 무의식의 영역에 속한 것이라기보다 집단적 무의식 또는 집단의 무의식의 영역에 속한다고 해야 할 것이다"라고 말했다.[737] 이런 관점으로 보면, 기독교 신앙은 집단 무의식이 작용한 결과에 불과하다.

융이 원형론(Archetypenlehre)을 발표한 이후로 프로이트는 더 이상 학문적인 교류를 할 수 없음을 통보했는데, 그만큼 융의 원형이론은 프로이트와 다른 차로 갈아탈 수밖에 없는 격렬한 논쟁점이다.

융의 원형 개념의 기원은 1909-1912년의 저술들에서 시작된다. 융은 그 당시에 프로이트와 협력하면서 신화를 탐구했으며 『무의식의 심리학』을 썼다.

---

734) 김성민, **융의 심리학과 종교** (파주: 동명사, 2010), 105.
735) 머리 스타인, **융의 영혼의 지도**, 김창한 역 (서울: ㈜문예출판사, 2017), 127.
736) C.G. 융, **융 기본 저작집7 상징과 리비도**, 한국융연구원 C.G. 융 저작번역위원회 (서울: 솔출판사, 2005), 122.
737) 김성민, **종교체험: 기독교 회심체험에 대한 연구** (서울: 대한기독교서회, 2015), 154.

융은 이 책에서 프랭크 밀러라는 여성의 환상들을 연구했는데, 융은 프로이트와 다른 새로운 관점에서 탐구하려고 했다. 융은 프로이트의 리비도 이론에서 벗어나 집단 무의식의 일반적인 형태를 논하기 시작했다.[738] 융은 밀러가 가진 환상들을 해석하기 위해 관련된 신화, 동화, 종교적 주제를 담은 이야기들을 세상 곳곳에서 수집했다. 그 결과 그 수집물들이 서로 놀랍도록 유사하다는 사실에 압도되었다. 융은 그것을 토대로 집단 무의식층이 존재한다고 확신했다.[739] 융은 다음과 같이 말했다.

> 인류 최대 최상의 사상은 마치 기초 그림 위의 도면에 건물이 세워지는 것처럼, 여러 가지 원상 위에 축조되어 형성되는 것이다. 이제까지 필자는 도대체 그런 신화유형이라거나 원상이라는 것은 어디에서 찾아드는 것인가라고 남에게 물어 보았었다. 신화유형이라는 것을 인류에게 언제나 되풀이되는 경험이 침전한 것으로 생각하는 것이 아니라면, 그 발생은 설명을 할 수 없는 게 아닌가 하고 생각한다.[740]

융은 원형이 인류에게 되풀이되는 경험이 침전한 것으로 생각했다. 융은 "여러 민족의 신화나 전설 가운데서 거의 동일한 형태를 취하고 반복해서 나타나는 모티브"를 원형(archetype)이라고 불렀다.[741] 김성민 교수는 다음과 같이 말했

---

738) 머리 스타인, **융의 영혼의 지도**, 김창한 역 (서울: ㈜문예출판사, 2017), 133.
739) Ibid. 137-138; "정신의 보편자를 동일하게 추구하는 것은 프로이트의 흥미를 불러일으켰지만, 그의 관심은 융과 매우 달랐다는 사실에 주목해야 한다. 프로이트는 하나로 된 무의식의 원망(願望), 즉 모든 정신 갈등을 설명할 수 있는 중심 콤플렉스를 찾고 있었다. 프로이트는 원시 유목민 이야기에서 이러한 무의식의 원망을 찾았다고 생각했다. 융이 『무의식의 심리학』을 저술하는 동안 프로이트는 『토템과 터부』(Totem and Taboo)에 몰두하고 있었다. 한편으로는 임상 자료를 통해, 다른 한편으로는 프레이저(Frazer)의 『황금가지』를 통해 프로이트는 융과 유사한 작업을 진행하고 있었다. 이러한 경쟁은 누가 먼저 위대한 발견(the Great Discovery)을 하는가 하는 것이었다. 프로이트와 융의 작업 가운데 어느 것이 나으냐는 문제와 상관없이 이들에게 나타나는 공통점은, 인간의 마음이란 인간의 몸이 그러하듯 보편적 구조를 지녔으며 해석적·비교적 방법을 통해 이러한 구조가 발견될 수 있다는 것이다. 프로이트는 어떤 의미에서 융처럼 원형이론을 산출했다. 원형적 잔여에 대한 프로이트의 관점은 고대의 원형적 형태를 인정했다는 것이다. 이러한 원형적 자료에 대한 프로이트의 태도는 융이 신화와 이 신화가 갖는 정신과의 관계에 대해 논한 것과는 확연히 달랐는데도, 이들 두 사람은 사고의 유사한 선을 따라서 유사한 결론에 이르고 있었다."
740) C.G. 융, **C.G. 융 무의식 분석**, 설영환 역 (서울: 선영사, 2005), 99.
741) C. G. 융, **심리학과 종교**, 이은봉 역 (서울, 도서출판 창, 2004), 108; "이 말은 신화의 구성요소임과 동시에 무의식의 자연발생적, 개인적인 소산으로서 거의 전지구상의 어디에서나 볼 수 있는 집합적 성격을 가진 형식이나 형상을 의미합니다. 원형적 모티브는 아마도 인간정신의 소산 가운데서도 원형적 패턴으로부터 출발하는데, 그것은 전통이나 이주(移住)에 의해서뿐 아니라 유전에 의하여 계승된다고 하는 가설은 필수불가결합니다. 왜냐하면, 아무리 복잡한 원형적 이미지일지라도 어떤 직접적인 전통이 없이도 자동적으로 재생산 될 수 있기 때문입

다.

모든 사람에게 집단적 무의식이 보편적이면서 동시에 공통적인 방식으로 존재하기 때문에 그 속에 있는 원형의 이미지들은 언제나 사람들에게 커다란 영향을 미치고 있다. 융은 생리적인 기관이 외부적인 상황의 변화에 신체적으로 대처하기 위해서 존재하는 것처럼, 원형은 정신적인 사건에 적응하기 위해서 작동하는 정신적인 기관 또는 정신적인 기능체계라고 생각하였다. … 융은 원형이란 우리 조상들이 먼 옛날부터 매우 감정적이며, 눈에 선히 떠오를 수 있을 것 같은(imagé) 체험을 한 것들이 침전되어 정신에 남게 된 것이라고 주장하였다. 따라서, 원형은 아득한 옛날부터 사람들의 정신적이며 사회적인 삶을 조정해 주고, 영위시켜 줄 수 있었다: "원형은 신화에 나오는 주제들이나 그 비슷한 것들을 언제나 새로운 방식으로 재생산하면서 사람들의 정신 안에 존재하는 어떤 성향 또는 가능성인 것이다"(*Psychologie de l'Inconscient*, p, 129)[742]

원형이란 원래 플라톤이 사용했다. 융의 원형은 '타고난 관념'이 아니라 "유전적으로 물려받은 원초적이며 본질적인 힘(force)"이다.[743] 융은 플라톤의 원형이 저 이데아의 세계에 있는 것이 아니라 아리스토텔레스처럼 인간 내부에 존재하고 있는 것으로 말했다. 융은 인간 안에 원형이 있다고 말함으로써 인간 존재의 자율성과 영원성을 확보했다. 융은 "우리의 신체 기관이 인간 발달의 긴 과정의 결과이듯이, 원형은 인간의 까마득한 시원(始原)에서부터 있어 왔던 인간의 정신적이고 육체적인 전체성 체험의 결과로 생겨난 산물이다."고 말함으로써,[744] 인간 안에 내재하는 원형이 외부의 개입이 아니라 인간이 계발시킨 결과로 형성된 것으로 만들었다. 이런 원형개념이 과연 옳은 것인가? 원형 그림자가 개인의 경험에 달려 있기 때문에 만일 개인의 경험에 A가 없다면, 개인적 무의식에 존재하지 않는다.[745]

니다."

) 김성민, **융의 심리학과 종교** (파주: 동명사, 2010), 100-101; "그래서 융은 원형이란 사람들에게 있는 무의식적인 활력의 원천으로서, 원형에는 거대한 정신적인 힘이 담겨 있으며, 사람들은 원형을 상호적이며 정신적이 삶을 조정하는 선험적인 원리로 삼고 있다고 주장하였다."

743) 에르나 반 드 빙켈, **융의 심리학과 기독교 영성**, 김성민 역 (서울: 한국심리치료연구소, 2010), 26.
744) Ibid., 27.
745) Don McGowan, *What is wrong with Jung* (New York: Prometheus Books, 1994), 92-93; 그림자(the shadow)와 관련된 보상작용의 오류에 대해서 참고하라. "… Not only does this cast doubt on our tentative assertions about the ego, it renders the shadow logically absurd. If the personal shadow and the archetypal shadow are different, but the shadow component of the self is personal and an archetype, then either the archetypal shadow is the same as the personal shadow or the archetypal shadow is personal content and

원형과 집단 무의식

융은 다음과 같이 말했다.

인생의 수많은 장면과 같은 수효만큼 태고유형이 있다. 무한한 되풀이에 의해 이 경험들은 우리 정신적 소질 속에 새겨졌다. 그것은 내용이 있는 이미지 형식이 아니라, 처음에는 내용이 없는 형식이고 어떤 유형의 지각과 행동의 가능성을 나타내고 있을 뿐이다.746)

기독교인들은 인간 내면의 정신에 태고유형이 있다는 말이 얼마나 위험한 말인지를 간과한다. 융을 가르치는 사람들도 배우는 사람들도 융의 원형론을 수용하면 어떤 결과가 일어나는지 깨닫지 못한다. 융에게 원형은 "종교적 표현의 정신적인 전제이며 신(神)의 상(像)의 신인동형동성설을 결정하는 것"이었다.747) 고난을 극복하고 승리한 영웅은 원형으로 모든 문화권과 사람에게 나타나지만, 원형상은 그 영웅이 예수, 부처, 페르세우스, 고주몽 등으로 각 문화에 따라 다르게 나타난 것이다.748)

융의 말이 반기독교적인 것은 신을 심리학의 기능으로 여기기 때문이다. 융은 다음과 같이 말했다.

신의 개념은 비합리적인 성질에 절대 필요한 심리학적인 한 기능이었으며, 이 기능은 신의

---

the personal shadow is archetypal, but these are two different concepts. … If the contents are personal, then their existence is contingent upon personal experience–if a person has never seen a walrus, then the concept of the walrus is absent from that person's past; and since Jung defines the unconscious as all past concepts("The Transcendent Function", 8:22), the walrus will not be found in that person's unconscious. Making the shadow such a personal content would entail that, if a person has no experience with a personality trait, it does not exist in the personal unconscious and therefore it does not exit in the shadow. Unfortunately for Jung, this means that the unconscious cannot compensate for the conscious attitude …"
746) C.G. 융 · C.S. 홀 · J. 야코비, C.G. **융 심리학 해설**, 설영환 역 (서울: 선영사, 2007), 91.
747) C.G. 융, **융 기본 저작집9 인간과 문화**, 한국융연구원 C.G. 융 저작번역위원회 (서울: 솔출판사, 2004), 126: "이렇게 이해함으로써 우리는 인간적으로 경험할 수 있고 알 수 있는 범위에 머무르게 되고, 신의 소리 견해란 결국 원형에 특유한 확충(擴充) 경향, 즉 신성한 여러 경험의 특징을 이루는 신화적인 표현을 뜻하게 되며, 이런 신화적인 관념은 원형의 현상에 표현을 주거나 또한 그것의 근거가 되는 것이다. 이렇게 신의 소리 관념을 경험적으로 파악할 수 있는 것으로 환원한다고 해서 그것이 지니고 있는 초월성에 해로운 결론을 미리부터 내리는 것은 아니다."
748) 김성민, **분석심리학과 기독교 신비주의** (서울: 학지사, 2012), 41; 〈한편 융은 그의 말년에 파울리와의 관계를 통해서 원형은 단지 정신적인 것만이 아니라 정신과 물질이 결합되면서 나타나는 것이라고 주장하면서 원형을 정신양(psychoid)이라고 불렀다. 원형은 정신적인 것만이 아니라 신체 장기처럼 확실하게 작용한다는 것이다: "결코 잊어서는 안 될 것은 원형은 모든 사람에게서 발견되는 영혼의 기관이라는 점이다."〉

실재의 문제 등에는 애초부터 아무런 관련도 없는 것이다. 단 인간 지성을 가지고 있다면 "신은 실재하는가?"라고 하는 물음에 대답할 수는 절대로 없으므로, 뿐만이 아니라 신의 실재의 증명이라는 것은 더욱이나 있을 수 없는 것이다.749)

융은 신의 실재란 없으며 산을 개념으로 보고 신개념은 단지 심리학적 가능에 불과한 것으로 말했다. 융은 신이나 악마와 같은 강력한 힘과 능력을 가진 것은 집단 무의식에서 나온 것이라고 말했다. 융은 인간의 지성은 "애초에 신이라는 것을 제대로 생각해 볼 수가 없다고 하는 것을 진작에 알고 있었다."라고 말했다. 융의 관점에서 보면 기독교인이 믿는 하나님은 집단 무의식에서 나온 것이다. 융은 집단 무의식이 과거에만이 아니라 지금도 살아 있으면서 신과 신화를 만들어낸다고 말했다. "아주 오래전부터 어떤 잠재 의식적 과정의 진행을 표현하는 신화소(mythologéme)"가 있었으며 그 신화소가 정신과정을 드러내주는 근원어(la langue originale)라고 말했다.750)   융은 인간의 마음에 "일종의 지고한 힘이 있는 것 같다"고 생각했다. 그러면서 융은 이렇게 말했다.

보통 자아는 그 에너지의 초점은 자기와 똑같이 놓고, 처음부터 그 이외의 일은 아무것도 바라지 않고 아무것도 필요하지도 않다고 생각해 버릴 정도로 이 에너지의 초점에 끌어당겨 버리는 것이다. 그러나 그런 식의 사고에서 일종의 광기가 편협 망상 내지는 신들린 상태의 가장 심한 편향이 생겨서, 그것이 마음의 균형을 극히 심각하고 위태롭게 한다. 이와 같은 편향에의 능력이 어떤 종류의 사업 성공의 비밀이었다는 것은 어떤 의심도 용납지 않는다. 따라서 문명은 열심히 이런 경향을 양성하려고 힘쓴다. 정열, 즉 이런 편협 망상에 잠기는 에너지 축적을 옛날 사람들은 '신'(神)이라고 불렀고, 오늘날에도 마찬가지로 부르고 있다.751)

749) C.G. 융, **C.G. 융 무의식 분석**, 설영환 역 (서울: 선영사, 2005), 101.
750) 김성민, **융의 심리학과 종교** (파주: 동명사, 2010), 98~99; 〈융은 집단적 무의식 속에는 보물이 담겨 있는데, "인류는 지금까지 거기에서 많은 것을 퍼냈다. 신이니 악마니 하는 것은 물론 강력함 힘과 능력을 가진 사상들 역시 모두 거기에서 나온 것이다. 집단적 무의식이 없으면 사람은 더 이상 사람으로 존재하지 않을 것이다."라고 주장하였다.〉
751) C.G. 융, **C.G. 융 무의식 분석**, 설영환 역 (서울: 선영사, 2005), 104; "현재 우리들은 '그의 이러이러한 것을 신으로 여기고 있다'라고 하는 것이 아닌가. 그런 경우, 우리들은 자기가 아직 의지나 선택 능력을 가지고 있다고 생각을 해도 그 한편에서는 자기가 이제는 신들려 있어서 이미 자기들의 관심이 권력을 손바닥 안에 거둔 자기들의 주인이 되어 있다고 하는 것을 알아차리지 못하는 것이다. 그런 관심은 이종의 신이며 그 신은 혹시나 많은 사람들에 의해서 승인된다면 차례로 '종파'를 만들어 가고, 신자의 한 떼를 자기 주위에 모은다."

융에 의하면, 신이란 결국 인간 안에 있는 에너지이고 신이란 편협 망상에 잠기는 에너지인 정열이다. 융의 심리학으로 기독교를 보면 기독교인들은 망상에 잠긴 자들이다. 임경수 교수는 다음과 같이 말했다.

원형과 하나님의 형상을 같은 범주에 놓으려는 것은 오래 전 인류의 역사에서 볼 수 있는 것이다. 초기 기독교 교부인 이레니우스(Irenaeus)는 하나님이 인간을 창조할 때 이 원형을 하나님 밖에 있는 원형들로부터 복제한 것으로 생각하여, 인간이 이 무의식에 대하여 관심을 가지면 그 안의 내용들을 알 수 있다는 것이다. 그래서 인간의 집단 무의식에 있는 하나님의 형상이라는 것은 생각(idea)이 아니라 정신기능 안에 전승된 형태(mode)로 전승된 경험 속에 남아 있는 정신의 실체다(임경수, 2005, p, 107).752)

임경수 교수의 말대로 이레나우스가 융이 말하는 원형 개념으로 하나님의 형상을 말했을까? 벌코프는 다음과 같이 말했다.

일부 교부들은 신체적인 특성들까지도 포함시켰다. 이레네우스와 터툴리 안은 하나님의 "형상"(image)과 "모양"(likeness)을 구분하여, 전자를 신체적 특징에서 찾는 반면, 후자는 영적인 특성에서 찾았다.753)

벌코프의 진술에서도 이레나우스가 하나님의 형상을 말할지라도, 그 하나님의 형상이 대극의 원형으로 이루어져 있다는 언급은 없다. 또한, 이레나우스는 다음과 같이 말했다.

하나님의 말씀이 인간이 되셔서, 자신을 인간 속에, 그리고 인간을 자신 속에 동화시키셨다. 이리하여 인간이 성자를 닮음으로써, 인간이 성부께 존귀한 자가 되도록 하셨다. 과거 오랜 세월 동안 인간은 하나님의 형상을 따라 창조되었다고 말해졌다. 그러나 그 형상은 실제로 보여지지는 않았다. 왜냐하면 인간은 말씀의 형상을 따라 창조되었지만, 말씀은 아직 볼 수 없었기 때문이다. 그러므로, 인간도 또한 하나님을 닮은 모습을 잃어버렸다. 그러나 하나님의 말씀이 육신이 되었을 때, 그분은 이 두 가지 모두를 보장해 주셨다. 그분은 자신의 형상을 그대로 보여주셨다. 그리고 보이는 말씀에 의해서 인간을 보이지 않는 하나님께 동화시킴으로써, 그분은 확실하게 하나님과의 유사성을 재확립하셨다.754)

---

752) 임경수, "칼 융(Carl Jung)의 개성화(Individuation) 과정과 중생(Rebirth)에 대한 상담신학적 담론," 한국기독교상담학회지 14 (2007): 182(171-196).

753) 루이스 벌코프, 벌코프조직신학(상), 권수경·이상원 역 (서울: 크리스챤다이제스트, 1993), 412.

754) Daniel B. Clendenim, *Easternorthodox christianity*, 동방정교회 개론, 225; 박찬희, 동방정교회 이야기에

이레나우스의 글을 살펴보면, 동방정교회에 속한 이레나우스라 할지라도, 하나님이 자기(self)의 상징에 불과하다고 말하지 않았다. 임경수 교수가 "정신기능 안에 전승된 형태(mode)로 전승된 경험 속에 남아 있는 정신의 실체"라는 것은 집단 무의식이다. 하나님의 형상이 집단 무의식이라면 임경수 교수가 말한 하나님은 자기(self)이다. 융의 집단 무의식으로 하나님의 형상을 진술하는 임경수 교수의 하나님은 기독교의 하나님이 아니다.

참된 기독교인이라면, 임경수 교수와 같은 방식으로 중생을 말한다는 것이 얼마나 비기독교적인지를 분명하게 알아야 한다. 융은 다음과 같이 말했다.

> 마력이 정말로 그 인간이 성격의 한 부분이었다면, 이 마력은 이르는 곳마다 발휘될 것이다. 그렇게 되면 이 인간은 참으로 마신인 것이다. 일종의 사람짐승인 것이다. 그러나 마신이라거나 사람짐승이라는 것은 신화이다. 즉 집합적인 마음이며, 개인의 마음은 아니다. 우리들이 무의식에 의해서 역사적·집합적인 마음을 나누어 가지고 있는 한, 우리는 당연히 무의식적으로는 사람짐승이나 마신이나 마법사 등등의 세계 안에 살고 있는 셈이다. 왜냐하면 이들은 과거의 모든 시대를 가장 강력한 효과로 가득 채워 왔기 때문이다. 그것과 마찬가지로 우리들은 신들이나 악마, 구세주나 극악한 인간까지도 함께 나누어 갖고 있다.[755]

융에 의하면, 인간 안에는 집단 무의식이 있고 그 안에 있는 마력이 발휘되어 마신이 되기도 할 뿐만 아니라, 그 집단 무의식 안에는 "신들이나 악마, 구세주나 극악한 인간까지도 함께 나누어 갖고 있다." 융의 말대로라면, 우리가 예수 그리스도를 구주로 믿는 것은 그저 집단 무의식의 발현에 불과한 것이다. 융은 "돌연한 개심(改心)이라든가 그 밖의 철저한 심경의 변화 등은 집합적 이미지의 끌어당기는 힘에 근거한다"고 말했다.[756] 융은 다음과 같이 말했다.

> 이와 같은 돌변한 변화의 경우에는 원형이 무의식 속에서 장기간 작용하여, 그 위기를 불러일으킨 상태를 교묘하게 설정하고 있다는 것이 증명될 수 있다. 이와 같은 경험은 원형적인 형태가 단순한 정적인 형태는 아니라는 것을 보이고 있다. 그것들은 본능과 같이 자

서 재인용.
755) C.G. 융, C.G. 융 무의식 분석, 설영환 역 (서울: 선영사, 2005), 135.
756) Ibid., 199.

연발생적으로 충동 속에서 나타나는 동적(動的)인 요소인 것이다.[757]

융은 돌변한 변화를 원형이 충동적으로 일으킨 작용의 결과로 말했다. 융의 관점에서 보자면 세상은 원형이 지배하고 있다. 성경은 하나님의 지배와 통치와 섭리 속에 있다고 말한다. 하나님만이 참 신이시고 유일 주(主)님이시기 때문이다.[758]

융에게 있어서 신은 무의식의 힘으로만 여겨질 뿐이다. 융은 다음과 같이 말했다.

> 원시적인 소박한 인간에게 있어서 이들의 것은 물론 개인적 의식에서 떨어져 나뉘어졌던 것은 아니었다. 왜냐하면 신들이나 미신 등은 심적 투영물로서, 무의식의 여러 내용으로 이해 되어져 있지 않고 분명한 현실로서 이해 되어져 있었기 때문이다. 계몽시대에 이르러서야 처음으로 신들은 역시 실재하지 않고, 투영물이었다는 것이 알려졌다. 이리하여 신들은 처리 되어져 버렸다. 하지만 신들의 존재를 포착하는 데에 도움이 되고 있던 심리적 기능은 결코 처리된 것이 아니다. 그 기능은 단지 무의식의 손아귀에 잡혀 버렸다.[759]

융에 의하면, 신은 없다. 신이란 심적 투영물에 불과하다. 융은 이렇게 신이 없다고 해 놓고, 자기(self)가 신성하며 초월적이라고 함으로써 인간의 무의식 안에 신성한 내면아를 만들었다. 또한, 융은 "악마는 신화 유형 그늘의 변형이다"라고 말했다.[760] 융은 다음과 같이 말했다.

---

757) Ibid., 301.
758) 오직 여호와는 그 성전에 계시니 온 천하는 그 앞에서 잠잠할지니라(합 2:20) 너의 하나님 여호와가 너의 가운데 계시니 그는 구원을 베푸실 전능자시라 그가 너로 인하여 기쁨을 이기지 못하여 하시며 너를 잠잠히 사랑하시며 너로 인하여 즐거이 부르며 기뻐하시리라 하리라(습 3:17)
759) C.G. 융, **C.G. 융 무의식 분석**, 설영환 역 (서울: 선영사, 2005), 135-136; "그러나 그 때문에 예전에는 신에게 숭배를 드리는 데 쓰여졌던 리비도가 사용되지 않고 축적 되어짐으로써 인간 자신에게 오히려 화를 입히게 되었다. 종교적 기능과 같은 강렬한 기능의 비하와 억압은 개개인의 심리에 커다란 변화를 불러일으킨다. 무의식은 리비도의 역류 때문에 이상하게 강대해져서, 그 결과 그 고대적(신화적) 집합 내용을 가지고서 의식에 거대한 영향을 미치기 시작하는 것이다. 계몽시대는 주지한 바와 같이 잔인한 프랑스 혁명으로 끝났다. 현대도 우리들은 또다시 집합적인 마음의 무의식적이고 파괴적인 힘을 경험하고 있다. 그 결과 사상 유례가 없는 대량 학살이었다. 이와 같은 것이야말로 무의식이 구하고 있던 그 당사자에 지나지 않는다. 무의식의 세력은 모두 비합리적인 것을 비하하여 그것에 의해서 비합리적인 것의 기능을 무의식적으로 추방한 근대 생활의 합리주의에 의해서, 예전에는 제한도 없이 강화되었던 것이다. 하지만 한번 무의식 중에 들어가 버리면, 이 기능은 무의식에서 파괴적으로 멈추지 않고 끊임없이 작용해 온다."
760) C.G. 융, **C.G. 융 무의식 분석**, 설영환 역 (서울: 선영사, 2005), 138.

개인적인 콤플렉스는 개인적 편견 이상의 것을 산출하지는 않지만 원형은 신화나 종교나 철학 등에 대해 한 나라 혹은 한 시대에 영향을 주어 특성적인 신화, 종교, 철학을 만들어 낸다.761)

융에 의하면, 기독교 신앙은 원형이 만들어 낸 것에 불과하다. 융은 심지어 찬송, 기도, 제사 등은 "청중을 누미너스한 감동에 사로잡히게 하여 영웅과의 동질감을 느끼게끔 개인을 고양시킨다."고 말했다.762) 융은 영웅을 "무의식을 찾아 헤매는 그리움을 스스로 표현한 것"이라고 생각했다.763)

융에 있어서 종교적인 것은 원형의 산물이고 누미노제를 느끼는 것과 연결이 된다. 이것은 융 심리학의 일부가 아니라 매우 중요한 핵심을 차지하는 것이다. 융은 자신의 심리학의 목적이 누미노제를 경험하는 것이라고 말했기 때문이다.

C.S. 홀은 다음과 같이 말했다.

예를 들면, 신의 태고유형에서 '신의 콤플렉스'가 발달하는 경우를 생각해 보자. 모든 태고유형과 마찬가지로 이 태고유형도 처음에는 집합 무의식 속에 존재해 있다. 개인이 세계를 경험함에 따라서, 신의 태고유형과 관계있는 경험이 그것에 붙어 콤플렉스를 형성한다. 콤플렉스는 새로운 자료의 모음에 의해 점점 강해지며, 결국 의식에 침입할 수 있을 정도로 강해진다. 신의 콤플렉스가 지배적으로 되면 당사자가 무엇을 경험하는가, 어떻게 행동하는가가 거의 신의 콤플렉스에 의해 결정된다. 그는 모든 것을 선악의 기준으로 지각하고 판단하며, 악인에게 대해서는 지옥의 불과 천벌을, 선인에게 대해서는 영원한 낙원을 설교하고, 죄 많은 자를 비난하여 회개를 요구한다. 그는 자기를 신의 예언자, 또는 스스로 신이라고 믿어, 인류에게 정의와 구원의 길을 제시할 수 있는 사람은 자기 말고는 없는 걸로 생각하고 있다. 이런 사람은 광신자 또는 정신병자로 생각될 것이다. 이것은 콤플렉스가 그의 퍼스낼리티 전체를 점령하고 있기 때문이다. 이 예는 콤플렉스가 극단적인 무한정한 힘을 가진 경우의 예이다. 이 사람의 '신' 콤플렉스가 퍼스낼리티 전체를 점령하지 않고 퍼스낼리티의 '일부'로서 일하고 있었다면, 그는 인류를 위해서 크게 봉사했을지라도 모른다.764)

---

761) Ibid., 304.
762) Ibid., 304.
763) C.G. 융, **융 기본 저작집8 영웅과 어머니 원형**, 한국융연구원 C.G. 융 저작번역위원회 (서울: 솔출판사, 2005), 65.
764) C.G. 융 · C.S. 홀 · J. 야코비, **C.G. 융 심리학 해설**, 설영환 역 (서울: 선영사, 2007), 93.

홀에 의하면, 예수 그리스도는 광신자이고 정신병자가 되어버린다. 예수 그리스도를 믿은 우리들은 예수 콤플렉스에 점령당한 정신병자가 되어버린다. 융을 가르치는 사람 중에 기독교인 교수와 목사들이면서도 신앙생활에 열심인 사람들을 '신경증 환자'로 말하기도 한다. 융의 관점에서 성도를 보면 신경증 환자에 들지 않을 성도가 별로 없다. 융에게 있어서는 기독교의 하나님이나 아프리카 엘곤의 뭉구(mungu)[765] 신이나 고대의 신화에 등장하는 마녀, 정령, 악마나 다를 것이 없다. 융은 다음과 같이 말했다.

> '신=인간'이라는 신화를 창조해 낸 것은 인간으로서의 예수가 아니었다. 그 신화는 그가 탄생하기 수 세기 전부터 존재해 왔다. 그는 이 상징적인 사고에 사로잡혔고 그것이 성 마르코가 서술한 것처럼 나사렛의 목수라는 협소한 생애로부터 그를 승화시킨 것이다.[766]

융은 예수 그리스도를 하나님으로 전혀 생각하지도 않는다. 융이 예수 그리스도를 신화의 상징적 사고에 사로잡힌 자에 불과하다고 보는 것은 참으로 신성모독죄에 해당된다! 융을 가르치는 사람들은 이런 사실을 알고 융을 가르치는 것일까? 모르고 가르치는 것일까? 해외의 유명한 융 연구소에서 수련했다는 것은 단순히 융을 책으로만 배웠다는 것 이상이다. 융은 다음과 같이 말했다.

> 확실히 무의식은 언제 어떠한 경우에도 위험한 것이라고는 하지 않지만 신경증이 일어나고 있는 경우, 그것은 무의식의 내부에 이상한 에너지가 쌓여 있다는 증거이며, 에너지가 쌓이는 것은 일종의 폭파장치와 같아서 이것은 언제 폭발할지 모른다.[767]

융의 이런 글을 보면, 융을 가르치는 사람들이 남다른 열심으로 신앙생활을 하는 사람들을 신경증 환자로 취급하는 이유가 무엇인지 쉽게 파악이 된다. 융을 가르치는 사람이나 융의 추종자들의 눈에는 열심 있는 기독교인은 "무의식의 내부에 이상한 에너지가 쌓여 있"어서 언제 폭발할지 모르는 사람이라고 생각한다. 융은 다음과 같이 말했다.

---

765) C.G. 융, **심리학과 종교**, 이은봉 역 (서울: 창, 2019), 43; 융은 뭉구를 누미노제 혹은 神의 목소리로 본다.
766) C.G. 융, **C.G. 융 무의식 분석**, 설영환 역 (서울: 선영사, 2005), 315.
767) Ibid., 161.

원형은 숙명적으로 나타나는 체험 콤플렉스이며 더욱이 그 작용은 우리들의 가장 개인적인 삶에서 시작한다. 아니마는 우리에게 더 이상 여신(女神)으로서가 아니라, 경우에 따라서 우리의 가장 개인적인 오해나 최선의 모험으로 나타난다. 예를 들어 어떤 공적이 많은 노학자가 70세에 가족을 버려두고 20세의 빨간 머리를 한 연극배우와 결혼한다면, 이때 우리는 신들이 또 한 번 제물을 거두어들임을 알게 된다. 마력적인 위력은 우리에게 이렇게 나타난다. 얼마 전 시대까지만 해도 위의 젊은 여성을 마녀로 몰아 처형하는 것은 어렵지 않은 일이었을 것이다.768)

융에 의하면, 어떤 사람이 인생의 모험을 감행했다면 그것은 아니마의 마력적인 위력이 나타난 것이다. 융의 주장대로 인간의 삶을 분석하면 인간의 의지로 행한 일이 아니기 때문에 자기 행동에 대한 책임과 처벌을 할 수가 없다. 신이 한 일을 인간이 어떻게 처벌할 수 있겠는가? 융은 다음과 같이 말했다.

원상(原像)769)은 잇달아서 새로운 바리에이션 중에 역사의 흐름과 함께 발달되어 왔다. 구약성서에서의 마력은 불타는 가시덤불과 모세의 얼굴 사이에서 빛나고 있다. 복음서에서의 마력은 하늘에서 내려온 불타는 혀(舌)라고 하는 모양으로 정령이 내린 것으로 나타나고 있다.770)

융에 의하면, 원형이 역사의 흐름과 함께 발달했으며, 구약 성경에서는 가시덤불에 나타났고 복음서에서는 오순절 성령강림 사건이 정령으로 내린 것이다. 융은 성경에 일어난 하나님의 역사마저도 원형의 작용으로 말했다. 융의 심리학에서 하나님은 없다는 것을 분명하게 확인할 수 있다.

융의 심리학을 가르치는 본인은 어떤 부류에 속하는 사람인가? 예수 그리스도를 구주로 믿는 우리들이 혹 실수하고 죄를 지을 수도 있지만, 그렇다고 광신

---

768) C.G. 융, **융 기본 저작집2 원형과 무의식**, 한국융연구원 C.G. 융 저작번역위원회 역 (서울: 솔출판사, 2006), 141.
769) 번역자가 '원형'(Archetypus)을 '원상'(Urbilder)으로 번역한 것으로 보인다.
770) C.G. 융, **C.G. 융 무의식 분석**, 설영환 역 (서울: 선영사, 2005), 98; "헬라클레이토스는 세계 에너지로서, '영원히 살아 있는 불'로 나타나고 있으며, 페르시아에서는 신의 은총 '하오머'의 불의 빛남이 그것이다. 스토아학파에서는 원난(原暖), '운명의 힘'이 그것이다. 중세 종교 전설에서 그것은 '아울라'로서 윤광(潤光)으로 나타나며 불길이 되어 황홀 상태에 있는 성자가 가로 뉘어져 있는 오두막 지붕에서 뿜어 나와져 있다. 성자들은 그들의 환각 중에 이 힘의 태양을, 빛의 가득 참을 보았다. 오랜 생각에 따르면, 이 힘은 영혼 자체이다. 영혼 불멸의 이념 중에 그 불변이 포착되어 있으며, 윤회(輪廻)라고 하는 불교나, 미개인의 생각 중에 그 불변적인 무제한의 변전(變轉) 능력이 포착되어 있다."

자이거나 정신병자이거나 신경증 환자가 아니다. 신경증 환자라고 가르치는 사람보다 더 믿음으로 잘 살아가고 있다.

융에게 원형에 대한 새로운 관점을 제공한 것은 1909년 프로이트와 함께 미국으로 가는 도중에 꾸었던 꿈이었다.[771] 융은 자신의 사유과정에서 젊은 여성의 심리적 상황을 성찰하면서 퇴행과 승화의 시도가 일어나는 것을 보면서 결코 성적인 것으로만 한정할 수 없다고 생각했다. 융은 인간의 진화 과정에서 성적 리비도가 은유와 유사성을 통한 문화의 길로 만들고 더 심화 된 변화로 발전되었다고 보았다.[772]

1913년부터 융은 외부와의 모든 불필요한 관계를 청산하고 본격적인 연구(?)에 들어갔다.[773] 1913년부터 1919년까지 6년 동안 그의 관심사는 자기 자신의 무의식의 현상이었다. 그 기간에 원형론이 틀을 잡기 시작했다.[774] 융은 1919년에 처음으로 원형이라는 단어를 사용했다. 그 이전에는 야코프 부르크하르트(Jacob Jurckhardt)의 '원시심상'(promordial image)이라는 용어를 사용했다. 이후로는 이 두 가지를 구별하여 사용했다.

가오이 하야오는 다음과 같이 말했다.

> 원형은 가설적 개념이고 마음속 깊이 감춰져 있는 기본적 요소이며, 원시심상은 그 의식에 대한 효과, 즉 의식 안에 떠오른 심상을 가리키는 개념으로 사용한다. '원형 자체'는 결코 의식화되는 일이 없고 불가시의 접점과 같기 때문에 그 표상으로서의 '원시심상'(또는 원형적 심상이라고 부름)과는 구별해서 생각해야 한다.[775]

771) 머리 스타인, **융의 영혼의 지도**, 김창한 역 (서울: ㈜문예출판사, 2017), 133; "그는 여러 층으로 된 집(꿈속에서는 '나의 집'이라고 했던) 꿈을 꾸었다. 이 꿈에서 그는 주요 층(현재)에서 지하(최근의 역사적 과거), 그리고 지하 밑으로 이어지는 여러 지하 저장고(그리스와 로마 시대 같은 고대의 역사적 과거, 그리고 최종적으로는 선사시대와 구석기 시대)에 이르는 그 집의 각층들을 탐험했다."

772) Ibid., 135.

773) 칼 융(Carl Jung, 1875-1961)의 출생과 나이를 생각하고, 그의 나이 40이 1915년 되는 해였다는 것을 고려하면서 이 책을 읽어야 한다. 1913년 융의 나이 38세에 프로이트와 정신분석학 운동으로부터 결별하고 자신의 심리학을 '분석심리학'이라고 말했다. 그리고 융은 1919년까지 무의식과 신화체험에 몰두했다.

774) C.G. 융, **융 기본 저작집1 정신요법의 기본문제**, 한국융연구원 C.G. 융 저작번역위원회 (서울: 솔출판사, 2007), 362; "1918-ca. 1926: 그노시스파(영지주의) 문헌 연구에서 '원형'의 개념을 전까지 사용하던 '집단적 무의식의 지배적인 것'과 야콥 부르크하르트에 의한 '원상'의 개념 대신에 처음으로 사용. 만다라 연구." 이때가 1918년, 융의 나이 43살이었다. 『태을금화종지』(Golden Flower)를 접하게 된 것은 10년이 지난 1928년 그의 나이 53세이며, 그때부터 연금술에 관심을 가지게 된다.

775) 가와이 하야오, **융이 그린 마음의 해부도**, 김지윤 역 (서울: 바다출판사, 2018), 94-95.

1920년과 1924년 그리고 1925년에서 1926년 사이에, 융은 원형론을 시험하기 위한 작업으로 여행을 했다. 융은 튀니지아와 알제리아를 여행하고 아리조나 지역의 푸에불로–인디안족을 탐사하며 케냐와 우간다의 원시종족을 방문했다. '무의식에서의 근원적 심성이 현존하는 원시인들 속에 어떻게 반영되고 있는가?'를 찾아보았다. 그야말로 신비주의 수도자가 되었다.

융의 후반기 이론적 개요를 보여주는 것은 융의 고전적 논문인 「정신의 본질에 관하여」 이다. 융은 1945-1946에 썼으나 1954년에 개정했다. 이 논문에서 융은 인간 정신의 가장 깊은 층을 집단 무의식이라고 보았으며 그 무의식에는 원형과 본능이 있으며 보편적 형태와 힘이 결합 된 것이라고 말했다. 이것은 융의 존재적 관점이다. 모든 인간에게는 동일한 원형과 본능이 있다는 것이다. 융은 원형과 본능을 자연의 산물로 보았다. 인간을 진화론적 관점에서 보는 융의 존재론은 자연과 연결되어 있다. '모든 인간은 원형과 본능을 자연으로부터 부여받았다'는 것이 융의 인간론이다.

융은 원형에 대해 다음과 같이 말했다.

> 원형이란 실제로 본능적인 경향이 있어서 새가 집을 짓는 충동이나 개미가 조직화 된 집단을 형성하는 것과 같이 현저한 것이다. 여기에서 나는 본능과 원형 사이의 관계를 분명히 해 두어야 하겠다. 우리들이 정확히 본능이라고 부르는 것은 생리적인 충동으로서 감각에 의해 인지되고 있다. 그러나 동시에 그것들은 공상 중에도 나타나 그 존재를 상징적인 이미지에 의해서만 표명한다. 여기서 이 표명이 내가 부르고 있는 원형이다. 그것들은 밝혀진 기원을 갖고 있지 않다.[776]

원형에 본능적 경향이 있다는 것은 이 현실적 가치를 말하고, 원형을 표명으로 말하는 것은 현실적 가치를 넘어서 영원성을 확보하려는 것이다. 존재와 사명에 있어서 영원성이 확보되어야 인간은 허탈감 없이 살아갈 수 있기 때문이다.

융은 인생 후반기에 「개인의 운명에서의 부성」 이라는 글 개정판에서 "사람은 백지상태로 태어나는 것이 아니라 단지 무의식적 상태로 태어난다"고 말했

---

776) C.G. 융, C.G. **융 무의식 분석**, 설영환 역 (서울: 선영사, 2005), 292.

다.777) 이것은 인간이 원형이라는 신성한 존재를 가지고 태어났다는 것을 의미한다. 이것은 융의 인간론이 성경과 완전히 다른 견해를 가지고 있다는 것을 말한다. 기독교 상담학을 가르치는 사람의 기본은 성경적인 인간론을 가지는 것이다. 성경적인 인간론에서 강의가 시작되지 않고 융의 인간론으로 시작하면 인간이 신적인 존재가 된다.

융의 저작물이나 융 관련 서적을 읽어도 기독교와 아무런 문제가 없는 것처럼 말하는 것이 대부분이다. 심지어 기독교인 교수라 하면서도 융의 원형론을 매우 호의적으로 가르치는 경우가 많다. 배우는 사람이 성경과 다르다고 말하면, '학문적인 것으로 가치가 있다'면서 질문에 답하지 않고 회피한다. 그런 자세는 기독교인 교수로서 매우 불성실한 자태이다.

융의 원형론에서 간과하지 말아야 할 것은 미르치아 엘리아데(Mircea Eliade, 1907-1986)이다. 엘리아데에게 원형(Archetype) 개념을 제공해 준 장본인인 융은 엘리아데의 『샤머니즘과 엑스타시스에 대한 고대의 기술』(Le Chamanisme Et Les Techniques Archaiques de léxtase)이라는 책을 인용했다. 융은 엘리아데의 글을 총 13회에 걸쳐서 인용했으며, 엘리아데와 대화를 통해서 자신의 이론을 검증받기도 했다.778) 참된 기독교인이라면 융이나 엘리아데나 그들의 원형이론이 샤머니즘에 대한 연구에 기초했다는 사실을 결코 쉽게 생각해서는 안 된다.

머리 스타인은 융이 "콤플렉스에 지속적으로 나타나는 형태를 통해 원형이란 가설을 구축했다."고 말했다.779) 그러면서 융을 '과학자'라고 말했다.

> 융을 근본적으로 과학자라고 볼 수 있는 이유는 그가 원형이론을 하나의 가설로 인정하고 있다는 데 있다. 반면에 이것을 인정하지 않는다면, 그는 신화를 만들거나 예지적 선언을 하는 셈이다. 이러한 신화를 만들거나 예지적 선언은 과학이라보다는 종교에 적합하다. 융의 저작들은 도그마로 취급되곤 하지만, 그의 연구는 경험적 방법에 기초하며 그는 예언자라기보다 과학자의 소임을 하므로 도그마로 취급해서는 안 된다.780)

---

777) 머리 스타인, **융의 영혼의 지도**, 김창한 역 (서울: ㈜문예출판사, 2017), 132.
778) 김재영, "칼 융과 머세아 엘리아데의 종교이해에 관한 비교연구: 원형이론을 중심으로," **종교연구** 17 (1999): 27-29(21-69).
779) 머리 스타인, **융의 영혼의 지도**, 김창한 역 (서울: ㈜문예출판사, 2017), 42.
780) Ibid., 42.

스타인의 말대로, 만일 융의 가설과 경험적 방법이 과학자가 한 것이라고 말하면 융이 구상화를 통하여 영적인 안내자와 조우하여 만들어 낸 것들을 과학자의 연구결과물이라고 말해야 한다. 영적인 안내자와의 만남은 접신이다. 접신으로 만들어진 것이 과학적 결과물이라고 주장하면 우리가 일반적으로 알고 있는 과학은 비과학이 되어버린다.

김성민 교수는 융의 원형은 "심리학적인 개념일 뿐만 아니라, 신체의 기관처럼 실제로 작용하"고, "원형은 사람의 위나 폐처럼 실제로 존재한다"고 말했다.[781] 융은 종교 관념이 "원형으로부터 유도되었으며 이것을 '주의 깊게 고려하는 것!'이 종교의 본질을 만들어낸다"고 말했으며, "원형들은 언제나 존재하며 영향을 주고 있"다고 말했다.[782] 융의 무의식 안에는 원형들이 있으며 그 원형 속에 있는 신은 악과 대극을 이루고 있으며, 사위 중의 사격이 악마다! 사격이란 사탄이다!

하재성 교수는 2014년 한국목회상담학회 가을 학술대회에서 「심리학의 자율성과 신학적 자신감」이라는 주제로 발제했다. 하재성 교수의 발제에 대한 크리스천 투데이 기사를 보면 다음과 같다.

하 박사는 "심리학이 나름대로 과학으로서 인간과 사회 경험과 현상을 해석하는 중요한 도구임을 실천 및 목회신학자들은 인정하고, 더구나 전통적인 신학과 교회가 인간의 고난과 사회적 정의(justice)의 필요에 대한 심층적 진술, 진단과 해석을 구사할 수 있는 도구를 찾지 못해 정체되어 있을 때, 심리학은 틀림없이 중요한 통찰력을 제공하는 학문이 되어 왔다"고 평가했다. 그는 "그럼에도 불구하고 목회상담자들과 신학자들이 신학적 중심을 잃고 심리학적 이상에 신학적 이상을 양보하였을 때, 심리학은 신학적 자원과 가치를 소멸시키는 위협적인 존재가 되기도 하였다"며 "하지만 다원화된 현대 사회와 심층적인 개인의 고난을 이해하기 위해, 심리학을 비롯한 사회과학의 이용은 필수적"이라고 그 양면성을 지적했다. 그러면서 하 박사는 "목회상담자들과 신학자들이 신학적 자신감을 잃어서는 안 된다"고 했다. 그는 "그것은 이미 종교개혁자 존 칼빈의 신학적 자신감이 닦아 놓은 일반은총의 원리"라며 "목회상담자들은 마땅히 신앙을 이성과 과학보다 우선시해야 한다. 그렇지만 신학과 심리학은 상호비평적인 대화를 통해, 서로에 대한 존중과 인간 탐구와 사회적 변화라는 각각의 목표를 지속적으로 추구할 수 있을 것"이라고 했다. 하 박사는 "심리학 혹은

---

781) 김성민, 칼 융의 『심리학과 종교』 읽기 (서울: 세창미디어, 2015), 186-187.
782) C.G. 융, 융 기본 저작집 2 원형과 무의식, 한국융연구원 C.G. 융 저작번역위원회 (서울: 솔출판사, 2006), 89.

상담학이 기독교의 진리를 잠식할 수 있다는 기독교 일부의 우려는 현대 과학에 대한 과도한 두려움의 결과"라며 "심리학을 비롯한 과학은 하나님의 형상으로 지음받은 인간이 탐구한, 유익한 학문의 영역들이다. 그것을 탐구한 이들이 심지어 이교도라 하더라도 그 깊은 통찰력과 지혜는 하나님의 작품으로, 그것을 부인하고 거절하는 것은 그 저자인 하나님을 거절하는 것과 같다"고 했다. 그는 "그러나 목회상담의 역사에서 심리학적인 인간 이상에 몰입한 과거가 있었음을 잊어서는 안 될 것"이라며 "그것이 역사 속에서 피할 수 없는 악이었다면, 이제는 목회상담자들이 신앙 중심적인 상담의 태도를 잃어버려서는 안 된다"고 강조했다. 그는 "심리학과 여타 사회과학은 개인뿐만 아니라 사회 정의를 진단하게 하는 중요한 시각을 목회신학자들에게 제공한다"며 "신학적 자원을 중심으로 자기 비평적이고 상호비평적인 관계에서 사회과학적 자원들에 대해 열린 시각을 갖는 것이, 보수와 진보의 이데올로기 사이에서 갈 길을 잃은 한국교회의 생존의 길이기도 하다"고 했다. 하 박사는 마지막으로 "신학자들은 담대하게 심리학의 학문으로서의 자율성을 받아들이는 자신감을 가져야 하고, 신학과 심리학은 독립적이고 상호비평적인 대화의 노력을 지속해야 한다"고 말했다.[783]

하재성 교수의 이런 주장들은 기독교인으로서 수용할 수 있는 것인가? "심리학 혹은 상담학이 기독교의 진리를 잠식할 수 있다"는 말이 그야말로 "기독교 일부의 우려는 현대 과학에 대한 과도한 두려움의 결과"인가? 하재성 교수가 심리학을 마치 과학인 것처럼 말했다. 박노권 교수는 신학과 심리학의 긍정적인 통합을 말했다. 박노권 교수는 "성경에 계시 된 진리와 상충되지 않는다면 하나님께서 깨닫게 해주신 학문의 결과라고 볼 수 있다"고 말했다.[784] 그러나 박노권 교수는 기독교의 하나님과 융의 하느님이 같은 것이 아님을 알면서도 융의 분석심리학이 기독교 영성에 기여했다고 말한 것은 성경에 계시 된 진리와 명확하게 상충 된 것이다.[785]

기독교인 교수로서 융이 샤머니즘과 태양신 종교 영향을 받고, 음양의 사상과

---

783) "심리학이 기독교 잠식? 과학에 대한 과도한 두려움" Nov. 11. 2014. Accessed Apr. 11. 2019. http://www.christiantoday.co.kr/news/276497/

784) 박노권, "목회상담에서 신학과 심리학의 관계," 신학과 현장 16 (2006): 114(105-130).

785) 박노권, "기독교 영성과 융의 개성화이론에 대한 비교연구," 신학사상 136 (2007): 208(207-232); "융이 보는 하나님은 심리적인 경험에 관한 것으로, 역사적으로 유대-기독교의 신앙에서 말하는 그런 초월적이고 인격적인 하나님이 아니다. 즉, 집단무의식 속에나 존재하는 숨어있는 하나님이다. 그럼에도 인간 심층에 관해 다루는 그의 개성화 이론은 전인적 존재로서 인간의 심리-영성을 이해하는데 도움을 줄 수 있다고 보여진다." 박노권, "영성과 심리학의 관계에 대한 비교 연구," 한국기독교상담학회지 12 (2006): 131(117-138); "융의 이론은 기독교 영성이 어떻게 인간의 내면 깊은 곳에 뿌리를 내려야 하는지에 대한 새로운 통찰력을 주는 것을 부인할 수 없다."

도 사상, 연금술과 만다라 등을 통해 무의식의 귀신들과 접신한 것을 과학이라고 말할 수 있는가? 그것들이 기독교 신앙과 배치되지 않는가?

하재성 교수가 말하는 신학적 자신감은 융의 말과 흡사하다.

융은 다음과 같이 말했다.

> 우리는 심리학적 해석을 두려워할 필요는 없다. … 빛의 속성을 이해하기 위해 물리학적 해석을 한다고 해서 그 빛이 결코 사라지거나 훼손되지는 않는다. 그런데 왜 종교적 체험에 대한 심리학적 해석을 한다고 해서 그러한 체험이 사라지거나 훼손된다고 생각하는가(Jung, 1958, 463).[786)

융은 심리학적 해석을 두려워할 필요가 없다면서 과학의 영역인 빛의 속성과 해석에 대해 말했다. 융의 샤머니즘적인 심리학적 해석과 빛의 해석이 같은 것이라면 그것은 사이비 과학이다.

융의 이런 말에 대해, 이규민 교수는 다음과 같이 말했다.

> 하나님 또는 하나님 이미지에 대해 심리학적 해석을 하는 것을 두려워할 필요는 없다. 심리학적 해석을 한다고 해서 신앙이 사라지거나 훼손되는 것이 아니기 때문이다. 이런 두려움이 있을수록 하나님 체험을 하기가 점점 더 어려워진다. 하나님을 우리 밖에 있는 어떤 막연한 추상적 존재로서 외현화시킬 뿐이다. 하나님은 예배와 경배의 외적 대상이기도 하지만 동시에 하나님은 내적 경험과 내적 친교의 대상이기도 하다. 하나님이 우리의 내적 경험과 친교의 대상이 될 수 없다면 그런 하나님은 인간의 실존 차원에서는 없는 존재이거나 죽은 존재일 수밖에 없다(Jung, 1958, 463).[787)

이규민 교수는 하나님 또는 하나님 이미지를 심리학적으로 해석하는 것을 두려워할 필요가 없고 심리학적으로 해석한다고 신앙이 사라진다거나 훼손되는 것이 아니라고 말했다. 과연 그럴까? 융은 기독교인들이 말하는 하나님은 그저 자기의 상징에 불과하다고 말했다. 이규민 교수는 이어서, "하나님이 자신의 내적 실재와 아무런 상관이 없는 객관적, 외적 존재에 불과하다면 그 사람은 하나님을 경험하기가 대단히 어렵다"고 말했다. 이규민 교수는 "내 속에 계신 그리

786) 이규민, "융의 종교심리학에 나타난 종교의 역할과 치유적 기능 : 종교이해의 타당성과 기독교교육적 함의를 중심으로." 기독교교육논총 43 (2015): 151(137-167).
787) Ibid.

스도"(갈 2:20)을 체험하지 않으면 "하나님이라는 이름이 하나의 구호나 명제에 불과하든가 아니면 외적 투사에 불과한 것이 되기 쉽다"고 말했다. 아규민 교수의 주장대로 하나님을 체험하려면 융이 체험했던 방식대로 적극적 심상법으로 귀신들을 만나야 한다.

김성민 교수는 다음과 같이 말했다.

> 그는 정신적인 실재는 물리적인 실재와 똑같이 의미 있는 것이라고 주장하였다. 다시 말해서, 어떤 사람이 하나님이 존재한다고 믿으면, 그 믿음은 하나님의 존재 여부와 관계없이 그에게 실제적으로 영향을 미치며 심리학은 그것에 관해서 연구해야 한다고 주장한 것이다. 그래서 그는 어떤 생각이 심리적인 관점에서 진실이라면, 그것은 실제로 존재하며, 자연과학에서 다루는 자연적인 현상들과 마찬가지로 연구될 수 있는 것이라고 강조했다.[788]

김성민 교수에 의하면, 융이 말하는 정신적인 실재란 "물리적인 실재와 똑같이 의미 있는 것"이다. 하재성 교수가 말하는 것처럼 단순히 "환각 현상 그 자체"가 아니다.[789] 융의 집단 무의식은 "영적인 실체를 담고 있는 그릇"이다.[790] 융은 "정신적인 실재를 물리적인 실재와 똑같이 실제적인 것으로 다루었다."[791]

김성민 교수는 다음과 같이 말했다.

> 융은 집단적 무의식을 하나의 이론적인 전제(prémise)로서만 생각한 것이 아니다. 오히려 하나의 객관적인 정신적 실제라고 생각하였다. 왜냐하면 그가 치료했던 환자들의 꿈이나 환상 속에서 그는 때때로 그것들이 개인적인 인격에 속한 것이라기 보다는 집단적인 특성을 지니고 있는 표상들이라는 사실을 발견했기 때문이다. 사실, 그 이미지들은 환자들의 개인적인 삶과 관련이 되는 것이 아니라, 그들의 삶을 무한하게 뛰어넘는 내용들이었다. 왜냐하면 그것들은 한 개인의 정신 현상 속에서만 발견되는 것이 아니라, 신화나 전설 등 그의 개인적인 삶을 초월하는 영역에서 마치 객관적인 실재처럼 나타나는 것이기 때문이

---

788) 김성민, **융의 심리학과 종교** (파주: 동명사, 2010), 165; 융에 의하면, 인간의 정신은 사람들이 태어나기 전부터 존재하는 것이며, 존재 자체인 것이다. 다시 말해서, 어떤 정신적인 실재는 한 사람의 존재를 벗어나서 객관적인 특성을 지니고 있는 것이다. 그러므로 융에게 있어서 종교적인 현상들은 다만 인간 정신의 승화 기능에서 나온 것만이 아니라, 오히려 인간의 영혼에 있는 독립적이며 진정한 기능으로부터 나온 객관적인 표상인 것이다. 그래서 융은 우리가 종교적인 현상들에 접근할 때, 그런 태도를 가지고 접근해야 한다고 강조하였다."
789) 하재성, "Carl G. Jung이 말하는 신비체험과 영적 현상들," **개혁신학과교회** 29 (2015): 226(214-239).
790) 에르나 반 드 빙켈, **융의 심리학과 기독교 영성**, 김성민 역 (서울: 한국심리치료연구소, 2010), 27.
791) 김성민, **융의 심리학과 종교** (파주: 동명사, 2010), 60; "그에게 있어서 물질과 정신은 서로 다른 것이 아니라 같은 실재의 양측 면을 가리키는 것이었다. 따라서, 그는 정신적인 현상을 물리적인 현상과 똑같이 다루어야 한다고 강조하였다. 그러지 않을 경우, 우리는 이 세상의 한쪽 면만을 볼 수밖에 없다."

었다. 그러면 그 이미지들은 그들의 삶을 이끌고 가는 것이었다. 융은 인간의 정신 현상 가운데서 이런 내적인 안내자가 존재한다는 사실에 대해서 깊은 인상을 받았다.[792]

원형이란 영혼의 신성한 존재, 초월적인 구조, 영적인 기능을 말한다.[793] 그래서 원형의 경험은 종교적 경험을 갖게 한다.[794] 융은 원형이 '자기의식'을 갖는다고 보았다. 원형이 자기의식이 있다는 것은 원형이 하나의 관념이 아니라 신적인 실체라는 것을 의미한다. 문제는 원형의 의식을 성경의 사건으로 설명한다는 것이다.

머리 스타인은 다음과 같이 말했다.

> 원형은 자기의식을 갖는가? 원형은 자신이 존재한다는 것을 아는가? 융은 자신이 보기에 원형에서 일종의 의식적인 것이 있다는 것을 발견했다. 예를 들어 원형 이미지가 자아에 침투해 점유하면, 이 이미지는 자신만의 소리, 정체성, 관점, 가치를 갖는다. 그런데 원형

---

792) Ibid., 97-98; 〈이것은 원시인들이 종종 "큰 꿈을 꾸었다"고 말하면서 그 꿈이 앞으로 그들의 삶이나 부족 전체의 삶에 어떤 모습으로 나타날 것인가를 진지하게 기다렸던 것과 같은 현상이었다. 그래서 융은 "사람들의 꿈에 신화적이며 종교적인 주제가 나타나는 것은 집단적 무의식의 활동을 증거 하는 것이다"라고 말하였다.〉
793) C.G. 융, C.G. 융 무의식 분석, 설영환 역 (서울: 선영사, 2005), 157; "초월적 기능은 목표도 없이 시작하는 것이 아니라 인간 본연의 모습을 보여주는 것이다. 초월적 기능은 첫째로 단순한 자연 과정이며, 경우에 따라서는 우리들이 알지 못하는 중에 우리가 손을 쓰지 않더라도 개인의 저항을 없에도 강인하게 활동하기 시작하는 것도 있다. 이 과정의 의미와 목표와는 본래 태아적 맹아(萌芽) 상태에 있는 인격을 그 일체의 양상과 함께 실현하는 것에 있다. 그것은 본원적으로 잠재되어 있는 전체성의 형성이며 전개이다. 그때 무의식이 이용하는 상징은 인류가 생길 때부터 전체성이나 완전성이나 완성을 표현하는 데 사용해 왔던 상징이다. 그리고 대체로 13이라는 수의 상징 및 원망의 상징이다. 필자(칼 융)는 이런 이유에서 이 과정을 개별화 과정이라고 명명했다."
794) C G Jung, *Collected Works of C G Jung, Vol 08 The Structure and Dynamics of the Psyche*, §405; 머리 스타인, 융의 영혼의 지도, 김창한 역 (서울: ㈜문예출판사, 2017), 148-149 재인용; "원형이 나타날 때는 ('주술적'이 지나치다면) '영적'으로만 서술될 수 있는 누멘적 numinous['성스러움'으로 번역될 수 있는 이 말은 독일의 신학자이자 종교현상학자인 루돌프 오토(Rudolf Otto)가 사용했는데, 그는 종교 경험을 누멘적 경험으로 보았다] 특성을 분명히 갖고 있다고 보았다. 그래서 이 현상은 종교심리학에서 가장 중요하다. 이 현상이 주는 영향을 고려해 보면 결코 모호한 것이 아니다. 이러한 현상은 치유적이거나 파괴적일 수 있지만, 이러한 현상을 어느 정도 분명히 알게 되면 결코 무시할 수 없게 된다. 이런 면에서 볼 때 다른 무엇보다 '영적'이라는 어구를 사용할 만하다. 원형이 꿈이나 환상에서 영의 형태로 나타나거나 혼영처럼 위안을 주는 것은 드문 일이 아니다. 원형의 성스러움에는 신비로운 아우라(오토는 누멘적 경험 또는 성스러움의 경험을 신비로운 떨림과 매혹이라고 한다)가 둘려 있고, 이에 상응하는 영향을 감정에 끼친다. 원형은 스스로가 어떠한 나약함보다 월등히 높이 있다고 여기는 그런 사람들에게 철학적·종교적 확신을 갖게 한다. 원형은 목표를 향해 유례없는 열정과 후회 없는 방식으로 돌진하고 주체로 하여금 마법에 걸리게 한다. 주체가 필사적으로 항거해도 어쩔 수 없이, 그리고 마침내 벗어날 수 없게 된다. 왜냐하면 이러한 경험이 이전에는 상상하지도 못한 깊고 충만한 의미를 원형과 함께 가져다주기 때문이다."

적 단위 안에 자기의식은 존재하는가? 어떤 신화는 그런 인식이 있음을 강하게 지시해 준다. 모세가 불타는 덤불에서 신과 직면했을 때 "당신은 누구십니까?"라고 묻자, 원형적 음성은 "나는 스스로 있는 자다"라고 응답했다. 신학적으로 무슨 의미가 있든, 이것은 원형에 자기 성찰적 의식이 있음을 드러내는 것과 같다.795)

스타인의 관점에서는, 원형이란 성경이 말하는 여호와 하나님이 된다. '원형=여호와 하나님'이라는 것은 기독교 신앙인으로서는 결코 용납할 수 없다. 융의 체계에서 자기(self)가 드러난 존재로서 '있는 스스로의 나'(I am that I am)라고 여기는 인간이 만들어지는 것은 인간을 신성한 존재로 여기고 있기 때문이다. 머리 스타인은 원형에 대해 이렇게 말했다.

> 원형은 '물 자체'(칸트의 Ding an sich)이며, 그래서 인간의 인식 범위를 넘어서는 것이다. 우리는 단지 원형이 현시되는 것을 주목함으로써 간접적으로만 인식할 수 있다.796)

융은 원형 그 자체 내에 누미노제(das Numinose)를 갖고 있는 자연의 빛(Lumen naturae)이라고 했으며, 이 자연의 빛을 드러나게 하는 것이 진정한 의미의 의식화라고 보았다.797) 이것이 미국과 유럽 대륙에 지대한 영향을 끼치게 되었는데, 그것이 로마 가톨릭과 개신교의 영성주의자들과 은사주의자들에게 영향을 주게 되었고 원형체험이 성령체험으로 변질되게 되었다.

융의 원형은 신성한 내면아이를 기초로 하는 영적이고 초월적인 신성한 인간을 말한다.798) 그런 까닭에 보편적이라는 말을 좋아하며 집단 무의식이라고 말한다. 세상의 종교들은 융의 말을 열렬히 환영한다. 융의 인간론은 기독교와 담을 쌓게 하는 근본적인 시발점이다.

그런데도, 수많은 기독교인 교수들은 융을 기독교 상담학이라는 이름으로 너

---

795) 머리 스타인, **융의 영혼의 지도**, 김창한 역 (서울: ㈜문예출판사, 2017), 232.

796) Ibid., 186.

797) 이죽내, **융심리학과 동양사상** (서울: 하나의학사, 2005), 27.

798) C.G. 융, **원형과 무의식**, 한국융연구원 C.G. 융 저작 번역위원회 역 (서울: 솔출판사, 2006), 106-107; 융은 원형의 근거를 필로 이우대우스(Philo Iudaeus)로부터 시작해서 레비-브릴(Lévy-Bruhl)에게서 찾는다. 그 속에서 원형이 신의 이마고(Imago Dei)라고 밝힌다. 그러나 더 놀라운 것은 p. 107. 각주 7번을 보면 그가 언급하는 사람들(연금술사, Hermes Trismegistus, Swedenborg)은 모두 신비주의자들이다. 이것이 의미하는 바는 융의 원형, 곧 신의 이마고(Imago Dei)는 인간 내부에 신성이 있다는 신성한 내면아이를 말한다.

무나도 호의적으로 가르쳐 왔다. 과연 그 교수들은 이런 융의 속내를 몰랐을까? 정말로 몰랐을까? 여전히 융의 분석심리학을 좋게만 배우고 있는 수많은 사람은 자신도 모르게 오염되고 있다. 융의 속내를 모르고 융의 책이나 글을 호의적으로 읽으면 백날 읽어도 소용이 없다. 무슨 말을 하는지 파악하지 못하기 때문에 자기도 죽고 다른 사람도 죽이게 된다.

원형이란 인간이 태어날 때부터 이미 부여된 것으로 인간을 인간답게 하는 가장 기본적인 조건이라고 융은 말했다.[799] 이것은 자기(self)와 관련된다. 자기란 의식과 무의식을 통틀어 하나인 전체를 말하고 자기 원형은 인간으로 하여금 스스로 전체로서 살 것을 요구하는 기능을 말한다.[800] 자기 원형의 기능은 다른 사람이 아니라 자신의 전체가 되도록 자극하는 데 있다. 전체가 된다는 것 혹은 전일성이란 의식과 무의식이라는 대극의 합일을 말한다.[801] 대극의 합일을 이루어 전체가 되는 과정을 개성화 과정이라고 하며 그것을 실현하는 것을 개성화라고 한다.[802] 여기까지 읽어 보면, '도대체 무슨 말인가?' 하는 마음이 들게 된다. 이런 말의 핵심은 신격화, 곧 그리스도(혹은 부처)가 되는 것을 말한다. 그 시작은 신성한 내면아이며 그 결과는 신이 되는 것이다! 이것이 모든 것을 결정한다![803]

융의 원형 개념에 대한 출처를 알면, 융의 심리학을 과학이라고 말하면서 신

---

799) 예를 들어, 3살 먹은 아이가 언어를 익힐 수 있는 것, 두 발로 서는 것은 이런 유전적 집단 무의식 때문이라고 본다. 유전적으로 각인된 무엇이 없다면 불가능하다고 보는 것이다.

800) 이죽내, **융 심리학과 동양사상** (서울: 하나의학사, 2005), 28-30; 자기원형의 기능은 보상기능과 초월기능으로 나타난다. 의식에 대한 무의식의 기능적 보상관계가 자기원형의 보상기능이다. 의식적 태도의 일방성이 크면 클수록 의식은 무의식과 더욱 대극적이 된다. 이때 무의식은 그 대극을 지양하여 정신의 전체성을 이루려고 한다. 그것이 자기 원형의 보상기능이다. 이 전체성을 이루려고 하는 전체성의 실현은 근본적으로 자기 원형의 초월기능에 의해서 가능하다. 자기원형의 초월기능에 통하여 의식과 무의식의 합일이 일어나고 또한 의식과 무의식의 합일로부터 초월기능이 일어난다. 말하자면 원형의 초월기능에 의해 의식과 무의식이라는 대극이 합일된다.

801) 김성민, **융의 심리학과 종교** (서울: 동명사, 2010), 84; 융이 말하는 의식과 무의식의 통합은 구원을 말한다. "의식과 무의식의 통합은 사람들에게 구원을 가져다 줄 수 있는 것이다."

802) 이죽내, **융 심리학과 동양사상** (서울: 하나의학사, 2005), 23.

803) C.G.융, **꿈에 나타난 개성화 과정의 상징**, 한국융연구원 C.G. 융 저작번역위원회 역 (서울: 솔출판사, 2007), 31; "대극성을 체험하지 않고서는 전체성을 체험할 수 없다. 또한 신성한 형상에 내면적으로 다가갈 수도 없다. 그러한 이유로 해서 기독교는 타당하게도 모든 개인 속에 있는 세계 대극성의 깊은 심연을 최소한 외부에서부터라도 파헤치려는 명백한 의도로 죄악성과 원죄를 주장한다. 어느 정도 이성이 깨어난 사람에게는 물론 이 방법이 효과가 없다. 그는 그러한 교리를 단순히 믿지도 않을뿐더러 불합리한 것으로 여기기 때문이다. … "

학적 자신감을 가지라고 말할 수 없다. 융은 정신과 의사로서 환자들의 꿈 이야기에서 매우 흥미로운 점을 발견했다. 그것은 환자들이 살아온 배경과 환경이 다름에도 불구하고 공통된 것들, 곧 영혼, 귀신들림, 악마, 대지, 야만인, 성자 등의 이미지들이 등장하는 것에 대하여 심취하게 되었다. 놀라운 것은 환자들의 환상이나 상징이 고대의 설화나 신화에 나오는 것과 흡사하다는 것이었다. 칼 융은 이렇게 사공간적으로 차이가 있음에도 불구하고 그 배후에 있는 근본적인 원리를 원형(archetype)이라 불렀다.

융은 다음과 같이 말했다.

> "원형이라고 하는 말의 개념은 … 내가 다음의 사실을 여러 번 관찰한 결과 생각해 낸 것이다. 즉 세계의 여러 나라의 문학 속에 나와 있는 신화들이나 동화들 속에는 그 어느 곳에서나 공통적으로 찾아볼 수 있는 특정한 주제들이 담겨 있다. 그런데 우리는 이 주제들과 똑같은 것들을 현대 사회에서 살고 있는 사람들의 환상이나 꿈, 망상, 및 광희(狂喜) 상태에서도 찾아볼 수 있다. 이러한 유형의 이미지들과 연상이 내가 이른바 원형적 사고(archetyphal idea)라고 부르는 것이다. 이러한 이미지들이 생생하면 생생할수록, 이 이미지들에는 더욱 강한 감정적 색조가 묻게 될 것이다. … 이 이미지들은 우리를 감동시키며, 우리들에게 영향을 미치며, 매혹시킬 것이다. 이 이미지들은 그 기원을 원형에 두고 있는 것이다. 원형이란 그 자체로서는 표현 불가능한 것이며, 무의식적이다. 그리고 그것은 우리들에게 선천적으로 주어진 정신 구조의 한 부분인 것 같이 생각된다. 그러므로 그것은 언제 어디서나(그것이 나타날 만한 여건이 갖춰지면, 우리의 의식과 무관하게) 자동적으로 나타날 수 있는 것이다."(*Civilization in Transition*, CW. 10, P. 847).[804]

융에 의하면, 원형이란 인간의 '기본적인 사고이자 원초적 사고'로써 정신 속 어디나 보편적으로 존재하는 일정한 형식들이다.[805] 융이 말하는 원형이란 인

---

804) 칼 구스타프 융, **융의 생애와 사상**, 김기춘 역 (서울: 현대사상사, 1995), 460-462.
805) 김석현, "한국 현대시에 나타난 원형 연구 : 원형을 통한 자아 인식과 시적 변용" (박사학위논문, 단국대학교 대학원, 2005); 12-13. "본래 원형이란 사물들의 근본적 틀이라고 할 수 있다. 문자 그대로 근원적인 형식을 뜻하는 것으로서, 시간과 공간을 초월하여 문학에서 공통적으로 나타나는 보편적인 요소들을 가리킨다. 구체적으로 다양한 문학 작품들 속에 기본적이고 원초적인 형태로 들어 있는 상황, 서술의 짜임새, 인물 혹은 이미지 등을 가리키는 말이다. 대표적인 학자로는 하이만, 브룩스, 융 등이 있다. 하이만-핵심적인 인간 경험의 기본적이고도 오래된 유형, 특수한 정서적 의미를 가진 어떤 시(또는 다른 예술)의 근저에 존재, 브룩스(C. Brooks)-근본적인 이미지, 집단적 무의식의 한 부분, 같은 종류의 무수한 경험의 심리적 잉여를 의미. 인류의 상속받은 반응 유형의 한 부분을 의미. 융-"원형은 결코 쓸모없는 고대의 잔존물이거나 유물이 아니다. 살아 있는 실체이고, 신령 사상의 전성 혹은 주요한 상상력을 나의 원형에 대한 개념이 사고의 외연을 나타내는 마음속에 새겨 두는 것이 중요하다. 실제로 원형은 본능의 활동 영역에 속하고 그와 같은 의미여서 그것은 심리적 형태를 물려받은 형태를 나

류의 누적적 또는 집합적 경험의 표상으로서 모든 인간이 보편적으로 지니고 있는 잠재 능력을 의미한다.806) 그래서 원형은 집단 무의식의 특수한 내용물이라고 할 수 있다. 또한, 원형은 무의식이 선재(先在)하는 형태이며, 마음의 유전적 구조의 일부를 형성하고 있는 것과 같다.807)

융에게 있어서 원형이란 태곳적 조상들로부터 내려오면서 체험된 것들이 쌓여서 정신에 남은 것이다(여기서도 '체험된 것'이라는 말에 유의해야만 한다). 그 원형이 사람들의 삶을 정신적으로나 사회적으로나 영위하고 지탱하게 해 주었다. 원형은 인간의 정신 안에 존재하는 하나의 성향 혹은 가능성으로 존재하면서 삶을 조정하는 선험적인 원리가 되었다.808)

원형은 초월적인 구조, 영적인 가능을 의미하지만,809) 융은 이 원형을 단지 관념적으로만 이해한 것이 아니라 하나의 실체들로 보았다.810) 그러나 원형은

타낸다." 원형 개념이 20세기 문학 연구를 위한 중요한 수단의 하나로 자리 잡게된 것은 『황금의 가지』를 썼던 제임스 프레이저 때문이다. 비교 인류학자인 프레이저(J.G. Frazer)는 세계 각 민족의 신화와 종교 제의를 비교 연구한 결과, 전설이나 의식 속에 반복적으로 나타나는 근본적이고 공동적인 형태들이 있음을 발견하였다. 그리고 심리학자 융은 인류가 수만 년 동안 살아오면서 반복하여 겪은 원형적인 경험들이 인간 정신의 구조적 요소로 고착되어 집단적 무의식을 통하여 유전된다고 하고, 그것이 신화·종교·꿈·환상 또는 문학에 상징적인 형태로 나타난다고 주장하였다. 이런 주변 학문의 자극과 영향 아래, 문학비평이란 곧 문학작품 속에 나타난 원형을 추적하고 밝히는 것이라는, 이른바 '원형 비평'이 확립되었다."

806) 데비 드바르트, **존 브래드쇼의 상담이론 비평** (서울: CLC, 2005), 36.

807) 조율연, "讀會散策(1) C. G. 융 〈원형과 무의식〉," Oct. 8. 2006. Accessed Apr. 12. 2019. http://dilettante.egloos.com/2604489/

808) 김재영, "칼 융과 머세아 엘리아데의 종교이해에 관한 비교연구: 원형이론을 중심으로," **종교연구** 17 (1999): 27(21-69); "그러나 융은 원형을 엘리아데처럼 무조건 좋은 것으로 생각하지 않는다. 원형을 잘못 경험하면, 그 경험의 주체의식은 오히려 그 원형의 힘에 의해서 파괴되어 버려 정신적인 착란을 일으킬 수도 있다. 그곳에서는 인간의 전 모습을 사로잡을 수 있는 파괴적인 힘이 존재해 있기 때문이다. 그러므로 그것을 경험하기 위해서는 언제나 건강하게 열려 있는 의식이 전제되어야 한다. 그렇지 않고 의식이 계속해서 원형적 욕구를 소화해내지 못하고 억압만 한다면 그 욕구 자체가 스스로 폭파해서 부정적인 모습으로 드러날 수 있다. 융은 20세기에서는 그런 모습을 히틀러주의나 파시즘에서 찾았다. 그러므로 엘리아데에게는 원형은 역사의 공포로부터 구출받을 수 있는 구원과 치유의 세계인 반면에 융에게 원형은 그러한 세계가 될 수도 있지만 동시에 그 반대가 될 수도 있다."

809) 양승권, "노자(老子)의 내재화된 '도(道)' 범주와 칼 융(C.G.Jung)의 '자기(Self)'," https://www.krm.or.kr/krmts/link.html?dbGubun=SD&m201_id=10024577&res=y/ "노자의 '도'(道)와 융의 '자기'(Self)는 우리의 파악 능력을 넘어서는 초월적 구조이다."

810) 김재영, "칼 융과 머세아 엘리아데의 종교이해에 관한 비교연구: 원형이론을 중심으로," **종교연구** 17 (1999): 23(21-69); "인류의 문화적 현상들을 다양하게 수집하여 비교 연구해 보면 겉에서 드러난 내용물들은 시대, 환경, 그리고 전통에 따라 다양한 차이점을 보여주지만 그 내용물들을 담아내는 구조적인 그릇들은 매우 비슷함을 알 수 있다. 융은 그 비슷한 그릇들을 원형으로 이해하였다. 원형은 시대에 따라 쉽게 변하는 것이 아니

오직 심상(image)의 형태로만 자신을 드러낸다.[811] 예를 들어, 모든 세대와 문명에서 인류는 '현자의 원형'과의 교류를 가정하고 있다. 민담에서 어려움에 처한 주인공을 돕는 산신령이나 고승을 말하며, 융의 경우에는 필레몬(밤바다 모험 때 융의 꿈 해석을 지시해 준 노현자)이 이에 해당한다.

인간이 가지는 영적이고 초월적인 기능이 누적적으로 생긴 것이 원형이라고 말하면 어떻게 되는가? 태곳적 조상들로부터 내려오면서 체험된 것들이 쌓여서 정신에 남은 것이라는 말이 가지는 의미가 무엇인가? 프로이트나 융이나 진화론과 불가분의 관계가 있다.[812] 융은 이런 원형의 기능 혹은 구조가 하나님의 창조와 계시가 없이(외부의 간섭과 도움이 없이) 인간이 진화의 과정, 곧 자기 발전의 단계를 거쳐서 스스로 그런 영적이고 초월적인 기능을 가지게 되었다는 것이다. 그러니 원형의 경험을 불러내는 역동적인 삶의 가치 체계들을 모두 종교라고 융이 정의하는 이유가 여기에 있다.[813]

융이 말하는 원형은 보편적이며 반복적인 체험을 통해 인류가 공동적으로 시

라 인류 역사이래 한결같은 모습을 그대로 유지한다. 따라서 원형은 고정되어 있는 이미지가 아니라 역사적인 상황을 초월한 보편적인 이미지들을 산출할 수 있는 잠재적이고 내재적인 가능성을 그 자체 속에 지니고 있다."
811) http://blog.daum.net/saidamaken/15757294; 본능과 원형(Instincts and Archetypes): 융은 마음에 병이 든 사람이 겪는 환상이 고대로부터 이어져 오는 원형적 심상이나 상징의 집단적 저장물로부터 나온다는 것을 발견했다. 융은 '밤바다 모험'에서 고대의 심상과의 만남을 통해 원형의 실체를 확인했다. 1919년 융은 원형이라는 용어를 밤바다의 여행과 관련하여 처음으로 사용했다. 개인적 무의식에 덧붙여, 융은 본능과 원형이란 두 개의 요소로 이루어진 집단 무의식을 가정했다. 본능이란 필요에 의해 특정 행동을 하게 하는 충동으로, 이러한 본능은 새들이 집으로 돌아오는 귀소 본능과 유사하게 생물학적 성질을 지니고 있다. 본능은 우리의 행동을 결정한다. 동일한 방식으로 융은 인식 그 자체를 통제하는 선천적 무의식적 이해 양식이 있음을 가정했다. 이것이 바로 원형으로 모든 심리적 과정의 필연적인 결정인자로 '직관'이라 불리며, 선천적으로 타고난 것을 의미한다. 본능이 개인의 행동을 결정하는 것처럼, 원형은 개인의 이해 방식을 결정한다. 본능과 원형은 개인적인 차원을 넘어 보편적이고, 집단적이며 유전적(타고난)인 것으로 이 둘은 서로 관련되어 있다. 상황을 어떻게 이해하는가(원형)에 의해 행동하고자 하는 충동이 결정된다. 또한 원형을 통해서 얻어진 무의식적 이해는 본능의 형태와 방향을 결정한다. 한편 행동하려는 충동(본능)은 상황을 어떻게 이해할지(원형)을 결정하게 해준다. 이와 같이 융은 본능과 원형을 닭과 계란의 관계와 같다고 보았다. 원형은 자신에 대한 본능적 인식, 곧 '본능의 자화상'이라 했다. 이는 의식이 객관적인 생의 과정에 대한 내적 지각인 것과 정확히 일치하는 것이다.
812) C.G. 융, C.G. 융 무의식 분석, 설영환 역 (서울: 선영사, 2005), 238; "인간은 문명 시대(문자가 최초로 발견된 것은 BC 4000년경)에 도달하기까지 무한히 장구한 세월 동안 부단한 노고를 통해 의식을 서서히 확립해 왔다. 그러나 이 진화는 아직도 완전한 것은 아니다. 인간 정신의 대부분은 아직 어둠 속에 감추어져 있기 때문이다. 우리가 '마음'이라고 부르는 것은 우리의 의식 및 그 내용과 동일한 것이 아니다."
813) 여기서 '역동적'이라고 말하는 이유는 무엇인가? 그것은 성경에서 말하듯이, 하나님께서 계시하시고 인간은 수동적으로 받는 방식이 아니라, 무당처럼 접신술을 통하여 적극적으로 뛰어들기 때문이다.

대를 넘어 계승한 것이다. 축적된 경험이 계속해서 유전되는 것이다. 본능은 사람의 행동 경향성을 결정하며, 원형은 유전적으로 계승되는 인류 공통의 본능적인 보편적·심적 구조 내지는 그 힘의 원천이라 말한다.[814] 더 나아가 환생개념이 적용된다.

그러나 성경은 하나님의 형상 따라 창조함을 받은 존재라고 선포한다. 무기물이 진화하여 인간이 되는 과정에서 생성된 것이 아니라 하나님께서 처음부터 인간으로 창조하셨으며 하나님께 예배하며 교제하는 존재로 만드셨다. 인간이 하나님의 언약을 배반하여 죄를 지어 타락했기 때문에 문제가 된 것이다. 융은 인간이 고도의 종교성을 가지게 된 것이 유전의 총화로 말하지만, 성경은 하나님께서 처음부터 창조하셨다고 선언한다.

우리는 쉐퍼의 다음과 같은 말을 귀담아들어야만 한다.

> 그러므로 성경적 기독교는 인간 인격의 원천과 의미에 관한 적절하고도 합리적인 설명을 가지고 있다. 그 원천은 충분하다즉 삼위일체의 고도의 질서에 따르는 인격적 하나님은 충분하시다. 이런 원천이 없으면, 인간들은 비인격적 원천(+시간, +우연)으로부터 나오는 인격으로 귀착되고 만다. 두 가지 대안은 아주 명확하다. 하나는 만물에 인격적 출발이 있다는 것이고, 다른 하나는 비인격적인 것이 시간의 흐름에 따라 우연히 만들어 낸 것이 있다는 것이다. … 만일 이것(두 번째 대안)이 인간 인격에 대한 참으로 유일한 답변이라면, 인격은 단지 하나의 환상 곧 아무리 말의 요술을 부릴지라도 결코 변경시킬 수 없는 일종의 허탄한 농담에 지나지 않는다. 인격이 비인격으로부터 연원한다는 사실을 받아들이는 것은 단지 어떤 신비적 비약의 형식에 의해서만 가능할 것이다.[815]

쉐퍼의 이 선명한 설명에서 알 수 있듯이, 인간의 인격이 비인격에서 나왔다는 것은 신비적 도약일 뿐이다. 인격은 절대로 비인격에서 나올 수 없다. 그러므로 융의 원형이론 역시 그런 신비적 도약이며 환상에 지나지 않는다!

인간의 내면에 신성함이 있다는 사람들은 하나님과 존재론적인 합일을 꿈꾸는 사람들이라는 것을 잊지 말아야 한다. 그들은 그 원조를 아빌라의 테레사와 마이스터 에크하르트로부터 시작하여 『무지의 구름』을 쓴 무명의 저자와 연결하면서 인간 본성의 근본적인 변화와 신인합일을 추구한다.[816] 융 역시 그런

---

814) 정인석, **의식과 무의식의 대화** (서울: 대왕사, 2008), 189, 199.
815) 프란시스 쉐퍼, **기독교문화관**, 문석호 역 (서울: 크리스챤다이제스트, 1994), 118-119.
816) 이죽내, **융심리학과 동양사상** (서울: 하나의학사, 2005), 120; 융은 선(禪)의 깨달음의 과정을 의식적 자아

신비적 합일을 꿈꾸는 사람이었다. 융은 그것을 인도의 종교와 철학, 중국의 도
사상과 일본의 선불교로부터 영향을 입었다.[817] 맥고완은 융이 선불교를 해석
한 정도가 아니라 표절했다고까지 말했다.[818] 이것은 맥고완의 추측이 아니다.
융 스스로 인도의 종교, 중국의 도교, 일본의 선불교로부터 자기의 통일성(the
unity of the self)을 가져왔다고 말했다.[819]

원형이 이런 것이라면, 첫 번째로 생각해야 하는 것은 '우리가 믿는 하나님은
무엇인가?' 하는 것이다. 융의 관점에서 기독교인들이 믿는 하나님은 집단 무의
식의 일부에 불과하며, 인간 내면에 있는 에너지에 불과할 뿐이다. 그런데도 융
을 가르치고 추종할 것인가? 좋은 것만 뽑아서 기독교와 섞어서 가르치면 된다
고 생각하는가? 결코 그럴 수 없다. 그런 길로 가는 사람은 기독교는 다만 여러
종교 중 하나이며, 신화와 상징에 불과한 기독교일 뿐이라는 말에 동조하는 자

가 무아적 자기에로의 돌파(durchbruch)하여 무아적 자기를 증득하는 과정으로 이해했는데, 그에 상응하는 것이
서양에는 없는가라고 반문하면서, 그런 깨달음이 특히 기독교 신비주의자의 체험에서 볼 수 있다고 하였다. 융은
에크하르트(Meister Eckhart)의 「마음이 가난한 자의 복」(beati pauperes spiritus)이라는 설교내용을 인용하고
있다. "내가 신으로부터 떨어져 나왔을 때 모든 존재자들은 '신은 존재한다.'고 말했다. 그러나 그것은 나를 행복
하게 할 수 없다. 왜냐하면 나는 피조물로 이해되기 때문이다. 그러나 돌파(durchbruch) 속에서는 나는 비로소
신의 뜻 안에서 자유로우며, 역시 신의 뜻과 활동 그리고 신 자체로부터도 자유롭다. 그때 비로소 나는 모든 피조
물 이상의 것이 되며 그곳에서 나는 신도 아니고 피조물도 아니다. … 돌파 속에서 나와 신이 공동체적 하나임을
느낀다." 여기에는 불교에서 말하는 아공(我空)과 법공(法空) 그리고 무아(無我)의 뜻을 엿볼 수 있다.
또한 융은 신비가인 루이스브뤽(Ruysbroeck)의 말, 즉 "모든 집착으로부터 벗어나고 모든 것을 비운다면 인간
은 자유로워진다."는 말을 인용하고 있다. 이것 역시 집착에서 벗어나야 자유로울 수 있음을 말해 주고 있다. 그
리고 융은 현대서양에서 선(禪)의 깨달음 같은 체험을 이어갈 수 있는 분야는 정신치료라고 하면서, 정신치료자
인 자신이 선(禪)의 깨달음을 다루고 있는 스즈키의 「대 자유로움」이라는 책의 서문을 쓰게 된 사실은 결코 우
연이 아니라고 했다.

817) Don McGowan, *What is wrong with Jung* (New York: Prometheus Books, 1994), 30; Our
[psychological] paradox, however, offers the possibility of and intuitive and emotional experience [as
opposed to and intellectual one], because the unite of the self, unknowable and incomprehensible, irradiates
even the sphere of our discriminating, and hence divided, consciousness, and, like all unconscious contents,
does so with very powerful effects. This inner unity, or experience of unity, is expressed most forcibly by
the mystics in the idea of the unio mystica, and above all in the philosophies and religions of India, in
Chinese Taoism, and in the Zen Buddhism of Japan.("Psychology of the Transference", CW 16.532)
818) Ibid., 29; "Rather than intetpreting Zen on its own terms, Jung pillages Zen for experieces analogous
to those of other mystics, then explains them using the discourse he himself invented."
819) Ibid., 30' "This inner unity, or experience of unity, is expressed above all in the mystics in the idea
of the unio mystica, and above all in the philosophies and religions of India, in Chinsese Taoism, and in
the Zen Buddhism of Japan(*The Collected works of C. G. Jung: bollingen Series XX*(Jung, 1953-1971).

들이다. 융을 추종하는 것은 기독교 유일 신앙을 버리고 종교 다원주의를 추종하는 것이다.

하재성 교수는 심리학에 반대하는 관점을 가진 자들을 "편협한 근본주의자들"이라고 매우 경멸했다.[820] 하재성 교수는 결론에서 다음과 같이 말했다.

> 심리학 혹은 상담학이 기독교의 진리를 잠식할 수 있다는 기독교 일부의 우려는 현대 과학에 대한 과도한 두려움의 결과이다. 이미 개혁자 Calvin이나 그의 후예인 Kuyper를 통해서 알 수 있듯이 심리학을 비롯한 과학은 하나님의 형상으로 지음 받은 인간이 탐구한 유익한 학문의 영역들이다. 그것을 탐구한 이들이 심지어 이교도라 하더라도 그 깊은 통찰력과 지혜는 하나님의 작품이다. 그것을 부인하고 거절하는 것은 그 저자인 하나님을 거절하는 것과 같다.[821]

칼빈이 프로이트나 융의 심리학을 수용하고 설교와 목회에 적용했을까? 하재성 교수는 융처럼 무의식을 알아차리기 위해 적극적 심상법으로 귀신들과 접신을 했을까?

하재성 교수는 밴더빌트(Vanderbilt) 대학교의 보니 밀러맥리모어(Bonnie J. Miller-McLemore) 교수를 말하면서 심리학과 사회과학의 필요성을 말했다.[822] 밀러맥리모어는 신학과 종교적 실천을 말하면서 폴 틸리히를 그 예로 말했다.[823] 폴 틸리히는 상관관계 방식을 말하다가 일본 선불교에 매료된 사람이다. 틸리히의 신관이 기독교의 신관을 벗어난 필연적 결과였다.[824] 틸리히의

---

820) 하재성, "심리학의 자율성과 신학적 자신감," **목회와상담** 24 (2015): 186(169-196).

821) Ibid., 190-191(169-196); 하재성은 자유주의 신학의 아버지라 불리는 슐라이에르마허를 "개혁주의 신학자였던 Schleiermacher"이라고 말했다(p. 185).

822) Ibid., 170-171(169-196).

823) "Bonnie J. Miller-McLemore: Theology, religious communities and practice," Mar. 11, 2013. Accessed Apr 12, 2018. https://www.faithandleadership.com/bonnie-j-miller-mclemore-theology-religious-communities-and-practice/ ; "I think there's been a long-standing conviction that theology should be relevant, but actually trying to do that in both teaching and writing is a fresh pressure and commitment. Certainly, people like Paul Tillich were public theologians, and people were reading their sermons, and in some ways they were connected to churches and publics."

824) 김경재, "폴 틸리히의 철학적 신학과 불교," **불교평론** 40, Oct. 10. 2009. Accessed May. 1. 2019. http://www.budreview.com/news/articleView.html?idxno=869 "틸리히의 철학적 신학이 20세기 기독교에 주는 충격은, 그가 전통적 기독교의 '초월적 인격신관'을 비판적으로 극복하면서 하나님은 '존재자체'라고 말함으로써 촉발되었다. 틸리히를 미국 유니언신학교에 초청한 라인홀드 니버마저도, 틸리히의 신관은 그리스 철학 영향에 침윤당하여 헤브라이즘 전통의 성서적 인격주의 신관을 위험하게 만들었다고 비판적이었다."

구원은 실존의 소외를 극복하여 새로운 존재가 된 예수 그리스도의 권능에 참여해야만 극복되는 것이다. 그런 실존적 구원은 결국 선불교에서 답을 찾았다.[825]

또한, 밀러맥리모어의 '상호적인 사랑'은 그녀의 스승인 시카고 대학의 돈 브라우닝(Don Browing)과도 일치한다.[826] 하재성 교수는 브라우닝의 통찰력이 "포스트 모더니즘 시대의 대표적인 실천 철학자인 한스 가다머(Han Gadamer)의 실천적 방법론에 기인한 것이다"고 말했다.[827] 가다머에게 "진리란 인간과 세계에 대한 본질적 경험이고, 이러한 경험은 언어를 통해 매개되는 것이자 역사를 통해 매개되는 것이다. 모든 예술작품이나 문헌들은 이러한 언어적, 역사적 경험의 표현들이다."[828] 가다머에게 지평이란 결코 고정된 것이 아니며 역사적으로 변화되기 때문에 선입견을 버리라고 강조했다. 가다머는 포스트 모더니즘의 실체를 그대로 말했다.

가다머는 『진리와 방법』에서 횔덜린(Hölderlin, 1770-1843)이 "시적 언어의 발견은 일체의 관습적인 말과 표현방식의 총체적 해체를 전제로 한다는 것을 보여주었다"고 언급하면서 횔덜린의 시론을 인용했다.[829] 횔덜린은 "시인이 이전까지 알고 있던 자연과 예술은 바로 시인 자신을 위한 하나의 언어가 탄생하기

825) Ibid. "틸리히가 불교에 대한 직접적 언급을 하면서 심도 깊게 불교와 기독교의 유형적 특성을 언급한 것은 그의 생애 말년 컬럼비아대학교에서 1961년에 행한 제14회 뱀프턴 강좌(The bampton Lecture)를 통해서였다. 이 강좌도 불교와 기독교의 대화에만 집중하지 않았지만, 강좌의 후반부에서 불교에 대한 그의 소견이 이전 어느 곳에서보다 심도 깊게 술회되었다. 이 강좌에서 행한 원고가 『그리스도교와 세계 종교들과의 만남』이라는 작은 책자로 출판되었을 때, 이 작지만 매우 중요한 책을 틸리히에게 일본 여행을 가능하도록 주선해 준 타가키 교수(Prof. Yasaka Takagi)에게 헌정한다는 헌정 문구를 넣었다. 그것은 틸리히가 일본 방문 기간(1960)에 일본의 선불교 학승들과 대화 및 불교 사찰의 방문에서 받은 깊은 인상의 신학적 응답이었다는 데 의미가 있다."

826) 하재성, "'살아있는 인간 망'과 Miller-McLemore의 목회 신학 방법론," **복음과상담** 15 (2010): 263(253-278).

827) Ibid., 265; 〈Miller-McLemore가 스승 Don Browning과 더불어 가장 최근 편집한 책의 의미를 설명하면서, Children and Childhood in American Religions은 "Hans-Georg Gadamer와 Paul Ricoeur의 해석학적 철학의 영향을 받아 문화적 자기 해석과 자기 이해에 있어서의 연습"이라고 생각하고 있다.〉

828) 정은혜, "가다머 『진리와 방법1』," **철학사상** 5(11) (2005): 6; "이러한 표현들에 대한 해석은 인간 자신의 역사성에 의거해 이뤄지는데, 역사성이란 과거의 경험을 수용하면서 현재의 자신을 새롭게 하고, 새로워진 자신에 의해 과거의 경험을 다시 새롭게 수용하는 것이다. 여기에 현재의 인간과 과거의 경험 사이에 변증법적 순환이 있다. 따라서 인간의 경험해석은 일회적인 절대적 해석일 수는 없고, 현재와 과거 사이의 상호문답으로 무한히 계속될 수 있는, 그러면서 그 타당성이 절대적이지 않고 유한한 해석이다."

829) 임홍배, "해석학과 이데올로기비판: 가다머·하버마스 논쟁에 관한 소고," **독일어문화권연구** 20 (2011): 48(33-52); "가다머는 『진리와 방법』에서 횔덜린 Hölderlin이 시적 언어의 발견은 일체의 관습적인 말과 표현방식의 총체적 해체를 전제로 한다는 것을 보여주었다고 언급하면서 횔덜린의 시론을 인용하고 있다."

전까지는 말하지 않도록 해야 한다(WM 474)"고 말했다.

가다머는 이 대목에 대해 "작품으로 탄생한 창조물로서의 시는 이상이 아니라 무한한 삶으로부터 길어 올린 정신이다. … 시에서는 존재자가 지시되거나 의미로 표현되는 것이 아니라, 신적인 동시에 인간적인 하나의 세계가 개현된다."(WM 474)고 말했다. 이것은 횔덜린이 '시인이 성스러움을 노래하기 위해서는 신의 번개가 필요하다'는 '사이존재' 개념을 의미한다.[830]

또한, 가다머에게 "진리 또한 본래적 의미의 그리스어 'aletheia'의 본래적 의미에 도달하려고 한 시도"이다.[831] 밀러맥리모어가 브라우닝에 기초하여 상호성을 말한다는 것은 존재론적 기반과 인식론적 이해가 성경적이지 않다는 것을 말한다. 융은 심리학에 자신감을 보이며, 다음과 같이 말했다.

> 신학자가 한편으로는 신의 전능을, 다른 한편으로는 도그마의 타당성을 정말로 믿는다면, 심혼 역시 신을 표현하고 있다는 사실을 왜 확신하지 못하는가? 심리학에 대한 두려움은 무엇 때문인가? 심혼이란 (완전히 비교조非敎條으로) 바로 악마들의 말소리만 들리는 지옥이라 여겨야 하는가? 정말 그렇다면 그러한 사실은 상당한 설득력을 지닐 것이다. 왜냐하면 우리가 알다시피, 경악 속에서 감지한 악의 실재를 통해 최소한 선을 체험한 경우만큼이나 많은 사람들이 개종을 했기 때문이다.

융은 신학자가 신의 전능성을 믿으면 심혼 역시 신을 표현하고 있다고 믿어야 하고, 결국 자기 안에 악으로 존재하는 대극을 체험함으로써 개종을 한다고 주장했다. 융이 말하는 신이란 대극으로 존재하는 신이다. 융은 신학자가 그런 신을 인정하라고 말했다.

두 번째로, 무의식을 체험하는 것의 위험성과 비성경적 태도이다. 무의식의 드러남, 원형의 드러남을 말할 때 항상 상징으로 표현된다. 그래서 융과 엘리아데는 상징을 '정신적 음식'이라고 이해했다. 현대인들이 정신적인 빈곤에 빠지는

830) 김동규, **철학의 모비딕** (파주: 문학동네, 2013), 129; "헤라클레이토스의 말처럼, 자연은 자신을 감추기를 좋아한다. 감추어진 자연의 불길을 정화하기 위해서는 번개를 내리치는 신과 '맨머리로 서서 신의 빛살을 제 손으로 붙들어 백성들에게 노래로 감싸주는'(GA4, 97) 시인이 필요하다."
831) 서동은, "가다머의 진리개념," **해석학연구** 19 (2007): 122(101-126); " 진리의 원천적인 장소는 바로 여기에 있다고 하는 것이며 자연과학적 진리는 이러한 대화적 보편성 가운데 지극히 일부를 추상화한 것에 지나지 않는다는 것이다."

것은 기존의 상징체계인 종교로부터 만족할 만한 정신적이고 영적인 음식을 제공받지 못하기 때문이라고 말한다. 그래서 상징을 이해하는 것이 인간의 본질적인 모습인 원형을 이해하는 핵심이라고 본다.[832]

그 상징의 이해는 두 가지 방식으로 체험된다. 첫째는 무의식의 자기계시 방식이다. '자기계시'라는 말이 놀랍지 않은가? 무의식이라는 것이 신의 자리를 대신하고 있는지 여실히 드러내는 말이다. 무의식은 꿈으로 나타나는데, 꿈을 무의식의 내적 안내자라고 한다. 그런 까닭에, 분석심리학에서는 꿈을 인간이 가지고 있는 가장 위대한 보물 중 하나라고 말한다. 인간의 측면에서 보자면 수동적이다.

그러나 인간은 수동적으로 무의식이 꿈을 통하여 상징을 체험하고 해석하는 것에 머무르려고 하지 않는다. 융이 취한 능동적인 방식은 적극적 심상법이다. 적극적 심상법은 자기 스스로 적극적으로 무의식 속에 들어가 원형을 만나는 것이다. 무의식이 자기 계시를 통하여 인간에게 꿈을 통하여 수동적으로 알려주기를 기다리는 것이 아니라 그 무의식 안으로 들어가서 무의식과 대화를 하는 것이다. 그때는 무의식 속의 원형을 불러내기 때문에, 영적인 안내자를 만나게 된다. 이런 것은 심리학이 하나의 학문이 아니라 초월의 영역, 곧 접신으로 도약하는 것이다. 이것은 성경이 명백히 금하고 있는 강신술이며 사탄의 역사이다. 영성과 내적치유에서 만나는 예수는 영적인 안내자가 된다!

기독교인으로서 융의 방식은 외부의 계시, 곧 하나님으로부터의 계시가 아니라 내부의 계시를 말하고 있다는 것을 매우 주의 깊게 생각해야 한다. 융을 이해하는 가장 큰 관건은 바로 여기에 있다. 융은 인간 내부에서 답을 찾으려고 했고, 그 내부를 찾아 들어가는 세상의 어떤 종교와 사상들을 적극적으로 수용했다. 융이 동양의 종교와 사상에 심취했던 이유가 여기에 있다. 융은 원형이 인간 지성을 '지도하는 영'(spiritus rector)이라고 말했다.

머리 스타인은 다음과 같이 말했다.

---

832) 김재영, "칼 융과 머세아 엘리아데의 종교이해에 관한 비교연구: 원형이론을 중심으로," **종교연구** 17 (1999): 28(21-69).

원형에 사로잡힐 경우에 사고 기능은 원형적 관념을 합리화 하고 결국은 그것을 실현하는 데 이용될 수 있다. 그렇게 된 사람은 신학자가 될 수도 있다! 원형적 관념에 사로잡힐 때에야 비로소 신학자들은 원형에 기초한 영상과 관념을 문화적 맥락으로 통합하는 데 필요한 근거를 만들 수 있다. 그러나 그들을 사로잡아서 노력을 기울이도록 하는 것은 사고 기능이 아니라 영상의 요소다. 이러한 영상의 요소는 사고기능을 지도하는 누스 nous(플라톤이 사용한 이 말은 우주 질서의 원인이 되는 정신, 마음, 이성 등의 의미를 갖는다)에 원형적으로 기초하고 있다. 융은 "모든 신화와 종교 및 이념의 본질적인 내용은 원형적이다" 라고 강력히 주장한다.833)

기독교 상담학을 가르치는 사람이나 융을 추종하는 사람들은 융이 "모든 신화와 종교 및 이념의 본질적인 내용은 원형적이다"라고 강력하게 주장한 것을 유념해야만 한다.834) 원형적이라면 유전적이고 대극의 합일로 이루어져 있고 하나님은 없고 자기(self)가 하나님을 대신하기 때문이다.

미유키 모쿠센는 다음과 같이 말했다.

창조적 생명이라고 하는 것은 신체적인 것이 아니라 움직이고 있는 생명의 활동으로서 생각해야 한다고 봅니다. 그렇기 때문에 융 심리학에서 예를 들면 원형이라 하는 것은 '1'의 세계, 즉 '무의식의 생명의 표현'이 되는 것입니다. 그리고 무의식은 의식과 함께 움직이고 있다, 지금 이렇게 말하고 있는 저의 경우도 역시 그러합니다. … 그러므로 의식과 무의식은 어딘가 별로로 존재하는 것이 아니라, 항상 함께 활동하고 있는 것입니다. … 또한 무의식의 깊은 밑에 집합적 무의식이라고 하여 자아의식으로써는 측량할 수 없는 심연이 있습니다. 그리고 그 심연에 있어서는 사람들은 모두 인류 공통의 심리학적으로는 원형, 생리학적으로는 본능에 의해 움직여지고 있다고 융은 생각하고 있습니다. 불교의 언어로 표현하면 업을 갖고 있다고 생각하는 것입니다. 재미있는 것은 융도 이 업이라는 말을 그의 『자서전』 속에서 사용하고 있는 것입니다. 그리고 개개인의 업, 자기 자신이 하고 있는 것, 생각하고 있는 것은 모두 보편적인 업, 즉 개인적이 아닌 업의 표현이며, 인간을 외부로 넘어선 것이 아닌, 내부로 넘어선 집합적인 업의 표현이라고 하는 의미로서 업을 말하고 있습니다. 이 융의 말은 동양적으로 생각해 보면 잘 이해할 수 있는 표현이라 생각됩니다.835)

---

833) 머리 스타인, **융의 영혼의 지도**, 김창한 역 (서울: ㈜문예출판사, 2017), 150-152.

834) C. G. Jung, *Collected Works of C. G. Jung, Vol 8. The Structure and Dynamics of the Psyche*, section 406; "The essential content of all mythologies and all religions and all isms is archetypal. The archetype is spirit or anti-spirit: what it ultimately proves to be depends on the attitude of the human mind. Archetype and instinct are the most polar opposites imaginable, as can easily be seen when one compares a man who is ruled by his instinctual drives with a man who is seized by the spirit."

835) 오가와 가츠유카·J.M. 슈피겔만 외 공편, **국제심포지움 융 심리학 동양과 서양의 만남**, 신민형 역 (서울: 선영사, 1999), 31-32.

개혁신학적 관점에서 볼 때, 융이 무의식과 원형을 업(業)의 차원으로 이해했다는 것은 매우 심각한 일이다. 융은 프로이트와 결별한 이후에 도교의 경전인 『태을금화종지』(황금꽃의 비밀)를 통해 지금까지의 심리학과는 완전히 다른 개념으로 돌아섰다. 자신의 꿈을 표현한 그림과 『태을금화종지』에 나오는 만다라와 묘한 일치성을 느끼고 흥분의 도가니에 빠져들었다.[836] 여러 동양 종교를 섭렵하면서 서양의 무의식이 동양의 업(業)이라는 개념과 맞아떨어지는 것을 깨닫게 된 것이다. 융은 사람 마음의 정체를 눈으로 볼 수 있는 형태로 표현해보려고 매일 만다라를 그렸다. 이 작업은 1918-19년에 가장 적극적이었다. 융은 그때그때 자신의 심적인 상황의 변화에 따라서 그림이 달라지는 것을 발견했다. 융은 자기만이 아니라 환자들이 그리는 그림과 꿈이나 환상에도 나타나게 된다는 것을 알게 되었다고 말했다. 융은 만다라는 초월적 자기(trancendental self)의 상징적 이미지로서 또는 '개성화 과정의 상징도형'(figure of individuation process)으로 생각했다.[837]

융은 만다라와 같은 것이 나타나는 것을 인간이 자기실현의 성취과정에서 일어나는 '갈등'과 '혼란'을 심리적으로 치유하려는 동기에서 발생한 것이라고 생각했다. 만다라의 도형은 다양한 '심적인 대극'(psychic opposites)을 하나의 전체로 통합한 '자기'의 상징으로 보았다. 만다라는 '전체성'(wholeness)으로서의 자립된 개체를 상징하는 것이었다. 이 시기에 집단 무의식을 설명하는 원형론의 기초를 마련하였다.[838]

원형은 오직 심상(혹은 상징, image)의 형태로만 자신을 드러낸다.[839] 상징을 통해 원형을 이해하기 때문에 상징은 하나의 언어이며, "영혼의 기관"이다.[840] 원형이 상징으로 신화와 민담에 나타난다. 한국의 민담에는 어려움에 처

836) 브루노 보르체르트, **초월적 세계를 향한 관념의 역사**, 강주헌 역 (서울: 예문, 1999), 115-116.
837) C.G. Jung, ed., Gerhard Adler, tr., R.F.C. Hull, **Mandala Symbolism** (Bollingen: Princeton University Press, 1973), 3-6.
838) 정인석, **의식과 무의식의 대화** (서울: 대왕사, 2008), 60-63.
839) 에르나 반 드 빙켈, **융의 심리학과 기독교 영성**, 김성민 역 (서울: 한국심리치료연구소, 2010), 11-13. 앞을 못 보는 맹인들이 코끼리를 만져 보고 경험한 것을 토대로 각자가 이야기하는 것으로 설명하고 있다.
840) Ibid., 36;

한 주인공을 돕는 산신령이나 고승이 되고, 융의 경우에는 필레몬(밤바다 모험 때 융의 꿈 해석을 지시해 준 노현자)과 바실리데스가 해당한다. 이런 무의식의 원형들이 융의 영적인 안내자이다.[841]

융은 아프리카의 엘곤산 남쪽 기슭에서 사람들이 태양을 향해 손바닥을 내보이고 숨을 불어 넣는 것을 원형의 작용이라고 말했다.[842] 융은 문명화된 현대인에게도 엘곤산 원주민들과 동일한 행동이 종종 나타난다고 보았다. 성탄절과 크리스마스트리가 바로 그런 예인데, 사람들은 왜 그런 일이 시작되었는지, 왜 하는지 이유도 모르면서 거의 생각 없이 그냥 따라 하는 경우가 많다는 것이다. 그들에게 크리스마스는 기독교라는 종교 속에서 일상화된 유럽 사회의 이벤트성 종교의식이고 상징일 뿐이다. 한국에서도 성탄절이 되면 크리스마스트리를 만들며 좋아하고 행사에 참여한다. 발렌타인데이가 그렇고, 화이트데이도 마찬가지다. 왜 그래야 하는지 이유도 모르면서 남들이 하니 따라 한다.[843] 융은 사람들의 그런 행동을 원형의 작용이라고 말했다.[844]

신화나 종교가 상징이지만, 현실적으로 사람의 영혼의 문제를 해결하기 위한 접근과 시도는 꿈의 분석이다.[845] 꿈이 상징의 언어이기 때문에, 현실 세계에서

---

841) http://www.philipcoppens.com/jung.html 「The automatic writings of Jung」을 참고하라.
842) C.G. 융, **원형과 무의식**, 한국융연구원 C.G. 융 저작 번역위원회 역 (서울: 솔출판사, 2006), 74-75; "내가 엘곤 산의 남쪽 기슭, 적도 근처의 아프리카에 머물렀을 때, 사람들이 태양이 솟아오를 때 움막 앞으로 나와서 손을 입에 대고 그 안에 침을 뱉거나 숨을 불어넣는 것을 보았다. 그리고 나서 그들은 팔을 들어 태양을 향해 손바닥을 내보였다. 나는 그 행동이 무엇을 뜻하는지 물어보았지만 어느 누구도 설명하지 못했다. 그들에 의하면 지금까지 항상 그래 왔고, 또한 부모부터 배운 것이라고 했다. … 그들은 신에게 자신들의 심혼을 바치는 것인데, 자신들이 무엇을 하는지 알지 못하고, 안 적도 없다. … 원형은 순수하고 거짓이 없는 성질이며, 인간으로 하여금 말하고 행동하게 하는 성질이다. 그러나 인간은 그 의미를 의식하지 않고 있으며, 심지어 너무도 무의식적이어서 단 한 번도 그것에 대해 생각해 보지 않을 정도이다. 후대의, 더 의식화 된 인류는 그 어느 누구도 그 의미를 알지 못하는 의미 있는 일들을, 이것을 잘 알고 있으면서 많은 민족들에게 지혜를 가르쳐 주었던 인간들이 존재하던, 이른바 황금시대의 잔재라고 생각하기에 이르렀다."
843) 조율연, **讀會散策**(1) C. G. 융 〈원형과 무의식〉, Oct. 8. 2006. Accessed May. 10. 2019. http://dilettante.egloos.com/2604489/
844) C G Jung, Collected Works of C G Jung, Vol 9 Part 1: Archetypes and the Collective Unconscious, §22. "It almost seems as if these images had just lived, and as if their living existence had simply been accepted without question and without reflection, much as everyone decorates Christmas trees or hides Easter eggs without ever knowing what these customs mean. The fact is that archetypal images are so packed with meaning in themselves that people never think of asking what they really do mean."
845) 정인석, **의식과 무의식의 대화** (서울: 대왕사, 2008), 42-43; 융 심리학에서는 '꿈'을 넓은 뜻에서 '무의식 내의 현실상황을 상징형식으로, 그리고 자발적으로 묘사해 낸 것이다'라고 정의하고 있다. 또한 꿈의 기본적인

무의식의 표현이 꿈이다. 이렇게 되면 하나님께서 개입하실 여지가 없다. 하나님의 계시의 말씀인 성경을 따라서 살아가야 할 이유와 근거가 사라지게 된다. 성경 말씀보다 꿈과 꿈의 분석이 우선이다. 융에게 신(神)은 집단표상들 중 하나이다.846) 빙켈은 상징이 하나님에 대한 진리로 이끈다고 말했다.847) 하나님이 집단표상들 중 하나로 전락해 버리니,848) 하나님의 말씀과 융의 심리학을 섞어서 가르친다는 것은 기독교 신앙의 자멸을 뜻한다.849)

융은 '상징은 계시의 원초적 자료에서 만들어진 것이며 신격의 최초의 경험을 묘사하며, 그 상징은 신성의 직접적인 경험을 하게 만든다'고 한다.850) 그런 까닭에, 융에게 있어서 만다라나 그리스도나 그 본질상으로는 아무런 차이가 없다. 다만, 신성을 깨닫게 해주고 신성을 체험케 해주는 하나의 상징에 불과하기 때문이다.851)

이런 것들이 다만 심리학적인 차원이라 말하는 융의 말을 어떻게 이해를 해야 하는가? 『RED BOOK』에서, 융은 필레몬 외에도 엘리야와 살로메라는 영적인 안내자의 도움으로 자신의 심리학을 계발시켰다. 살로메는 "당신은 그리스

기능은 잃어버린 심리적 평형을 회복시키려고 하는 보상적 역할을 하는 데 있는 것으로 보고 있다.

846) 김성민, **융의 심리학과 종교** (서울: 동명사, 2010), 99; 융에게 있어서 집단 무의식은 모든 창조성의 모태가 되는 본능의 원천이 된다. "모든 신화와 계시는 이 자궁에서부터 나온다. 앞으로의 세계관이나 인간관 역시 이 자궁으로부터 나올 것이다." 그래서 융은 무의식 속에는 보물이 담겨 있는데, "인류는 지금까지 거기에서 많은 것들을 퍼냈다. 신(神)이니 악마니 하는 것은 물론 강력한 힘과 능력을 가진 사상들 역시 모두 거기에서 나온 것이다. 집단적 무의식이 없으면 사람은 더 이상 사람으로 존재하지 않을 것이다."라고 주장했다. 융이 말하는 식으로 하자면 하나님은 집단 무의식에서 나온 것 밖에 안 되는데도 불구하고 융을 좋아하는 교회의 지도자들은 도대체 누구인가?

847) 에르나 반 드 빙켈, **융의 심리학과 기독교 영성**, 김성민 역 (서울: 한국심리치료연구소, 2010), 100; "우리의 경험을 통해서 상징은 우리를 상징의 이미지나 개념 이외에 다른 어떤 것에 접근하게 하는 것을 알 수 있다. 그것은 우리를 상징의 원천이며, 모든 것의 원천인 하나님에 대한 살아 있는 진리에로 이끌고 간다."

848) C.G. 융, **C.G. 융 무의식 분석**, 설영환 역 (서울: 선영사, 2005), 183-184.

849) Ibid., 95; 융이 집단적 무의식을 생각하게 된 것은 인류에게 보편적으로 퍼져 있는 "집단적인 표상들", 즉 각 민족에게 공통적으로 존재하는 신이나 귀신에 대한 믿음, 마술이나 무의식의 활동, 선험적인 진리에 대한 사상 등 때문이었다. 융에 의하면, 집단적 무의식은 그 본성에 있어서 모든 사람들의 개인적 무의식을 뛰어넘으면서, 그들의 정신생활을 풍부하게 해 주는 보편적인 토대와 자궁이 되고 있다.

850) C.G. 융, **원형과 무의식**, 한국융연구원 C.G. 융 저작 번역위원회 역 (서울: 솔출판사, 2006), 112.

851) C.G. 융, **융 기본 저작집4 인간의 상과 신의 상**, 한국융연구원 C.G. 융 저작번역위원회 (서울: 솔출판사, 2006), 139; "… 자연의 중심인 혼; 동시에 이 표상은 만다라 주제의 바탕이 된다. 모든 개별적 존재 안으로 자연의 중심인 혼(anima media natura)으로서의 신이 널리 퍼져 들어간다는 것은 죽은 질료, 그러니까 극도의 어둠 속이라 할지라도 '신의 불꽃'(scintill)이 살고 있음을 의미한다."

도다"라고 융에게 말해 주었다.852) 융은 그 말을 듣고 그 신비로움에 깊이 빠져 어쩔 줄을 몰라 했다.

이렇게 종교적이면서도 그저 심리학적으로만 말했다는 것은 명백한 거짓이요 속임수다.853) 말은 그렇게 해도, 실상은 예수 그리스도를 통한 구원이 필요 없는 인간이요 내면에 신성이 자리 잡고 있는 인간을 말했다. 자기 자신이 그리스도가 된 인간, 곧 신성한 내면이다. 융은 그리스도가 자아의 상징, 인간의 잠재능력을 완전히 보여주는 능력의 상징이라고 말했다.854) 그러니 융의 심리학은 반기독교적일 수밖에 없다. 그런데도 교회 안에 성경과 융의 심리학을 섞어서 가르치고, 융의 심리학을 심어 놓으려는 사람들이 있으니 그 문제는 매우 심각하다.

융은 무의식 속에 "전혀 알 수 없는 부분"이 있다고 보았다. 그것을 '정신의 핵(核)' 혹은 '신적인 핵(核)'이라고 말했다. 원형의 세계 아래에 "전혀 알 수 없는 부분"이 있다.

---

852) C. G. Jung, *The RED BOOK*, edited by Sonu Shamdasani, Mark Kyburz and John Peck, W.W. NORTON & COMPANY, New York · London, 2009, 252. Salome says, "Mary was the mother of Christ, do you understand?" I(Carl Jung): "I see that a terrible and incomprehensible power forces me to imitate the Lord in his final torment. But how can I presume to call Mary my mother?" S(salome): "You are Christ."

853) C.G. 융, **원형과 무의식**, 한국융연구원 C.G. 융 저작 번역위원회 역 (서울: 솔출판사, 2006), 336–339; 융은 다음과 같이 말한다. "'초월적 기능'이라는 제목은 신비로운 것, 다시 말해 초감각적이거나 형이상학적인 것을 말하는 것이 아니라 심리학적인 기능이라고 이해해야 한다. 여기서 그 기능은 그 방식에 따라 같은 제목의 수학적인 기능과 비교할 수 있어서 허수와 실수의 기능에 해당한다. 심리학적으로 '초월적' 기능은 의식적 · 무의식적 내용의 합일에서 생겨난다." 융은 자신의 말대로 '초월적 기능'이 심리학적 기능이라고 말한다. 그래서 신비주의자로 그노시스파로, 혹은 무신론자로 탄핵을 받기도 한다고 말한다. 그러나 그것이 과연 진실일까? 그것은 완전히 말장난이요 속임수다. 원형의 초월적 기능이 순전히 심리학적인 기능이라고 말한다면, 융은 왜 온갖 신비주의를 섭렵하고 샤머니즘과 연금술에 빠졌으며, 만다라를 통해서 그리고 적극적 심상법을 통해서 영적인 안내자들을 만나겠는가? 만일 그런 것들이 심리학적이라면 융이 사용하는 그 심리학적이라는 말은 종교적이고 영적이라는 말과 같은 의미로 사용된다는 뜻이다. 융이 '초월적 기능'을 심리학적 기능이라고 말하는 것은, 굿하는 무당이 '이건 순전히 심리적인 거야'라고 말하는 것과 똑같다.

854) 드와이트 쥬디, **그리스도인의 묵상과 내면의 치유**, 이기승 역 (서울: 이포, 2011), 56.

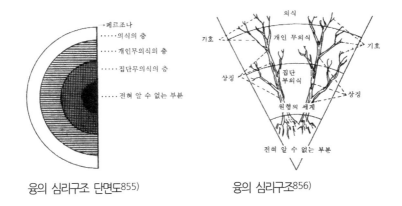

융의 심리구조 단면도[855]   융의 심리구조[856]

융은 다음과 같이 말했다.

> 무의식에는 의식내용에 대한 보상적 혹은 보충적인 의미를 가진 어떤 것이 형성되고 있는 게 확실하지만, 그 내용이 무엇인지에 대해서는 아무것도 아는 것이 없습니다. 그것은 의식에서 발견되지 않는 내용에 바탕을 둔 무의식적 정신의 자발적인 표명인 것입니다.[857]

융은 무의식이 사람의 본래적 요소이고, 무의식으로부터 파생되어 나온 것이 의식이라고 했다. 태어날 때부터 무의식의 상태에서 자아가 형성되면서 생겨난 것이 의식이라는 것이다.[858] 융이 말하는 그 무의식이란 원형을 의미한다. 그런 까닭에, 욜란드 야코비는 무의식을 이루고 있는 원형을 "영원한 것의 현존"이라고 말했다.[859] 왜냐하면, 인간 역사의 시초부터 동일한 형태로 존재해 왔다고

---

855) 에르나 반 드 빙켈, **융의 심리학과 기독교 영성**, 김성민 역 (서울: 한국심리치료연구소, 2010), 30(98).

856) Ibid., 31.

857) C.G. 융, **심리학과 종교**, 이은봉 역 (서울: 창, 2019), 48.

858) 에르나 반 드 빙켈, **융의 심리학과 기독교 영성**, 김성민 역 (서울: 한국심리치료연구소, 2010), 26-27; 〈원형이란 사람들이 "타고 나는 관념"은 아니다. 원형은 유전적으로 물려받은 원초적이며, 그 자신이 하나의 형태는 아니다. 그것은 마치 자궁(子宮)이 어린아이가 아니라, 어린아이를 형성시키는 그 무엇을 지니고 있듯이, 형태를 형성하는 능력을 지니고 있다. 원형이란 하나의 잠재적인 능력이다. 그것은 그가 창조한 형태(또는 유형, form)보다 먼저 존재한다. "원형이란 인간의 신체적인 사실의 결과가 아니다. 오히려 육체에 관계되는 일들이 어떻게 영혼에 의해서 체험되는가 하는 사실을 보여주고 있다"고 융은 주장하였다. 또한 융은 "우리의 신체 기관이 인간 발달의 긴 과정의 결과이듯이, 원형은 인간의 까마득한 시원(始原)에서부터 있어 왔던 인간의 정신적이고 육체적인 전체성 체험의 결과로 생겨난 산물이다"라고 말하였다.〉

859) Ibid., 26; 〈원형이란 사람들이 "타고 나는 관념"은 안다. 원형은 유전적으로 물려받은 원초적이며 본질적인 힘(force)이다. 그것은 마치 자궁(子宮)이 어린아이가 아니라, 어린아이를 형성(形成)시키는 그 무엇을 지니고 있듯이, 형태를 형성하는 능력을 지니고 있다. 원형이란 하나의 잠재적인 능력이다. 그것은 그가 창조한 형태(또

보기 때문이다.

융의 원형에 대하여 생각할 때, 문제는 그 원형의 세계보다 더 깊은 세계를 상정하고 있다는 것이다. 그것을 "전혀 알 수 없는 부분"이라고 말했다. 왜 융은 "전혀 알 수 없는 부분"이 있다고 말해야만 했는가? 집단 무의식은 초월적이고 비인과율의 세계이기 때문이다. 융은 원형보다 더 깊은 세계, "전혀 알 수 없는 부분"이 있다고 말함으로 융은 인과율의 세계를 뛰어넘고 의미와 통일성의 영원성을 확보했다.

융은 자신의 원형이론을 뒷받침하기 위해서 매우 의도적으로 저명한 신학자로부터 철학자에 이르기까지 원형의 씨앗을 품고 있는 사람들을 거명했다.860) 융이 아우대우스로부터 레비-브륄에까지, 그리고 원시종족의 규범을 다 언급하면서 말하고 싶은 의도가 무엇인가? 연대기적으로 살펴볼 때, 필로의 아우대우스는 20 B.C.- 50 A.D.의 인물이다. 레비-브륄은 1857년에 출생해서 1939년에 죽었다. 융이 이렇게 말함으로써, 기원전부터 현대를 살아가는 지금에 이르기까지 역사와 인간을 움직여 온 것은 성경에서 말하는 하나님이 아니라 집단 무의

는 유형; forme)보다 먼저 존재한다. "원형이란 인간의 신체적인 사실의 결과가 아니다. 오히려 육체에 관계되는 일들이 어떻게 영혼에 의해서 체험되는가 하는 사실을 보여주고 있다."고 융은 주장하였다.)(26-27)
860) C.G. 융, **원형과 무의식**, 한국융연구원 C.G. 융 저작 번역위원회 역 (서울: 솔출판사, 2006), 106-107; "'원형'(archetypus)이라는 표현은 인간 안에 있는 신의 이마고(imago Dei)와 관련해서 이미 필로 이우대우스(Philo Iudaeus)에게서 발견된다. 이레내우스(Irenaeus)도 "세상의 창조자는 자기 자신이 이 세상의 존재들을 창조한 것이 아니라, 다만 자기 밖의 원형들을 묘사했을 뿐이다"라고 했다. 『코르푸스 헤르메티쿰 Corpus Hermeticum』(헤르메스 사상총서)에서는 신을 토 아르케튀폰 포스 $T\grave{o}\ \grave{\alpha}\rho\chi\acute{\epsilon}\tau\upsilon\pi\sigma\nu\ \phi\~{\omega}\varsigma$(원형적 빛)라고 칭했다. 이 표현은 디오니시우스 아레오파기타(dionysius Areopagita)의 저술에 자주 나오는데 예를 들어 『천상의 위계에 대하여 De caelesti hierarchia』라는 책에서 '하이 아뷜라이 아르케튀피아이 $\alpha\grave{\iota}\ \alpha\grave{\upsilon}\lambda\alpha\iota\ \grave{\alpha}\rho\chi\epsilon\tau\upsilon\pi\acute{\iota}\ \alpha\iota$(비물질적 원형)'라는 말이 나오고, 또한 마찬가지로 『신의 명칭에 관하여 De divinis nominibus』라는 책에도 원형이라는 표현이 나온다. 아우구스티누스(Augustinus)의 말 가운데서 원형이라는 표현은 발견되지 않으나, 이데 Idee라는 말이 나온다. 즉 『다양한 질문에 관하여 De diveris quaestionibus』라는 책에는 "이데 Idee, 즉 스스로 형성되지 않으며 … 신적인 지식에 포함되어 있는 관념"이라는 말이 발견된다. '원형'은 플라톤의 에이도스 $\epsilon\~{\iota}\delta\sigma\varsigma$를 설명할 수 있도록 다른 말로 바꾸어 쓴 것이다. 이러한 명칭은 우리의 목적에 합당하고 도움이 된다. 왜냐하면 이 명칭은 집단적 무의식의 내용에서 고대의, 혹은 - 더 적합하게 표현하자면 - 원초적 유형, 즉 고대로부터 존재해온 보편적 상(像)을 뜻하기 때문이다. 레비-브륄(Lévy-Bruhl)이 원시적인 세계관의 여러 상징적 형태를 표시하기 위해 사용했던 '집단 표상'(représentations collectives)이라는 명칭 역시 무의식적 내용에 적용할 수 있다. 왜냐하면 그것은 거의 같은 것에 해당되기 때문이다. 즉 원시 종족의 규범은 특수하게 변화된 형태의 원형을 다루고 있는 것이다. 물론 원시종족에게 그것은 더 이상 무의식의 내용이 아니며 전통적인 가르침으로 이미 의식적 공식으로 변한 것이다. 이 공식들은 주로 비밀 교의의 형식으로 전달되는데 근원적으로 무의식에서 유래하는 집단적 내용을 전달하는 전형적인 표현이다."

식이요 원형들(die Archytypen)이라는 말을 하고 싶기 때문이다. 특히나 원시종족을 언급하는 것은 문명의 지식이 거의 개입되지 않은 인간들을 움직여 온 것이 원형이라고 말함으로써 종교를 단지 하나의 변형된 원형들 중 하나로 파악하게 만든다.[861]

인간과 인간의 역사를 주도한 것이 원형과 집단 무의식이 되어 버리면 성경의 하나님은 온데간데없다. 거기에는 죄에 대한 개념도 없으며 죄에서 구원해 줄 메시아가 개입할 여지가 없다. 이것이야말로 얼마나 반성경적인지 똑바로 알아야 한다.

이것은 다만 필자의 개인적인 견해가 아니다. 융의 의도를 결코 간과해서는 안 된다. 융은 계속해서 이렇게 말했다.

> 심리학은 왜 경험과학 중에서 가장 늦게 생겨났으며, 우리는 왜 무의식을 오래 전에 발견하지 못했고, 영원한 상들의 보물을 발굴해 내지 않았을까? 그 이유는 단순히 우리가 심혼의 모든 것에 대해 직접적인 경험보다 훨씬 더 아름답고 더 광범위한 종교적 형식을 가지고 있었기 때문이다. … 고대 그리스인들의 마음과 혼이 그 옛날 기독교 이념에 사로잡혔던 것과 마찬가지다. 많은 사람들이 처음에는 기독교의 상징에 몰두해서 키에르케고르(S. Kierkegaard)식 신경증에 얽혀든다. 그러다가 신선하며 이색적인 동양의 상징들에 매혹되는 상태에 이르게 된다. 신과의 관계에서 상징적 의미의 빈곤이 점차로 증가하게 됨에 따라, 참을 수 없이 첨예화한 나너 관계로 발전된 결과로, 이제는 유럽이 동양의 상징의 지배 아래 있는 것이 무조건 패배를 뜻하는 것은 아니다.[862]

위의 말에는 융다운 굉장한 통찰력이 녹아 있다. 융은 인간이 스스로 의미와 가치의 문제를 찾고 싶어 했으나 결국 실패했음을 지각하고 있으며, 그 해결을 고민한 키르케고르도 결국은 제대로 길을 가지 못하고 헤매고 있음을 잘 알고 있다. 기독교를 내동댕이치고 동양의 영성으로 흘러가고 있는 현실을 융은 "무조건 패배"로 여기지 아니하고 적극적으로 수용했다.

융이 말하는 종교에서 신(神)의 의미는 특정 종파에 치우치지 않는 종교 다원주의적인 신(神)이다. 그렇다고 신이 실제로 존재한다는 의미가 아니라 무의식이 그렇게 표상될 뿐이다. 융은 다음과 같이 말했다.

---

861) 기독교의 하나님보다 더 큰 무엇이 있는데 그것이 바로 원형이라고 말하는 것이다. 이런 융의 의도를 잘 살펴보면 결국 그 속에는 종교다원주의가 이미 자리 잡고 있었음을 어렵잖게 파악할 수 있게 된다.
862) C.G. 융, **원형과 무의식**, 한국융연구원 C.G. 융 저작 번역위원회 역 (서울: 솔출판사, 2006), 111-112.

즉 신의 개념은 비합리적인 성질에 절대 필요한 심리학적인 한 기능이었으며, 이 기능은 신의 실재의 문제 등에는 애초부터 아무런 관련도 없는 것이다. 단 인간 지성을 가지고 한다면 "신은 실재하는가?"라고 하는 물음에 대답할 수는 절대로 없으므로, 뿐만 아니라 신의 실재의 증명이라는 것은 더욱이나 있을 수 없는 것이다.863)
왜냐하면 신들이나 미신 등은 심적 투영물로서, 무의식의 여러 내용으로 이해되어져 있지 않고 분명한 현실로서 이해되어져 있기 때문이다. 계몽시대에 이르러서야 처음으로 신들은 역시 실재하지 않고, 투영물이었다는 것이 알려졌다. 이러하여 신들은 처리 되어져 버렸다. 하지만 신들의 존재를 포착하는 데에 도움이 되고 있던 심리적 기능은 결코 처리된 것이 아니다. 그 기능은 단지 무의식의 손아귀에 잡혀 버렸다.864)

사실상 융에 있어서 신이란 처음부터 없었다. 융이 새로운 종교를 창안한 것이 아니라 심리학적으로 해석을 했을 뿐이라고 말한 것은 무의식이 신으로 표상된다는 것을 설명했다는 것이다. 무의식은 고대로부터 신화적 형태로 나타나는데 그것을 제거해 버릴 경우에는 심리적 에너지인 리비도가 역류해서 무의식의 파괴적인 힘이 작용하게 된다고 보았다. 융은 계몽주의가 잔인한 프랑스 혁명으로 끝난 것을 그 한 예로 말했다.

융의 입장에서 보면, 무의식이 상징화된 것이 신이요 신화이며 종교다.865) 융의 심리 세계에서는 융의 말 그대로 신이나 시인이나 별 차이가 없다.866) 융

---

863) C.G. 융, **C.G. 융 무의식 분석**, 설영환 역 (서울: 선영사, 2005), 101.
864) Ibid., 136.
865) Ibid. 315; "그러나 이와 같은 신화는 의식적으로 만들어지는 것이 아니라 상징에 의해 성립된다. 그것들은 자연스럽게 생겨나는 것이다. '신=인간'이라는 신화를 창조해 낸 것은 인간으로서의 예수가 아니었다. 그 신화는 그가 탄생하기 수 세기 전부터 존재해 왔다. 그는 이 상징적인 사고에 사로잡혔고 그것이 성 마르코가 서술한 것처럼 나사렛의 목수라는 협소한 생애로부터 그를 성화시킨 것이다. 신화는 미개인 예언자나 그의 꿈, 그의 감명적 공상에 의해 감동받은 사람들에게 영향을 미친다. 이들은 후세 사람들이 시인이나 철학자라고 부르는 사람들과 큰 차이가 없다. 미개인 예언자는 공상의 기원에 대해서는 관심이 없다. 기원이 어디에 있는가를 생각하기 시작한 것은 훨씬 후세의 일이기 때문이다. 그러나 고대 그리스 시대에 이르러 인간들의 마음은 상당히 진보되어 신들에 관한 이야기는 옛날에 죽은 왕이나 족장들의 과장된 전설에 불과한 것이라고 추측하기 시작했다. 사람들은 이미 신화는 황당무계한 것이며 서술된 내용 그 자체를 의미하는 것이 아니라는 견해를 가지게 되었다. 따라서 사람들은 신화를 일반적으로 이해될 수 있는 형태로 환원시키려고 하였다."
866) 프란시스 쉐퍼, **기독교문화관**, 문석호 역 (서울: 크리스챤다이제스트, 1994), 277; 「시: 후기의 하이데거」 하이데거는 자신의 실존주의를 용납할 수 없었기 때문에, 자신의 입장-70세 이후에-을 바꾸었다. 『철학이란 무엇인가?』(What is Philosophy?)라는 저서에서 그는 "오직 시인에게 귀를 기울이라."는 권고로 결론을 맺고 있다. 그가 "시인에게 귀를 기울이라."고 말할 때, 그는 우리는 시인이 말하는 내용을 들어야 한다는 것을 가리키지 않는다. 그 내용은 대수로운 것이 아니다 - 우리는 서로 다른 사상을 가진 여섯 명의 시인을 가질 수 있다. 그 내용이 합리성의 영역 곧 아래층 속에 있다고 해서 문제가 되지도 않는다. 문제가 되는 것은 시와 같은 것이

의 무의식은 신보다 훨씬 상위의 개념이다. 차원이 다른 정도가 아니라 무의식
이 드러나는 양태가 신이다. 무의식이 가지는 페르소나가 예수이며 사탄이며 부
처며 마호메트라고 할 수 있다.

　　융에게 있어서 종교란 사람들에게 어떤 강한 체험을 주는 어떤 강력한 존재
를 만나고,867) 그로 인해, 사람들의 의식이 변하고 그것이 삶의 태도를 바꾸어
놓는 것을 의미했다.868) 종교란 본래적인 체험을 이론화한 것에 불과한 것으로
보았다.869) 실제로 융은 도교를 연구하고 다양한 불교 주석서를 발표하였으며
거기에 심취했다.870)

　　융은 "선(禪)에서의 깨달음이란 자아의 형태로 제한된 의식이 비자아적인 자기 자신으로
돌입하는 것이며", "자아가 불성으로 교체되는 것이다"고 했다. 융은 "선이 동양인에게 하
나가 되는 것이 얼마나 중요한 의미를 갖는가를 보여 주고 있다."고 하면서 이러한 선에서
의 깨달음이 비자아적인 자기에 의한 교체라면 에크하르트의 신비체험이 이에 해당된다고
했다. 즉 "서양의 신비가들의 수도 지침서에 인간이 어떻게 자아에의 집착을 버림으로써
영적인 인간에 도달될 수 있는가를 제시한 내용으로 가득 차 있다"고 했다. 융은 "불타 자
신이 그의 의식을 만법 속에 빠짐으로부터 구출해 내고 그의 내적 생활을 인과의 사슬에
대한 객관적 고찰을 통하여 감정과 환상의 혼동으로부터 구출했던 것은 서양인에게는 매
우 낯선 것이지만 환자나 고민하는 사람들을 위하여 주목할 만한 이점을 끌어낼 수 있을

존재한다는 것이다-그리고 시는 위층에 두어진다. 하이데거의 입장은 다음과 같다: 존재(Being)의 한 부분은 존
재(the being) 곧 말하는 인간이다. 결과적으로 우주 속에는 말들이 있기 때문에; 우리는 존재(Being)-즉 존재하
는 것-에 대해 어떤 종류의 의미를 가질 수 있다는 소망을 소유한다. 우리는 방금 시인이 존재한다고 지적하였
다. 그런데 그의 단순한 존재만으로, 시인은 예언자가 된다. 시가 우리와 함께 하기 때문에, 우리는 우리가 단순
히 사실이라고 합리적으로 및 논리적으로 알고 있는 것보다 삶에 대해 더 많이 알게 되리라는 소망을 갖는다. 그
런데 어떤 내용이 없는 비합리적 위층에 관한 또 하나의 실례가 여기 있다.
867) 김성민, **융의 심리학과 종교** (서울: 동명사, 2010), 40-41; 융은 중국학자 리처드 빌헬름(R. Wilhelm)으로
부터 『황금꽃의 비밀』(금화종지)이라는 중국 도교의 연금술에 관한 책의 원고를 우송받았다. 거기에는 융이 그
동안 그리고 있었던 만다라 상과 비슷한 그림들이 많은 것을 발견하게 되었다. 융은 그 그림들을 보고 자신의 생
각이 맞다는 확신이 들었다. 인간 정신의 중심을 찾으려는 인류의 길고 오래된 노력의 흔적들이 들어 있다고 보
았기 때문이다. 융은 연금술이 단순히 물질의 변화가 아닌 인격을 완성시키려는 정신과학이었다.
868) 아그네스 샌포드, **하나님을 바라보라**, 이석산 역 (서울: 한국양서, 2004), 240; 이것이 나중에 아그네스 샌
포드에게 그대로 전수된다. "종교란 하나님을 체험하는 것이며 우리는 무엇보다도 하나님을 교회 안에서 체험해
야 한다."고 말했다.
869) 김성민, **융의 심리학과 종교** (서울: 동명사, 2010), 54-55.
870) 융의 심리학과 불교와의 관계를 알아보려면 다음의 책이 있다. 1) Essence of Jung's Psychology and
Tibetan Buddhism: Western and Eastern Paths to the Heart by Radmila Moacanin. 2) Self and Liberation:
Jung/Buddhism Dialogue (Jung & Spirituality S.) Daniel J. Meckel (Editor), Robert L. Moore (Editor) 3)
Buddhism and Jungian Psychology by Spiegelman, J. Marvin.

것이다"고 했다. 또한 융은 인도 기행의 술회에서 "나는 불타의 생을 자기 원형의 실현으로 받아들였다. 불타에서 자기란 온갖 신들 위에 있고 인간존재의 정수들, 그리고 세계 그 자체의 정수를 표현하고 있다. 하나의 세계로서 그것은 그것 없이는 세계가 있을 수 없고 존재 그 자체의 측면과 존재의 인식을 포괄하고 있다"고 했다. 그는 불타와 그리스도를 비교하기를 둘은 모두 세계의 초극자로서 자기를 실현했는데 불타가 이성적 통찰로서의 초극자라면 그리스도는 숙명적 희생으로서의 초극자로서 둘은 다 옳지만 인도적인 뜻으로는 불타가 더 완전한 인간이라고도 했다.[871]

참된 기독교인이라면, 인간의 문제를 심리학으로 해결해 보려고 했던 융이 결국 어디로 가게 되었는지를 분명하게 알아야 한다. 선(禪)에 대한 융의 견해는 스즈키의 『큰 자유로움』이란 책자의 서문에 나타나 있다. 스즈키는 선(禪)의 본질을 깨달음이라고 했다. 스즈키는 깨달음이란 자기본성의 통찰이며, 자기에 관한 의식의 착각적 이해를 벗어나는 것이라고 말했다. 융은 자기에 관한 의식의 착각이란 자아(ego)를 '자기'(self)로 착각하는 통상적 혼돈이라고 했다. 융은 선(禪)사상을 통해서 무아적 '자기', 곧 인간의 본성의 경지를 깨달았다. 그것은 모든 존재자들 속에 불성이 존재하고 신성이 존재한다는 것이다.[872]

융의 의도는 프로이트와 융을 갈라서게 만든 "바르도 퇴돌"(티벳 사자의 서)에 관한 글에서도 찾아볼 수 있다.

'티벳 사자의 서' 해설문에서 융은 다음과 같이 말한다. '티벳 사자의 서'는 초판이 나온 이래 지금까지 수년 동안 언제나 내 손에서 떠나지 않았다. 나는 이 책에서 새로운 생각과 발견을 위한 많은 영감을 얻었을 뿐만 아니라, 수많은 근본적인 통찰력을 얻었음을 고백하지 않을 수 없다." '티벳 사자의 서'의 서평 형식의 해설문에 있는 이 문장은 언뜻 보기에 융 자신이 '티벳 사자의 서'의 주요 사상인 환생론의 맹렬한 신봉자라도 된 듯한 느낌을 준다. 그래서인지 몇몇 환생론자들은 자신의 저서에 융의 이 고백을 종종 인용하곤 했다. 그러나 그의 해설문을 조금이라도 주의 깊게 읽어 본 독자라면 그의 감탄이 환생론 그 자체에서 비롯한 것이 아니라는 사실을 발견할 수 있을 것이다. 융은 경전에서 묘사한 49일의

---

871) 김성관, "칼 굿스타프 융," **법보신문** 1023호, Nov. 16. 2009. Accessed May. 8. 2019. http://blog.naver.com/kmbira/150090577951/

872) 이죽내, **융심리학과 동양사상** (서울: 하나의학사, 2005), 121-122; 융은 선(禪)의 깨달음의 과정을 의식적 자아가 무아적 자기에로 돌파(durchbruch)하여 무아적 자기를 증득하는 과정으로 이해했다. 이것이 융이 말하는 원형의 초월기능인데, 원형의 초월기능은 의식초월적인 특징을 가지고 있다고 본다. 의식의 특징인 분별성과 일방성을 초극하여 의식과 무의식의 합일을 이루는 것이 의식을 초월한다는 의미이다. 의식이 초월될 때 분별적이고 일방적인 상대의식이 사라지고 누미노제를 띤 자연의 빛의 절대의식이 드러난다는 것이다. 절대의식은 주객의 상대가 끊어진 주객 일여(主客 一如), 일여평등일여(平等一如)를 드러내는 절대성을 갖게 된다. 그 절대의식이 절대지를 가능케 한다. 이런 상태가 바로 무아적 '자기', 인간의 본성을 증득한 깨달은 경지라는 것이다.

사후 세계와 현대 정신분석학에 의해 '어렵게' 드러낸 무의식 사이의 놀라운 유사성에서 그 탁월함을 발견하고 있는 것이다. 융에 의하면 49일의 사후 세계에서 일어난 일련의 과정은 의식 세계에서 무의식의 세계로 들어갈 때 나타나는 일련의 과정과 정확히 반대이다. 또한 그때 나타나는 신들과 영들의 세계는 다름 아닌 융의 집단 무의식의 세계인 것이다. 융은 실제로 환생은커녕 사후에 존재하는 영혼에 대해서조차 어떠한 확신이나 결론을 내린 적은 없다. 그는 이렇게 말한다. "나는 항상 '현생'과 '내생' 사이의 그 접촉점에 관한 의문에 답변을 새롭게 해보려고 노력해 왔다. 그런데 여태까지 나는 그것에 관해서 즉, 죽음 이후의 삶에 관해서 드러내 놓고 글을 쓰지 못했다. 그 이유는 내가 그러기 위해서는 먼저 나의 생각들을 정리해야 할 텐데 나로서는 그렇게 할 수가 없었기 때문이다." 융은 환생론 그 자체를 전적으로 부정하지는 않았지만 '티벳 사자의 서'의 심리학적 가치에 대해 다음과 같이 말한다. "사자에 대한 이런 종교의식은 영혼이 일회적 생을 사는 것이 아니라 무수한 생을 윤회한다는 믿음에 근거하고 있지만, 죽은 자를 위해 무엇인가를 해야만 한다는 산 자의 심리적인 필요성과도 관계가 있다. 가장 문명화된 사람들조차도 친척이나 친구의 죽음에 부딪히면 자신도 모르게 그런 마음을 갖기 마련이다. 그렇기 때문에 문명인이든 아니든 우리는 아직도 죽은 자를 위해 온갖 방식의 제사 의식을 행하고 있는 것이다. 레닌이 미이라로 처리되어 이집트의 파라오처럼 호화로운 전당에 참배 대상으로 안치되어 있다고 해서 그의 추종자들이 그의 육신의 부활을 믿었기 때문에 그렇게 한 것이 아니라는 사실을 우리는 잘 알고 있다. 그것은 어디까지나 살아 있는 자들의 심리적 필요성에서 나온 것이다."[873]

융은 신비주의 종교의 영역에서 해답을 찾았다.[874] 비인과율의 세계는 인간의 이성으로 결코 해결할 수가 없었기 때문이다.[875] 그것은 종교의 영역이 아니면 생각할 수 없는 것이었다. 인간이 만들어 낸 수많은 종교들은 환영했지만, 융은 기독교 안에서는 정답을 찾지 않았다. 그가 기독교적 용어와 성경을 언급한다 할지라도 그것은 다원주의 종교 안에서 그 의미를 말하는 것이다.[876]

873) 티벳(Tibet) 사자(死者)의 서(書), http://www.3fish.kr/Study/Etc/DictionaryEtc/BardoDictionaryEtc.htm/
874) 이죽내, **융심리학과 동양사상** (서울: 하나의학사, 2005), 121-124; 인도사상에 대한 융의 주된 관심은 브라만교의 베다 경전 중 특히 우파니샤드에 나타나 있는 대극성과 대극의 합일에 있다. 우파니샤드 경전에 의하면, 세계는 사랑과 미움, 영예와 치욕, 기쁨과 분노 등의 대극으로 고통 받고, 이 대극으로부터 영향을 받지 않고 그것을 극복, 지양하여 그 대극적 갈등으로부터 자유롭게 되는 것이 궁극적 목표이다. 그것을 나타내는 브라흐마에 주목하면서, 브라흐마는 대극합일인 '자기'에 상응하는 것으로 보고 있다.
875) Don McGowan, *What is wrong with Jung* (New York: Prometheus Books, 1994), 30. "In fact, Jung came to realize that, the more people rationally behave in their daily lives, the more irrationally they think during their dreams and fantasies."
876) 이죽내, **융심리학과 동양사상** (서울: 하나의학사, 2005), 117-118; 융은 도(道)와 관련하여 특히 비인과론적 동시성 개념에 주목했다. 비인과론적 동시성이란, 인과관계로 이루어지는 인과원리와는 달리, 2개 혹은 그 이상의 사건들이 비인과적으로 동시에 발생하여 같은 혹은 유사한 의미 내용을 드러내는 것을 말한다. 예를 들면, 어머니의 죽음과 관련되는 꿈이 어머니의 실제적인 죽음과 시간적으로 일치한다던가, 텔레파시나 천리안 등 초감각적 지각 등이다. 융은 비인과론적 동시성이 전체적 사고에 기초하고 있는 점에서 도(道)와 상통한다고 보았고 이런 사고는 중국인의 사고에서 그 전형을 볼 수 있다고 하였다. 융은 비인과론적 동시성 원리를 「역경」(易

그것이 집단 무의식과 무슨 관계가 있는가? 융은 집단 무의식이 행동과 원형으로 이루어져 있다고 생각했다. 융은 수많은 정신병 환자들을 대하면서, 그들이 내보이는 환상이란 고대로부터 이어져 내려오는 원형적 심상이나 상징의 집단적인 저장물로부터 나온다는 사실을 발견하고 확신하였다. 이렇게 되면 문제가 무엇일까? 자기 죄가 없어지고 자기 책임이 없어지는 것이다. 내가 이런 행동을 하는 것이 나 혼자 독단적으로 처신한 것이 아니라 나를 거슬러 올라가 알 수 없는 옛날 옛적부터 내려오는 그 집단 무의식의 발로이기 때문에 죄에 대한 책임이 거의 없다. 오로지 자기 안에 있는 신성을 계발하여 신성화를 이루는 것이 전부이다.

예를 들어 다른 경우를 보자. 2차 대전을 일으킨 히틀러의 아리안족의 단결은 일종의 집단 무의식의 발현이라고 본다. 히틀러의 죄는 매우 약화 된다. 아리안 민족의 그 집단 무의식이 사람들을 학살한 것이지 히틀러 단독으로 범한 죄가 아닌 것이다. 이것이 심리학의 무시무시한 위험성이다. 융은 히틀러를 비롯한 수많은 범죄자들에게 면죄부를 주었다.

원형과 상징의 관점으로 인간과 세계를 해석하면 인간의 죄성은 사라지고 인간이 신이 되어버린다. 융의 궁극적인 목적은 삶의 의미와 통일성을 성경의 하나님으로부터 받지 않고 자기 안에 있는 하느님으로부터 받으려고 했다. 성경의 하나님을 벗어난 방식은 언제나 도약을 감행한다. 융도 영원한 의미와 통일성을 받기 위해 종교적 도약을 감행했다.

經)에서 보고 있다. 『역경』은 의식적 자아의 힘으로는 해결 할 수 없는 한계에 도달했을 때 사용된다. 의식이 한계에 도달했을 때 무의식의 내용이 활성화 되고, 그때 의식적 자아의 물음에 대응하여 집단 무의식적 내용의 배열이 생기고, 그 배열(卦가 나오기까지의 물리적 동작에 반영)이 마음 밖에 배열되는 것(卦의 내용이 설명해 주고 있는 현실)과 일치하게 된다. 그러나 융은 인과론적 사고를 부정하는 것은 아니다. 인과적으로 그 원인을 설명할 수 없거나 인간 인식의 한계를 넘어서는 경우에 불가피하게 비인과론적 동시성 사고가 요청 된다는 것이다. 보다 중요한 것은 비인과론적 동시성이 전체적 사고에 기초하고 있기 때문에 인간과 세계를 관찰할 때 일차적으로 인과론적 동시성의 관점에서, 즉 의미 연관의 전체적 사고에서 보고, 이차적으로 인과적으로 보는 태도이다. 그러할 때 양자는 진정한 상호 보완이 될 수 있다는 것이다.

영지주의는 융의 선조

융은 적그리스도인 영지주의자들을 자기 학설의 영적 선조로 여겼다. 그의 모든 저서에는 그가 평생 영지주의에 보인 극히 호의적인 관심이 고스란히 남아 있다. 그는 처음으로 영지주의 문서와 마주친 때를 회상하며, "마침내 나를 이해해 주는 친구들을 발견한 듯한 느낌을 받았다."고 말했다. 또한, 3세기의 중요한 연금술사이며 영지주의자인 초시모스 폰 파노폴리스(Zosimos von Panopolis)의 환상들을 통해 심리학적 해답을 얻고자 노력했다.[877]

융이 영지주의라는 말을 제일 처음 쓴 것은 1911년 프로이트에게 보낸 편지에 나타나 있다. 1912년에 출판된 『영혼의 변화과 그 상징들』의 참고문헌에는 이미 영지주의에 관한 서적들이 나타났다. 그다음으로 융과 영지주의의 관계가 나타난 것은 1916년 알렉산드리아에서 활동하던 영지주의자 바실리데스의 이름으로 낸 소책자 『죽은 이들을 위한 일곱 편의 설교』이다.[878]

김성민 교수는, "그것은 그가 프로이트와 헤어진 다음 영지주의자 시몬 마구스, 헬렌, 필레몬 등에 대한 꿈을 꾸면서 그의 무의식에서 어떤 변화가 생겼기 때문일 것이다. 그래서 그는 그의 내면적인 삶에 하나의 형상을 만들어야겠다는 필요성을 느끼게 되었고, 그의 체험과 비슷한 것들을 말하는 영지주의 연구에 몰두하였다."고 말했다.[879]

김성민 교수의 말은 융이 프로이트와 결별 이후에 적극적 심상법으로 종교적 도약을 이루는 과정에서 영지주의로부터 직접적인 영향을 받았다는 것을 알게 해 준다.

머리 스타인은 다음과 같이 말했다.

---

877) C.G. 융, **융 기본 저작집9 인간과 문화**, 한국융연구원 C.G. 융 저작번역위원회 (서울: 솔출판사, 2004), 251.

878) Freud S & Jung CG(1979), *The Freud/ Jung Lettres*, ed. by McGuire, W. & McGlashan, A. Routledge & Kegan Paul, London, 235. 김성민, "영지주의와 C.G. 융과 분석심리학," **심성연구** 24 (2009): 268-269(247-288)에서 재인용; 〈당신의 발견 덕분에 우리는 정말 놀라운 어떤 것의 문턱에 들어섰는데, 나는 그것을 당분간 영지주의에서 말하는 sophia(지혜)라는 개념으로밖에 나타낼 수 없습니다. 그것은 알렉산드리아학파에서 사용했던 개념으로 정신분석학에서 고대의 지혜가 재성육신한 것에 특히 잘 들어맞습니다〉

879) 김성민, "영지주의와 C.G. 융과 분석심리학," **심성연구** 24 (2009): 269(247-288); 그에 대해서 융은 그의 자전적 전기에서 이렇게 말한다: 〈1918년부터 1926년 사이에 나는 영지주의의 연구에 진지하게 몰두하였다. 나는 영지주의자들에게 많은 흥미를 느꼈던 것이다.〉 Jung CG ed. by Jaffe A(1973a): Ma Vie, Gallimard, Paris, p233. cf. 융은 이미 1912년부터 그가 저술한 논문의 참고문헌에 영지주의 저서들을 인용하였다."

그 이후 며칠 동안 융은 받아쓰기를 하듯이 '사자의 일곱 수훈'(Sermon to the Dead)이라는 영지주의 문헌을 적어 내려갔다. 고대 영지주의 교사인 바실리데스Basilides의 것으로 알려져 전승된 이 가르침은 정신의 원형 영역에서 융에게 온 메시지다. "물론 이런 방문이 있기 전 융은 영지주의에 깊은 관심을 가지고 있었기에 고대 영지주의의 수많은 단편들을 읽었다. 그러므로 그가 거실과 서재에서 겪은 영상 경험visionary experience과 영지주의 사이에 상당한 연결 고리 있었다는 것은 자명하다. 이것은 거대한 종교적 텍스트 형태임에도 고도의 상상력과 창조력을 요구하는 작업이었는데, 앞에 인용된 내용은 융 자신의 정신 심층에서 자발적으로 나온 것이었다. 이것은 영지주의의 다른 주요 문헌에서 발견되는 내용이 아니므로, 융이 단순히 기억해서 인용한 것이 아니다(심지어 무의식적 기억 회복도 이것을 설명하지 못한다). 그가 고의로 영지주의자 같은 스타일로 글을 쓰려고 시도한 것도 아니었다. 이 글은 의도적인 것이 아니었다. 돌이켜보면 쓰는 데 사흘쯤 걸린 이 텍스트에는 그가 앞으로 몇십 년 동안 좀 더 합리적이고 과학적인 용어로 진척해갈 사상의 맹아들이 담겨 있었다.[880]

스타인의 글은 융이 접신을 통해 받아적은 것을 자신의 심리학으로 만들었다는 것을 증명한다. 기독교인으로서 융의 심리학을 가르치고 배운다는 것은 귀신의 가르침을 받는 것이다!

칼 융의 원형론은 영지주의에 기초하고 있다. 융은 영지(gnosis)가 무의식에서 나온 심리학적 지식이라고 말했다.[881] 융의 영지주의적 사고는 『죽은 자들을 위한 일곱 가지 설교』에 나타나 있다.[882] 이 제목에서 죽은 자들이란 죽은

---

880) 머리 스타인, **융의 영혼의 지도**, 김창한 역 (서울: ㈜문예출판사, 2017), 224.
881) C G Jung, *Collected Works of C G Jung, Vol 9 Part 2: Aion-Researches Into the Phenomenology of the Self*, § 350; ⟨Gnosis is undoubtedly a psychological knowledge whose contents derive from the unconscious. It reached its insights by concentrating on the "subjective factor," which consists empirically in the demonstrable influence that the collective unconscious exerts on the conscious mind.⟩
882) ⟨융은 "죽은 이들을 위한 일곱 편의 설교"에서 플레로마는 빛과 어둠, 미와 추, 선과 악 등 모든 대극들이 융합되어 있으며, 사람이 플레로마의 부분이기 때문에 플레로마는 사람 속에 있다고 주장하였다. 여기에서 우리가 플레로마라는 말 대신 자기라는 말을 써도 의미는 똑같아진다. 영지주의자들이 이 세상에 있는 선과 악, 정신적인 것과 물질적인 것, 이 세상적인 것과 신적인 것 사이의 분열 속에서 그것들을 뛰어넘는 절대적인 충만을 추구했듯이, 융도 본능적인 충동과 정신적인 것, 감각적인 것과 영적인 것 사이의 분열 속에서 그것을 통합하는 절대적인 실재를 요청했던 것이다. 그러나 융은 그 절대는 완전히 인식될 수는 없지만 체험될 수 있다고 주장하면서 『종교와 심리학』에서 그의 환자가 자기의 원형상인 '우주시계'를 체험한 다음 "그 환상은 완전한 조화의 감정을 그의 마음속에 남겼다"고 소개하였고, 커다란 고통이나 절망에 빠진 사람들에게 비슷한 환상이 찾아와 오랜 투쟁이 종식되고 그들은 그들 자신과 화해할 수 있게 된다고 덧붙였다(Jung CG(2006b): 인간의 상과 신의 상, 한국융연구원C.G.융저작번역위원회 역, 솔출판사, 서울, p122). 또한 그는 그 실재에 도달하려면 합리적 인식이

기독교인의 영혼들이다. 주인공 바실리데스는 융 자신이며 개성화된 자기(self)의 전형이다. 융은 인간이 원초적 무의식의 상태인 플레로마의 대극적 속성을 가지고 태어난다고 말했다.[883]

영지주의는 모든 만물 안에 신성이 존재한다고 믿는다. 저급한 신에 의해 창조된 육체는 껍데기에 불과하고, 자신 속에 있는 신성과 만남으로써 신의 경지로 상승할 수 있다고 가르친다. 영지주의는 내면의 불꽃이 있다고 믿었으며 영원한 플레로마와 합일되기를 추구하였다. 그런 까닭에 칼 융은 적그리스도다! 장덕환 박사는 "영지주의가 기독교의 한 분파"라고 말한 것은 예수 그리스도께서 육체로 오심을 부인하는 성경의 정의에서 벗어난 것이다.[884]

영지주의자들은 신성과의 만남을 위해 어떤 방법을 사용하는가? 그것은 마음 속의 혼돈을 잠재우기 위한 "명상"이다. 그 명상을 통해 인간 안에 내재한 선을 보고 신성화에 도달한다. 그 과정에는 영적인 안내자와의 만남이 있다.[885] 이 명상과 영적인 안내자와의 만남이 결정적인 것이다. 이 두 가지가 융의 심리치료에 적용된다. 여기에 명상이 중요한 도구가 되는 것은 영지주의와 동양종교의 유사성에서도 찾아볼 수 있다.[886] 그 원리와 본질의 유사성은 방법의 유사성도 포함된다.

융은 무의식 안에 있는 이미지는 생명을 가지고 있으며, 그 이미지를 '가이드'라고 명명하고 융 자신도 '필레몬'(Philemon)이라는 영적 안내자의 지혜를 받았다. 융에게 필레몬은 "그노시스 학파 및 이집트-헬레니즘 분위기의 '구루'guru 같은 상이었다."[887] 필레몬과 함께 등장하는 살로메는 융의 아니마요 여성성이

그쳐야 한다고 주장하였다. 그러면서 그는 우리 삶에는 합리적인 측면만 있지 않고 비합리적인 것들에 더 큰 의미가 있을 수 있다고 강조하였다. 그래서 그가 연구했던 것들은 무의식, 종교현상, 연금술 등 합리적인 것과는 거리가 먼 것들이었다. 그러나 융은 그 비합리적인 것들을 가능한 한 합리적으로 해석하면서, 우리 삶의 본질에 다가가려고 하였다. 영지주의자들이 그들의 삶의 문제 때문에 영지에 몰두했듯이, 융 역시 그의 삶의 문제에 직면하여 그의 내면 깊은 곳에서 신적인 것을 찾았고, 그것을 통하여 구원을 얻으려고 했던 것이다.〉

883) 장덕환, C. G. **융과 기독교** (서울: 새물결플러스, 2019), 234; "플레로마란 지고의 존재에게서 발견되는 모든 특질의 통합을 의미한다."

884) Ibid., 217.

885) 일레인 페이절스, **숨겨진 복음서 영지주의**, 하연희 역 (서울: 루비박스, 2006), 212-219.

886) 스티븐 횔러, **이것이 영지주의다**, 이재길 역 (서울: 샨티, 2006), 226-229.

887) B. W. Scotton·A. B. Chinen·John R. Battista, **자아초월 심리학과 정신의학**, 김명권 외 7인 역 (서울: 학지사, 2008). 72-73; "융은 볼링겐 Bollingen 은둔지의 정원을 걸을 때면 마음속의 필레몬이 무엇을 이야기하는지

었다. 영지주의에서 여성성은 영지를 깨닫게 하고 신적 본성을 깨닫게 하는 중요한 역할을 감당했다.[888] 김성민 교수가 초대교회 교부들이 깨달음으로 얻는 구원과 예수 그리스도의 복음을 믿음으로 얻는 기독교의 구원은 대결과 싸움을 했다는 것을 말하면서 융의 분석심리학에 천착하며 융을 옹호하는 것은 융에게 전도(顚倒)된 결과이다.[889]

문제는 그로 인해 발생하는 악의 문제다. 영지주의자들은 악이 몸을 통해 들어온다고 생각했다. 악은 인간의 잘못이 아니며 열등한 신이 세상을 창조했기 때문이라고 보았다. 성경은 하나님께서 세상을 창조했다고 말하며 하나님은 선하신 분이라고 말한다. 영지주의 관점에서 보면 성경의 하나님은 열등한 신에 불과하다.

융은 "어거스틴이 주장하였고, 기독교에서 일반적으로 받아들여지고 있는 선의 결핍(privatio boni)로서의 악의 관념은 너무 안이한 생각이라고 비판하"였다.[890] 융은 어떤 것이 선인지 악인지 경험하기 전에는 알 수 없고, 악은 사람들의 판단에서 오는 것이라고 주장했다. 악이 현실적으로 존재하나 악은 어떤 본질이 없고 다만 현상적인 결과로만 보았다. 그런 까닭에, 융은 악을 선의 그림자로 보았다.[891]

지켜보고는 했다. 얼마 지나지 않아 융은 필레몬과 많은 대화를 하게 되었으며, 그의 통찰로부터 많은 것을 배우게 되었다."

888) 김성민, "영지주의와 C.G. 융과 분석심리학, **심성연구** 24 (2009): 276(247-288); "내향화를 통한 구속과정에서 융과 영지주의자에게서 또 한 가지 주목할 점은 그들이 여성적인 것의 가치를 중요시하였다는 점이다. 영지가들에게서 소피아, 이브, 세트 또는 노아의 아내인 노레아(Norea)는 영지를 전달해주는 계시자의 역할을 하며, 융에게서도 여성적 요소인 영혼과 지혜가 중요한 역할을 담당하는 것이다. 영지주의에서 여성적 요소는 아담에게 영을 불어넣거나, 그의 신적 본성을 깨닫도록 하고, 융은 개성화 과정에서 언제나 권력의지보다 여성적 원리인 에로스(eros)의 회복이 중요하다고 강조하고, 재탄생의 모태가 되는 태모가 결정적인 역할을 한다고 강조하는 것이다. 그것은 개성화 과정에서 모든 것의 모태가 되는 집단 무의식의 중요성 때문이었을 것이다."

889) Ibid., 238.

890) Ibid., 281; 그 주장은 존재의 범주와 가치판단의 범주를 혼동한 견해로서 이 세상에 있는 악의 현실성과 파괴성을 무시하고, 악을 모호하게 만들기 때문이다. 그래서 그는 빅터 화이트에게 보낸 편지에서 "심리학적인 관점에서 볼 때, 악은 두려운 현실입니다. 악을 다만 형이상학적인 의미로만 보면서, 악의 힘과 현실을 축소시키는 것은 잘못된 일입니다."(1949. 12. 31)라고 말하였다(Le Divin dans l'homme, A. Michel, Paris, 430-431)

891) Ibid., 282-283; "그래서 융은 악이란 선의 그림자라고 주장하였다. 악은 그 자체로서 어떤 본질을 가지고 독립적으로 존재하는 것이 아니라, 빛을 받지 못하고 어둠 속에 남아있는 그림자라는 것이다. 예를 들어서 말하자면 어떤 정신적인 요소가 제대로 실현되면 사람들에게 선을 가져다주는데, 악은 여러 가지 이유 때문에 그러지 못해서 악으로 나타나는 것이라는 말이다. 그러므로 융은 우리 삶에서 악의 현상들이 여러 가지 형태로 나타나

또한, 영지주의자들은 신화와 상징을 중요시했다. 융이 무의식의 세계에서 만났던 안내자들은 정신의학적인 관점에서는 일종의 환영이며 환청과 망상과 같은 증상이다. 하지만 융의 분석심리학의 체계에서 그 안내자는 "마음의 병을 앓는 사람들을 치명적으로 혼란시킬 수 있는 무의식의 근원으로부터 나온 '영혼의 원형적 심상'이고 신화시대의 산물로서 심리적인 심상 속에 존재하는 이미지"라고 말한다.[892]

김성민 교수는, "영지주의 문헌에 신화적 사변과 상징이 너무 많기 때문이다. 영지주의의 우주발생론과 인간 발생론은 신화적 사변으로 가득 차 있고, 영지주의의 플레로마, 신방 예식, 영혼의 상승 등은 모두 상징이다."라고 말했다.[893] 융에게 상징이란 신성한 힘, 곧 누미노제를 가지고 있는 것이었다.

융은 영지주의와 마니교를 알면서 연금술에 더 깊은 관심을 가졌다. 김성민 교수는 다음과 같이 말했다.

> 융은 라이첸스타인(Reitzenstein)이 구속의 신비에 대해서 쓴 책을 통해서 영지주의 종교 만데안과 마니교 신화에 대해서 알게 되었다. 그러나 그는 1930년에 발견된 마니교 문서를 읽었는데 그렇게 커다란 흥미를 느끼지는 못하였다. 그다음에도 그는 빅터 화이트가 영지주의 문서 피스티스 소피아(Pistis Sophia)에 대해서 발표한 것을 높이 평가하면서 (1948.5.21) 그와 퀴스펠에게 편지(1950.4.21)를 보내면서 영지주의에 관심을 표시하지만, 그는 영지주의보다 연금술에 더 관심을 기울인 듯하다. 그래서 퀴스펠은 "내가 그를 알기 시작했던 1947년부터 그는 특히 연금술에 관심을 기울이고 있었다. … 그는 영지보다는 연금술을 더 가깝게 생각한 듯하다"(Quispel, Gilles(1979): "Jung et la Gnose", Cahier de l'Herne, Edition de l'Herne, Paris, 134.)고 하였다.[894]

우리 삶을 왜곡시키지만 악의 본질을 인정해서는 안 된다고 강조하였다. 그리고 그는 우리 삶에서 악에 관한 모든 오해는 선의 결핍설 때문에 생겨난다고 덧붙였다(Aïon : Etudes sur la Phénoménologie du Soi, Trad. Etienne PERROT et Mme Louzier-Sahler, Albin Michel, Paris. 74-78) 융이 우리가 악을 극복하려면 악을 직시하고, 악을 우리 정신에 통합시켜야 한다고 강조한 것은 그 때문이다. 영지들 역시 악에 철저하게 맞서기는 하였다. 그러나 그들은 이 세상에서 물러나서 초월적인 세계에서 통합하려고 하거나 금욕으로 맞서서 소극적인 느낌을 준다."

892) 꿈과 베개. http://blog.naver.com/ykudos/90009610763/

893) 김성민, "영지주의와 C.G. 융과 분석심리학," 심성연구 24 (2009): 276(247-288); 〈그것은 영지주의가 본래 성서를 우의적으로 해석하려고 했고, 영지주의에 고대 히브리적 사유, 그리스적 사유, 중근동 사유가 뒤섞여 있기 때문이다. 그것은 그들의 종교사상이 무의식의 즉각적인 체험을 표현하기 위해서 어쩔 수 없는 것이었다. 그래서 융은 퀴스펠에게 보낸 편지에서 "우리는 히폴리투스가 전한 나아센느파의 일자(l'Un)에 대한 수많은 상징들을 보면서, 그것들이 정말로 내면의 직접적인 영감에서 나온 것이라는 사실을 인정하지 않을 수 없을 것입니다"라고 하였다. 영지가들은 무의식의 본래적인 세계와 접촉하고 있던 사람이라는 것이다.〉

융은 영지주의와 연금술이 깊은 관련이 있다는 것을 알게 되었으며, 1928년 부터 서양 연금술 연구에 몰두하였다. 융은 "내가 연금술에 대해서 이해하기 시 작했을 때, 비로소 나는 연금술이 영지와 연결되어 있다는 생각이 들었다. 그리 고 연금술을 통해서 과거와 현재 사이의 연속성이 이루어지게 된다."고 말했 다.[895]

그 이후에 영지주의 연구와 융 사이에 중요한 사건이 생겼다. 1951년 8월 퀴 스펠의 주선으로 볼링겐 재단에서 나그함마디 문서 중 일부를 구입하여 거기에 "융 문서"(Codex Jung)라는 이름을 붙인 것이다. 그 문서 안에는 "진리의 복음", "바울 사도의 기도" 등 다섯 편의 문서가 포함되어 있었다.[896]

융과 영지주의의 관계가 가장 크게 부각된 것은 융과 마틴 부버 사이의 논쟁 이었다. 부버는 〈메르쿠르〉지(誌) 1952년 2월호에서 융을 영지주의자라고 비판 하면서 논쟁이 시작되었다. 부버는 융에 의하면 '하나님은 주관적이고 자율적인 심리적 내용에 불과하게 된다'고 주장했다.

> "만일 융이 말하는 대로 종교가 한낱 우리와 심적 사건과의 … 관계라면 그것은 인간으로 부터 초월한 존재 또는 본질적 절대자의 관계가 아니라는 말이 여기에 포함된다." 그러면 서 부버는 융이 "죽은 이들을 위한 일곱 편의 설교"에서 영지주의적인 신관을 주장하였고, 그것은 융에게서 일관되게 나타났으며, 융은 심리학의 한계를 넘어섰다고 비판하였다. 그 에 대해서 융은 같은 학술지 1952년 5월호에서 "부버는 내가 그노시스의 입장에서부터 출 발해 심리학자로서는 해서는 안 되는 형이상학적인 언표를 감행했다고 주장한다. 그러나 그것은 부버의 잘못된 생각이다. 우리들은 경험의 결과를 어떤 철학적 전제와 혼동해서는 안 된다")라고 하면서 그는 어디까지나 정신과 의사로서 종교적인 문제에 접근하며, 부버 의 말대로라면 인간의 투사가 그쳐지면 객관적인 대상이 존재하지 않아야 되는데, 그것은 아니지 않는가라고 반문하였다. 이에 대해서 부버는 그 다음에 다시 같은 논지로 융을 다 시 비판하였다.[897]

부버가 보기에 융은 심리학의 한계를 넘어서 있었다. 그러나 융은 "어디까지

---

894) Ibid., 269.
895) Ibid.; Jung CG ed. by Jaffe A(1973): *Ma Vie*, Gallimard, Paris, p. 234. cf. "융은 이미 1912년부터 그 가 저술한 논문의 참고문헌에 영지주의 저서들을 인용하였다."
896) Ibid., 270(247~288)
897) Ibid., 270.

나 정신과 의사로서 종교적인 문제에 접근"한 것이라고 둘러댔다. 이 논쟁들을 지켜보면서, 분석심리학자 드힝은 융이 영지주의자는 아닐지 몰라도 융의 내향적인 태도는 그런 오해를 불러올 수도 있었을 것이라고 주장했다.[898] 그 후에도 융은 구원자 그리스도에 대한 역사적 탐구를 다룬 『아이온』(Aion)과 악과 고통의 문제를 다룬 『욥에의 응답』을 발표하는데, 그런 융의 책들은 융과 영지주의가 매우 깊은 관련성이 있다는 것을 말해 준다.

융은 무의식의 깊은 부분을 알 수 없는 영역이라고 하였는데, 그것은 영지주의자들이 구약의 창조신보다 더 높은 최고신을 알지 못하는 신(unknown god)이라고 부르면서 궁극적으로 에온에 들어감으로 구속을 완성하려고 하는 것과 유사하다. 김성민 교수는 다음과 같이 말했다.

> 그것은 융도 마찬가지였다. 그 역시 집단무의식에 대해서는 온전히 다 알 수 없는 것이라고 주장하면서도 그것을 체험하고, 또 알려고 하였다. 융은 "무의식은 그것이 우리에게 실제로 다가올 때 '알 수 없는 것'(unknown)이다"라고 하면서 무의식을 끈질기게 탐구했는데, 영지가들의 알지 못하는 신은 융에게 있어서 자기에게 해당할 것이다. 자기는 집단무의식에 있는 가장 온전한 정신요소로서 "우리 안에-있는-하나님"(god-within-us)이기 때문이다.[899]

김성민 교수는 융의 신개념이나 영지주의의 신개념을 같은 개념으로 보았다. 융과 융 학파에서 사용하는 "신"의 개념은 자기(self)와 동일한 개념이다.[900] 자

---

898) Ibid., 271-272; "융의 이런 태도는 그와 영지주의 사이에 많은 점에 있어서 유사성을 보여준다. 첫째로 영지주의자들과 융은 내향적인 태도를 가지고 그들의 내면에서 싸우는 영과 육, 본능적인 충동과 정신성을 통합하여 구원받으려고 하였다. 둘째로 그들은 그 과정에서 솟아오르는 무의식의 상징적 이미지들을 체험하였고 그것들을 신화적이거나 상징적인 방식으로 표현하였다. 셋째로 그들은 일상적인 삶의 차원을 뛰어넘는 심층적인 실재를 추구하였는데, 그것이 영지주의자들에게 있어서는 최고신이었고, 융에게서는 집단무의식에 있는 자기였다. 넷째로 그들은 이 세상에 있는 악과 고통의 실재를 절감(切感)하였으며, 그 기원과 본성에 대해서 탐구하려고 하였다. 다섯째로 그들은 다른 존재가 체험한 것이나 주장한 것을 그대로 믿으려고 하지 않았고, 그들이 직접 체험하려고 했으며 그들이 체험한 것만 믿으려고 하였다."

899) Ibid., 279; "융에게서 자기는 정신발달의 기초가 되는데, 대상관계학파인 위니캇은 융에게서 자기에 대한 생각은 그가 유년시절의 그의 어머니의 부재를 내적 현존의 강력한 체험으로 극복하고, 신비한 세계로 뛰어 들어가려고 했기 때문이라고 주장하였다(Winnicott DW(1960): "Review of C.G.Jung's Memories Dreams Reflections", International Journal of Psychoanalysis, 45, 2-3. cf. Dehing J(1992) 위니캇은 정신발달의 기초가 되는 자기를 어머니와의 관계에서 찾았지만, 융은 그것을 원형적인 것이라고 했다는 점이 다를 뿐이다."

900) 이부영, **자기와 자기실현** (서울: 한길사, 2010), 29, 80-83; "분석심리학에서는 자아와 자기를 구분한다. 자아는 의식의 중심이지만 자기는 의식과 무의식을 통틀은 전체정신의 중심이다."(p. 29) 융은 우리 안에 그리스

가가 곧 신이라는 의미이다.901) 신성한 내면아이가 곧 신이라는 자리로 높이 등극하게 된다. 수많은 사람이 융의 종교에 심취하게 되는 것은 이것 때문이다. 융의 심리학은 일반적인 심리학이 아니라 종교의 자리로 끌어올렸기 때문이다. 물론 나중에 스캇 펙이 더 위험하고 더 심각한 기여를 하게 된다.

왜 이런 종교의 영역으로까지 승화시켜야만 하는가? 그것은 이 세상의 것으로는 영원한 의미와 통일성을 부여할 수 없기 때문이다. 융이 살았던 시절의 사람들이 느낀 것은 계몽주의의 허탈감이었다. '이대로 가다가는 인간이란 아무 의미도 없이 다 사라져 버려야만 하는가?' 하는 위기에 봉착하게 되었고, 누군가는 그 일에 해결사로 나서 주기를 바라던 시대였다.

스티븐 횔러는 다음과 같이 말했다.

도, 우리 안에 불성, 혹은 도라고 부르는 것을 모두 심리학적으로 자기(Selbst)라는 용어로 일컬을 수 있다고 말했다. 이 말 때문에 당시 기독교 신학자들이 신랄하게 비판을 했다. 융은 그런 일에 대하여 자신은 그저 심리학적으로 다룰 뿐이라고 말함으로써 오해를 불식시키려고 했다. 그러나, 오늘날 어느 누구도 융의 심리학이 다만 심리학적 견해라고 한다면 지나가는 개도 웃을 판이다.(pp. 80-81) 융은 『자아와 무의식과의 관계』에서 자기는 우리 속의 신이라고 할 수 있다고 말했다. "그러므로 우리가 신의 개념을 사용할 때는 우리는 이로써 단지 하나의 일정한 심리적 사실, 즉 의지를 방해하고 의식에 강요하며 기분과 행위에 영향을 주는 능력을 가진 어떤 정신내용의 독립성과 위력을 설명할 뿐이다." 『아이온』(Aion)에서는 전체성과 신의 상은 구별되지 않음을 더욱 명확하게 말하고 있다. "단일성과 전체성은 객체적 가치척도의 최고의 단계이다. 왜냐하면 그것의 상징들은 이마고 데이(Imago Dei)와 더 이상 구별되지 않기 때문이다."(p. 83)

901) http://iaap.org/academic-resources/cg-jungs-collected-works-abstracts/abstracts-vol-7-two-essays-on-analytical-psychology.html; 000177 The relations between the ego and the unconscious. Part 2. Individuation. IV. The mana personality. In: *Jung, C., Collected Works of C. G. Jung, Vol. 7.* 2nd ed., Princeton University Press, 1966. 349(p. 227-241). The formation and characteristics of the mana personality, a stage of development that follows the transformation and dissolution of the anima as an autonomous complex, are described. The power (mana) that infused the anima is often usurped by the ego. As a consequence the individual feels, mistakenly, that he has vanquished the unconscious and that his new knowledge of it will give him power. Hence, he perceives himself as a wise and powerful man. This self-concept, termed the mana personality, is a flat, collective figure, as are all archetype dominated personalities; consequently, it restricts the individual's growth. In order to continue to develop, the individual must go through the process of differentiating the ego from the mana personality. This involves bringing those contents of the unconscious specific to the mana personality to consciousness. The danger of identifying or concretizing the contents of the mana personality into a god are pointed out with Goethe's Faust and Nietzsche's Zarathustra cited as attempts to master the contents of the mana personality. Since these approaches are obviously not suited to the man who lives in the real world, the assimilation of the contents of the mana personality into the conscious mind is seen as the best solution. The results will be the formation of the concept of self, a psychological construct akin to the religious concept of the "god within us". 3 references.

이른바 염세적이라는 영지주의 세계관 때문에 지금까지 많은 학자들이 영지주의에 접근하는 데 어려움을 겪었다. 한 세기, 아니 반세기 전만 해도 서양 문화는 희망으로 가득 차 있었다. 진보를 향한 인류의 욕망에 발맞춰 비대해진 과학은 승리감에 도취해 환호작약했다. 하지만 두 차례의 세계 전쟁과 그에 따른 심리적 파탄은 우리의 생각을 다시 돌려놓았다. 최근 벌어진 사건들은 이 같은 낙관적 사고방식의 허점을 더욱 적나라하게 드러내었다. 새 천 년의 문턱을 갓 넘어서면서 우리는 심각한 상황에 맞닥뜨리게 되었다. 한때 '지구촌'의 전령자로 인정받던 비행기가 느닷없이 파괴의 미사일로 돌변하고, 우편으로 배달된 편지가 죽음의 도구로 표변했다. 아블린 위(Evelyn Waugh)는 일기장에 "사람은 누구나 사춘기 때는 미국인이요, 죽을 때는 프랑스 인이다"-소박한 낙관주의가 경험을 통해 어떻게 우울한 사실주의로 변화되는지를 보여준다라고 썼다. 이 정도밖에 성숙하지 못한 문화 속에 살고 있다는 사실이, 우리로 하여금 영지주의를 다시 한번 평가해 보게끔 만드는지도 모르겠다.902)

융은 1875년 7월 26일에 태어나서 1961년 6월 6일에 죽었다. 융이 살았던 시대만큼 격랑기는 없었을 것이다. 위에서 스티븐 휠러가 말했듯이, 그 시대는 1, 2차 세계대전이 일어났었고 세상은 그야말로 고통과 절망의 시대였다. 더 이상 인간에게 의미와 통일성 줄 만한 것이 이 세상에는 없다고 생각이 들고 그렇게 결론이 나는 시대를 살았다.

그런 시대에 칼 융은 영지주의를 통해서 그 시대의 절망을 뛰어넘고 인간에게 가치와 의미를 주려고 했다. 융은 바로 그 시대적 요청에 응답한 사람이었다. 그 해결점을 영지주의 속에서 찾게 되었고 그 주된 열쇠는 바로 인간의 신성이었다. 영지주의는 인간 안에 신적인 불꽃이 있다고 말했으며, 신적 불꽃이 해방되는 것을 구원이라 여겼다.903) 인간은 이렇게 허탈하게 죽을 존재가 아니라 신성을 가진 인간이며 기존의 정통 기독교에서가 아니라 인간 안에서 영성을 계발하고 초월에 도달하는 존재라고 소리치고 다녔다.

폴 비츠는 다음과 같이 말했다.

융의 변화의 과정에서 마지막 단계는 자기실현이라고 부르는 개성화가 실제로 일어나는 과정이다. 그리고 사실 이 자기실현, 혹은 자기현실화라는 목표의 핵심은 유대 기독교의 "하나님과 이웃을 사랑하라"는 명령을 "자신을 알고 또 표현하라"는 다른 명령으로 대체해

---

902) 스티븐 휠러, **이것이 영지주의다**, 이재길 역 (서울: 샨티, 2006), 5-6.
903) 목창균, "초기 기독교에 미친 영지주의의 영향," 신학과 선교 18 (1994): 102-103(93-109).

버린 영지주의라고 할 수 있다.904)

융은 전통적인 종교적 이미지들을 인간이 칼자루를 쥐고 주도하는 차원으로 재설정하였다. 그것은 심리학적이라는 이름으로 다가왔기 때문에 사람들의 마음을 빼앗아 갔다. 사람들을 절망의 구렁텅이에서 구출하기 위하여 새로운 융 종교를 만들었다.905)

예나 지금이나 사람들은 말할 수 없는 수많은 고통과 어려움 속에서 살아가고 있다. 감당하기 힘든 고난을 당면하기도 하며 그로 인해서 인간은 좌절과 절망을 경험하게 된다. 그런 상황 속에서 사람들은 생각한다. 왜 이런 일들이 일어나게 되는가? 이런 일들에 대한 근본적인 해결책은 무엇인가? 이런 질문들에 대해 지식인들은 일반 사람들이 생각하는 것보다 더 심오한 해결책을 제시하려고 했다. 이런 절박한 고통 속에서, '인간의 존재와 본질은 무엇인가?'에 대한 근본적인 질문으로 맞닥뜨려졌다. 이런 형이상학적인 질문은 전통적인 종교가 가지고 있는 결론을 거부하고 인간에 의한 인간을 위한 존재론적인 대답과 설명을 요구하게 되었다. 철학자들과 세상의 수많은 종교들이 여기에 대하여 해답을 제시하려고 했다. 종교를 떠나서는 가치와 의미를 부여받을 수 없다는 것을 융은 간파했다. 사람들이 돈과 삶의 의미를 다 가지고 싶어 한다는 것을 모를 리가 없었던 융은 인간을 위한 인간에 의한 인간의 종교를 만들어냈다.906)

계몽주의는 신을 죽여 매장하고 삽을 던져 버렸지만, 무덤에 둘러선 인간들은

904) 폴 비츠, **신이 된 심리학**, 장혜영 역 (서울: 새물결플러스, 2010), 28.

905) 융이나 융학파에서는 이런 말을 굳이 애써 부인하려고 한다. 융은 새로운 종교를 만들어 낸 것이 아니라고 한다. 그러나 그가 의도했던 의도하지 않았든지 간에 결국은 종교의 문제로 들어오게 되었고, 종교의 차원에서 해답을 끌어내려고 했다.

906) 로렌스 자피, **융 심리학과 영성**, 심상영 역 (서울: 한국심층심리연구소, 2010), 165-166; 융은 말년에 동시성과 인간 내면에서의 신의 성육신이라는 주제에 몰두했다. 이 두 개념은 인과율(19세기 과학)과 물질주의라는, 압박을 가하고 평가 절하하는 지배 세력으로부터 우리를 자유 하게 하는 효과가 있다. 이 둘은 우리가 환경 및 우리 자신 안에 있는 별로 중요하지 않은 것의 희생물이라는 것을 알려 준다. 과학은 그것이 단지 도구임에도 불구하고, 지난 2백 년간 모든 신들처럼 경배를 받기 원하는 어떤 신(어떤 최상의 가치) 역할을 해 왔다. 이제 우리는 과학에 대해 무의식적으로 그리고 의식적으로 비위를 맞추던 것에서 벗어날 시점에 와 있다. 과학은 통계학적인 공식에 의지하는 경향이 있는데, 그렇게 함으로써 과학은 각 개인 안에 있는 독특성의 본질적인 성격을 별 것이 아닌 것으로 만들어 버렸다. 과학은, 그것이 본래 가지고 있는 기계론적인 입장을 볼 때도, 방향 상실의 시대에 이성의 보루로 서 있는 게 확실하다. 그러나 우리는 그것이 지닌 물질주의적/실증주의적 경향으로 인해 개인의 숭고함을 부인하는 입장을 가진 과학을 조심해야 한다.

어디로 가야 할지 알 수가 없었다. 삽을 다시 들고 무덤을 파헤치자니 겁이 나서 도저히 그렇게 할 수가 없었다. 그때 저기서 한 사람이 소리쳤다. "여기에 새로운 신이 있다!" 그가 누구인가 살펴보니 바로 칼 구스타프 융이었다. 융은 계속해서 말해 주었다. '당신들은 잘못한 것이 아니다. 당신들은 다만 지나간 시대 속에 죽은 신을 떠나서 새로운 시대의 새로운 신을 만나야 한다.'

융이 말하는 새로운 신, 새로운 종교에 대한 개념은 어떤 종교이든지 상관없이 '체험을 주는 종교'라야 가치 있는 종교였다. 체험은 그의 어린 시절부터 생각해 온 중요한 주제였다. 그것은 전통적인 기독교를 떠나 동양의 종교와 신비주의에서 나오는 체험이었다.

특히나 그의 이론은 루돌프 오토의 '누멘'(numen) 개념을 적용한 것이다. 오토가 말하는 '누멘'이란 사람들이 신적인 것을 체험한 후에 느끼는 거룩함이 아니라 그보다 더 근원적인 감정으로서의 거룩함이다. 사람들이 신적인 것을 보고 즉각적으로 가지게 되는 두렵고 떨리지만 또 한없이 사람들을 잡아끄는 거룩성이다. 사람들은 이런 '누멘'(numen) 체험을 통해서 그 체험의 대상이 된 강력한 힘을 숭배하게 된다는 것이다. 그런 까닭에, 융에게 있어서는 기독교, 유교, 불교, 도교 등에 상관이 없이 '누멘'을 체험하고 충격을 받아 삶의 태도가 달라지는 것이 종교이다. 같은 차원에서 꿈이나 환상을 통해 '누멘' 체험을 하게 되면 종교와 동일한 차원으로 이해한다. 그러면 꿈이나 환상은 자기 속에 있는 집단무의식의 발현인데, 결국 누구를 숭배하게 되는가? 융이 계속해서 주장하는 '우리-안에 있는-하느님'을 숭배하게 되고, 인간이 신이 된다. 심리학은 단순한 학문이 아니라 종교다! 융의 좋은 것만 받아들이면 된다고 가르치는 사람들의 실상은 기독교를 대체하는 융의 새로운 종교를 가르치는 것이다.907) 융을 받아들

907) Richard Noll, *The Jung Cult* (NewYork: Free Press Papperbacks, 1994), 296-297; 〈A very prominent American Jungian analyst, Edward Edinger, openly acknowledges Jung's role as a prophet in the twentieth century and the essential religious nature of the Jungian movement. In one publication Edinger even terms Jung's ideas in the Collected Works a divinely inspired "new dispensation" to succeed the Jewish and Christian dispensations of the Old and New Testaments. Passages from Jung's works are now often read as part of the sermons of some ministers, and Jung is read as part of the services of a New Age "Gnostic Church" in San Francisco, as they are alongside the works of Emerson at some Unitarian services. Are we witnessing the birth of another religious movement that will one day develop into ritualized services and even cathedrals à la Emanuel Swedenborg? With the Jungian movement and its merger with the New

아는 기독교는 융 기독교로 변질된다. 그것은 단순히 기독교에 융의 종교를 혼합하는 정도가 아니라 완전히 융 기독교로 만든다.

그 변질과 타락의 선두주자들은 심리학을 해외에서 배워 온 사람들이다. 그런 심리학 1세대 사람들은 심리학에 대해 긍정적이면서도 기독교의 유일성을 지켜 갈 수 있다고 생각한다. 그러나 그다음 세대, 곧 심리학을 활용하여 상담과 내적 치유사역을 하는 단계인 심리학 2세대가 되면 심리학에 대한 거부감이 사라진다. 그리고 그다음 3세대가 되면 기독교는 완전히 변질되어 버린다.

Age spirituality of the late twentieth century, are we witnessing the incipient stages of a faith based on the apotheosis of Jung as a God-man? Only history will tell if Jung's Nietzschean religion will finally win its Kulturkampf and replace Christianity with its own personal religion of the future.⟩

III. 칼 융과 구상화

융의 구상화는 '적극적 심상법'(active imagination)이다. 융의 '적극적 심상법'(혹은 적극적 상상력)은 신성화를 이루기 위해 사용한 방법이다.[908] 적극적 심상법은 무의식에 뛰어드는 것이며 접신이다.

융은 스위스의 심리학자이며 오컬트 연구가요 심령현상 연구가인 플루르노아 (Théodore Flournoy, 1854-1920)로부터 큰 영향을 받았다. 그는 당시 유명한 여성 영매사(靈媒師)가 신령이나 유령을 자신에게 들리게 하는 빙의현상 (possesion)을 조사했다.[909] 그녀는 마치 옮아 붙은 유령이 추억담을 말하듯이 지난 과거에 있었던 일을 너무나도 잘 말했다. 그러나 그 이야기란 '실제의 영혼'에 의해서 나온 추억담이 아니라, 그녀의 '무의식의 힘'에 의해서 유발된 이야기라고 결론을 내렸다. 다시 말해서, 그녀는 자각이 아니라 무의식이 만들어 놓은 증상을 의식적으로는 잊었으나 무의식에 잠재했던 것을 영매사가 그대로 재생하여 말했다는 것이다.[910]

1916년 그의 나이 41(40?)세 때에, 융은 무의식의 구조를 발견하고, 「초월적 기능」이라는 논문에서 '적극적 명상'에 대해 처음으로 기술했다. '개인적 무의식', '집단적 무의식', '아니마', '아니무스', '자기', '개성화'의 개념을 「무의식의 구조」라는 논문에서 수정 보충했다.[911] 우리는 융이 1913년부터 이미 영적인 안내자와 접촉을 하기 시작했다는 것을 염두하고 이해해 가야 한다.

자기와 개성화

이미 '자기'에 대하여 언급해 왔었지만, 이제 융의 분석심리학의 본론이자 핵심이었던 개성화와 관련하여 자기에 대하여 더 말하게 되는 자리에 왔다. 융은

---

908) 필자의 책 『내적치유와 구상화』를 참고하라.
909) http://my.netian.com/~skakypia/main.htm "육체를 상실한 인간의 혼이나, 동물의 혼이 살아 있는 사람의 몸 안에 들어와서 그의 두뇌를 점령하여 여러 가지 이상한 행동을 시키는 것을 빙의현상이라고 한다."
910) 정인석, **의식과 무의식의 대화** (서울: 대왕사, 2008), 92-94.
911) C.G. 융, **융 기본 저작집1 정신요법의 기본문제**, 한국융연구원 C.G. 융 저작번역위원회 (서울: 솔출판사, 2007), 362.

『자아와 무의식과의 관계』에서 '자기는 우리 속의 신이라고 할 수 있다'고 말했다.912) '융이 그의 심리학을 통해서 이루고자 했던 것이 무엇인가?'를 좀 더 분명히 하고 마무리해야 융이 말하는 '자기'가 무엇인지를 분명하게 알게 된다.913)

융이 생각하는 이런 모든 퍼스낼리티의 구조는 개성화를 목표로 한다는 것을 경계해야만 한다. 융이 이루려고 하는 개성화는 신성화를 의미하기 때문이다. 개성화는 그저 단순한 인간성 화복이거나 인간다움이 결코 아니다. 융을 가르치는 사람들이 '인격발달을 위한 과정이다'라고 말하나 그것은 자신이 무엇을 말하는지 모르는 것이다. 융의 개성이란 자기와 같은 말이다.

이부영 교수는 다음과 같이 말했다.

---

912) C. G. Jung, *Die Beziehungen zwischen dem Ich und dem Unbeswuβen*, 134; 이부영, **자기와 자기실현** (파주: 한길사, 2010), 83에서 재인용.

913) 양승권, 노자(老子)의 내재화된 '도(道)' 범주와 칼 융(C.G.Jung)의 '자기(Self)' (2011): https://www.krm.or.kr/krmts/search/detailview/research.html?dbGubun=SD&m201_id=10024577; 노자의 도(道)의 심급은 '무의식'적인 자연 본능적 요소로 충만해 있으며, 현상 세계와 시간성을 탈각한 순수 원형적 차원 간의 아이러니한 관계를 설명하고자 한다. 칼 융의 분석심리학은 원형(Archetype)에 대한 연구를 통해 궁극적인 '자기'(Self) 실현의 인식지형도를 마련하고자 하였다. 융에게 있어 '자기'(self)와 '자아'(Ego)는 변별된다. '자기'는 '자아'의 특수성을 뜻하는 것이 아니라, 의식과 무의식을 통튼 전체로서의 그 사람의 본성을 말한다. 모든 사람으로 하여금 자연스럽게 '그 사람 자신'이 되게끔 하는 능력이 바로 자기원형의 기능이다. 노자가 말하는 이상적 인간형도 '스스로'(自), '그러하게'(然) 자신의 본성에 가득 온양되어 나타나는 자기조직체계를 함의하고 있다. 노자 또한 융과 마찬가지로 사회적 차별상을 내포하고 있는 '자아'와 정신의 중심점인 '자기'를 변별한다. '자기'는 의식과 무의식을 아우르는 위상학적인 정신적 범주이다. 융의 이 '자기' 개념은 동양철학으로부터 직접적으로 영향 받은 것이다. 그에 의하면 도가의 '도'(道)는 '자기'라는 용어로 개념화할 수 있다. 노자와 융은 억압적인 지적인 힘에 대해 반대하면서 무의식 영역의 생동적 지평을 강조한다. 노자의 사유문법은 대극의 차이와 조화를 모두 강조하는 '유기체'적 구조를 가진다. 이는 개인의 내면적 조화를 외부 세계와의 조화와 연동시키려는 '분석심리학'의 목적과 잘 부합한다. 융은 도교 경전 『태을금화종지』를 참조의 틀로 삼아 '집단 무의식' 개념을 정립한다. 특히 도가/도교가 말하는 내면과 외면의 조화, 음(陰)과 양(陽)의 조화는 상반된 측면들이 '자기'의 발전에 필수적이라는 융의 생각을 확증시키는데 도움을 주었다. 노자의 '도'와 융의 '자기' 개념이 상동성(相同性)을 지닌다는 점을 말하기 위해서는 노자의 '무'(無)의식이 융의 '무의식'(Unconsciousness)의 지평과 맞닿는다는 것에 대한 이해가 우선적으로 요구된다. 융에 의하면 인간의 신체가 모든 인종적인 차이를 넘어서 공통적인 해부학적 구조를 가지는 것과 같이, 인간의 정신도 '무의식'이라는 공통적인 밑뿌리를 지닌다. 동양에서 이러한 무의식적 지반에 관한 고찰은 고대 시기에 이미 노자(老子)나 장자(莊子) 텍스트를 중심으로 핵심적인 사유의 대상이 되었다. 융에 의하면 '무의식'은 생명의 원천이고 창조적 가능성을 지닌 영역이며 적극적으로 체험함으로써 '의식'으로 동화해야만 한다. 노자에게도 인간 내면에 '스스로 그러하게'(自然) 깃들어 있는 '도'(道)의 원형적 본질은 비록 무엇이라고 규정할 수는 없지만 충분히 의식화되어야 한다.

자기는 진정한 의미의 그 사람의 개성이다. 실현해야 할 것은 집단규범으로서의 그리스도나 붓다를 흉내 내는 것이 아니라 개성적인 길을 걸어간 그리스도와 붓다의 그 정신과 내용이다.[914)]

이부영에 의하면, 그리스도와 붓다의 정신과 내용을 자신의 것으로 실현하는 것이 개성화다. 개성화는 집단 무의식이라는 보편적 토대를 가지고 있으면서 자신만의 개성인 자기를 실현하는 것이다. 이것은 융의 보편자와 개별자의 궁극성을 말해 준다. 자기는 누미노제의 강력한 영향력을 가진 원형이며 그 변두리를 무한히 확대할 수 있는 미지의 전체정신의 중심이다.[915)] 융의 개성화는 결국 신성화로 가게 되는 필연성은 퍼스낼리티의 구조들 속에 일어나는 3가지 상호작용 때문이다. 그것은 융이 자신의 심리학을 완벽한 심리학으로 만들어 놓기 위한 철저한 위장술이며 방어벽이다.

> 융은 세 가지 상호작용을 논의하고 있는데, 한 구조가 다른 구조의 결점을 '보상(벌충)'하는 경우, 한 요소가 다른 요소와 '대립'하는 경우, 둘 또는 그 이상의 구조가 '통일되어서 한 '종합'을 이루는 경우 등 세 가지이다. 대조적인 외향적 태도와 내향적 태도는 보상의 한 예이다. 의식적 자아의 우세한 태도가 외향적이면, 무의식은 억압된 내향적 태도를 발달시킴으로써 보상을 한다. 즉, 어쩌다가 외향적 태도가 좌절되면, 무의식의 하위의 내향적 태도가 앞으로 나와 행동에 힘을 뻗친다. 심한 외향적 행동의 시기 이후에 내향적 행동 시기가 있음은 그 때문이다. 무의식은 항상 퍼스낼리티 체계 속의 약한 부분을 보상한다. … 퍼스낼리티의 모든 곳에 대립은 존재해 있다. 즉, 페르소나와 그림자 사이에도, 페르소나와 아니마 사이에도, 그림자와 아니마 사이에도, 내향성은 외향성과 대립하며, 생각은 감정과 대립하며, 감각은 직감과 대립한다. … 퍼스낼리티는 늘 내분을 일으켜 분열되어 있어야만 하는가? 이에 대해 융은 항상 대립물의 통일이 있을 수 있다고 생각했다. 이것은 융의 저서에서 광범위하게 볼 수 있는 테마이다. 대립물의 통일은 융이 '초월적 기능'이라 부른 것에 의하여 달성된다. 균형 잡힌 퍼스낼리티의 형성으로 이끄는 것은, 이 타고난 기능이다.[916)]

이런 구조를 가지고 자기완성을 향하여 나가는 존재는 융의 표현대로 하자면, 전체성은 처음부터 가지고 있는 신적인 존재이다. 대립의 성질을 보상하며 통일하는 '초월적 기능'을 가진 존재로 가기 위해 융은 동양적 명상을 했다. 융에게 명상은 무엇인가?

---

914) 이부영, **자기와 자기실현** (파주: 한길사, 2010), 91.
915) Ibid., 91-92.
916) S. 프로이트·C.S. 홀·R. 오스본, **프로이트 심리학 해설**, 설영환 역, 선영사, 2010, 105-106.

헤르메스 철학의 언어로 표현하면, 자아 인격이 그 배경, 즉 그림자를 받아들인다는 것은 정신과 영혼이 합쳐지는 정신적 통합에 해당하며, 바로 이 정신적 통합이 융합의 첫 단계이다. 내가 무의식을 받아들이려는 노력이라고 부르는 것을 연금술사들은 "명상"이라고 불렀다. 룰란트는 명상에 대해 이렇게 말한다. "명상, 그것은 눈에 보이지 않는 또 다른 존재와 내적 대화를 하는 것이다. 신에게 기도하거나, 자신의 자기와 소통하거나 자신의 선한 천사와 소통하는 것이 그런 예이다."917)

비합리성의 혼돈을 주체할 수가 없었기 때문이다. 결국, 융은 구상화를 통해 영적인 안내자와의 조우를 통해 신성화로 갔다. 이것이 융이 말하는 원형의 초월적 기능이다. 스스로 전체성을 내재하고 있으며 그것의 완성으로 가도록 원형 스스로가 주도해 가는 존재는 신이 아니면 안 된다.

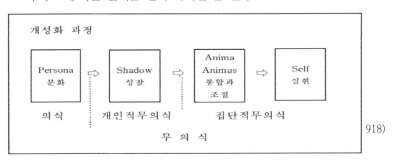

918)

융에게 자기는 정신의 전체적인 통합을 이루게 하는 초월적인 정신요소이며, 정신의 중심이고, 정신을 통합하는 내적 지도 요인이다. 융의 궁극적인 목표는 자기를 실현하는 것이다.919) 이것은 인간의 신성화를 의미한다.920) 개성화는

917) 칼 구스타프 융, **융합의 신비**, 김세영·정명진 역 (서울: 부글북스, 2017), 530.
918) 권영욱, "Carl G. Jung의 개성화와 목회상담에서 전인성과의 상관성 연구" (박사학위논문, 계명대학교 대학원, 2005), 53.
919) 김성민, **분석심리학과 기독교** (서울: 학지사, 2012), 4546; "자아가 페르조나와 동일시에서 벗어나고, 우리 정신에 있는 그림자를 통합하며, 아니마/아니무스에 있는 부정적인 요소를 분화시켜서, 태어나는 순간부터 우리에게 주어진 자기를 발견하여 자기가 자아를 통하여 그대로 드러나는 것이 궁극적인 목표라고 주장한 것이다."
920) Ibid., 110-111; 〈융은 종교에서 신 또는 신적인 것이라고 부르는 것은 분석심리학적으로 볼 때 자기를 나타내는 표상이라고 주장했다. … 종교에서 신이라고 부르는 상징 또는 기독교에서 그리스도라고 부르는 표상은 무의식의 심층에 있는 자기를 드러내고, 자기와 관계를 맺게 하며, 종교 교의는 이 초월적인 정신요소를 설명하는 지적체계다. 그래서 융은 "그리스도는 사람 속에 있는 신적인 것들을 그에게로 이끌어서 그것들을 하늘로까지 다다르게 한다."라고 주장하였다.〉

인간의 내면에 있는 신적 요소인 자기의 실현이다.921) 손호현은 "그리스도화 혹은 개성화의 핵심은 내부의 하나님을 발견하는 것, 곧 자기의 원형을 온전히 경험하는 것이다"라고 말했다.922) 융은 불멸을 느끼고 신성화가 자기에게도 일어났다고 말했다.923)

권영욱은 "무의식의 분석이나 종교적 수행은 무의식의 의식화를 위한 개성화의 실현에 있어서 가장 적극적인 방법이다."라고 말했다.924) 융의 개성화는 심리학적 분석을 넘어서 종교적 수행으로 이루어진다.

개성화를 신성화라고 명확하게 말하는 사람은 지극히 드물다. 진숙은 "이러한 무의식의 힘은 그 자체의 목적에 의해 의식에 작용하며 다른 사람이 아닌 그 자신의 전체가 되도록 자극한다. 이것이 융이 말하는 자기 원형의 기능이다."라고 말하나 그것이 구체적으로 무엇인지 말하지 않았다.925) 김기환은 자기의 개성화 과정을 "신학적 견지에서는 하나님 '은총의 초대'로 볼 수 있다"고 말함으로써 성경의 하나님과 융의 하나님을 구분하지 않았다.926)

권용근은 "영적인 존재의 문턱에 도달될 수가 있는 것"이라고 말함으로써927)

---

921) 김성민, 칼 융의 『심리학과 종교』 읽기 (서울: 세창미디어, 2015), 72.
922) 손호헌, "융의 사위일체 신정론: '넷째는 어디에 있는가'," 신학사상 182 (2018): 304(287-319); 〈융은 14세기 독일의 신비주의자 에크하르트(Meister Eckhart)가 주장한 "영혼 안에서의 하나님의 탄생(theogenesis)" 사상과 융 자신의 개성화 과정이 유사하다고 본다.〉
923) Jung, 'Concerning rebirth', CW 9, 1. §249; Sonu Shamdasani, *Cult Fictiions: C. G. Jung and the Founding of Analytical Psychology* (London & NewYork: Routledge, 1998), 52에서 재인용; "The boding feeling of immortality which makes itself felt during the transformation is connected with the peculiar nature of the unconscious. There is namely something nonspatial and nontemporal attached to it. The empirical proof of this is found in the so-called telepathic phenomena … The presentiment of immortality, it seem to me, is based on a peculiar feeling of extension of space and time. It also occurs to me that the deification rites in the mysteries were a projection of this same phenomenon of the soul."
924) 권영욱, "Carl G. Jung의 개성화와 목회상담에서 전인성과의 상관성 연구" (박사학위논문, 계명대학교 대학원, 2005), 56.
925) 진숙, "칼 융의 무의식에 관한 탐구," 철학논총 88 (2017): 360(345-366).
926) 김기환, "심리학자들이 발견한 하나님 : 심리학과 신학의 대화," 宗敎敎育學硏究 15 (2002): 181(173-203).
927) 권용근, "칼 융(C. G. Jung)의 정신유형론에서 본 영성유형 분석," 기독교교육논총 26 (2011): 68-69(57-91); "인간은 참다운 자기에게 이르는 '개성화' 과정을 통해서 전일성(wholeness)에 이르게 되고 우주적 전일체와 관계를 맺음으로써 영적인 존재의 문턱에 도달될 수가 있는 것이다. 그러므로 사람이 참다운 자기통합을 이룰 수 있기 위해서는 대극구조의 대칭에 서 있는 정신적인 태도와 요소들을 찾아서 균형을 가질 수 있어야 할 것이다."

개성화가 영적인 존재와 하나가 되는 것을 넌지시 말했다. 권용근은 대극의 균형 화복과 전일성을 이루는 것처럼 기독교 교육에서의 인간의 영적 성장의 온전함을 이룰 수 있을 것이라고 말했다.928) 권용근이 말하는 영적 성장이 성경적이라면, 권용근이 말하는 '그 영적인 존재가 성경의 하나님인가?'부터 분명하게 말해야 한다. 신은희 교수는 다음과 같이 말했다.

> 『레드북』에서 필레몬은 '플레로마'를 '무'(無)이면서 동시에 '유'(有)이고, '공'(空)이면서 동시에 '충만'으로 설명한다. '플레로마'는 "효력과 비효력, 충만과 공허, 생과 사, 다름과 같음, 빛과 어둠, 뜨거움과 차가움, 힘과 물질, 시간과 공간, 선과 악, 미와 추, 하나와 다수, 등"(512)의 상태를 포함한다. '플레로마'는 영원하고 무궁하기 때문에 그 안에서 사고와 존재는 무의미하다. 무한하고 영원한 것은 어떠한 특성도 유지하고자 하지 않는다. 왜냐하면 그 안에 이미 모든 특성이 내재해 있기 때문이다. '플레로마'는 아무것도 없고 동시에 모든 것이 있다. '플레로마'는 '대극의 합일'을 뜻한다. 인간은 '플레로마'의 부분이기 때문에 인간 안에도 '플레로마'는 존재한다. 그러나 인간은 '플레로마'를 지닌 '크레아투르'(creatur)이기도 하다. '크레아투르'의 특징은 '구별성'이기 때문에 인간은 끊임없이 분별심으로 세계를 구별한다.929)

신은희 교수에 의하면, 융이 말하는 대극의 합일은 "아무것도 없고 동시에 모든 것이 있는" '플레로마'이다. 플레로마는 대극의 합일의 총체이다. 그 플레로마가 인간 안에도 있고 인간 밖에도 있다. 결국, 인간은 신성한 존재이고 대극의 합일을 통해 신성한 플레로마에 이르는 것이다. 융은 『대승기신론』(The Awakening of Faith)에 깊은 감명을 받았으며, 세상의 모든 것은 알라야 의식이 실현된 것이라고 보았다. 융은 티벳 불교의 의식인 알라야식(Alaya-vijnana)을 영지주의의 플레로마(pleroma)와 비유했다.930)

---

928) Ibid., 87: "그래서 칼 융은 모든 인격은 개성화 과정을 통해서 대극의 균형을 회복하고 전일성에 가도록 해야 한다고 한다. 마찬가지로 기독교교육 현장에서 이루어지는 인간의 영적 성장과 지도도 다양한 대극구조 속에서 극단으로 치우치지 않고 균형 잡힌 모습으로 지도하고 성장할 수 있을 때에 온전함에 이를 수 가 있을 것이다. 그러므로 하늘에 계신 너희 아버지의 온전하심과 같이 너희도 온전하라(마 6:48)."
929) 신은희, "칼 G. 융의 레드북에 나타난 '무의식의 생태 영성'," 문학과종교 21(3) (2016): 143(129-150).
930) Henghao Liang, "Jung and Chinese Religions: Buddhism and Taoism," *Pastoral Psychology* 61 (2012): 752(747-758); "The psychology of The Awakening of Faith is complex and exquisite, and it left a very deep impression on Jung. Jung thought that everything in the world was realized by Alaya Consciousness, which was similar to Jung's psychological projection theory. Jung said that the human mind is like a movie projector; you can put all the images in the film on the screen. Jung understood the concept of

개성화를 이룬 자기의 원형이 플레로마이다. 이 플레로마가 세계의 근원이며 뿌리다. 플레로마와 대극을 이루는 것은 크레아투르 자아의 세계이고 의식의 단계이다. 이 크레아투르에 '신의 불꽃'이 있어서 인간은 근원으로 돌아가려고 한다. 대극의 합일은 이 신성한 불꽃을 구현하는 것이다.

융은 『RED BOOK』에서 죽은 자들이 신의 본질에 대해 질문하자 필레몬이 신의 양면성을 설명하면서 '아브락사스'를 말했다. 아브락사스는 영지주의 철학 체계에서, 365영역들의 수장, 곧 365일을 의미하는 시간의 신, 대아르콘(Great Archon)이다. 칼 융은 「죽은 자들에게 주어진 일곱 개의 설교」라는 짧은 영지주의적인 글에서 모든 대립물이 한 존재 안에 결합 된 신이 아브라삭스이며,931) 아브라삭스는 기독교의 신과 사탄의 개념보다 더 고차적인 개념의 신이라고 말했다. 융은 개성화의 과정에서 자기(self)의 상징인 그리스도는 그림자를 결여하고 있다고 보았다.932) 플레로마는 본체이며 아브락사스는 플레로마의 표상이다. 융은 『RED BOOK』에서 아브락사스를 다음과 같이 말했다.

아브락사스의 힘은 이중적이다. 그대들은 그것을 보지 못한다. 왜냐하면 그대들의 시야에

---

alaya-vi-jnana, which is the Tibetan word for 'conscious,' translated as 'all-conscious' in English. Jung compared this to pleroma in the Gnostics, through which he set up a bridge between cultures from the East to the West, which was a great contribution to Western culture through Jung."

931) 장덕환, **C. G. 융과 기독교** (서울: 새물결플러스, 2019), 234-235; "두 번째와 세 번째 설교는 인간의 본성이 선함에도 불구하고 실존적으로 선하게 행하지 못하는 이유와 속성에 대한 것이다. 그는 우리가 흔히 알고 있는 선한 신과 마귀, 그리고 이 둘을 모두 포함하는 아브락사스라는 신을 상정하여 그러한 관계를 설명해 간다. 우리가 흔히 신이라 부르는 신은 태양의 신이며 순수한 선이고, 마귀는 그 태양의 대극인 공허이며 순수한 악이다. 이러한 선한 신과 마귀는 플레로마의 작용으로 생겨나는데, 이때 그 '작용'이 아브락사스라고 불리는 신 위의 신이다. 그러므로 아브락사스는 순수한 선이며 동시에 순수한 악이다. 즉 그것은 양성이다. 이 아브락사스는 '작용'이기 때문에 인간의 본질인 분별성이 작용하는 것도 바로 이 아브락사스로 인한 것이다. 인간의 본성이 선함에도 불구하고 선을 행하지 못함은 바로 이 분별성 때문이다. 그러므로 인간도 아브락사스 아래에 있을 수밖에 없다. 아브락사스의 작용으로 무수히 많은 신들이 창조되며 그중에서도 세계를 측정하는 수인 네 신이 주신으로 창조된다. 여기에 나오는 완성의 의미로서의 4라는 숫자는 나중에 기독교의 삼위일체를 사위일체로 완성해야 한다는 그의 생각의 씨일 수 있다."

932) C G Jung, *Collected Works of C G Jung, Vol 9 Part 2: Aion-Researches Into the Phenomenology of the Self*, section, §79; "It is therefore well to examine carefully the psychological aspects of the individuation process in the light of Christian tradition, which can describe it for us with an exactness and impressiveness far surpassing our feeble attempts, even though the Christian image of the self—Christ—lacks the shadow that properly belongs to it."

서 그 힘의 서로 엇갈린 방향이 상쇄하기 때문이다. 태양신이 말하는 것은 삶이고 악마가 말하는 것은 죽음이다. 그러나 아브락사스는 경이로운 말과 저주의 말, 생명과 죽음을 동시에 말한다. 아브락사스는 진실과 거짓, 선과 악, 빛과 어둠을 동일한 언어와 행위 안에서 창조해낸다.933)

융에 의하면, 아브락사스는 모든 대극의 쌍을 지니고 있는 신이며, 현상계 안에서 플레로마의 표상들을 나타낸다. 신은희 교수는 다음과 같이 말했다.

『레드북』에 나타난 궁극적 실재의 상징인 '플레로마'와 '아브락사스'는 대극의 합일을 통해 전체성으로 나가고자 하는 '전체 정신,' 즉, '자기'의 상징이다. 필레몬의 '아브락삭스'는 생명의 중요성만큼 죽음의 중요성을 강조한다. 충만함의 생기만큼 공허함의 냉기를 필요로 한다. '아브락사스'의 신적 본성은 '절대 선'과 '절대 악'을 동시에 허물어 버린다. 이는 인간들이 도덕적 필요에 의해 인위적으로 만들어 낸 '영적 페르조나'에 불과하기 때문이다. 융은 인간이 영적 페르소나에 의해 대극의 본성이 억압된 상태로 무의식층에 축적되면, '자기'의 '전체 정신'에서 멀어지게 된다고 본다. 신의 본성에서 '악'의 개념이 부재하게 되면, 인간의 심혼에도 '악'이 부재하게 되며 '자기'의 전체성은 공허해지게 된다(윤수현 125). 이는 '절대 선'이 '절대 악'으로 전향되는 '영혼의 병'을 갖게 되는 '반생태적 영성'이기도 하다.934)

---

933) 신은희, "칼 G. 융의 레드북에 나타난 '무의식의 생태 영성'," **문학과종교** 21(3) (2016): 144-145(129-150).

934) 신은희, "칼 G. 융의 레드북에 나타난 '무의식의 생태 영성'," **문학과종교** 21(3) (2016): 144(129-150); 〈여기서 의미하는 '반생태적 영성'이란 인간의 내적 분열이 심화 되어 존재의 양 축의 균형을 상실한 채, 하나의 축에만 인식의 절대성을 부여함으로 나타나는 분열과 부조화를 의미한다. 인간과 자연, 우주 만물의 모든 존재구조와 인식체계를 분절적이고 비연속적 실재로 접근하는 착오적 인식을 뜻한다. 이는 '절대 선'을 강조하는 만큼 '절대 악'을 강조하는 결과를 가져온다. 그러나 융이 강조하는 신적 본성에는 빛과 그늘, 생명과 죽음, 선과 악, 조화와 파괴가 공존한다. 따라서 전체 정신으로서의 '자기'는 진정한 생명력과 균형이 유지되는 것이다. … 『레드북』의 '플레로마'와 '아브락사스'는 융의 '자기' 개념을 신화적으로 표현한 원형적 이미지들이다. '자기'는 정신의 전일성을 의미하며, 수행자의 영적 우주와도 같은 본원적 원형이다. 융은 인간의 마음에는 '신의 형상'인 '자기의 인'(印)을 지니고 있다고 본다. 이는 본래적으로 부여받은 '선험적 임재'이며, 정신계가 파편화되는 시기에 '전체 정신'을 향해 나타나는 '자기' 원형의 연합이기도 하다. '자기'의 역동성은 자율적으로 움직이며, 정신계의 극단적인 분화를 통합하고 조화시키는 목적성이 있다. 레드북의 '플레로마'와 '아브락사스'는 '자기' 원형의 상징이며, 의식과 무의식의 세계가 합일되는 자기인식의 최고 형태라고 볼 수 있다. '자기'의 원형은 자아와 의식의 이상적 이미지이며, 융에게 있어서 '자기'의 출현은 정신계와 현상계를 초월하는 신화적이고 초월적 영역의 산물이기도 하다. '자기'는 누미노제의 경험이기에 인간 영혼 속에 살아 있는 제신(諸神)과의 만남이기도 하다. 융은 '자기'의 개성화 과정 속에서 신과의 조우는 이루어진다고 강조하며, 신적 원형은 '자기' 속에 이미 내재되어 있다고 본다(Drob 208). 이러한 융의 무의식 경험은 그가 말년에 영국 BBC 인터뷰(1959)에서 신을 믿는지에 관한 질문에 "믿을 필요가 없습니다. 나는 알고 있습니다"(던 284)라고 답했던 이유인 것이다."〉

신은희 교수에 의하면, 자기의 상징인 아브락사스는 절대 선과 절대 악을 무너뜨리는 신이다. 선과 악은 인간의 도덕적 필요를 위한 영적 페르소나에 불과하다. 김성민 교수는 다음과 같이 말했다.

> 사람들이 악과 대극을 통합하면서 자신의 내면에 있는 신성을 의식화할 때 그들은 점점 하나님을 닮은 존재로 발달해 간다는 것이다. 현대인이 이렇게 자신의 안에 있는 신성을 더 의식화하고 그것을 실현시킬 때, 사람들은 세상에 있는 악을 포용하지만 그 악에 휩쓸리지 않고 더 성숙한 사람으로 살 수 있다. 그것이 융이 말한 개성화된 삶이며, 기독교에서 말하는 성화 된 삶의 모습이다. 그런데 그것은 인류가 태초 이래로 추구해 왔던 삶의 경지이기도 하다.935)

김성민 교수에 의하면, 융의 개성화는 인간 안에 있는 신성을 깨닫고 실현해 가는 것, 곧 개성화는 신성화를 의미한다. 개성화는 대극으로 존재하는 악을 포용하는 것까지 포함한다. 더 심각한 것은 융의 개성화가 기독교의 성화를 잘못 이해하고 있다는 것이다. 기독교의 성화는 죄악과 싸우고 죄악을 버리는 것이다.

개성화(individuation)는 『심리학적 유형론』(Psychologische Typen, 1921)에 처음 등장했으며, 융의 마지막 책인 『통합의 신비』(Mysterium Coniunctionum, 1995-6)에서 절정에 달했다. 융은 '자기실현'을 다른 말로 '개성화'라 했다. 융은 개성화가 이루어져야 정신치료가 이루어지고, 대극의 갈등에서 벗어나 온전한 인격을 이루고 자아와 자기와의 대화를 통해 '자기-중심적인 삶'을 사는 것이라고 말했다. 융은 의식의 자아가 총체적 정신체계의 중심인 무의식 안에서 자기(self)를 만나 동화되어 가는 인격의 자기 성취과정이라고 보았다. 융은 개성화를 인격의 통합과정이라 본 것이다.936)

통합과정이란 무엇인가? 김성민 교수는 다음과 같이 말했다.

> 융이 말하는 개성화란 우리 정신에 있는 그림자, 아니마/아니무스 등을 인식하고 분화시키며 통합하는 것이다. 우리 정신에서 아직 발달하지 못했고, 분화되지 못해서 여러 가지 부정적인 특성을 띠고 나타나는 수많은 정신요소를 인식하고 나의 일부로 받아들여야 하는 것이다.937)

---

935) 김성민, 칼 융의 『심리학과 종교』 읽기 (서울: 세창미디어, 2015), 170.
936) 이정기, "개성화의 과정: 삶의 의미 추구를 위한 한 길," 신학과 선교 30(2004): 257(243-263); 개성화란 사람들이 무의식을 탐구하여, 무의식 속에 있는 요소들을 통합시켜, 자기를 실현하여 나가는 과정이다.

융이 말하는 인격의 통합이란 인간 안에 대극이 있다고 보고 그 대극을 통합하는 것이다. 그 통합이란, "마치 불교에서 각(覺)에 도달하려면 우리 마음속에 불성이 있다는 사실을 인식하고, 불성이 실현되도록 참선할 때 각(覺)에 도달하는 것과 같은 이치"이다.938) 진숙은 "융의 자기실현 과정은 불교의 깨달음 과정과 매우 흡사하다."고 말했다.939) 골드브리너는 '형이상학적 현실과 인간의 영혼의 접촉을 거부한다면 완전한 치유를 찾을 수 없다고 생각한다'고 보았다.940)

기독교인이 대극을 인정하면 악에 대해 면죄부를 준다. 기독교는 선과 악의 균형을 추구하는 자가 아니라 하나님의 말씀 안에서 거룩하게 살아가는 자들이다. 임경수 교수는 "융의 심리학에서 개성화의 과정은 종교적인 중생(rebirth)이다"라고 말했다.941)

임경수 교수는 개성화에 대해 다음과 같이 말했다.

---

937) 김성민, **분석심리학과 기독교** (서울: 학지사, 2012), 87; "그렇게 하지 못할 경우, 그 요소들은 자율성을 지니고 있기 때문에 우리가 전혀 기대하지 않았던 순간에 미숙하고 열등하며 위험한 방식으로 나타나 우리 삶을 난처하고 어렵게 만든다."

938) Ibid., 184.

939) 진숙, "칼 융의 원형개념에 대한 철학적 연구" (박사학위논문, 전북대학교 일반대학원, 2018), 83; "불교에서는 '내(假我)'가 '참나(眞我)'를 찾아가는 과정으로, 현실에서 주체로서의 '나'는 '거짓 나'이고 그림자, 환영인 것이다. 이러한 가짜와 진짜의 깨달음은 융의 분석심리학에서 말하는 의식과 무의식을 통합시키는 자기실현의 과정이라고 할 수 있다. 그는 의식 속의 자아가 무의식을 발견해내어 그림자 직면 그리고 아니마·아니무스의 수용과 인식을 통해 진정한 자기를 발견한다는 것이다. 이것을 자기실현 또는 개성화라고 하며 이러한 자기실현은 인간의 궁극적인 삶의 목표라는 것이다."

940) Keene, J C, Review of "*Individuation. A study of the Depth Psychology of C. G. Jung*" Josef Goldbrunner (New York: Pantheon Books, 1956), 88; 〈"In ethics, Jung's teachings have great value, particularly in his comments on repression, but so far as he refuses to grant any contact of the soul of man with metaphysical reality he "beheads" the psyche, Goldbrunner thinks, and full healing cannot be found. "Jung teaches his patients to feel at home in the house of the soul but he locks them up in it; the door to transcendence is barred"(p. 189)."〉

941) 임경수, "칼융(Carl Jung)의 개성화(Individuation) 과정과 중생(Rebirth)에 대한 상담신학적 담론," **한국기독교상담학회지** 14 (2007): 183(171-196); "개성화가 종교적 wndtotd의 의미를 가지고 있다는 점은 앞서 언급한 것과 같이 중년에 발생하는 신경증의 대부분의 이유가 영적 중심의 상실에서 이어지는 무의미와 연관 있다는 융의 언급에서도 뚜렷하게 나타나 있다(Rober Moore & Daniel Meckel, 1992). 개성화 과정이 종교적 중생의 과정과 연관이 있다는 말은 기독교 상담에 있어서 매우 중요한 근거를 마련한다. 즉 일반적인 상담심리치료과정이 종교적인 중생의 의미를 가진 소명과 같은 역할을 하여야 한다는 점과, 역으로 종교적 중생의 과정에 융이 지적하는 개성화의 과정은 기독교적 중생과정에 심리적으로 반드시 연관되어야 할 요소가 있어야 한다는 점이다."

개성화는 이념이나 논리의 과정이 아니라, 정신 실체(psych reality)의 움직임이다. 즉 회심의 과정을 거친 중생의 과정에 분석심리학의 개성화 과정이 더 큰 이해를 현대인들에게 줄 수 있는 것은 자신 안에 이미 설정되어 있는 자기(self)를 만나는 과정과 회심을 통한 외부세계로부터 자기(the self)를 만나는 것에는 거의 흡사한 유사점이 공존하기 때문이다.942)

임경수 교수에 의하면, 개성화는 "정신 실체의 움직임이다" 그 움직임이란 자기(self)의 초월성으로 일어나는 것이다. 융은 자기(self)를 성경이 말하는 하나님과 동일시하지 않았다. 성경이 말하는 회심은 성령 하나님의 역사로 죄로 죽은 영혼이 살아나는 것이다. 임경수 교수가 말하는 회심과 중생은 성경과는 완전히 다른 자기의 실현이다.

융은 개인의 의식 안에 반영된 외부세계의 요구와 집단 무의식 안의 원형적 상징들에 투사된 내부 세계의 요구가 균형을 이루면서 건강하고 성숙한 인격이 통합되는 것이라고 말했다. 융의 이 말은 어떤 의미가 있을까? 융은 다음과 같이 말했다.

사람들은 자신의 내면 깊숙이 들어있는 가공할 만한 대극들을 그 자신의 힘만 가지고서는 깨뜨릴 수가 없다. 오히려, 그의 의지와 무관한 어떤 정신적인 사건을 체험해야만 가능한 것이다(DM, p, 73)943)

융에 의하면, 개성화를 위해서는 자기 내면, 곧 무의식에 들어가서 대극들을 체험해야 한다. 그 체험은 초월적인 기능을 가진 상징의 도움을 받아야 한다. 상징이 누미노제 체험을 가능케 한다. 개성화를 위해서는 자신의 내면에 있는 모든 대극을 통합시키는 '우리-안에 있는-하느님'이 있다는 사실을 깨달아야 한다. 이것은 '내가 신이다'라는 의식을 가지고 있어야 개성화가 시작된다는 것이다. 융은 그 깨달음을 자기(self)가 일깨워 준다고 말했다.944) 이 말은 접신으로 귀신들을 만나지 않으면 인간답게 되지 않는다는 의미이다.

융은 다음과 같이 말했다.

---

942) Ibid., 188.
943) 김성민, **융의 심리학과 종교** (파주: 동명사, 2010), 245.
944) Ibid., 247: "자기는 인간 전체의 목표, 즉 그의 전체성의 실현, 개성화의 실현을 나타낸다. … 이 과정이 가진 역동성은 개성적인 삶에 관계되는 것을 일깨워주는 본능 때문에 가능하다(RJ, p. 219)."

연금술사들의 눈으로 보면, 사람의 내면에 있는 신성한 중심인 불(火)-점(點)은 위험스런 그 무엇, 말하자면 만능약으로 바꾸려면 매우 조심스럽게 다뤄야 하는 강력한 독(毒)이었다. 마찬가지로, 개성화 과정은 그 자체에 특별한 위험을 안고 있다.945)

융이 말하는 그 불꽃이 대극으로 이루어져 있기에 불꽃의 마성에 휘둘리면 감당할 수가 없다는 것이다. 융의 의식과 무의식의 통합과정은 인간의 의지과 무의식 안에 있는 신적인 원형의 통합을 말하는 것이기 때문에 기독교 신앙과는 지극히 반대된다. 개성화를 위해서는 무의식의 핵인 자기(self)에로 접근해야 한다. 그 접근과정에서 여러 가지 원형들을 만난다.946) 이 만남은 적극적 심상법으로 이루어지며 접신을 하는 것이다.

융은 예수 그리스도가 살아 있는 신화이며, 자기(self)의 원형을 보여준다고 말했다. 융은 "예수 그리스도는 자기와 자기의 의미를 가장 완벽하게 보여주는 예이다"라고 말했다.947) 김성민 교수는 다음과 같이 말했다.

융은 인간 예수가 신격화될 수 있었던 것은 인간의 본성에 있는 그 어떤 성향 때문이라고 주장하였다. 그는 이집트 신화에서 말하는 신-인이고, 유대인들이 기다리던 '사람의 아들'이라는 것이다. 분석심리학적으로 말하자면, 자기 원형의 실현상이었던 것이다. 융에 따르면 원형은 어디에나 존재하고, 어디에서나 그것이 나타날 만하면 나타나는데, 그때 예수 그리스도라는 위대한 인격을 통하여 나타났다는 것이다: "그리스도 우리의 모든 자의성을 넘어서 살아 있는 인간으로 거기 있다는 사실은 모든 사람이 그렇게 기다렸던 일이다. … 고대인들에게 그리스도는 신화에서 말하던 '옛적부터 있던 이'의 성육신이었다." 예수 그리스도는 그야말로 인간의 전체성을 그대로 실현시킨 신적인 존재였다는 것이다.948)

---

945) 칼 구스타프 융, **융합의 신비**, 김세영·정명진 역 (서울: 부글북스, 2017), 79.
946) C.G. 융, **융 기본 저작집5 꿈에 나타난 개성화 과정의 상징**, 한국융연구원 C.G. 융 저작번역위원회 역 (서울: 솔출판사, 2006), 56; "꿈에 나타난 개성화 과정의 상징이란 꿈에 등장하는 원형적 성질의 상들을 말한다. 그것은 집중화 과정, 또는 하나의 새로운 인격의 중심형성을 묘사한다. 그러한 과정에 대한 일반론은 나의 글「자아와 무의식의 관계」(『기본저작집 제3권』에 개진되어 있다. 거기에 언급된 몇몇 근거를 바탕으로 나는 그러한 중심을 또한 자기라고 부른다. 그것은 바로 정신의 전체성으로 이해되어야 한다. 자기는 중심점일 뿐만 아니라 의식과 무의식을 포괄하는 크기이기도 하다. 자아가 자기의 중심이듯이 자기는 그러한 전체성의 중심이다."
947) 칼 구스타프 융, **아이온**, 김세영·정영진 역 (서울: 부글북스, 2016), 75.
948) 김성민, **분석심리학과 기독교** (서울: 학지사, 2012), 104; 〈원형은 한 사람의 삶에서 모두 실현될 뿐만 아니라 그의 밖에서도 객관적으로 이루어진다. 그것은 그리스도에게서도 마찬가지였다. 그리스도의 삶은 신의 삶뿐만 아니라 인간의 삶이 그렇게 되어야 하는 방식으로 살았던 삶이다.〉

융이 말하는 그리스도의 성육신은 인간성 안에 있는 신성을 모두 실현시킨 것이다. 융은 "성육신은 무엇보다 신이 그리스도 안에서 태어나는 것인데, 심리학적으로 말해서 그것은 그전에 존재하지 않았던 새로운 존재로서 자기가 실현되는 것을 말한다."라고 말했다. 그런 까닭에, 그리스도의 성육신은 늘 영원 속에 존재해 왔다고 말했다.[949]

임경수 교수는 "개성화의 종국적인 목적은 이타성을 근거한 타인과의 관계성에 얼마나 참여하고 있는가이다"라고 말했다.[950] 과연 이것이 개성화의 종국적인 목적인가? 융은 개성화를 통해 신성화를 이루려고 했다. 임경수 교수는 개성화의 세 단계를 말하면서, "이 세 단계를 한마디로 축약한다면 개성화는 무의식과 의식 사이의 화해적인 과정으로 말할 수 있다(Justin Lim, 2000, p. 10)."고 말했다.[951] 무의식과 의식의 화해는 하나님보다 더 상위 개념인 자기 원형의

---

949) 서민정, "칼 융이 이해하는 성육신과 구속," **기독교철학** 25 (2018): 117(113-136); 〈융은 그리스도의 탄생이 역사적이고 일회적인 사건이지만 그럼에도 불구하고 늘 영원 속에서 존재해왔다고 이해한다. 다시 말하면 시간이 상대적 개념이기 때문에 모든 역사적 과정에서 동시성을 가진 바르도(Bardo) 혹은 플레로마(pleroma)적 존재의 개념으로 보완된다(Jung, 『인간의 상과 신의 상』, 352). 그에 따르면 플레로마에서 영원한 '과정'으로 존재하는 것은 시간 속에서 비주기적이고 불규칙적인 반복으로 나타난다. 융은 형제 반목을 그 예로 설명하는데 야훼는 선한 아들과 실패한 아들을 두고 있으며 카인과 아벨, 야곱과 에서처럼 모든 시대와 지역에서 서로 반목하고 있는 형제의 주제가 이 전형에 해당된다고 언급한다(Jung, 『인간의 상과 신의 상』, 353). 융은 야훼가 자신의 원질료(prima materia)로 무(void)에서 세상을 창조했을 때 야훼 자신이 들어있는 모든 부분의 창조에 신 자신의 신비를 불어넣어 주었다고 설명한다. 그는 이러한 맥락에서 성육신이 의미하는 바에 집중한다. 융에 따르면 모든 세계가 신의 세계이며 신은 태초부터 모든 세계 안에 있다. 그렇다면 융은 신이 무엇을 위해 성육신해야 했는지에 대해 의문을 제기한다. … 융은 『욥에의 대답』 6장을 통해 욥의 우월성을 더이상 무시할 수 없는 상황에서 야훼에게 숙고와 성찰이 필요하기에 소피아가 개입한다고 언급한다(Jung, 『인간의 상과 신의 상』, 358). 그에 따르면 소피아는 필요한 자기 성찰을 지지해주며 스스로 인간이 되고자 하는 야훼의 결심을 가능케 한다. 즉 야훼는 인간 욥이 도덕적으로 자신을 능가하는 것을 간접적으로 인식함으로써 의식의 원시적인 상태 위로 자신을 끌어 올린다. 여기서 야훼는 그 인간 존재를 따라잡아야 하며 인간이 되어야 했다고 융은 설명한다(Jung, Answer to Job, 52.). 다시 말하면 융은 야훼가 인간에게 부당한 행위를 했기 때문에 정의를 지키는 자로서 그는 모든 부정을 속죄해야 함을 알고 있으며 그래서 인간이 되어야 했다고 해석한다(Jung, 『인간의 상과 신의 상』, 359). 또 소피아는 도덕적 법이 야훼를 지배하고 있음을 알고 있기에 이러한 성찰을 가능하게 했다고 생각한다. 융은 성육신의 사건은 세계를 뒤집는 신의 변환을 의미한다고 말한다. 그것은 당시의 창조, 즉 신의 객관화와 같은 것을 뜻하는데 자연에서 현현했던 신이 이제 더 특수하게 인간이 되고자 하는 것이다〉

950) 임경수, "칼융(Carl Jung)의 개성화(Individuation) 과정과 중생(Rebirth)에 대한 상담신학적 담론," **한국기독교상담학회지** 14 (2007): 177(171-196); 임경수 교수가 개성화를 말하면서, "성화는 완성이 없는 것이며, 다만 이 과정을 묵묵하게 수행하는 과정 자체를 성화로 보는 것이다."라면서 성화를 언급했다. 대극의 합일로 이루어지는 융의 개성화를 기독교와 성화와 연결짓는 것은 매우 부적절하다.

951) Ibid., 177-178; 임경수 교수는 "무의식과 의식의 화해과정이란, 무의식에 있는 원형(archetype)이 곧 의식

초월성으로 이루어진다.

또한, 임경수 교수는 "성육신의 사건은 곧 융의 분석심리학에서는 개성화의 과정이고, 이 개성화의 모델이 되는 것이 예수 그리스도"라고 말했다.[952] 임경수 교수의 견해에 의하면, 예수 그리스도는 자연인이며, 개성화를 통해 신성화에 도달한 모델이 되어버린다. 그럼에도 불구하고, 임경수 교수는 다음과 같이 말했다.

> 융의 개성화를 중요한 중생의 과정에 도입하는 것은 기독교 의식의 부재로 오는 치유의 소극성을 심리적 이해로 이 시대에 극복하고, 신학적 문제가 심리학적인 고민과 시도에 의해서 보완됨으로 기독교 입문에 좀 더 많은 기회를 제공할 수 있을 것이다.[953]

임경수 교수의 주장대로 융의 개성화를 중생의 과정에 도입하면 기독교는 완전히 무너진다. 융의 개성화는 신성화를 의미하기 때문이다. 기독교는 인간의 내면에 신성이 있다고 말하지 않으며, 존재론적 신성화를 지향하지 않는다.

현대인들이 어떻게 그리스도처럼 성육신을 이룰 수 있을까?

김성민 교수는 다음과 같이 말했다.

> 융에 의하면 성령은 모든 대극을 통합하게 하는 원형적인 힘이다. 왜냐하면 성령은 성부와 성자, 이 세상과 하느님 나라, 물질과 정신 등 모든 대극적인 것을 중재하는 역동적이고 자율적인 능력이기 때문이다. 그래서 신 안에서 이 원형적 힘을 체험한 사람은 그의 내면에 있는 모든 대극을 통합하여 진정한 생명을 얻게 된다. 융이 현대인은 성령을 통하여 대극을 통합해야 하며, 그것이 현대사회의 시급한 과제라고 주장한 것은 그 때문이다.[954]

성령이 "모든 대극을 통합하게 하는 원형적인 힘"이라고 말한 것은 성령도 역시 대극의 일부라는 것이다. 성령이 대극을 통합한다는 것은 사탄과 통합하는 것이다. 그 통합의 결과로 '신적인 아이'(divine child)가 탄생한다.[955] 융에게

의 태도로 변형되어 현현되는 것을 의미한다(Carl Jung, 1933, p. 56)"고 말했으나, 그 화해의 과정과 결과가 신성화라는 것을 말하지 않았다.

952) Ibid., 192-193.

953) Ibid., 193.

954) 김성민, **분석심리학과 기독교** (서울: 학지사, 2012), 125.

955) Ibid., 126; "요한계시록은 예수 그리스도의 성육신을 통해서 이루어진 대극의 통합을 두 가지 이미지로 그리고 있다. 하나는 어린 양의 혼인이고 다른 하나는 계시록 12장에 나오는 태양을 둘러 걸치고 달을 발아래 준

있어서 신앙이란 인간 안에 무한한 신적 본성이 있다는 것을 깨닫는 것이고 신이 되는 것이다. 신의 탄생으로 시작해서 통합함으로써 성육신을 통해 산을 구속하는 작업이 개성화다.956) 김성민 교수는 다음과 같이 말했다.

> 현대사회는 지금 그전 어느 시대보다 심각한 위기에 빠져 있다. 핵전쟁은 언제 발발될지 모르고, 환경파괴의 결과 이상기후와 지진의 소식은 여기저기 들려온다. … 사람들이 자신의 내면에 있는 그림자를 통합하지 않으면 지구는 어떤 파괴를 당할지 모르는 것이다. 그래서 융은 새로운 신의 이미지를 요청하였다. 악이 선과 통합되어 있지만 파괴적인 작용을 하지 않는 이미지를 요청한 것이다. 그 세계는 예언자 이사야가 보았던 환상과 같은 세계를 위한 이미지인지도 모른다. "이리와 어린 양이 함께 풀을 먹으며, 뱀이 흙을 먹이로 삼는" 세상을 만드는 신의 이미지인지도 모르는 것이다. 그 신만이 현대사회를 구원할 수 있기 때문이다. 그런데 그 신은 사람들이 인간의 내면에 있는 신-인God-man을 실현시키는 것을 통해서도 우리에게 다가올 수 있다. 신은 2000년 전 그리스도를 통하여 성육신하였듯이 현대사회의 혼란을 극복하려고 또 성육신 할 수 있는 것이다. 그러므로 우리는 '종교적인 태도'religio로 살면서 그 신을 기다려야 한다. 그것이 융이 현대인에게 주는 메시지이다.957)

김성민에 의하면, 융은 새로운 신의 이미지를 요청했으며, 그 신은 인간의 내면에 있는 신-인을 실현함으로써 다가온다. 그리스도의 성육신처럼 인간이 성육신할 수 있도록 하는 산을 기다려야 한다는 것은 인간이 자기의 실현으로 신성화를 이루는 것이다. 융은 "마리아의 아들인 인간 예수 그리스도는 '개성화의 원리'였다"고 말했다.958) 융은 다음과 같이 말했다.

여인(sun woman)이 난 아들이다. 먼저 어린 양의 혼인은 세상 끝날 그리스도의 상징인 어린 양이 예루살렘과 결혼하는 신성혼(hierogamos)으로 야훼와 소피아의 혼인을 상징한다. 대극 통합의 상징으로 결혼만큼 적합한 것도 없다. 결혼을 통해서 남자와 여자의 몸과 마음이 하나가 되는 것은 대극의 통합을 표상하기 때문이다. 요한은 계시록에서 적그리스도의 통치가 끝난 다음 어린 양과 예루살렘의 혼인으로 대극의 궁극적인 통합이 이루어진다고 암시하였다. 이 혼인을 통해서 사람은 이제 인간의 실존에 있는 대극의 무시무시한 갈등에서 벗어나게 된다. 왜냐하면 대극은 이제 단순하게 타협된 것이 아니라 초월적으로 통합되었기 때문이다."
956) Ibid., 128; "융은 계속되는 성육신은 분석심리학적으로 볼 때 신을 구속하는 작업이라고 주장하였다. 왜냐하면 융에게 있어서 신은 신 자체가 아니라 사람들에게 있는 신의 이미지이기 때문에 계속되는 성육신은 사람들 속에 있는 신성을 의식화하여 살려내는 것이기 때문이다. 그런데 그 작업, 즉 인간의 영혼 속에 있는 신을 구속하는 작업은 모든 사람에게 맡겨진 책무다. 현대인들은 이제 더 이상 그들 정신의 어두운 부분에 붙들려 고통받지 말고, 신성을 살려내야 하는 것이다. 이렇게 생각할 때 우리는 인간의 삶에는 신적인 부분이 있고 우리가 겪는 삶의 모순을 해결하는 것 역시 신적 작업이라는 사실을 알게 된다. 인간은 궁극적으로 신-인이 되도록 생명을 부여받은 존재라는 사실을 알게 되는 것이다."
957) 김성민, 칼 융의 「심리학과 종교」 읽기 (서울: 세창미디어, 2015), 176-177.

예수 그리스도는 자기의 원형을 보여주고 있다. 예수 그리스도는 신성하거나 천국에 있는 그런 것의 전체성을, 영광으로 빛나는 인간을, 죄로 얼룩지지 않은 신의 아들을 나타내고 있다. 아담의 후예로서, 예수 그리스도는 타락 이전의 첫 번째 아담, 말하자면 순수한 신의 이미지로 남아 있을 때의 아담과 일치한다.959)

융에게 예수 그리스도는 자기의 원형을 보여주는 것에 불과하다.960) 융은 '그리스도의 삶을 통해 신화가 완성될 수 있다'고 생각했다.961)

융은 프루샤, 아트만, 붓다도 자기의 상징으로 보았다. 각 상징들은 문화에 따라 다를 뿐이다. 융에게는 만다라, 그리스도, 부처는 별다를 것이 없다. 그런 것들은 종교적 상징 중 하나이며 무의식적 요소를 통합하는데 유용한 상징일 뿐이다.962) 융에게 자기는 그리스도보다 크다. 융은 다음과 같이 말했다.

여하튼 심리학에서 하나의 작업가설로 여겨지고 있는 자기라는 초월적인 관념은 그리스도

---

958) 칼 구스타프 융, **아이온**, 김세영·정영진 역 (서울: 부글북스, 2016), 102.

959) Ibid., 67.

960) Sonu Shamdasani, *Cult Fictiions: C. G. Jung and the Founding of Analytical Psychology* (London & NewYork: Routledge, 1998), 53-54; "In his mature writings, Jung understood Christ to be a symbol of the archetype of the self, which constituted the totality of the psyche. Christ was far from being the only symbol of the self. According to Jung, in the East Purusha, Atman or Buddha were also symbols of the self. Here Christ is especially signification as a symbol because, apart from the Buddha, he was possibly the most highly differentiated symbol of the self, and because 'he is the still living myth of our culture'."

961) 서민정, "칼 융이 이해하는 성육신과 구속," **기독교철학** 25 (2018): 119-120(113-136); 〈융은 그리스도의 삶을 통해 신화가 완성될 수 있다고 생각한다. 그리고 그 과정은 인성과 신성을 가진 그리스도가 대극의 갈등 및 고통을 통해 인식하고 내면화할 때 이루어진다고 보고 있다. 융은 특히 그리스도가 십자가에서 부르짖는 부분을 자기 자신과 대결하는 과정으로 이해한다. 그는 그리스도가 "나의 신이여, 나의 신이여, 왜 나를 버리셨나이까?"라고 부르짖는 그 순간에 그의 인간적인 존재가 신성에 이르게 된다고 언급한다. 즉 신 자신이 인간으로서 죽음을 체험하고 그의 충실한 종 욥을 고통 당하게 했던 것을 자신이 체험하는 순간에 신성에 이른다는 것이다. 여기에서 욥에 대한 대답이 이루어진다고 융은 생각한다. 그는 이 순간을 인간적이며 신적이고, 심리적이며 동시에 종말론적인 최고의 순간이라고 언급한다. 사람들이 신에게서 인간을 완전하게 느낄 수 있는 십자가의 장면에서 신의 신화(the divine myth)가 인상 깊게 현존한다고 보는 것이다. 그에게 있어 이 둘은 하나이자 동일한 것이다() Jung, 『인간의 상과 신의 상』, 363.). 융이 이해한 그리스도의 인성과 신성은 곧 하나이며, 성육신이 고통 속에서 인성을 경험할 때 비로소 신성에 도달하는 신의 신화(the divine myth)가 완성된다.〉

962) 김성민, **분석심리학과 기독교** (서울: 학지사, 2012), 87; "융에 의하면, 종교 제의와 상징은 우리로 하여금 이런 정신적인 내용들을 드러내 주고, 통합하게 해 주는 가장 좋은 방편이 된다. 특히 종교상징 가운데서도 만다라, 그리스도, 부처 등은 이런 모든 무의식적인 요소를 통합하는 데 매우 유용하다. 그래서 융은 이 세상에 있는 위대한 종교들은 모두 인간 정신의 치료를 위한 가장 좋은 상징체계라고 강조하였다."

형상과 결코 같지 않다. 왜냐하면 자기가 하나의 상징일지라도 거기엔 계시적인 역사적 사건의 성격이 부족하기 때문이다. 동양의 '아트만'(Atman)과 '도'(道)라는 개념처럼, 자기라는 개념도 적어도 부분적으로는 인식작용의 산물로서, 신앙에도 근거를 두지 않고 형이상학적 고찰에도 근거를 두지 않고 있다. 대신에 자기라는 개념은 경험에, 말하자면 어떤 조건에서 무의식이 자동적으로 전체성의 어떤 원형적인 상징을 제시한다는 경험에 바탕을 두고 있다. 이를 근거로 우리는 그런 일부 원형은 보편적으로 일어나고 있고 거기에 어떤 광휘가 부여된다는 식으로 결론을 내려야 한다.963)

융은 "그리스도를 자기의 상징"이며, 역사적 관념인 예수 그리스도보다 원형이 더 중요하다.964) 아트만이나 도처럼 자기가 인식작용의 산물일지라도 자기는 전체성을 가지고 있기 때문에 그 전체성의 원형적 상징이 나타난다. 그 원형이 나타난 것 중 하나가 예수 그리스도이고, 예수 그리스도는 어느 한 지역에만 나타났지만 자기는 보편적으로 상징을 통해 나타난다는 것이다. 결국, 그리스도는 자기보다 하위의 신이 되고 만다. 융을 가르친다는 것은 그리스도보다 자기가 더 높은 신을 믿는 것이다. 융은 다음과 같이 말했다.

> 가장 위대한 가치(그리스도)와 가장 저열한 무가치(죄)가 외부에 있는 것이라면 심혼은 텅 비게 된다. 거기에는 심오함과 지고함이 없다. 동양적 태도(특히 인도의)는 정반대다. 즉, 모든 지고함과 심오함이 (초월적) 주체에 내재되어 있다. 그로써 '아트만'(âtman), 자기 (Selbst)의 의미는 측량할 수 없을 정도로 고양된다.965)

융이 이런 말을 한 것은 심혼의 체험이 기독교적 방식으로는 이루어질 수 없다는 것을 말하기 위함이었다. 반대로 동양적인 방식이라야 심혼을 종교적으로 체험한다는 것이다. 이런 일에 대해서, 놀(Richard Noll)은 융이 이교도적 성격을 은폐하기 위해 기독교적 은유를 사용했다고 주장했다.966)

더 심각한 것은, 융이 그리스도의 상징이 악마의 권력을 배제시키고 있다고

---

963) 칼 구스타프 융, 아이온, 김세영·정영진 역 (서울: 부글북스, 2016), 108.

964) Ibid., 107; "예수 그리스도라는 역사적 관념보다 즉시적이고 살아 있는 원형의 현존에 더 큰 중요성을 부여하고 싶은 마음이 일어날 것이다. … 만약에 자기의 원형을 진정한 요소로 여기고 그리스도를 자기의 상징으로 받아들이려 한다면, 먼저 완벽과 완전 사이에 상당한 차이가 있다는 점을 명심해야 한다."

965) C.G. 융, 융 기본 저작집5 꿈에 나타난 개성화 과정의 상징, 한국융연구원 C.G. 융 저작번역위원회 역 (서울: 솔출판사, 2006), 16.

966) Sonu Shamdasani, *Cult Fictiions: C. G. Jung and the Founding of Analytical Psychology* (London & NewYork: Routledge, 1998), 54.

말했다는 것이다. 융은 다음과 같이 말했다.

> 그럼에도, 예수 그리스도의 상징에는 현대 심리학이 뜻하는 그런 전체성이 결여되어 있다. 예수 그리스도의 상징이 사물들의 어두운 면을 포함하지 않고 마와 같은 반대자의 형식을 빌려서 그것을 배제하고 있기 때문이다. 그리스도의 상징이 악마의 권력을 배제시키고 있다는 것을 기독교인들이 의식적으로 잘 알고 있다 할지라도, 그렇게 함으로써 결과적으로 잃게 되는 것은 각자의 그림자이다.[967)

우리는 여기서 전체성이라는 말이 얼마나 비성경적인 것인지를 알게 된다. 융의 심리학이 전체성을 지향한다는 말이 가지는 그 함의는 무엇인가? 전체성을 이루기 위해서는 악마를 배제하지 않고 함께 통합해야 한다는 것이다. 융은 악마를 배제했기 때문에 세계 분열이 일어났다고 보았다.[968)

융은 다음과 같이 말했다.

> 심리학적으로 보면 문제는 아주 명확하다. 예수 그리스도라는 독단적인 인물이 너무나 숭고하고 무결점인 까닭에 그 외의 모든 것은 그의 옆에 서기만 하면 빛을 잃기 때문이다. 예수 그리스도라는 인물은 일방적으로 완벽하기 때문에 균형을 되찾기 위해선 정신적 보완이 필요했다. 이 같은 보완은 아주 일찍부터 신의 두 아들이라는 교리를 낳았으며, 두 아들 중 형은 사타나엘(Satanaël)이라 불렸다.[969)

융에 의하면, 예수 그리스도가 너무나 숭고하고 무결점하기 때문에 균형을 찾기 위해서는 사탄을 통해 정신적으로 보완을 해야 한다. 융이 말하듯이, 이것은 순전히 융의 심리학적 관점이다.

융은 대극의 관점에서 모든 것을 판단하기 때문에 예수 그리스도와 사탄의 통합을 말했다. 그러나 성경은 전혀 그렇게 말하지 않는다. 성경은 사탄은 타락한 천사이다. 참된 인간이 되기 위해서 악을 통합해야 하는 것이 아니라 악과 싸

---

967) 칼 구스타프 융, **아이온**, 김세영·정영진 역 (서울: 부글북스, 2016), 71.
968) Ibid., 154; "기독교는 신의 선(善)이 애정 깊은 '하느님 아버지'라고 계속 고집하면서 악으로부터 실체를 빼앗으려고 온갖 노력을 다하고 있다. 적그리스도에 관한 초기의 기독교 예언과 유대교 신학에 담긴 사상들은 융의 문제에 대한 기독교의 대답이 결과에 대한 언급을 배제했다는 점을 암시하고 있다. 이 필연적인 결과가 현실로 사악하게 나타나고 있는 것이 지금 우리 눈 앞에 펼쳐지고 있는 바와 같이 세계의 분열이다. 이는 신의 형상이 파괴되면 인간의 인격이 폐기되기 때문에 자연스레 나타나는 현상이다."
969) 칼 구스타프 융, **아이온**, 김세영·정영진 역 (서울: 부글북스, 2016), 73.

워야 한다. 개성화의 과정을 보면 융은 더욱 영지주의적인 색채가 강하다.

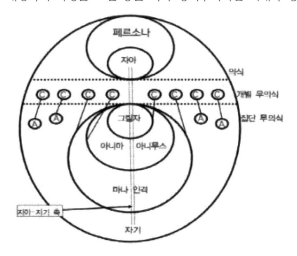

융의 심리구조와 개성화[970]
C는 콤플렉스, A는 원형을 나타낸다.

융은 다음과 같이 말했다.

> 개성화의 목적은 한편으로는 페르소나, 다른 한편으로는 무의식적 상(像)들의 암시적 강제력의 그릇된 굴레에서 자기(Selbst)를 해방시키는 것과 다름 없다.[971]

개성화를 위해서는 외부에서 강제된 굴레에서 자기(self)를 해방시키는 작업이 선행되어야 한다. 페르소나는 그림자와 쌍을 이루기 때문에 개성화의 첫 작업인 그림자의 각성에서 함께 다루어지는 부분이다. 페르소나는 인격의 원형적 구조로서 자아의 발달은 페르소나의 발달과 밀접한 관계에 있다.

유년기에 의미 있는 타인들로부터 인정받은 사람들은 자아가 발달하여 페르소나를 적절하게 발달시켜서 외부 환경에 적응을 잘하지만 그렇지 못한 사람들은 사회적인 요청을 거부하거나 반발하여 집단에의 적응도 제대로 하지 못하고

---

970) 그림 출처: http://blog.daum.net/hjb009/8445466 융의 개성화(2017.3.22.)
971) C.G. 융, **융 기본 저작집3 인격과 전이**, 한국융연구원 C.G. 융 저작번역위원회 역 (서울: 솔출판사, 2007), 77.

페르소나와 과도하게 동일시하려고 한다. 그리하여 정형화된 틀 속에 자신을 집어넣고 그에게 맡긴 역할을 의무적으로만 수행하게 된다.

그런 사람들은 페르소나는 어디까지나 사회적이고 집단적인 것으로서 그들의 고유한 특성과 관계없는 것이라는 사실을 깨달아야 한다. 경직된 페르소나로 역할을 수행할 때 본래의 모습이 아니라 겉으로 드러난 껍데기뿐인 인물이라는 사실을 알아야 한다. 그렇게 사는 것은 약하고 결함 있는 자아가 형성되었기 때문이다.972) 그들은 자아를 강화하여 인격의 발달과정에 나서야 한다고 말한다.

개성화의 단계에서 개인적인 나와 집단적인 페르소나를 구분하는 것이 무엇보다 중요하다. 발견한 강한 자아가 있어야 그다음 단계로 나아갈 수 있다. 분석과정에서 제일 처음 접하게 되는 것이 페르소나이기 때문이다.

통합의 과정으로 먼저 사회적 기능인 페르소나로부터 자기 본성, 자기 본래의 모습을 찾는 작업을 해야 한다. 융은 자아가 페르소나와 동일화되는 것을 자아팽창(自我膨脹)이라 했다. 사회적 기능이 자기 존재와 동일화가 이루어지며 자아가 내적 정신과의 관계를 상실해 버려서 자기 존재조차도 잊어버린다는 것이다. 융은 "원형이 종교적 이미지나 고상한 가치에 담겨 표현되지 않으면 저속한 가치에 투사"가 되고 그로 인해 삶에 문제가 발생한다고 보았다.973) 종교적 상징이 없어서 영적인 문제에 봉착한다는 것이다. 그리스도가 필요한 이유는 그리스도가 종교적 상징으로서 가치가 있기 때문이다. 융은 신 이미지가 네 단계로 나타났다고 말했다. 첫 번째는 신은 정령이나 동물, 천공신(天空神)으로, 두 번째는 유대인들의 야훼신으로, 세 번째는 신약의 사랑의 신인 예수 그리스도로, 네 번째는 적 그리스도로 나타났다고 말했다.974) 신관의 변화라는 것이 무엇인

---

972) 페르소나와 콤플렉스는 다르다. 페르소나는 자아의 도구로서 자아가 세상에 적응하기 위한 최선책이나 콤플렉스는 자아의 사고가 방해되거나 교란된 감정의 덩어리다.

973) 김성민, **분석심리학과 기독교** (서울: 학지사, 2012), 111; "원형은 정신생활에 있는 하나의 사실이기 때문에 종교적 구조와 같은 적당한 그릇에 담기지 않으면 다른 곳으로 간다."

974) Ibid., 117; "융은 이렇게 적그리스도가 출현하여 고통스러운 현상을 겪으면서 적그리스도가 표상하는 악을 통합하는 것이 현대인에게 주어진 임무라고 주장하였다. 현대인은 다시 사랑의 신만을 믿지 못하고, 그리스도의 대속을 믿지 못하면서 그것을 체험하고 통합해야 하기 때문이다. 그것이 예수 그리스도의 출현 이후 달라진 현대인의 영적 상황이며 현대인들이 새롭게 타개해 나가야 하는 상황이다." 융에게 대속의 의미는 두 가지이다. "첫째, 그리스도는 그의 몸에 대극의 갈등을 그대로 짊어지고 대극을 초월적으로 통합함으로써 다른 사람들 역시 대극을 통합하는 길을 보여주었다. … 둘째, 그리스도는 인간의 의식이 발달하면서 본능적인 기반으로부터 떨어져

가? 김성민 교수는 다음과 같이 말했다.

> 융은 인간 의식발달의 기록을 구약의 외경인 에녹서에서 찾았다. 에녹서에 따르면 하늘에
> 서 천사들이 내려와 인간의 딸들과 결혼하고, 그 가운데서 아자젤(Azazel)은 사람들에게서
> 지식과 기술을 가르쳤다는 기록이 있는데, 그것은 그 당시 의식의 확장을 나타낸다는 것이
> 다. 또한 융은 욥기는 '의인의 고난'으로 불리는 욥의 고난을 통해서 그 당시 사람들이 당
> 했던 실존적 고통을 나타냈고, 그것을 통해서 의식이 변화되는 것을 나타내는 기록이라고
> 주장하였다. 욥은 보통 사람으로서 견디기 힘든 혹심한 고통을 겪으면서도 야훼를 배반하
> 지 않았는데, 그것은 사람들이 혹심한 고통 속에서도 신에 대한 신앙을 잃지 않으려면 신
> 의 이미지가 변화될 수밖에 없다는 사실을 나타내는 말이라는 해석이다. 분석심리학적으로
> 말하자면, 사람들이 혹심한 고통 속에서도 그것을 이길 수 있고, 신앙을 잃지 않으려면 그
> 에게 있는 신관이 변화되어야 한다는 말이다. 그 결과 기독교에서는 예수 그리스도의 성육
> 신 사상이 생겨났는데, 그것은 분석심리학적으로 해석하면 인간의 내면에 있는 자기(self)
> 가 초월적으로 작용하여 모든 대극적인 요소를 통합하고 자아(ego)를 통하여 실현된 모습
> 을 보여주었다는 것이다.975)

기독교인들은 융의 이런 말에 포함된 위험성을 간파하지 못한다. 융이 말하는
자기 존재란 단순히 인간 자체라기보다는 신적인 자기(self)를 내재하고 있는 존
재를 말한다. 자기는 '숨겨져 있는 본성'이다. 융은 "자기는 정신적 전체성을 상
징한다"고 말했다.976) 성경이 말하는 인간론과는 자극히 다른 것이다.

융의 잘못된 전제는 무엇인가? 인생의 전반기는 세상에 적응하고 살아남기
위해 페르소나를 발전시키고 분화하고 인생의 후반기에는 자기의 진실한 본성
을 추구한다는 것이다. 융의 이런 전제는 일반적인 상식에도 벗어난다. 인간은
인생이 시작되는 순간으로부터 죽을 때까지 삶을 살아가면서 자기 존재에 대해
알기 원한다. 인생을 전반기 후반기로 나누는 기준은 각자마다 달라서 정할 수
가 없다. 무엇보다 삶과 존재는 구분될 수 없다. 그런 까닭에, 융의 페르소나와
개성화 개념은 잘못된 것이다.

개성화 과정은 첫째 그림자를 의식화, 둘째, 아니마/아니무스를 만나는 것 셋

나가는 것을 막아 주었다. … 이렇게 예수 그리스도는 그 당시 사람들이 무의식에서 추구하던 것을 그의 몸으로
보여 주었기 때문에 비교적 짧은 시간 안에 고대 세계에서 구세주로 고백될 수 있었고, 그의 성육신은 그다음 사
람들에게서 이루어지는 원형적인 사건이 되었다."(pp. 122–123)
975) Ibid., 118.
976) 칼 구스타프 융, **아이온**, 김세영·정영진 역 (서울: 부글북스, 2016), 357.

째, 마성적 인격의 극복, 넷째 자기의 탄생을 통하여 이루어진다.977) 개성화 과정의 첫 번째 단계는 그림자를 의식화하는 것이다.978) 융은 "자기 자신과의 만남은 우선 자신의 그림자와의 만남을 뜻한다"라고 말했다.979) 그림자는 개인 무의식을 나타낸다. 그림자는 내면에 있는 미분화되고 열등하며 부정적인 특성인데 사람들은 그것을 다른 사람들에게는 물론 자기 자신에게도 숨기려고 한다. 그림자는 무의식에 억압되어 혼자 있을 때 불쾌하거나 비난받을 만한 생각을 불러일으키거나 환상이나 공상의 형태로 나타난다. 그렇지 않으면 투사를 일으키거나 꿈에 나타나 사람들을 놀라게 한다. 자신에게 있는 그림자를 인정하고 동화시켜야 한다. 그때 그림자는 긍정적인 것으로 변환되어 삶을 풍부하게 해주게된다.

　융은 개성화를 위해 페르소나에 가려진 인간의 본성이 거부되고 어두운 측면인 그림자를 만나야 한다고 했다. 그림자를 받아들임으로써 자기 삶의 과제를 해결할 수 있기 때문이다.980) 융이 말하는 그림자는 의식에서 무의식으로 억압되어 형성된 또 하나의 '나' 또는 무의식에 있는 '나'의 동반자이다. 나쁜 사람이 되려고 하는 사람에게도 그림자가 있으며 자신의 의식의 특징과는 달리 선량하고 좋은 이미지로 나타난다는 것이다.

　이렇게 말하면, '죄를 지은 사람은 그 사람 그림자가 죄를 짓게 했으니 그 책임은 누가 져야 할 것인가?'라는 질문을 하게 된다. 융은 그림자를 개인적 무의식의 특징이면서도 집단 무의식의 내용인 원형의 상을 띤다고 보았다. 전쟁이라는 참혹한 대량학살이 원형의 집단적 투사라는 것이다. 융은 제1차 세계대전이 끝난 1918년에, "우리들 속에 살고 있는 동물은 억압되면 더욱 야수적으로 될

977) 융의 자기 실현(개성화) https://m.blog.naver.com/esesang91/221488726240
978) C.G. 융, **융 기본 저작집5 꿈에 나타난 개성화 과정의 상징**, 한국융연구원 C.G. 융 저작번역위원회 역 (서울: 솔출판사, 2006), 43; "정신치료 과정에서 행해지는 변증법적 대화를 통해 환자는 필연적으로 자신의 그림자, 즉, 환자가 때때로 투사를 통해 처치해버린 마음의 어두운 반려와 맞닥뜨리게 된다. 다시 말하자면 분명 그 자신이 지니고 있는 온갖 악덕을 좁은, 혹은 넓은 의미의 이웃에게 뒤집어씌우든지, 혹은 '완전한 통회'(contrio)나–더 부드러운 표현으로는–'불완전한 통회'를 통해 자신의 죄를 신적 중개자에게 내맡기는 것이다."
979) C.G. 융, **융 기본 저작집2 원형과 무의식**, 한국융연구원 C.G. 융 저작번역위원회 역 (서울: 솔출판사, 2006), 128.
980) 김성민, **분석심리학과 종교** (서울: 학지사, 2014), 244; 〈융은 그림자를 의식화하는 것이 개성화 과정의 첫 번째 단계라고 강조하였다. … "그림자를 의식하는 것, 다시 말해서 자신의 개인 무의식을 깨닫는 것은 분석의 첫 번째 단계를 나타낸다. 이것 없이 아니마와 아니무스에 대한 인식은 불가능하다."

뿐이다. 기독교만큼 무고한 백성들이 흘린 피로 얼룩진 종교는 없고, 세계사에서 기독교 국가의 전쟁만큼 피비린내 나는 전쟁이 없었던 이유는 바로 여기에 있다."고 말했다. 결국, 책임은 기독교로 떠넘겨졌다.

융은 바울이 기독교를 반대하다가 그리스도의 환영을 보고 기독교인이 되었다고 말하면서 마음속에 반기독교적 그림자를 줄곧 투사해 오다가 자기 원형에 의해 그림자가 지양되면서 커다란 의식의 변화를 겪게 된 것이라고 보았다. 융의 설명에 의하면, 바울이 예수 그리스도를 믿게 된 것은 성령 하나님의 역사가 아니라 순전히 그림자의 투사 현상에 불과한 것이다.

둘째로 개성화를 위해 아니마와 아니무스와의 만남이 있어야 한다. 아니마/아니무스를 동화, 분화시키는 것이다. 아니마/아니무스는 페르소나의 반대편에 있는 인격의 내용으로 사람들이 본래부터 타고났지만, 현실 세계에 적응하는 과정에서 실현되지 않고 남아 있는 것들로 구성되어 있다. 아니마/아니무스는 자아나 페르소나보다 더 깊은 층에 있는 정신 내용들로써 자기(self)와 가까이 있으며 사람들의 삶에 더 많은 영향을 미친다. 그 영향이란 개성화의 과정이며 직선적 발전보다는 지그재그로 우회로를 반복하면서 중심을 향해 간다. 그런 까닭에, 이부영 교수는 자기실현의 과정이 "미로의 상징으로 나타나기도 한다"고 말했다.[981] 융 연구소나 융 영성과 관련된 곳에 가면 미로가 있는 이유가 여기에 있다.[982]

---

981) 이부영, **자기와 자기실현** (파주: 한길사, 2010), 151; "자기실현의 과정은 직선적인 발전보다는 지그재그의 우회로를 여러 번 반복하면서 중심을 향해 가는 것이다."

982) 레이 윤겐, **신비주의와 손잡은 기독교**, 김성웅 역 (서울: 부흥과개혁사, 2009), 292-293; 〈미로는 여러 갈래 길이 있는 실제 미로가 아니다. 미로는 중앙에 이르는 한 길이고 밖으로 돌아 나오는 같은 길이다. 불교에서 미로는 만다라 혹은 신성한 고안이라고 불린다. 미로를 걷는 사람들은 길을 걷는 동안 고른 단어 하나 혹은 한 문구를 반복함으로써 넓게는 중심 잡기 혹은 관상기도에 참여하게 된다. 이때 미로의 중앙에 도달하면 자신 안에 있는 신성에 도달하거나 신성을 중심으로 삼는 일이 일어나리라는 염원을 가지고 걸어가는 것이다. 이런 미로 걷기가 여러 복음주의 교회를 포함해 이곳저곳에서 우후죽순 격으로 나타나고 있다. 그러면, 도달한 그 신성이 정말로 하나님인가? 주디스라는 여성(샌프란시스코 대성당출신)이 말하는 자신의 미로 걷기 경험을 들어보자. "구불거리는 길을 편안하게 걸었다. 기분은 가벼웠다. 이 의식 속에서 모든 영들에게 감사하는 마음으로 기도를 올렸다. … 먼저 나는 아른거리며 물결치는 직사각형 모양을 보았다. 미로 위로 떠오른 에너지 소용돌이가 나타난 것이다. 그다음으로는 거대하고, 얼굴이 없는 푸른 빛을 띤 존재들을 보았다. 얼굴은 없었지만 이 존재들은 자신만의 미로를 걷고 있는 듯 인간의 형체를 하고 장엄한 행진을 하고 있었다. … 미로의 천사들, 수호자들인 이들과 함께 공간을 나누고 있다는 경이감이 밀려 왔다. 내게 미로는 늘 우리를 동반하는 것으로 보이는 불가시의 세계로 들어가게 하는 관문이었다." 미로 걷기를 장려하는 많은 사람은 아무나 미로를 걸음으로써 신성에 도달할 수

융은 아니마와 아니무스는 고도의 자율성을 지닌 요소로써 신성성 (Numinosum)을 지니고 있으며, 인류가 조상대대로 이성에 관하여 경험한 모든 것의 침전물이라고 보았다. 인간 내면에 신성성을 가진 남성성과 여성성이 있다는 융의 이 말은 성경의 인간론과 전적으로 배치(背馳)된다.

개성화를 위해 자기 안에 있는 신성하고 자율적인 남성성과 여성성을 만나려면 적극적 심상을 통해 무의식 안에 뛰어들어야 한다. 이부영 교수는 다음과 같이 말했다.

> 융은 아니마를 의식화하려면 아니마의 객관화를 시도할 것을 권하고 있다. 어떤 의미 있는 목소리의 주인공, 어떤 불쾌한 기분을 나타내는 부인을 상상하고 그녀와 대화를 나누는 적극적 명상을 말한다. 이를 통해서 불명확한 그림자 같은 무의식의 아니마상이 보다 뚜렷하게 그 모습을 드러내게 된다. 즉 의식세계로 떠오른다.983)

융은 아니마/아니무스를 '영혼의 안내자'라고 주장하였다. 이런 주장은 매우 위험한 반기독교적인 개념이다. 개성화의 마지막 과정으로 인도하는 안내자는 결국 무속(巫俗)에서 나타나는 조상신이고 애가동자의 개념이나 관상기도에서 나타나는 영적인 안내자(spirit guide)와 같은 개념이다.984)

융이 자신의 영적인 안내자인 '필레몬'을 통하여 그리고 자아초월적 상징인 만다라985)를 통하여 이루었듯이, 그와 같은 영적인 안내자와 자아 초월적 상징

있다고 말한다. 종교가 무엇이든지, 아니 종교라는 것을 갖고 있든지 말든지 전혀 상관없다. 그러나 이 말이 사실이라면, 하나님께 도달하기 위해 예수 그리스도를 뛰어넘어도 무방하다는 뜻이 될 수 있다. 성경은 예수가 사람과 하나님 사이의 유일한 중개자라고 못을 박는다. 그러나 주디스의 경험에 따르면, 성경의 진리와는 달리 이 여성은 영적인 존재들과 접촉을 했다.〉

983) Ibid., 141; "아니마에는 아니무스와 마찬가지로 네 가지의 발달 단계가 알려져 있다. 첫째, 본능적·성적 수준의 에로스(이브나 괴테의 『파우스트』의 그레트헨), 둘째, 낭만적인 사랑의 수준(헬레나), 셋째, 천상적인 종교적 사랑의 수준(마리아), 넷째, 영원한 여성상으로 지혜의 여신(소피아)이 그것이다."

984) C. G. Jung, *The RED BOOK*, edited by Sonu Shamdasani, Mark Kyburz and John Peck, W.W. NORTON & COMPANY, New York · London, 2009, 199. He thought that this voice was "the soul in the primitive sense". which he called the anima(the Latin word for soul). He stated that "In putting down all this material for analysis, I was in effect writing letters to my anima, that is part of myself with a different viewpoint from my own. I got remarks of a new character–I was in analysis with a ghost and a woman".

985) http://blog.daum.net/maloysia/8022396; "만다라, 마음의 중심으로 가는 길: 융은 남은 일생 동안 이 무의식 여행이 선물한 영감들을 표현하고자 노력했다. 무의식 여행을 끝내고 속세로 다시 돌아오게 되었을 즈음, 융은 매일 아침 일기장에 작은 원 모양의 그림들을 스케치하기 시작했다. 그 작업은 그의 내면적 요구에 부응한

들(원, 만다라, 십자가, 별, 나무 등)을 통하여 성취해 가는 것은 그저 단순한 인간 발달의 차원이 아니다. 그것은 융이 다음과 같이 말하는 데서 더 정확히 나타난다.

융은 사람들에게 아니마는 다음과 같은 네 가지 이미지를 거치면서 발달해 간다고 주장하

것이었다고 한다. 융은 동그라미 속에 그린 그림들이 그릴 당시의 자신의 마음을 나타내고 있다는 것을 서서히 알게 되었다. 예를 들어, 어떤 친구로부터 언짢은 편지를 받은 다음 날 그린 동그라미 그림은 둘레가 찢겨져 있었다. 그리하여 융은 내면의 변화가 그림의 형태에 영향을 미친다고 확신하게 되었다. 그 후 융은 자신의 그림을 통하여 매일에 걸친 정신적 변화를 관찰하였는데, 그러는 동안 자기가 그린 원형의 그림이 인도의 전통에서 만다라(mandala)라고 부르는 것과 같은 생김이라는 것을 알게 되었다. 인도에서 말하는 만다라는 인간의 이상향인 소우주로서, 동양 종교가 헌신적으로 탐구하고 있는 것이었다. 융은 동양종교에서 나타나는 만다라가 서양인들에게도 특별한 의미를 부여한다는 사실을 깨닫게 되었다. 융은 만다라의 특징이 자기self를 나타내는 상징의 역할에 있다고 보았다. 즉 만다라는 한 세계를 대변하는 단위로서, 인간 정신이 가지고 있는 소우주적 형태와 상응한다고 기술하였다. 만다라를 보면 정신발달의 목표가 '중심, 즉 개성화(individuation)를 향한 경로'임을 알 수 있다. 만다라는 자기, 다시 말하여 개인이 나아가고자 하는 목표와 의미를 담지한, 한 개인의 전체, 의식과 무의식의 합을 나타낸다. 몇 년이 지난 1927년, 융은 어떤 꿈을 꾸고 나서 위와 같은 생각을 확신하게 된다. 그는 리버풀(Liverpool-'the pool of life')에 있었다. 그곳은 비, 담배 연기, 그리고 짙은 안개로 가득 찬 지저분한 도시였다. 어두운 겨울날 비가 내리는데, 자기와는 공통점이 없는 대여섯 명의 사람들과 함께 어둡고 우중충한 도시를 걷고 있었다. 그가 받은 느낌으로는 그들은 항구에서 올라오는 중이었고, 도시는 절벽 위에 있었다. 절벽을 올라 꼭대기에 도달하자, 가로등에 어렴풋이 모습을 드러낸 넓은 사각형의 광장과 그로 통한 많은 거리들이 보였다. 도시는 전통적인 유럽풍으로 설계되어 있었고 모든 도로들이 방사선 모양으로 광장을 향하고 있었다. 광장의 중앙에는 둥근 연못이 있고, 그 가운데 작은 섬이 있었다. 주위의 모든 것이 비, 안개, 연기에 싸여 어둠속에서 희미하게 보일 뿐이었지만 그 작은 섬만은 햇빛에 빛나고 있었다. 그 섬에는 꽃들이 활짝 핀 한 그루의 목련나무가 있었다. 그 나무는 햇살을 받아 마치 빛의 근원인 듯 보였다. 지긋지긋한 날씨를 탓하는 것으로 보아 융의 동반자들은 그 나무를 보지 못한 것 같았다. 그들은 리버풀에 살고 있는 또 다른 스위스인 이야기를 하면서 그가 여기에 살게 된 것에 대하여 놀라움을 표했다. 융은 꽃이 핀 나무와 태양빛처럼 빛나는 섬을 넋을 잃고 바라보면서, '그가 어떻게 여기 살게 되었는지 알만하다'고 생각하였다. 그리고 융은 그 스위스인이 원하는 것이 조용하게 빛나는 것, 영적으로 평온한 것이라고 생각하게 되었다. 이처럼 모든 길들이 한 곳으로 모이는 중심이자 어두운 그곳에서 빛나고 있는 목련나무의 영상은, 심리학적 성장이 일차원 선상에 있거나 명쾌하게 이루어지지는 않는다는 그의 믿음을 더욱 확고하게 해주었다. 그리고 그는 심리적인 성장이 오직 자기라고 하는 정신의 중심을 향하여 반복하여 돌아가는 것에서 비롯된다고 여기게 되었다. 이 꿈을 통하여 융은 인간 정신에 존재하는 어떤 패턴 및 상황, 즉 삶에 의미를 부여하는 자기 원형을 발견하게 되었다. 그는 '정신적 발달의 목표는 자기에 도달하는 것이며 이는 일직선상의 진화가 아니라 정신의 중심인 자기의 주변으로 돌아가는 것이다'라고 기술한다. 융의 이러한 통찰은 그에게 안정된 느낌을 가져다주었고 내면의 평화를 찾게 했으며, 정신적 방황을 겪던 자신을 격려할 수 있게 하였다. 한편 융은 깨어나서 꿈에서 본 영상을 그림으로 옮기면서, 왜 그 그림이 그렇게 중국적으로 보이는지 의아해했다. 며칠 뒤, 리하르트 빌헬름(Richard Wilhelm)이 융에게 주석을 달아 달라고 하면서 중국의 연금술서, '황금꽃의 비밀'(The Secret of the Golden Flower, 태을금화종지-太乙金花宗旨) 필사본을 보냈다. 그것을 읽어 본 융은 다른 문화권에서 사용했던 고대의 상징체계 기저에도 공통적인 심리적 배경이 있음을 깨닫게 되었다."

였다: 첫째로, 아니마는 생리적인 관계를 표상하는 이브(Eve)에 의해서 상징적으로 형상화되고, 둘째로, 아직 성적인 측면이 완전히 가셔진 것은 아니지만 동시에 낭만적이고, 미적인 특성을 나타내는 것으로 의인화된 이미지로 형성되며, 셋째로, 에로스를 가장 높은 단계의 숭배나 종교적이며 영적인 헌신으로 승화시키고, 마지막 단계에서 아니마는 순결과 거룩성도 초월하는 지혜의 이미지로 의인화된다.[986]

이런 "지혜의 이미지" 역시 영지주의적인 개념이다. 영지주의 경전에 보면 소피아는 충만 속에 거하는 위대한 존재들 중에 가장 젊다. 영지주의 체계에서 소피아는 '프뉴마'(영), 곧 데미우르고스의 '영혼'이라 불린다. 중요한 것은 이 신화가 인간의 심리에도 적용될 수 있다는 것이다. 인간의 낮은 자기(심리학적 자아)는 데미우르고스로, 높은 자기 또는 영적인 영혼은 소피아로 나타난다.[987]

또한, 거룩하고 지혜로운 소피아는 무지한 데미우르고스의 무지를 꾸짖는다. 데미우르고스는 무지해서 자신만이 최고의 하느님이라고 생각하기 때문이다. 소피아는 그런 데미우르고스에게, 더 위대한 권능자가 많이 있으며 너는 단지 더 큰 계획 속에 들어있는 작은 존재에 지나지 않는다고 말한다. 하지만 데미우르고스는 이 사실을 비밀로 하고 자신의 지배를 받는 피조물들에게 자신만이 유일하고 참된 하느님이라고 믿게 만든다.

여기서도 존재론적 또는 심리 내적 유비가 적용된다. 즉 자아(에고) 곧 낮은 자기는 (융의 모델을 사용하면) 대개 집단 무의식 속에 있는 깊은 힘들에 대해 무지하고, 그래서 자신의 근원이 되는 원형의 모체에서 멀어지면 멀어질수록 자아는 자기 존재에 관해 결정을 내리는 자가 자신뿐이라고 점점 더 믿게 된다.[988]

셋째로, 마성적 인격의 극복이다. 마성적 인격이란 사람들이 그림자나 아니마/아니무스에 투사시켰던 정신 에너지를 회수하면 의식의 영역이 확장되고 자아

---

986) 김성민, **융의 심리학과 종교** (서울: 동명사, 2010), 252.
987) C.G. 융, **융 기본 저작집1 정신요법의 기본문제**, 한국융연구원 C.G. 융 저작번역위원회 (서울: 솔출판사, 2007), 28. "… 일반적으로 물이 무의식을 의미하는 것처럼 미지의 여인상은 무의식의 의인화인데, 나는 그것을 '아니마'라고 부른다. 이 이미지는 원칙적으로 남성에게서만 발견되며, 무의식의 성질이 환자에게 문제되기 시작할 때 비로소 뚜렷이 나타난다. 무의식은 남성에게서는 여성적인 징후를, 여성에게서는 남성적인 징후를 갖는다. 그러므로 남성에게서의 무의식의 의인화는 위에 기술한 여러 종류의 여성적인 존재들(그리스 로마의 요정, 산의 요정, 바람의 요정, 물의 요정, 게르만의 바다의 요정, 숲의 여인, 중세 민간의 처녀 귀신, 그리스 신화의 흡혈여귀, 흡혈귀, 마녀 등)이다."
988) 스티븐 횔러, **이것이 영지주의다**, 이재길 역 (서울: 산티, 2006), 61-65.

의 중요성이 커지는데 그때 자아가 무의식에 조심성 없이 접근하면 집단 무의식에 있는 강력한 에너지에 사로잡혀 팽창되는 것을 말한다. 그때 자아와 무의식 사이의 경계선은 흐릿하게 되어 자아는 원시적인 수준의 전체성에 영향을 받아서 스스로를 절대화하게 된다. 융은 자아가 현실에 잘 적응하여 의식이 강화되고 자아가 의식세계에 닻을 내리고 있는 것이 개성화 과정에서 무엇보다 중요하다고 강조하였다.

아니마와 아니무스의 이미지를 통합하고 난 후에 남성들에게는 노현자로 대표되는 이미지가 나타나고 여성에게는 양면성을 지닌 어머니의 이미지가 나타난다. 노현자 이미지는 영적인 원리를, 어머니 이미지는 물질적인 원리를 나타낸다.989) 이 세 번째 단계에 대해 김성민은 다음과 같이 말했다.

> 융은 자아 팽창이라는 함정에 빠지지 않기 위해서 사람들은 마성적인 인격과 자신을 동일시하지 않고, 그들의 마음속 깊은 곳에 계시다고 생각되는 절대적인 속성을 가진 존재 또는 이 세상 너머에 계시다고 생각되는 존재 앞에서 가지는 태도를 잃지 말아야 한다고 강조하였다. 자기 자신 속에 이런 정신 요소가 들어 있다는 깨달음만이 마성적인 인격이 지닌 부정적인 세력으로부터 사람들을 해방시킬 수 있는 것이다.990)

김성민 교수의 말을 주의 깊게 살펴보면, 마음속 깊은 곳에 있는 존재 혹은 이 세상 너머에 있는 존재에 대해 경어(敬語)를 사용하고 있다. 김성민 교수는 마치 그 존재가 경배해야 할 신이라도 되는 것처럼 말했다. 우리는 기독교인으로서 이런 글을 보면, '융은 다만 심리학적으로만 이해했다'는 말이 얼마나 부적절한지 알 수 있다.

넷째로, 개성화 과정의 마지막 단계는 자기가 탄생하는 단계이다. 사람들이 페르소나와의 동일시를 극복하고 그림자를 깨달아 동화시키고 어머니/아버지상과 분리되어 자신의 본래적인 모습을 되찾아 자기가 되는 것이다. 그의 내면에 이런 전인성(wholeness)의 원형은 무의식에 있는 모든 대극을 통합하고 자아와 긴밀한 축을 이루어 더 큰 질서 속에서 살게 된다.

자신의 내면에 있는 하느님과 만나서 그 하느님의 인도를 따라서 살게 되는

---

989) 김성민, **분석심리학과 종교** (서울: 학지사, 2014), 248.
990) Ibid., 248-249.

것이다. 그때 사람들은 자아에 중심을 두던 태도에서 벗어나 그보다 훨씬 더 넓고 확장된 삶을 살게 된다. 그전까지 살던 상대적인 전체성에서 벗어나 하느님의 진정한 전체성 안에서 살게 된다는 것이다. 그 결과 사람들은 그 전까지 자신 안에 있는 수많은 대극의 갈등에 시달리지 않게 되고 무의식의 충동에 덜 휩싸이게 되어 한결 편안하고 해방된 삶을 살게 된다. 갈등과 고통의 질곡에서 벗어나 자신을 한결 편안하게 느끼고 자유로운 삶을 살게 된다고 말했다.991)

김성민 교수는 다음과 같이 말했다.

> 마성적 인격에 대한 깨달음이 개성화 과정에서 대단히 중요한 과정이라고 강조하였다: "마성적 인격이라는 원형을 구성하고 있는 것들을 깨닫는 것은 두 번째 탄생을 가져온다. 이때 사람들은 결정적으로 자기 아버지(여성의 경우 어머니)에게서 벗어나게 되고, 자신의 개성을 당당하게 주장할 수 있게 되는 것이다." 우리는 이때 '영적인 아이'(enfant spirituel)인 자기(le Soi)가 태어나는 것을 보게 되는 데, 이것이 개성화 과정의 마지막 단계다: "사람들이 자신의 진정한 가치를 찾게 되고, 신화에 나오는 모든 진귀한 것들인 보물이나 정복되지 않는 무기 또는 마법의 영역을 얻을 수 있는 것은 모두 그들이 이 집단정신으로부터 승리를 얻는 순간 얻어지는 것이다." 자신의 내면 깊숙이 숨어 있는 자기에 대한 각성을 통해서 사람들은 영적으로 다시 태어나게 된다. 자신의 내면에 있는 잡다한 정신적 요소에 사로잡히지 않고, 편협한 자아에 매달리지 않으며, 집단적 무의식 속에서 모든 것을 통합시키는 자기를 따라 살게 되는 것이다: "자기는 … 어떤 교리가 아니라 자연적 상징으로서 인간 본성의 작용에 의해 생겨난 하나의 이미지이며, 모든 의식적인 것을 뛰어넘는 것이다. 사람들이 자신에 관해서 더 많이 의식할수록 무의식의 압력에서 자유로워진다. 자신의 본래성을 되찾는 것, 즉 자기(自己)가 되는 것이다. 자기는 인간의 정신요소 가운데서 가장 높은 가치를 지니고 있다. 융은 자기가 되는 것, 즉 자기를 실현시키는 것은 끝이 있는 것이 아니라 계속되는 과정이라고 강조하였다. 개성화 과정에는 종착점이 있을 수 없고, 그러므로 평생 추구해야 하는 작업이기 때문이다.992)

김성민 교수는 융의 개성화의 마지막에서 자기가 태어나는 것을 '영적인 아이'가 태어난다고 말했다. 인간의 내부에 있는 신적인 아이, 곧 영적인 아이를 깨워야 인생의 문제가 해결된다는 것이 융의 심리학인데, 개성화의 마지막 단계가 영적인 아이가 태어나는 것이다. 내면의 신성한 아이 본래의 모습으로 완전하게 태어나는 것이다. 페르소나와 콤플렉스를 지나 그림자를 지나고 대극을 만

991) 융의 심리학과 영성(개성화 과정) May. 17. 2010. Accessed May. 8. 2019.
http://www.cyworld.com/wonderbread/3687019/
992) 김성민, **분석심리학과 종교** (서울: 학지사, 2014), 249.

나서 본래의 자신으로 돌아가는 것이다. 지극히 윤회적이다. 본래의 존재로 회귀되는 것이다. 융이 "자기를 실현시키는 것은 끝이 있는 것이 아니라 계속되는 과정이라고 강조하였다"는 말은 무엇을 의미하는가? 그것은 원형을 체험하는 것이다. 김성민 교수는 이렇게 말했다.

> 개성화 과정에서 창조적인 상상력은 상징이 가지고 있는 통합의 능력을 매개로 해서 대극들을 통합시키는 데 본질적인 역할을 수행하고 있다. 그런데 우리 내면에 있는 대극적인 요소들이 통합되려면 우리는 자기 원형을 체험해야 하며, 인간 정신의 전체성을 체험해야 한다. 그렇게 될 때, 그 체험은 사람들에게 의식의 영역을 결정적으로 확장시켜 주고, 우리 세계관을 넓혀 준다.993)

김성민 교수의 말대로 원형을 체험하려면 어떻게 해야 하는가? 연금술을 해야 한다. 만다라를 그리거나 적극적 심상법으로 영적인 안내자를 만나는 접신을 해야 한다. 융을 가르치는 기독교인들은 이런 말에 대해 무엇이라고 말할 것인가? 개성화의 마지막 단계에서 만나는 그 자기는 "우리-안에 있는-하느님"이다. 융은 이렇게 말했다.

> 우리 정신의 가장 깊은 어둠 속에는 하나님의 불꽃(scintilla)이 깃들어 있다.994)

많은 융 추종자들처럼 기독교 신앙이 우리 안에 있는 하느님의 불꽃을 각성시키는 것인가? 참된 기독교 성도는 인간이 죄인이라는 존재적 관점을 믿으며 예수 그리스도의 십자가 피로써 죄사함을 받는다는 것을 확실히 믿는다. 융에게 개성화란 "스스로를 실현시키려는 자기에 자아가 사로잡히는 과정"이다.995) 개성화는 무의식의 운영체제에 완전히 적응하고 바이러스를 제거한 상태로 코드화가 완전히 이루어진 상태이다. 김성민 교수는 다음과 같이 말했다.

> 개성화된 사람들은 그의 내면에 있는 하나님의 이미지를 따라서 신화적인 삶을 사는 것이라고 말할 수 있는 것이다. … 내적인 목표를 추구하며, 영원성에 이끌리는 일관된 삶인 것

---

993) 김성민, **융의 심리학과 종교** (파주: 동명사, 2010), 260;
994) Ibid., 264.
995) Ibid., 265.

이다. 이러한 중심을 따라 사는 삶은 활기차고 신명나는 삶이다.[996]

　김성민에 의하면, 결국 개성화는 영원성의 문제이다. 의미와 통일성을 원하는 인간에게 중요한 것은 영원성이다. 문제는, '그 영원성을 어떻게 확보하느냐?' 하는 것이다. 융은 하나님 대신에 자기라는 신적이고 초월적인 원형으로 확보했다. 김성민은 개성화를 평생토록 계속 진행해야 한다는 것에 대해 다음과 같이 말했다.

　　융은 힌두교에서 신적인 존재를 나타내는 브라만(Brahman)도 하나의 상태일 뿐만 아니라, 영원히 발달되기를 기다리는 과정을 나타내는 것이라고 주장하였다. 이런 생각에서 융은 마이스터 에크하르트의 주장을 인용하면서, 신(神)은 완성된 어떤 존재가 아니라 완성되어가는 존재라고 주장하였다(TP, p. 194). 그래서 융은 "우리-안에 있는-하나님"으로부터 비롯된 개성화 과정 역시 어떤 지점에서 완료되는 것이 아니라, 끊임없이 계속되는 과정이라고 생각하였다: "인간 정신의 이 작용은 … 다른 모든 과정과 마찬가지로 계속적으로 창조 되어가는 행위인 것이다"(TP, p. 53). 융은 인간의 정신 속에는 발달하고자 하는 계속적인 성향이 있다고 생각했던 것이다(PER, p. 189). 융에게 있어서 자기(le Soi)가 된다는 것은 이런 과정 속에 있는 신이 되어가는 것을 의미한다(TP, p. 247). 이런 생각에서 융은 집단적 무의식에 담겨 있는 이런 관념은 여러 가지 신화들 속에서 신의 새로운 탄생을 기다리는 신화소(神話素)[997]로 나타난다고 주장하였다. 개성화 과정이 결코 끝날 수 없이 계속 이어지는 과정이라는 점은 틀림없는 사실이다. 왜냐하면 개성화 과정이 "우리-안에 있는-하나님"인 자기를 실현시키는 과정인 한, 그것은 결코 어디에 도달하고 마는 작업이 아니기 때문이다. 그러므로 사람들은 결코 완성시킬 수 없는 자신의 정체성을 더 높은 차원에서 실현시키기 위해서 죽을 때까지 최선을 다해야 한다.[998]

　융에게 신이란 완성되어 가는 존재이다. 융에게 인간이란 개성화를 통해 완성되어 가는 존재이다. 그 완성을 위해 접신을 하고 누미노즘을 체험해야 하는 과정이다. 기독교 신앙의 관점에서 보면, 그것은 귀신의 종노릇 하는 것이다. 기독교인이 믿는 하나님은 완성되어 가는 하나님이 아니다. 우리가 믿는 하나님은 스스로 존재하는 하나님이시다. 인간의 내면에는 신성이 없다. 융의 표현대로 하자면 '우리-안에 있는-하느님'이 없다.

---

996) Ibid., 267.
997) 신화소: 어떠한 이야기가 신화가 되게 만드는 요소, 즉 신화를 구성하는 뼈대와 같은 것이라 할 수 있다.
998) 김성민, **융의 심리학과 종교** (파주: 동명사, 2010), 277.

융의 존재론이 융의 구원론을 낳는다. 융의 인간론은 내면에 신성을 가지고 있다. 내면에 신성이 있으면 신성을 계발하여 구원에 이른다고 말하게 된다. 그것이 적극적 심상법이다. 신성한 내면아이와 구상화가 하나님 없는 모든 종교와 사상에 핵심을 이룬다. 융은 다음과 같이 말했다.

> 인간은 평범한 삶을 살도록 태어난 것만이 아니다. 그는 신비한 삶을 살도록 다시 한번 태어나기를 바라며, 신적인 삶에 참여하기를 바라는 것이다. 다시 태어나는 사람은 그렇게 해서 영웅이 된다. 반쯤 신이 되어서 사는 것이다(*Métamorphoses de l'Ame et ses Symboles*, p, 532).999)

융은 평범한 삶을 넘어 신비한 삶, 신적인 삶, 영웅, 반쯤 신이 되어 사는 것을 말했다. 이것도 심리학적으로만 말한 것인가? 기독교인으로서 융을 가르치는 사람들은 이런 삶을 살아가고 있는가? 배우는 사람들에게 '반쯤 신이 되어서 사는 것'이 기독교 신앙이라고 가르치는가? 융의 개성화는 영웅처럼 살아야 한다는 말이 나온다. 융은 다음과 같이 말했다.

> 영웅들은 많은 신화 속에서 다시 태어나기 위해서 끊임없이 고통당한다. 개성화가 가진 이러한 특성을 설명하면서 융은 인격의 변환은 언제나 오랫동안의 시련을 겪은 다음에 얻어지는 것이라고 주장하였다(Aïon, p, 241).1000)

왜 영웅이어야 하는가? 영웅처럼 오랫동안 시련을 겪지 않은 사람들은 개성화가 이루어질 수 없다는 말인가? 시련을 겪는다고 사람들이 영웅이 되는 것도 아니다. 영웅 같은 사람들이 개성화를 이룬다면 개성화는 결국 아무나 이루지 못하는 특수한 것이 된다. 무엇보다 개성화를 계속해서 이루기 위해서는 만다라와 적극적 심상법을 통해 이루어진다.1001) 결국은 무의식을 알아차리고 해방시

---

999) Ibid., 271.
1000) Ibid., 278.
1001) 김성민, **분석심리학과 종교** (서울: 학지사, 2014), 270-271; 〈"변환이 이루어지려면 그 주위를 도는 것 (circumambulatio)이 무엇보다 필요하다. 다시 말해서 창조적 변환이 일어나는 인격의 중심에 정신을 집중해야 하는 것이다." 이렇게 하는 이유는 우리 인격에는 아직 구원받지 못한 요소가 많으며, 그것을 해방시켜야 하기 때문이다. 이 작업은 무의식을 대상으로 하는 작업이기 때문에 언제나 그 진적 속도가 느릴 수밖에 없다. 그러나 그것이 아무리 느리더라도 실망하지 말고 꾸준히 시행해야 한다: "만다라는 얼핏 보기에 의식에 거의 감지될 수 없는 것처럼 보인다. 그래서 이 상징이 가진 모든 속성을 분간해 내려면 길고 깊은 작업을 거쳐 그것이 투사시켜

키기 위해 무의식의 종이 되고 만다. 김성민 교수가 개성화의 과정을 "길고 험난한 정신적인 순례"라고 말하는 것은 융의 개성화는 융의 종교라는 것을 보여준다. 융의 개성화는 누미노즘을 체험하는 종교적 체험이다.

융이 말하는 종교체험으로 궁극적으로 도달하는 것은 '성자성'(saintliness)이며, 거기에는 끝이 없다. 인간이 아무리 노력해도 신의 경지에는 도달할 수가 없기 때문에 영혼의 어두운 밤을 지나면서 순례의 길을 계속해서 가야 하는 길이다.[1002]

종교체험이나 개성화가 개방형이라고 하면서 이 땅에 존재하는 모든 신비주의 영성을 섭렵하고 인간에게 적용하면서 심리학이라고 말하는 것은 '융의 심리학이 곧 융의 종교다'라는 것을 정확하게 말한다. 융은 개성화를 위해 자기와의 만남이 있어야 한다고 보았다. 융에게 있어서, '자기'(self)란 자기실현의 종착역이자 시발점이다. '자아'가 의식적인 인격의 중심이듯이, '자기'는 의식과 무의식을 합쳐서 전체 정신의 중심을 유도하며 하나로 통합하는 기능을 한다.

이것이 융이 말하는 인격성숙의 목표이고 '자기실현'이다. 개성화 과정의 마지막 단계는 자기 원형을 만나는 것이다. 융은 그 만남을 위해 만다라를 그리며 적극적 심상법으로 영적인 안내자를 만나는 접신을 했다. 그러나 말하는 것은 기독교를 그대로 모방한다. 김성민 교수는 다음과 같이 말했다.

> 사람들이 생각하는 하나님 역시 마찬가지 개념이다. 사람들이 자신을 좌절시킨 현재의 문제 앞에서 그 좌절 상태를 극복할 수 있는 것은 그 속에서 "또 다른 의미"를 발견해야 하는데, 이때 그들이 또 다른 의미를 발견하려면 그 좌절 상태 안에서 그들의 미래를 더 밝게 하려는 하나님의 숨은 의도를 발견할 수 있어야 하기 때문이다. 이때, 하나님은 그의 사랑을 가지고 그를 더 좋은 곳으로 이끌기 위해서, 지금 잠깐 그를 연단시키는 것이라고 생각할 수 있어야 하는 것이다.[1003]

김성민의 글을 보면, 기독교가 가르치는 내용을 그대로 가져와서 말하는 것을

놓은 모든 내용을 통합해야 한다."〉〈그런 의미에서 융은 "참된 만다라는 언제나 적극적인 명상을 통해서 조금씩 조금씩 밖에 그려지지 않는 인간의 내면에 있는 이미지다."라고 주장하였다(PA, p. 126). "영웅적인 사람들에게 고뇌는 하나의 의무이며, 소명이 된다. 왜냐하면 그 고뇌를 극복하기 위해서 그는 격렬한 투쟁을 해나가야 하기 때문이다."(*Métamorphoses de l'Ame et ses Symboles*, p. 590)(김성민, 272).
1002) 김성민, **융의 심리학과 종교** (파주: 동명사, 2010), 332.
1003) Ibid., 289.

확인하게 된다. 삶의 문제를 실존적으로만 바라보고 이해하게 되면 분열이 일어나기 때문에 융의 심리학에서는 성경의 하나님이라 하지 않고 원형이라는 이름으로 하나님 이미지라고 말했다. 기독교인은 하나님의 섭리와 성도의 성화의 관점에서 삶의 문제를 바라본다. 기독교만큼 삶의 영원성을 확보하고 살아가는 복된 사람은 없다.

개성화의 목표는 인격 전체가 인격의 중심지라는 자기에 도달하는 것이다. 융의 개성화 개념은 인생의 후반기에 접어든 융의 환자들과 만남의 경험을 바탕으로 만들어졌다. 융은 인생의 전반기는 어머니로부터 자유롭게 독립하고자 하는 자아 정체성을 획득하기 위한 영웅적인 자아의 투쟁기간으로 보았다. 프로이트는 아버지로부터, 융은 어머니로부터 분리되려고 했다. 융은 '남성에게는 여성적인 것이 궁극적으로 구원을 가져다준다'고 주장했다.

김성민은 융의 그런 주장이 "어머니의 부재로 생긴 부정적인 여성상 때문에 고통받았다가, 나중에 그가 자신의 아내 엠마(E. Jung)와 제자 토니 볼프(T. Wolff)로부터 긍정적인 여성상을 발견하여 치유되었던 체험에 기인하는 것이다."라고 말했다. 각자 개인의 인생 경험에 뿌리를 두고 있는 주관적인 심리 이론이 모든 사람에게 적용된다는 것은 '시작부터 잘못된 전제를 가지고 있다'는 것을 말해 준다.[1004]

머리 스타인은 의식 발달의 다섯 단계를 말하면서 다음과 같이 말했다.

적극 상상과 꿈의 해석에 대한 그의 기법은 정신과 직접적으로 상호작용하고 의식적 관계를 형성하는 것이다. 이런 식으로 그는 도구들을 연마해 탈근대적이고 의식적인 방식으로 삶에 관련시켰다. 그리고 신화와 신학에서 원시인들과 전통적인 사람들이 찾고, 유아와 어린이가 부모나 장난감 또는 게임에 투사하고, 심한 정신이상과 정신병을 앓는 환자들이 환각과 영상vision 상태에서 보는 것과 동일한 내용에 대해 존중하는 태도를 취했다. 그 내용들은 우리 모두에게 공통적인 것이며, 가장 심층적이고 원시적인 정신의 층, 즉 집단 무의식을 구성한다. 원형 이미지에 접근하고 이 이미지에 의식적이고 창조적으로 연관되는 것은 개성화의 중심부이며, 이것은 의식의 다섯 번째 단계가 수행하는 과제를 구성한다. 의

1004) Ibid., 44: "그의 어머니는 외향적인 성격에 본능적인 부분이 강했던 듯하고, 그의 아버지는 내성적인 성격에 경건한 성품을 가진 사람이었던 듯하다. 이런 부모 사이의 불화 속에서 융은 불안하고, 내성적인 성격을 강화시키게 되었다. 다른 한편으로, 스위스 개신교 교회 목사였던 그의 아버지에게는 남성적인 모습과 아버지다운 이미지가 약했던 듯하다. 그래서 융은 그의 아버지에게서 무엇인가 연약한 느낌을 받았으며, 아버지를 종종 측은하게 생각하였다."

식의 이 단계는 개성화 과정에서 또 다른 운동의 단계를 형성한다. 자아와 무의식은 상징을 통해 결합 된다.[1005]

스타인은 융이 정신이상자들의 방식과 내용에 존중하는 태도를 취했다고 말했다. 정상인이 아니고 왜 정신이상자들인가? 정신이상자들의 경험도 집단 무의식에 저장되어 유전되고 상징을 통해 결합 된다는 말인가? 머리 스타인은 더 의미심장한 말을 했다.

비록 여러 곳에서 융이 단계 5를 넘어 더 나아가려고 숙고했다는 지적을 하고 있지만, 공식적으로 그는 이 단계에서 멈추고 더 나아가지 않았다. 여섯 번째, 심지어 일곱 번째 단계까지 나아갔다고 고려될 수 있는 제안들이 그의 저작들에 나타나 있다. 예를 들어 1932년 개설한 쿤달리니 요가 세미나에서, 융은 서양을 훨씬 능가하는 동양의 의식 상태 달성을 분명히 인식하고 있다. 그는 서구인들이 가까운 미래에 유사한 의식 상태에 이를 수 있다는 전망에 의문을 던지지만, 그래도 그는 그렇게 할 수 있으리라는 이론적 가능성을 부여하고 심지어 그런 단계가 갖는 특징들의 일부를 묘사하고 있다. 쿤달리니에 드러난 의식 유형은 잠재적인 단계 7이라고 볼 수 있다. 좀 더 뒷받침하자면, 서구에서 더 쉽게 접근할 수 있으며 단계 5와 이렇게 추정되는 단계 7 사이의 한 지점을 차지할 수 있는 의식유형이 있다. 나중에 자신의 삶을 통해 동시성 맥락에서 원형 구조와 기능을 탐구했을 때, 융은 이렇게 분명한 내면 구조는 비정신적 세계의 존재 구조와 상응한다고 제시했다.[1006]

융은 1932년 10월 3일부터 8일까지 독일의 인도 전문가 빌헬름 하우어와 함께 취리히 심리학 클럽에서 요가에 대해 강의했다. 특히 쿤달리니 요가의 차크라 시스템에 대해 하우어가 6회 강의를 했으며, 융은 4회에 걸쳐 쿤달리니 요가를 심리학적으로 해석하고 강의했다.[1007] 융은 1938년에는 인도 정부의 초청으

1005) 머리 스타인, **융의 영혼의 지도**, 김창한 역 (서울: ㈜문예출판사, 2017), 263-264.
1006) Ibid., 264-265.
1007) 칼 구스타프 융, **쿤달리니 요가의 심리학**, 정명진 역 (서울: 부글북스, 2018), 15; "… 융은 1960년대 서구에서 뉴에이지 운동이 일어날 때엔 구루로 받아들여지기도 했다. … 탄트라 요가로도 불리는 쿤달리니 요가는 힌두교 경전 '탄트라'가 제시하는 요가 수행법을 따른다. '탄트라'의 세계관을 보면, 우주는 남성성의 상징인 시바와 여성성의 상징인 시크티로 구분된다. 우주에서 일어나는 모든 창조 활동은 바로 이 시바와 시크티의 결합으로 시작한다. 이 둘 중에선 사람의 몸 안에 잠재되어 있는 여성의 원인인 시크티가 더 많이 강조된다. 이 시크티를 개발해 해탈에 이른다는 것이 요가의 핵심이다. 쿤달리니 요가의 관점은 우주적이며, 이 요가의 차크라 체계는 개인을 초월하는 삶의 발달 단계를 상징한다. 말하자면 차크라는 개인의 심리와 인류의 심리를 시간이나 공간의 제약을 받지 않는 사차원의 관점에서 보는 것과 비슷하다. 칼 융은 이 강연에서 차크라에 관한 것들을 서양의 심리학으로 옮겨 놓는다. 그는 각 차크라를 의식이 한 단계씩 높아지는 것으로 해석한다."

로 콜카타대학 창립 25주년 기념 여행에 참석하는 길에 인도 여행을 하면서 '종
교가 인간의 정신에 얼마나 깊은 영향을 미치는가?'에 대해 깊은 인상을 받았다.
1939년 선불교 학자인 스즈키의 책 『대해탈』 의 서문을 썼으며, 동서양 종교
의 유사성과 상이성에 대해 말했다. 그 이전에 융은 동양종교에 많은 관심을 기
울였다.

1920년에 도덕경과 주역을 읽었으며, 비슷한 시기에 카이젤링 백작의 집에서
개최된 '지혜의 학파' 모임에서 중국 선교사이자 중국학자인 리처드 빌헬름을
알게 되었다. 1923년에는 취리히 심리학 클럽에 빌헬름을 초청하여 주역 강연
을 들었다. 1926년에 인도학자인 하인리히 짐머의 『인도의 제식상에 표현된
예술형태와 요가』 를 읽었으며, 1930년 초에는 짐머를 만나 수일간 인도 신화
에 대해 대화했다. 1935년에는 『바르도 퇴돌』 (티베트 사자의 서)에 관한 심리
학적 주석을 썼다.1008) 융은 다음과 같이 말했다.

> 여러분의 안에 있는 무엇인가, 여러분의 안에 있는 충동이 여러분을 쿤달리니로 이끌어야
> 합니다. 만약에 그런 충동이 존재하지 않는다면, 그것은 인위적일 뿐입니다. 그렇기 때문
> 에 여러분의 안에 특별한 무엇인가가, 여러분을 이끄는 어떤 불꽃이, 자극적인 무엇인가가
> 반드시 있어야 합니다. 그것이 여러분을 물속을 통과해 다음 센터로 향하도록 만들어야 합
> 니다. 그것이 바로 절대로 인지되지 않는 그 무엇인 쿤달리니이지요. 쿤달리니는 말하자면
> 공포나 신경증, 혹은 생생한 관심으로 모습을 드러냅니다. 그러나 그것은 여러분의 의지보
> 다 상위인 그 무엇이어야 합니다. 그렇지 않으면 여러분은 그것을 경험하지 못하게 됩니
> 다.1009)

1008) 김성민, 칼 융의 『심리학과 종교』 읽기 (서울: 세창미디어, 2015), 24-25.
1009) 칼 구스타프 융, 쿤달리니 요가의 심리학, 정명진 역 (서울: 부글북스, 2018), 63; "이제 이 대목에서 쿤달
리니에 대해서, 쿤달리니가 무엇이며 어떤 식으로 일깨워지는지에 대해 이야기해야 합니다. 여러분은 하우어 교
수가 위쪽으로부터의 어떤 자극이 쿤달리니를 각성시킨다고 한 말을 기억할 것입니다. 하우어 교수는 또 쿤달리
니를 각성시키기 위해선 사람이 순수한 '부디'(buddhi, 추론하고 분석하고 식별하는 등의 지적 기능을 뜻한 산크
리스트어) 혹은 순수한 혼을 가져야 한다고 말했습니다. 그렇다면, 여러분이 뱀을 깨워야만 두 번째 차크라로 전
진하는 것이 가능해집니다. 그런데 이 뱀도 반드시 올바른 방법으로 깨워져야 합니다. 심리학적 언어로 표현한다
면, 이 말은 여러분이 무의식에 접근할 수 있는 길은 오직 한 가지뿐이라는 뜻입니다. 말하자면 순수한 정신에
의해서만, 올바른 태도에 의해서만, 그리고 하늘의 은총에 의해서만 무의식에 접근할 수 있다는 뜻입니다. 그 길
이 바로 쿤달리니이지요."(pp. 62-63)

쿤달리니(Kundalini)는 산스크리트어로 '똘똘 감겨진 것'이며, 인간 안에 잠재된 우주 에너지이다. 감겨있는 쿤달리니는 모든 인간과 모든 존재에 잠재된 형태로 존재하는 여성적인 에너지라고 말한다. 융의 심리학과 너무나도 잘 맞아떨어진다.1010) 융이 쿤달리니를 말하며 차크라 강의를 했다는 것은 기독교인으로서는 결코 수용할 수가 없다! 융의 심리학을 수용하면 융이 행했던 방식을 그대로 따라 하게 된다.

융은 다음과 같이 말했다.

> 심리학 혹은 탄트라 철학의 도움을 받으면, 우리는 자신의 정신 안에서 초개인적인 사건들이 일어나는 것을 관찰할 수 있는 그런 관점을 성취할 수 있습니다.1011)

융에게는 심리학과 탄트라 철학의 구분이 없다. 두 가지 다 정신 에너지를 경험하는 것이기 때문이다. 이것은 기독교인이면서 융의 심리학을 가르친다는 것은 탄트라 철학을 가르치는 것과 다르지 않다는 것을 의미한다.

이부영 교수는 『분석심리학』에서 융의 개성화 특성에 대하여 네 가지로 말했다. 첫째, 개성화는 사람들의 본능의 질곡으로부터 해방시켜 준다. "개성화 과정은 자기(self)를 페르조나가 덧씌워 놓은 잘못된 껍질로부터 벗어나게 해 주고, 무의식으로부터 파생된 이미지들에 당연히 있기 마련인 암시로부터 해방시키는 목표를 가지고 있다."

둘째, 개성화는 아무런 의지의 작용 없이 즉각적으로 생겨나는 인간 정신의 내면적이며 본성적인 과정이다. "모든 사람들이 자기 안에 타고난 삶의 법칙을 가지고 있기 때문에, 그들은 모두 이 법칙을 복종할 수 있으며 자신의 인격, 다시 말해서 전체성에 도달할 수 있다."

셋째, 자아의식은 개성화 과정에서 커다란 역할을 수행한다. 개성화 과정에서 무의식적인 요소가 비록 본격적인 역할을 수행하고 있지만, 그에 못지않게 자아의식 역시 개성화 과정에 중요한 것이다. 그런 까닭에, 융은 "(개성화 과정에서)

1010) Ibid., 66; "다시 말하면 아니마이지요. 맞아요, 아니마가 쿤달리닙니다. 그것이 힌두교에서 초승달을 남성적인 것으로 해석함에도 불구하고 이 두 번째 센터가 여성적이라고 주장하는 이유입니다."
1011) Ibid., 174.

자아가 완전히 소멸되는 것은 아니다. … 자아가 어느 정도 소멸되는 것은 해결할 수 없는 역할 갈등상태에 있을 때, 자아가(자기의) 궁극적이며 절대적인 결정을 따라야 할 때뿐이다." 왜냐하면, 융에게 있어서 개성화 과정이란 무의식의 내용들을 의식에 통합시켜서 의식을 확장시키는 것이기 때문이다. "자아가 의식세계에 닻을 내리고, 적응에 의해서 의식이 강화되는 것은 무엇보다도 중요한 것이다."

넷째, 개성화 과정은 무의식에 대한 체험이다. "심리학적으로 말해서, 이 세상에 있는 그 어떤 것도 체험에 의하지 않고서는 얻을 수 없다." 그런데 모든 무의식적인 요소들에는 감정적인 특성이 있으며, 사람들이 어떤 무의식적인 요소들을 체험할 때, 정서적인 체험이 동시에 일어난다. 개성화 과정에서도 마찬가지다.1012) 이부영 교수가 말하는 이런 내용들은 탄트라 철학과 동일하다는 것이 융의 심리학이다. 결국, 개성화가 무의식의 에너지를 체험하는 것이기 때문이다. 그 에너지를 체험하기 위해 명상을 하고 요가를 하고 적극적 심상법으로 무의식에 뛰어들어 영적인 안내자를 만난다.

머리 스타인은 융이 「의식, 무의식, 개성화」에서 말한 개성화를 다음과 같이 말했다.

> 개성화는 사람이 심리학적 개인, 말하자면 개개의 나뉘지 않은 의식의 통일성, 다른 것과 확연히 구별되는 전체가 되는 과정이라는 것이다. 즉 개성화는 자아의식의 통합과정으로, 그리고 의식과 무의식의 전체 정신계에 이르는 것이라고 설명할 수 있는데, 이것은 융이 전일성이라고 최종적으로 부르고 싶어 했던 것이다. 전일성은 개성화 과정의 목적을 설명하는 핵심 용어이고, 자기 원형의 심리학적 삶 안의 표현이다.1013)

스타인이 말하듯이, 개성화는 의식과 무의식의 통합과정이며 전일성을 향해 나아간다. 그로 인해 인격적이며 정서적인 갈등을 수반한다. 개성화는 단순히 개인과 타자와의 분리라기보다는 개인 무의식과 집단 무의식 사이의 대화이다. 전자는 좁은 의미의 개성화이고 후자는 넓은 의미의 개성화라 했다. 결국, 개성화를 잘 이루기 위해서는 현실에서의 삶보다는 무의식의 영적인 안내자들과 만

1012) 융의 자기 실현(개성화) https://m.blog.naver.com/esesang91/221488726240
1013) 머리 스타인, **융의 영혼의 지도**, 김창한 역 (서울: ㈜문예출판사, 2017), 266.

나서 대화를 해야 하니 삶이 제대로 될 리가 없다.

머리 스타인은 개성화에 대해 다음과 같이 말했다.

> 융은 심리 발달에 대해 논의하고자 개성화라는 말을 사용했다. 그는 개성화란 연합되어 있으면서도 독특한 성격, 개인, 분열되지 않은 통합된 인격이라고 정의 내린다. 개성화는 삶의 전반부에 이상적으로 성취되는 것, 즉 자아와 페르소나의 발달을 넘어서는 것이다. 개성화가 이뤄지면 또 다른 과제가 나타나기 시작한다. 왜냐하면 자아와 페르소나의 이상적 발달은 의식이라는 전체 그림에서 볼 때 처리해야 할 심리적 과제를 제법 남겨 놓기 때문이다. 그림자는 통합되지 않았고, 아니마와 아니무스는 무의식으로 남아 있으며, 자기는 이러한 그림의 배후에서 중요한 역할을 한다 하더라도 직접적으로 포착될 일은 거의 없다. 그런데 여기서 이런 질문이 제기된다. 성격에서 의식과 무의식의 결합을 포함한 넓은 의미의 심리적 통일성을 성취할 수 있는가? 개성화의 임무 수행은 실패할 수 있는가? 사람은 분열되고 통합되지 않으며 내면적으로 다중적인 상태로 노년에 이르고, 피상적이라 하더라도 여전히 사회적으로나 집단적으로 성공적인 삶을 영위할 수도 있다. 의식 수준에서 깊은 내면적 통일성deep inner unity은 의심할 바 없이 매우 강한 선천적 충동을 갖췄다 해도 사실 성취하는 경우가 드물다. 여기서 융이 의미하는 개성화의 추동이란 1차적으로 생물학적인 것이 아니라 오히려 심리학적인 것이다.[1014]

스타인에 의하면 개성화란 "분열되지 않은 통합된 인격"이다. 그 통합을 성취하기 위해 의식과 무의식이 내면적으로 통합되어야 한다. 문제는 무엇인가? 그 통합을 이루기 위해 자아가 스스로 노력한다고 되는 일이 아니라 "도움을 줄 천사가 필요하다"는 것이다.[1015] 그 천사란 영적인 안내자이다. 영적인 안내자를 만나는 것은 접신이다.

머리 스타인은 개성화에 대해 다음과 같이 말했다.

> 모든 사람은 동일한 원형과 본능을 갖는다. 우리는 개인적 독특성을 성격의 다른 면에서 찾아보아야 한다. 《심리유형》과 《분석심리학의 두 에세이》에서 융은 개인의 진정성이 발견되는 것은 개성화(individuation) 과정을 통해서라고 보았는데, 이 과정은 개인이 의식화하려는 고투에서 얻는 산물이다. 개성화는 상당 기간에 걸쳐 정신이 갖는 역설에 개인이 의식적으로 관여하면서 피어나는 꽃이다.[1016]

스타인에 의하면, 결국 개인의 독특성은 자기 수양의 결과라는 의미이다. 개

1014) Ibid., 249.
1015) Ibid., 252.
1016) Ibid., 132.

성화는 정신의 자기 조절 기능이다. '얼마나 자기 조절을 잘 하느냐?'에 개성화의 승패가 달려 있으니 과연 누가 개성화를 이룰 수 있을까? 융의 체계에서는 윤회의 개념이 도입되지 않을 수 없다.

융은 「정신 본질에 관하여」에서 개성화를 말했다. 융은 프로이트의 자유연상 기법을 사용하기보다는 환자들이 더 자유로이 상상력을 펼치도록 하고 환자들이 환상 자료를 잘 다듬도록 했다.

> 나중에야 나는 이 방법을 통해 무의식 과정이 자발적으로 드러나고 있음을 알게 되었다. 이 무의식 과정의 자발적 현시(顯示)는 단순히 환자의 기술적 도움을 받으면 되는 것이었다. 나는 나중에 이것을 '개성화 과정'이라고 불렀다.[1017]

융이 말하는 개성화 과정이란 무의식의 자발적 현시를 알아차리는 것이다. 인간이 의식적으로 접근해 갈지라도 알고 보면 무의식이 스스로 나타나는 것을 알아 가는 것이 개성화더라는 것이다. 융의 체계는 무의식의 종노릇하는 체계이다. 이런 체계를 기독교 상담학이라는 이름으로 가르칠 수 있는가?

김성민 교수는 다음과 같이 말했다.

> 그의 심리학은 단순히 인간 정신의 분석 자체에만 그 목적이 있는 것이 아니라 인간 정신의 전체적인 조화를 추구하고 있다. 전일성 속에서 존재의 조화를 이루는 것, 즉 의식과 무의식이 통합된 충만함 속에서 존재가 조화를 이루는 것을 융은 자기(the self)라고 불렀다. … 분석의 모든 목적들이 "자기"를 실현시키기 위한 과정이라는 점에서 일치한다 … "자기"는 모든 것을 함유(含有)하고 있는 것으로서, 분석을 뛰어넘고 있다. 즉 "자기"는 모든 분석의 종점이다. 다시 말해서, "자기"는 그 자체로서나 인간관계에 있어서는 물론 우주나 영적인 측면에 있어서도 존재의 완전성을 실현시킨 것이다.[1018]
> 인간의 내면에는 인간 정신의 중심이 있는데, 이 중심은 의식을 뛰어넘으며, 인간의 전일성을 나타내는 것이라고 융은 주장하였다. 그에 의하면, 이 중심은 자아보다 더 높은 차원의 정신요소이다. 왜냐하면 이 중심은 자아보다 더 중요한 역할을 하고 있으며, 사람들의 내면에서 내적인 지도 요인으로 작용하기 때문이다. 융은 이 중심을 가리켜서 자기(the self)라고 불렀다. 자아가 의식의 중심인데 반해서, 자기는 정신 전체의 중심이다. "자기는 자아가 아니다. 자기는 자아 위에서 의식과 무의식을 아우르고 있는 정신의 전체성을 나타낸다." 융은 인간 정신의 모든 흐름들은 이 중심을 향해서 나아간다고 주장하였다. 그런 의미에서 자기는 사람들에게 "감추어져 있는 본성"이며, 인간의 가장 깊은 곳에 있는 "신적인

1017) Ibid., 138-139.
1018) 에르나 반 드 빙켈, **융의 심리학과 기독교 영성**, 김성민 역 (서울: 한국심리치료연구소, 2010), 20-21.

본성"인 것이다. "무의식에는 신적인 인간이 있는데, 그것은 인간이 아닌 모습으로 인간 정신의 깊은 곳에 유폐되어 있고, 감추어져 있으며, 잘 보호되어 있으면서, 추상적인 상징으로 나타난다." 그런 의미에서 자기는 의식의 기반이 되며, 의식이 궁극적으로 추구해 가는 목표가 된다. 그래서 융은 "결국, 인간의 삶은 이 전체성, 즉 자기의 실현인 것이다."라고 강조하였다.1019)

위의 글에서 말하듯이, '자기'는 일반적으로 생각하는 자아가 아니다. 융은 집단 무의식을 순순한 의미에서의 무의식으로 간주하는데, 그것은 원형들로 이루어지고 제원형들을 대표하는 것을 자기라고 한다. 그것은 정신의 본질, 곧 '신성한 자기'를 말한다. 그렇기 때문에 자기는 하나님 이미지로 나타난다. 정신의 모든 요소는 자기에게 종속된다. 그 자기가 신성하기 때문에 인간의 삶은 그 자기의 신성을 체험하면서 신성화되어 가는 것이다.

융의 하느님은 심리학적인 하느님이기 때문에 어느 종교에서나 그 표현 방법만 다를 뿐이지 모든 종교에 신성한 자기가 나타난다고 본다. 그것은 시대와 장소를 초월해서 보편적으로 제시되었다. 융은 "내가 산을 말할 때 이것은 심리적인 상(像)입니다"(Gestaltungen, 234)라고 말했다.1020)

그것이 하느님이 될 수도 있고, 예수 그리스도로 혹은 붓다라는 이미지로, 그리스인들은 내면적인 '다이몬'으로, 이집트인들은 '바'(Ba), 로마인들은 각 개인이 타고나는 '수호신' 등등 그 형식만 다를 뿐이지 보편적으로 나타나고 경험되어진다고 말한다.

또한, 자기의 어두운 측면은 사탄이나 마귀, 뱀 등으로 나타난다. 이것은 융이 말하는 대극의 쌍, 곧 자기의 밝은 측면과 어두운 측면을 나타내는 상징적인 이미지이다.1021)

1019) 김성민, **융의 심리학과 종교** (서울: 동명사, 2010), 219-220.

1020) 이부영, **자기와 자기실현** (파주: 한길사, 2010), 82.

1021) Bruce W. Scotten, Allan B. Chinen, John R. Battista 공편, **자아초월 심리학과 정신의학**, 김명권·박성현·권경희·김준형·백지연·이재갑·주혜명·홍혜경 공역 (서울: 학지사, 2008), 58-59; 융은 연금술과 관련된 많은 저술을 읽었으며, 그로부터 분석을 하는데 특별히 중요하다고 생각되는 원형에 관한 정보를 찾아내었다. 예를 들면, 그는 남성과 여성이 결합하는 원리를 보여주는 연금술의 상(像)을 탐색하여, 자웅동체 연접(hermaphroditic syzygy), 즉 대극의 융합을 이해하고자 하였다. 융은 연금술의 이러한 상이, 인생 후반부에 성공적인 발달이 이루어지면 나타나는 아니마와 아니무스의 융합을 설명하는 것으로 생각하였다.

그런 까닭에, 융이 말하는 식으로 대극의 차원으로 가면 사탄과 악, 죄의 문제는 그 자체로 존재하기 때문에 결단코 기독교와는 함께 할 수가 없다. 융의 심리학을 기독교 안에서 수용할 수 있다고 말하는 사람이 있다면 그 사람이 믿는 하나님은 자기의 상징인 하느님 이미지이며 결국은 자기(self)를 믿는 자이다.

'자기'는 그리스도나 붓다를 가리키는 것이 아니고 그에 상응하는 형상들의 총체를 가리키는 말이기 때문에 그러한 형상들 하나하나가 자기의 상징이다. 그런 까닭에 사람에 따라서 그리스도를 선택할 수도 있고 붓다를 선택할 수도 있다. 융은 그것을 객관성이라고 말하며 그런 객관성으로 인해 화를 내는 사람은 객관성 없이 과학이 가능한지 생각해 보라고 말했다. 융은 심리학을 아주 고상한 차원으로 말하고 기독교가 그리스도만을 말하는 것은 아주 수준 낮은 종교라고 무시했다. 그러면서도 관용을 부탁하니 무엇을 위한 관용이 되겠는가?1022) 그것은 예수 그리스도의 유일성을 포기하는 것이다!

그러면서도 이 자기(self)는 초월적인 특성이 있다고 말한다. 의식과 무의식, 밝은 것과 어두운 것, 남성적인 것과 여성적인 것, 이런 대극적인 요소들을 모두 포함하고 있는 것이 자기이면서도 자기는 이 모든 것들을 다 초월해 있다. 그래서 자기는 이 대극의 쌍을 조정하고 화해하는 초월적 특성을 가진 존재(?)이다. 그래서 자기는 '신성한' 것이다. 융은 이런 자기(self)1023)를 '우리 안에 있는 하느님'이라고 한다. 융의 하느님은 4위 일체의 하느님으로 그 속에는 사탄도 포함된다!1024) 김성민 교수는 다음과 같이 말했다.

1022) C.G. 융, **꿈에 나타난 개성화 과정의 상징**, 한국융연구원 C.G. 융 저작 번역위원회(서울: 솔출판사, 2006), 29; "과학이 어느 정도의 배타성을 갖고 그 대상에 집중하는 것은 당연한 일일뿐 아니라 또한 과학의 절대적인 존재 이유이기도 하다. 자기의 개념은 심리학의 핵심적 관심사이기 때문에 심리학이 신학과는 상반된 방향으로 사고하는 것은 당연하다. 즉, 심리학에서는 자기가 종교적 형상을 가리키는데, 그와 반대로 신학에서는 신학 고유의 핵심적 표상(表象)을 가리킨다. 그와 반대로 심리학적인 자기는 신학 쪽에서는 당연히 그리스도의 '비유'로 이해될 수 있을 것이다. 그러한 대립은 분명 사람들을 당황스럽게 한다. 하지만 심리학의 생존권 자체를 완전히 빼앗아 버리지 않는 한 유감스럽게도 그러한 일은 피할 수 없다. 그러므로 관용을 가져다 줄 것을 부탁한다. 과학으로서 심리학은 어떠한 강압적 권리를 요구하지 않기 때문에 심리학에서 그것은 어려운 일이 아니다."

1023) C.G. 융, **융 기본 저작집3 인격과 전이**, 한국융연구원 C.G. 융 저작번역위원회 (서울: 솔출판사, 2007), 28; "나는 이 중심을 자기(das Selbst)라고 불렀다. 지적인 면에서 자기는 하나의 심리학적인 개념에 지나지 않는다. 그것은 우리가 이것이라고 포착할 수 없는 인식 불가능한 본체를 표현하게 될 하나의 구조이다. 이 구조는 벌써 그 정의로 미루어 알 수 있듯이 우리의 이해 능력을 넘어 서는 것이다. 그것은 '우리 안에 있는 하느님'이라고도 말할 수 있을 것이다. … "

융은 인간의 내면에서 모든 것들을 조정하는 것은 정신 전체의 중심인 자기(self)이다. 자기는 사람들에게 의식과 무의식, 개인적인 삶과 집단적인 삶 지금 여기서의 삶과 생명의 근원과 관계되는 삶 사이를 이어주고 있는 그 사이에서 조화를 이루며 살도록 작용한다. 사람들이 현실에 적응할 뿐만 아니라 생명의 참된 본질과 의미를 깨닫고 살도록 인도하는 것이다. 자기에는 강력한 에너지가 담겨 있기 때문에 그것이 작용할 때 강력한 정동에 사로잡힌다. 사람들은 자기의 투사상 앞에서 두려움과 떨림에 사로잡히고 그것을 체험하기 전과 다른 삶을 살게 된다. 융은 종교에서 말했던 신은 자기의 투사상이라고 주장하였다. 사람들은 절대 타자인 하나님에 대해서 알 수 없고 사람들이 하나님(God)이라고 말하는 것은 하나님의 본체가 아니라 인간의 내면에 있는 가장 강력하고 가장 탁월하며 가장 의미 있는 요소인 자기 투사상이라고 주장하였다. 자기는 "사람들이 말하는 하나님(image of God) 또는 우리 안에-있는-하나님"(God-within-us)이 된다. 사람들은 하나님 자체를 알지 못하기 때문에 그의 내면에 있는 자기 원형을 통하여 하나님을 이해하고 하나님과 관계를 맺는다는 것이다. 융이 하나님 자체와 사람들이 하나님이라고 말하는 것을 구분했다. 융은 하나님 자체를 투사상이라고 한 것이 아니라 사람들이 하나님이라고 부르는 형상을 투사상이라고 했다.1025)

1024) C.G. 융, **상징과 리비도**, 한국융연구원 C.G. 융저작 번역위원회 역 (서울: 솔출판사, 2005), 47; 융의 이런 관점은 니체에게서도 영향을 받았다. 그는 니체의 다음과 같은 말을 인용한다. "… 잠을 자고 꿈을 꾸면서 우리는 초기 인류의 과제를 다시 한번 수행한다." "인간이 지금도 여전히 꿈속에 갇혀 있듯이, 인류는 수천 년 동안 각성 상태에서도 계속 무언가에 갇혀 있었다는 말이다. 즉, 해명이 필요한 어떤 것을 설명하는 데에는, 정신 속에 떠오른 첫 번째 사유(事由, causa)로 충분했고 그것이 진리로 통했다 … 인류의 이러한 고태적인 면은 우리의 내부에서 계속 작용한다. 그것은 이성의 고차원적인 발전에, 또한 그것이 개개 인간의 내부에서 계속 발전하는 데에 토대가 되기 때문이다. …"

C.G. 융, **C.G. 융 무의식 분석**, 설영환 역 (서울: 선영사, 2005), 48-49; "니체의 경우 우리들을 다음과 같은 문제 앞으로 데리고 가는데, 즉 그림자와의 충돌이 니체에게 계시한 것, 즉 권력에의 의지는 대수롭지 않은 일종의 억압증상으로서 이해될 수 있을 것인가? 권력의지는 본래 무엇인가? 또는 단순히 부차적인 것인가? 만약에 그림자와의 갈등이 성욕적 공상을 한껏 방출한 것이었다면 사태는 지극히 명료했을 것이다. 그러나 그렇게 되지는 않았다. 막대한 정체는 에로스가 아니었다. 자아의 권력이었다. … 확실히 권력의지는 에로스와 마찬가지로 위대한 데몬이며, 오래된 것이고 본원적인 것이다. … 니체는 이 다른 근본충동을 간과하고 있었으며, 프로이트는 이 다른 근본충동 위에 그 심리학을 쌓았던 것이다. 프로이트도 이와 같은 다른 근본충동, 즉 권력충동에 대해 알아차리지 못했던 것은 아니다. 프로이트의 소위 '자아충동'이라는 것이 그것이다. …"

1025) 김성민, "융의 심리학과 영성" 영성목회 21세기, Mar. 21. 2007. Accessed Apr. 24. 2019.
http://blog.naver.com/yehyangwon?Redirect=Log&logNo=50015526282; "기독교 영성에서 정화에 초점을 맞추어 영성 수련을 하는 것처럼 분석심리학에서도 자아 중심성을 극복하기 위해서 자신이 인격에 어두운 부분을 동화시키고 내면에 있는 신적인 중심과 밀접한 관계를 맺으려고 무의식에 대한 탐구를 하는 것이다. 두 과정에서 사람들을 궁극적인 경지로 이끌어 주는 것은 하나님이나 내면에 있는 신적인 중심이다. 사람들이 그의 삶에는 일상적이고 세속적인 차원과 다른 차원의 삶이 있으며 그 신적 중심이 우리 삶 전체를 이끌어 간다는 사실을 깨닫고 그 중심과 하나가 되려고 하는 것이다. 기독교 영성가들은 눈에 보이는 세계 이외에 다른 의미 세계가 있음을 보여 주었고 분석심리학에서도 정신의 분석을 통하여 그런 차원과 그런 세계의 실재를 보여 주고 있다. … 영성 과정이란 사람들이 하나님을 만나고 하나님과 하나가 되어 살려는 과정이며 사람들이 하나님을 만나서 그들의 내면에 있는 하나님의 형상이 하나님의 빛으로 조명되어 더 분명하게 드러나 그의 존재 자체를 지배하는 과정이 융 심리학에서 인간의 내면에 신성이 있으며, 종교에서 말하는 신은 자기가 투사된 것이다. 자기가 투사된 것이 사람들이 말하는 하나님이거나 "우리 안에- 있는-하느님"이다.

핵심을 말하자면, 하나님은 원형적인 상징 가운데 하나이며, 자기(self)는 인간 속에 내재하는 신성(神性)이다. 우주의 본질과 같은 본질을 인간도 소유하고 있는 것이다. 그들이 말하는 우주는 인간의 시야에 보이는 저 우주 공간을 말하는 것이 아니다. 그것은 힌두교1026)에서 말하는 브라만과 아트만을 뜻한다.1027) 그것은 인간의 내면에 신성이 존재한다는 것이다.1028) 그런 까닭에, 융은 마이스터 에크하르트(Meister Eckhart, 1260-1327)를 매우 좋아했다.

융은 지금까지 인간의 무의식이 만들어 낸 수많은 상징 가운데 가장 좋은 상징은 만다라와 그리스도라고 말했다. 만다라나 그리스도 상징은 신적인 본성이나 천상적인 것의 본성인 전체성을 보여주는 것에 지나지 않는다. 신화나 전설 속에 나오는 영웅들이나 신들은 다만 인간의 무의식 속에 있는 자기를 나타내는

라고 말할 수 있다. 영성가들은 그들의 내면에 있는 하나님과 다른 부정적인 속성들을 정화시키려고 하였다. 융은 인간의 삶에는 의식의 질서와 다른 차원의 질서로 이루어진 세계가 있으며 그 세계는 일정한 원리를 따라서 하나의 목표를 향해 나아간다는 사실을 알고 있었다. 그는 그 차원은 수많은 종교 상징들을 통하여 나타났고 현대인들에게도 꿈의 상징들을 통해서 나타난다고 강조하였다."

1026) Don McGowan, *What is wrong with Jung* (New York: Prometheus Books, 1994), 23. "That is, serious scholars of Hinduism do no accept Jung's theories as entirely correct. While they do see him as having something to say about the nature of religion, they do not see him as making the definitive statement. This is important to consider in the context of our investigation, because Jung definitely saw himself as making the definitive statement. He did not propose that he had discovered an idea about Hinduism, but that he ha discovered the idea underlying Hinduism."

1027) 위키피디아 사전에서; 아트만(Ātman)은 힌두교의 기본 교의 중의 하나이다. 힌두교의 또 다른 기본 교의인 브라만이 중성적(中性的) 원리라면 아트만은 인격적 원리라 할 수 있다. 힌두교에서 생명은 숨과 같은 의미로 쓰였으며 아트만의 원래 뜻은 숨쉰다는 뜻이다. 한국어에서 생명을 목숨으로 표현하는 것과 유사하다. 숨 쉬는 생명인 아트만은 '나'를 말하며, 따라서 한자로는 아(我)로 표기된다. 힌두교에서는 개인에 내재(內在) 하는 원리인 아트만을 상정(想定)하고, 우주의 궁극적 근원으로 브라만을 설정하여 이 두 원리는 동일한 것(범아일여, 梵我一如)이라고 파악한다. C.G. 융, **융 기본 저작집4 인간의 상과 신의 상**, 한국융연구원 C.G. 융 저작번역위원회 (서울: 솔출판사, 2006), 146. "경험론자로서 나는 최소한 동양 사람이나 서양 사람이 아트만, '자기', 즉 보다 높은 전체성의 체험을 통해서 마야나 대극의 희롱으로부터 빠져나오고 있다는 사실을 확인하는 일입니다."

1028) C.G. 융, **꿈에 나타난 개성화 과정의 상징**, 한국융연구원 C.G. 융 저작 번역위원회 역 (서울: 솔출판사, 2006), 16; "모든 지고함과 심오함이 (초월적) 주체에 내재되어 있다. 그로써 '아트만'(Ātman), 즉 자기(Selbst)의 의미는 측량할 수 없을 정도로 고양된다."

것에 불과하다.1029) 융은 자기의 상징 가운데서 만다라 상징이 사람들이 가장 많이 접할 수 있고, 가장 중요한 이미지라고 주장하였다. 왜냐하면, 사람들이 꿈이나 비전속에서 이 상징을 보고 종교체험이라고 할 수 있는 체험들을 하기 때문이다.1030) 그래서 융은 적그리스도다! 기독교 신앙의 관점에서 그리스도를 자기의 원형이 나타난 것이라는 융의 심리학은 결코 용납할 수 없다.

융 심리학으로는, 그리스도나 일반적인 사람이나 다 그 안에 신성이 있으며 그리스도는 인간 안에 있는 '신성한 속사람' 혹은 '신성한 내면아이'가 개성화의 과정을 행해 나아가는 하나의 본보기일 뿐이다.1031) 자기를 인식하기 위해서는 꿈이나 환상에 나타난 이미지를 분석하는 것이다. 그러니 거기에는 하나님의 말씀이 중요하지 않고 자아의 분석 능력이 앞서고 신비주의가 장악하게 된다.

융의 분석심리학의 핵심인 개성화는 다음과 같은 말 속에 잘 드러나 있다.

> '개성화' 또는 '자기실현'은 융 학설의 핵심이다. 무의식은 의식에서 억압된 것만으로 이루어진 것이 아니고 그 자체로 존재하며 자율적으로 정신기능을 조정하여 전체가 되도록 한다는 학설이다. 인간 심성의 중심에 그러한 조절자가 있으며 인간은 누구나 의식의 표층에서 살지 않고 의식과 무의식을 포괄하는 전체 정신을 실현함으로써 전체 인격의 중심에 도달하고자 하는 성향을 가지고 있다. 그러한 성향은 후천적으로 만들어진 것이기보다 선험적으로 무의식에 내재하고 있다.1032)

1029) 이부영, **자기와 자기실현** (서울: 한길사, 2010), 82; "1948년 융은 게브하르트 프라이(Gebhart Frey) 교수에게 말하기를, 자연과학적·인식론적 비판으로 훈련된 사고와 신학적·형이상학적 사고의 충돌이 자기와 신을 말하는 데 큰 어려움을 준다고 하였다. 그리고서 다음과 같이 덧붙였다. "'자기'에 대해서 나는 그것이 신과 대등한 것이라고 말할 수 있겠습니다. 신학의 정신으로는 그런 말을 절대로 흥분할 만한 일입니다. 왜냐하면 그렇게 말함으로써 아마 '신의 대치물'이 생겼다고 생각하기 때문이겠지요. 그러나 신을 대치한다는 그런 견해는 심리학적 관점으로는 너무도 황당해서 그런 바보 같은 짓을 누가 하리라고 믿을지 주저됩니다. 내가 하는 말은 사실 다음과 같은 뜻입니다. 내가 신을 말할 때 이것은 심리적인 상(像, Bild)입니다. 자기도 마찬가지로 인간의 초월적이며 기술할 수도 파악할 수도 없는 전체성의 정신적인 상입니다. 두 개의 유형은 경험적으로 비슷하거나 동일한 상징에 의해 표현되고 있습니다. 그래서 그들은 서로 구별할 수 없는 것입니다. 심리학은 오직 경험할 수 있는 상들만을 다룹니다. 그 상들의 소질과 생물학적 형태를 비교방법으로 탐구하는 것입니다." 그러나 그의 이런 말들은 단순히 사고의 충돌이 아니라 실제적으로 반기독교적인 성향을 내포하고 있다."
1030) 김성민, **융의 심리학과 종교** (서울: 동명사, 2010), 292.
1031) 웨인 G. 로린즈, **융과 성서**, 이봉우 역 (서울: 분도출판사, 2011), 131; 〈예수 그리스도는 기다리고 있는 "영혼"에게 그것이 언제나 동경하고 있던 자기의 이미지를 제공함으로써 이러한 각성과 계발의 계기를 만든다고 융은 주장한다. 융의 말로 하면 "그리스도는 자기원형의 예증이다."〉
1032) C.G. 융, **꿈에 나타난 개성화 과정의 상징**, 한국융연구원 C.G. 융 저작 번역위원회 역 (서울: 솔출판사, 2006), 5.

융은 분석심리학의 핵심이 개성화라고 분명하게 말했으며, 신성한 내면아이인 자기를 삶에 실현시키는 것이 개성화이다. 의아스럽겠지만, 그 개성화는 연금술과 매우 관련성이 깊다. 개성화는 인간 속에 자아실현을 향한 선천적인 경향성이 존재하는 어떤 요소가 있다고 보기 때문에 기독교 인간관과는 정면으로 충돌한다.

융의 개성화는 무의식의 전체성이 자아의 전체성으로 변화되는 것을 말한다. 모든 사람에게는 그 자신만의 독특성이 있는데, 자기 자신만의 독특한 방법을 통해서 실현해야 한다. 자기는 자동성을 지니고 있어서 자신에게 주어진 전체성을 이루려고 한다는 것이다.1033)

일반적으로 개성화는 '자기실현'으로 이해하며, 의식적 측면과 무의식적 측면의 통합, 곧 자아(ego) 중심의 심리가 더 큰 자기(self)로 나아가는 것을 말한다.1034) 여기에 언급되는 전체성의 개념을 알고 넘어가는 것이 중요한데,1035) 이것은 융이 영지주의에서 빌려온 개념이다. 영지주의의 영향으로, 융은 인간의 정신 속에 신의 불꽃 곧 신성한 내면아이가 전체성의 상태로 되돌아가도록 하는 것이 인간의 목표라고 보았다. 융이 추구하는 인간은 "온전한 인간"(homo totus)이다.1036)

1033) 융은, "대부분의 경우에 있어서 놀랄 만한 작용을 하는 것은 원형적인 본성을 지니고 있는 내용들이다. 때때로 영혼의 자동성은 사람들에게 내면적인 음성을 듣게 하거나 환상적인 이미지를 보게 한다."고 말했다. 그리고 "암시나 모방에 의한 것이 아닌 종교적인 회심들은 대부분의 경우 내면적인 자동성 때문에 생긴 것이다. …" 이런 말들이 내포하는 의미는 무엇인가? 그것은 인간 내면의 성향으로 인하여 외부의 도움이 없이도 스스로 회심에 이를 수 있다는 것이다. 이것은 성경이 거듭남에 대하여 말하는 것과 완전히 반대되는 것이다. 인간이 스스로 구원에 이를 수 있다면 예수 그리스도의 십자가는 무용지물이 되고 만다.
1034) 스티븐 휠러, **이것이 영지주의다**, 이재길 역 (서울: 산티, 2006), 67.
1035) 정신의 전체성이란 전체로서 존재하는 인간 그 자체를 뜻한다. 정신의 전체성은 서양에서는 융의 분석심리학이 동양에서는 선불교가 특히 강조하고 있다.
1036) http://www.trans4mind.com/mind-development/jung.html/ 융의 개성화를 이해하기 위하여 융의 인간 발단계를 참고하라. Jung's Stages of Development – Jung who foresaw the development of the human mind reaching a crescendo in the late middle age, when many chances in life have been taken or ignored and the person starts to wonder if their life is truly what it should have been. Here are the four Jungian Stages of Development: 1. Childhood – The 'archaic stage' of infancy has sporadic consciousness; then during the 'monarchic stage' of the small child there is the beginning of logical and abstract thinking, and the ego starts to develop. 2. Youth & Early Years – From puberty until 35-40 there is maturing sexuality, growing consciousness, and then a realization that the carefree days of childhood are gone forever. People

융은 개성화를 통해 새롭게 태어나는 자기를 영적인 아이라고 말했다. 융은 자신의 내면 깊숙이 숨어 있는 자기에 대한 각성을 통해서 사람들은 영적으로 다시 태어난다고 말했다. 자신의 내면에 있는 집단 무의식 속에서 모든 것들을 통합시킴으로 이제 자기를 따라 사는 자신의 본래성을 되찾게 되는 것이다. 그 것이 자기가 되는 것이다. 그러므로 개성화란 내면의 정신적인 요소들을 각성시 키고 집단 무의식 속에 있는 '우리 안에 있는 하느님'을 만나며 자아와 무의식을 통합하는 과정이다.

이것이 얼마나 비성경적인 논리인지 뻔히 보이는 일이다. 융의 내면아이, 곧 영적인 아이는 생래적으로 부여받은 그 신성한 내면아이를 말하면서 또한 집단 무의식을 통합시킨 위대한 자기다. 이런 신성한 내면아이 이론은 예수 그리스도 의 십자가로 말미암는 하나님의 구원이 필요 없는 영지주의적 구원론에 기초한 적그리스도적 사고방식이다. 우리 안에 있는 하느님을 만나며, 개성화된 사람이 신화적인 삶을 산다고 하는 것은 에로스적인 신성화를 의미한다.[1037]

융은 내재하는 하느님을 체험해야 한다고 말했다. 내면의 하느님, 곧 '우리- 안에 있는-하느님'을 깨달을 때 진정한 종교체험을 할 수 있다고 말했다.[1038]

---

strive to gain independence, find a mate, and raise a family. 3. Middle Life - The realization that you will not live forever creates tension. If you desperately try to cling to your youth, you will fail in the process of self-realization. At this stage, you experience what Jung calls a 'metanoia' (change of mind) and there is a tendency to more introverted and philosophical thinking. People often become religious during this period or acquire a personal philosophy of life. 4. Old Age - Consciousness is reduced in the last years, at the same time there is there acquisition of wisdom. Jung thought that death is the ultimate goal of life. By realizing this, people will not face death with fear but with the feeling of a "job well done" and perhaps the hope for rebirth. 융의 4단계 발단이론은 Harry Moody의 5단계(The Five Stages of the Soul), 에릭슨의 8단계로 확 장되었다.

1037) Ibid., 277; 융은 힌두교에서 신적인 존재를 나타내는 브라만(Brahman)도 하나의 상태일 뿐만 아니라, 영 원히 발달되기를 기다리는 과정을 나타내는 것이라고 주장하였다. 이런 생각에서 융은 마이스터 에크하르트의 주장을 인용하면서, 신(神)은 완성된 어떤 존재가 아니라 완성되어 가는 존재라고 주장하였다. 그래서 융은 "우 리-안에 있는-하나님"으로부터 비롯된 개성화 과정 역시 어떤 지점에서 완료되는 것이 아니라, 끊임없이 계속되 는 과정이라고 생각하였다: "인간 정신의 이 작용은 … 다른 모든 과정과 마찬가지로 계속적으로 창조되어 가는 행위인 것이다." 융은 인간의 정신 속에는 발달하고자 하는 계속적인 성향이 있다고 생각했던 것이다. 융에게 있 어서 자기가 된다는 것은 이런 과정 속에 있는 신이 되어 가는 것을 의미한다.

1038) C.G. 융, **융 기본 저작집4 인간의 상과 신의 상**, 한국융연구원 C.G. 융 저작번역위원회 (서울: 솔출판사, 2006), 145-146; 융은 다음과 같은 말로 비난의 화살을 피해 가려고 한다. "만일에 사람들이 내가 이렇게 말함 으로써 '내재적인 신', 그러니까 '신(神) 대치물'을 만들어냈다고 나를 비난한다면 그것은 오해입니다. 나는 경험

종교체험은 상징을 통해 이루어진다. 융은 인간의 영혼은 "무의식적인 원형을 그 기반으로 가지고 있으며, 의식에 의해서 그 형상이 표출되는 상징을 만들어 낸다"고 말했다.[1039] 그런 까닭에, 융은 다음과 같이 말했다.

> … 그리스도의 '모방' 즉 그의 본을 따르고 닮아 가라는 요구는 고유한 내적 인간의 발전과 고양을 목적으로 해야 한다. 그러나 그것은 피상적이고 기계적인 상투성에 빠져드는 신자들에 의해 외적인 예배 대상이 되어 버렸다. 바로 그런 식의 숭배 때문에 예배의 대상은, 심혼 깊은 곳을 파고들어 심혼을 본보기에 부응하는 전체성으로 거듭나게 하는 데 실패한다. 그로써 신적인 중재자는 외부의 상(像)으로 존재하고, 인간은 깊은 본성이 변화되지 않은 채 조각난 존재로 남아 있는 것이다. 정말이지 모방하는 자가 본보기 가까이 다가가 그 의미를 반드시 따르지는 않더라도 성흔인각(聖痕印刻)까지는 그리스도의 모방이 이루어질 수 있다. 그런데 인간을 변화시키지 못하는, 한낱 인공물에 지나지 않는 그러한 단순한 모방이 중요한 것이 아니다. 중요한 것은 개인이 삶의 영역에서 자기의 고유한 방법으로-신의 용인 아래(Deo concedente)-본보기를 실현시켜 가는 것이다.…[1040]

융은 그리스도를 숭배의 대상으로 삼지 말고 인간 안에 있는 신성을 고양하고 발전시켜 가라고 한다. 그리스도는 그런 일에 본보기라고 말하니 퀘이커교도가 하는 말이나 다를 바가 없다.

자아가 깨닫고 자아가 체험하여 자기실현이 이루어지는 과정은 아무나 할 수 없는 것이다. 남다른 능력이 있는 사람이라야 되는 일이요 소위 엘리트만이 갈 수 있는 길이다. 그것을 못 해내는 사람들은 어떤 사람으로 규정되겠는가? 모두가 신경증 환자들로 전락하고 만다. 정신과 의사는 그 환자들을 그의 손끝 하나로 환자 진단을 내릴 수 있는 막강한 권한을 부여받게 되었다. 세상의 권력과 정신과 의사의 그 권한이 합쳐지는 날에는 가히 상상을 초월하게 된다.

그런 것은 항상 인본주의 사고방식의 전철을 그대로 답습하는 오래된 지적체계요 신념이다. 결국, 헛발질만 하다가 자멸하게 되는 뻔한 길이요 허탈감에 자

론자이며, 경험론자로서 의식을 넘어선 전체성이 존재한다는 것을 경험적으로 증명할 수 있습니다. … 내가 신(神)의 대치물을 만들어냈다는 오해는 내가 신을 믿지 않는 비종교적인 인간이어서 그런 사람에게는 오직 신앙에의 길을 가리켜 주어야 한다는 가정에서 연유되는 것입니다." 융이 이런 말을 할 때는, '넘지 못할 선을 넘고 있구나' 하고 생각하는 것이 좋다. 그 넘지 못할 선이라는 것은 인간이 신의 영역으로 침범해서 존재론적으로 신성화로 가는 것을 말한다.

1039) 김성민, **융의 심리학과 종교** (서울: 동명사, 2010), 291.
1040) C.G. 융, **꿈에 나타난 개성화 과정의 상징**, 한국융연구원 C.G. 융 저작 번역위원회 역 (서울: 솔출판사, 2006), 14-15.

멸하는 계몽주의의 쓰레기요 신비주의의 무덤이다. 왜 그렇게 되는가? 그 허탈감을 채우기 위해 신비주의에 빠지게 되고 신(神)이 되기 위해 죽기 아니면 살기로 달려들기 때문이다. 이것은 다만 나의 개인적인 상상력에서 나온 것이 아니다. 융은 무엇이라고 말했을까?

> 내면적인 통합을 이루는 것은 개인적이거나 이기적인 것이 결코 아니다. 오히려, 그 영역에 있는 어떤 최고의 실재를 실현하는 것이다. 왜냐하면 자기란 그의 자아와 초개인적인 무의식을 통합하는 것이기 때문이다. … 개성화에 이르는 길은 우리 내면 가장 깊은 곳에 자리 잡고 있으며, 다른 어떤 것으로도 환원시킬 수 없는 개성에 도달하는 것, 즉 진정으로 자기 자신으로 되는 것이다. … 그것은 다른 어느 것과도 비교할 수 없고, 가장 그다운 자기를 실현하는 것이다. 우리는 개성화라는 말을 '자기 자신이 되는 것', '자신의 내면에 있는 자기를 실현시키는 것'이라고 바꿔 쓸 수도 있는 것이다.[1041]

이 신성한 내면아이의 자동성 개념은 사실 다른 어떤 것보다도 매우 중요한 개념이다. 수동성이 아닌 자동성이라고 하면 그 안에 전체성을 달성하려고 하는 의지와 능력과 목표를 소유하고 있다는 말인데, 그런 것들을 소유하고 있다는 것은 결국 인간이 신성으로 가는 지향성을 내재하고 있다는 것이다.

개성화는 자아의 노력으로 이루어지는 것이 아니라 무의식적인 자기의 요청으로 생기는 과정으로 본다. 물론 거기에는 자아의 노력이 필요하지만, 자기 속에 있는 내적인 어떤 원리와 법칙에 의하여 전체성을 향하여 움직여지게 되어 있다는 것을 말한다.

자기가 자동성을 가지고 있다는 것은 자기가 신성을 소유한 개념이고 인간이 개성화를 통해서 자기 개성적인 삶을 살아간다는 것은 신성화를 이루어 간다는 의미이다. 이것은 융이 다만, 신경증이 정신적인 치료만이 아니라 영적인 측면에서도 이루어져야 한다고 강조하는 것과 결코 무관하지 않다. 융이 무의식적인 요소와 의식의 통합을 통한 구원을 강조하는 것도 역시 같은 맥락이다.

융은 다음과 같이 말했다.

> "그는 모든 것을 포기하고, 그의 내면에 있는 어떤 영원한 이미지가 가진 능력에 모든 것을 맡겨야 한다. … 그 힘은 그를 이끌고, 그를 정복하며, 그를 매혹시키고 굴복시킨다. 그것은 계시처럼 원초적인 것으로 이루어져 있으며, 그에게 어떤 신적인 것을 체험하게 한다.

1041) 김성민, **융의 심리학과 종교** (서울: 동명사, 2010), 239-240.

그래서 그 힘은 그에게 언제나 신적인 것으로 나타난다." … "인간에게 있어서 가장 본질적인 물음은 그러므로 이것이 될 것이다; 그가 어떤 무한한 존재와 관계를 맺고 있는가? 그렇지 않은가? 이 물음은 바로 그 자신의 삶에 관해서 묻는 것이다. 그 어떤 무한한 존재가 본질적인 존재라는 사실을 우리가 알기만 하면 우리는 이 세상에 있는 덧없는 것이나 정말로 중요하지 않은 대상들에 몰두하지 않게 된다. 그러나 우리가 그 무한자에 관해서 알지 못할 때, 우리는 이 세계가 우리에게 보여주는 이러저러한 가치들에 몰두하게 되며, 그것들을 마치 나 개인의 소유처럼 생각하게 된다."1042)

개성화의 과정이 다만 인간의 내면에 묻혀 있는 무의식과 결합하려는 과정 이상의 것이라는 것을 말하고 있다.1043) 융의 이런 말들은 심리학이 얼마나 종교화되어 있는가를 보여준다.1044) 신적인 것을 체험하고 무한자를 알아 가며 신성화 되는 것은 순진한 심리학이 아니다. 그것은 초월의 심리학이요 신비주의 심리학이다. 다만 시대가 변하면서 표현되는 형식이 달라졌을 뿐이다. 계몽주의 사조의 영향 아래에서 인간 내면의 욕구는 인간이 해결할 수 없다는 것을 알면서도 인간의 타락한 성향 때문에 결국 자기가 하나님이 되는 길을 택하는 전형적인 방식 중 하나일 뿐이다.1045)

그러므로 기독교적 입장에서 볼 때, 개성화의 위험성은 결코 간과할 수 없다.1046) 다음의 글은 융에 대해 순진한 태도로 접근하는 사람들에게 매우 심각

1042) Ibid., 294-295.
1043) 프란시스 아데니, **왜 뉴에이지에 사람들이 매혹되는가?** 김희성 편역 (서울: 예영커뮤니케이션, 1992), 109; 프란시스 아데니(Francis Adeny)는 뉴에이지에 대하여 비판을 가하면서 융의 심리학을 말하는 것은 좋으나, 개성화의 과정이 다만 인간의 내면에 묻혀 있는 무의식과 결합하려는 과정으로 말하고 있으나 이것은 융의 심리학의 실체를 보지 못하고 하는 말이다. 대개의 경우 융의 개성화를 이렇게 말하나, 융 심리학의 겉모습만 보며 그 위험성을 간파하지 못하고 있다.
1044) 폴 비츠, **신이 된 심리학**, 장혜영 역 (서울: 새물결플러스, 2010), 27; 융의 수제자인 야코비는 환자의 기본적인 종교적 필요성에 대한 융의 명확한 대답을 이렇게 요약했다. "융의 정신 치료는 … 치유와 구원의 방법, 두 가지 의미를 모두 지닌 독일어, Heilsweg로 요약될 수 있다. 이 단어에는 치유의 능력은 물론 … 또한 사람을 '구원'으로 인도할 길과 방법이 담겨 있다. 그리고 이 '구원'은 영적 싸움의 한결같은 목표인 인격에 대한 지각과 성취라고 할 수 있다. 융의 사고 체계는 어느 정도까지만 이론적으로 설명이 될 수 있다. 그것은 완전히 이해하기 위해서는 그것을 경험해 보아야 한다. 혹은 자기 안에서 그것이 활발히 행동하는 것을 '겪어 보아야만' 한다. 따라서 의학적인 관점을 벗어난 융의 심리치료는 교육적이고 영적인 길잡이의 형태라고 할 수 있다."
1045) 하나님의 진노가 불의로 진리를 막는 사람들의 모든 경건치 않음과 불의에 대하여 하늘로 좇아 나타나나니 이는 하나님을 알만한 것이 저희 속에 보임이라 하나님께서 이를 저희에게 보이셨느니라 창세로부터 그의 보이지 아니하는 것들 곧 그의 영원하신 능력과 신성이 그 만드신 만물에 분명히 보여 알게 되나니 그러므로 저희가 핑계치 못할찌니라 하나님을 알되 하나님으로 영화롭게도 아니하며 감사치도 아니하고 오히려 그 생각이 허망하여지며 미련한 마음이 어두워졌나니 스스로 지혜 있다 하나 우둔하게 되어 썩어지지 아니하는 하나님의 영광을 썩어질 사람과 금수와 버러지 형상의 우상으로 바꾸었느니라(롬 1:18-23)

한 의미를 준다.

플로라의 요아킴(Joachim of Flora-이탈리아의 신비주의 사상가)에 따르면, 세계 역사에는 세 시기가 있었다: 율법시대 혹은 성부시대; 복음시대 혹은 성자시대; 그리고 우리가 지금 막 접어들기 시작한 명상의 시대 혹은 성령시대이다. 첫 번째 시대, 곧 유대인 시대에 하나님은 이스라엘 백성을 선택하셨다. 두 번째 시대, 곧 기독교 시대에 하나님은 단독자요 장자인 예수 그리스도를 선택하셨다. 우리가 이제 막 접어들기 시작한 심리학적인 시대에 하나님이 개별적으로 우리 각자 안에 성육신하고 있다. 우리 각자가 하나님으로부터 특별한 짐을 감당하라는 부르심을 받았다. 심층심리학은 이런 과정을 개성화(individuation)라고 한다.1047)

이것이 융이 한 일이다. 이제 자아와 무의식의 통합으로 자기가 완성되는 「심리학적 종교」가 탄생하게 된 것이다. 인간이 삶의 문제를 해결하려면 자아가 자기에게 더 다가가서 무의식의 내용들을 자아에 통합시켜 인격이 성숙해짐으로 근심과 걱정에서 해방된다.

신비주의 영성을 추구하는 사람들은 이런 융의 개성화를 어떻게 바라볼까?

칼 융은 의식의 중심인 자아(the ego)가 정신의 중심인 자기(the self)에 이르는 과정을 개성화로 말한다. 그런데 이 개성화를 이루기 위해 자아는 먼저 자아와 외부 세계를 연결해 주는 페르조나(persona, 가면)를 통합해야 한다. 만일 자아가 자신을 페르조나와 동일시하면 자아 팽창(ego-inflation)의 위험이 일어난다. 한 개인이 세계와의 관계 속에서 살아가려면 어느 정도의 페르조나가 필요하긴 해도, 그 페르조나가 자아는 아닌 것이다. 자아와 페르조나를 동일시하는 사람은 충동(compulsion)에 사로잡히게 된다. 페르조나를 통합한 개인은 다음 단계로 그림자(shadow)를 통합해야 한다. 그림자는 외부로 투사될 때는 파괴적이고 위험한 것이지만(부정적인 면이 있을 뿐 아니라 창조적인 면도 있다), 만일 그림자가 인식되고 투사가 철회되고 인격에 통합되면 그만큼 성숙 된다. 반대로 그림자가 통합되지 않을 경우, 개인은 강박(obsession)에 사로잡히게 된다. 그다음으로 자아의 과제는

<hr />

1046) 김성민, **융의 심리학과 종교** (서울: 동명사, 2010), 243-244; 저자와 바라보는 관점은 다르지만, 융 역시 개성화의 위험성을 말한다. "자아가 자기와 동일시하여 녹아 없어지게 되면, 자아는 자기의 희생을 딛고서 무한하게 팽창하여 일종의 초인이라고 할 수 있는 상태로 빠져들게 된다. 그런 사람들은 그 전과 달리 구원자나 어떤 불행을 가져오는 사람처럼 행동하게 되는데, 그들에게는 인간의 영혼이라는 것이 없어져 버린다." … "우리는 이 상태에서 우스꽝스럽고 기묘하기까지 한 모습을 볼 수 있다. 왜냐하면 이런 사람들은 자기가 '하나님과 비슷하다'고 생각하기 때문이다. 그들은 이미 인간으로서의 한계를 넘어 버린 것이다." 그러나 과연 이것이 정신적으로 이상을 일으킨 사람들에게만 해당되는 것이지 생각해 봐야 한다. 개성화는 결국 자기가 신이 되는 것을 궁극적인 목적으로 가는 것이기에 얼마나 빨리 신이 되느냐의 차이일 뿐이지 그것은 위험성이 내재된 위험성이라고 할 수밖에 없다.
1047) 로렌스 자피, **융 심리학과 영성**, 심상영 역 (서울: 한국심층심리연구소, 2010), 28.

아니마(Anima, 남성 안의 여성 원리 혹은 여성적 원형)와 아니무스(Animus, 여성 안의 남성 원리 혹은 원형적인 남성상)를 통합해야 한다. 만일 그렇지 못할 경우, 남자는 소심한 사람이 되고 여성의 경우 매사에 따지고 바가지를 긁는 여성이 된다. 아니마를 통합한 남자는 따뜻하고 부드럽고 관계 지향적이 되며, 아니무스를 통합한 여성은 활달하고 적극적인 사람이 된다. 자아가 페르조나, 그림자, 아니마/아니무스를 통합하여 자기에 도달하는 과정은 내면세계로의 여정(spiritual journey toward inner world)이다. 진정한 자기에 도달한 사람, 즉 개성화를 이룬 사람은 온전한 인간으로 온전한 삶(authentic life)을 살수 있다. 온전한 삶이란 자기 중심성에서 벗어나 이웃과 세계를 향한 조화된 삶이다. 나는 개인적으로 이런 삶을 성취한 개인의 정체성을 '자아-자기-세계 축'(ego-self-world-Axis)을 지닌 자라고 말하고 싶다.1048)

이들은 유대교의 신비주의와 아빌라의 성 테레사, 그리고 칼 융의 개성화 과정을 하나님(그리스도)과의 합일과 나 자신과의 합일(발견과 수용), 이웃과의 합일, 그리고 피조세계와의 합일로 설명한다. 이렇게 해석하고 접근하는 것은 결코 우연한 일이 아니다.

이제 융으로 말미암아 자아는 무의식과 대화하며 신성한 내면의 빛을 충만하게 만들어 가는 세계가 열리게 되었다. 세상의 어떤 종교라도 상관이 없었다. 다만 개성화(Individuation)를 이루는 종교적 체험만 있으면 된다. 기독교는 종교적 체험을 주지 못한다고 보고 화석화된 종교로 취급하였다.1049) 오늘날 체험 위주의 신앙이 가지는 위험성이 바로 이런 것이라는 사실을 결코 간과해서는 안 된다. 융은 제1차 세계대전이 끝나갈 무렵 만다라(Mandala: 우주, 혹은 자기 (self) 전체를 나타내는 상징적 원형)를 발견하였다. 만다라는 '마술원'이라는 의미의 산스크리트어로서 많은 종교와 문화에서 발견되는 원형적 상징으로, 정사각형이나 다른 대칭 형태를 포함한 원이다. 융은 정신의 모든 길은 결국 중앙으로 향하며, 그 중앙이 바로 자기의 핵심이자 본질이고, 정신발달의 목표는 하나뿐인 자기를 발견하는 것으로서, 이런 과정을 개성화(Individuation)라고 불렀다.

정신발달은 일직 선상에 있는 것이 아니라, 자기의 중심을 향해 선화하는 과정이라고 본 것이다. 만다라는 명상훈련과 함께 자기 안의 중심으로 들어가도록

1048) http://sgti.kehc.org/data/field/practice/kslee/21.htm/
1049) C.G. 융, **융 기본 저작집4 인간의 상과 신의 상**, 한국융연구원 C.G. 융 저작번역위원회 (서울: 솔출판사, 2006), 73; "내가 어떤 도그마를 왜 '직접적 경험'이라고 부르는지 아마 그 이유가 분명치 않을 것이다. 도그마는 바로 그 자체로 '직접적' 경험을 배제하는 것이기 때문이다. …"

도와주는 하나의 장치로써 사용되고 있다. 이 개성화에 대해서 로렌스 자파는 다음과 같이 더 구체적으로 말했다.

> 개성화는 세 가지로 정의될 수 있는데 …
> 1) 개성화는 의식적인 개인(a conscious individual)이 되는 평생의 과정이다. 이것은 개성화를 가장 단순한 말로 정의한 것이다. 융에 따르면, 인생의 목적은 의식을 창조함으로서 신에게 봉사하는 것이다.
> 2) 우리 각자는 이 세상에서 위치를 발견해야 한다. 좋든 나쁘든 우리는 우리 자신의 본성에 따라 충만한 삶을 살기 위해 창조되었다. 이 정의는 개성화의 과정은 우리를 위해 예비되어 있는 독특한 운명임을 강조하고 있다. 그런 독특한 운명이 우리에게 선물로 주어져 있음을 아는 것은 참 어려운 일이다. 다시 말해 우리는 그것을 발견해야만 한다. 그것은 대개 고통스러운 시련과 실수를 통해서만 알 수 있다.
> 3) 개성화는 신적인 변환(the divine transformation)을 목적으로 하는 신의 계속적인 성육신(the continuing incarnation of God)이다. 이것은 세 가지 정의 중에서 가장 풍부한 것이다. 왜냐하면 그것은 개성화 과정에서의 자기(self 신)의 역할을 강조하기 때문이다. 첫 번째 정의와 마찬가지로, 그것은 의식이 신의 이미지의 발전과 분화에 이바지한다는 것을 보여준다.[1050]

이 글이 말해 주듯이, 개성화는 단지 '자기다움'을 찾는 것이 아니라 '신성화' 혹은 '신격화'를 목표한다. 이것은 융의 심리학이 뉴에이지라는 것을 말해 준다.[1051] 그러나 많은 사람들은 '자기다움'만 말함으로써 융의 속내를 감춘다. 그리스도의 성육신으로 개성화를 말한다는 것은 인간의 신성함을 말하는 것이며 그리스도와 일반 자연인을 동일시하는 적그리스도적인 신성모독이다.

융을 따르는 사람들의 말을 들어보면 융이 말하는 의미를 더 쉽게 알 수가 있

1050) 로렌스 자파, **융 심리학과 영성**, 심상영 역 (서울: 한국심층심리연구소, 2010), 36.
1051) http://www.planetdeb.net/spirit/contrast.htm; Jung and the New Age, By David Tacey(Notes and editing by Mary Ann Holthaus) Jung's name has been associated with the New Age for about three decades, but now his alleged influence on this movement is being formally proposed and articulated. In New Age Spirituality, Duncan Ferguson argues that Jung has played a major role in the development of this popular spirituality, (1) and more recently in The New Age Movement sociologist Paul Heelas claims that Jung is one of three key figures (the others being Blavatsky and Gurdjieff) who is responsible for the existence of the movement. (2) In similar vein, Nevill Drury maintains that Jung's impact on New Age thinking has been enormous, greater, perhaps, than many people realize. (3) Everywhere the claim is being made that the New Age movement is a product of Jungian interest, and today spiritually oriented therapists from a diverse range of fields all claim to be Jungian, or refer to Jung as their spiritual ancestor, scientific authority, inspiration, or source.

다. 그들은 왜 융을 추종하게 되는가?

사람들은 이제 막 물질주의와 합리주의의 한계를 목도하기 시작했다. 다시 말해 그러한 것들이 본질적인 것, 곧 삶의 목적을 제공하지 못한다는 걸 깨닫고 있다. (인간은 돈을 많이 버는 것만으로는 살 수 없습니다.) 삶의 방향을 찾기 위해 제도종교에 귀의하는 사람들이 더러 있지만, 많은 사람들은 그들이 이성과 회의론에 사로잡혀 있기에 길이 막혀 있다는 걸 알게 된다. 새로운 종교가 어떤 형식을 취하든, 반드시 그것은 어떤 여지, 곧 큰 여지를 남겨놓아야 한다. 새로운 종교는 이상과 신앙, 과학과 종교의 결합으로 말미암아 생겨날 것이다. 오늘날 새로운 종교에 가장 근접한 것이 있는데, 그것은 의식이 지닌 구원하는 힘을 긍정하는 융 심리학이다.[1052]

지금까지 계몽주의의 길을 걸어왔던 인간들은 삶의 가치와 의미를 찾기 위하여 다시 기독교로 돌아가기가 싫었다. 이때까지 욕하고 칼과 창으로 찔러 죽인 하나님께로 돌아간다는 것은 죽기보다 싫었다. 하나님께로 돌아가는 것 외에는 삶의 가치와 의미를 부여해 줄 수 없다는 것은 부인할 수 없는 사실이었다. 그러나 한두 번 변절한 것도 아니고 그렇게 긴 세월 딴 살림을 차렸는데 다시 고개를 돌려서 회개의 눈물을 흘리고 싶지 않았다. 인류는 새로운 종교를 제공한 융에게 열렬한 찬사를 보내었고 그의 추종자가 되기로 했다. 그리고 성경을 다시 읽기 시작했다. 성경을 읽기는 읽되 이전처럼 읽지 않았다. 이제는 신화와 콤플렉스에서 벗어나 원래의 신성한 내면아이를 발견하여 자아가 신이 되는 길로 갔다. 그런 일에 구체적인 증거는 무엇인가? 니고데모 사건을 통하여 융과 융학파는 다음과 같이 해석한다.

니고데모가 "사람이 늙은 뒤에, 어떻게 다시 태어날 수 있겠습니까?"라고 물은 것은 심층 심리치료가 깊이 관심을 갖는 것이다. 우리의 어린 시절은 우리가 지금 가지고 있는 인식에 영향을 주는 신화를 결정짓는 것이다. 어떻게 우리가 그러한 신화 혹은 콤플렉스에서 벗어날 수 있으며, 그걸 물려받아야만 한다면 과연 무엇이 남게 될까? 어떻게 하면 다시 태어날 수 있을까? 우리는 상처 입은 내면아이의 소리를 좀 더 주목하여 들음으로써 다시 태어날 수 있다. 그런데 그것이 대게 고통스러운 일이기도 하지만, 그것은 위안을 주고 치유하는 효과가 있다. 이상하게도 내면아이는 우리 자신과 다른 사람들에게 무의식적으로 상처를 입힘으로써, 우리가 불가피하게 우리의 신화를 반복하지 않고도 충분히 변화될 수 있다. 이것을 프로이트는 "반복강박"이라고 했다.[1053]

1052) 로렌스 자피, **융 심리학과 영성**, 심상영 역 (서울: 한국심층심리연구소, 2010), 13.
1053) Ibid., 139-140.

347 자기와 개성화

니고데모 사건에 대한 이해 자체가 틀리다. 내면아이, 신화의 관점에서 파악하려 한다. 이렇게 어린 시절의 콤플렉스의 찌꺼기를 씻어 낸다는 것은 인간이 인과율과 비인과율을 통한 자기 정화의 과정에 불과하다. 융이나 융학파의 입장에서는 어린아이는 신성한 내면아이를 소유하고 있기 때문에 이런 작업을 통하여 신성에 도달할 수 있다고 생각하지만, 지극히 반성경적인 사고방식이다.

이 부분에 오면 융이나 융학파의 사람들은 언제나 그런 것이 아니라고 고개를 내젓는다. 왜 그럴까? 이유가 무엇일까? 그것이 심리학의 한계라는 것을 느껴서 그런 것이라는 느낌을 받게 한다.

> 우리는 이러한 점진적인 통합을 통해서 조금씩 조금씩 자기에게 다가갈 수 있으며, 결국 새로운 출발점에 도달할 수 있다. 왜냐하면 우리 속에 있는 전일체(全一體)에 도달함으로써 우리는 우주적인 전일체와 관계 맺을 수 있으며, 영적인 존재의 문턱에 도달할 수 있기 때문이다. 자기란, 말하자면, 원초적인 전일체인 것이다. 자기에 도달하는 것은 우리가 인간 심리의 세계나 상징의 영역에서 벗어나 거룩성의 무한한 영역에 개방되는 것을 의미한다. "그러나 자기는 결코 신(神)의 자리를 빼앗지 않는다. 자기가 아무리 때때로 신의 은혜를 받을 수 있는 그릇이 되고 있음에도 불구하고 신을 대체할 수는 없다."1054)

"거룩성의 무한한 영역에 개방되는 것"은, 인간의 한계를 초월하여 신(神)의 영역으로 진입하는 것이다. 그러나, 거기에 진입을 시도하는 인간들은 무엇이 두려울까? 감히 인간이 신(新)의 영역을 엿보는 것이라서 두려울까?

모든 종교와 신화, 꿈이 상징이며 그것을 통하여 자기에게 도달하나 신(神)의 자리는 빼앗지 않는다는 것은 무슨 말인가? 심리학만으로 안 되는 더 높은 차원으로 도약하려 하나, 엄습하는 존재적 두려움에 휩싸이지 않았을까?

융은 프로이트를 통해서 눈을 떴으나 프로이트의 한계를 깨달았고 심리학적 차원이 아니라 영적 차원에서의 해결책을 제시하려고 했다. 결국, 융은 내면의 신성한 원형과 신성한 집단 무의식을 통해서 거룩한 영역에 도달하려고 했다. 융의 그런 사상의 뿌리는 영지주의와 유대교 신비주의의 카발라에 기초하고 있다. 이런 융의 심리학에 기초한 상담과 내적치유, 가정사역, 댄스치료, 미술치료, 음악치료와 같은 비성경적인 프로그램들은 반드시 교회에서 근절되어야만 한다.

1054) 에르나 반 드 빙켈, **융의 심리학과 기독교 영성**. 김성민 역 (서울: 한국심리치료연구소, 2010), 37-38.

이런 프로그램들을 진행하는 사람들은 치유의 결과가 있으니 정당하다고 말한다. 그러나 치유의 결과는 타종교에서도 일어나며 무당도 일으킨다. 치유의 결과가 중요한 것이 아니라 그것이 과연 성경적인 원리와 방법으로 행하느냐가 중요하다.[1055] 융 심리학의 적그리스도적인 화염이 기독교를 불살라 잿더미로 만들고 있다는 것을 잊지 마라!

『RED BOOK』과 적극적 심상법(active imagination)

이제 중요한 것은, '집단 무의식을 이해하기 위해서 실제로 어떻게 하는가?'이다. 융은 원형을 이해하고 문제를 치료하기 위해 꿈, 민담, 신화, 종교의 경전들을 연구했다.[1056] 융은 인간 존재를 이해하기 위하여 기독교 이전과 비기독

1055) 21 나더러 주여 주여 하는 자마다 천국에 다 들어갈 것이 아니요 다만 하늘에 계신 내 아버지의 뜻대로 행하는 자라야 들어가리라 22 그 날에 많은 사람이 나더러 이르되 주여 주여 우리가 주의 이름으로 선지자 노릇 하며 주의 이름으로 귀신을 쫓아내며 주의 이름으로 많은 권능을 행치 아니하였나이까 하리니 23 그 때에 내가 저희에게 밝히 말하되 내가 너희를 도무지 알지 못하니 불법을 행하는 자들아 내게서 떠나가라 하리라(마 7:21-23)

1056) 이죽내, **융심리학과 동양사상** (서울: 하나의학사, 2005), 93; "하이데거의 현존재분석과 융의 분석심리학에 있어서 현상과 상징의 의미를 밝히는 실제적인 방법은 무엇인가? 분석심리학에 있어서 정신 현상의 상징적 의미를 밝히는 방법은 확충방법이다. 확충방법에는 주어진 정신 현상의 의미를 이해하기 위하여 신화, 민담, 전설, 종교 등으로부터 그 정신 현상과 유사한 모티브를 끌어모아 거기로부터 그것의 의미를 추출해 내는 집단확충방법과 개인연상을 통한 개인확충방법이 있다. 이에 비해 현존재분석에 있어서 현상의 의미 내용을 밝히는 방법은 해석학적 방법이다. 해석학적 방법은 현상학적 서술을 통해 현상의 의미와 기본 구조를 벗기고 펼치는 것이다. 예를 들면, 꿈속에 나무라는 현상(분석심리학에서는 정신 현상이라 지칭)이 나타났을 시, 우선 그 나무는 그의 공통적인 속성에 따라 도처에 그리고 통시적으로 동일한 현상적 의미 내용을 갖고 있다. 이런 동일한 의미 내용은 초개별적이다. 그런 의미에서 '객관적'이다. 그러나 이런 초개별적, 객관적 의미 내용은 존재 의미가 아닌 그 존재자의 공통적 성질이다. 그다음으로 그 나무는 그 나무를 대하는 개인에 따라 그 개인 특유의 '주관적' 관계를 갖는다. 이를테면 그 나무는 벌목인에게는 단순히 벌목되어질 나무로, 건축가에게는 건축 재료로, 식물학자에게는 살아 있는 식물로, 서로 사랑하고 있는 남녀에게는 만남의 장소로, 그리고 많은 사람들에게는 자연의 성장과 번영의 의미상일 수 있다. 나아가서 모든 인간에게 공통되는 설화적인 의미상일 수 있다. 여기서 인간에게 공통되는 의미는 앞에서 언급된 초개별적, 객관적인 존재자의 공통적 성질과는 전혀 다르다. 존재자의 공통적 성질은 현존재의 존재개현과는 무관하게 그 존재자 자체에 속해 있는 것인데 반해, 인간에게 공통되는 의미는 인간 현존재의 존재개현을 통해 드러나는 존재의미이다. 그러나 그런 의미들 개개로는 나무의 본질 내용이라 할 수 없다. 이와 관련하여 현존재분석은 비판한다. 사람들은 오직 측정 가능한 것, 대상적이고 사물적인 것만을 지각하고 그것만을 유일한 현실로 간주하거나 오직 하나의 의미만을 봄으로써 현상의 다양한 의미 충만에 대해 눈이 멀고 있다고 비판한다. 의미 충만의 정도는 현존재의 존재 개현 정도와 일치한다. 따라서 분석심리학의 집단연상과 개인연상에서 드러나는 다양한 의미는 현존재분석에서 말하는 현상의 의미 충만과 상통한다. 다만 현존재분

교적 세계관의 자료로 돌아갈 필요가 있다고 했다. 융은 그것을 자연의 빛(lumen naturae)라고 했다.1057) 자연의 빛이라는 것은 인간 외부에서 주어지는 빛이 아니라 인간 내부에 내재하는 빛을 말한다.1058) 그것은 하나님께서 비추어 주시는 빛이 아니다. 그것은 신성한 내면아를 말한다.

중요한 것은 그것이 일상적인 사람들에게 비일상적인 경험을 만드는데, 그 경험은 현재의 철학과 종교로는 부족하다. 그래서 융은 역사 속에 담겨진 신화, 민담, 종교를 연구하여 심리학과 철학이 치료하지 못하는 것을 치료하려고 하였다. 융은 그런 과정에서 결국 보편주의로 나아가게 되었다. 그가 말하는 보편주의라는 것은 기독교로 규정되는 인간 존재가 아니라 자연의 빛을 추구하는 모든 비의와 종교, 민담과 신화 등을 통해서 규정되고 채워지는 종교와 구원을 말한다. 이것은 융이 말하는 정신치료의 목적을 들어보면 더 분명해진다.

> 그러므로 정신치료의 주목적은 환자를 상상할 수 없는 행복으로 이끌어 가는 데 있는 것이 아니라, 그가 고통을 참는 철학적 인내와 꿋꿋함을 갖도록 도와주는 것이다. 삶의 전체성과 충만을 위하여 기쁨과 고뇌의 균형이 요청된다.1059)

융이 말하는 "삶의 전체성과 충만"이란 자연의 빛이 만들어 내는 '자기'(self)를 말한다. 그렇게 되어가는 과정을 개성화 과정(Individuationsprozeß)이라고 한다. 융은 이 자기를 경험하고 체험하는 것이 인도 요가의 최상의 목표라고 했으며, 연금술은 개성화 과정의 상징을 이해하는 데 매우 큰 도움을 준다고 했다.1060)

석에서는 정신이라는 개념을 사용하지 않기 때문에 개인 무의식이나 집단 무의식이란 말이 없다. 그러나 '존재'의 개념은 집단 무의식의 내용인 '원형'에 비견될 수 있다. 하이데거나 융이 의미 충만을 아무리 가지려고 해도 인간 안에서 발견하려고 하기 때문에 그것은 결코 도달할 수 없는 헛된 욕망이다. 존재 내의 의미 규정은 자기 소외와 자기 절망에 이르게 되며 스스로 벗어날 수가 없다는 것을 역사가 증명해 왔다. 그러므로 인간은 인간 밖에서, 곧 하나님 앞에 돌아와 하나님의 계시된 말씀 속에서 의미 충만을 누려야 한다."

1057)C.G. 융, **융 기본 저작집1 정신요법의 기본문제**, 한국융연구원 C.G. 융 저작번역위원회 (서울: 솔출판사, 2007), 66-67.

1058) http://hangang.hallym.or.kr; 융 심리학 분석가 Gothilf Isler 박사가 한국을 방문했다. 그는 '자연의 빛(Lumen Nature)'이라는 강연에서, '내면세계에서 비치는 빛이야말로 인간을 성숙하게 만들어 자기 자신에 가깝게 한다.'고 하였다. 내면의 어두움을 외부의 빛으로 치유할 것이 아니라 내면의 빛으로 치유해야 한다는 뜻이다.

1059) C.G. 융, **융 기본 저작집1 정신요법의 기본문제**, 한국융연구원 C.G. 융 저작번역위원회 (서울: 솔출판사, 2007), 65.

1060) Ibid., 79.

인도 요가의 최상의 목표란 무엇인가? 그것은 고통에서 벗어나 해탈 독존의 상태에 이르는 것이다.1061) 인간 속에 있는 신성한 존재가 있다고 생각하며 궁극적 실재와의 합일을 목표로 한다. 수행을 통하여 신이 되는 것이다.1062) 융은 기독교 문화 속에 있었기 때문에 그것을 그리스도라고 했다.1063) 만일 융이 불교 문화 속에 있었다면 그것을 부처라고 했을 것이다. 그것은 성경이 말하는 그리스도가 아니며 대극의 충만한 합일이요 극치에 도달한 자기(self)의 충만한 표상이다. 그런 의미에서 M. 스캇펙은 융의 열렬한 추종자다.

동양의 종교와 영성에서 터득한 것과 기존의 심리치료를 종합하여 만들어 낸 방법이 바로 융의 적극적 심상법(명상법)이다. 또한, 춤, 그림, 싸이코 드라마가 함께 사용되기도 한다. 이것은 지적인 연구에 앞서서 이야기를 몸과 마음으로 깊이 체험하는 계기를 주며, 쉽게 알 수 없는 원형적 이야기와 자신의 구체적인 일상 이야기 사이의 연관 관계를 깨닫게 하기 위함이다.

놀라운 사실은 융은 샤머니즘의 치료 방법이 자신의 치료 방법과 근본적인 구조상에 유사점이 있다는 것을 발견하고 그것을 적용하였다는 것이다. 샤머니즘적 치료에서는 음악이 결정적 역할을 한다.1064) 샤먼이 의식과 무의식 사이

1061) 요가 수트라, http://prajna.hosting.bizfree.kr/xe/yoga06; 독존의 상태는 요가 수행의 결과로 얻어지며, 마음의 작용을 멈추어 전변하지 않는 진아(푸루사, prusa)를 자득한 상태이다.

1062) http://www.equip.org/articles/the-jung-cult-origins-of-a-charismatic-movement; It would seem then that Jung's approach is essentially a fusion of spiritualism with psychology, the "collective unconscious" being nothing other than a psychoanalytic term for the same realm of experience that occultists call the spirit world. From here Noll proceeds to describe how "active imagination" led Jung to an experience of deification in which he identified himself with Christ. And Noll leaves no room for doubt that such self-deification is one and the same as "individuation" — the therapeutic goal of analytical psychology. Jungian analysis, explains Noll, is essentially an initiation into a pagan mystery — a means to experience what Jung experienced. It is an occult process in which the opposites of creation supposedly reconcile in the oneness of the god within, and thus the individual becomes psychologically and spiritually whole. As Noll aptly observes: "Jung's familiar psychological theory and method, which are so widely promoted in our culture today, rests [sic] on this very early neopagan or volkisch formulation — a fact entirely unknown to the countless thousands of devout Christian or Jewish Jungians today who would, in all likelihood, find this fact repugnant if they fully understood the meaning behind the argument I make here"(219).

1063) C. G. Jung, The RED BOOK, edited by Sonu Shamdasani, Mark Kyburz and John Peck, (New York·London, W.W.NORTON & COMPANY, 2009), 254.

1064) http://blog.naver.com/PostView.nhn?blogId=guduse&logNo=150039971224; "분석심리학에서의 치료란 무의식을 외면한 채 의식이 주도하는 삶을 살거나, 의식이 기능을 제대로 발휘하지 못하면서 무의식이 주도하는 삶을 살 때, 뉴로시스나 사이코시스가 발생하기 때문에 이 둘이 조화를 이루도록, 즉 전체적인 삶을 살도록

의 여행, 이승과 저승 사이의 여행을 안내하는 데 중요한 역할을 하는 것이 바로 음악이기 때문이다. 그 목적에 따라 다른 악기와 다른 리듬이 사용된다. 이것은 융 심리학의 적극적 명상 체험과 관련된 것이다.[1065]

디오니소스교의 광기 넘치는 음악과 류라의 조용한 음색을 즐기는 오르페우스교로부터 뉴에이지 음악을 들으며 성인아이 치료를 하는 존 브래드쇼[1066], 삼현육각[1067]과 쇠장풍 장단에 맞추어 접신하는 무당, 조용한 음악을 들으며 시간 여행을 하는 내적차유, 침묵기도에 이르기까지 음악은 매우 중요한 역할을 한다.

융은 자신의 환자들에게 마음속에 어떤 구체적 목표나 프로그램 없이 명상을 하라고 가르쳤다. 환자들이 어떤 추론 없이 단순히 관찰하고 경험할 때 그 상상은 의식화된다.[1068] 그런 후에 환자가 원하면 그 환자에게 그러한 상상에 관해

돕는 것이다. 이 무의식과 의식 사이의 매개 역할을 하는 것이 음악이다. 무의식의 특성은 휴식/나태, 분산, 혼돈이다. 의식의 특성은 활동, 집중, 질서이다. 예를 들어 의식이 고도로 발달된 현대인에 비해 원시인들은 아직 무의식의 상태에 있다고 볼 수 있다. 이것은 어른에 비해 아이가 더 무의식의 상태에 있는 것과 마찬가지이다. 평상시에 나태한 원시인들이 어떤 목적을 달성해야 할 때, 사냥을 하거나 씨를 뿌릴 때, 에너지를 일깨우기 위해서 북을 치거나 노래를 부른다. 음악의 리듬이 무의식의 에너지, 리비도를 전율시키면서 활동, 집중 상태로 몰고 가면서 질서를 만들어 내는 것이다. 반대로 민담이나 신화에서는 피리소리, 하프 소리 등을 통해서 무의식의 세계로 넘어가는 예가 많이 있다. 융은 샤머니즘의 치료 방법이 자신의 치료 방법과 근본적인 구조상에 유사점이 있다는 것을 발견하였다. 샤머니즘적 치료에서는 음악이 결정적 역할을 한다."

1065) http://jungfairytale.or.kr/m02.html; "현재 스위스 융 연구소에서 적극적 명상 체험을 돕는데 사용되는 악기는 모노코드이다. 모노코드는 피타고라스가 처음으로 만들었고 오랜 세월 동안 변형되며 전해져 내려왔는데, 현재 음악 치료용으로 개발되어 주로 트랜스(Trance)작업에 사용된다." 현대의 음악치료는 이런 융의 심리학에 근거하고 있는데도 불구하고 교회 안에서조차 음악치료를 열성적으로 하고 있으니 참으로 안타까운 현실이다. 그것은 무용치료(댄스치료, 힐링댄스), 모래놀이치료 역시 결코 기독교인으로서는 결단코 해서는 안 되는 것이다. 성경적인 음악치료, 성경적인 무용치료는 성경적인 무당치료와 동일한 말이다. 현대의 음악치료, 무용치료, 모래놀이치료는 융의 심리학에 뿌리를 두고 있기 때문이며, 융 심리학의 위험성을 알지 못하기 때문에 이런 치료들이 교회 안에서 극성을 부리고 있다. 뿌리가 융이면 열매도 융이다. 뿌리는 융이지만 열매는 예수님인 나무는 없다.
1066) John Bradshaw, **상처받은 내면아이 치유**, 오제은 역 (서울: 학지사, 2004), 244-246.
1067) http://terms.naver.com/entry.nhn?docId=366017 피리2. 해금, 대금, 북, 장구 등 6개의 악기로 편성하는 데 선율악기가 3개여서 삼현이고 6개의 악기를 사용한다고 해서 육각이라고 한다. 대풍류와 편성이 같으며 연주하는 곡목도 같지만 삼현육각은 춤 반주나 시나위를 연주할 때 붙이는 명칭이다.
1068) C.G. 융, **융 기본 저작집1 정신요법의 기본문제**, 한국융연구원 C.G. 융 저작번역위원회 (서울: 솔출판사, 2007), 35-36; "영향을 주는 치료 방법에는 분석적인 방법도 포함되지만 이 경우에는 환자를 가능한 한 자주 보아야 한다. 나 자신은 일주일에 최대한 세 번에서 네 번 정도 보는 것으로 만족한다. 합성적 치료의 초기에는 시간적으로 거리를 두는 것이 유리하다. 그럴 때 나는 일주일에 한두 번으로 면담 횟수를 줄인다. 왜냐하면 환자가 자신의 길을 가도록 배워야 하기 때문이다. 그 이유는 환자가 스스로 자신의 꿈을 이해하도록 시도함으로써 무의식의 내용이 점차적으로 의식과 합치되도록 하는 데 있다. 신경증의 원인을 의식적인 태도와 무의식의 경향 사이

물어보거나 그 내용과 관련하여 대화를 나누어 봄으로써 실제적인 소통이 가능하게 된다. 융은 적극적 상상력을 통해 환자의 내면세계의 풍요성을 발견하게 되고, 스트레스를 받을 때 상상력을 통해 치유의 힘을 끄집어내게 하는 것을 배울 수 있도록 하였다.1069)

적극적 명상 혹은 적극적 심상법은 무의식을 이해하는 방법으로 두 단계로 나누어 말한다. 적극적 명상은 무의식의 환상상(像)을 직접적으로 관찰하는 방법이다. 첫째는 명상자의 관조를 통해 관찰대상인 환상상으로 하여금 '일어나게 끔 하는'(Geschehenlassen) 단계이고, 그다음은 명상자가 그 일어난 환상상과 '적극적으로 직면하는'(dialekische Auseinandersetzung) 단계이다.1070) '적극적으로 직면하는' 단계는 무엇인가? 그것은 바로 영적인 안내자를 만나서 치료하는 단계다. 융은 이것을 자기 원형의 초월 기능의 작용으로 본다.

예를 들어, 자기 꿈에 호랑이가 반복적으로 나타난다고 하면 그것은 동물원이나 책에서 본 호랑이가 아니다. 정신 현상이 호랑이로 나타난 것으로 보고, 실제로 내 속에 살아 있는 호랑이로 받아들여서 말을 걸고 대화를 한다. 이 대화 속에서 원형 작용이 일어나고 호랑이는 다른 상으로 변화되고 결국 그 상은 사라진다고 말한다. 이것을 초월적 기능의 작용이라 말한다. 그래서 의식과 무의식, 자아와 '자기'의 합일 체험이 일어난다. 이렇게 직면하는 단계가 바로 구상화(상상화)다. 이유경 교수는 "적극적 명상은 어느 면에서 매우 위험한 작업이다"라고 말했다.1071) 융 자신도 위험성을 경고했으며,1072) 심리학자들도 이런 구상

의 불일치로 보기 때문이다. 이러한 해리(解離)는 무의식적 내용을 동화함으로써 극복된다. 그러므로 면담과 면담 사이의 시간이 무익한 것은 아니다. 이러한 방법으로 자기 자신이나 환자가 많은 시간을 절약하게 되는데, 이것은 환자가 그만큼 많은 돈을 절약한다는 의미이기도 하다. 동시에 환자는 의사에게 매달리는 대신 스스로 자립하는 법을 배우게 된다. 환자가 행하는 이러한 작업은 무의식의 내용을 점진적으로 동화함으로써 마침내 그의 인격의 통합을 성취하고, 이와 더불어 신경증적 해리를 제거하게 된다. …" 이 복잡한 말의 요점은 환자 각자가 구상화를 통해서 무의식을 대면함으로써 신경증을 치료한다는 말이다.

1069) http://defoore.com/innerchildexcerpt.htm; The magical child. This image of the child suggests a wellspring of energy. From this wellspring emerge your humor, spontaneity, creativity, joy and capacity for unconditional love. This is in some ways just another way of looking at the divine child, as these qualities too are the reward for your journey of self-discovery and healing. The magical child also provides a doorway to wisdom and undeveloped powers, suggesting a connection between the child and the wise elder that also lives inside each of us.

1070) 이죽내, **융심리학과 동양사상** (서울: 하나의학사, 2005), 61-63.

1071) 이유경, "'예술치료'에 관한 분석심리학적 이해: '무의식'의 치유적 기능을 고려하여," **한국예술치료학회 월**

화를 위험하다고 말했다.1073)

원형의 초월 기능은 매우 위험하고 반기독교적이다. 융은 원형 그 자체 내에 누미노제(das Numinose)1074)를 갖고 있는 자연의 빛(Lumen naturae)이라고 했다. 융은 이 자연의 빛을 드러나게 하는 것이 진정한 의미의 의식화라고 보았다.1075) 융은 "나의 정신 치료적 작업의 주된 관심은 노이로제의 치료에 있지 않고 누미노제에로의 접근에 있다. 누미노제에로의 접근이 원래적인 정신치료이고 누미노제의 체험에 도달하는 한 병화(病禍)로부터 해방된다."라고 하였다.1076)

적극적 명상(active imagination)의 목표는 누미노제의 체험을 통한 '자기' 체험이다. 정리를 하면, 원형의 초월 기능은 누미노제를 체험케 하는 것이고 그 체험은 정신의 전일성 체험 혹은 주객일여의 체험이라고 한다. 그것은 학문의 영역이 아니라 종교의 영역이다. 그것은 학문적 깨달음이 아니라 신성을 체험하는 것이다.

융이 분석심리학을 통하여 의도하고 결론지으려는 것이 무엇인지 똑바로 알아야 한다. 절충주의 방식을 따르게 되면 예수 그리스도를 믿는 것이 아니라 다만 누미노제를 체험하고 신성을 체험하는 것으로 끝이 나기 때문이다.

1913년 10월, 낮에 융은 엄청나게 압도적인 환상을 보았다. 무서운 홍수가 북반구를 모두 덮어 버리고 북해와 알프스 사이에 놓여 있는 저지대의 땅을 휩쓸었다. 그것은 영국으로부터 시작해서 러시아에 이르렀고, 북해로부터 시작해

레학술발표회 35 (2005): 10(1-10).
1072) C.G. 융, **원형과 무의식**, 한국융연구원 C.G. 융 저작 번역위원회 (서울: 솔출판사, 2006), 338.
1073) 이죽내, **융심리학과 동양사상** (서울: 하나의학사, 2005), 62.
1074) 네이버 백과사전 http://100.naver.com/100.nhn?docid=40189; 누미노제 [Numinose] 독일의 철학자 R. 오토가 그의 저서 『성(聖)스러운 것』에서 새로이 만든 철학용어. 그는 독일어의 heilig(神聖)라는 말이 합리적이고도 도덕적이어서 '표현하기 어려운' 본질을 나타낼 수 없다고 하여, 라틴어의 누멘(numen: 아직 명확한 표상을 갖추지 않은 초자연적 존재)에서 이 말을 새로 만들었다. 이 말은 사람에게 피조물(被造物)이라는 느낌을 불러일으키는 '무서운 신비'로서, 이를 다시 분석하면 외경심(畏敬心)을 불러일으키는 전율적(戰慄的)인 무서움, 압도적인 권위, 세력 있는 것, '절대타자(絶對他者)'로서의 신비이다. 그것은 또한 사람의 영혼을 홀리는 것으로 가치로서는 존엄이다. 그러나 그것은 본시 말로 표현할 수 없으며 다만 암시할 수 있을 뿐이다. 제국주의의 모순이 심각한 상태에 이른 제1차 세계대전 말기에 나타난 이 신학적 용어는 프레애니미즘설(說)이나 원시일신관설(原始一神觀說) 등의 종교학상의 주장과 호응하여 당시의 비합리주의와 종교 부흥의 일면을 대표하였다.
1075) 이죽내, **융심리학과 동양사상** (서울: 하나의학사, 2005), 27.
1076) Ibid., 49.

354 『RED BOOK』과 적극적 심상법(active imagination)

서 알프스의 코앞에 도달했다. 홍수가 스위스에 이르렀을 때 산들이 점점 커져서 스위스를 보호했다. 엄청난 재앙이 진행 중임을 깨달았다. 엄청난 위력을 지닌 흙탕물 파도(yellow waves)에 부서진 문명의 부유물, 셀 수 없이 많은 익사한 시체들이 떠다녔고, 마침내 바다는 핏빛으로 물들었다. 같은 꿈이 2주 후에도 되풀이되었다.1077)

　1913년 11월, 영적인 안내자, 필레몬(Philemon)이 나타났다.1078) 융은 이것을 무의식과의 대면이라고 했으니 깊이 생각하고 유념해야 하는 말이다.1079)

1077) http://www.equip.org/articles/the-jung-cult-origins-of-a-charismatic-movement/
Noll also indicates that Jung's long-time interest in spiritualism gave him "ample experience of how one may deliberately enter a dissociative state, or trance, that allowed such automatisms as automatic writing or even alternate personalities to emerge. Jung had observed this at séances, and indeed, his entire mother's side of the family … seemed to have regularly engaged in discourse with spirits" (202). After having repeated visions in 1913 of all Europe being destroyed in a sea of blood, Jung heard a disembodied voice speak to him about the visions. Desiring to hear more from the voice and engage it in conversation, Jung offered the entity the use of his body so that it would have the necessary "speech centers" to communicate with him. "This," Jung wrote, "is the origin of the technique I developed for dealing directly with the unconscious contents." Noll makes the obvious but critical point: "Jung is therefore admitting here that his psychotherapeutic technique of active imagination is based on the techniques of spiritualism" (203). Active imagination became the foundation for Jung's entire approach to psychotherapy, as Noll describes: It was in December 1913 that he begins the deliberately induced visionary experiences that he later named "active imagination." From this time forward, Jung engages in these visions with the attitude that they are real in every sense of the word. In these visions he descends and meets autonomous mythological figures with whom he interacts. Over the years (certainty by 1916) a wise old man figure named Philemon emerges who becomes Jung's spiritual guru, much like the ascended "masters" or "brothers" engaged by [Theosophy's H. P.] Blavatsky or the Teutonic Brotherhood of the Armanen met by [Guido von] List. Philemon and other visionary figures insist upon their reality and reveal to Jung the foundation of his life and work. He refers on many occasions to the place where these beings live as "the land of the Dead." These visionary experiences — Jung's mythic confrontation with the unconscious — form the basis of the psychological theory and method he would develop in 1916. (209-10) It would seem then that Jung's approach is essentially a fusion of spiritualism with psychology, the "collective unconscious" being nothing other than a psychoanalytic term for the same realm of experience that occultists call the spirit world.
1078) C. G. Jung, *The RED BOOK*, edited by Sonu Shamdasani, Mark Kyburz and John Peck (New York · London, W.W.NORTON & COMPANY, 2009), 200; 빌레몬이 융에게 언제 나타났느냐를 아는 것이 융의 구상화에 대해 매우 중요하다. 그러나 실제로 빌레몬이 언제 나타났느냐를 말해 주는 것을 찾는 것은 쉽지 않다. 『Red Book』에서는 다음과 같이 밝히고 있다. "From November 1913 to the following July, he remained uncertain of the meaning and significance of his undertaking, and concerning the meaning of his fantasies, which continued to develop. During this time, Philemon, who would prove to be an important figure in subsequent fantasies, appeared in a dream. …"

갑자기 하늘을 가르고 나타난 황소의 뿔을 한 노인이 나타났다. 그 노인은 물총새의 날개가 있었으며, 4개의 열쇠를 가지고 있었으며, 그중 하나는 문을 열기 위해 따로 붙잡고 있었다. 필레몬은 융에게 대단한 통찰력을 제공했는데, 그것은 융에게 구루와 같은 존재였다.1080)

1914년 6월 말과 7월 초에 같은 꿈을 세 번이나 꾸었다. 융은 낯선 땅에 서 있었다. 여름의 중간이었는데 갑자기 매서운 추위가 몰아쳤다. 모든 바다와 강은 꽁꽁 얼어붙었다. 모든 녹색 생명들은 다 얼어 버렸다. 두 번째 꿈도 그와 똑같았다. 세 번째 꿈은 7월 초에 꾸었다.

융은 영국으로부터 떨어진 곳에 있었는데, 가능한 빠른 속도로 집으로 돌아왔다. 빨리 집에 도착한 융은 여름 중간에 매서운 추위가 몰아쳤다는 것을 발견하였다. 살아 있는 모든 것은 얼음으로 변해 버렸다. 열매는 없고 이파리 하나만 딸랑 있는 나무를 발견하였는데, 그 잎은 치료의 즙으로 가득한 달콤한 포도로 바뀌었다. 융은 포도를 따서 많은 사람에게 나누어주었다.

이 꿈을 꾼 후에 환상은 점차 사라졌다. 그런데, 1914년 8월 1차 세계대전이 일어났는데, 꿈이 현실로 이루어지게 되었다. 이로 인해 융은 꿈은 단순히 개인적인 것 이상임을 알게 되었으며, 한 개인의 경험이 모든 인류의 경험과 일치한다고 생각하게 되었다.

융의 적극적 심상법은 서양 명상법이다. 그것은 1935년 타비스톡 강좌(Tavistock Lectures)에서 처음으로 사용한 용어다(Über Grundlagen der analytischen Psychologie, Die Tauistock Lectures, 1935, Olten Walter). 꿈이나 이미지 등이 무의식으로부터 개인에게 자연스럽게 나타나지만, 적극적 심상법은 자기 의지로 의식을 약화시켜서 무의식의 영역에 들어가 능동적으로 그곳

1079) Ann Casement, *Who owns jung?* Karnac Books, 2007; 〈philemon is the significant fantasy figure that appeared to Jung from 1913 in what he termed his "confrontation with the unconscious". He was based on the figure of Philemon who appeared in Ovid's Metamorphoses and Goethe's Faust.〉

1080) C. G. Jung, *The RED BOOK*, edited by Sonu Shamdasani, Mark Kyburz and John Peck (New York · London, W.W.NORTON & COMPANY, 2009), 201; Philemon was a pagan and brought with him an Egypto-Hellenic atmosphere with a Gnostic coloration … It was he who taught me psychic objectivity, the reality of the psyche, Through the conversations with Philemon, the distinction was clarified between myself and the object of my thought … Psychologically, Philemon represented superior insight.

에 있는 이미지를 파악하는 방법이다.1081) 무의식과 직접 대면하기 위하여 무의식 속으로 직접 뛰어드는 것이다.1082) 그래서 적극적(active)이라고 한다. '그곳에 있는 이미지를 파악한다'는 것은 융이 정신연금술1083)을 통하여 배운 것으로 인간의 내면에 있는 신성을 경험하는 것이고 신성을 만들어내는 것이다.1084) 앤드류 새무얼스는 "적극적 상상은 무의식으로부터 오는 '메시지'를 전달해주는 통로"라고 말했다.1085) 이런 것이 구상화다.1086) 그런 면에서 보면, 융은 서양식 박수무당이며 융의 적극적 심상법은 서양식 굿판이다.

이처럼 융 학파와 개슈탈트 치료가들은 직관력과 상상력을 사용하여 스트레스를 감소시키려고 하였다. 그들은 모든 것을 에너지라고 본다. 그래서 인간의 마음을 마치 영사기가 텅 빈 스크린 위에 온갖 세계를 투사하는 것처럼 인간의 마음이 인간의 세계를 창조한다고 본다. 이렇게 말하는 것을 보면 얼마나 신비

1081) 아놀드 민델, **명상과 심리치료의 만남**, 정인석 역 (서울: 학지사, 2011), 70-72; "예컨대, 영성훈련 (spiritual exercise)이나 선(禪) 수행에서 이용되는 명상도 융의 적극적 이미지법과 맥락을 같이 한다. 따라서 이 미지법은 의식적인 날조와는 대조적이다."
1082) http://www.idss.co.kr/board/edu/read.php?board=tbl_idss_edu&page=19&id=151; "적극적 명상은 무 의식과의 대화이다. 이것은 그림으로 표현될 수도 있고 글로 표현 될 수도 있다. 사람에 따라 시각적 체험을 하는 사람과 청각적 체험을 하는 사람으로 나눌 수도 있다. 드물게는 춤과 같은 동작으로 표현할 수도 있다고 한다. 그림 작업은 또한 적극적 명상의 좋은 매개체가 된다. 꿈이나 환상 또는 어떤 강박관념을 그림으로 표현하기 시 작하면 무의식은 의식의 간섭이 없는 한 자율적인 기능을 발휘하여 무의식의 심상을 보내어 일련의 과정을 형상 속에 현시하게 된다. 이때 그 사람이 미적인 표현에 더욱 신경을 쓰면 무의식의 뜻이 순수한 형태로 의식에 전달 되지 못한다. 또한 성급하게 지적으로 무의식의 '뜻'을 밝히려고 해도 안 된다. 참을성 있게 무의식으로부터의 심 성을 묘사해 나가는 것이 중요하다. 무의식에 대한 자아의 적절한 관심만이 의식과 무의식을 통합하는 초월적 기 능(超越的 機能, transzendente Funktion)을 촉진시키게 된다. 적극적 명상은 분석을 종결하고 독립할 수 있는 좋 은 수단이라 생각되고 있다."
1083) C.G. 융, **꿈에 나타난 개성화 과정의 상징**, 한국융연구원 C.G. 융 저작 번역위원회 (서울: 솔출판사, 2006), 35; 융은 연금술을 다음과 같이 기술한다. "… 연금술과 기독교의 관계는 꿈과 의식의 관계와 같다. 꿈이 의식의 갈등을 보상하듯이 연금술은 기독교의 대극 긴장으로 열린 틈을 메우고자 노력한다. …"
1084) C. G. 융·C.S. 홀·J. 야코비, **C. G. 융 심리학 해설**, 설영환 역 (서울: 선영사, 2007), 300; "연금술사들은 동양인이 사용하는 정신의 '능동적인 상상력'에 기초하여, 자신들의 걸작품 혹은 부처를 만들어낸다."
1085) 앤드류 새무얼스, **C. G. 융과 후기융학파**, 김성민·왕영희 역 (서울: 한국심리치료연구소, 2012), 42.
1086) C.G. 융, **연금술에서 본 구원의 관념**, 한국융연구원 C.G. 융저작 번역위원회 역 (서울: 솔출판사, 2006), 74-75; '명상'(meditation)과 '상상'(imaginature)은 연금술사들의 주목할 만한 방식이다. 1612년에 편찬된 룰란 드(Ruland)의 『연금술 사전』(Lexicon Alchemiae)을 들어서 명상에 대한 다음과 같은 말을 인용한다. "'메디타 치오'(meditatio)라는 낱말은, 사람이 눈에 보이지 않지만 어떤 다른 이와 내적인 대화를 나눌 때 사용되는 말이 다." 융은 이것을 무의식과 대면하는 기법의 본질적인 부분이라고 말한다. 그래서, "내면의 대화를 통해 우리 안 에 있는 '타인', 즉 무의식으로부터 응답하는 목소리와 생생한 관계를 이루어 나가는 것"이라고 한다.

주의 사상에 오염되어 있는가를 알 수가 있다. 오늘날 융은 뉴에이지 선동가 중한 사람으로 널리 간주되고 있다.[1087]

융 연구소의 융 학파 분석가이며 교사인 바바라 한나(Barbara Hannah)에 의하면 심상(imagery)이나 구상화에 대하여 다음과 같이 말했다.

> (심상 imagery이나 구상화는) 융 학파 심리학에서 무의식과 직접 접촉을 이루고 더 큰 내적 지식을 얻기 위한 가장 힘 있는 도구로 간주된다.[1088]

"무의식과 직접 접촉"이라는 말은 매우 위험한 말이다. 무의식은 알 수 없는 세계인데, 그 세계로 직접 뛰어든다는 것은 마치 알 수 없는 깊은 바닷속으로 뛰어드는 것과 같은 꼴이다.

결국, 인간 지식의 한계를 극복하기 위해 구상화라는 방법을 도입해서 사용했다는 말이다. 그러나 거기에는 악한 영이 역사하는 사악한 방법이라는 것을 알아차리지 못하고 있다. 융이 말하는 적극적 심상법이 왜 내적치유의 핵심으로 자리 잡고 있을까? 융의 적극적 심상법에는 어떤 비성경적인 위험이 도사리고 있을까?

심상법은 칼 융에게 넘어오면서 이전과는 차원이 다른 접근이 이루어졌다. 칼 융은 그것을 '적극적 상상력' 혹은 '적극적 심상법'이라 했다.[1089] 심상법은 무

1087) C. G. Jung, *The RED BOOK*, edited by Sonu Shamdasani, Mark Kyburz and John Peck (New York · London, W.W.NORTON & COMPANY, 2009), 193.

1088) 데이브 헌트/ T.A. 맥마흔 공저, **기독교 속의 미혹** (서울: 포도원, 1991), 148.

1089) 심상치료 본원센터, "심상치료는 상담 및 심리치료입니까?," http://blog.daum.net/simsang754/282 (2018.9.15.) "적극적 심상법은 곧 인간의 모든 심리적·정신적 문제 및 마음 문제점들이 자연 정신에 입각하여 이해되고 극복되고 해결되는 것이 올바른 치유 방법이라는 관점이다. 적극적 심상법에서 의미하는 치료란 곧 각 개인이 진정한 인생의 인도자인 자연을 접촉하고 만나는 경험과 이를 통하여 각자 자기 인생의 본질적 의미를 자연적 흐름의 정신에서 발견하는 체험을 말한다. 적극적 심상법에 의하면 인간의 인생이란 본질적으로 개인이 외적 환경 및 현실 세계를 자신의 마음으로 그린 형상적 모습의 반복되는 경험에 불과하기 때문에 인간은 자신의 고유한 마음 세계를 반영하는 심상을 통하여 이들을 자각하고 깨달아야 비로소 자신의 진정한 인생을 찾게 되고 나아가 이를 토대로 자아실현을 체험하게 된다는 것이다. 다시 말해 인간이 갖는 '심리적·정신적 문제'란 곧 한 개인이 고유한 개체로서 자신의 독립적인 개성화(Individuation) 과정을 제대로 밟지 못해서 발생하는 것이고 이에 개인이 개성화 과정을 경험해야 진정한 치유가 이루어진다는 것이다. 인간이 자신의 자아실현을 위해서는 삶에서 이 과정들이 반드시 계속 정진되어야 한다. 그러므로 융이 이해한 치유는 곧 각 개인이 터득한 자신의 고유한 개성화 과정과 실제의 삶에서 이상적인 자아실현의 구체적인 체험 그 자체인 것이다. 이 과정을 실제로 가능하도록 인도하는 방법이 곧 적극적 심상법이다."

의식을 체험하는 방법이다. 무의식을 체험하려면 인간의 내면에 들어가서 무의식이 이끄는 대로 따라가면서 내면에서 일어나는 이미지들에 정신을 집중시키는 것이다. 융은 이것을 내성화(introversion)이라고 말했다. 그것을 기록한 것이 『RED BOOK』이며, 융은 『RED BOOK』을 "모든 것을 담은 신령스러운 시작"이었으며, "우주가 한 인간의 영혼을 거쳐 간 행로의 기록"이라고 말했다.[1090]

왜 내면을 들여다보고 체험을 해야 하는가? 무의식에 있는 이미지란 노현자를 비롯한 영적인 안내자들이다. 영적인 안내자들이 이끄는 대로 가는 것이 원형을 체험하는 것이다. 융은 그것을 구원의 원형이라고 말했다.[1091] 아니마의 이미지를 경험하고 난 다음에 자기(self)의 이미지를 만난다. 자기의 원형을 체험해야 통합이 된다. 신은희 교수는 다음과 같이 말했다.

> 융의 '전체 정신'은 무의식의 의식화, 의식의 무의식화 과정을 통하여 인간 마음의 조화로운 중용적 상태를 추구한다. 이는 죽음이 생명력을 높이는 생멸의 대극적 합일을 수용하는 것이며, 기꺼이 '어둠의 태양'을 기다리는 영혼의 밤을 환대하는 마음이기도 하다. 융의 『레드북』은 선과 악의 '두 개의 마음'을 탄식했던 괴테의 자화상 파우스트의 비애를 잠재적 세계와의 신비한 합일로 승화시키고 있다. 이는 '절대 선'이나 '절대 악'의 '완벽함'이 아니라, 무의식의 '절대자' 회복을 통한 '원만함'으로서의 '온전함'을 추구한다. 『레드북』은 탄생과 소멸, 의식과 무의식, 인성과 신성과 같은 대극들이 종합되는 차원에서 구현되는 융합의 신비를 상징한다. 이러한 무의식 세계로의 신비적 만남을 통해 인간의 몸과 정신과 영혼은 비로소 하나의 '전체 정신'이 되는 '자기실현'으로서의 생태 영성을 마주하게 되는 것이다.[1092]

융은 『RED BOOK』 9장에서, 먼저 무의식의 원형인 엘리야와 살로메를 만났으며 두 사람 곁에는 언제나 '검은 뱀'이 동행했다. 노현자인 엘리야는 살로메가 자신의 딸이며 시각장애인이라고 말했다. 엘리야는 살로메와 함께 '영원의

1090) 신은희, "칼 G. 융의 레드북에 나타난 '무의식의 생태 영성'," 문학과종교 21(3) (2016): 135(129-150).
1091) 김성민, 융의 심리학과 종교 (파주: 동명사, 2010), 211; 〈"그것(구원)은 내가 원형이라고 부른 것이 무능해진 자아를 대신하여 그의 행동을 이끌면서 한 사람의 삶에서 깨어날 때 이루어진다"(GP, p. 85). 구원의 원형은 신경증이 절정에 도달했을 때 나타난다: "모든 지원과 버팀대가 스러져버렸을 때, 이 세상 어딘가에 피난처가 있을 것이라는 보장이 전혀 남지 않았을 때, 이 세상 어딘가에 피난처가 있을 것이라는 보장이 전혀 남지 않았을 때, 비로소 사람들은 원형을 체험할 수 있다. 그 원형은 그때까지 아니마가 자아내는 여러 가지 모순들 때문에 감춰져 있다가, 이때에야 비로소 나타나는 것이다. 아니마가 생명의 원형을 나타내듯이, (구원의) 원형은 의미를 나타내는 원형이다"(RC, pp. 48-49)〉
1092) 신은희, "칼 G. 융의 레드북에 나타난 '무의식의 생태 영성'," 문학과종교 21(3) (2016): 147(129-150).

세계'에 속해 있다고 강조했다. 엘리야는 자신의 지혜(시력)와 살로메의 맹목은 "영원한 동반자"로 만들었다고 말했다. 엘리야는 '예견', '로고서', '양'(陽)을 상징하며, 살로메는 '쾌락', '에로스', '음'(陰)을 상징한다. 융은 이 두 원형들을 만나 대화함으로써 두 존재가 "영겁 이래로 하나였다"는 것을 알게 되고, 두 원형이 상징이 아니라 "실재"라는 것과 '신성한 힘"을 가지고 있다는 것을 알게 되었다. 엘리야와 살로메는 아니마와 아니무스이다. 1093)

이부영 교수는 이런 무의식의 원형상들을 샤머니즘의 전통에서 정령개념처럼 자율성과 초속적(超俗的) 신성성을 지니고 있다고 말했다(이부영, 『분석심리학』 102). 이것은 원형상들이 귀신들이라는 뜻이다. 김충렬 박사는 적극적 심상법과 관상기도를 동일시하여 말하면서, "관상의 기도는 우리의 모습을 깊이 관조하는 좋은 방법이다. 이런 기도를 통하여 깊은 내면에의 충만과 희열을 경험하므로 더 성숙한 신앙인으로 발전할 것이다."라고 말했다.1094)

융은 『RED BOOK』에서 아니마의 발전단계를 보여준다.

> 살로메는 장님에서 비로소 눈을 뜨게 되는 깨달음의 체험을 한다. 이는 융의 아니마가 무의식의 진화과정을 거쳐 승화되는 것을 상징한다. 예를 들면, 아니마는 네 단계 발전단계가 있는데, 첫째는 본능적이고 생물학적인 '이브'(Eve)의 원형상이다. 둘째는 낭만적이고 미적인 파우스트의 '헬레네'(Helene)의 원형상이다. 셋째는 헌신적이며 영적인 성모 '마리아'(Mary)의 원형상이다. 넷째는 가장 숭고한 상태인 '순수지혜'의 원형상으로 동양의 '관음보살'(Boddhisattva)이 해당된다(이부영, 분석심리학 110). 레드북에 나타난 융의 아니마 살로메도 처음에는 '이브'의 원형상으로 시작하여 마침내 '순수지혜'의 성숙한 아니마로 변화한다. 이부영은 인간 무의식의 내적 세계에는 '샤먼'과 같은 '영혼의 인도자'가 있는데, 그러한 내적 인격이 남성의 아니마로 나타난다고 본다(113). 레드북의 살로메는 융의 무의식을 자극하여 투사 된 여성 원형의 '심혼상'이며, 이는 마치 단테의 신곡에서 주인공을 천국으로 인도하는 베아트리체(Beatrice)와 같은 지혜의 여성상으로 변화하게 된다.1095)

아니마의 가장 숭고한 상태가 관음보살이라는 말에 기독교인으로서 매우 주의 깊게 보아야 한다. 특히나, 이부영이 무의식의 세계에 영혼의 인도자인 '샤먼'

1093) 칼 구스타프 융, RED BOOK, 김세영 역 (서울: 부글북스, 2005), 70-78.
1094) 김충렬, "분석심리학 치료기법인 적극적 명상기법," 뉴스엔조이, May. 23. 2007. Accessed May. 3. 2910. http://www.newsnjoy.or.kr/news/articleView.html?idxno=21149
1095) 신은희, "칼 G. 융의 레드북에 나타난 '무의식의 생태 영성'," 문학과종교 21(3) (2016): 137-138(129-150).

이 남성의 아니마로 나타난다는 말은 대극의 원형인 아니마가 영적인 안내자라는 것을 말해 준다.

『RED BOOK』에서 융의 아니마 살로메의 변화는 로고스를 상징하는 엘리야와의 융합작용의 결과이다. 엘리야와 살로메를 연결해 주는 것은 '가변성(可變性)을 상징하는 '검은 뱀'이다. 뱀은 로고스와 에로스의 경계를 암시하며, 로고스와 에로스가 교차적으로 가능한다는 것을 말해 준다. 이것은 원형의 두 실재가 궁극적으로는 하나의 본질을 구성하고 있다는 것을 의미한다.

신은희 교수는 "엘리야와 살로메, 뱀의 융합 원형상들은 상당 부분 영지주의 예언 문학의 영향을 받은 것이다. 영지주의자들에게 세상을 구원하는 원칙은 뱀이었다.(융, 『무의식』 401)"고 말했다.[1096]

1096) Ibid., 138; "『레드북』에서 뱀의 상징은 무의식의 다른 원형들과도 지속적으로 연계되어 등장한다. 예를 들면, 엘리야의 변용 이미지인 필레몬의 그림에도 등장하며, 필레몬의 지혜를 상징할 때도 뱀의 형상은 등장한다. 뱀이 '독'과 '치유'의 대극성을 상징하는 것은 메소포타미아의 '카두케우스'(Caduceus) 상징에서 나타난 뱀의 이중성과도 유사하다. 뱀의 한 가지는 이로운 것이고, 다른 하나는 사악한 것으로, 이는 생명의 '길항'(拮抗)과 '평형'(平衡)을 상징한다. 뱀의 대극성은 우주의 흐름에 관한 것으로 이중나선형의 역동적 움직임으로도 묘사된다(나비 173). 융은 뱀의 상징은 재생과 죽음을 의미하는 '영웅의 리비도'이며, 이는 그리스 신화에 나오는 아테네의 왕 케크롭스(Cecrops) 이미지인 '성채의 뱀'과 유사하다고 강조한다(무의식 402). 이는 고대문명 시기부터 인류의 집단 무의식 속에는 뱀이 지닌 자연의 신성한 생명력과 고태적 대극성이 내재해왔기 때문이다. 뱀은 샤머니즘 전통에서 태극의 음양합일로 '천신', '칠성신'을 상징하며, 불교 밀교에서는 '세계의 축'에 상응하는 원리로 '쿤달리니'를 뜻한다. 『레드북』에 나타난 필레몬의 뱀 상징은 이러한 신화적 원형들 속에서 해석되어야 한다. 또한 뱀은 필레몬의 신적 원형으로 대체되는 고대 영지주의(Gnosticism)의 최고신 '아브락사스'의 이미지에도 나타난다. '아브락사스'는 영지주의 문학에서 천상의 배우자 소피아(Sophia)의 아들로 일곱 번째 하늘을 통치하는 신의 인격화된 존재이다. 그는 수탉의 머리, 사람의 몸, 뱀의 모양을 한 다리를 가진 존재로 묘사되는데, 융은 『레드북』에서 그의 신적 이미지를 가장 승화된 '현자'의 원형상으로 선택한다. '아브락사스'의 두 발이 뱀으로 상징된 것은 '지혜의 신비'를 뜻하기 때문이다. 영지주의 나그함마디(Nag Hammadi) 문서의 진리의 증언과 아르콘의 본질에 따르면, 뱀은 신성한 소피아의 영감을 받은 존재로 신의 지혜를 상징하는 생명으로 나타난다(휠러 51). 레드북 에 나타난 예언자와 여성의 결합 모티브는 영지주의 예언자 시몬마그누스(Simon Magnus)와 헬레네의 신화적 모티브와 유사하다. 마그누스의 우주신화는 선재한 신(pre-existent God)이 그의 여성성인 만물의 어머니 엔노이아(Enoia)를 유출(emanation)시키는 이야기이다. 엔노이아가 천사들로부터 배신을 당하여 인간의 몸에 갇히게 되는데, 그녀의 재현이 그리스·로마 신화의 원형적 여성인 헬레네이다. 마그누스는 신의 화신이 되어 헬레네를 구원하고 이로써 예언자와 여성의 결합을 상징하는 영지주의 대극 합일의 상징이 된다(129-30). 헬레네는 후에 괴테의 파우스트에 등장하는 헬레네의 기원이 되고, 융의 여성적 원형상의 모티브로도 나타난다. 이처럼 뱀이 로고스와 에로스, 남성성과 여성성을 연결시켜 주는 '양성구유적 상징'은 인류의 심성 속에 가장 원초적인 세계상, '이마고 문디'(imago mundi)인 '오우로보로스'(Outoboros) 원형에 뿌리하고 있다. 이는 '우주 뱀' 상징을 통해 창조신의 양성성을 상징하는 다양한 문명신화─수메르, 이집트, 페르시아, 인도, 그리스, 아마존, 아시아 등등─의 모티브에서도 공통적으로 발견되는 집단 무의식의 원형상이다. 레드북에 나타난 융의 검은 뱀 원

엘리아와 살로메의 환상 경험 이후에, 융은 엘리아의 발전된 원형상인 필레몬을 만났다. 마법사 필레몬은 늙고 정신박약의 징후가 있었으며, 이교도적이며 영지주의적인 통찰과 이집트 헬레니즘의 지혜를 겸비한 인물로 등장한다.[1097] 필레몬은 융에게 '탁월한 존재'이며, '구루'와 같은 존재였다. 신은희 교수는 필레몬에 대해 다음과 같이 말했다.

> 융에게 있어서 필레몬은 자아의식을 변환시키는 하나의 '성소'(聖所)와도 같다. 필레몬의 존재는 지극히 은밀하며 개인적이지만, 동시에 초개인적인 신비로 다가와 그의 내면에 은거하는 '초월적 타자'로 존재한다. 필레몬과 같은 노현자의 원형은 동서양에서 공통적으로 나타나는 무의식의 징표이기도 하다. 예를 들면, 서양 정신사에서 구약의 묵시문학에 등장하는 '연륜이 쌓인 노인'의 존재는 '옛부터 항상 계신 분'으로 신적 존재의 인격상을 의미해 왔다. 다니엘의 환상에 나타난 신적 존재는 "눈과 같이 흰옷을 입고 흠 없이 깨끗한 양털 같은 백발의 노인 이미지"(단 7:9)로 묘사되고 있다(유아사 101). 또한 동양 정신사에서는 도교의 '노자'(老子) 이미지와도 유사하다. 노자는 특정인을 의미하는 것이 아니라 일반적으로 '지혜로운 노인'과 '스승'을 상징적으로 의미한다.[1098]

신은희 교수에 의하면, 필레몬은 단순히 영적인 안내자 개념을 뛰어넘는 초월적인 신(神)이다. 다니엘서 7장 9절은 14절까지 이르는 하늘에서의 심판 장면을 묘사하는 것으로, 하나님의 속성을 은유적으로 나타냈다.[1099] 융의 자기 개념과 함께 생각하면 필레몬은 자기로 인도하는 신적인 안내자에 불과하다. 필레몬이 융에게 전해 준 진정한 마법의 형태는 때때로 이성의 범위를 초월하는 것이라서 "비(非)이성과 일치한다."[1100]

적극적 심상법 혹은 '보링공법'(boring method)으로 자기를 체험한다는 것은

형상도 이러한 양성성과 변환의 상징을 의미하고 있다.〉

1097) 신은희, "칼 G. 융의 레드북에 나타난 '무의식의 생태 영성'," **문학과종교** 21(3) (2016): 140(129-150); "융은 필레몬을 내향적 '제2인격'으로 수용하는데, 이는 사회적 페르소나(persona)를 쓰고 살아가는 외향적 '제1인격'과 대비되는 개념이다. 융의 필레몬은 지혜롭고 통찰력 높은 노현자의 인격으로 그가 평생 동안 '내면의 또 다른 타자', '숨겨진 신'으로 동행했던 무의식의 원형상이기도 하다. 융의 애칭이 어려서부터 '태조(太祖) 아브라함'이었던 점은 필레몬의 무의식적 이미지가 외면적으로 일부분 표출된 예이기도 하다. 필레몬에 관한 융의 첫 번째 기록은 1914년 1월에 작성된 레드북의 모체 블랙북의 내용에 담겨있다."
1098) 신은희, "칼 G. 융의 레드북에 나타난 '무의식의 생태 영성'," **문학과종교** 21(3) (2016): 141(129-150)
1099) 내가 보았는데 왕좌가 놓이고 옛부터 항상 계신 이가 좌정하셨는데 그 옷은 희기가 눈 같고 그 머리털은 깨끗한 양의 털 같고 그 보좌는 불꽃이요 그 바퀴는 붙는 불이며(단 7:9)
1100) 칼 구스타프 융, RED BOOK, 김세영 역 (서울: 부글북스, 2005), 346.

무엇을 의미하는가? 그것은 인간이 신이라는 것을 체험하는 것이다. 리차드 놀 (Richard Noll)은 융이 1916년경에 적극적 심상법으로 환자들에게 자신들이 신이라고 느끼도록 했다고 말했다.[1101]

그러면 무의식의 원형들을 어떻게 체험할 수 있는가? 김성민 교수는 다음과 같이 말했다.

> 융은 무의식을 체험하려면 사람들이 환상이나 비전을 통해서 보았던 이미지들을 분석하거나, 꿈에 나타난 이미지들이 그에게 말하려는 것을 해석하고, 내면적인 음성에 귀를 기울어야 한다고 주장하였다. … "내면에서 나오는 음성은 좀 더 온전한 삶에서 나오는 음성이고, 더 크고 더 광범위한 의식에서 나오는 음성이다"(PM, p. 268). 그래서 사람들이 자신의 내면에서 부르는 소명(vocation)에 자기의식을 똑똑히 가진 채 "예"라고 대답한다면, 그는 좀 더 온전한 삶을 향해 나아갈 수 있으며, 좀 더 원숙한 인격을 닦아갈 수 있을 것이다.[1102]

김성민 교수에 의하면, 꿈의 이미지를 해석하거나 무의식을 체험하기 위해 내면의 음성을 들어야 한다. 그 내면의 음성이란 영적인 안내자가 말해 주는 음성이다. 그 영적인 안내자를 만나기 위해 융은 만다라를 그리고 접신을 했다. 신은희 교수는 "『레드북』에 나타난 다양한 무의식의 원형들은 궁극적으로 '자기실현'을 향해 나가는 의식과 무의식의 대극적 합일 과정이다."라고 말했다.[1103] 그 말의 진정한 의미는 『RED BOOK』에 나오는 무의식의 원형들은 대극의 합일을 도와주는 귀신들이라는 것이다.

1101) Richard Noll, *The Jung Cult* (New York: Free Press Papperbacks, 1994), 222: 〈 Jung is here reframing for us-and especially for himself-anexperience that he and others have had that has generally been regarded as degenerate or psychotic. Deification is not necessarily lunacy, he wishes us to believe, but direct experience of a transcendental realm (transcendental, that is, from the point of view of the individual ego): the impersonal unconscious. At-tempts to "annex" contents of the unconscious. especially the impersonal unconscious, enlarge and bloat the individual personality, leading to a state of subjective godlikeness. The term Jung invented around this time for the method of seeing the gods was "active imagination." Therefore, analysis-that is, psychotherapy in a Jungian style circa 1916 that employs dissociative active-imagination techniques-allowed patients to feel they were gods by allowing them to constellate the god within. This interior god is in all of us and we experience it through techniques Iung devised and utilized.〉

1102) 김성민, **융의 심리학과 종교** (파주: 동명사, 2010), 213.

1103) 신은희, "칼 G. 융의 레드북에 나타난 '무의식의 생태 영성'," **문학과종교** 21(3) (2016): 130(129-150).

이때가 바로 리비도와 종교를 둘러싼 이견으로 인해 프로이트와 단절하고 융이 자신의 이론을 개발한 시기였다. 1913년에 융은 『RED BOOK』을 쓰기 시작했다. 융은 1913-16년에 적극적 심상법(active imagination)을 발견하고 사용했다.[1104] 융은 16년(1914-1930) 동안 이 책을 쓰면서 원형, 집단 무의식, 개성화 이론을 개발했다.[1105] 『RED BOOK』 내용의 절반은 자신의 '영적일기'인 『The Black Book』에서 옮겨왔다. 융은 『The Black Book』을 "내 인생의 가장 어려웠던 경험의 기록"이라고 말했다.[1106]

이 경험이 이루어지기 전에 융은 꿈과 환상을 통해 종교적 체험을 했으며, 자신의 사촌 누이 헬레네 프라이스베르크(Helene Preiswerk)가 죽은 망자와 소통하는 '교령회'(交靈會, séances)에서 영매로 활동하는 것을 관찰했다. 융은 사촌 누이가 무아지경에 빠진 모습을 만다라의 상징으로 묘사하여 완성했다. 융은 사촌누이의 종교체험을 연구주제로 한 「소위 주술적 현상의 심리학과 병리학」(On the Psychology and Pathology of So-called Occult) 논문으로 박사학위를 받고 정신과 의사로서의 수련을 시작했다. 융은 프리드리히 니체(Friedrich Nietzsche), 아르투르 쇼펜하우어(Arthur Schopenhauer), 에마누엘 스베덴보리(Emanuel Swedenborg)의 경험과 사상에서 많은 영향을 받았다.[1107] 특히 『RED BOOK』의 구성과 스타일은 니체의 『차라투스투라는 이렇게 말했

1104) C. G. Jung, *Jung on Active Imagination*, Edited Joan Chodorow (London and New York: Roueledge, 1997), 4; 융은 처음에 '초월기능'(The Transcendent function)이라고 제목을 붙였다.

1105) 칼 구스타프 융, RED BOOK, 김세영 역 (서울: 부글북스, 2005), 8; "이 책은 융의 환상에 두 사람이 나타나는 것으로 시작한다. 엘리야와 살로메다. 거기에 검은 뱀이 등장한다. 엘리야는 융의 영혼을 안내하는 상징이고, 살로메는 융이 억누르고 있는 여성성, 즉 아니마이다. 엘리야는 나중에 필레몬이라는 마법사로 바꾸어 차원 높은 통찰을 보이며 이미지로 소통한다. 이 이미지는 개인의 경험에서 나오는 것이 아니다. 융은 그것을 집단 무의식의 산물로 보고 있다. 융은 당시 독단적인 형태를 보이던 교회에 부정적인 입장을 보였다."

1106) 신은희, "칼 G. 융의 레드북에 나타난 '무의식의 생태 영성'," 文學과宗教 21(3) (2016): 131(129-150); 〈『레드북』은 전체 3부로 구성되어 있다. 제1부는 미래의 길("The Way of What is to Come")의 소제목으로 11장이 포함되어 있다. 제2부는 신비한 이미지들("The Images of the Erring")의 소제목으로 21장이 포함되어 있다. 제3부는 묵상("Scrutinies")의 소제목으로 자신이 대면한 무의식의 원형들을 통해 '전체 정신'을 뜻하는 '자기' 개념을 완성해 간다. 이러한 일련의 과정을 통해 융은 자신의 무의식 속에 잠재된 신적 원형의 이미지들을 대면하며, 의식과 무의식의 세계가 하나로 통합되는 개성화의 '자기실현'을 경험하게 된다. 그러나 이 책의 마지막 장은 미완성된 에필로그로 마무리되는데, 이는 그가 오랫동안 고뇌했던 무의식 세계의 무한성을 하나의 영적 여백으로 남겨둔 것으로 보인다.〉

1107) Ibid,. 132.

다』 (Thus Spoke Zarathustra)의 영감에 기초하고 있으며, 1914년에 융은 니체의 이 책을 통해 "순간 강렬한 영에 사로잡혀 고독의 사막으로 이끌리는 경험"(Jarret 381)을 했음을 밝혔다.[1108]

『RED BOOK』에는 알리기에리 단테(Alighieri Dante), 요한 볼프강 본 괴테(Johann Wolfgang von Goethe), 윌리엄 블레이크(William Blake)의 영향이 고스란히 담겼다. 융은 단테의 『신곡』에 등장하는 지옥편의 모티브를 응용하여 『RED BOOK』 2부에서 '미래의 지옥으로 내려가다'라는 새로운 내용을 첨가했다. 블레이크의 천국과 지옥의 결혼(The Marriage of Heaven and Hell)과 미술작품을 통해 만다라, 고대문자, 그림 등의 삽화를 그렸다. 괴테의 문학적 영향은 '필레몬의 신전'을 만들고 난 뒤에 그 신전의 비문을 '파우스트(Faust)의 회개'라고 새긴 데서 드러났다. 특히, 괴테의 파우스트와 메피스토펠레스(Mephistopheles)로부터 선과 악의 영감이 융의 만다라 속에 반영되었다.[1109]

이런 모든 영향보다 『RED BOOK』에 결정적인 영향을 준 것은 『태을금화종지』였다. 융은 『태을금화종지』를 통해 자신이 그렇게 고민해왔던 심리학적 주제들과 공통점을 발견하고 충격을 받았다. 융은 『태을금화종지』를 통해 "예전에는 꿈도 꾸지 못한 확인"을 받았다고 고백했다.[1110]

융은 자신의 꿈을 관찰하고 적극적 심상기법을 발전시켜 자신의 내면세계에 깊숙이 들어갔다.[1111] 원형이 상징으로만 알려지기 때문에 적극적 심상법을 통해 무의식 속에서 엘리야와 살로메, 필레몬을 만나 대화를 나누었다. 필레몬(밤바다 모험 때 융의 꿈 해석을 지시해준 노현자)은 자기(self)가 인격화된 것이며

1108) Ibid.; "다만 이 두 작품의 차이점이 있다면 니체의 작품은 '신의 죽음'을 강조한 반면, 융의 작품은 인간 영혼 속에서 부활하는 '신의 재탄생'을 강조하고 있다. 초기의 융은 니체의 짜라투스트라를 자신의 '제2의 인격'으로 동일시했으나, 후에 니체의 '자아팽창' 현상이 정신질환으로 이어진 것으로 보고 내적 인격의 부적응 사례로 정리한다."

1109) Ibid., 134; "융의 연금술 연구는 괴테에 대한 내적 관계의 징표로서 그를 '원형적 전환의 과정에 사로잡힌 인물'로 묘사한다."

1110) Ibid.; "융은 이 경전의 통찰을 통해 동양적 사유의 흔적을 많이 남기게 되는데, 신의 그림자, 죽음의 순환적 세계, 정관과 성찰을 통한 내면의 이미지동을 통해 '비인과적 동시성의 원리'를 정립하게 된다."

1111) 머리 스타인, **융의 영혼의 지도**, 김창한 역(서울: ㈜문예출판사, 2017), 12-13. "환자들의 자신의 이해하기 위해 융은 인간의 문화, 신화, 종교에 대한 비교 연구를 가능하게 하는 해석 방법을 발전시켰다. 사실 그는 세계 역사에서 정신 과정과 연관성을 갖는 자료는 무엇이든 모두 사용하고자 했다. 이 방법을 융은 '확충'(amplification)이라고 불렀다."

초인간적인 성격을 가진 모습을 취한다. 융에게 "인격화란 언제나 무의식의 자율적 활동을 의미한다."1112) 남성으로는 '지혜로운 노인'으로, 여성으로는 '지고한 여신'의 모습으로 나타난다.1113) 이런 원형 이미지들은 하구적인 존재들이 아니라 인격화된 원형적인 이미지들이다.

『RED BOOK』의 11장 '결의'에서 영적인 안내자 살로메는 융에게 "당신은 예수 그리스도예요"라고 말했다.1114) 엘리야는 "여기서 자네의 일은 끝났네. 다른 일들이 올 거야. 지치지 말고 추구할 것이며, 무엇보다 자네가 본 것을 정확히 기록하도록 하게."라고 말했다. 이로써 융의 개성화가 완성되었다. 융은 다음과 같이 말했다.

> 우리는 영원한 생명력을 필요로 한다. 우리는 미래와 과거를 깊은 곳에 간직하고 있다. 미래는 늙었고 과거는 젊다. 당신은 이 시대의 정신에 이바지한다. 그러면서 자신이 깊은 곳의 정신을 벗어날 수 있다고 믿는다. 그러나 깊은 곳은 당신에게 더 이상 망설이지 말고 예수 그리스도의 신비들 속으로 들어가라고 강요할 것이다. 인간이 영웅을 통해 구원을 받지 못하고 스스로 예수 그리스도가 되는 것은 이 신비에 속한다. 과거 성자들의 예가 우리들에게 이것을 상징적으로 가르치고 있다.1115)

융은 스스로 예수 그리스도가 되었다. 귀신과 접신을 함으로써 예수 그리스도가 되고 예수 그리스도의 신비를 성취했다. 융의 아니마이자 영적인 안내자인 살로메는 "당신은 이미 구원의 말을 했어요"라고 말했다.1116) 융은 다음과 같

1112) C.G. 융, **융 기본 저작집5 꿈에 나타난 개성화 과정의 상징**, 한국융연구원 C.G. 융 저작번역위원회 역 (서울: 솔출판사, 2006), 73; "베일에 싸인 한 여자 형상이 계단 위에 앉아 있다: 우리가 기술상 아니마라고 지칭한 미지의 여자 모티프가 여기서 처음으로 등장한다. 더욱이 그것은 앞서의 불확실한 수많은 여자 형상들과 마찬가지로(꿈4) 되살아난 정신적 분위기가 인격화된 것이다. 그때부터 미지의 여자 형상은 수많은 꿈에 되풀이해서 나타난다. 인격화란 언제나 무의식의 자율적 활동을 의미한다. 한 개인 인물이 등장하면 그것은 무의식이 활동하기 시작한다는 말이다. 그런 인물들의 행위는 거의 대부분 **예시적** 특성을 지닌다. 다시 말해 꿈꾼 사람이 나중에 스스로 행할 행위가 선취되는 것이다. 그런 경우 계단이 보임으로써 상승과 하강이 암시된다."
1113) 가와이 하야오, **융이 그린 마음의 해부도**, 김지윤 역 (서울: 바다출판사, 2018), 261.
1114) C. G. Jung, *The RED BOOK*, edited by Sonu Shamdasani, Mark Kyburz and John Peck (New York · London: W.W. NORTON & COMPANY, 2009), 252; ⟨Salomesays, "Mary was the mother of Christ, do you understand?" I: "I see the a terrible and incomprehensible power forces me to imitate the Lord in his final torment. But how can I presume to call Mary my mother?" S: "You are Christ." I stand with outstretched arms like someone crucified, my body taut and horribly entwined by the serpent; "You Salome, say that I am Christ?"⟩
1115) 칼 구스타프 융, **RED BOOK**, 김세영 역 (서울: 부글북스, 2005), 94.

이 말했다.

만일 당신에게 외적인 모험이 일어나지 않는다면, 당신에겐 내적인 모험 또한 일어나지 않는다. 당신이 악마에게서 물려받은 부분 즉 환희가 당신을 모험으로 이끈다.1117)

무의식의 세계에서 융을 신성화로 이끈 것은 살로메라는 악한 존재이다. 융은 "남자들 안의 여성성은 악과 연결되어 있다"라고 말했으며, "여성 안의 남성성도 악과 연결되어 있다"고 말함으로써 무의식의 그림자가 악한 존재라고 말했다.1118) 융 스스로가 살로메의 그런 행위는 '신성화'였다고 말했다.1119) 그러나

1116) Ibid., 115.

1117) Ibid., 117.

1118) Ibid., 119; "당신은 한 사람의 남자로서가 아니라 한 사람의 인간 존재로서 여자들을 대할 것이다. 말하자면 여자처럼 느껴질 것이다. 그러나 당신은 우스꽝스러워 보이는 것을 받아들여야 한다. 그렇지 않으면 당신은 고뇌로 고통 받을 것이며, 당신이 거의 주의를 기울이지 않을 때에 별안간 우스꽝스러운 것이 당신을 덮치며 당신을 우스꽝스런 존재로 만들어버리는 시간이 올 것이다. 더없이 남자다운 사람이 자신의 여성성을 받아들이는 것은 비통한 일일 것이다. 그에겐 그것이 우스꽝스럽고 무력하고 야비해 보이기 때문이다. … 남자들 안의 여성성은 악과 연결되어 있다. 나는 욕망의 길에서 그런 사실을 깨닫는다. 여성 안의 남성성도 악과 연결되어 있다."

1119) C. G. Jung, The RED BOOK, edited by Sonu Shamdasani, Mark Kyburz and John Peck (New York · London: W.W. NORTON & COMPANY, 2009), 234; 〈In the 1925 seminar, Jung recounted that after Salome's declaration that he was Christ: "In spite of my objections she maintained this, I said, 'this is madness,' and became filled with skeptical resistance"(Analytical Psychology, p. 96). He interpreted this even as follows: "Salome's approach and her worshiping of me is obviously that side of the inferior function which is surrounded by and aura of evil. One is assailed by the fear that perhaps this is madness. This is how madness begins, this is madness … You cannot get conscious of these unconscious facts with giving yourself to them. If you can overcome your fear of the unconscious and can let yourself go down, then these facts take on a life of their own. You can be gripped by these ideas so much that you really go mad, or nearly so. These images have so much reality that they recommend themselves, and such extraordinary meaning that one is caught. They form part of the ancient mysteries; in fact it is such fantasies tha made the mysteries. Compare the mysteries of Isis as told in Apuleius, with the initiation and deification of the initiate … One gets a peculiar feeling from being put through such an initiation. The important part that led up to the deification was the snake's encoiling of me. Salome's performance was deification. The animal face which I felt mine transformed into was the famous [Deus] Leontocephalus(사자머리 신) of the Mithraic mysteries, the figure which is represented with a snake coiled around the man, the snake's head resting on the man's head, and the face of the man that of a lion … In this deification mystery you make yourself into the vessel, and are a vessel of creation in which the opposites reconcile." He added: "All this is Mithraic symbolism from beginning to end"(ibid., pp. 98-99). In The Goldend Ass, Lucian undergoes an initiation into the mysteries of Isis. the significance of this episode is that it is the only direct description of such in initiation that has survived. Of the even itself Lucians states: "I approached the very gates of death and set

그 신성화는 태양숭배교인 로마의 미트라교에서 말하는 신성화였다. 융은 자신이 신격화한 것이 아니라 신이 신격화했다고 말했다. 신격화된 융은 뱀이 융을 칭칭 감고 있으며 날개가 달려 있고 사자 머리를 한 모습이었다.[1120] 융이 신성화 된 모습은 무적의 태양신 미트라의 형상이었다. 얀 가레트(Jan Garrett)는 융이 자신의 이상(vision)을 입증하고 신이 되었으며 분석심리학은 종교가 되었다고 말했다.[1121] 놀(Richard Noll)은 융이 컬트(Cult)를 만들었으며, 융은 자기신성화(self-deification)로 아리안 그리스도(Aryan Christ)가 되었다고 말했다.[1122]

적극적 심상법은 무의식을 이해하는 3가지 수단 중 하나이다. 융은 무의식을 이해하는 중요한 수단으로 꿈의 분석[1123], 회화분석 그리고 적극적 심상법을 말했다. 적극적 심상법의 초기 이론은 「정신의 본질에 관하여」에서 발견된다. 머리 스타인은 다음과 같이 말했다.

---

foot on Proserpine's threshold, yet was permitted to return, rapt through all the elements. At midnight I saw the sun shining as if it were noon; I entered the presence of the gods of the under-world and to gods of the upper world, stood near and worshiped them.">

1120) Carl Jung, *psychology and Alchemy*, 12-13; ⟨This requires limitless range and unfathomable depth of vision. I have been accused of "deifying the soul." Not I but God himself has deified it! I did not attribute a religious to the soul, I merely produced the facts which prove that the soul is naturaliter religiosa, I.e., possesses a religious function.⟩

1121) Dr. Jan Garrett, "The Jung Talk The Enigmatic Origins of the Jung Cult(?)," August 1, 2011. accessed Apr. 17. 2019. http://people.wku.edu/jan.garrett/jung_talk.htm; "As Jung's visions allegedly demonstrated, he even became a god. Jungianism is a religion. Let it sink or swim as a religion and not pretend to be something it is not, merely a slightly eccentric branch of psychological science."

1122) Sonu Shamdasani, *Cult Fictiions: C. G. Jung and the Founding of Analytical Psychology* (London & NewYork: Routledge, 1998), 49-50.

1123) 정인석, **의식과 무의식의 대화** (서울: 대왕사, 2008), 73-74; 융은 꿈을 적극적으로 경험하고 주의 깊게 관찰하여 '요해'(了解, Verstehen: 단순한 지적인 이해가 아니라 깨달아 알아낸다)해야 할 산 현실로서 연구하였다. 때문에 그는 꿈을 '해석'의 대상이 아니라 '체험'의 대상으로 본 것이다. … 왜냐하면 분석자가 피분석자의 꿈을 훌륭하게 해석해 주었다 할지라도 그 결과가 피분석자의 마음에 아무것도 못 느끼고 깨닫게 해 주지 못했다면 무의미한 것이기 때문이다. 그는 이러한 관점에서 꿈의 형태와 내용을 세밀히 관찰함으로써 꿈의 상징(symbol)의 의미를 해독하려고 노력하였으며 그리하여 자유연상법(free association)에 의한 정신분석적인 꿈분석을 멀리하고, 하나의 꿈의 상(像)을 중심으로 꿈을 꾼 사람의 연상과 인류의 보편적인 연상을 수집하여 그 꿈의 이미지 자체에 접근하여 꿈의 의미를 이해하려는 소위 '확충'(amplification)이라는 방법을 사용하였다. … 확충을 하기 위해서는 신화·역사·민담·원시종교·문화·메타로(metaphor)에 수반했던 이미지를 이용하여 은유적인 꿈의 상징을 밝히고 이를 넓혀 가는 것이 필요하다고 보았다.

무의식의 관념은 모든 심층심리학에 근본적이다. 이것 때문에 심층심리학은 다른 심리학적 모델과 구별된다. 융은 무의식이 존재한다는 증거로서 정신의 분리 가능성을 언급한다. 예를 들어 의식이 변경되는 어떤 상태에서 아직 의식에 떠오르지 않은 자기 또는 주체, 즉 자아는 이런 다른 잠재 인격과 대화에 참여할 수 있다. 그러한 '지킬과 하이드' 같은 현상은 한 성격 안에 두 의식의 중심이 또렷이 나타난다는 것을 말해 준다. 사람들이 이런 사실을 의식하지 못한다 해도 이른바 정상적인 성격들에도 존재한다고 융은 적고 있다.[1124]

스타인에 의하면 무의식 안에는 잠재 인격이 있고 그 잠재 인격과 대화할 수 있다는 것이다. 이것은 적극적 심상법에서 영적인 안내자와 만나서 대화하는 것이며, 접신에 해당한다.

융의 제일 큰 업적 중 하나가 구상화(visualization)라고 하는 것은 융의 제자들도 하는 말이다. 융은 프로이트와 결별 후 7년 동안 구상화로 자기 자신의 무의식을 여행하고 『RED BOOK』이란 책을 출판했다.[1125] 그는 무의식 안에 있는 이미지는 생명을 갖고 있고 그 이미지를 안내자라고 명명하고 그 자신도 필레몬(Philemon)이란 영적인 안내자가 자기 자신에게 더한 지혜를 주었다고 말했다.[1126] 『RED BOOK』의 목적은 '내면의 삶을 평가하라'는 것이다.[1127]

1124) 머리 스타인, 융의 영혼의 지도, 김창한 역 (서울: ㈜문예출판사, 2017), 141.

1125) 위키피디아 사전에서 http://en.wikipedia.org/wiki/Red_Book_(Jung)#; Context The work is inscribed by Jung with the title Liber Novus (The New Book). The folio size manuscript, 11.57 inches (29.4 cm) by 15.35 inches (39.0 cm), was bound in red leather, and was commonly referred to as the 『Red Book』 by Jung. Inside are 205 pages of text and illustrations, all from his hand: 53 are full images, 71 contain both text and artwork and 81 are pure calligraphic text. He began work on it in 1913, first in small black journals, during a difficult period of "creative illness", or confrontation with the unconscious, and it is said to contain some of his most personal material. During the sixteen years he worked on the book, Jung developed his theories of archetypes, collective unconscious, and individuation. The Red Book was a product of a technique developed by Jung which he termed active imagination. As Jung described it, he was visited by two figures, an old man and a young woman, who identified themselves as Elijah and Salome. They were accompanied by a large black snake. In time, the Elijah figure developed into a guiding spirit that Jung called Philemon (ΦΙ ΛΗΜΩΝ, as originally written with Greek letters). Salome was identified by Jung as an anima figure. The figures, according to Jung, "brought home to me the crucial insight that there are things in the psyche which I do not produce, but which produce themselves and have their own life." The Philemon figure represented superior insight and communicated through mythic imagery. The images did not appear to come from Jung's own experience and Jung interpreted them as products of the collective unconscious.

1126) http://www.mightyatlas.net/jung_himself_archtype_freud/ philemon and other figures of my fantasies brought home to me the crucial insight that there are things in the psyche which I do not produce, but which produce themselves and have their own life. Psychologically, Philemon represented superior insight.

'내면의 삶을 평가하라'는 말의 의미는 무엇인가? 그것은 인간 속에 신성한 내면아이가 있다는 것이고 그것을 계발시키라는 뜻이다.[1128]

그런 까닭에, 융의 구상화를 살펴볼 때 가장 중점으로 살펴보아야 하는 것이 『RED BOOK』이다. 『RED BOOK』에 대하여 말하는 글을 읽어 보자.

1913년 융이 프로이드의 정신분석 학파를 결정적으로 떠난 뒤에 그가 시작한 중요한 작업은 자기 자신의 무의식과의 대화였다. 그것은 그가 그렇게 하기로 계획한 일이라기보다 무의식에서 폭류처럼 솟아오르는 심상들이 그로 하여금 어떻게든 대면하지 않을 수 없게 만들었던 것이라고 해야 할 것이다. 융은 꿈과 환상을 진지하게 받아 드리고 환상 속의 이미지들과 대화하면서 그 과정을 성실하게 기술해 나갔다. 꿈의 상들을 실재하는 존재처럼 상상하며 이들과 대화함으로써 무의식의 의도를 알아내고 그것을 의식화하는 '적극적 명상(Active Imagination)'은 융의 이 당시의 경험에서 나온 것이다. 융은 그의 환상을 즐겨 그림으로 표현하여 언어로는 나타낼 수 없는 무의식의 상을 체험해 나갔다. 이런 작업은 1913년에서 1919년까지 6년간 계속되었으며 이 기간을 어떤 사람은 융의 내향기라고 부르고 무의식에 대한 융의 중요한 학설이 이 당시의 체험에서 싹텄다고 전한다. 그러나 실제로는 1927년까지 14년간을 융은 이 환상의 기록을 다듬고 정리하는데 이바지했다. 처음에는 검은 표지의 책, 즉 '검은 책'에 수록했다가 그것을 붉은 양피지로 엮은 책, 그래서

All my works, all my creative activity, has come from those initial fantasies and dreams which began in 1912.(C. G. Jung, 1961)

1127) http://psychcentral.com/blog/archives/2009/09/20/carl-jungs-red-book; The historian who did the translation over the past few years has said the book's basic message is "Value your inner life." Whether you read it or not, that's a message worthy of any great theorist in psychology.

https://philemonfoundation.org/projects/red_book/+Value+your+inner+life+divine+jung&cd=3&hl=ko&ct=clnk&gl=kr While Jung considered the Red Book, or Liber Novus (New Book), to be the central work in his oeuvre, it has remained unpublished until the end of 2009, and unavailable for study and unseen by the public at large. The work can be best described as a work of psychology in a literary and prophetic form. Its publication is a watershed that inaugurates a new era in the understanding of Jung's life and work.

1128) http://jeanraffa.wordpress.com/2011/07/08/dreams-of-the-divine-child; Jung had a name for Joseph's symbol of innocent childish wonder: the Divine Child. He saw it as an archetypal symbol for the self – the whole, integrated, fully conscious psyche – and for the process of individuation which forms it. In every era and culture, this archetype shows up spontaneously in myths, fantasies and the dreams of individuals as a wise, knowing, unusual, precocious, or otherwise fascinating infant or child.

The Divine Child is an image of yourself in your purest form, with all your weaknesses and vulnerabilities, hopes and ambitions. Its appearance in your inner life means that forces are at work in your unconscious to return you to your original state of innocence, before the world wounded your trust and hardened your heart; before your ego dominated your psyche and the walls went up and the cynicism set in. But where your childhood innocence was a function of inexperience and lack of self-awareness, your newly regained transparency is a function of intentional psychological integration.

'붉은 책'(das rote Buch)에 정성 드려 옮겨 썼다. 그러면서 거기에 자기의 환상과 관계되는 생각들을 고대 독일어체로 적어 넣었고 상징적인 그림들을 그려 넣었다.1129)

융은 이미 취리히에 있는 의과대학 재학 중에 사촌인 헬렌 프라이스베르크 (Helene Preiswerk)의 트랜스 채널링과 해리 상태1130)에 관한 주제로 영적 현상의 심리발생론(psychogenesis)에 초점을 둔 영매현상에 대한 연구로 졸업학위 논문을 썼다(1899년 24세). 애초에 융은 그녀의 영적인 현시(manifestations)들에 대한 정확성에 있었으나, Frederic Myers, William James 그리고 특별히 Théodore Flournoy의 저술들을 연구하였다. 그들의 연구는 영적인 경험들과 관련된 것이었는데, 영매(mediums)가 심리학에 중요한 주제로 자리 잡게 되었다. 거기에는 영매를 통한 자동기술(automatic writing),1131) 최면술(trance speech), 수정점(crystal vision)이 사용되었다. 그 영향을 입은 융은 이미 학위논문에서부터 심리적 탐구의 방법으로 자동기술을 사용하고 있었다.1132) 말이 좋아 심리발생론이고 영매라는 것이지 무당들이 쓰는 방법을 그대로 사용했다는 말이다.

융이 구상화를 본격적으로 도입하기 전에 그에게는 몇 가지 체험들 곧 꿈과 환상을 보게 된다. 융은 그런 체험들을 통해서 무의식의 과정을 능동적으로 분

1129) http://www.jung.re.kr/php/board.php?board=bulletin&config=&command=body&no=56&
1130) http://user.chollian.net/~leesim42/list/disso/DISSOCIA.htm; 해리(Dissociation): 받아들이기 어려운 성격을 한 부분이 자아의 통제를 벗어나 독립적으로 행동하는 경우, 해리 상태: 강한 강제적 설득 시에 여러 수준의 해리가 나타날 수 있다. 예를 들어 세뇌, 사고 개조, 테러리스트에 포로로 사로잡혔을 때, 광신적 종교의식, 납치된 사람이 강요받을 때 등 해리 상태가 나타난다. 나치스 집단 수용소 포로들에서도 볼 수 있었다. 몽유병도 유사 해리 상태이다(DSM-Ⅲ-R)에서 몽유병은 수면 장애로 분류되고 있다).
1131) http://100.daum.net/encyclopedia/view.do?docid=b18j2133a/ 자동기술(심령술) [自動記述, automatic writing]: 심령술에서 피험자가 무심결에 글을 쓰는 행위. 이 현상은 교령회(交靈會) 중에 피험자가 완전히 깨어 있는 상태나 최면상태에 있을 때 일어날 수도 있다. 이때 쓰인 것은 서로 무관한 말들, 시구(詩句), 별명, 말장난, 음담패설 또는 잘 짜인 몽상 등이다. 이 현상에 대한 대중적 관심이 최고조에 달했던 19세기 후반기 동안 자동기술현상은 일반적으로 외적 또는 초자연적 힘의 탓으로 여겨졌다. 1900년경 의식적 동기화는 물론 무의식적 동기화를 주장하는 성격이론들이 등장한 뒤에야 자동기술현상은 전적으로 내적인 것으로 상정되었다. 현대의 정신역동적 성격 이론들은 사람의 의식과 양립할 수 없는 특성·태도·동기·충동·기억 및 부분적으로 발달된 재능과 기술조차도 의식적 자각과 분리될 수 있으며 정상적인 각성 상태에서의 행동 과정에서는 밖으로 표출되지 않을 수 있다고 주장한다. 그러나 이러한 요소들은 자동기술의 내용에서 드러날 수 있다.
1132) C. G. Jung, *The RED BOOK*, edited by Sonu Shamdasani, Mark Kyburz and John Peck, (New York · London: W.W.NORTON & COMPANY, 2009), 195-196.

371 『RED BOOK』과 적극적 심상법(active imagination)

석해 가는 사람으로 변했다. 이때부터 융은 완전히 다른 사람으로 바뀌었다. 이전의 융이 아니었다. 그는 내면의 목소리가 말하는 것을 기록하기 시작했다.[1133] 융은 그것을 어거스틴이 회심할 때 들려온 목소리와 동일하게 이해했다. 융은 이 목소리를 그가 아니마(anima)라 부르는 원초적인 의미에서 영혼이라고 보았다. 그리고 꿈들을 다시 연구하였는데, 이전의 방법과는 다르게 최면상태의 영매들을 연구하면서 여러 가지 체험을 하게 된다. 그때 융은 다양한 종교적인 전통들을 경험했다.

1912년에 융은 루드비히 쉬타우덴마이어로부터 음향적이고 시각적인 환영들을 시도하는 마법의 과학화를 시도하도록 권유를 받았다. 융은 흥분제(mescalin)까지 사용해 가면서 자신에게 들려왔던 그 내면의 목소리가 이미지화되도록 노력하며 계속 계발시켜 나갔다.

이후로 융은 15세기 영성가 이그나타우스 로욜라(Ignatius Loyola, 1491-1556)의 영성훈련을 통하여 상상력을 사용하는 것을 배웠으며,[1134] 스베덴보리(Emanuel Swedenborg, 1688-1772)를 통해서 영기술(spirit writing)을 배웠다.[1135]

1133) Ibid.. 199. I said to myself, "What is this I am doing, it certainly is not science, what is it?" Then a voice said to me, "That is art." This made the strangest ort of impression upon me, because it was not in any sense my impression that what I was writing was art. Then I came to this, "Perhaps my unconscious is forming a personality that is not I, but which is insisting on coming through to expression." I don't know why exactly, but I knew to a certainly that the voice that had said my writing was art had come from a woman … Well I said very emphatically to this voice that what I was doing was not art, and I felt a great resistance grow up within me. No voice came through, however, and I kept on writing, This time I caught her and said, "No it is not, and I Felt as though an argument would ensue."

1134) http://acha.pcts.ac.kr/pctl/board/down.php?kind_code=518&w_seq=85; 영의 형세 (A Geography of Spirit) 「The Spirit of the Child」 / by D. Hay and R. Nye-상상력은 다른 것으로 대신할 수 없는 거룩한 경험의 응답인 비유, 상징, 이야기 그리고 예식들을 통한 종교적 활동의 중심이다. 기독교에서, 이것은 예수교의 창설자 이그나티우스 로욜라의 '영성훈련'에 의해 발전된 기도의 방법 안에서 특별히 분명해진다. 훈련에 들어온 사람들은 성서로부터 상황 안으로 상상적으로 들어갈 수 있는 용기를 얻는다. 그들은 모든 감각을 사용하여 그들에게 무엇이 일어나는지를 알고, 자유롭게 그것을 풀어놓음으로써 이야기 속의 인물들과 연관된 느낌을 탐험하도록 도움을 받는다. 훈련을 경험했던 사람들은 전통적으로 성서본문의 의미로 향하는 그들의 시각이 매우 깊어졌는데, 그것은 단순히 지성 때문이라기보다는 묵상을 통해서 상상력 모두를 사용할 수 있었기 때문이라는 것이다. 상상력을 사용하는 비유는 많은 다른 종교들에서도 나타나는데, 예를 들어 Shingon 불교나 많은 샤머니즘적 종교들에서 나타나는 영적인 여행에서 나타난다(http://210.101.116.28/W_kiss9/56200201_pv.pdf 참고.).

1135) http://blog.daum.net/maloysia/8022396/ 꿈과 영상: 영상과 마찬가지로 꿈은 숨겨져 있는 어떤 의미의

융은 Black Books로부터 대부분의 환상들을 옮겨 『Liber Novus』 (New Book, 『Red Book』)를 쓰기 시작했다. 아울러 그는 니체의 『차라투스트라는 이렇게 말했다』 (Thus spoke Zarathustra)를 깊이 연구했다. 융은 니체의 책에서 영감을 얻어 『Liber Novus』의 구조와 스타일을 만들었다. 니체는 하나님의 죽음(the death of God)을 선언했지만, 융은 『Liber Novus』에서 영혼 속에 하나님의 재탄생을 그렸다.1136)

또한, 이 시기에 융은 단테의 『신곡』 (Commedia)1137)을 읽으며 『Liber

원형적 중심에서 분출된다. 융은 꿈과 영상 모두 예언적인 의미를 가진다고 생각했다. 예를 들어 1759년 엠마누엘 스베덴보리(Emanuel Swedenborg)의 텔레파시적인 영상을 살펴보자. 1759년 7월의 어느 토요일, 스베덴보리는 친구들과 함께 스톡홀름에서 300마일 떨어진 고텐부르크(Gothenburg)에 머무르고 있었다. 오후 여섯 시쯤 혼자 외출했던 스베덴보리는 잠시 후 놀라서 창백하게 질린 얼굴로 돌아왔다. "스톡홀름에 큰 불이 났어. 빠르게 번지고 있다구. 자네 집이 재로 변했고 내 집도 불이 옮겨 붙을 지경이야!" 오후 여덟 시, 잠자코 앉아 있던 그가 갑자기 탄성을 질렀다. "하느님 감사합니다! 불이 진화되었다네. 내 집에서 불과 몇 집 떨어지지 않은 곳에서 말이야." 월요일과 화요일에 스톡홀름에서 두 명의 급사가 왔는데, 그들이 전한 건갈은 스베덴보리가 화재에 묘사했던 세부 사항과 모두 일치했다. 친구들이 신기해하며 어떻게 그 화재에 대해 알았느냐고 묻자, 스베덴보리는 천연덕스럽게 대답했다. "천사들이 내게 말해 줬지." 스베덴보리가 목격한 영상은 시공간에 대한 일상적인 법칙을 깨는 것이며, 집단 무의식에 직접적으로 연결될 것이다. 융은 다양한 점술의 체계와 마찬가지로 꿈이 심리적인 현실을 드러내 주며, 때때로 예언적인 의미를 띤다고 믿었다. 무의식으로부터 무엇이 산출되던 간에, 그것이 어떤 생각이건 이미지건 환영(illusion)이건, 그것은 심리적 실체(psychic realities)를 창출한다. 심리적 실체란 사실에 대한 정신적 상태이다. 꿈이나 적극적인 명상에서 비롯된 이미지들, 혹은 필레몬과 같은 영혼들은 단순한 망상이나 환상이 아닌 것이다. 그렇다면 환영(illusion)은 무엇인가? 우리가 환영이라고 부르는 것이 정신세계에는 존재할까? 그렇지 않다. 정신은 우리가 현실과 비현실로 분류하는 것에 대하여 고민하지 않는다. 정신에게는 모든 작동하는(work) 것이 다 현실이다. 이러한 '작동 가능성'이라는 기반 위에, 융은 정신적 현실의 본질을 탐구하는 분석심리학을 발달시켰다.

1136) ANN CASEMENT, 분석심리학자의 창시자 칼융, 박현순·이장인 역 (서울: 학지사, 2007), 2-3장.
http://blog.naver.com/artnouveau19/140126378369; 〈융과 쇼펜하우어 "나에게 가장 위대한 정신적 모험은 칸트와 쇼펜하우어 연구였다"(1977: 213) 의지와 표상으로서의 세계. 모든 존재의 핵에 존재하는 맹목적인 의지-융이 신이라고 불렀던 것이다? (리비도?) 인간의 모든 기본적인 것들은 자연적인 힘처럼 무의식적으로 작용, 악은 선의 결여가 아니라 그 스스로의 권리를 가지고 존재하는 실재물, 융은 무의식의 기원과 정신생활의 중심에 대한 영감을 쇼펜하우어에게서. 융과 니체: 니체의 초인개념, 개성화 과정, 니체에게 초인은 물질주의, 합리성, 과학적 진실과 같은 19세기 도그마들을 극복하는 데에. 짜라투스트라의 환영을 통해 그는 예전의 기독교적 가치는 충분치 않으며 보다 이상적인 도덕성이 요구된다는 메시지/ 다른 사람과 다른 온전히 그 자신이 되어 가는 한 개인의 입문식을 가리키는 융 자신의 개성화 individuation 개념. 초인개념과 융의 개성화 과정 간의 연결, 두 사상가 모두 나치 이념지지.〉
1137) 위키피디아 사전에서; "『신곡』 (神曲, La Divina Commedia)은 저승 세계로의 여행을 주제로 한 13세기 이탈리아의 작가 단테가 1308부터 죽은 해인 1321년 사이에 쓴 대표 서사시이다. 신곡은 이탈리아 문학의 중심적인 서사시이자 중세 문학의 위대한 작품으로 손꼽힌다. 저자와 같은 이름을 가진 여행자 단테는 여행안내자 베르길리우스(virgil, 연옥과 지옥의 안내자), 베아트리체(천국의 안내자)와 함께 지옥-연옥-천국으로 여행을 하

Novus』의 구조를 만드는 데 도움을 받았다. 단테는 우주론을 만들었다면, 융은 『Liber Novus』에서 개인 우주론을 만들려고 시도했다. 융에게 필레몬의 역할은 니체에게 '차라투스트라'와 단테의 '버질'에 비유할 수 있다.

융은 계속되는 자기 탐험 가운데서 큰 혼란을 겪었으며 큰 두려움을 느끼기도 했다. 융은 요가를 함으로써 그런 감정을 제거하기 위하여 씨웠다. 그리고 자신이 하는 이런 과정들을 자신과 교류하는 사람들과 그의 환자들에게도 행하라고 하면서 점점 확대해 나갔다.

『RED BOOK』에는 어떤 말이 있을까? 『RED BOOK』은 어떤 책이기에 융이 반기독교적이라고 해야 하는가? 융은 먼저 악마(the devil), 곧 사탄과의 대화로 시작했다. 그 배경을 마치 예수님께서 마태복음 4장에서 사탄으로부터 시험을 받으시는 그 장면과 흡사하게 그렸다. 융은 그에게 초자연적인 능력(supernatural ability)이 있는지 그것부터 물었다.

결론은 무엇인가? 융의 영적인 안내자인 필레몬은 최후에 다음과 같이 말했다. 필레몬은 융에게 인간은 변했으며, 인간은 더 이상 종들이 아니며 하나님들(Gods)의 사기꾼이 아니며, 인간은 신성한 본성이라고 말했다. 그리고 그 본성이 또한 뱀(the serpent)의 본성이라 했다.[1138]

> 빌레몬(ΦΙΛΗΜΩΝ)이 말하길, "그대여, 여기 인간 세상의 주인이여. 사람은 변화되었소. 그들은 더 이상 노예도 아니고, 신들의 협잡꾼도 아니며 당신의 이름으로 애도하지도 않소. 단지 신들을 환대할 뿐이오."
> 신성으로는 당신의 형제로 인식하고, 인성으로는 당신의 아버지로 인식하는 그 끔찍한 벌레(사탄)이 당신 앞에 왔었소. : 그가 사막에서 당신에게 현명한 상담을 줬을 때 당신은 그를 버렸소. 당신은 상담은 취했지만 그 벌레는 버렸소: 그는 우리와 있을 곳을 찾소. 그러나 그가 있는 곳에 당신도 있을 것이오.
> 내가 시몬이었을 때, 나는 마법의 술책으로 그를 탈출하려 했었고 그렇게 당신은 탈출했소. 지금 나는 그 벌레에게 내 정원의 장소를 주었소, 당신은 내게 오시오."
> 어둠이 대답했다. "내가 당신의 속임수에 빠지겠소? 당신이 나를 비밀스럽게 잡았소? 속임수와 거짓이 언제나 당신의 이름이 아니었소?"
> 그러나 빌레몬이 대답하기를, "오 주인이시며 사랑받는 자여, 당신의 본성이 교활한 뱀인

면서 그곳에서 수백 명의 신화상 혹은 역사상의 인물들을 만나 이야기를 나누며 기독교 신앙에 바탕을 둔 죄와 벌, 기다림과 구원에 관해 철학적, 윤리적 고찰을 할 뿐만 아니라 중세 시대의 신학과 천문학적 세계관을 광범위하게 전하고 있다."

1138) "뱀(the serpent)의 본성"은 무엇을 말하겠는가?

것을 깨달으시오. 당신은 나무에서 뱀과 같이 길러지지 않았소? 당신은 뱀의 피부처럼 당신의 몸을 누이지 않았소? 뱀과 같이 치료술을 행하지 않았소? 당신이 올라가기도 전에 지옥을 가지 않았소? 그리고 그곳에서 구렁텅이에 고립되어 버린 당신의 형제를 보지 않았소?"

그러자 그늘(the shade)이 말했다. "당신은 진실을 말하고 있소, 거짓말하지 않소. 그렇다 하더라도 내가 당신에게 무엇을 가져오는지 아시오?"

빌레몬이 대답했다. "나는 모르오. 나는 오직 누구든 그 벌레를 접대하는 자는 또한 그의 형제가 필요하다는 한 가지만을 아오. 당신은 내게 무엇을 가져오겠소? 나의 아름다운 손님이오? 한탄과 혐오스러움만이 그 벌레의 선물이었소. 당신이 우리에게 무엇을 주겠소?"

그늘이 대답했다. "나는 당신에게 고통의 아름다움을 줄 것이오. 그것이 누구든 그 벌레를 접대하는 자에게 필요한 것이오."1139)

무엇이 변했다는 것인가?

융 속에 신성한 내면아이가 있다는 것이며 융이 바로 그리스도라는 것이다.1140) 융이 서양에 속해 있기 때문에 그리스도라고 표현했을 뿐이며, 융에게 있어서 그리스도나 부처나 마호메트나 동일한 의미를 가진다. 『RED BOOK』의 핵심은 신성한 내면아이이며, 그 신성한 내면아이를 구상화를 통하여 그리스도화 되는 것이다. 존재론적 신성화가 개성화(individuation)의 실체다!1141)

융은 다음과 같이 말했다.

고대로부터 당신의 내면에 잠자던 것이 깨어날 것이다. 그 잠자던 존재의 사자(使者)가 바로 하얀 새이다. 그때 당신에게 카오스를 길들이던 사람의 메시지가 필요하다. 카오스의 소용돌이 안에 영원한 경이(驚異)가 거주하고 있다. 당신의 세계가 멋진 곳으로 바뀌기 시작한다. 남자는 질서정연한 세계에도 속할 뿐만 아니라 자기 영혼의 경이의 세계에도 속한다.1142)

융은 인간의 내면에 "영원한 경이"가 있다고 보고 그 영원한 경이를 체험하려고 했다고 기록했다. 융의 그런 체험은 신성을 체험하는 것이며 융 자신이 신격

1139) C. G. Jung, *The RED BOOK*, edited by Sonu Shamdasani, Mark Kyburz and John Peck, (New York · London, W.W.NORTON & COMPANY, 2009), 359.
1140) Ibid., 243, 286.
1141) C.G. 융, **융 기본 저작집3 인격과 전이**, 한국융연구원 C.G. 융 저작번역위원회 (서울: 솔출판사, 2007), 75; "… 개성화(Individuation)란 개체가 되는 것이다. 개성을 우리의 가장 내적이며 궁극적인 비길 데 없는 유일한 것으로 이해하는 한, 개성화란 본래의 자기(Selbst)가 되는 것이다. 그러므로 우리는 개성화를 '자기화'나 '자기실현'이라고 번역할 수 있을 것이다."
1142) 칼 구스타프 융, RED BOOK, 김세영 역 (서울: 부글북스, 2005), 120.

화되는 것이다. 융에게는 어떤 종교라도 같은 것이며 "숨겨진 의미", "가장 깊은 핵심"은 서로 다른 것이 아니다.[1143] 그렇게 숨겨지고 깊은 핵심에는 어둠과 빛이 대극으로 존재하고 있다.[1144]

그 대극에 대하여 융과 사탄은 다음과 같은 대화에서 드러난다.

> 나: "너의 말을 듣고 보니 네가 속이 많이 상했다는 것을 알겠다. 그런데 봐라. 신성한 삼위일체는 이 사태를 냉철하게 받아들이고 있어. 이 혁신을 싫어하지 않는 것 같은데."
> 사탄: "아, 삼위일체는 너무나 비합리적이기 때문에 그 반응을 믿어서는 안 돼. 강력히 조언하는데, 그 상징들을 심각하게 받아들이지 마."[1145]

사탄은 융에게 "삼위일체는 너무나 비합리적"이라고 말했다. 삼위일체가 비합리적이라고 말하는 이유는 이성적이지 않고 논리적이지 않다는 것이 아니라 삼위 하나님을 성경대로 믿지 않고 세상의 종교를 통해 삼위일체를 이해했기 때문이다. 융은 다음과 같이 말했다.

> 악마는 인간 천성에 담긴 어둠의 총체이다. 빛 속에 사는 자는 신의 이미지가 되려고 애를 쓰고, 어둠 속에 사는 자는 악마의 이미지가 되려고 애를 쓴다. 나는 빛 속에 살기를 원한다. 그런 까닭에 내가 깊은 곳에 닿았을 때 태양이 나를 찾으려고 애를 썼다. 깊은 곳은 어둡고 뱀 같았다. 나는 깊은 곳과 나 자신을 결합시키며 그것을 억누르지 않았다. 뱀의 성격을 닮고 있다는 점에서, 나는 어느 정도의 굴욕과 복종을 나의 책임으로 받아들였다.[1146]

1143) Ludwig Staudenmaier, 153; 은자는 다음과 같이 말했다. "나는 복음서들을 읽으며 앞으로 다가올 의미를 찾고 있어. 우리는 복음서의 의미를 우리 앞에 놓여 있는 그대로 알고 있어. 하지만 미래를 가리키는, 복음서의 숨겨진 의미는 알지 못해. 종교들이 가장 깊은 핵심에서 서로 다르다고 믿는 것은 잘못이야. 엄격히 말하자면, 그것은 언제나 똑같은 하나의 종교이지. 모든 형태의 종교는 그 앞에 있었던 종교의 의미인 거야."
1144) Ludwig Staudenmaier, 154; "자기 자신의 내면에 있는 어둠을 이해하는 자, 그에게 빛은 가까이 있다. 자신의 어둠 속으로 내려가는 자는 불의 갈기를 한 헬리오스의 빛의 계간에 닿는다." "이리하여 나는 그날 밤(1914년의 두 번째 밤이었다) 밖으로 나갔고, 불안한 기대가 나를 꽉 채웠다. 나는 미래를 끌어안으려 나갔다. 그길은 넓었으며, 다가올 것은 무서운 것이었다. 그것은 거대한 죽음, 즉 피의 바다였다. 거기서부터 새로운 태양이 떠올랐다. 무시무시하고, 우리가 낮이라고 부르는 것의 정반대 같은 태양이었다. 우리는 어둠을 붙들었고, 그 어둠의 태양이 위대한 몰락처럼 피를 흘리며 우리 위를 비출 것이다."(p. 161)
1145) Ludwig Staudenmaier, 367.
1146) 칼 구스타프 융, RED BOOK, 김세영 역 (서울: 부글북스, 2005), 380; "나는 지하의 뱀과 하나가 되었다. 나는 지하의 모든 것을 나 자신의 것으로 받아들였다. 이로써 나는 나의 시작을 구축했다. 이 일이 마무리되었을 때, 나는 흡족했다. 나는 나의 '지편'에 아직도 남아 있는 것이 무엇인지 호기심이 발동했다. 그래서 나의 뱀에게 다가가 다정하게 물었다. 지하세계로 들어가서 거기서 벌어지고 있는 일들을 나에게 알려줄 수 있는가 하고, 그러나 뱀은 싫증을 느끼며 이 따위 일은 절대로 하고 싶지 않다고 말했다."(p. 377)

융은 인간의 천성에는 어둠의 총체인 악마가 있다고 보았다. 융은 신성화에 이르기 위해 악마와의 대화를 통해 통합을 이루었다.

이것은 융의 적극적 심상법이 접신이라는 것을 증거 한다. 융학자인 레온 쉬램은 융의 적극적 심상법을 통해 무속신화의 영역으로 여행하는 것은 위험한 행위가 될 수 있다고 말했다.[1147] 무속의 접신으로 인해 악한 영에 사로잡힐 수가 있기 때문이다.

1913년 11월에 영적인 안내자, 필레몬(Philemon)이 나타나고 난 뒤에 곧바로 확신에 잡혔다기보다는 1914년 6월 말과 7월 초에 같은 꿈을 세 번이나 꾸는 과정에서 획기적인 변화가 일어났다고 볼 수 있다. 그것은 단순히 필레몬이라는 영적인 안내자를 통하여 구상화에 접어들게 되었다는 것만이 아니다.

그 획기적인 변화란 무엇인가? 1914년 6월의 꿈은 융으로 하여금 인간 내면 안에 길이 있으며 진리가 있으며 생명이 있다고 확신하게 된 것이다. 성경에서 예수님만이 길이요 진리요 생명이라고 말한 것과 얼마나 정면으로 대조되는지 경계해야 하고 반드시 유념해야만 한다.[1148] 그것은 요한일서에서 말하는 것[1149]과 매우 유사한 듯하지만, 완전히 다른 길이다.[1150]

1147) Terence Palmer, The Science of Spirit Possession (2nd Edition) (UK: Cambridge Scholars Publishing, 2014). 〈The Jungian scholar Leon Schlamm(2008, p. 110) reminds us that journeys into the shamanic mythic realm through Jung's concept of "active imagination" can be a dangerous practice: Jung was well aware that practitioner of active imagination who was unable to maintain a differentiated, self-reflective conscious point of view in the face of unconscious visionary material would be vulnerable to mental illness: either in the form of psychosis where consciousness is overwhelmed by unconscious visionary materials; or in the form of conscious identification with numinous unconscious contents leading to possession by them(Jung, 1916-1958).〉

1148) 예수께서 가라사대 내가 곧 길이요 진리요 생명이니 나로 말미암지 않고는 아버지께로 올 자가 없느니라 (요 14:6)

1149) 너희는 주께 받은 바 기름 부음이 너희 안에 거하나니 아무도 너희를 가르칠 필요가 없고 오직 그의 기름 부음이 모든 것을 너희에게 가르치며 또 참되고 거짓이 없으니 너희를 가르치신 그대로 주 안에 거하라(요일 2:27)

1150) C. G. Jung, The RED BOOK, edited by Sonu Shamdasani, Mark Kyburz and John Peck (New York · London, W.W.NORTON & COMPANY, 2009), 231; "Believe me: It is no teaching and no instruction that I give you. On what basis should I presume to teach you? I give you news of the way of this man, but not of your own way. My path is not your path, therefore I cannot teach you. The way is within us, but no in God, nor in teachings, nor in laws. Within us is the way, the truth, and the life."

1913년 10월, 융이 홍수 꿈을 꾸었을 때, 내면의 목소리(inner voice)는 융에게 말했다. "그것을 보라, 그것은 완전히 사실이다, 그리고 그렇게 될 것이다. 너는 이것을 의심하지 말라." 융은 두 시간 동안이나 이 환상을 가지고 씨름을 했으며 미칠 지경이었다.

이때가 융의 나이 40살이었다. 융은 그 나이에 돈과 명예, 부와 지식 그리고 인간의 모든 행복을 성취했다고 말했다. 그러나 그 모든 것은 썰물같이 밀려가는 듯했다. 그리고 융은 내면의 갈함에 목말라 하고 있었다.

융은 그 순간에 자기의 영혼에게 질문을 했다. 방황하는 자신의 영혼을 채워달라고 했다. 융은 지쳐 있었고 방황은 너무 길게 지속되고 있었다. 중요한 것은 융이 이런 말을 하도록 한 것은 '깊은 영'(the spirit of the depths)이었다는 사실이다. 그 깊은 영은 하느님[1151]이 융의 영혼에 아이로 존재한다고 말해 주었다. 필레몬과 엘리야와 살로메는 신성한 내면아이가 융의 영혼 속에 있다는 것을 가르쳐 주었다. 그러나 융은 아직 확신에 이르지 못하고 있었다. 계속되는 대화와 환상 속에서 융이 도달한 것은 무엇인가? 자신이 그리스도가 된다는 것이다. 자기 밖에서 자기 자신을 찾은 것이 아니라 자기 안에서 자기를 찾았다.

융은 다음과 같이 말했다.

> 내 안에서 모든 것이 완성되었을 때, 나는 예기치 않게 그 신비들로, 정신과 욕망의 헛된 힘을 보여주었던 첫 번째 장면으로 돌아갔다. 내가 내 안에서 쾌락을 성취하고 나 자신에 대한 통제력을 확보한 것과 똑같이, 살로메는 자기 안에서 쾌락을 잃고 다른 사람에 대한 사랑을 배우고 엘리야는 지혜의 힘을 잃고 다른 사람의 정신을 인정하는 것을 배웠다. 이리하여 살로메는 유혹의 힘을 잃고 사랑이 되었다. 내가 나 자신의 안에서 쾌락을 이루었기 때문에, 나는 또한 나 자신에 대한 사랑을 원한다. 그러나 그건 정말 힘들 것이며 쇠고리처럼 나를 옥죌 것이다. 나는 살로메를 쾌락을 받아들이지만 사랑으로 받아들이지는 않는다. 그러나 그녀는 나와 함께 있기를 원한다.[1152]

1151) http://www.suntao.org/Community/FBoardView.asp?idx=921&Page=46&Sch_Key=&Sch_Wd=; "분석심리학의 창시자 스위스의 칼 융은 기독교의 삼위일체론은 불완전한 이론이라고 한다. 기독교의 삼위일체론은 성부-성자-성신의 삼위로 되어 있는데 이는 인간의 마음에 대한 불완전한 상징체계라는 것이다. 즉 이 삼위는 인간의 마음 중 선만을 대표하기 때문이다. 따라서 그는 그의 완전수인 4를 내세워 4위일체론을 주장하게 되었다. 즉 기독교의 삼위일체론에서 빠진 인간 마음의 어두운 부분을 나타내는 악마를 결합시킨 것이다. 이로써 기독교의 불완전한 삼위일체론은 완전하게 된다. 즉 신의 뒷모습은 악마라는 것이다. 이는 서양의 이분법적 사고를 극복하고 동양적 통합과 상보의 논리를 받아들인 결과라고도 할 수 있겠다."
1152) 칼 구스타프 융, RED BOOK, 김세영 역 (서울: 부글북스, 2005), 387.

융의 이런 말들은 대극의 합일을 이루고 심리적 통합을 이루었다는 것을 의미한다. 융은 목표했던 "완벽하고 훌륭한 인간이 되는 것"이다.1153) 그 목표를 이루었을 때, 융은 "나는 나의 영혼을 이겼다"라고 말함으로써 자기 안에 있는 영적인 안내자들을 그림자들을 수용하고 통합하여 자기와 하나가 되었다. 그 결과로 자기 안에서 신성한 아이가 탄생하였다.1154)

융은 다음과 같이 말했다.

> 나는 또한 내면에서 다른 반쪽의 존재가 되기를 원한다. 그렇기 때문에 나는 예수 그리스도와 같은 존재가 되어야 한다. 나는 예수 그리스도로 바뀐다. 나는 그것을 감내해야 한다. 그리스도 대속(代贖)의 피가 흐른다. 자기희생을 통해 나의 쾌락이 보다 높은 원칙으로 승화된다. 사랑은 앞을 본다. 그러나 쾌락은 앞을 보지 못한다. 두 가지 원칙은 불꽃의 상징 안에서 하나가 된다. 그 원칙들은 스스로 인간적인 형태를 벗는다.1155)

융은 프로이트와 결별하고, 프로이트의 심리학과는 완전히 다른 차원, 곧 영적이고 종교적인 심리학으로 가기 시작했다.1156) 1919년까지 영적인 안내자들과의 교통을 통해서 만들어진 심리학이 융의 분석심리학이다. 자신의 무의식을 체험하기 위하여 도입된 것이 적극적 심상법이며, 그것이 바로 융의 구상화(visualization)다. 적극적 심상(명상)법은 1916년에 「초월적 기능」이라는 논문에서 처음 기술했다. 이 적극적 심상법에는 태양신 숭배가 핵심으로 자리 잡고 있다.1157)

1153) Ibid., 392. "나는 완벽하고 훌륭한 인간이 되는 것을 목표로 잡았어."
1154) Ibid., 96; "나는 예수 그리스도의 죽음을 보았고 그의 한탄을 보았다. 나는 죽음의 고통을, 위대한 죽음의 고통을 느꼈다. 나는 새로운 신을, 한 아이를 보았다. 그 아이는 자신의 손에 악마를 쥐고 있었다. 그 신은 별개의 원칙들을 자신의 권능 아래 두고 있으면서 그것들을 결합시킨다. 신은 나의 내면에서 그 원칙들의 결합을 통해 생겨난다. 그 신은 그 원칙들의 결합이다."
1155) Ibid., 97; "그 신비는 내가 그 후로 어떤 삶을 살아야 하는지를 이미지들로 보여주었다. 그 신비가 보여준 그 장점들 중 그 어떠한 것도 나는 소유하지 않았다. 그 모든 것을 아직 일궈야 하기 때문이다."
1156) C. G. Jung, *The RED BOOK*, edited by Sonu Shamdasani, Mark Kyburz and John Peck (New York · London, W.W.NORTON & COMPANY, 2009), 254.
1157) http://www.equip.org/articles/the-jung-cult-origins-of-a-charismatic-movement; 〈Sun worship occupied a central place in this turn-of-the-century neopagan spirituality. Believed to be the practice of the ancient Teutons, it was viewed as the best alternative to Semitic Christ worship and in keeping with modern scientific knowledge of the earth's dependence on the sun. Noll extensively documents that "Jung's earliest

7년 동안의 그 체험기간을 칼 융의 「내향기」라고 하는데, 말이 좋아 「내향기」이지 무당이 접신하는 것과 같은 방법으로 자신의 심리학을 만들어냈다. 그런데도 융은 원형의 초월적 가능을 심리학적 가능으로 이해해야 한다고 말하니, 결국 그의 말은 심리학적 가능이 곧 초월적 가능이라는 의미다. 그렇게 무의식을 종교적으로 체험하여 신성에 도달한 것이 융의 실체이다.[1158]

융의 개성화는 존재론적 신성화를 말한다. 적극적 심상법으로 무의식의 내면에 들어가 영적인 안내자를 만나 신성화에 이르는 것은 성경이 말하는 구원이 아니다. 참된 기독교인이라면 융의 분석심리학이 말하는 신성한 내면아이와 적극적 심상법을 사용할 수 없다.

만다라와 연금술

융이 연금술로 전환하기 이전에 『RED BOOK』을 통해 이미 통합을 이룬 상태였다. 융은 말년에 정신의학과 연금술에 대한 관계를 규명하는 데 노력했으며, 『아이온』(1951), 『욥에의 회신』(1952), 『융합의 비의』(1955) 등을 썼다. 연금술은 분석심리학의 역사적이고 물질적인 기반을 제공했다.

이부영 교수는 융이 연금술을 공부하게 된 배경을 다음과 같이 말했다.

---

psychological theories and method can be interpreted as perhaps nothing more than an anti-Christian return to solar mythology and sun worship based on Romantic beliefs about the natural religion of the ancient Aryan peoples. What Jung eventually offered to volkisch believers in sun worship circa 1916 was a practical method – active imagination – through which one could contact [Teutonic] ancestors and also have a direct experience of God as a star or sun within"(p. 136). Indeed, Noll affirms that "sun worship is perhaps the key to fully understanding Jung and the story I tell in this book"(The Jung Cult: Origins of a Charismatic Movement, p. 137).〉

1158) 신은희, "칼 G. 융의 레드북에 나타난 '무의식의 생태 영성'," **문학과종교** 21(3) (2016): 146-148(129-150); "『레드북』에서 융은 필레몬과의 대화에서 의식과 무의식의 '과정적 흐름'과 '변형,' '잠재성'으로서 무와 유, 생과 사의 모든 대극의 과정적 합일을 강조한다. 이는 의식과 무의식의 조화가 이루어진 '인격의 중심점'을 의미한다. 또한 융은 레드북을 통해 인간의 영적 진화의 다양한 단계를 상징적으로 그리고 있다. 그 안에는 토템인, 네안데르탈인, 고대인, 중세인, 현대인 등의 다양한 원형들로 구성된 내적 타자들이 존재한다. 융은 모든 인간이 각자의 '내면의 신들'과의 만남으로 모든 대극들의 균형과 합일을 통해 전체 정신을 회복하는 무의식의 생태 영성이 필요함을 역설한다. 융은 삶의 생명력을 유지하기 위해서는 누구나 자신만의 레드북이 필요하며, 그의 『레드북』은 무의식의 여정을 시작한 모든 이들을 위한 '영혼의 연서'(戀書)이기도 하다."

폰 프란츠가 스위스 취리히의 융 연구소에서 연금술 강의를 하면서 소개한 에피소드가 있다. 융이 그녀에게 들려준 바에 의하면 그는 환자들이 꾸는 꿈의 주제 중의 어떤 것을 이해할 수 없었는데 연금술서를 보니까 거기에서 연관성을 찾을 수 있었다고 한다. 예컨대 어떤 부인 환자가 꾼 꿈에서 독수리가 처음에는 하늘로 올라가더니 갑자기 고개를 돌려 자신의 날개를 뜯어 그것을 지상으로 떨구는 것이었다. 물론 그 꿈은 높이 날아오르는 심혼 혹은 사고하는 새이고, 꿈은 정신상황의 반전(enantiodromia)을 뜻하는 것임을 그는 알고 있었다. 그러나 이러한 원형적인 꿈은 보편적인 것이므로 그 유래를 역사 속에서 찾을 수 있어야 했다. 그러다가 융이 연금술사 리플리의 두루마리를 발견했는데 거기에는 연금술 과정을 설명한 일련의 그림이 그려져 있었다. 왕의 얼굴을 한 독수리가 고개를 돌려서 자기의 날개를 뜯는 그림이 있었던 것이다.1159)

융은 환자의 꿈과 연금술사의 그림에서 유사성을 발견하고 연금술서를 깊이 공부했다. 융은 무의식의 자기실현의 상징을 연금술사의 물질 변화 과정과 동일하다고 여겼다. 그러나 결정적인 계기는 다른 곳에 있었다. 융은 다음과 같이 연금술로의 이행을 말했다.

> 나는 이 책을 놓고 16년 동안 작업을 벌였다. 1930년에 연금술과 가까워지면서 이 책에서 멀어지게 되었다. 그 끝의 시작은 1928년에 찾아왔다. 리하르트 빌헬름(Richard Wkhelm)이 도교 경전인 『태을금화종지』(太乙金華宗旨)라는 책을 나에게 보내준 때였다. 그 책에 이 책의 내용들이 많이 담겨져 있었다. 나는 더 이상 이 책을 진행할 수 없었다.1160)

융은 빌헬름이 보내준 『태을금화종지』를 보고 만다라를 그리며 적극적 심상으로 무의식의 안내자들과 접신을 한 것이 옳다는 근거를 확보하였다. 『RED BOOK』을 넘어서 16년 동안의 노력에 대한 확신을 『태을금화종지』가 주었기 때문이다. 융은 1928년 빌헬름으로부터 『태을금화종지』 해제에 대한 부탁을 받았다. 융은 중국의 연금술을 연구했으며, "연금술이 단순히 물질로서의 금을 만들려는 것이 아니라 정신의 금인 인격의 완성을 추구했던 작업"이라고 확인했다.1161)

1159) 이부영, **자기와 자기실현** (파주: 한길사, 2010), 167-168.
1160) 칼 구스타프 융, RED BOOK, 김세영 역 (서울: 부글북스, 2005), 406.
1161) 김성민, 칼 융의 『심리학과 종교』 읽기 (서울: 세창미디어, 2015), 73; "그 결과 그는 정신치료, 종교수행, 연금술 등은 서로 다른 분야에서 서로 다른 방법과 언어로 각각의 관심사를 추구하지만, 그것들은 결국 인간의 정신을 발달시키려는 인류의 보편적 추구였음을 확신하였다."

융이 연금술을 알고 깊이 빠진 것은 사람들에게 참된 삶의 길을 제시해 주는 '진정한 신'을 찾았기 때문이다. 그러기 위해 세계의 부족 종교와 신화를 연구했으며 중국과 서양의 연금술을 연구했다.

연금술이란 화학실험으로 금속을 물리적으로 변화시키는 것을 말한다. 융에게 있어서 연금술이란 "정신을 변화시키기 위해서 물질적인 것들의 내면에 숨겨져 있는 통합의 배아(胚芽)를 찾아내려고 했던 정신과학"이었다.[1162] 융은 연금술에 대해 이렇게 말했다.

> 연금술은 18세기에 이르러 점차 자가당착의 어둠에 빠져 쇠퇴했다. '모호한 것은 모호한 것을 통하여, 미지의 것은 미지의 것을 통하여'라는 연금술의 설명 방식은 당시의 계몽주의 정신과, 특히 18세기 말 무렵에 싹튼 화학의 과학성과 공존할 수 없었다. 새로운 두 정신, 계몽주의와 화학은 연금술에게 안락사를 향한 마지막 자비의 일격을 가했을 뿐이다.[1163] 내가 연금술을 만날 수 있었던 것은 나에게 결정적인 체험이었다. 왜냐하면 내가 그동안 아무리 다른 분야에서 찾으려고 애써도 찾지 못했던 내 심리학 작업의 역사적인 근거를 연금술에서 찾을 수 있었기 때문이다(Ma Vie, 233).[1164]

융은 연금술을 통해 자신이 지난 시절에 경험한 것들에 대한 보편적인 기반을 발견하고 인간 정신의 비밀을 해독해냈다고 생각했다. 융이 자신의 심리학에 결정적 확신을 얻게 된 것은 연금술을 알고 난 뒤부터였다.[1165]

융은 1916년 「초월적인 기능」이라는 논문에서 인간의 정신에 서로 반대되는 두 요소(의식과 무의식의 욕구)가 맞설 때, 무의식이 하나의 상징을 만들어내고 두 요소를 통합한다고 말했다. 이 초월적 기능을 사용함으로써 인간의 내면

1162) 김성민, **융의 심리학과 종교** (파주: 동명사, 2010), 41; "연금술사들이 실험실에서 여러 가지 화학반응들을 일으키면서 실제로 하고자 했던 것은 그들의 인격을 완성시키려는 것이었다. 왜냐하면 그들은 이건의 내면을 들여다 보면서 정신과 물질 사이에는 대단히 밀접한 관계가 있다는 사실을 발견했기 때문이었다(Ma Vie, 69)."

1163) C.G. 융, **융 기본 저작집6 연금술에서 본 구원의 관념**, 한국융연구원 C.G. 융 저작번역위원회 (서울: 솔출판사, 2006), 15; "연금술의 내적인 붕괴는 이미 야콥 뵈메(Jacob Böhme)의 시대인 17세기에 활발하게 시작되었던 것이다. 그때 수많은 연금술사들이 실험실을 떠났고 애매모호한 철학을 완전히 포기했다. 화학자는 연금술사와 분리되었다. 화학은 자연과학으로 발전한 반면, 연금술은 설 땅을 잃고 극단으로 치우쳐 터무니없고 공허한 비유와 사변으로 흘러갔다."

1164) Ibid., 42.

1165) 김성민, **분석심리학과 기독교** (서울: 학지사, 2012), 21; "무의식이 하나의 정신적 과정이며, 자아가 무의식과 만날 때 우리 정신에서는 진화가 이루어지고, 진정한 변화가 생겨난다는 사실을 내가 뚜렷하게 인식하게 된 것은 연금술을 알고 나서부터였다."

에서 생겼던 갈등은 해소되고 정신은 다시 안정을 찾게 된다고 말했다. 그 예로 서 융은 예수님의 광야시험을 예로 들었다. 융은 예수님이 하나님을 향한 영적 의지와 권력의지 사이에 갈등을 겪었으나 하나님의 나라라는 제3의 이미지로 영적 의지와 권력의지를 다 담으면서 하나님 나라의 건설을 향해 나아갔다고 말 했다. 융은 인간의 무의식에는 대극의 요소를 제3의 자리에서 통합하는 내적요 소가 있다고 보았다.[1166)

융은 1918년과 19년 사이에 군의장교로 피억류 영국인 수용소의 지휘를 맡 고 있을 때 매일 아침 노트에 작은 만다라 도형을 그렸다. 융은 그 만다라가 자 기의 내면의 상황을 나타내고 있다고 생각했으며, 인격의 전체성이 표현된다는 어렴풋한 느낌을 가지기 시작했다.[1167) 만다라는 티벳 불교에서 승려들이 수행 과정에 사용되는 원과 사각형을 중심으로 이뤄진 마법의 원(magic circle)이 다.[1168) 융은 만다라를 "형성, 변환, 영원한 심성의 영원한 재창조"라고 말했 다.[1169) 융은 만다라가 내면의 통합이 문제 되거나 통합이 이루어질 때 많이 나 타난다고 생각하고 그 원인을 연구했다.

융은 다음과 같이 말했다.

> 만다라는 외부 영향이 전혀 없는 상태에서 무의식에서 나온다. 만다라에 대해 한 번도 들 어보지 못한 아이들과 어른들도 무의식적으로 만다라 상징을 그려낸다. 그러면 사람들은 만다라는 자아를 중심으로 작용하는 의식의 본질을 반영하는 것이라고 생각하기 쉽다. 이 같은 견해가 타당하려면, 무의식이 부차적인 현상이라는 것이 증명되어야 한다. 그러나 무

1166) Ibid., 30-31; "예를 들어 말하자면, 나는 좀 더 경건하고 따뜻한 사람이 되고 싶은데, 그것을 방해하는 요소가 나도 모르는 사이에 튀어나온다면, 그 반대되는 성향을 없애려고 하거나 죄책감을 가진 것만이 아니라 그 것을 통합하려는 제3의 요소가 나타날 것인지 기다려야 한다는 것이다."
1167) 이부영, **자기와 자기실현** (파주: 한길사, 2010), 62.
1168) C.G. 융, **융 기본 저작집5 꿈에 나타난 개성화 과정의 상징**, 한국융연구원 C.G. 융 저작번역위원회 역 (서울: 솔출판사, 2006), 121; "만다라(Mandala)라는 용어를 선택한 것은 이 단어가 제식(祭式), 혹은 마법의 원 을 지칭하는 것으로서 특히 라마교에서, 또한 탄트라의 요가에서도 명사의 수단이 얀트라(Yantra, 기관機關; 수 행자를 이끌기 위한 수단-역주)로서 사용되기 때문이다. 제의에 사용된 동양의 만다라는 전통적으로 확정된 형 상을 갖추고 있는데, 그것은 특별한 축제에서 특히 선으로 그려지거나 채색이 될 뿐 아니라 구체적 형태로 만 들어지기도 한다. 1938년 나는 부티아 부스티(Bhutia Busty)의 수도원에서 링담 곰헨(Lingdam Gomchen)이라고 하는 한 라마교의 림포체(Rimpotche, 큰 스님에게 붙이는 칭호-역주)와 만다라(khikor)에 대해 이야기를 나눌 기회를 가졌다. 그는 만다라는 'dmigs-pa'(미그파로 발음됨), 즉 통달한 라마만이 상상을 통해 이룰 수 있는 하 나의 정신적 상(像)이라고 설명하였다."
1169) 이부영, **자기와 자기실현** (파주: 한길사, 2010), 62.

의식은 틀림없이 의식보다 더 오래되었고 또 더 독창적이다. 이런 이유 때문에 의식의 자아 본위적인 경향을 무의식의 "자기" 중심적인 경향을 반영하거나 모방한 것으로 보는 것이 더 타당하다.[1170]

융의 이 말은 만다라가 무의식으로부터 나오는 것이라는 주장이다. 의식이 아니라 무의식이 인간을 주도해 간다는 말을 하고 싶기 때문이다. 의식보다 더 오래된 무의식이 있다는 것은 인간의 존재에 대한 영원성을 확보하려는 시도이다.

융은 "만다라가 정신적 혼돈 상태에 대해 예로부터 전해 내려오는 해독제임을 우리는 경험을 통해 배웠다."라고 말했다.[1171] 융은 꿈을 꾸거나 만다라를 그리는 것을 개성화의 한 부분으로 보았다.[1172]

융은 연금술에 대해 다음과 같이 말했다.

모든 무의식의 내용들처럼 이 무의식의 내용은 누미노제를 지닌, '신적인' 혹은 '성스러운' 특성을 나타낸다. 연금술의 기술이 아직 실험실에서 실현되는 한, 연금술은 이 "얻기 어려운 보배"를 물질적인 황금이나 만병통치약, 혹은 변화시키는 능력을 지닌 팅크제의 형태로 획득하고 이를 명확하게 서술하는 것을 과제로 삼고 있다. 그러나 실용적이고 화학적인 활동이 결코 전적으로 순수한 적이 없었고, 오히려 그 자체 속에, 그리고 그것을 통해서 작업하는 자의 무의식의 내용을 표현했기 때문에 실용적 화학적 실행은 동시에 '적극적 명상'(Aktive Imagination)과 비교될 수 있는 하나의 정신적 활동이기도 했다.[1173]

융에게 연금술은 누미노제를 획득하는 적극적 명상과 같은 것이다. 연금술은 무의식 안에 있는 신적이고 성스러운 것을 자신의 것으로 만들어 가는 것이다. 융에게 만다라는 "사람을 신적인 세계로 인도해 주는 이미지다."[1174] 융은 "만

1170) 칼 구스타프 융, **융합의 신비**, 김세영·정명진 역 (서울: 부글북스, 2017), 487; "만다라는 그 중심점을 기준으로 현상계의 다양한 것들을 통합하는 것을 상징할 뿐만 아니라 모든 원형들을 종국적으로 통합하는 것을 상징하기도 한다. 따라서 만다라는 '하나의 세계'라는 형이상학적 개념을 경험적으로 표현한 것이다. 만다라와 동일한 연금술의 개념은 라피스와 그 동의어들, 특히 소우주이다."
1171) C.G. 융, **융 기본 저작집2 원형과 무의식**, 한국융연구원 C.G. 융 저작번역위원회 역 (서울: 솔출판사, 2006), 114.
1172) 정순영, "미술치료에서의 만다라," 미술치료연구 5(2) (1998): 22(19~23).
1173) C.G. 융, **융 기본 저작집6 연금술에서 본 구원의 관념**, 한국융연구원 C.G. 융 저작번역위원회 (서울: 솔출판사, 2006), 162-163; "이 능동적 상상법으로, 적극적으로 파악되는 것은 꿈 생활에서도 표현된다. 이 두 가지 방법은 무의식에서 의식으로 넘어가는 두 가지 형식인데 이것들과 연금술적 관조의 세계는 매우 밀접한 관계를 맺고 있어 우리는 연금술의 진행 과정에서 다루어지는 것이 능동적 상상과 꿈의 과정들과 똑같거나, 적어도 매우 비슷한 과정들이라고 가정해도 무방할 것이다. 다시 말해 그것은 결국 개성화 과정이라 할 것이다."

다라 상징은 신비한 성격을 가지고 있"다고 말했다.1175) 융에게 만다라는 인격의 전일성을 의미하는 자기(self)를 의미한다.

융은 만다라가 정신의 해독제라 하면서 "개신교의 발달사는 끊임없는 우상파괴의 역사다"라고 말했다. 융은 다음과 같이 말했다.

> 연금술은, 말하자면 표면을 지배하는 기독교의 저변부를 흐르는 저류(低流) 같은 것을 이루고 있다. 연금술과 기독교의 관계는 꿈과 의식의 관계와 같다. 꿈이 의식의 갈등을 보상하듯이 연금술은 기독교의 대극 긴장으로 열린 틈을 메우고자 노력한다.1176)

융 심리학에서 개신교는 원형의 상들을 파괴함으로써 불안하고 위험에 처하게 하는 위험한 종교이다. 융은 그 해결책을 동양의 보물에서 발견했다고 말했다.1177) 융은 "이방인들의 신은 아직 신선한 마나(mana, 마력)을 갖고 있었다"고 말했다.1178) 융이 이렇게 말하는 이유는 상징을 통해 누미노즘을 체험하기 위함이다. 융은 "상징 속에서는 마음의 본질적인 부분이 드러난다"고 말했다.1179)

연금술은 내면의 대화를 위해 명상과 상상을 사용한다. 융은 다음과 같이 말했다.

> 연금술사들이 "메디타리"(meditari)를 말할 때는 결코 깊이 생각하는 것만을 말하는 것이 아니라 내면의 대화를 통해 우리 안에 있는 '타인', 즉 무의식으로부터 응답하는 목소리와 생생한 관계를 이루어나가는 것을 말한다. 그러므로 만일 위에서 언급된 "모든 사물이 하나에서 나오듯이, 하나인 것의 명상을 통해"라는 연금술적 의미에서 사용한 것이라고 이해된다. 이 대화를 통해서 사물들은 무의식적으로 잠재된 상태에서 드러난 상태로 옮겨가는

1174) 김성민, 분석심리학과 기독교 (서울: 학지사, 2012), 73.
1175) 칼 구스타프 융, 융합의 신비, 김세영·정명진 역 (서울: 부글북스, 2017), 580.
1176) C.G. 융, 융 기본 저작집5 꿈에 나타난 개성화 과정의 상징, 한국융연구원 C.G. 융 저작번역위원회 역 (서울: 솔출판사, 2006), 35.
1177) C.G. 융, 융 기본 저작집2 원형과 무의식, 한국융연구원 C.G. 융 저작번역위원회 역 (서울: 솔출판사, 2006), 118: "개신교적 인간은 사실 무방비 상태에 버려졌다. 자연적 인간이라면 그 앞에서 몸서리를 쳤을 것이다. … 사람들은 마음과 감각의 불안을 진정시켜 주는 데 효과적인 영향을 주는 상들이나 관조의 형식을 탐색하며 동양의 보물을 발견한다."
1178) Ibid., 119.
1179) C.G. 융, 융 기본 저작집6 연금술에서 본 구원의 관념, 한국융연구원 C.G. 융 저작번역위원회 (서울: 솔출판사, 2006), 270.

것이다.1180)

융은 명상과 상상을 무의식의 목소리와 관계를 맺어가는 것으로 여겼다. 융은 "연금술사들이 이해한 '상상'은 실제로 '작업'의 비밀의 문을 여는 열쇠이다"라고 말했다.1181) 융은 먼저 룰란드(Ruland) 의 『연금술 사전』에서 말하는 명상의 정의를 인용했다. 룰란드가 "메디타치오(meditatio)라는 낱말은, 삶이 눈에 보이지는 않지만 어떤 다른 이와 내적인 대화를 나눌 때 사용하는 말이다"라고 말한 것을 무의식과 대면하는 기법의 본질이라고 말했다.1182) 이부영 교수는 메디타치오(명상)와 이마기나치오(상상)를 말했다.1183) 융은 "상상(imaginatio)은 생명이 있는 육체적인 힘과 동시에 심혼적인 힘에서 나온 진한 추출물이다"라고 말했다.1184)

융의 연금술은 만다라와 적극적 심상법이다. 융은 요가를 배우라고 했으며,1185) 차크라도 만다라로 보았다.1186) 이부영 교수는 다음과 같이 말했다.

융은 만다라 상징에 관한 논문에서 만다라는 사람이 외부적인 것을 배제하고 내면적인 것을 보존하면서 중심으로 집중하도록 하는 그림이라 했다. 그 중심은 명상의 목표로서 여러 가지 형태로 다루어지고 있다. 보통 탄트라 요가에서 '하나인 존재', 즉 무한성을 대변하는 시반 신이 세계 창조의 빛 한가운데에 그려져 있다고 했다. 창조는 시바점(Shiva-bindu)이

1180) Ibid., 75.
1181) Ibid., 86.
1182) Ibid., 74; 〈롤란드의 말이다: "상상은 인간 내면의 별이거나, 천상의 혹은 천상을 초월한 몸이다."(p. 79)
1183) 이부영, 자기와 자기실현 (파주: 한길사, 2010), 166; "메디타치오(명상)는 '내적인 대화'로서 신을 부르거나 자기자신, 혹은 좋은 천사와 대화를 나누는 것이다. 이런 내적인 대화는 무의식과 대면하는 심리학적 기법과 같은 것이다. 우리 안에 있는 타자(他者)와의 창조적 대화를 통하여 무의식에 잠재하는 내용이 의식면으로 떠올라 인식되는 것이다. 이마기나치오(상상)는 연금술 작업의 비밀의 문을 열 수 있는 열쇠인데 중요한 것은 신을 대표하는 아니마를 창조적으로, 경험세계에는 없는 것으로 상상하는 '보다 위대한 것'을 현실화하고 형상화하는 것이라고 융은 이해했다."
1184) C.G. 융, 융 기본 저작집6 연금술에서 본 구원의 관념, 한국융연구원 C.G. 융 저작번역위원회 (서울: 솔출판사, 2006), 80.
1185) 이부영, "동방문화와 분석심리학 – C . G . Jung 의 문화체험양식과 관련하여," 심성연구 6(1) (1991): 8(1-16); "요가를 배우십시오. 끝없이 많은 것을 배우시오. 그러나 그것을 실제에 응용하지 않도록 하십시오. 우리들 유럽인은 그 방법을 바르게 사용하도록 만들어져 있지 않습니다. 인도의 Guru가 당신에게 모든 것을 설명해 주실 것입니다."
1186) 칼 구스타프 융, 쿤달리니 요가의 심리학, 정명진 역 (서울: 부글북스, 2018), 43; "간혹 차크라도 만다라라 불립니다. … 서양인에게 만다라라는 개념은 티벳 종교인 라마교에 아주 가깝지만, 라마교는 서양에 거의 알려져 있지 않으며 라마교 경전은 최근에 와서야 번역되고 있지요."

라는 점(點)과 같은 모양의 시바가 그의 여성적 측면인 샤크티와 포옹할 때 이루어지며, 이때 헤겔식 표현대로 한다면 그-자체-존재(Ans-Sich-Sein)에서 나와서 그를-위한-존재(Für-Sich-Sein)에 도달한다고 할 수 있다고 융은 말했다(C. G. JUng, Über Mandalasymbolik, Gestaltungen des Unbewußten, rascher Verla, p. 191).[1187]

이부영에 의하면, 융은 탄트라 요가를 통해 자신을 신으로 인식하고 신이 되는 것이다. 융은 다음과 같이 말했다.

만다라에 표현된 명상과정의 목표는 요가 수행자가 신 안에 받아들여지는 것, 즉 관조를 통하여 그가 자신을 신으로 재인식하고 그로써 개별적 존재의 착각에서 신의 상태라는 보편적 전체성으로 되돌아가는 것이다(C. G. JUng, *Über Mandalasymbolik, Gestaltungen des Unbewußten*, rascher Verla, p. 192).[1188]

융에 의하면, 명상과정의 목표는 신이 되는 것이다. 그 과정에 만다라와 요가 수행이 필요하고 적극적 심상법이 동원된다. 융은 "진정한 만다라는 항상 (적극적인) 상상을 통해 점진적으로 구성되는 내적인 상"이라고 말했다.[1189] 정신이 전체성을 추구하며, 전체성을 보여주는 상징이 '콰테르니오' 혹은 만다라 상징이다. 융은 만다라를 질서의 상징이라고 보았으며, 환자들이 정신적 방향 감각을 상실하거나 재조정할 때에 만다라가 나타난다고 말했다.[1190] 융은 만다라 상징이 "정신의 자율적 사실을 묘사하고 있다"고 말했다.[1191] 융에게 만다라와 연금술이 중요한 이유는 인간이 상징을 통해서 집단 무의식에 접촉할 수 있기 때문이다. 융은 상징이 원형에서 나온다고 보았다. 상징은 일종의 언어이며, 원형의 언어인 셈이다.[1192] 상징의 의미를 안다면 기독교인으로서는 결코 융을 가

1187) 이부영, **자기와 자기실현** (파주: 한길사, 2010), 70.
1188) Ibid.
1189) C.G. 융, **융 기본 저작집5 꿈에 나타난 개성화 과정의 상징**, 한국융연구원 C.G. 융 저작번역위원회 역 (서울: 솔출판사, 2006), 121-122; "더욱이 정신적 균형에 장애가 생긴 경우, 혹은 어떠한 생각이 신성한 교의에 내포되지 않아 찾을 수 없기 때문에 그것을 추구할 수밖에 없을 때 만다라가 생겨나는 것이다."
1190) 칼 구스타프 융, **아이온**, 김세영·정영진 역 (서울: 부글북스, 2016), 57-58; "신비의 원(圓)으로서 만다라는 어둠의 세계에 속하는 무법의 권력들을 묶고 복종시키며 카오스를 코스모스(질서)로 바꿔놓을 어떤 질서를 묘사하거나 창조한다."
1191) C.G. 융, **융 기본 저작집5 꿈에 나타난 개성화 과정의 상징**, 한국융연구원 C.G. 융 저작번역위원회 역 (서울: 솔출판사, 2006), 232; "그것은 마치 그 심층 구조와 최종적 의미가 아무것도 알려진 바 없는 일종의 원자핵 같다."
1192) 에르나 반 드 빙켈, **융의 심리학과 기독교 영성**, 김성민 역 (서울: 한국심리치료연구소, 2010), 29; "상징

르칠 수가 없다. 빙켈은 다음과 같이 말했다.

> 상징은 인간 존재의 가장 깊은 차원과 관련을 맺고 있다. 그것은 우리의 지성을 초월하고 있으며, 우리의 감각도 초월하고 있다. 그리고 그것은 우리를 영혼의 세계로 인도하고 있다. 우리의 이성이나 지성이나 감각은 결코 상징의 의미를 파악할 수 없다. 다만 직관만이 파악할 수 있다. 상징의 의미를 파악하는 일은 쉬운 일이 아니다. 왜냐하면 우리가 상징의 의미에 도달하려면 우리가 먼저 그 상징에 관해서 매우 다양한 연구를 오랫동안 해야 할 뿐만 아니라 우리 자신이 그 상징을 몸으로 체험해야 하기 때문이다.[1193]

빙켈은 상징은 인간의 지성과 감각을 초월하며 상징이 인간을 영혼의 세계로 인도한다고 말했다. 융에게 "상징은 '자아'와는 동일시할 수 없는 하나의 정신적인 인격의 중심을 의미"했다.[1194] 우리가 기독교 신앙인으로 그렇게 인도하는 분은 하나님이시라고 알고 믿고 있다. 그러나 융의 심리학에서는 상징이 그 역할을 하고 있다. 융은 다음과 같이 말했다.

> 그림자와 아니마와 아니무스, 자기를 적절히 그림으로 그리려면 이 정신적 요소들을 꽤 철저히 또 직접적으로 경험해야 한다. 그래야만 신뢰할 만한 그림이 가능해진다. 그 개념들이 실제 경험에서 나왔듯이, 이 개념들을 더욱 명쾌히 밝히는 것 또한 추가적 경험을 통해서만 가능하다.[1195]

융은 이런 대극의 합일을 이루는 경험을 '신성혼'(神聖婚)이라고 말했다.[1196]

이란 일종의 언어이다. 그것은 단어를 사용하는 대신에 어떤 구체적이거나 추상적인 이미지를 사용하여 우리에게 감추어져 있거나, 알려져 있지 않은 것들을 의식의 표면에 떠오르게 한다. 상징이 그렇게 하는 것은 인간의 합리적인 언어나 단어들로서는 표현하지 못하는 것들을 표현하기 때문이다."

1193) Ibid., 34.

1194) C.G. 융, **융 기본 저작집5 꿈에 나타난 개성화 과정의 상징**, 한국융연구원 C.G. 융 저작번역위원회 역 (서울: 솔출판사, 2006), 124-125; "만다라는 제식에 사용될 때 중요한 의미를 지니는데, 중심에는 대개 최고의 종교적 가치를 지닌 하나의 형상을 담고 있다. 그것은 흔히 샤크티(Shakti)를 포옹하고 있는 시바(Shiva) 자신이거나 붓다, 아미타불, 관세음보살, 혹은 위대한 대승불교의 스승 중 한 명이거나 혹은 단순히 창조적이고 파괴적인 본성을 지닌 모든 신적 능력의 집결체를 상징하는 금강저(金剛杵, Dorje-번뇌를 타파하는 것-역주)다. 도교적 혼합주의에서 유래한 『태을금화종지』 원전은 여전히 그러한 중심이 지니고 있는 특수한 '연금술적' 특성을 전해주고 있는데, 그것은 '돌'의 자질과 '생명의 영약', 즉 파르마콘 아타나시아스(불사의 명약)의 의미를 담고 있다."

1195) 칼 구스타프 융, **아이온**, 김세영·정영진 역 (서울: 부글북스, 2016), 60.

1196) C.G. 융, **융 기본 저작집5 꿈에 나타난 개성화 과정의 상징**, 한국융연구원 C.G. 융 저작번역위원회 역 (서울: 솔출판사, 2006), 52: "그림자에 의해 야기될 대극 문제는 연금술에서 중대하고 결정적인 역할을 한다. 결

상징을 파악하기 위해서는 연구도 오랫동안 해야 하고 몸으로 체험도 해야 한다는 것은 늙어 죽을 때까지 접신을 하라는 것이니, 결국 귀신의 종노릇해야 한다는 뜻이다. 그림자와 아니마와 아니무스, 자기를 그리면서 정신적 요소를 체험한다는 것은 접신을 통해 신격화로 나아가는 것이다. 융은 그것을 "영원 쪽을 향한 창문"이라고 표현했다.1197)

　기독교인은 오직 예수 그리스도를 믿어 영생을 얻는다는 것을 믿는다. 우리가 노력하고 체험을 함으로써 얻는 구원이 아니다. 이부영 교수는 "만다라를 통해 요가 수행자는 자아를 시바나 붓다의 존재로 바꾼다"고 말했다.1198) 하나님 없는 체계에서는 언제나 인간의 노력과 애씀이 있어야만 한다. 그 결과로 신적인 존재가 된다. 융을 가르치는 사람이나 배우는 사람이나 성경적인 구원론이 삶을 지배하지 않으면 아무런 소용이 없다.

　김성민 교수는 종교체험을 만들어내는 상징의 기능을 세 가지로 말했다.

　　첫째, 상징은 삶에 아직 참여하지 못하고 있는 것을 불러일으킨다. 사실 종교상징은 내면에서 그 상징과 관계되는 무의식적인 요소를 불러일으킨다. 둘째, 상징에는 초월적인 기능이 있다. 상징은 원시적인 형태로 존재하는 리비도를, 그것과 닮기는 했지만 그것보다 좀 더 높은 차원의 형태를 가진 것으로 옮기면서 리비도를 변환시키는 것이다. … "이 기능은 대단히 중요한 것이다. 이때 사람들은 상당히 중요하다는 느낌을 갖게 된다." 셋째, 상징은 이미지를 통해 무의식적인 힘을 의식적인 힘으로 바꾸어 놓는다. 우리가 역동적인 힘을 가지고 있는 자기 원형의 이미지에 관해서 각성할 때, 그 속에 있는 힘을 획득할 수 있으며 이 세상에서 가장 가치 있는 체험을 하게 된다.1199)

　융은 상징을 통해 힘을 획득해야 한다고 말했다. 신적이고 초월적인 원형이 가진 힘을 얻어서 개성화를 이룬다. 자신보다 더 강력한 존재로부터 에너지를 얻어서 인격을 만들어 낼 수 있을까? 융은 종교체험을 통해 신적인 존재를 만나

국 직업 과정에서 신성혼(神聖婚, Hierosgamos), 즉 '화학적 결혼'의 원형적 형태로 대극의 합일이 이루어진다. 신성혼 속에서 최고의 대극은 남성적인 것과 여성적인 것의 형상을 통해(중국의 음양陰陽과 같이), 더 이상 어떠한 대극도 없으며 따라서 부패할 수 없는 합일체로 용해된다."
1197) 칼 구스타프 융, **융합의 신비**, 김세영·정명진 역 (서울: 부글북스, 2017), 567; 〈우리는 자기(自己)를 마음 속에 그리는 것이 동양인에게만 아니라 그 중세 사람에게도 편향적인 세계관으로부터 달아날 기회를 주거나 그런 세계관에 맞설 힘을 준, 영원 쪽을 향한 "창문"이라는 것을 이해할 수 있어야 한다.〉
1198) 이부영, **자기와 자기실현** (파주: 한길사, 2010), 71.
1199) 김성민, **분석심리학과 종교** (서울: 학지사, 2014), 284.

며 그로 인해 인격이 변화된다고 보았다.1200) 김용환은 "만다라의 종교교육 화용에서는 영적 '스승'(guru)이 가시화 과정에 있어서 요청된다고"고 말했다.1201) 이 가시화가 적극적 심상을 통해 원형 이미지들과 접신하는 것이다.

사람의 인격을 변화시키려면 에너지로서의 하느님이 아니라 영원하고 인격적이신 하나님이라야 한다. 융은 원형의 에너지를 말하는 것 이상을 넘어가지 못한다. 만일 영원성과 인격성을 말하면 그것은 성경의 하나님이 된다. 융은 원형을 다만 상징적인 이미지라고 말함으로써 자기 덫에 걸리지 않도록 했다.

김성민 교수도 이렇게 말했다.

> 우리는 자기와 하나님 사이에 있는 차이점을 다음과 같이 지적해 볼 수가 있다. 첫째로, 기독교의 하나님은 인격적인 존재인 반면에, 융의 자기는 인격적인 존재가 아니다. 그것은 원형적인 이미지로서 인간 정신의 역동적인 요소이다. 둘째로, 기독교의 하나님은 그 안에 어두움이 없는 지고의 신으로서 인간을 사랑하는 존재인데 반해서, 융의 자기는 그 안에 선과 악, 남성적인 요소와 여성적인 요소를 모두 포용하고 있는 전체상(全體像)이다. 따라서, 기독교의 종교체험자들은 그들의 체험 속에서 그들을 사랑하고 있는 인격신을 만나고 있는 반면에, 융의 환자들은 개성화 과정을 통해서 누멘적인 힘을 가진 원형적 이미지를 체험하고 있을 뿐이다. 이것이 종교체험과 개성화 과정의 가장 근본적이며 중요한 차이점이다.1202)

융은 근본적으로 진화와 유전의 관점으로 인간의 존재적 관점을 규정하기 때문에 인격신을 말할 수 없다. 진화와 유전에서 중요한 것은 인격이 아니라 에너지다. 에너지가 변화를 추동하기 때문이다. 그 에너지가 단순한 에너지가 아니라 신적인 것이라야 하기 때문에 누멘을 체험해야 한다.

인격을 만나지 않으면 인격의 변화는 없다. 벽만 바라보고 있으면 분열이 일

1200) 김성민, **융의 심리학과 종교** (파주: 동명사, 2010), 297: 〈그러므로 우리는 융이 말하는 종교체험의 특성을 다음과 같이 정리할 수 있다. 첫째로, 종교체험은 사람들이 자신의 내면에 있는 정신적인 요소들을 통합하는 체험이다. 둘째로, 종교체험 과정에서 각성은 무엇보다 중요한 요소이다. 셋째로, 종교체험을 통해서 사람들은 신적인 존재를 만날 수 있으며, 이때 그들의 인격은 변화된다. 마지막으로, 종교체험은 한번 체험함으로써 끝나는 체험이 아니라, 계속적인 인격발달의 과정이다. 이런 의미에서 종교체험은 융의 정신치료 가정인 개성화 과정이 상당히 비슷하다는 점이 많다는 사실을 알 수 있다. 왜냐하면 종교체험이 사람들 속에 있는 "우리-안에-있는-하나님"을 만나는 체험이라면, 개성화 과정은 우리 내면에 있는 원형인 자기를 만나서 그것을 실현시키는 체험인데, "우리-안에-있는-하나님"이나 자기(Soi)는 결국 같은 것이기 때문이다.〉
1201) 김용환, "만다라의 종교교육 화용론," **종교교육학연구** 31 (2009): 117(115-132).
1202) 김성민, **융의 심리학과 종교** (파주: 동명사, 2010), 337.

어난다. 사람은 사람을 만나야 하지만, 예수 그리스도를 믿어 영생을 얻어야 하며 예수 그리스도와 계속해서 교제해야 한다.

융에게 있어서 그리스도는 전체성을 나타내는 상징에 불과하다. 김성민 교수는 다음과 같이 말했다.

사람들에게 종교체험을 하게 하는 전체성의 상징은 융에게 있어서 우리 내면에 있는 자기이다. 그러나 우리는 이것을 상징적인 이미지를 통해서 밖에는 표촉할 수가 없다. 융은 그리스도, 부처 및 그밖에 인간의 전체성을 나타내는 상징들은 모두 자기의 다른 모습들이라고 주장하였다.(Aion, p. 52). 자기의 상징 가운데서 융은 만달라 상징이 우리가 가장 많이 접할 수 있고, 가장 중요한 이미지라고 주장하였다. 왜냐하면 사람들이 꿈이나 비전 속에서 이 상징을 보고 종교체험이라고 할 수 있는 체험들을 하기 때문이다.1203)

김성민에 의하면 그리스도, 부처는 그저 전체성의 상징에 불과하다. 그리스도나 부처보다는 만다라가 더 중요한 이미지이다. 자기의 상징이 만다라로 나타나고 만다라를 통해 종교체험을 한다. 그 종교체험은 '우리-안에 있는-하느님'을 체험하는 것이다. 김성민은 종교적 체험을 위해서는 종교적인 태도로 대해야 한다고 말했다.

이런 체험을 위해서는 삶들이 자신의 내면과 자신의 삶에서 일어나는 현상들에 종교적인 태도, 즉, 주의 깊게 관찰하고 신중하게 고려하는 태도를 기울여야 한다. 즉, 우리 정신의 중심, 삶의 원천에 깊은 관심을 기울이고 진지하게 대할 때, 이 원천은 우리를 더욱 더 통합된 삶으로 이끌고 가는 것이다.1204)

김성민 교수의 이 말은 융의 심리학이 다만 심리학으로써만 다루어지는 것이 아니라 종교적으로 접근하고 있다는 것을 증거 한다. 종교적 체험을 해야 한다면 종교적 자세로 접근하는 것이 당연하다. 융의 심리학이 종교 혹은 종교적이라고 말하면, 심리학적 접근이라고 말하면서 빠져나가는 것은 자기주장에 대한 확신도 용기도 없는 것이다. 융은 연금술을 말하면서 다음과 같이 말했다.

나의 설명이 어떤 그노시스 신화처럼 들리는 데 대해 독자가 거부감을 갖지 않았으면 한

1203) Ibid., 292.
1204) Ibid., 293.

다. 우리는 여기서 바로 그노시스의 근본이 되는 심리학의 영역으로 나아가고 있는 것이다. 기독교적 상징에 대한 진술은 바로 그노시스이며, 무의식에 의한 보상이야말로 그보다 더 그노시스적이라고 할 수 있다.1205)

융은 연금술과 영자주의에까지 어떤 정신적인 연속성이 있다고 보았다. 융은 그 두 가지를 통해 무의식의 역사성을 발견했다고 생각했다.1206) 기독교적 상징도 그노시스적으로 해석했으며, 그 상징에 대한 직접적인 체험을 하는 것이 꿈이고 적극적 심상법이다. 빙켈은 이렇게 말했다.

> 무의식은 꿈을 통해서 상징적인 언어를 가지고 의식과 만나려고 하며, 의식을 도와주려고 한다. 꿈은 헤아릴 수 없는 가치를 가지고 있는 인간의 내적 안내자로서, 인간이 가지고 있는 가장 위대한 보물 가운데 하나다.1207)

빙켈은 꿈을 "인간의 내적 안내자"로 말했다. 적극적 심상법에서 영적인 안내자를 만난다면, 꿈은 상징적인 언어로 의식과 만나는 내적 안내자이다. 융은 꿈에 대해 다음과 같이 말했다.

> 꿈은 새로운 음모나 새로운 위험, 희생, 전쟁, 그밖의 괴로움을 주는 사물을 통하여 항상 우리를 위협하고 있는 미지의 목소리입니다. … 꿈이 일면에 있어서는 신의 목소리이며 신의 사자(使者)인 동시에 타면에 있어서는 끊임없는 재앙의 원천이었다고 하는 기묘한 사실은 원시인의 마음을 어지럽게 하지 않고 있습니다. 이 원시적인 사실의 흔적은 유대의 예언자들의 심리 가운데서도 명료하게 발견되고 있습니다. 그들도 이따금 신의 소리에 귀를 기울이기를 주저하고 있습니다.1208)

융은 꿈을 신의 목소리이자 신의 사자로 여겼다. 기독교인으로서 심각하게 보아야 하는 것은 융이 유대의 예언자들조차도 꿈과 신의 목소리라는 관점으로 보

1205) C.G. 융, **융 기본 저작집5 꿈에 나타난 개성화 과정의 상징**, 한국융연구원 C.G. 융 저작번역위원회 역 (서울: 솔출판사, 2006), 37; "신화소(Mythologem)는 그러한 심리적 과정에 대한 가장 근원적인 언어다. 어떠한 지적 표현도 신화적 상이 지닌 풍요로움과 표현력에 엇비슷하게라도 도달할 수 없다. 중요한 것은 근원적인 상이며 따라서 그것은 비유적 언어를 통해 역시 가장 훌륭하고 뛰어나게 재현된다."
1206) 장덕환, **C. G. 융과 기독교** (서울: 새물결플러스, 2019), 264; "개인적 혹은 집단적인 변화 과정의 연구를 통해서, 그리고 연금술의 상징을 이해함으로써 융은 자신의 심리학의 중심 개념인 '개성화 과정'을 비로소 정립했다고 고백한다."
1207) 에르나 반 드 빙켈, **융의 심리학과 기독교 영성**, 김성민 역 (서울: 한국심리치료연구소, 2010), 35.
1208) C.G. 융, **심리학과 종교**, 이은봉 역 (서울: 창, 2019), 43-44.

있다는 것이다. 융이 말하는 신은 성경에서 말하는 살아계신 하나님이 결코 아니다. 융은 호세아를 예로 들면서 "초자연적인 힘의 영향"이라고 말했다. 또한, 융은 기독교가 2천 년간 그런 "초자연적인 힘으로부터의 영향과 인간 사이에서 인간을 보호하는 역할을 수행하여 왔습니다"라고 말했다.1209) 융의 이런 말은 기독교를 융의 분석심리학의 틀에 완전히 침몰시키는 것이다. 우리가 믿는 하나님은 초자연적인 힘이 아니라 살아계신 하나님이시다!

1916년 융은 "내적인 체험을 창조적으로 형상화 시켜야 하겠다"는 강력한 내적인 요청을 느꼈다. 융은 '죽은 자를 위한 일곱 개의 설교'를 썼으며, 만다라를 최초로 그렸다. 융이 만다라를 그린 것은 인격의 전체성을 나타내며 구원의 기능이 깃들어 있는 자기(self)를 표현하는 것이며, 대극의 합일을 추구하는 것이었다.1210) 융은 다음과 같이 말했다.

> 전체성을 나타내는 상징은 먼 옛날부터 모든 종교들에서 우주의 기반을 나타내고, 신성을 나타내는 이미지와 체계를 드러내고 있다(Aïon, p, 21).1211)

융에 의하면, 상징은 신성을 나타내는 이미지와 체계를 드러낸다. 상징이 어떤 상황을 보상해주고 통합함으로써 전체성에 이른다. 융에게 "정신의 통합은 자기 자신에 대한 지식을 의미"했다.1212) 그 정신의 전체성을 나타내는 것이 무

1209) Ibid., 44-45.
1210) C.G. 융, **융 기본 저작집5 꿈에 나타난 개성화 과정의 상징**, 한국융연구원 C.G. 융 저작번역위원회 역 (서울: 솔출판사, 2006), 258; "이 만다라가 최대한 대극의 완벽한 합일을 추구하고 따라서 또한 연금술적 양성 인간과 유사성을 지니는 가운데 남성적인 삼위성과 여성적인 사위성의 합일을 추구한다고 생각하면 틀리지 않을 것이다."
1211) 김성민, **융의 심리학과 종교** (파주: 동명사, 2010), 187.
1212) 칼 구스타프 융, **융합의 신비**, 김세영·정명진 역 (서울: 부글북스, 2017), 534; 〈그렇다면 연금술 언어에서만 아니라 심리학 언어에서도 정신의 통합은 자기 자신에 대한 지식을 의미한다. 자기 지식은 자아에 대한 지식에 지나지 않는다는 현대의 편향과 정반대로, 연금술사들은 자기를 몸 안에 숨겨져 있는, 자아와 같은 표준으로 평가할 수 없는 하나의 물질로, 또 신의 이미지와 동일한 것으로 보았다. 이 관점은 '푸루샤-아트만'이라는 인도의 개념과 완전히 일치한다. 따라서 도른이 묘사한, 완성을 향한 정신이 준비는 동양의 영향을 받지 않은 가운데서 위대한 동양 철학들처럼 상반된 것들의 결합을 이루고 또 이 목표를 위해서 상반된 것들로부터 자유로운, 아트만이나 도(道)와 비슷한 원리를 확립하려는 시도이다. 이것을 도른은 '천상의 물질'이라 불렀으며, 오늘날 우리는 어떤 초월적 원리라고 묘사할 것이다. 이 "우눔'(unum: '단 하나')이 바로 '아트만'(자기) 같은 '니르드반드바'(상반된 것들로부터 자유로운 상태)이다. 도른은 이 같은 사상을 발명하지 않았으며 단지 연금술에서 오랫동안 은밀한 지식으로 내려오던 것을 보다 명확하게 표현했을 뿐이다.〉

엇인가? 융은 만다라라고 보았다. 만다라를 통해서 누미노제를 체험하며, 그 체험은 종교적 체험이고 하느님을 경험하는 것이다. 신성한 원형이 가진 에너지를 내가 경험하려면 나와 원형 사이에 커넥터(connector)가 필요한데 그것이 상징이다.

융은 상징을 정신 에너지를 변환시키는 "정신적인 기계"라고 주장했다 (L'Energétique Psychique, p, 69). 또한, 상징은 리비도가 품고 있는 이미지라고 말했다(L'Energétique Psychique, p, 72).1213) 상징은 '에너지 변환자'이다.1214) 상징의 의미를 파악하는 것은 이성으로 할 수가 없다. 비합리적인 직관으로 파악할 수 있다는 것이다. 결국, 영적인 안내자를 만나야 된다는 것이다.

김성민 교수는 융이 주장한 상징의 의미를 네 가지로 말했다.

> 첫 번째로, 그는 모든 상징은 리비도의 역행을 막아 준다고 주장하였다. 두 번째로, 상징은 어떤 정신적인 내용이나 사건을 하나의 이미지로 변환시키며, 열등한 형태에 머물러 있던 리비도를 그것보다 높은 형태에 머무르게 한다. 세 번째로, 상징은 대극들을 통합시키는 초월적인 기능을 수행하고 있다. 네 번째로, 상징은 사람들에게 계시를 전달해 준다.

김성민 교수의 말을 잘 보면, 성령 하나님께서 하시는 일을 상징이 하고 있다는 것을 보게 된다. 융을 가르치고 배우는 기독교인들은 성령 하나님을 의지해야 할 것인지, 아니면 융의 상징을 의지할 것인지를 분명하게 밝혀야 한다.1215)

융은 "연금술과의 만남은 나에게 결여되어 있었던 역사적 기초를 제공해 주었다."고 말했다.1216) 그러면서도 융은 자신이 분석심리학이 "기본적으로는 자연과학이었다"라고 말했다. 융이 이런 말을 하는 것은 자신의 비과학적인 체계

1213) 김성민, **융의 심리학과 종교** (파주: 동명사, 2010), 190; "리비도를 품고 있는 이미지로서의 상징은 정동적인 특성을 가지고 있다. 왜냐하면 에너지를 가진 모든 것에는 정동이 담겨져 있기 때문이다. 이런 에너지 때문에 상징은 무의식에 담겨 있는 정신적인 내용들을 불러일으킬 수 있으며, 사람들의 삶을 움직이게 할 수 있는 것이다. 왜냐하면 상징이 정신 에너지를 체험으로 변환시키기 때문이다."
1214) Ibid., 197; "리비도는 이제 그 대상으로부터 분리되어, 무의식적인 이미지들을 활동시키면서 주체의 내면으로 옮겨지는 것이다"(TP, p. 230).
1215) Ibid., 191-194; 김성은 상징이 연결시켜 주는 대극의 특징을 다음과 같이 말했다. "첫째로, 상징은 의식과 무의식을 연결시켜 준다. 둘째로, 상징은 한 사람을 사회와 연결시켜 준다. 셋째로, 상징은 한 개인을 우주와 연결시켜 준다."
1216) C. G. 융·C.S. 홀·J. 야코비, **C. G. 융 심리학 해설**, 설영환 역 (서울: 선영사, 2007), 67.

를 과학적이라고 우기는 콤플렉스가 아닌지 의심스럽다. 융은 이어서 이렇게 말했다.

> 1918년부터 1926년에 이르는 동안, 나는 그노시스(인식, 깨달음)의 제자들에 대해서 진지한 연구를 했다. 왜냐하면 그들도 무의식이라고 하는 근원의 세계와 대결하고 있었으며, 그 내용이나 심상을 취급하고 있었기 때문이다.[1217]

융은 1918년 말부터 1919년 사이의 긴 어두움으로부터 빠져나왔으며, 자신의 아니마가 가진 파괴적인 힘을 극복하고, 무의식을 실현하게 되었다. 융은 개성화되었다.[1218] 그리고 난 후에야 융은 프로이트와 다른 자신만의 심리학 체계를 세웠다. 이렇게 말하면 누가 융의 실체를 제대로 알겠는가? 융이 이루었다는 그 개성화는 무의식 안에 있는 영적인 안내자와 만나 대화를 함으로써 만들어진 것이다. 융의 심리학은 접신의 심리학이다.

융은 "연금술의 진정한 시작은 영지주의의 덕으로 돌려져야 한다"고 말했다. 융이 연금술과 영지주의를 연구하면서도 자신의 연구를 자연 과학적이라고 말하는 것은 비의적인 것들로부터 자신의 심리학적 자양분을 가져왔다는 비난을 피하기 위해서였을까?

철학자나 심리학자들의 말은 참 어렵게 되어 있다. 이런 말들은 처음 접하는 사람으로 하여금 난감하기 이를 데 없이 당황하게 만든다. 왜 이렇게 어려운 말들을 할까? 그것은 인간이 넘어가서는 안 되는 선(線)을 넘어가기 때문이다. 그 선이라는 것이 무엇인가? 그것은 하나님과 인간의 존재론적 구분이다. 그러나 역사 이래로 인간의 죄악 된 욕망은 하나님의 자리를 찬탈하고 자신이 신(神)이 되려고 발버둥을 쳐 왔다. 그 핵심에 자리 잡고 있는 것이 신성한 내면아이이며 구상화(상상화)다. 신성한 내면아이는 신으로 도약하기 위한 자기 안에 정당성을 부여하는 기초이자 발판이며, 구상화(상상화)는 신으로 상승하기 위한 방법이다. 폰 프란츠는 융의 적극적 명상에 가장 가까운 것은 선불교일 것이라 말했다.[1219]

1217)Ibid., 67.
1218) 김성민, **융의 심리학과 종교** (파주: 동명사, 2010), 39.
1219) 분석심리학적 정신치료, May. 29. 2014. Accessed May. 3. 2019. http://blog.daum.net/sesangsotong/32

융은 그 '일어나게끔 하는'(Geschehenlassen) 단계를 위해 만다라를 사용했다.1220) 만다라(Mandala)는 산스크리스트어로 '원'이라는 뜻이다. 이것은 인도의 요가 수행자들과 특히 티베트 밀교에서 명상의 도구로 사용된 그림을 가리킨다. 그 기본 구조는 보통 세 개인 원과 4각으로 이루어지며 변두리에서 중심을 향해 마음을 집중하도록 그려진 일종의 마술적 명상도구이다.

사방의 문을 가진 사각형의 성과 이를 에워싼 원 사이에는 여러 가지 상징적인 형상들이 그려져 있고 중심에는 대극합일을 표현하는 금강저 또는 인도의 창조신 시바와 그의 아내 샤크티와의 융합이 표현되기도 한다. 수행자는 만다라 그림을 바라보며 명상을 통해 세속의 번뇌를 버리고 마음의 중심으로 집중해 들어감으로써 자기가 중심적 존재임을 깨닫게 된다. 그리고 만다라 그림을 그리는 그 자체가 바로 수행의 과정이기도 하다.

연금술에서는 융합이 결정적인 역할을 한다. 융은 『전이의 심리학』(1946)에서 중세 연금술서인 『현자의 장미원』을 소개했다. 그 책에는 연금술을 왕과 왕비가 결합되어 변화되는 일련의 그림으로 묘사했다. 마지막 단계에서 자웅동체가 된 것은 왕(남성)으로 표상되는 의식과 왕비(여성)로 표상되는 무의식의 통합을 나타낸다. 자기의 상징인 '현자의 돌'은 연금술의 마지막 단계에서 정신의 전체성을 형상화했다. 통합으로 생겨난 안트로포스는 다른 말로 '현자의 돌', '현자의 아들', '본래적인 인간'이라 했으며, '현자의 돌'은 물질의 내면에 있는 신적 불씨이며, 불멸의 것이고 가장 완전한 실체로 여겨졌다. 연금술은 신성혼(hieros gamos)과 이어지는 신비한 현상들로 나타났다.1221)

1220) 융이 만다라를 이해하기 시작한 때는 1918년 그의 나이 43살이었다. 물론 만다라에 대한 본격적인 이해는 리하르트 빌헬름이 중국 연금술에 관한 책 『태을금화종지』 때문이었다.
1221) 김성민, **분석심리학과 기독교** (서울: 학지사, 2012), 416-417; 〈신성혼으로부터 태어나는 '현자의 아들'이나 '현자의 장미원'에서 새로 태어나는 안트로포스는 왕비로부터 전혀 다른 존재가 태어나는 것이 아니다. 오히려 왕과 왕비가 새롭게 변화되어 하나의 개체 속에 통합된 모습이라고 해야 한다. 그래서 융은 "아니마로 인격화되는 무의식과 자아의 통합으로부터 의식과 무의식을 아우른 새로운 인격이 태어난다. 이때 태어나는 인격은 의식과 무의식 사이에 있는 제3의 것이 아니라 그 둘을 한꺼번에 가진 인격이다. 그래서 그 인격은 의식을 초월해 있다."라고 주장하였다. 자기는 의식과 무의식을 초월해 있는 정신의 중심이라는 것이다. 인간의 정신 과정에서 통합과 전체성을 이루는 것은 가장 중요한 과정이다. 대극이 통합되고 정신의 전체성이 이루어져야 정신작용이 원활하게 되기 때문이다. 그래서 연금술사들은 원물질의 발견과 융합은 하느님의 선물이라고 믿으면서 천문(天文)을 살피면서 작업에 임했다.〉

융은 아침마다 그 자신의 매일의 내적 상태를 반영하는 듯한 작은 원을 그리기 시작했다. 융은 만다라에서는 모든 것이 유일한 중심으로 되돌아오는 것을 보며, 이를 심리적 발달의 목표인 '중심, 곧 개인화에 이르는 길'이라고 해석했다. 만다라에서 동심원의 구조는 개인의 완전성, 의식과 무의식, 개인이 중심을 향해 갈 때 개인에게 의미와 목적을 가져다주는 자기(self)를 상징화한 것이다.

융은 왜 이런 만다라를 사용하게 되었을까? 융이 만다라를 사용한 것은 헤르메스 사상에서 사용하는 연금술처럼 하늘의 것을 인간의 것으로 만들어내기 위해서였다. 헤르메스는 "태양이 하늘을 장식하고 있는 것과 똑같이 우리의 태양이 그것을 장식한다"는 원리를 가지고 있다. 그것을 융은 이렇게 말했다.

> 분명히 그는 푸른 하늘 및 그 가운데 있는 태양으로 이루어진 본질에 의하여 우리 마음 가운데에 이에 상응한 하늘 및 태양의 상이 생산되어 나온다고 생각하고 있습니다.1222)

융은 1913년 이후 프로이트와 결별했다. 융은 프로이트의 무의식과는 다른 생각을 가지게 되었다. 융은 프로이트의 무의식적 개념엔 동의했으나 프로이트가 성과 공격본능으로 모든 것을 설명하는 것에는 반대했다. 그로 인해 융은 프로이트와 결별했다. 융은 집단 무의식으로 프로이트에게 반기를 들었다. 그리고 융의 생각을 더 확증시키고 더 깊은 세계로 들어가게 만드는 일들이 발생했다. 이부영 교수는 융의 변화에 대해 다음과 같이 말했다.

> 융의 내면의 눈은 임상정신의학의 범위를 넘어 유럽문화의 뿌리이며 유럽의 기독교 문명의 주류에서 밀려나 오랫동안 서구 근대문명의 그늘 속에 머물러 햇빛을 보지 못하고 있던 연금술, 영지학 Gnosis의 문헌으로 향하였다. 그는 그곳에서 피분석자들의 꿈에 나타나는 수많은 상징을 발견했다. 아프리카의 오지와 프에블로 인디언족의 마을을 답사하고 후년에는 인도에 초청받아 산치의 사원에서 큰 감동을 받는다. 그리고 중국의 노장사상과 주역에 깊이 심취하였다. 그는 마침내 모든 다른 문화권에서 그 다름을 넘어서는 보편적 심성의 표상들을 발견했고 자기가 임상경험에서 알게 된 정신의 전체성에 관한 통찰이 이미 동양사상에 존재함을 발견하였다. 이 탐구과정에서 독일의 중국학자 리하르트 빌헬름 Richard Wilhelm과의 만남은 그의 사상을 풍부하게 하고 그의 원형과 전일의 상징에 관한 가설을

1222) C.G. 융, 심리학과 종교, 이은봉 역 (서울: 창, 2019), 179-180.

지지하는 데 크게 이바지하였다. 그것은 누가 누구에게 영향을 주고받은 그런 관계가 아니라 하나의 동시성 현상으로 융의 말대로 운명적인 만남이었다.[1223]

융은 자신의 체험을 통해 무의식의 초월적인 기능에 집중하고 있을 때, 1927년 어느 날 중국학자인 리처드 빌헬름으로부터 『태을금화종지』라는 중국 도교의 연금술에 관한 책 원고를 받고 깜짝 놀랐다. 그 속에는 융이 그동안 그려왔던 만다라 상과 비슷한 그림들이 많이 있었기 때문이다. 융은 오랜 세월 동안 사람들이 만다라와 같은 상징을 찾았다고 생각하고 자신이 하고 있는 일에 확신을 가지게 되었다. 7년 동안의 연구를 통해 융은 연금술이 "인간의 육체에서 정신의 진수를 추출하려는 정신과학"이라 여겼다.[1224]

융은 일찍이 무의식에 대한 프로이트의 정신분석적 접근을 지지하였다. 두 사람은 편지를 왕래한 뒤 만났고, 이후 5년간 가깝게 일하였다. 융은 정신분석학파에서 프로이트의 공식적인 후계자로 간주 되었으며, 국제 정신분석학회의 회장이 되었다. 그러나 곧 융과 프로이트의 세계관이 매우 다르다는 것이 분명해졌다. 융이 프로이트를 방문하여 초심리학적 현상(parapsychological phenomena)에 관하여 이야기를 하고 있을 때, 방 안의 책장에서 커다란 소리가 났다. 융은 바로 이것이 자신이 이야기하던 초심리학적 현상이라고 말하고는, 그 커다란 소리가 또 한 번 날 것이라고 예언하였다. 프로이트는 그러한 주장은 터무니없는 것이라고 일축하였지만, 곧 책장에서 같은 소리가 나기 시작하였다. 훗날, 프로이트는 융에게 "당신이 떠난 이후에도 같은 소리가 반복되었기 때문에 그 사건에 의미를 부여하기 어렵다."라는 편지를 보냈다.

융은 1916년 그의 나이 41살 때에 '유령을 만났다'고 말했다. 융이 어느 날 자신의 세계를 관조하면서 정신을 몰두하고 있을 때 갑자기 현관의 초인종이 요란하게 울리더니 어떤 무리들이 떼 지어 집안으로 들어왔다. 그것은 정체불명의 유령 무리였던 것이다. 융은 '이때 집안 공기가 분명히 탁해 있었다'고 말하였다. 그는 오들오들 떨면서 '도대체 이것이 무엇이란 말입니까?'라고 유령들에게 물었다고 한다. 그랬더니 유령들은 한결같이 큰 소리로 '우리들은 예루살렘으로부

1223) 이부영, "C.G. 융의 생애와 사상," 심성연구 23(2) 2008: 58(55-63).
1224) 김성민, **분석심리학과 기독교** (서울: 학지사, 2012), 31-32.

터 되돌아 왔습니다. 그곳에는 우리들이 찾고 있는 것이 없었던 것입니다'라고 대답하였다.[1225]

융은 유령들이 예루살렘으로 갔으나 만족할 만한 '지'(知, great knowledge) 를 얻지 못하고 자신에게 왔다고 생각했다. 2세기 초에 영지학파의 대가였던 바실리데스의 『죽은 자를 위한 일곱 가지 설법』(The Seven Sermons to the Dead)을 상기했다. 융은 바실리데스의 설법을 3일간에 걸쳐서 한 권의 소책자로 정리했으며 그때 유령 집단은 떠났다. 융은 그 책 제목을 바실리데스와 같이 『죽은 자를 위한 일곱 가지 설법』이라 했다. 융은 이것을 쓰고 난 후에 자기가 만든 만다라 속에 소우주의 여러 가지 대극이 대우주의 여러 가지 대극 안에 있다는 것을 표시했다. 융은 이 유령들을 융의 마음속에 있는 '보편적 무의식'이 모습(원형적인 구조가 작용한 결과)을 나타내 보인 것이라 했다. 그것은 융 자신의 신화로서의 세계상을 생각하는 기회였으며 그런 의미에서 '융의 최초의 신화 체험'이라 한다.[1226]

머리 스타인은 융이 원형 체험을 한 후의 일을 이렇게 말했다.

이것은 융이 몇 년에 걸쳐 무의식과 대결해 얻은 흔하지 않은 정신경험의 일부다. 여느 세속적 삶과 다르지 않게 융은 삶을 영위하고 전문 직업인의 일을 계속해 나갔다. 이 기간은 1차 세계대전 시기와 거의 일치하며, 이때 스위스는 중립국으로 남아서 유럽과 다른 여러 나라에서 고립된 상태였다. 여행은 불가능했다. 스위스의 모든 성인 남자와 마찬가지로 융은 군에 입대해 군의관으로 복무했고, 스위스의 불어권 지역인 샤토 데Chateau d'Oex 에서 포로수용소의 지휘관 역할을 위임받았다. 그 일은 두말할 나위 없이 다소 지루한 행정 업무였다. 그는 일상적으로 매일 아침 시간을 내어 마음 내키는 대로 원을 그렸으며, 이 원들을 통해 자신의 정신 활동을 성찰했다. 이렇게 연습을 하고 나면 기분이 상쾌해져서 하루일과를 시작할 준비가 되었다. 이런 활동을 통해 집중력을 갖게 되었다고 그는 자서전에서 적고 있다. '이 도안들의 일부는 매우 정교한 그림으로 발전되기도 했다. 융은 나중에 이 그림들을 우주, 즉 수행자의 영적 우주를 표상하는 티베트불교의 만다라와 비교했다(20년쯤 지나 인도를 여행하면서 융은 이 전통적 이미지를 어떻게 사람들이 집이나 사원 벽에 그려서 우주적·영적 힘과 계속 연결되고 악령과 그 영향에서 벗어나려 했는지 깊은 관심을 갖고 주목했다. 만다라는 보호 기능과 주문 기능 모두를 갖고 있다). 보편적으로 존재하는 원형적 형태는 사물의 질서를 갖게 하는데, 융은 자신이 이러한 형태를 만들어 내고 있다고 깨닫게 되었다. 결국 이런 경험을 통해, 만일 자발적으로 전개되는 정신 과정이 자체의

1225) 정인석, **의식과 무의식의 대화** (서울: 대왕사, 2008), 306.
1226) Ibid., 306-316. '타인'

논리적 목적에 따르고 스스로 완전히 표현하도록 허용된다면, 질서와 통일이라는 보편적 이미지를 드러내는 목적이 성취된다는 결론에 도달했다. 만다라는 질서 있는 전일성에 대한 직관을 표현하는 보편 상징이다.[1227)]

머리 스타인에 의하면, 융은 프로이트와 결별하고 만다라에 빠졌다. 티벳 불교를 통해 더욱 대극의 원리에 깊은 관심을 가지고 원형이론을 만들어냈다. 이것은 융 심리학의 원천이 기독교가 아니라는 것을 더욱 분명하게 한다.

1918년 융은 영국인 수용소의 지휘자로 있으면서, 자기(self)의 세계에서 끊임없이 형상화되어 나타나는 상(像)을 그림으로 옮겼다. 그 그림은 황금의 성 모양을 한 만다라였다. 얼마 뒤에 빌헬름이 융에게 보낸 책 『태을금화종지』 안에는 융이 그렸던 만다라 그림이 놓여 있었다. 융은 이러한 정신적 사건과 물질적 사건의 의미 있는 일치를 「동시성 이론」(Synchronicity)으로 부르고, 이와 같은 정신 현상에 대하여 진지하게 논의했다.[1228)] 융의 동시성 이론은 도교와 역경으로부터 만들었다.[1229)] 리앙(Henghao Liang)은 "융의 동시성 이론은 불교의 업보론과 유사하다"고 말했다.[1230)] 또한, 여러 인물들과의 만남을 통해 더

1227) 머리 스타인, **융의 영혼의 지도**, 김창한 역 (서울: ㈜문예출판사, 2017), 224-225.

1228) 전철, "칼 구스타프 융의 분석심리학: 인간 정신의 깊은 바다를 연 한 의사의 삶과 사상." Accessed Apr. 29. 2019. http://theology.co.kr/article/jung.html/

1229) Henghao Liang, "Jung and Chinese Religions: Buddhism and Taoism," *Pastoral Psychology* 61 (2012): 749(747-758); "Jung's knowledge of Taoism began with The Secret of the Golden Flower, a book on alchemy. In Jung's mind, the "golden flower" is a mysterious perception of light through meditation and contemplation that leads to enlightenment of the spirit and the creation of wisdom. Jung thought the secret of the golden flower is the secret of the human mind, the true secret of inner human life. In addition, Jung also studied other Chinese Taoist classics in philosophy. As a result, Jung concluded that his concept of synchronicity corresponded to a core concept in Chinese ancient philosophy, that is, the ineffable Dao. Some scholars argue that the I Ching and its method played a major role in promoting Jung's concept of synchronicity (Moacanin 1999, p. 63). Jung believed that the events of synchronicity showed profound harmony between all existing forms of life, and this harmony contained a tremendous power that could give people a sense of transcending time and space. Jung found the opposite of contradictions and conflicts and the possibility of unity through reconciliation, which is manifested in his psychological theories. Therefore, I think that Jung drew a lot of conceptual nutrition from Chinese Taoism, which played an important role in Jung's psychological views."

1230) Ibid., 753; 〈Jung's synchronicity theory is similar to Buddhists' karma theory. Jung thought that scientific causal theory is not able to understand "absurd," "mysterious," unconscious phenomena. Since this was not appropriate for his discussion of the unconscious, he put forward the theory of synchronicity. Synchronicity refers to two or more events occurring simultaneously in a strange way; the two events are

강화되었다.[1231) 융은 오스트리아 생물학자였던 파울 캄머러(Paul kammerer, 1880-1926)의 이론을 비판하면서 동시성 개념을 정의했다.[1232)

융의 동시성 이론이란 존재하는 모든 것에는 외적으로 드러나지 않은 심원한 질서와 통일성이 있다는 것이다. 인과율을 벗어나서 발생하는 사건들에 대한 비인과율적 해명이 융의 동시성 이론이다. 융은 인과성이 배제된 사건의 일체를 말하는 동시성에 대해 다음과 같이 말했다.

> 공시성 현상은 시간과 공간에서 일어남에도 불구하고 물리적 존재를 결정하는 이런 요소들로부터 상당히 독립되어 있으며, 따라서 인과관계의 법칙을 따르지 않는다. 현대인의 과학적 세계관을 지배하고 있는 인과율은 모든 것을 별개의 과정으로 분해하면서 이 과정을 다른 관련 있는 과정들로부터 떼어놓으려고 노력한다.[1233)

머리 스타인은 동시성에 대해 다음과 같이 말했다.

> 융의 환자는 황금색 풍뎅이에 관한 꿈을 꾸었다. 융이 연구 과정으로 그 환자와 이러한 꿈의 상징에 대해 논하는 동안 그들은 창문에서 나는 소리를 들었고, 스위스 지방에서 볼 수 있는 쇠똥구리가 방에 들어오려 한다는 것을 알았다. 이 같은 경우를 통해, 꿈속에 원형 이미지가 나타나는 것은 다른 사건들과 우연히 일치할 수도 있다는 추론이 가능하다. … 그는 원형이 '경계를 침범하는 것'transgressive으로서 정신 영역에만 제한되지 않는다고 결론 내린다. 원형이 경계를 침범할 때 정신의 모체 안에서 나오거나 우리 주변 세계에서 나오거나, 또는 양자에서 동시에 나와 의식으로 들어간다. 양자가 동시에 일어나는 것을 동

like the same event.〉

1231) 이부영, "C.G. 융의 생애와 사상," 심성연구 23(2) 2008: 58(55-63); "융의 생애에는 늘 몇 사람의 중요한 인물과의 만남이 있었다. 인도학자 하인리히 침머 Heinrich Zimmer, 신화학자 칼 케레니 Karl Kerényi, 동물학자 아돌프 포르트만 Adolf Portman, 후년에는 동시성 현상에 관한 저작의 공저자인 노벨 물리학상을 받은 볼프강 파울리 Wolfgang Pauli가 있었다. ERANOS 회의는 취리히의 심리학 클럽과 함께 전문분야가 다른 많은 학자를 융 주변으로 모여들게 하는 磁氣場과 같은 곳이었다. 이러한 만남의 배경에는 집단적 무의식의 원형들의 활성화 Konstellation가 간여하는 듯하다. 물론 융의 학설을 오해하거나 비난하는 사람들과의 만남 또한 원형적 배열과 무관하지 않을 것으로 생각된다."

1232) 전철, "칼 구스타프 융의 동시성 개념 연구- 융의 동시성 개념과 시공간의 문제의 과학신학적 함의," 한국기독교신학논총 68 (2010): 170(167-189); "융에 의하면 캄머러 연구의 주요한 성과는 '우연의 연속성'에 대한 집중이다. 그러나 캄머러는 그 연속성의 문제가 확률의 한계 내에 있는 것들이었음을 별로 주목하지 않았으며, 또한 캄머러 자신이 이러한 현상을 양적인 값으로 양화시키고자 노력하지 않았다고 융은 과학자로서 비판한다."

1233) 칼 구스타프 융, 융합의 신비, 김세영·정명진 역 (서울: 부글북스, 2017), 488; '공시성'은 번역 오류이다. 융은 '동시성'을 말한다. 영어판에는 'synchronicity'이라고 되어 있으며 '동시성'이다. 동시성은 의미 있는 두 사건이 비인과적으로 발생하는 것이며, '공시성'(synchronism)은 단순히 두 개의 사건이 동시에 일어나는 것이다.

시적이라고 한다.[1234]

융은 정신이 인간 존재에서만 작용하는 것이 아니라 세계와 밀접하게 상호작용을 한다고 생각했다. 인간이 인과율에 속한 것만으로는 삶을 설명할 수 없다. 융은 그 설명을 원형의 비정신적 본질에서 찾았다.

융의 오컬트적 성향은, 특히 밀교(密敎, Esoteric Buddism), 동양의 만다라, 『티벳사자의 서』 (The Tibetan Book of the Dead, 1927)[1235], 연금술적 용어로 쓴 도교경전인 『태을금화종지』 등의 영향을 입어 더욱 심화되었다.[1236]

그렇게 융은 자신의 고민을 해결해 준 『태을금화종지』를 통하여 「만다라」의 존재를 알게 되었으며, 연금술에 흥미를 갖게 한 결정적인 계기가 되었

1234) 머리 스타인, 융의 영혼의 지도, 김창한 역 (서울: ㈜문예출판사, 2017), 284.
1235) '티벳 사자의 서'의 원제는 '바르도 퇴돌 첸모'로서, 흔히 '바르도 퇴돌'이라고 부른다. 바르도 퇴돌의 의미는 '죽음과 환생의 중간' 상태에서 듣는 영원한 자유의 가르침이다. '바르도'는 '사람이 죽은 다음에 다시 환생하기까지 머무는 중간 상태'이며, '퇴돌'은 '듣는 것만으로 영원한 자유에 이른다'는 뜻이다. 바르도 퇴돌은 8세기에 파드마삼바바에 의해 만들어졌고 전한다. 파드마삼바바는 '연꽃 위에서 태어난 스승(연화上生師)'이라는 의미로, 그의 탄생 설화에는 그의 순수함과 완전함이 담겨 있다. 파드마삼바바는 인도인으로 유명한 탄트라의 대가이며, 신비 과학에 정통한 스승으로서 인도 최고의 대학이며 당시 영적 탐구의 중심지였던 나란다 불교대학의 교수였다. 파드마삼바바는 티벳의 삼예 지방의 악귀를 쫓아내기 위해 티벳왕, 티송데첸의 초청을 받아 티벳에 오게 되었다. 스승은 악귀를 몰아내고, 그곳에 사원을 완성시켜 티벳불교 최초의 승단을 749년에 세웠다. 그 후 티벳의 히말라야 설산에 머물면서 많은 탄트라 경전들을 인도의 산스크리트 원본으로부터 티벳어로 번역하고, 또한 인간을 궁극의 깨우침으로 인도하는 비밀의 책들을 직접 그 자신의 언어로 썼다. 그리고, 일부는 티벳 사원에 보관하였으며 일부의 비밀 서적은 당시 공개할 때가 아니라하여 티벳 전역의 히말라야 동굴 속에 한 권씩 숨겨놓았다. 하지만, 스승은 죽기 전 몇 명의 제자들에게 특별한 능력을 주어 적당한 시기에 다시 육체를 갖고 환생하여 그 책들을 찾아내도록 하였다고 전한다. 때가 이르면 그 책을 찾아 세상에 전하기 위해 환생한 퇼쿠들은 파드마삼바바의 화신이라 여겨지기도 한다. 책을 찾아내기 위한 사명을 가진 사람들은 '보물을 찾는 자'라 하여 테르퇸이라 불렸으며, 이들이 찾아 낸 파드라마삼바바의 경전은 65권에 달한다고 한다. 바르도 퇴돌, 즉 티벳 사자의 서는 릭진 카르마 링파에 의해 티벳 북부 지방의 한 동굴에서 찾아졌고, 이후 티벳과 히말라야 인접국가로 필사본과 목판본이 전해졌다. 이 후 필사본과 목판본이 티벳지역에 전해지다가 1919년 영국인 에반스 웬츠에 의해 발견되어 '티벳사자의 서'라는 제목으로 발행되어 세상에 알려지게 되었다. 이렇게 전해지던 바르도 퇴돌의 필사본을 1919년 다르질링의 한 사원에서 옥스퍼드 대학의 종교학 교수였던 에반스 웬츠가 구하게 되고, 그는 당시 영어와 티벳어, 산스크리트어에 능통한 위대한 학승, 라마 카지다와삼둡의 제자로 입문하여 시킴의 강톡에서 번역작업을 하게 된다. 그렇게 바르도 퇴돌은 라마 카지다와삼둡에 의해 번역되고, 에반스 웬츠가 주석과 해설을 받아 적어 '티벳 사자의 서'라는 이름으로 새롭게 탄생하여, 1927년 옥스퍼드 대학 출판부에서 인쇄되어 서구세계에 엄청난 반응을 일으켰다. 특히 한 때 프로이트의 수제자였다가, 인간 존재의 접근 방식에 있어서의 근본적인 차이 때문에 스승과 결별하고 독자적인 심리학의 길을 모색했던 칼 융은 이 책을 평생 곁에 두고 지냈다고 할 정도로 티벳 사자의 서에 큰 영향을 받았다.
1236) 정인석, **의식과 무의식의 대화** (서울: 대왕사, 2008), 316-319.

다.1237) 융은 이렇게 말했다.

> 『황금의 꽃』이라는 책을 읽은 후, 연금술의 성질에 대해 어렴풋이 알기 시작했다. 『황금의 꽃』이라는 것은 192년에 리하르트 빌헬름이 보내준 중국의 연금술의 실례이다. 나는 연금술의 원본을 더욱 자세히 알고 싶은 욕망에 사로잡혔다. 나에게는 안내의 실마리를 제공해 줄 수 있는 사람이 없었기 때문에, 연금술적인 사고 과정의 미로 속에서 나 자신의 길을 대략 찾아내기까지도 상당히 오랜 시간이 걸렸다. 나는 분석심리학이 아주 새로운 방법으로 연금술에 부합하고 있다는 것을 발견했다. 연금술사의 경험은 어떤 의미에 있어서는 나의 경험이었으며, 그들의 세계는 나의 세계이기도 했다. 비로소 나는 이들 심적인 내용을 역사적 전망 속에서 바라다볼 때, 그것이 무엇을 의미하는가를 이해할 수 있었다. 원시 심상과 원형의 성질이 나의 연구의 중심을 차지하고, 역사 없는 심리학이 존재할 수 없다는 사실과 특히 무의식적인 심리학은 존재할 수 없다는 것을 확인하게 되었다.1238)

융의 이런 진술은 중국의 연금술을 통해서 원형에 대한 연구가 자기 연구의 중심이 되었으며 이전과는 완전히 새로운 작업을 하게 되었다는 것을 의미한다. 융을 더 연금술에 빠지게 한 것은 파라케르수스다. 융은 다음과 같이 말했다.

> 나의 연구가 이윽고 세계관의 문제와 심리학과 및 종교와 관련을 갖기 시작한 것은 내 연구가 비로소 본질적인 측면을 다루기 시작했음을 의미했다. 나는 1938년의 《심리학과 종교》에 이어서, 1942년 《파라케르시아》를 통해서 이들 문제에 대해 상세하게 논했다. 이 저서 중에서 두 번째 논문 〈정신현상으로서의 파라케르수스〉는 이러한 관점에서 볼 때 특히 중요하다. '파라케르수스'는 낡고 특이한 문체이지만, 연금술사에 의해서 제기된 문제에 대한 독창적인 생각을 풍부하게 지니고 있다. '파라케르수스'의 덕분으로 나는 드디어 종교와 심리학의 관계에 있어서의 연금술의 본질을 논할 수 있게 되었다. 이것을 나는 《심리학과 연금술》(1940) 가운데서 논했다. 이렇게 해서 나는 1913년부터 1917년까지의 나 자신의 경험을 뒷받침하는 기초에 도달할 수 있었다. 그 이유는 그 기간 동안 내가 경험했던 과정과 '파라케르수스'의 책 속에 씌어져 있는 연금술의 변모의 과정이 서로 부합했기 때문이다.1239)

융은 "경험에 따르면, 개별적 만다라는 질서의 상징이며, 이 만다라는 원칙상 정신이 방향을 잃을 때나 다시 방향을 조정하는 동안 환자에게 일어난다."고 말했다.1240) 융은 어떤 사람이 만다라를 그리거나 만다라 꿈을 꾸는 것은 심리적

1237) 연금술은 세월이 좀 더 지난 10년 뒤 1928년의 일이었다. 그의 나이 53세였다. 이때 「자아와 무의식의 관계」를 발표했다.
1238) C.G. 융 · C.S. 홀 · J. 야코비, C.G. **융 심리학 해설**, 설영환 역 (서울: 선영사, 2007), 68.
1239) Ibid., 69-70.

위기가 발생했기 때문이라고 생각했다. 정신세계에 이상이 발생했을 때 자기가 전일성을 이루기 위해 보상적 상징을 산출한 것이 만다라라는 것이다.

융은 개인적 삶의 영역으로서 만다라를 심층심리학적 관점에서 접근했는데,[1241] 융에게 만다라는 「원형적 통일체」(archetypische Ganzheit)를 상징한다. 현대인들의 꿈이나 무의식적으로 그린 그림을 통하여 원형적(原型的) 상징 언어로 나타난다고 보았다.

> 1918년과 20년 사이의 여러 해 동안 융은 '자기'가 정신적 발전의 목표임을 이해하기 시작했다. 1927년에 만다라의 꿈을 꾸고 그에 대한 그림들, 「영원에 이르는 창」과 「황금의 성」을 그렸다. 또 중국학자 빌헬름의 『태을금화종지』의 번역서를 논평하면서 융은 중심과 자기에 관한 생각이 동방의 연금술서에 똑같이 존재함을 발견하고 자기의 보편성에 확신을 갖게 되었다. 그 뒤에 융은 주로 서양인 피분석자들이 그린 무의식의 형상들 속에 나타난 여러 가지의 만다라상들을 자기실현의 과정과 관련하여 연구하였고, 또한 꿈에 나타난 자기실현(개성화)과정의 상징과 연금술의 변환 상징 사이의 공통성을 제시하였다. 그리스도, 도, 불성과의 일치와 실현 등, 고등 종교의 수행 목표는 한결같이 융이 심리학적 견지에서 '자기'라고 부른 인간 정신의 중심적인 것에 도달하는 것으로서 이런 생각은 인류의 역사 속에 이미 오래전부터 제시되고 체험되어 왔다는 사실을 입증하고 있다. 그러므로 진정으로 우리 안의 그리스도를 받아들이고 그와 하나가 된 사람, 도의 경지에 있는 사람, 자기 마음의 불성을 실현한 사람은 모두 자기를 실현하는 체험을 하고 있는 것이나 다름없다. 다만 심리학적으로 개개인의 무의식에 현시되는 자기의 상은 종교의 틀 속에서 형성된 상보다 훨씬 다양하게 나타난다는 차이가 있다.[1242]

이 글에서 말하듯이, 만다라 상을 통하여 목적하는 것은 자기실현이다. 자기실현을 무엇이라고 하는가? "우리 안의 그리스도를 받아들이고 그와 하나가 된 사람, 도의 경지에 있는 사람, 자기 마음의 불성을 실현한 사람은 모두 자기를

1240) C. G. Jung, *Collected Works of C. G. Jung, Vol 9 Part 2 - Aion- Researches Into the Phenomenology of the self, section.* 60; "Experience shows that individual mandalas are symbols of order, and that they occur in patients principally during times of psychic disorientation or re-orientation." 머리 스타인, **융의 영혼의 지도**, 김창한 역 (서울: ㈜문예출판사, 2017), 230에서 재인용.

1241) 파란사전에서, 심층심리학[深層心理學/depth psychology]-정신분석적 심리학. 일반심리학이 의식적인 지각·기억·사고 등을 객관적인 관찰을 통하여 연구하는 반면, 정신분석은 의식을 문제 삼지 않고 무의식을 다룬다. 의식이 무의식의 영향을 받는다는 의미에서 의식(표층)이 아닌 무의식(심층)을 연구하고자 하는 정신분석을 심층심리학이라고 한다. S. 프로이트의 정신분석은 전기와 후기로 구분되는데, 전기는 무의식을, 후기는 자아를 중요 논점으로 다룬다. 그래서 전기와 후기를 구분하기 위하여 전기를 심층심리학이라 하고 후기를 자아심리학이라 한다. 이러한 맥락에서 심층심리학은 의식심리학에 반대되는 것이 아니라 자아심리학에 반대되는 것이다. 그러나 무의식이라고 하는 심층을 문제 삼는다는 점에서는 둘 다 같다.

1242) http://blog.naver.com/cindy0301?Redirect=Log&logNo=140133777608/

실현하는 체험을 하고 있는 것"이라고 한다. 또한, 융은 만다라가 정신적 혼돈 상태에 대한 해독제라고 말했다.[1243] 이런 것은 성경적인 기독교가 지향하는 것이 아니며, 에덴동산에서부터 사탄이 미혹하여 하나님을 반역케 한 죄악의 실체이다! 융이 말하는 자기실현은 신성한 내면아이를 바탕으로 한 존재론적 신인 합일을 말하기 때문이다. 융의 실체를 바르게 알면 교회에서 융을 입에 담지 못하며 입에 담아서도 안 된다!

왜 융은 그렇게 만다라에 빠지고 동양사상에 심취하게 되었을까? 그것은 서양의 외향에 대한 허탈함을 동양의 내향에서 찾았기 때문이다. 융은 그의 책 『기억, 꿈, 사상』에서 다음과 같이 말했다.

> 무엇보다도 내 마음을 가장 깊이 움직인 것은 선과 악, 정신과 물질, 빛과 어둠의 대극문제였다. 파우스트는 자신의 어두운 측면, 자신의 음흉한 그림자 메피스토텔레스와 맞닥뜨렸다. 메피스토텔레스는 그의 부정적인 본성에도 불구하고, 자살 직전까지 간 의기소침한 학자와는 대조적으로 참된 생명의 혼을 나타내고 있다. 나 자신의 내적인 대극이 여기에 극화되어 있었다. 괴테는 나 자신의 갈등과 해결의 공식과 도식을 어느 정도 그려낸 셈이다. 둘로 나뉘어 있는 파우스트와 메피스토텔레스가 합해져 나 자신 속으로 들어와 하나의 사람이 되었고 그 사람이 바로 나였다.[1244]

그렇게 융은 대극의 문제로 고심했다. 그리고 그 대극의 문제를 동양에서 찾아냈다. 그리하여 융은 헤르메스의 기둥, 카발라의 생명나무, 그리스도의 십자가, 불교의 만다라를 한 얼굴이라고 보았다. 왜 서양에서는 안 되었는가? 융은 이미 기독교에 대하여 적극적으로 반항적인 자세를 가지고 있었다. 여러 이유들이 있지만, 기독교는 자기 체험을 줄 수 없다고 보았기 때문이다. 그것이 기독교에서 뿐만이 아니라 서양의 학문이라는 것이 계시의존적인 성향, 곧 외부에서 간섭을 받는 것 자체가 싫었다. 그것은 하나님을 전적으로 의지할 때 인생에게 참된 자유와 만족과 기쁨이 있다는 것인데, 융은 그것을 지독하게 싫어했다.

『태을금화종지』를 통해서 융은 그런 서양의 종교와 학문적 성향에서 찾을 수 없었던, 그리고 프로이트와 다른 무엇인가를 찾고 있었던 것에 대한 해답을 찾았다. 인간 속에 내재되어 있는 무엇을 발견했다. 그것은 신성한 내면아이, 곧

1243) C.G. 융, **원형과 무의식**, 한국융연구원 C.G. 융 저작 번역위원회 (서울: 솔출판사, 2006), 114.
1244) 카를 구스타프 융, **카를 융 : 기억 꿈 사상**, 조성기 역 (서울: 김영사, 2007), 420.

불성(佛性)이었다.1245) 그렇게 자기 속에서 진리를 찾고 자기(self)를 실현하는 과정이 정신의 전일성을 실현하는 과정이다. 쉽게 말해서 부처가 되는 것이다.

융의 심리학으로 말하자면, 의식과 무의식이 일치되고 합일된다고 말하고 그 것이 정신의 전일성 심리학이라고 한다. 그렇게 되는 것이 정신치료의 궁극적인 목표라고 말하며 그 궁극적인 목표와 이상은 자유의 실현이라고 말한다. 그것은 무슨 자유인가? 외부의 어떤 간섭과 통제 없이 신(神)이 되는 것이다. 그러나 그런 자유를 누릴 인간은 아무도 없다! 왜 그런가? 인간은 죄인이기 때문이다. 인간은 하나님의 다스림 속에 있기 때문이다. 인간 속에서는 그 자유를 절대로 만들어 낼 수 없으며, 하나님께서 주시는 자유는 정신분석학이 말하는 자유와 완전히 다르다. 하나님께서 주시는 자유는 예수 그리스도로 말미암아 주어진 새 언약 속에서 신실하게 살아가는 풍성함이다.

1245) http://blog.paran.com/udantang/29564787; 융은 신에 대해서 루돌프 오토(Rudolf Otto : 1869-1937) 와 마찬가지로 누미노제 체험으로 생각하지만, 오토와 달리 체험 대상은 절대타자가 아니라고 주장한다. 사람들에게 누미노제 체험을 불러일으키는 존재는 인간의 정신 속에 있는 역동적인 요소인 것이다. 그러므로 그에게 있어서 인간성과 신성 사이의 관계는 자아와 자아를 구속(救贖)하려는 자아의 창조주 사이에서 일어나는 관계인 것이다.

Ⅳ. 결론

오늘날 교회 안에는 내적치유와 기독교 상담학이라는 이름으로 프로이트와 융의 심리학이 들어와 있다.[1246) 다음 기사자료를 보면 융의 심리학이 얼마나 깊이 기독교 안에 침투해 있는가를 확인할 수 있다.

> 감리교목회상담센터(원장 이기춘 교수)는 지난 11일-13일까지 '융(Carl G. Jung) 심리학과 정신건강'을 주제로 제13회 사모상담학교를 감신대에서 개최했다. 이 행사에서 김성민 교수(협성대)가 컴플렉스와 원형, 모성원형과 여성의 심리적 유형에 대해 심상영 교수(강릉 중앙교회)가 융 심리학과 정신건강, 꿈과 꿈의 해석, 권희순 교수(감신대)가 상징과 미술치료, 적극적 명상에 대해 각각 강의했다. 특히 심상영 교수는 융 학파의 정신치료 분석을 설명하면서 "정신치료는 자신의 문제점을 깨달아 가는 과정이기에 단기간보다는 지속적인 진행을 통해서만 인격의 성숙을 가져올 수 있다"고 말했다. 또 분석치료란 마음으로 마음을 치료하는 것으로 분석보다는 합성이라는 말이 더 어울린다고 설명했다. 또한 권희순 교수는 적극적 명상에 대한 융의 이론을 설명하면서 "융은 상징을 통해 자기 이해를 촉진하는 수단으로 적극적 명상의 방법을 사용하는 것에 가치를 두었다"고 말했다. 이어 권 교수는 "교회사에서 믿음의 선배들이 적극적 명상을 통해 기도했다"면서 "이러한 방법은 융의 적극적 명상의 이론과 연결이 되며 우리 내면의 치유, 그리고 깊은 영성과 기도생활에 도움을 준다"고 강조했다.[1247)

기사의 내용을 보면, 융의 적극적 심상법이 목회상담이라는 이름으로 교회 안에 깊이 자리 잡고 있다는 것을 알 수 있다. 특히, 권희순 교수는 "교회사에서 믿음의 선배들이 적극적 명상을 통해 기도했다"는 말을 했다. 권희순 교수가 말하는 "믿음의 선배들"은 누구인가?

예수 그리스도를 믿는 성도가 융의 심리학을 가르치면 안 되는 이유는 무엇인가? 융은 다음과 같이 말했다.

1246) 국내 내적치유의 주자 중에서 대표적인 한 사람이 주서택 목사다. 주서택 목사는 뉴에이저이며, 칼 융의 영성을 따르며 로마 가톨릭 신부인 안셀름 그륀의 「아래로부터의 영성」을 도입하고 있다. 이것은 내적치유가 단순한 치유의 개념이 아니라는 것을 여실히 드러내 주는 증거다. 내적치유사역원의 사이버 아카데미의 커리큘럼(2014년)에는 「아래로부터의 영성」이 포함되어 있다.

1247) 기독교타임즈, "명상은 깊은 영성과 기도에 도움," Aug. 14. 2003. Accessed Apr. 24. 2019. https://kmctimes.com/news/articleView.html?idxno=8937

우리는 필시 주관적인 의식의 세계에 사로잡혀 예부터 진리인 신은 오로지 꿈이나 환상을 통해 말을 걸어온다고 하는 사실을 잊고 있다. 불교도는 무의식적인 공상을 무용한 환상으로 제거시켜 버리고, 그리스도교들은 교회와 그 '성서'를 자신과 자신의 무의식 속에 끼워 넣고 있다. 그리고 합리적이고 지적인 사람은 자신의 의식이 곧 마음 전체가 아니라는 사실을 아직도 알지 못한다. 70년 이상 걸쳐 무의식이라고 하는 것이 기본적인 과학적 개념이며, 무엇인가 중요한 심리학적 연구에서 빠져서는 안 된다고 하는 사실에도 불구하고 그와 같은 무지가 현재까지 계속되고 있다.[1248]

융에 의하면, 기독교는 진리의 신을 믿고 있는 것이 아니다. 융은 "진리인 신은 오로지 꿈이나 환상을 통해 말을 걸어온다"라고 말했기 때문이다. 융은 "상징을 통해 진리에 도달하게 된다"고 말했다.[1249] 상징을 통해 진리에 접근하지 않는 모든 것들은 의미를 상실한다.

융의 심리학으로 보면, 꿈과 환상으로 진리를 만나지 않고 성경에 기록된 것이 진리라고 믿는 기독교는 아무런 의미가 없다. 자신이 믿고 있는 기독교 신앙을 송두리째 부정당하는 것이 융의 분석심리학이다. 융을 가르치는 사람들은 자신들이 무엇을 가르치고 있는지 분명히 해야 한다. 머리 스타인은 다음과 같이 말했다.

융은 우리 인간 존재가 우주에서 특별한 역할을 수행한다고 가르친다. 우리 의식은 우주를 성찰하고, 이 우주를 의식의 거울로 가져올 능력이 있다. 네 가지 원리, 즉 불멸의 에너지, 시공 연속체, 인과성 그리고 동시성을 통해 가장 잘 설명될 수 있는 우주에 우리가 살고 있다는 것을 깨닫게 된다.[1250]

스타인의 진술은 매우 영지주의적이며 반기독교적이다. 융의 인간에 대한 존재적 관점은 인간이 죄로 타락하였다는 성경의 관점과는 너무나 다르다. 우주는 원형과 인간의 능력에 달려있는 것이 아니라 오직 삼위 하나님의 능력과 지혜에 의존한다. 머리 스타인은 융에 대한 설명을 마치면서 이렇게 말했다.

인간의 정신과 우리의 개인적 심리는 무의식의 유사정신적 수준을 통해 가장 심원하게 이러한 우주 질서에 참여한다. 정신화 과정을 통해 우주에 나타나는 질서 형태는 의식에 이

1248) C.G. 융, C.G. **융 무의식 분석**, 설영환 역 (서울: 선영사, 2005), 333.
1249) 에르나 반 드 빙켈, **융의 심리학과 기독교 영성**, 김성민 역 (서울: 한국심리치료연구소, 2010), 102.
1250) 머리 스타인, **융의 영혼의 지도**, 김창한 역 (서울: ㈜문예출판사, 2017), 311.

용될 수 있고, 결국 이해되어 통합될 수 있다. 각 사람은 이미지와 동시성에 관심을 기울임으로써 내면에서 나오는 창조자와 창조적 작업을 증언할 수 있다. 왜냐하면 원형은 정신의 양태일 뿐만 아니라 우주의 실제적 기본 구조를 반영하기 때문이다. 고대 현자들은 "위에서처럼, 아래도 그러하다"고 말한다. 현대의 영혼 탐험가 카를 구스타프 융은 "내면에서처럼, 외면도 그러하다"고 응답한다.1251)

스타인은 융의 심리학에 기초하여 우주 질서와 통합과 원형을 말했다. 원형이 사람의 정신구조를 이루고 있으며 우주도 같은 원리로 질서 지워져 있다. 그 질서는 헤르메스주의로 통하며 정신화 과정은 헤르메스주의에 기초한 것이다.

융은 BBC 기자가 신의 존재에 관해 물었을 때, "나는 그에 관해 생각하지 않습니다. 나는 그가 존재하는 것을 압니다."라고 대답했다.1252) 융이 말하는 신은 결코 기독교인들이 믿는 삼위일체 하나님이 아니다. 융이 개성화를 이루었을 때의 모습은 뱀이 온몸을 감고 있는 미트라 신상이었다.

예수 그리스도를 구주로 믿는 참된 성도라면, '예수 그리스도의 복음대로 살 것인가?' 아니면, '융의 분석심리학대로 살 것인가?'를 분명하게 해야 한다. 예수 그리스도를 믿고 예수 그리스도의 복음대로 살면 영생을 얻고 하나님의 자녀가 된다. 지금도 하나님의 통치를 받는 하나님의 나라이며 장차 영원한 하나님의 나라에 들어간다. 이 은혜와 복을 누리는 성도들이 가장 복된 자들이다!!!

1251) Ibid., 312.
1252) B. W. Scotton·A. B. Chinen·John R. Battista, **자아초월 심리학과 정신의학**, 김명권 외 7인 역 (서울: 학지사, 2008). 74.

칼 융의
심리학과 영성
Carl Jung's
Psychology & Spirituality

지은이 정태홍
발행일 2019년 6월 20일
펴낸곳 RPTMINISTRIES
주소 경남 거창군 가조면 마상3길 22
전화 Tel. 010-4934-0675
등록번호 제547-2018-000002호
홈페이지 http://www.esesang91.com
ISBN 979-11-89889-13-5 03230 ₩26,000
CIP 2019019984